Motorstyrning & bränsleinsprutnings- system

Charles White

(3390-336/3344)

System som behandlas

Bosch Mono-Motronic
Bosch Motronic första generationen
Bosch Motronic 1.1
Bosch Motronic 1.3
Bosch Motronic 1.5
Bosch Motronic 1.7
Bosch Motronic 2.5
Bosch Motronic 2.7
Bosch Motronic 2.8 och 2.8.1
Bosch Motronic 3.1
Bosch Motronic 3.2

Bosch Motronic ML4.1
Bosch Motronic 5.1 och 5.1.1
Ford EEC IV
GM Multec flerpunktsinsprutning
GM Multec enpunktsinsprutning
Honda / Rover PGM-Fi
Magneti-Marelli G5
Magneti-Marelli G6
Magneti-Marelli 8F
Magneti-Marelli 8P
Mazda EGI

Nissan ECCS
Renix flerpunktsinsprutning
Renix enpunktsinsprutning
Rover MEMS flerpunktsinsprutning
Rover MEMS enpunktsinsprutning
Rover enpunktsinsprutning
Toyota TCCS
VW Digifant
Weber-Marelli (IAW)

© J H Haynes & Co. Ltd. 1997

En bok i **Haynes Techbook-serie**

ISBN **978 1 78521 828 6**

British Library Cataloguing in Publication Data
En katalogpost för denna bok finns tillgänglig från British Library.

J H Haynes & Co. Ltd.
Haynes North America, Inc

www.haynes.com

Ansvarsfriskrivning

Det finns risker i samband med fordonsreparationer. Förmågan att utföra reparationer beror på individuell skicklighet, erfarenhet och lämpliga verktyg. Enskilda personer bör handla med vederbörlig omsorg samt inse och ta på sig risken som utförandet av bilreparationer medför.

Syftet med den här handboken är att tillhandahålla omfattande, användbar och lättillgänglig information om fordonsreparationer för att hjälpa dig få ut mesta möjliga av ditt fordon. Den här handboken kan dock inte ersätta en professionell certifierad tekniker eller mekaniker. Det finns risker i samband med fordonsreparationer.

Den här reparationshandboken är framtagen av en tredje part och är inte kopplad till någon enskild fordonstillverkare. Om det finns några tveksamheter eller avvikelser mellan den här handboken och ägarhandboken eller fabriksservicehandboken, se fabriksservicehandboken eller ta hjälp av en professionell certifierad tekniker eller mekaniker.

Även om vi har utarbetat denna handbok med stor omsorg och alla ansträngningar har gjorts för att se till att informationen i denna handbok är korrekt, kan varken utgivaren eller författaren ta ansvar för förlust, materiella skador eller personskador som orsakats av eventuell felaktig eller utelämnad information.

Innehåll

ALLMÄN INFORMATION

SPECIFIKA SYSTEM

REFERENS

Denna bok är avsedd att nysta upp mysterierna med motorstyrningssystem i moderna bilar. Boken inleds med en beskrivning av historik och funktion kring bränsleinsprutning och styrsystem och fortsätter sedan med att ge en teknisk översikt över hur moderna system fungerar. Andra kapitel beskriver allmänna testrutiner och varje system har sitt eget kapitel som i detalj tar upp funktioner och tester. Även om läsaren inte har för avsikt att försöka undersöka fel på den egna bilen, ger boken en värdefull insikt i den elektrisk styrningen av moderna bilmotorer.

Å andra sidan, om du ser fram emot att utföra elektronisk felsökning kommer denna bok att förse dig med nödvändig kunskapsbakgrund för att testa kretsar och komponenter i motorstyrningen på din bil. Generellt sett beskriver vi hur arbetet utförs med enkla verktyg som finns att köpa hos de flesta välsorterade tillbehörsförsäljare. Vi tar även upp när specialverktyg verkligen behövs och beskriver vissa vanliga metoder som yrkesmekaniker använder.

Denna bok går inte in på djupet av elektrisk och elektronisk teori, det finns många andra utmärkta böcker på detta området. Se exempelvis *"Bilens Elektriska & Elektroniska system"* av Anthony Tranter (Haynes Techbook-serie, bok nummer 3361).

Många av våra tester och rutiner skiljer sig från de som speciellt rekommenderas av tillverkaren. Ett av skälen till detta är att fordonets tillverkare ofta beskriver arbetssätt som bygger på den egna uppsättningen speciella testredskap som inte finns allmänt tillgängliga. Ett annat skäl är att fordonstillverkare ofta förlitar sig alltför mycket på ohmmätare som huvudsakligt testredskap.

Den vedertagna testmetoden bland fordonselektroniska specialister är att fästa större vikt vid spänningsavläsningar eftersom dessa tenderar att ge mer pålitliga resultat. Vi kommer att djupare gå in på detta ämne i tillämpliga avsnitt längre fram. I nästan samtliga fall följer våra tester de väldefinierade metoder som rekommenderas av icke märkesberoende skolor och används av många specialister på moderna fordon.

De rutiner och testmetoder vi beskriver är ofarliga att använda på elektroniska system, så länge som vissa enkla grundregler följs. Dessa regler betstår egentligen i att följa goda elektriska vanor. Var medveten om att skador som resulterar i utbytandet av en mycket dyr elektronisk styrmodul kan uppstå om dessa regler inte följs. Läs avsnittet "Varningar" i referenskapitlet. Dessa varningar upprepas i kapitlen vid behov.

Vi har beskrivit funktion för och test av de flesta moderna elektroniska styrsystem som finns monterade på ett stort antal vanliga bilar. Var dock medveten om att våra bilder och kopplingsscheman är av allmän natur. Styrsystem kan variera med fordon inom en modellserie. Exempelvis kan en bil vara utrustad med tomgångsventil, en annan med samma grundsystem kan ha en stegmotor eller en hjälpluftventil. Vissa bilar kan ha två separata reläer eller ett dubbelrelä beroende på årsmodell. I vissa fall skiljer sig även placeringen för styrmodulens stift åt, så extra uppmärksamhet krävs på den punkten.

Även om vi försökt definiera de flesta varianter av komponenter som finns inom ett givet system tillhandahåller vi bara exempel på kopplingsscheman. Det är ett måste att ha ett specifikt kopplingsschema för den bil arbetet utförs på när felsökning av kretsar ska utföras.

I hela Europa, USA och Fjärran Östern tenderar fordonstillverkare att använda sina egna beteckningar på komponenter, som givetvis är skilda åt, och problemet förvärras av översättandet till olika språk. Detta leder ofta till förvirring eftersom flera olika termer används för att beskriva samma komponent. Det har gjorts försök att få tillverkare att använda en gemensam terminologi och det finns numera en standard (J1930). Det är dock inte sannolikt att alla tillverkare kommer att följa denna standard och vi är inte helt övertygade om att de termer som används i den är meningsfulla i alla stycken. De termer som används i denna bok tenderar att följa de som vanligen används i Sverige. För att undvika missförstånd används samma terminologi oavsett system och alternativ anges i ordlistan.

Med varmt tack till följande

Vi vill ta tillfället i akt att tacka alla dem i Sparkford och annorstädes som hjälpt till vid produktionen av denna handbok. I synnerhet vill vi tacka Equiptech för tillståndet att använda bilder från "CAPS" databas över felsökning av bränsleinsprutning och för tillhandahållandet av en stor del av den tekniska information som använts vid framställandet av denna bok. Vi tackar även Kate Eyres som sammanställde de flesta listorna med fordon, data och felkodstabeller, Martin White som ritat många av bilderna, Jan Norbye för en del av den historiska informationen samt Simon Ashby från RA Engineering för tilläggande teknisk information.

Att arbeta på din bil kan vara farligt. Den här sidan visar potentiella risker och faror och har som mål att göra dig uppmärksam på och medveten om vikten av säkerhet i ditt arbete.

Allmänna faror

Skållning

• Ta aldrig av kylarens eller expansionskärlets lock när motorn är het.
• Motorolja, automatväxellådsolja och styrservovätska kan också vara farligt varma om motorn just varit igång.

Brännskador

• Var försiktig så att du inte bränner dig på avgassystem och motor. Bromsskivor och -trummor kan också vara heta efter körning.

Lyftning av fordon

• Vid arbete nära eller under ett lyft fordon, använd alltid extra stöd i form av pallbockar eller använd ramper. *Arbeta aldrig under en bil som endast stöds av en domkraft.*
• När muttrar eller skruvar med

högt åtdragningsmoment skall lossas eller dras, bör man lossa dem något innan bilen lyfts och göra den slutliga åtdragningen när bilens hjul åter står på marken.

Brand och brännskador

• Bränsle är mycket brandfarligt och bränsleångor är explosiva.
• Spill inte bränsle på en het motor.
• Rök inte och använd inte öppen låga i närheten av en bil under arbete. Undvik också gnistbildning (elektrisk eller från verktyg).
• Bensinångor är tyngre än luft och man bör därför inte arbeta med bränslesystemet med fordonet över en smörjgrop.
• En vanlig brandorsak är kortslutning i eller överbelastning av det elektriska systemet. Var försiktig vid reparationer eller ändringar.
• Ha alltid en brandsläckare till hands, av den typ som är lämplig för bränder i bränsle- och elsystem.

Elektriska stötar

• Högspänningen i tändsystemet kan vara farlig, i synnerhet för personer med hjärtbesvär eller pacemaker. Arbeta inte med eller i närheten av tändsystemet när motorn går, eller när tändningen är på.

• Nätspänning är också farlig. Se till att all nätansluten utrustning är jordad. Man bör skydda sig genom att använda jordfelsbrytare.

Giftiga gaser och ångor

• Avgaser är giftiga. De innehåller koloxid vilket kan vara ytterst farligt vid inandning. Låt aldrig motorn vara igång i ett trångt utrymme, t ex i ett garage, med stängda dörrar.
• Även bensin och vissa lösnings- och rengöringsmedel avger giftiga ångor.

Giftiga och irriterande ämnen

• Undvik hudkontakt med batterisyra, bränsle, smörjmedel och vätskor, speciellt frostskyddsvätska och bromsvätska. Sug aldrig upp dem med munnen. Om någon av dessa ämnen sväljs eller kommer in i ögonen, kontakta läkare.
• Långvarig kontakt med använd motorolja kan orsaka hudcancer. Bär alltid handskar eller använd en skyddande kräm. Byt oljeindränkta kläder och förvara inte oljiga trasor i fickorna.
• Luftkonditioneringens kylmedel omvandlas till giftig gas om den exponeras för öppen låga (inklusive cigaretter). Det kan också orsaka brännskador vid hudkontakt.

Asbest

• Asbestdamm kan ge upphov till cancer vid inandning, eller om man sväljer det. Asbest kan finnas i packningar och i kopplings- och bromsbelägg. Vid hantering av sådana detaljer är det säkrast att alltid behandla dem som om de innehöll asbest.

Speciella faror

Flourvätesyra

• Denna extremt frätande syra bildas när vissa typer av syntetiskt gummi i t ex O-ringar, tätningar och bränsleslangar utsätts för temperaturer över 400 °C. Gummit omvandlas till en sotig eller kladdig substans som innehåller syran. *När syran väl bildats är den farlig i flera år. Om den kommer i kontakt med huden kan det vara tvunget att amputera den utsatta kroppsdelen.*
• Vid arbete med ett fordon, eller delar från ett fordon, som varit utsatt för brand, bär alltid skyddshandskar och kassera dem på ett säkert sätt efteråt.

Batteriet

• Batterier innehåller svavelsyra som angriper kläder, ögon och hud. Var försiktig vid påfyllning eller transport av batteriet.
• Den vätgas som batteriet avger är mycket explosiv. Se till att inte orsaka gnistor eller använda öppen låga i närheten av batteriet. Var försiktig vid anslutning av batteriladdare eller startkablar.

Airbag/krockkudde

• Airbags kan orsaka skada om de utlöses av misstag. Var försiktig vid demontering av ratt och/eller instrumentbräda. Det kan finnas särskilda föreskrifter för förvaring av airbags.

Dieselinsprutning

• Insprutningspumpar för dieselmotorer arbetar med mycket högt tryck. Var försiktig vid arbeten på insprutningsmunstycken och bränsleledningar.

⚠️ *Varning: Exponera aldrig händer eller annan del av kroppen för insprutarstråle; bränslet kan tränga igenom huden med ödesdigra följder*

Kom ihåg...

ATT

• Använda skyddsglasögon vid arbete med borrmaskiner, slipmaskiner etc, samt vid arbete under bilen.
• Använda handskar eller skyddskräm för att skydda händerna.
• Om du arbetar ensam med bilen, se till att någon regelbundet kontrollerar att allt står väl till.
• Se till att inte löst sittande kläder eller långt hår kommer i vägen för rörliga delar.
• Ta av ringar, armbandsur etc innan du börjar arbeta på ett fordon - speciellt med elsystemet.
• Försäkra dig om att lyftanordningar och domkraft klarar av den tyngd de utsätts för.

ATT INTE

• Ensam försöka lyfta för tunga delar - ta hjälp av någon.
• Ha för bråttom eller ta osäkra genvägar.
• Använda dåliga verktyg eller verktyg som inte passar. De kan slinta och orsaka skador.
• Låta verktyg och delar ligga så att någon riskerar att snava över dem. Torka upp olje- och bränslespill omgående.
• Låta barn eller husdjur leka nära en bil under arbetets gång.

Modell	Motorbeteckning	Årsmodell	System
Alfa Romeo			
1.7iE 4x4 katalysator 80kW	307.37	1993 till 1995	Motronic 3.1
Sportwagon 4x4 katalysator 80kW	307.37	1993 till 1995	Motronic 3.1
33 4x4 katalysator 80kW	307.37	1993 till 1995	Motronic 3.1
33 16V & 4x4 & katalysator DOHC 16V 98kW	307.46	1990 till 1995	Motronic 4.1
75 Twin Spark DOHC 107kW	017.13	1987 till 1992	Motronic ML 1.1
75 3.0i V6 katalysator	061.20	1987 till 1993	Motronic 4.1
145 1.6ie SOHC 76kW	AR33201	1994 till 1996	Motronic 3.1
146 1.6ie SOHC 76kW	AR33201	1994 till 1996	Motronic 3.1
155 T-Spark katalysator DOHC	AR671.03	1992 till 1992	Motronic
155 1.8 T-Spark katalysator DOHC 93kW	AR671.02	1992 till 1996	Motronic 1.7
155 2.0 T-Spark katalysator DOHC 93kW	AR671.02	1992 till 1996	Motronic 1.7
155 2.5 V6 katalysator SOHC 121kW	AR673.01/03	1992 till 1996	Motronic 1.7
164 2.0 T-Spark katalysator DOHC 107kW	064.16	1990 till 1993	Motronic 4.1
164 2.0 T-Spark DOHC 107kW	064.20	1990 till 1993	Motronic 4.1
164 2.0 T-Spark DOHC 16V 109kW	AR64.103	1993 till 1996	Motronic 1.7
164 V6	064.10	1988 till 1993	Motronic 4.1
164 V6 & katalysator	064.12	1988 till 1993	Motronic 4.1
164 V6 Cloverleaf katalysator SOHC 145kW	064.301	1990 till 1993	Motronic 4.1
164 V6 24V 157kW	066.301	1993 till 1995	Motronic 1.7
164 V6 24V 157kW	AR66.302	1995 till 1997	Motronic 1.7
164 V6 24V Cloverleaf	064.304	1994 till 1997	Motronic 1.7
164 V6 24V Cloverleaf	AR64.308	1995 till 1997	Motronic 1.7
Boxer 16V 4x4 katalysator DOHC 16V 98kW	307.46	1990 till 1995	Motronic 4.1
Spider katalysator DOHC 90kW	015.88	1990 till 1994	Motronic 4.1
Audi			
Audi 80 1.8i katalysator	PM	1990 till 1991	Mono-Motronic
Audi 80 2.0i Quattro katalysator	ABT	1991 till 1995	Mono-Motronic
Audi 100 2.0 katalysator	AAE	1991 till 1994	Mono-Motronic
BMW			
316i (E30) & katalysator	M40/B16 164E1	1988 till 1993	Motronic 1.3
316i (E36) katalysator	M40/B16 164E1	1990 till 1993	Motronic 1.7
316i (E36) katalysator & Compact	M43/B16	1993 till 1996	Motronic 1.7
318i (E30) Touring & katalysator	M40/B18 184E11	1988 till 1993	Motronic 1.3
318i (E30) & Touring	M40/B18	1989 till 1992	Motronic 1.7
318i (E36) & katalysator	M40/B18 184E2	1991 till 1993	Motronic 1.7
318i (E36)	M43/B18	1993 till 1996	Motronic 1.7
318iS (E30) 16V Touring & katalysator	M42/B18 184S1	1990 till 1991	Motronic 1.7
318iS (E36) & Compact	M42/B18 184S1	1992 till 1996	Motronic 1.7
320i (E30)	M20/B20 206EE	1986 till 1988	Motronic 1.1
320i (E30) & Touring & katalysator	M20/B20 206EE	1988 till 1993	Motronic 1.3
320i (E36) 24V katalysator	M50/B20 206S1	1991 till 1993	Motronic 3.1
320i (E36) 24V katalysator	M50 2.0 Vanos	1993 till 1996	Motronic 3.1
325i (E30)	M20/B25	1985 till 1986	Motronic (första gen.)
325i (E30) & 4x4	M20/B25 6K1	1985 till 1987	Motronic 1.1
325i & Touring (E30)	M20/B25 6K1	1988 till 1993	Motronic 1.3
325iX (E30-4)	M20/B25 6E2	1985 till 1987	Motronic 1.1
325iX & Touring	M20/B25 6E2	1988 till 1993	Motronic 1.3
325i (E36) 24V katalysator	M50/B25 256S1	1991 till 1993	Motronic 3.1
325i (E36) 24V	M50 2.5 Vanos	1993 till 1996	Motronic 3.1
325e (E30) & katalysator	M20/B27	1986 till 1991	Motronic 1.1
325e (E30 katalysator	M20/B27	1985 till 1987	Motronic (första gen.)
518i (E34)	M40/B18	1988 till 1993	Motronic 1.3
518i (E34) katalysator	M43/B18	1993 till 1996	Motronic 1.7
520i (E34) & katalysator	M20/B20M 206KA	1988 till 1991	Motronic 1.3
520i (E34) 24V & Touring katalysator	M50/B20 206S1	1990 till 1993	Motronic 3.1
520i (E34) 24V & Touring katalysator	M50 2.0 Vanos	1993 till 1996	Motronic 3.1
525i (E34) & katalysator	M20/B25M 256K1	1988 till 1991	Motronic 1.3
525i (E34) 24V katalysator	M50/B25 256S1	1990 till 1993	Motronic 3.1
525i (E34) 24V	M50 2.5 Vanos	1993 till 1996	Motronic 3.1
525e (E28)	M20/B27	1983 till 1988	Motronic (första gen.)
525e (E28) katalysator	M20/B27	1983 till 1988	Motronic (första gen.)
530i (E34) & katalysator	M30/B30M 306KA	1988 till 1992	Motronic 1.3
535i (E28)	M30/B34	1982 till 1986	Motronic (första gen.)

Modell	Motorbeteckning	Årsmodell	System
BMW (forts)			
535i (E34) & katalysator	M30/B35M 346KB	1988 till 1993	Motronic 1.3
M535i (E28)	M30/B34	1982 till 1986	Motronic (första gen.)
633 CSi (E24)	M30/B32	1982 till 1989	Motronic (första gen.)
635 CSi (E24)	M30/B34	1982 till 1986	Motronic (första gen.)
635 CSi (E24)	M30/B34	1986 till 1987	Motronic 1.1
635 CSi (E24) & katalysator	M30/B35M 346EC	1988 till 1990	Motronic 1.3
M635i CSi (E24)	M88/3	1982 till 1989	Motronic (första gen.)
M635i CSi (E24) katalysator	S38z	1986 till 1989	Motronic (första gen.)
M635i CSi (E24)	S38/B35 356EY	1986 till 1990	Motronic (första gen.)
M635 CSi (E24)	M88/3	1987 till 1989	Motronic 1.3
730i (E32) & katalysator	M30/B30M2 306KA	1986 till 1987	Motronic 1.1
730i (E32) & katalysator	M30/B30M2 306KA	1988 till 1994	Motronic 1.3
732i (E23)	M30/B32	1982 till 1987	Motronic (första gen.)
735i (E32) & katalysator	M30/B35M2	1986 till 1987	Motronic 1.1
735i (E32) & katalysator	M30/B35M2 346EC	1987 till 1992	Motronic 1.3
735i (E23)	M30/B34	1982 till 1985	Motronic (första gen.)
745i Turbo (E23)	M30/B34	1982 till 1987	Motronic (första gen.)
750i & katalysator	M70/B50 5012A	1992 till 1994	Motronic 1.7
750iL	M70/B50 5012A	1992 till 1994	Motronic 1.7
750i	M70/B54	1994 till 1996	Motronic
850i	M70/B50 5012A	1989 till 1994	Motronic 1.7
M3 (E36)	S50/B30	1993 till 1996	Motronic
M5 (E34)	S38/B38 386S1	1992 till 1996	Motronic
M5 (E28)	M30/B34	1985 till 1987	Motronic (första gen.)
M5 (E28) katalysator	M88-3/S38Z	1984 till 1988	Motronic (första gen.)
Z1 (325)	M20/B25	1985 till 1988	Motronic (första gen.)
Z1 M20/B25	1988 till 1992	Motronic 1.3	
Citroën			
AX 1.0i katalysator	TU9M/L.Z (CDY)	1992 till 1996	Mono-Motronic MA3.0
AX 1.0i katalysator	TU9M/L.Z (CDZ)	1992 till 1996	Mono-Motronic MA3.0
AX 1.1i katalysator	TU1M/L.Z (HDY)	1992 till 1994	Magneti Marelli G6-11
AX 1.1i katalysator	TU1M/L.Z (HDZ)	1992 till 1994	Magneti Marelli G6-11
AX 1.4i katalysator	TU3FM/L.Z (KDX)	1992 till 1996	Mono-Motronic MA3.0
AX 1.4 GTi	TU3J2/K (K6B)	1991 till 1992	Motronic MP3.1
AX 1.4 GTi katalysator	TU3J2/L.Z (KFZ)	1991 till 1996	Motronic MP3.1
BX16i katalysator	XU5M3Z (BDY)	1991 till 1994	Magneti Marelli G6-10
BX19 1.9 GTi 16V	XU9J4 (D6C)	1987 till 1991	Motronic ML4.1
BX19 TZi 8V katalysator	XU9JAZ (DKZ)	1990 till 1993	Motronic 1.3
BX19 16V DOHC katalysator	XU9J4Z (DFW)	1990 till 1992	Motronic 1.3
BX19 16V DOHC	XU9J4K (D6C)	1991 till 1992	Motronic 1.3
BX19i GTi & 4X4	XU9J2 (D6D)	1990 till 1992	Motronic MP3.1
XM 2.0i	XU10J2 (R6A)	1990 till 1992	Magneti Marelli BA G5 flerpunktsinsprutning
XM 2.0i katalysator LHD	XU10M (RDZ)	1990 till 1993	Magneti Marelli G5
XM 2.0i katalysator	XU10J2/Z (RFZ)	1990 till 1992	Motronic MP3.1
XM 2.0i katalysator	XU10J2/Z (RFZ)	1992 till 1994	Motronic MP5.1
XM 2.0i 16V katalysator	XU10J4R/L/Z (RFV)	1994 till 1996	Motronic MP5.1
XM 2.0i turbo katalysator	XU10J2TE/Z (RGY)	1993 till 1994	Motronic MP3.2
ZX 1.1i katalysator	TU1M/Z (HDY)	1994 till 1996	Mono-Motronic MA3.0
ZX 1.1i katalysator	TU1M/Z (HDZ)	1994 till 1996	Mono-Motronic MA3.0
ZX 1.4i & Break katalysator	TU3M (KDX)	1992 till 1996	Mono-Motronic MA3.0
ZX 1.4i & Break katalysator	TU3M (KDX)	1994 till 1996	Magneti Marelli G6-14
ZX 1.6i	XU5M.2K (B4A)	1991 till 1992	Magneti Marelli G5 S2
ZX 1.6i	XU5M.3K (B4A)	1991 till 1993	Magneti Marelli G6 12
ZX 1.6i katalysator	XU5M.3Z (BDY)	1992 till 1993	Magneti Marelli G6.10
ZX 1.6i & Break katalysator	XU5JPL/Z (BFZ)	1994 till 1995	Magneti Marelli 8P-13 flerpunktsinsprutning
ZX 1.8i & Break katalysator	XU7JPL/Z (LFZ)	1992 till 1994	Motronic MP5.1
ZX 1.8i & Break katalysator	XU7JPL/Z (LFZ)	1995 till 1996	Magneti Marelli 8P-10 flerpunktsinsprutning
ZX 1.9 8V	XU9JAZ (DKZ)	1992 till 1994	Motronic 1.3
ZX 1.9i	XU9JA/K (D6E)	1991 till 1992	Motronic MP3.1
ZX 2.0i katalysator	XUJ10J2/C/L/Z (RFX)	1992 till 1996	Magneti Marelli 8P-20
ZX 2.0i 16V katalysator	XUJ10J4/D/L/Z (RFY)	1992 till 1995	Motronic MP3.2
ZX 2.0i 16V	XUJ10J4/D/L/Z (RFT)	1994 till 1996	Motronic MP3.2
Evasion 2.0i katalysator	XU10J2CZ/L (RFU)	1994 till 1996	Magneti Marelli 8P22 flerpunktsinsprutning
Evasion 2.0i turbo katalysator	XU10J2CTEZ/L (RGX)	1994 till 1996	Motronic MP3.2

Modell	Motorbeteckning	Årsmodell	System
Citroën (fortsättning)			
Jumper 2.0i katalysator	XU10J2U (RFW)	1994 till 1996	Magneti Marelli DCM8P-11
Jumpy 1.6i	220 A2.000	1995 till 1996	Mono-Motronic MA1.7
Relay 2.0i katalysator	XU10J2U (RFW)	1994 till 1996	Magneti Marelli DCM8P-11
Synergie 2.0i katalysator	XU10J2CZ/L (RFU)	1994 till 1996	Magneti Marelli 8P22 flerpunktsinsprutning
Synergie 2.0i turbo katalysator	XU10J2CTEZ/L (RGX)	1994 till 1996	Motronic MP3.2
Xantia 1.6i katalysator	XU5JP/Z (BFX)	1993 till 1996	Magneti Marelli DCM8P13
Xantia 1.8i 16V	XU7JP4/L3 (LFY)	1995 till 1996	Motronic MP5.1.1
Xantia 1.8i & Break	XU7JP/Z (LFZ)	1993 till 1996	Motronic MP5.1
Xantia 2.0i & Break	XU10J2C/Z (RFX)	1993 till 1996	Magneti Marelli DCM8P20
Xantia 2.0i 16V katalysator	XU10J4D/Z (RFY)	1993 till 1995	Motronic MP3.2
Xantia 2.0i 16V & Break	XU10J4R/Z/L3 (RFV)	1995 till 1996	Motronic MP5.1.1
Xantia Activa 2.0i	XU10J4D/Z (RFT)	1994 till 1996	Motronic MP3.2
Xantia Turbo 2.0i CT	XU10J2CTE/L3 (RGX)	1995 till 1996	Motronic MP3.2
Fiat			
Coupe 16V	836 A3.000	1994 till 1996	Weber-Marelli IAW flerpunktsinsprutning
Coupe 16V Turbo	175 A1.000	1994 till 1996	Weber-Marelli IAW flerpunktsinsprutning
Croma 2000ie	834 B.000	1986 till 1989	Weber-Marelli IAW flerpunktsinsprutning
Croma 2000ie DOHC 8V	154 C.000	1989 till 1991	Weber-Marelli IAW flerpunktsinsprutning
Croma 2.0ie DOHC	154 C3.000	1990 till 1992	Weber-Marelli IAW flerpunktsinsprutning
Croma 2.0ie DOHC katalysator statisk	154 C3.046	1991 till 1994	Weber-Marelli IAW flerpunktsinsprutning
Croma 2.0ie 16V katalysator	154 E1.000	1993 till 1995	Motronic M1.7
Punto 75	176 A8.000	1994 till 1995	Weber-Marelli IAW flerpunktsinsprutning
Tempra 1.6ie katalysator SOHC	159 A3.046	1993 till 1994	Mono-Motronic MA1.7
Tempra 1.8ie DOHC 8V	159 A4.000	1990 till 1992	Weber-Marelli IAW flerpunktsinsprutning
Tempra 1.8ie DOHC 8V katalysator	159 A4.046	1992 till 1994	Weber-Marelli IAW flerpunktsinsprutning
Tempra 1.8 DOHC 76kW	835 C2.000	1993 till 1996	Weber-Marelli IAW flerpunktsinsprutning
Tempra 2.0ie & 4x4 DOHC 8V	159 A6.046	1991 till 1996	Weber-Marelli IAW flerpunktsinsprutning
Tipo 1.6ie SOHC 55kW	835 C1.000	1994 till 1996	Mono-Motronic MA1.7
Tipo 1.6 SOHC katalysator	159 A3.046	1993 till 1995	Mono-Motronic MA1.7
Tipo 1.8ie DOHC 8V	159 A4.000	1990 till 1992	Weber-Marelli IAW flerpunktsinsprutning
Tipo 1.8ie DOHC 8V	159 A4.000	1992 till 1995	Weber-Marelli IAW flerpunktsinsprutning
Tipo 1.8i DOHC 16V	160 A5.000	1990 till 1991	Weber-Marelli IAW flerpunktsinsprutning
Tipo 1.8i katalysator	159 A4.046	1992 till 1994	Weber-Marelli IAW flerpunktsinsprutning
Tipo 2.0ie DOHC 8V katalysator	159 A4.046	1992 till 1994	Weber-Marelli IAW flerpunktsinsprutning
Tipo 2.0ie DOHC 8V katalysator	159 A5.046	1990 till 1992	Weber-Marelli IAW flerpunktsinsprutning
Tipo 2.0ie DOHC 8V katalysator	159 A6.046	1992 till 1995	Weber-Marelli IAW flerpunktsinsprutning
Tipo 2.0ie DOHC 16V katalysator	160 A8.046	1991 till 1992	Weber-Marelli IAW flerpunktsinsprutning
Ulysse 2.0 SOHC 89kW	ZFA220000	1995 till 1996	Weber-Marelli IAW flerpunktsinsprutning
Ford			
Escort 1.3 katalysator	HCS	1991 till 1992	EEC IV
Escort 1.3 katalysator	J6A	1991 till 1995	EEC IV
Escort 1.4 CFi katalysator	F6D	1989 till 1990	EEC IV
Escort 1.4 CFi katalysator	F6D	1989 till 1990	EEC IV
Escort 1.4 CFi katalysator	F6F	1990 till 1992	EEC IV
Escort 1.4 CFi katalysator	F6F	1990 till 1995	EEC IV
Escort 1.4 CFi katalysator	F6G	1990 till 1995	EEC IV
Escort 1.4i pte	F4	1994 till 1996	EEC IV
Escort 1.6iXR3i	LJA	1989 till 1992	EEC IV
Escort 1.6iXR3i katalysator	LJB	1989 till 1992	EEC IV
Escort 1.6 DOHC 16V katalysator	L1E	1992 till 1996	EEC IV
Escort 1.6i	LJA	1989 till 1990	EEC IV
Escort 1.6i	LJE	1990 till 1992	EEC IV
Escort XR3i 1.6 & katalysator	LJA-LJD	1989 till 1992	EEC IV
Escort XR3i 1.6 DOHC 16V katalysator	LJE-LJF	1992 till 1997	EEC IV
Escort RS2000 DOHC 16V katalysator	N7A	1991 till 1992	EEC IV
Escort RS Cosworth DOHC 16V turbo katalysator	N5F	1992 till 1995	Weber IAW
Escort RS2000 DOHC 16V 4x4 katalysator	N7A	1991 till 1995	EEC IV
Escort 1.8i 16V DOHC katalysator	RDA	1992 till 1995	EEC IV
Escort 1.8i 16V DOHC katalysator	RQB	1992 till 1995	EEC IV
Escort 1.6i katalysator	ZETEC	1992 till 1996	EEC IV
Escort 2.0i 7 4x4 katalysator	N7A	1991 till 1996	EEC IV
Fiesta 1.1 & van katalysator	G6A	1989 till 1996	EEC IV
Fiesta 1.3 van katalysator	HCS	1991 till 1994	EEC IV

Modell	Motorbeteckning	Årsmodell	System
Ford (fortsättning)			
Fiesta 1.3 van katalysator	J6B	1991 till 1995	EEC IV
Fiesta 1.4i & van katalysator	F6E	1989 till 1990	EEC IV
Fiesta 1.4i & van katalysator	F6E	1990 till 1995	EEC IV
Fiesta XR2i 1.6 katalysator	LJD	1989 till 1993	EEC IV
Fiesta RS turbo 1.6	LHA	1990 till 1992	EEC IV
Fiesta 1.6i & katalysator	LUC	1989 till 1992	EEC IV
Fiesta XR2i1.6	LJC	1989 till 1993	EEC IV
Fiesta 1.6i 16V	LIG	1994 till 1995	EEC IV
Fiesta XR2i 1.8i 16V DOHC katalysator	RDB	1992 till 1995	EEC IV
Fiesta 1.8i 16V DOHC katalysator	RQC	1992 till 1995	EEC IV
Granada 2.0 EFi & 4wd DOHC 8V	N9B	1989 till 1995	EEC IV
Granada 2.0 EFi 4wd DOHC 8V katalysator	N9D	1989 till 1992	EEC IV
Granada 2.4 V6	ARC	1987 till 1993	EEC IV
Granada 2.4 V6 katalysator	ARD	1987 till 1991	EEC IV
Granada 2.9 V6 & 4x4	BRC	1987 till 1992	EEC IV
Granada 2.9 V6 katalysator	BRD	1987 till 1994	EEC IV
Granada 2.9 V6 katalysator	BRE	1987 till 1992	EEC IV
Granada 2.9 V6 24V DOHC katalysator	BOA	1991 till 1995	EEC IV
Mondeo 1.6 DOHC 16V katalysator	L1F	1993 till 1996	EEC IV
Mondeo 1.8i 16V DOHC & 4x4 katalysator	RKA	1993 till 1996	EEC IV
Mondeo 2.0i 16V DOHC & 4x4 katalysator	NGA	1993 till 1996	EEC IV
Mondeo 2.5 V6 24V DOHC katalysator	SEA	1994 till 1996	EEC IV
Orion 1.3 katalysator	HCS	1991 till 1992	EEC IV
Orion 1.3 katalysator	J6A	1991 till 1995	EEC IV
Orion 1.4 CFi katalysator	F6D	1989 till 1990	EEC IV
Orion 1.4 CFi katalysator	F6F	1990 till 1992	EEC IV
Orion 1.4 CFi katalysator	F6F	1990 till 1995	EEC IV
Orion 1.4 CFi katalysator	F6G	1990 till 1995	EEC IV
Orion 1.6i	LJE	1990 till 1993	EEC IV
Orion 1.6i katalysator	LJF	1990 till 1994	EEC IV
Orion 1.6i	LJA	1989 till 1990	EEC IV
Orion 1.6 DOHC 16V katalysator	L1E	1992 till 1996	EEC IV
Orion 1.8i 16V DOHC katalysator	RDA	1992 till 1995	EEC IV
Orion 1.8i 16V DOHC katalysator	RQB	1992 till 1995	EEC IV
Sapphire 1.6 CVH katalysator	L6B	1990 till 1993	EEC IV
Sapphire 1.8 CVH katalysator	R6A	1992 till 1993	EEC IV
Sapphire 2.0 EFi DOHC 8V	N9A	1989 till 1992	EEC IV
Sapphire 2.0 EFi DOHC 8V katalysator	N9C	1989 till 1992	EEC IV
Scorpio 2.9 V6 & 4x4	BRC	1987 till 1992	EEC IV
Scorpio 2.9 V6 katalysator	BRD	1987 till 1995	EEC IV
Scorpio 2.9 V6 katalysator	BRE	1987 till 1995	EEC IV
Scorpio 2.9 V6 24V DOHC katalysator	BOA	1991 till 1995	EEC IV
Scorpio 2.9i V6	BRG	1994 till 1996	EEC IV
Scorpio 2.9i V6 24V	BOB	1994 till 1996	EEC IV
Scorpio 2.0i	NSD	1994 till 1996	EEC IV
Scorpio 2.0i 16V	N3A	1994 till 1996	EEC IV
Sierra 1.6 CVH katalysator	L68	1990 till 1992	EEC IV
Sierra 1.6 CVH katalysator	L6B	1990 till 1993	EEC IV
Sierra 1.8 CVH katalysator	R6A	1992 till 1993	EEC IV
Sierra 2.0 EFi DOHC 8V	N9A	1989 till 1992	EEC IV
Sierra 2.0 EFi DOHC 8V katalysator	N9C	1989 till 1992	EEC IV
Sierra 2.9 XR 4x4 V6	B4A	1989 till 1991	EEC IV
Sierra 2.9 XR 4x4 V6 katalysator	B4B	1989 till 1993	EEC IV
Transit skåp 2.0 CFi katalysator	N6T	1990 till 1991	EEC IV
Transit skåp 2.0 CFi katalysator		1991 till 1992	EEC IV
Transit 2.9 V6 EFi	BRT	1991 till 1994	EEC IV
Transit 2.9 EFi	B4T	1989 till 1991	EEC IV
Honda			
Accord EFi A4 SOHC	A20	1985 till 1989	PGM-Fi
Accord 2.0i-16 A2 DOHC 16V	B20	1987 till 1989	PGM-Fi
Accord 2.0i & katalysator SOHC16V 101kW	F20A4	1989 till 1992	PGM-Fi
Accord 2.0i & katalysator SOHC 16V	F20A5	1992 till 1996	PGM-Fi
Accord 2.0i kupé katalysator SOHC 16V	F20A7	1992 till 1996	PGM-Fi
Accord 2.2i katalysator SOHC 16V 112kW	F22A3/A7/A8	1989 till 1996	PGM-Fi

Modell	Motorbeteckning	Årsmodell	System
Honda (fortsättning)			
Accord 2.3i katalysator DOHC 16V 118kW	H23A2	1993 till 1996	PGM-Fi
Aerodeck EFi A4 SOHC	A20	1985 till 1989	PGM-Fi
Aerodeck 2.2i katalysator SOHC 16V	F22A3/A7/A8	1989 till 1996	PGM-Fi
Ballade EXi SOHC 3W	EW3	1986 till 1989	PGM-Fi
Civic 1.4i SOHC 16V 66kW	D14A2	1995 till 1996	PGM-Fi
Civic CRX	EW3	1984 till 1987	PGM-Fi
Civic GT	EW3	1984 till 1987	PGM-Fi
Civic 1.5 VEi katalysator SOHC 16V	D15Z1	1991 till 1995	PGM-Fi
Civic 1.5 LSi SOHC 16V 67kW	D15B2	1991 till 1995	PGM-Fi
Civic Kupé katalysator SOHC 16V 67kW	D15B2	1991 till 1995	PGM-Fi
Civic 1.5i VTEC-E SOHC 16V 66kW	D15Z3	1995 till 1996	PGM-Fi
Civic 1.6i-16 DOHC 16V	D16A9	1987 till 1992	PGM-Fi
CRX 1.6i-16 DOHC 16V	D16A9	1987 till 1992	PGM-Fi
Civic 1.6 VT katalysator DOHC 16V	B16A1	1990 till 1991	PGM-Fi
CRX 1.6 VT katalysator DOHC 16V VTEC	B16A1	1990 till 1991	PGM-Fi
Civic 1.6 ESi katalysator SOHC 16V VTEC	D16Z6	1991 till 1996	PGM-Fi
CRX 1.6 ESi katalysator SOHC16V VTEC	D16Z6	1991 till 1996	PGM-Fi
Civic 1.6 VTi katalysator DOHC 16V VTEC	B16A2	1991 till 1995	PGM-Fi
CRX 1.6 VTi katalysator DOHC 16V VTEC	B16A2	1991 till 1995	PGM-Fi
Civic 1.6i SOHC 16V 83kW	D16Y3	1995 till 1996	PGM-Fi
Civic 1.6i VTEC SOHC 16V 93kW	D16Y2	1995 till 1996	PGM-Fi
Civic CRX DOHC 16V	ZC1	1987 till 1987	PGM-Fi
Concerto 1.5i katalysator SOHC 16V 67kW	D15B2	1991 till 1995	PGM-Fi
Concerto 1.6 DOHC 16V	D16A9	1989 till 1991	PGM-Fi
Concerto 1.6i SOHC 16V katalysator	D16Z2	1992 till 1995	PGM-Fi
Concerto 1.6i DOHC 16V katalysator	D16A8	1992 till 1995	PGM-Fi
Integra EX 16 A2 DOHC 16V	D16	1986 till 1990	PGM-Fi
Legend	C25A2	1986 till 1988	PGM-Fi
Legend 2.7 & kupé SOHC	C27A2	1988 till 1991	PGM-Fi
Legend 2.7 katalysator SOHC	C27A1	1990 till 1991	PGM-Fi
Legend 3.2 katalysator SOHC 24V 152kW	C32A2	1992 till 1996	PGM-Fi
NSX katalysator DOHC 24V V-TEC 201kW	C30A	1991 till 1996	PGM-Fi
Prelude Fi	B20A1	1985 till 1987	PGM-Fi
Prelude 4WS 2.0i-16 DOHC 16V	B20A7	1987 till 1992	PGM-Fi
Prelude 4WS 2.0i-16 katalysator DOHC	B20A9	1987 till 1992	PGM-Fi
Prelude 2.0i 16V katalysator SOHC 16V	F20A4	1992 till 1996	PGM-Fi
Prelude 2.2i VTECDOHC 16V	H22A2	1994 till 1996	PGM-Fi
Prelude 2.3i 16V katalysator DOHC 16V	H23A2	1992 till 1996	PGM-Fi
Shuttle 1.6i 4WD SOHC 16V	D16A7	1988 till 1990	PGM-Fi
Lancia			
Dedra 1.8ie DOHC	835 A2.000	1990 till 1993	Weber-Marelli IAW flerpunktsinsprutning
Dedra 1.8ie DOHC katalysator	835 A2.046	1990 till 1994	Weber-Marelli IAW flerpunktsinsprutning
Dedra 2.0ie DOHC	835 A5.000	1990 till 1992	Weber-Marelli IAW flerpunktsinsprutning
Dedra 2.0ie DOHC katalysator	835 A5.045	1990 till 1994	Weber-Marelli IAW flerpunktsinsprutning
Dedra 2.0ie DOHC katalysator	835 A5.046	1990 till 1994	Weber-Marelli IAW flerpunktsinsprutning
Dedra 2.0ie DOHC turbo & katalysator	835 A8.000	1991 till 1996	Weber-Marelli IAW flerpunktsinsprutning
Dedra 2.0ie Integrale turbo & katalysator	835 A7.000	1991 till 1996	Weber-Marelli IAW flerpunktsinsprutning
Delta 1600ie DOHC	831 B7.000	1986 till 1989	Weber-Marelli IAW flerpunktsinsprutning
Delta 1600ie DOHC	831 B7.000	1989 till 1990	Weber-Marelli IAW flerpunktsinsprutning
Delta 1600ie DOHC static	831 B7.000	1991 till 1992	Weber-Marelli flerpunktsinsprutning
Delta HF turbo & Martini	831 B3.000	1986 till 1992	Weber-Marelli IAW flerpunktsinsprutning
Delta HF turbo DOHC katalysator	831 B7.046	1991 till 1993	Weber-Marelli IAW flerpunktsinsprutning
Delta HF Integrale turbo DOHC	831 B5.000	1988 till 1989	Weber-Marelli IAW flerpunktsinsprutning
Delta HF Integrale turbo DOHC	831 C5.000	1988 till 1989	Weber-Marelli IAW flerpunktsinsprutning
Delta HF Integrale turbo DOHC	831 D5.000	1989 till 1992	Weber-Marelli IAW flerpunktsinsprutning
Delta HF Integrale turbo 16V & katalysator	831 E5.000	1991 till 1994	Weber-Marelli IAW flerpunktsinsprutning
Prisma 1600ie DOHC	831 B7.000	1986 till 1989	Weber-Marelli IAW flerpunktsinsprutning
Prisma 1600ie DOHC	831 B7.000	1989 till 1990	Weber-Marelli IAW flerpunktsinsprutning
Prisma 1600ie DOHC static	831 B7.000	1991 till 1992	Weber-Marelli IAW flerpunktsinsprutning
Tempra 1.8	835 C2.000	1993 till 1996	Weber-Marelli IAW flerpunktsinsprutning
Thema FL 2000ie 16V DOHC katalysator	834 F1.000	1992 till 1994	Motronic M1.7
Thema FL 3000 V6 SOHC katalysator	834 F.000	1992 till 1994	Motronic M1.7
Y10 1108ie & 4x4 katalysator	156 C.046	1992 till 1995	Motronic M1.7

Modell	Motorbeteckning	Årsmodell	System
Mazda			
323 1.3i katalysator SOHC 16V 55kW	B3	1991 till 1995	EGI flerpunktsinsprutning
323 1.6i katalysator SOHC 16V 66kW	B6	1991 till 1994	EGI flerpunktsinsprutning
323 1.6i Kombi katalysator SOHC 8V 42kW	B6E	1991 till 1994	EGI flerpunktsinsprutning
323 1.6i SOHC 16V 66kW	B6	1991 till 1996	EGI flerpunktsinsprutning
323 1.8 GTi DOHC 16V	BP	1989 till 1991	EGI flerpunktsinsprutning
323 1.8i katalysator DOHC 16V 101kW	BP	1991 till 1994	EGI flerpunktsinsprutning
323 SOHC 16V 55kW	B3	1991 till 1995	EGI flerpunktsinsprutning
323 1.5i	B6	1985 till 1987	EGI flerpunktsinsprutning
323 1600i	B6	1985 till 1987	EGI flerpunktsinsprutning
323 turbo 4x4 DOHC turbo	B6	1986 till 1989	EGI flerpunktsinsprutning
323 katalysator SOHC 16V 66kW	B6	1991 till 1994	EGI flerpunktsinsprutning
323 kombi katalysator SOHC 8V 42kW	B6E	1991 till 1994	EGI flerpunktsinsprutning
323 GTi DOHC 16V	BP	1989 till 1991	EGI flerpunktsinsprutning
323 katalysator DOHC 16V 101kW	BP	1991 till 1994	EGI flerpunktsinsprutning
626 1.8i katalysator DOHC 16V 77kW	FP	1992 till 1996	EGI flerpunktsinsprutning
626 2.0i katalysator DOHC 16V 85kW	FS	1992 till 1996	EGI flerpunktsinsprutning
626 katalysator DOHC 16V 77kW	FP	1992 till 1996	EGI flerpunktsinsprutning
626 katalysator DOHC 16V 85kW	FS	1992 till 1996	EGI flerpunktsinsprutning
626 2.5i V6 katalysator DOHC 24V 121kW	KL	1992 till 1996	EGI flerpunktsinsprutning
MX-3 1.8i V6 DOHC 24V 100kW	K8	1991 till 1996	EGI flerpunktsinsprutning
MX-3 SOHC 16V 66kW	B6	1991 till 1996	EGI flerpunktsinsprutning
MX-3 DOHC 24V 100kW	K8	1991 till 1996	EGI flerpunktsinsprutning
MX-6 2.5i V6 katalysator	KL	1992 till 1996	EGI flerpunktsinsprutning
RX7 Wankel	RE13B	1986 till 1990	EGI flerpunktsinsprutning
Xedos 6 1.6i DOHC 16V 78kW	B6	1994 till 1996	EGI flerpunktsinsprutning
Xedos 6 2.0 DOHC 24V 107kW	KF	1992 till 1996	EGI flerpunktsinsprutning VRIS
Xedos 9 2.0i DOHC 24V V6 105kW	KF	1994 till 1995	EGI flerpunktsinsprutning
Xedos 9 2.5i DOHC 24V V6 125kW	KL	1994 till 1996	EGI flerpunktsinsprutning
Nissan			
4WD pick-up 2.4i katalysator	Z24I	1990 till 1994	ECCS enpunktsinsprutning
4WD skåp 3.0i katalysator	VG30E	1990 till 1994	ECCS flerpunktsinsprutning
100NX 2.0 katalysator SOHC 16V 105 kW	SR20DE	1991 till 1994	ECCS flerpunktsinsprutning
200 SX katalysator DOHC 16V turbo	CA18DET	1989 till 1994	ECCS flerpunktsinsprutning
200 SX DOHC 16V Turbo	SR20DET	1994 till 1996	ECCS flerpunktsinsprutning
300 CX	VG30E	1984 till 1991	ECCS flerpunktsinsprutning
300 ZX	VG30E	1984 till 1990	ECCS flerpunktsinsprutning
300 ZX turbo	VG30ET	1984 till 1990	ECCS flerpunktsinsprutning
300 ZX turbo katalysator DOHC 2x turbo	VG30DETT	1990 till 1995	ECCS flerpunktsinsprutning
Bluebird ZX turbo SOHC	CA 18T	1986 till 1990	ECCS flerpunktsinsprutning
Bluebird 2.0i SOHC	CA 20E	1988 till 1990	ECCS
Micra 1.0i katalysator DOHC 16V 40kW	CG10DE	1993 till 1996	ECCS flerpunktsinsprutning
Micra 1.3i katalysator DOHC 16V 55kW	CG13DE	1993 till 1996	ECCS flerpunktsinsprutning
Maxima	VG30E	1989 till 1994	ECCS flerpunktsinsprutning
Maxima katalysator	VG30E	1989 till 1994	ECCS flerpunktsinsprutning
Prairie 2.0i katalysator SOHC	CA20E	1989 till 1991	ECCS
Primera 1.6i	GA16DE	1994 till 1996	ECCS
Primera 2.0 enpunkt insprutning	SR20Di	1991 till 1995	ECCS
Primera 2.0 katalysator DOHC 16V	SR20Di	1990 till 1995	ECCS enpunktsinsprutning med hettråd
Primera Estate 2.0 katalysator DOHC 16V	SR20Di	1990 till 1996	ECCS enpunktsinsprutning med hettråd
Primera 2.0e ZX DOHC 16V	SR20DE	1991 till 1995	ECCS flerpunktsinsprutning med hettråd
Primera 2.0e GT	SR20DE	1991 till 1995	ECCS flerpunktsinsprutning med hettråd
Primera 2.0e katalysator	SR20DE	1991 till 1995	ECCS flerpunktsinsprutning med hettråd
Primera 2.0i DOHC 16V	SR20DE	1994 till 1996	ECCS enpunktsinsprutning
Primera 2.0i GT DOHC 16V	SR20DE	1994 till 1996	ECCS enpunktsinsprutning
QX 2.0 DOHC 24V V6	VQ20DE	1994 till 1996	ECCS flerpunktsinsprutning
QX 3.0 DOHC 24V V6	VQ30DE	1994 till 1996	ECCS flerpunktsinsprutning
Serena 1.6i DOHC 16V 71kW	GA16DE	1993 till 1996	ECCS flerpunktsinsprutning
Serena 2.0i DOHC 16V 93kW	SR20DE	1993 till 1996	ECCS flerpunktsinsprutning
Silvia turbo ZX	CA18ET	1984 till 1990	ECCS flerpunktsinsprutning
Sunny 1.6i katalysator SOHC 12V	GA16I	1989 till 1991	ECCS enpunktsinsprutning
Sunny ZX kupé DOHC 16V	CA16DE	1987 till 1989	ECCS enpunktsinsprutning
Sunny 1.8 ZX katalysator DOHC 16V	CA18DE	1989 till 1991	ECCS enpunktsinsprutning
Sunny GTi-R DOHC 16V 164kW	SR20DET	1991 till 1994	ECCS flerpunktsinsprutning
Sunny 2.0 GTi katalysator DOHC 16V 105kW	SR20DE	1991 till 1994	ECCS flerpunktsinsprutning

Modell	Motorbeteckning	Årsmodell	System
Nissan (fortsättning)			
Sunny 2.0 DOHC 16V turbo	SR20DET	1994 till 1996	ECCS flerpunktsinsprutning
Patrol 4.2i OHV 128kW	TB42E	1992 till 1996	ECCS flerpunktsinsprutning
Urvan 2.4i katalysator	Z24I	1989 till 1994	ECCS enpunkt insprutning
Vanette 2.4i katalysator OHV 52 kW	Z24I	1987 till 1994	ECCS enpunktsinsprutning
Opel			
Corsa 1.2i katalysator	C12NZ	1990 till 1994	GM-Multec CFi
Corsa 1.4i katalysator	C14NZ	1990 till 1993	GM-Multec CFi
Corsa 1.6i katalysator	C16NZ	1990 till 1992	GM-Multec CFi
Corsa 1.4i katalysator	C14SE	1992 till 1993	GM-Multec flerpunktsinsprutning
Corsa 1.6i katalysator	C16SE	1992 till 1993	GM-Multec flerpunktsinsprutning
Corsa 1.2i katalysator	X12SZ	1993 till 1996	GM-Multec CFi
Corsa 1.4i katalysator	C14SE	1993 till 1994	GM-Multec flerpunktsinsprutning
Corsa 1.6i katalysator	C16SE	1993 till 1994	GM-Multec flerpunktsinsprutning
Kadett-E 1.4i katalysator	C14NZ	1990 till 1993	GM-Multec CFi
Kadett-E 1.6 katalysator	C16NZ	1990 till 1993	GM-Multec CFi
Kadett-E 1.8i katalysator	C18NZ	1990 till 1991	GM-Multec CFi
Kadett 2.0i	20NE	1987 till 1990	Motronic ML4.1
Kadett 2.0i	20SEH	1987 till 1990	Motronic ML4.1
Kadett GSi 8V 2.0i SOHC	20SEH	1990 till 1993	Motronic 1.5
Kadett 2.0i katalysator SOHC	C20NE	1990 till 1993	Motronic 1.5
Kadett 2.0i 16V DOHC	C20XEJ	1990 till 1991	Motronic 2.5
Kadett 2.0i 16V DOHC katalysator	C20XE	1990 till 1992	Motronic 2.5
Peugeot			
106 1.0 katalysator	TU9ML/Z (CDY)	1993 till 1996	Mono-Motronic MA3.0
106 1.0 katalysator	TU9ML/Z (CDZ)	1993 till 1996	Mono-Motronic MA3.0
106 1.1i katalysator	TU1ML/Z (HDY)	1993 till 1996	Magneti Marelli FDG6
106 1.1i katalysator	TU1ML/Z (HDZ)	1993 till 1996	Magneti Marelli FDG6
106 1.4i 8V SOHC Rallye katalysator	TU2J2L/Z (MFZ)	1993 till 1996	Magneti Marelli 8P
106 1.4i	TU3J2K (K6B)	1991 till 1992	Motronic MP3.1
106 1.4i katalysator	TU3J2L/Z (KFZ)	1991 till 1996	Motronic MP3.1
106 1.4i katalysator	TU3MCL/Z (KDX)	1993 till 1996	Mono-Motronic MA3.0
106 1.6	TU5JPL/Z (NFZ)	1994 till 1996	MP5.1
106 1.6 MPi	TU5J2L/Z/K (NFY)	1994 till 1996	Magneti Marelli 8P
205 1.1i katalysator	TU1ML/Z (HDZ)	1992 till 1996	Magneti Marelli FDG6
205 1.4i	TU3FM/L (KDY2)	1994 till 1996	Mono-Motronic MA3.0
205 1.6i katalysator	XU5M2L/Z (BDY)	1990 till 1991	Magneti Marelli BAG5
205 1.6i & automatväxellåda katalysator	XU5M3L/Z (BDY)	1992 till 1996	Magneti Marelli FDG6
205 GTi 1.9 8V katalysator	XU9JAZ (DKZ)	1989 till 1993	Motronic 1.3
306 1.1i	TU1ML/Z (HDY)	1993 till 1996	Magneti Marelli FDG6
306 1.1i	TU1ML/Z (HDZ)	1993 till 1996	Magneti Marelli FDG6
306 1.1i	TU1ML/Z (HDY)	1993 till 1996	Mono-Motronic MA3.0
306 1.1i	TU1ML/Z (HDZ)	1993 till 1996	Mono-Motronic MA3.0
306 1.4i katalysator	TU3MCL/Z (KDX)	1993 till 1995	Mono-Motronic MA3.0
306 1.4i katalysator	TU3MCL/Z (KDX)	1994 till 1996	Magneti Marelli FDG6
306 1.6i katalysator	TU5JPL/Z (NFZ)	1993 till 1996	Motronic MP5.1
306 1.8i cabriolet & katalysator	XU7JPL/Z (LFZ)	1993 till 1996	Magneti Marelli 8P
306 2.0i cabriolet & katalysator	XU10J2CL/Z (RFX)	1994 till 1996	Magneti Marelli 8P
306 2.0i 16V katalysator	XU10J4L/Z (RFY)	1994 till 1996	Motronic MP3.2
309 1.6i katalysator	XU5MZ (BDZ)	1989 till 1991	Magneti Marelli BAG5
309 1.6i katalysator	XU5M2L/Z (BDY)	1991 till 1992	Magneti Marelli G5
309 1.6i katalysator	XU5M3L/Z (BDY)	1992 till 1994	Magneti Marelli FDG6
309 1.9 8V	XU9JA/Z (DKZ)	1988 till 1992	Motronic 1.3
309 1.9 16V DOHC	XU9J4K (D6C)	1990 till 1991	Motronic 4.1
309 1.9 16V DOHC	XU9J4K (D6C)	1991 till 1992	Motronic 1.3
309 1.9 16V katalysator	XU9J4L/Z (DFW)	1990 till 1992	Motronic 1.3
405 1.4i katalysator	TU3MCL/Z (KDX)	1992 till 1994	Mono Motronic MA3.0
405 1.6i katalysator	XU5MZ (BDZ)	1989 till 1991	Magneti Marelli BAG5
405 1.6i katalysator	XU5M2L/Z (BDY)	1989 till 1991	Magneti Marelli FDG5
405 1.6i katalysator	XU5M3Z (BDY)	1991 till 1992	Magneti Marelli FDG6
405 1.6i katalysator	XU5M3L/Z (BDY)	1992 till 1993	Magneti Marelli FDG6
405 1.6i katalysator	XU5JPL/Z (BFZ)	1993 till 1995	Magneti Marelli DCM8P13
405 1.6i katalysator	XU5JPL/Z (BFZ)	1989 till 1992	Motronic 1.3
405 1.9 Mi16 & Mi16x4 16V	XU9J4K (D6C)	1988 till 1991	Motronic ML4.1

Modell	Motorbeteckning	Årsmodell	System
Peugeot (fortsättning)			
405 1.9 Mi16 & Mi16x4 16V	XU9J4K (D6C)	1990 till 1992	Motronic 1.3
405 1.9 Mi16 katalysator	XU9J4/Z (DFW)	1990 till 1992	Motronic 1.3
405 1.9i W/ distributor	XU9J2K (D6D)	1990 till 1991	Motronic MP3.1
405 1.9i DIS	XU9J2K (D6D)	1991 till 1992	Motronic MP3.1
405 2.0i & 4x4 8V katalysator	XU10J2CL/Z (RFX)	1992 till 1996	Magneti Marelli 8P flerpunktsinsprutning
405 2.0i 16V katalysator	XU10J4/Z (RFY)	1992 till 1995	Motronic MP3.2
405 2.0i 16V turbo katalysator	XU10J4TEL/Z (RGZ)	1993 till 1995	Magneti Marelli 8P flerpunktsinsprutning
406 1.8 16V	XU7JP4L	1995 till 1996	Motronic MP5.1.1
406 2.0 16V	XU10J4RL	1995 till 1996	Motronic MP5.1.1
605 2.0i katalysator	XU10ML/Z (RDZ)	1989 till 1994	Magneti Marelli G5
605 2.0i katalysator	XU10J2L/Z (RFZ)	1990 till 1995	Motronic MP3.1
605 2.0i 16V	XU10J4RL/Z/L3 (RFV)	1995 till 1996	Motronic MP5.1.1
605 2.0i turbo katalysator	XU10J2TEL/Z (RGY)	1993 till 1994	Motronic MP3.2
605 2.0i turbo	XU10J2CTEL/Z (RGX)	1995 till 1996	Motronic MP3.2
806 2.0	XU10J2CL/Z (RFU)	1995 till 1996	Magneti Marelli 8P-22
806 2.0 turbo	XU10J2CTEL/Z (RGX)	1995 till 1996	Motronic MP3.2
Boxer 2.0	XU10J2U (RFW)	1994 till 1996	Magneti Marelli 8P11
Renault			
5 1.4 katalysator	C3J700 (B/C/F407)	1986 till 1990	Renix enpunktsinsprutning
5 1.4 katalysator	C3J760 (B/C/F407)	1990 till 1996	Renix enpunktsinsprutning
5 1.7i katalysator	F3NG716 (B/C408)	1987 till 1991	Renix enpunktsinsprutning
5 1.7i katalysator	F3NG717 (B/C409)	1987 till 1991	Renix enpunktsinsprutning
5 1.7 katalysator	F3N702 (C409)	1989 till 1992	Renix flerpunktsinsprutning
9 1.7 katalysator	F3N718 (L42F/BC37F)	1986 till 1989	Renix enpunktsinsprutning
9 1.7 katalysator	F3N708 (L42E/C37E)	1986 till 1989	Renix flerpunktsinsprutning
11 1.7 katalysator	F3N718 (L42F/BC37F)	1986 till 1989	Renix enpunktsinsprutning
11 1.7 katalysator	F3N708 (L42E/C37E)	1986 till 1989	Renix flerpunktsinsprutning
19 1.4i katalysator	C3J710 (B/C/L532)	1990 till 1992	Renix enpunktsinsprutning
19 1.4i katalysator	C3J700	1991 till 1992	Renix enpunktsinsprutning
19 1.4 katalysator	E7J700 (B/C/L53A)	1991 till 1995	Bosch enpunktsinsprutning
19 1.7i katalysator	F3N740 B/C/L53B	1990 till 1992	Renix enpunktsinsprutning
19 1.7i automatväxellåda katalysator	F3N741 (B/C/L53B)	1990 till 1992	Renix enpunktsinsprutning
19 1.7 DOHC 16V	F7P700 (B/C/L/D53D)	1991 till 1993	Renix flerpunktsinsprutning
19 1.7 DOHC 16V katalysator	F7P704 (B/C/L/D53D)	1991 till 1995	Renix flerpunktsinsprutning
19 1.7 DOHC 16V katalysator	F7P704 (X53D)	1991 till 1995	Renix flerpunktsinsprutning
19 1.7i katalysator	F3N746 (B/C/L53F)	1992 till 1993	Renix flerpunktsinsprutning
19 1.7i katalysator	F3N742 (B/C/L/X53C)	1990 till 1992	Renix flerpunktsinsprutning
19 1.7i automatväxellåda katalysator	F3N743 (X53C)	1990 till 1992	Renix flerpunktsinsprutning
19 1.8 katalysator	F3P700 (X538)	1992 till 1996	Renix flerpunktsinsprutning
21 1.7i katalysator	F3N723 (X48F)	1991 till 1995	Renix enpunktsinsprutning
21 1.7i katalysator	F3N722 (B/K/L/48E)	1991 till 1995	Renix flerpunktsinsprutning
21 1721 katalysator	F3N 726 (L42F/BC37F)	1986 till 1989	Renix enpunktsinsprutning
21 2.0 12V & 4x4 katalysator	J7R740 (B/L/X48R)	1991 till 1995	Renix flerpunktsinsprutning
21 2.0 katalysator	J7R746 (B/K/L48C)	1991 till 1995	Renix flerpunktsinsprutning
21 2.0 automatväxellåda katalysator	J7R747 (B/K/L48C)	1991 till 1995	Renix flerpunktsinsprutning
21 2.0 & 4x4	J7R750 (B/L/K483)	1986 till 1993	Renix flerpunktsinsprutning
21 2.0 & automatväxellåda 4x4	J7R751 (K483)	1986 till 1993	Renix flerpunktsinsprutning
21 2.0 TXi 12V	J7RG754(X48Q/Y/R)	1989 till 1994	Renix flerpunktsinsprutning
21 2.0 turbo & 4x4 katalysator	J7R756 (L48L)	1991 till 1994	Renix flerpunktsinsprutning
21 2.0 turbo	J7R752 (L485)	1988 till 1992	Renix flerpunktsinsprutning
21 2.0 turbo 4x4	J7R752 (L485)	1991 till 1992	Renix flerpunktsinsprutning
21 2.2 katalysator	J7T754 (B/K/L48K)	1992 till 1995	Renix flerpunktsinsprutning
21 2.2 automatväxellåda katalysator	J7T755 (B/K/L48K)	1992 till 1995	Renix flerpunktsinsprutning
25 2.0	J7R722 (B29H)	1986 till 1992	Renix flerpunktsinsprutning
25 2.0 automatväxellåda	J7R723 (B29H)	1986 till 1992	Renix flerpunktsinsprutning
25 2.0 TXi 12V	J7RG720 (B292)	1989 till 1992	Renix flerpunktsinsprutning
25 2.0 TXi automatväxellåda 12V	J7RG721 (B292)	1989 till 1993	Renix flerpunktsinsprutning
25 2.0 TXi 12V katalysator	J7R726 (B294)	1991 till 1993	Renix flerpunktsinsprutning
25 2.2	J7TE706 (B29E)	1984 till 1987	Renix flerpunktsinsprutning
25 2.2 automatväxellåda	J7TG707 (B29E)	1984 till 1987	Renix flerpunktsinsprutning
25 2.2	J7TJ730 (B29E)	1987 till 1990	Renix flerpunktsinsprutning
25 2.2 automatväxellåda	J7TK731 (B29E)	1987 till 1990	Renix flerpunktsinsprutning
25 2.2 katalysator	J7T732 (B29B)	1990 till 1991	Renix flerpunktsinsprutning
25 2.2 automatväxellåda katalysator	J7T733 (B29B)	1990 till 1991	Renix flerpunktsinsprutning

Modell	Motorbeteckning	Årsmodell	System
Renault (fortsättning)			
25 2.5 V6 turbo	Z7UA702 (B295)	1985 till 1990	Renix flerpunktsinsprutning
25 2.5 V6 turbo katalysator	Z7U700 (B29G)	1991 till 1993	Renix flerpunktsinsprutning
25 V6 2.9i	Z7WA700 (B293)	1989 till 1993	Renix flerpunktsinsprutning
25 V6 2.9i automatväxellåda	Z7W701 (B293)	1989 till 1992	Renix flerpunktsinsprutning
25 V6 2.9i automatväxellåda	Z7W709 (B293)	1992 till 1993	Renix flerpunktsinsprutning
25 V6 2.9i katalysator	Z7W706 (B29F)	1991 till 1992	Renix flerpunktsinsprutning
25 V6 2.9i automatväxellåda katalysator	Z7W707 (B29F)	1991 till 1992	Renix flerpunktsinsprutning
Alpine 2.5 GTA V6 turbo	Z7UC730 (D501)	1986 till 1992	Renix flerpunktsinsprutning
Alpine 2.5 GTA V6 turbo katalysator	Z7U734 (D502)	1990 till 1992	Renix flerpunktsinsprutning
Alpine 2.5 V6 turbo katalysator	Z7X744 (D503)	1992 till 1995	Renix flerpunktsinsprutning
Chamade 1.4i katalysator	(B/C/L532)C31710	1990 till 1992	Renix enpunktsinsprutning
Chamade 1.4i katalysator	C3J700	1991 till 1992	Renix enpunktsinsprutning
Chamade 1.7i katalysator	F3N742 (X53C)	1990 till 1992	Renix flerpunktsinsprutning
Chamade 1.7i automatväxellåda katalysator	F3N743 (X53C)	1990 till 1992	Renix flerpunktsinsprutning
Chamade 19 1.7i katalysator	F3N740	1990 till 1992	Renix enpunktsinsprutning
Chamade 19 1.7i automatväxellåda katalysator	F3N741 (B/C/L53B)	1990 till 1992	Renix enpunktsinsprutning
Chamade 1.8 katalysator	F3P700	1992 till 1994	Renix flerpunktsinsprutning
Clio 1.8 katalysator	F3P712 (C579)	1993 till 1996	Renix flerpunktsinsprutning
Clio 1.8 16V DOHC	F7P720 (C575)	1991 till 1992	Renix flerpunktsinsprutning
Clio 1.8 16V DOHC katalysator	F7P722 (C57D)	1991 till 1996	Renix flerpunktsinsprutning
Clio Williams 2.0 katalysator	F7P	1993 till 1995	Renix flerpunktsinsprutning
Espace 2.0i TXE & 4x4	J7RE760 (J116)	1988 till 1991	Renix flerpunktsinsprutning
Espace 2.0i katalysator	J7R768 (J636)	1991 till 1996	Renix flerpunktsinsprutning
Espace 2.2i TXE&4x4 katalysator	J7T770 (J117)	1991 till 1992	Renix flerpunktsinsprutning
Espace 2.2i & 4x4 katalysator	J7T772 (J/S637)	1991 till 1995	Renix flerpunktsinsprutning
Espace 2.9i V6 & 4X4 katalysator	Z7W712 (J638)	1991 till 1995	Renix flerpunktsinsprutning
Espace 2.9i V6 & 4X4 katalysator	Z7W713 (J638)	1991 till 1995	Renix flerpunktsinsprutning
Extra 1.4 katalysator	C3J760 (B/C/F407)	1990 till 1995	Renix enpunktsinsprutning
Extra 1.4 katalysator	C3J762 (F407)	1992 till 1995	Renix enpunktsinsprutning
Express 1.4 katalysator	C3J762 (F407)	1992 till 1995	Renix enpunktsinsprutning
Laguna 2.0i	F3R722	1994 till 1995	Renix flerpunktsinsprutning
Master 2.2i katalysator	J7T782 (RxxA)	1991 till 1993	Renix flerpunktsinsprutning
Safrane 2.0i katalysator	J7R732 (B540)	1993 till 1996	Renix flerpunktsinsprutning
Safrane 2.0i automatväxellåda katalysator	J7R733 (B540)	1993 till 1995	Renix flerpunktsinsprutning
Safrane 2.0i 12V katalysator	J7R734 (B542)	1993 till 1994	Renix flerpunktsinsprutning
Safrane 2.0i 12V katalysator	J7R735 (B542)	1993 till 1994	Renix flerpunktsinsprutning
Safrane 2.2i 12V katalysator	J7T760 (B543)	1993 till 1995	Renix flerpunktsinsprutning
Safrane 2.2i 12V automatväxellåda katalysator	J7T761 (B543)	1993 till 1995	Renix flerpunktsinsprutning
Safrane 3.0i V6 katalysator	Z7X722 (B544)	1993 till 1995	Renix flerpunktsinsprutning
Safrane 3.0i V6 automatväxellåda katalysator	Z7X723 (B544)	1993 till 1995	Renix flerpunktsinsprutning
Safrane Quadra 3.0i V6 katalysator	Z7X722 (B544)	1992 till 1994	Renix flerpunktsinsprutning
Savanna 1.7i katalysator	F3N722 (X48E)	1991 till 1995	Renix flerpunktsinsprutning
Savanna 1.7i katalysator	F3N723 (X48F)	1991 till 1995	Renix enpunktsinsprutning
Savanna 2.0 & 4x4	J7R750 (K483)	1986 till 1993	Renix flerpunktsinsprutning
Savanna 2.0 & 4x4 automatväxellåda	J7R751 (K483)	1986 till 1993	Renix flerpunktsinsprutning
Trafic 2.2i & 4x4 katalysator	J7T 780 (T/VxxA)	1991 till 1993	Renix flerpunktsinsprutning
Rover			
111 1.1 SOHC	K8	1995 till 1996	Rover MEMS enpunktsinsprutning
114 1.4 SOHC	K8	1995 till 1996	Rover MEMS enpunktsinsprutning
114 1.4 GTi katalysator	K8	1991 till 1994	Rover MEMS flerpunktsinsprutning
214 1.4 DOHC 16V	K16	1989 till 1992	Rover MEMS enpunktsinsprutning
214 1.4 DOHC 16V katalysator	K16	1990 till 1993	Rover MEMS enpunktsinsprutning
214 1.4 DOHC 16V katalysator	K16	1992 till 1996	Rover MEMS flerpunktsinsprutning
216 SOHC 16V	D16A7	1989 till 1996	Honda PGM-Fi
216 SOHC 16V katalysator	D16A6	1989 till 1996	Honda PGM-Fi
216 SOHC 16V automatväxellåda katalysator	D16Z2	1989 till 1996	Honda PGM-Fi
216 DOHC 16V	D16A9	1990 till 1994	Honda PGM-Fi
216 DOHC 16V automatväxellåda	D16Z4	1990 till 1994	Honda PGM-Fi
216 DOHC 16V katalysator	D16A8	1990 till 1994	Honda PGM-Fi
220 2.0 DOHC 16V katalysator	20M4 M16	1991 till 1994	Rover MEMS flerpunktsinsprutning
220 2.0 DOHC 16V turbo katalysator	20T4 T16	1992 till 1996	Rover MEMS flerpunktsinsprutning
220 2.0 DOHC 16V katalysator	20T4 T16	1992 till 1996	Rover MEMS flerpunktsinsprutning
414 1.4 DOHC 16V	K16	1990 till 1993	Rover MEMS enpunktsinsprutning
414 1.4 DOHC 16V katalysator	K16	1990 till 1993	Rover MEMS enpunktsinsprutning

Modell	Motorbeteckning	Årsmodell	System
Rover (fortsättning)			
414 1.4 DOHC 16V katalysator	K16	1992 till 1996	Rover MEMS flerpunktsinsprutning
414 1.4 DOHC 16V	K16	1995 till 1996	Rover MEMS flerpunktsinsprutning
416 SOHC 16V	D16A7	1989 till 1996	Honda PGM-Fi
416 SOHC 16V katalysator	D16A6	1989 till 1996	Honda PGM-Fi
416 SOHC 16V automatväxellåda katalysator	D16Z2	1989 till 1996	Honda PGM-Fi
416 DOHC 16V	D16A9	1990 till 1994	Honda PGM-Fi
416 DOHC 16V automatväxellåda	D16Z4	1990 till 1994	Honda PGM-Fi
416 DOHC 16V katalysator	D16A8	1990 till 1994	Honda PGM-Fi
416i 1.6 automatväxellåda SOHC 16V	D16	1995 till 1996	Honda PGM-Fi
416 1.6 DOHC 16V	K16	1995 till 1996	Rover MEMS flerpunktsinsprutning
420 2.0 DOHC 16V katalysator	20M4 M16	1991 till 1994	Rover MEMS flerpunktsinsprutning
420 2.0 DOHC 16V turbo katalysator	20T4 T16	1992 till 1996	Rover MEMS flerpunktsinsprutning
420 2.0 DOHC 16V katalysator	20T4 T16	1992 till 1996	Rover MEMS flerpunktsinsprutning
618 SOHC 16V	F18A3	1995 till 1996	Honda PGM-Fi
620i SOHC 16V	F20Z2	1993 till 1996	Honda PGM-Fi
620i S SOHC 16V	F20Z1	1993 till 1996	Honda PGM-Fi
620 2.0 DOHC 16V turbo	20T4 T16	1994 till 1996	Rover MEMS flerpunktsinsprutning
623i DOHC 16V	H23A3	1993 till 1996	Honda PGM-Fi
820E SFi DOHC	20HD/M16e	1986 till 1990	Rover enpunktsinsprutning
820SE SFi DOHC	20HD/M16e	1986 till 1990	Rover enpunktsinsprutning
820i 2.0 DOHC 16V katalysator	20T4	1991 till 1996	Rover MEMS flerpunktsinsprutning
820 2.0 DOHC 16V turbo katalysator	20T4	1992 till 1996	Rover MEMS flerpunktsinsprutning
825i V6 SOHC 24V	V6 2.5	1986 till 1988	Honda PGM-Fi
827i V6 SOHC 24V	V6 2.7	1988 till 1991	Honda PGM-Fi
827i V6 SOHC 24V katalysator	V6 2.7	1988 till 1991	Honda PGM-Fi
827i V6 SOHC 24V katalysator	V6 2.7	1991 till 1996	Honda PGM-Fi
Metro 1.1i SOHC katalysator	K8	1991 till 1994	Rover MEMS enpunktsinsprutning
Metro 1.4i SOHC	K8	1991 till 1992	Rover MEMS enpunktsinsprutning
Metro 1.4i SOHC katalysator	K8	1991 till 1994	Rover MEMS enpunktsinsprutning
Metro 1.4i GTi DOHC 16V katalysator	K16	1991 till 1992	Rover MEMS enpunktsinsprutning
Metro 1.4 GTi DOHC 16V	K16	1990 till 1992	Rover MEMS enpunktsinsprutning
Metro 1.4 GTi DOHC 16V katalysator	K16	1991 till 1994	Rover MEMS flerpunktsinsprutning
MGF 1.8 DOHC 16V	K16	1995 till 1996	Rover MEMS 1.9 flerpunktsinsprutning
MGF 1.8 VVC DOHC 16V	K16	1995 till 1996	Rover MEMS 2J SFi
Mini Cooper 1.3i	12A2DF75	1991 till 1996	Rover MEMS enpunktsinsprutning
Mini Cooper 1.3i automatväxellåda	12A2DF76	1991 till 1996	Rover MEMS enpunktsinsprutning
Mini Cooper 1.3i cabriolet	12A2EF77	1993 till 1994	Rover MEMS enpunktsinsprutning
Montego 2.0 EFi	20HE36	1989 till 1992	Rover MEMS flerpunktsinsprutning
Montego 2.0 EFi automatväxellåda	20HE37	1989 till 1992	Rover MEMS flerpunktsinsprutning
Sterling V6 SOHC 24V	V6 2.5	1986 till 1988	Honda PGM-Fi
Toyota			
Camry katalysator 5S-FE (SXV10)	5S-FE	1992 till 1997	TCCS
Camry 2.0i OHC	3S-FE	1987 till 1991	TCCS
Camry 2.0i OHC 4WD	3S-FE	1988 till 1989	TCCS
Camry 2.0i OHC	3S-FE	1987 till 1991	TCCS
Camry 2.0i OHC 4WD	3S-FE	1988 till 1989	TCCS
Camry 2.2i 16V DOHC katalysator	5S-FE	1991 till 1996	TCCS
Camry 2.5i V6 OHC katalysator	2VZ-FE	1989 till 1991	TCCS
Camry 3.0i V6 24V DOHC katalysator	3VZ-FE	1991 till 1995	TCCS
Carina E 1.6i 16V DOHC	4A-FE	1992 till 1996	TCCS
Carina E 1.6i 16V DOHC katalysator	4A-FE	1992 till 1996	TCCS
Carina II 2.0i OHC	3S-FE	1988 till 1992	TCCS
Carina II 2.0i OHC katalysator	3S-FE	1988 till 1992	TCCS
Carina E 2.0i DOHC katalysator	3S-FE	1992 till 1995	TCCS
Carina E 2.0 16V DOHC katalysator	3S-GE	1992 till 1995	TCCS
Celica 2.0 16V DOHC	3S-GE	1990 till 1994	TCCS
Celica 2.0 16V DOHC katalysator	3S-GE	1990 till 1994	TCCS
Celica 2.0 16V DOHC	3S-GEL	1985 till 1990	TCCS
Celica 2.0 GT-4 turbo 16V DOHC katalysator	3S-GTE	1988 till 1990	TCCS
Celica 2.0 GT-4 turbo 16V DOHC katalysator	3S-GTE	1990 till 1993	TCCS
Celica 2.2i 16V DOHC katalysator	5S-FE	1991 till 1994	TCCS
Corolla /Starlet 1.3i OHC katalysator	2E-E	1990 till 1992	TCCS
Corolla 1.3i 16V DOHC katalysator	4E-FE	1992 till 1995	TCCS
Corolla 1.6 GT OHC	4A-GEL	1985 till 1987	TCCS

Modell	Motorbeteckning	Årsmodell	System
Toyota (fortsättning)			
Corolla 1.6 GT coupe OHC	4A-GE	1984 till 1987	TCCS
Corolla 1.6 GTi OHC	4A-GE	1987 till 1989	TCCS
Corolla 1.6 GTi OHC katalysator	4A-GE	1989 till 1992	TCCS
Corolla 1.6 GTi OHC katalysator	4A-GE	1987 till 1989	TCCS
Corolla 1.6 GTi OHC katalysator	4A-GE	1989 till 1992	TCCS
Corolla 1.6i & 4x4 OHC katalysator	4A-FE	1989 till 1992	TCCS
Corolla 1.6i 16V DOHC katalysator	4A-FE	1992 till 1996	TCCS
Corolla 1.6 GTi OHC	4A-GE	1987 till 1989	TCCS
Corolla 1.6 GTi OHC	4A-GE	1989 till 1992	TCCS
Corolla 1.6 GTi OHC katalysator	4A-GE	1987 till 1989	TCCS
Corolla 1.6 GTi OHC katalysator	4A-GE	1989 till 1992	TCCS
Corolla 1.6i & 4x4 OHC katalysator	4A-FE	1989 till 1992	TCCS
Corolla 1.8i 16V DOHC katalysator	7A-FE	1993 till 1995	TCCS
Hi-Ace 2.4i OHC	2RZ-E	1989 till 1994	TCCS
Hi-Ace 2.4i 4x4 OHC	2RZ-E	1989 till 1994	TCCS
MR2 1.6 OHC	4A-GEL	1984 till 1990	TCCS
MR2 2.0 16V DOHC GT katalysator	3S-GE	1990 till 1995	TCCS
MR2 2.0 16V DOHC katalysator	3S-FE	1990 till 1994	TCCS
Previa 2.4i 16V DOHC katalysator	2TZ-FE	1990 till 1996	TCCS
Supra 3.0i 24V DOHC	7M-GE	1986 till 1993	TCCS
Supra 3.0i 24V DOHC katalysator	7M-GE	1986 till 1993	TCCS
Supra 3.0i turbo DOHC DIS katalysator	7M-GTE	1989 till 1993	TCCS
Tarago 2.4i 16V DOHC katalysator	2TZ-FE	1990 till 1995	TCCS
4 Runner 3.0i 4wd V6 SOHC katalysator	3VZ-E	1991 till 1995	TCCS
Vauxhall			
Astra-F 1.4i	X14NZ	1997	GM-Multec CFi
Astra-F 1.4i	X14XE	1996 till 1997	GM-Multec CFi
Astra-F 1.4i katalysator	C14NZ	1990 till 1996	GM-Multec CFi
Astra-F 1.6 katalysator	C16NZ	1990 till 1995	GM-Multec CFi
Astra-F 1.8i katalysator	C18NZ	1991 till 1994	GM-Multec CFi
Astra Skåp 1.6i katalysator	C16NZ	1991 till 1994	GM-Multec CFi
Astra-F 1.4i katalysator	C14SE	1991 till 1996	GM-Multec flerpunktsinsprutning
Astra-F 1.6i katalysator	C16SE	1992 till 1995	GM-Multec flerpunktsinsprutning
Astra-F 1.4i katalysator	C14SE	1993 till 1994	GM-Multec flerpunktsinsprutning
Astra-F 1.6i	X16SZ	1993 till 1996	GM-Multec CFi
Astra-F 1.6i katalysator	C16SE	1993 till 1994	GM-Multec flerpunktsinsprutning
Astra-F 1.6i	X16SZR	1996 till 1997	GM-Multec CFi
Astra 1.6i katalysator	C16SE	1991 till 1992	Motronic 1.5
Astra 1.8i	18SE	1987 till 1991	Bosch L3 och EZ61
Astra GTE 2.0	20NE	1987 till 1990	Motronic ML4.1
Astra GTE 2.0	20SEH	1987 till 1990	Motronic ML4.1
Astra 2.0i	20SEH	1990 till 1993	Motronic 1.5
Astra 2.0i katalysator	C20NE	1991 till 1995	Motronic 1.5
Astra 2.0i 16V DOHC	20XEJ	1988 till 1991	Motronic 2.5
Astra-F 2.0i 16V DOHC		1993 till 1996	Motronic 2.5
Astra-F 2.0i katalysator SOHC 85kW	C20NE	1991 till 1995	Motronic 1.5.2
Belmont 1.4i katalysator	C14NZ	1990 till 1993	GM-Multec CFi
Belmont 1.6i	C16NZ	1987 till 1993	GM-Multec CFi
Belmont 1.8i katalysator	C18NZ	1990 till 1992	GM-Multec CFi
Brava katalysator 2.3	4ZD1	1995 till 1996	GM-Multec flerpunktsinsprutning
Calibra 2.0i SOHC & 4x4 katalysator	C20NE	1990 till 1996	Motronic 1.5.4
Calibra 2.0i 16V 4x4 DOHC katalysator	C20XE	1990 till 1995	Motronic 2.5
Calibra 2.0 16V & 4x4 DOHC katalysator	C20XE	1993 till 1996	Motronic 2.8
Calibra turbo 4x4 16V 150kW	C20LET	1992 till 1996	Motronic 2.7
Calibra 2.5i 24V	C25XE	1993 till 1996	Motronic 2.8
Calibra 2.5i 24V	X25XE	1997 till 1997	Motronic 2.8
Carlton 2.0i	20SE	1987 till 1990	Motronic ML4.1
Carlton 2.0i SOHC	20SE	1990 till 1994	Motronic 1.5
Carlton 2.0i katalysator SOHC	C20NEJ	1990 till 1993	Motronic 1.5
Carlton 2.4i katalysator CIH	C24NE	1990 till 1993	Motronic 1.5
Carlton 2.6i katalysator CIH	C26NE	1990 till 1994	Motronic 1.5
Carlton 3.0i katalysator CIH	C30NE	1990 till 1994	Motronic 1.5
Carlton 24V katalysator DOHC 24V	C30SE	1989 till 1994	Motronic 1.5
Carlton 24V katalysator kombi DOHC 24V	C30SEJ	1990 till 1994	Motronic 1.5

Modell	Motorbeteckning	Årsmodell	System
Vauxhall (fortsättning)			
Campo 2.3 katalysator	4ZD1	1995 till 1996	GM-Multec flerpunktsinsprutning
Cavalier 2.0	20NE	1987 till 1990	Motronic ML4.1
Cavalier 2.0	20SEH	1987 till 1990	Motronic ML4.1
Cavalier SRi 130	20SEH	1987 till 1988	Motronic ML4.1
Cavalier 2.0i SOHC	20NE	1990 till 1993	Motronic 1.5
Cavalier 2.0i 4x4 SOHC	20SEH	1990 till 1993	Motronic 1.5
Cavalier 1.6i	C16NZ/NZ2	1995 till 1996	GM-Multec CFi
Cavalier 2.0i katalysator SOHC	C20NE	1990 till 1993	Motronic 1.5
Cavalier 2.0i 16V DOHC	20XEJ	1989 till 1991	Motronic 2.5
Cavalier 2.0 16V	C20XE	1989 till 1995	Motronic 2.5
Cavalier 1.6i katalysator	C16NZ	1990 till 1993	GM-Multec CFi
Cavalier 1.6i katalysator	C16NZ2	1993 till 1994	GM-Multec CFi
Cavalier 1.6	X16SZ	1993 till 1995	GM-Multec CFi
Cavalier 1.6i	C16NZ/NZ2	1995 till 1987	GM-Multec CFi
Cavalier 1.8i katalysator	C18NZ	1990 till 1995	GM-Multec CFi
Corsa-B & Combo 1.2i	C12NZ	1993 till 1996	GM-Multec CFi
Corsa-B & Combo 1.4i	X14SZ	1996 till 1997	GM-Multec CFi
Corsa-B 1.4i & skåp	C14NZ	1993 till 1996	GM-Multec CFi
Corsa-B 1.6 Gsi	C16XE	1993 till 1995	GM-Multec flerpunktsinsprutning
Frontera 2.0i katalysator SOHC	C20NE	1991 till 1995	Motronic 1.5
Frontera 2.4i katalysator CIH	C24NE	1991 till 1995	Motronic 1.5
Frontera 2.0i	X20XE	1995 till 1996	Motronic 1.5
Frontera 2.0i 8V 85kW	X20SE	1995 till 1997	Motronic 1.5.4
Frontera 2.2i	X22XE	1995 till 1996	Motronic 1.5.4
Nova 1.2i katalysator	C12NZ	1990 till 1994	GM-Multec CFi
Nova 1.4i katalysator	C14NZ	1990 till 1993	GM-Multec CFi
Nova 1.6i katalysator	C16NZ	1990 till 1992	GM-Multec CFi
Nova 1.4i katalysator	C14SE	1992 till 1993	GM-Multec flerpunktsinsprutning
Nova 1.6i katalysator	C16SE	1992 till 1993	GM-Multec flerpunktsinsprutning
Nova 1.6i katalysator	C16SE	1993 till 1994	GM-Multec flerpunktsinsprutning
Nova 1.6 MPi katalysator	C16SEI	1990 till 1992	Motronic 1.5
Omega 2.0i	20SE	1987 till 1990	Motronic ML4.1
Omega 2.0i SOHC	20SE	1990 till 1993	Motronic 1.5
Omega 2.0i SOHC katalysator	C20NE	1990 till 1993	Motronic 1.5
Omega 2.0i SOHC katalysator	C20NEJ	1990 till 1993	Motronic 1.5
Omega-B 2.0i 8V 85kW	X20SE	1994 till 1997	Motronic 1.5.4
Omega 2.4i CIH katalysator	C24NE	1990 till 1993	Motronic 1.5
Omega 2.5i	X25XE	1994 till 1996	Motronic 2.8
Omega-B 2.5i 24V 125kW	X25XE	1994 till 1997	Motronic 2.8.1
Omega 2.6i CIH katalysator	C26NE	1990 till 1993	Motronic 1.5
Omega 3.0i	X30XE	1994 till 1996	Motronic 2.8.1
Omega 3.0i CIH katalysator	C30NE	1990 till 1994	Motronic 1.5
Omega 24V DOHC katalysator	C30SE	1989 till 1994	Systronic 1.5
Omega 24V DOHC kombi katalysator	C30SEJ	1990 till 1994	Motronic 1.5
Senator 2.6i CIH katalysator	C26NE	1990 till 1993	Motronic 1.5
Senator 3.0i CIH katalysator	C30NE	1990 till 1994	Motronic 1.5
Senator 24V DOHC katalysator	C30SE	1989 till 1994	Motronic 1.5
Senator 24V kombi DOHC katalysator	C30SEJ	1990 till 1992	Motronic 1.5
Tigra 1.4i 16V	X14XE	1994 till 1996	GM-Multec flerpunktsinsprutning
Tigra 1.6i	X16XE	1994 till 1997	GM-Multec flerpunktsinsprutning
Vectra 1.6i katalysator	C16NZ	1990 till 1993	GM-Multec CFi
Vectra 1.6i katalysator	C16NZ2	1993 till 1994	GM-Multec CFi
Vectra-A 1.6i	C16NZ/NZ2	1993 till 1995	GM-Multec CFi
Vectra-A 1.6i	X16SZ	1993 till 1995	GM-Multec CFi
Vectra 1.8i katalysator	C18NZ	1990 till 1994	GM-Multec CFi
Vectra 2.0i	20SEH	1987 till 1990	Motronic ML4.1
Vectra 2.0i katalysator	C20NE	1991 till 1992	Motronic 1.5
Vectra 2.0 SOHC	20NE	1990 till 1993	Motronic 1.5
Vectra 2.0i & 4x4 SOHC	20SEH	1990 till 1993	Motronic 1.5
Vectra 2.0i SOHC katalysator	C20NE	1990 till 1993	Motronic 1.5
Vectra GSi 2000	16V DOHC	1989 till 1991	Motronic 2.5
Vectra 2.0 16V 4x4 DOHC katalysator	C20XE	1989 till 1992	Motronic 2.5
Vectra-B 2.5i V6 24V	X25XE	1995 till 1997	Motronic 2.8.3

Modell	Motorbeteckning	Årsmodell	System
Volkswagen			
Caravelle 2.0i & katalysator	AAC	1990 till 1996	VW Digifant 38 stift
Caravelle 2.0i katalysator	AAC	1994 till 1995	VW Digifant 45 stift
Caravelle 2.5i katalysator	AAF	1991 till 1995	VW Digifant 38 stift
Corrado 1.8i G60 kompressor katalysator	PG	1988 till 1992	Digifant 25 stift
Corrado 1.8i G60 kompressor katalysator	PG	1992 till 1993	Digifant 38 stift
Corrado 2.0i katalysator	2E	1993 till 1995	Digifant 45 stift
Corrado VR6 SOHC 12V 140kW	ABV	1992 till 1996	Motronic 2.9
Golf 1.3i katalysator	AAV	1991 till 1992	Mono-Motronic
Golf 1.4i katalysator	ABD	1991 till 1995	Mono-Motronic 1.2.3
Golf 1.4i	AEX	1995 till 1996	Mono-Motronic
Golf 1.6i katalysator	ABU	1992 till 1995	Mono-Motronic 1.2.3
Golf 1.6i katalysator	AEA	1994 till 1995	Mono-Motronic 1.3
Golf 1.6i	AEK	1994 till 1996	Mono-Motronic
Golf 1.8i katalysator	AAM	1992 till 1996	Mono-Motronic 1.2.3
Golf 1.8i katalysator	ABS	1992 till 1994	Mono-Motronic
Golf 1.8i & 4x4	ADZ	1994 till 1996	Mono-Motronic
Golf 1.8i	PB	1987 till 1992	Digifant 25 stift
Golf 1.8i katalysator	PB	1989 till 1992	Digifant 25 stift
Golf 1.8i katalysator	1P	1988 till 1989	Digifant 25 stift
Golf 1.8i katalysator	1P	1989 till 1992	Digifant 25 stift
Golf 1.8i katalysator	PF	1987 till 1992	Digifant 25 stift
Golf 1.8i katalysator	PF	1989 till 1992	Digifant 25 stift
Golf 1.8i Cabriolet katalysator	2H	1990 till 1993	Digifant 25 stift
Golf 2.0i katalysator	2E	1991 till 1995	Digifant 45 stift
Golf 2.0i 16V katalysator	ABF	1992 till 1996	Digifant 68 stift
Golf GTi G60 kompressor katalysator	PG	1990 till 1992	Digifant 25 stift
Golf Rallye G60 kompressor katalysator	1H	1989 till 1992	Digifant 25 stift
Golf Syncro 2.9 140kW	ABV	1994 till 1997	Motronic 2.9
Golf VR6	AAA	1992 till 1996	Motronic 2.7/2.9
Jetta 1.8i	PB	1987 till 1992	Digifant 25 stift
Jetta 1.8i katalysator	PB	1989 till 1992	Digifant 25 stift
Jetta 1.8i katalysator	1P	1988 till 1989	Digifant 25 stift
Jetta 1.8i katalysator	1P	1988 till 1992	Digifant 25 stift
Jetta 1.8i katalysator	1P	1989 till 1992	Digifant 25 stift
Jetta 1.8i katalysator	PF	1987 till 1992	Digifant 25 stift
Jetta 1.8i katalysator	PF	1989 till 1990	Digifant 25 stift
Jetta 1.8i katalysator	PF	1990 till 1992	Digifant 25 stift
LT Skåp 2.4i katalysator	1E	1988 till 1996	Digifant 25 stift
Passat 1.6i SOHC 8V	AEK	1994 till 1996	Motronic 2.9
Passat 1.8i	RP	1990 till 1991	Mono-Motronic 1.2.1
Passat 1.8i & katalysator	RP	1990 till 1991	Mono-Motronic 1.2.1
Passat 1.8i katalysator	AAM	1990 till 1995	Mono-Motronic 1.2.1
Passat 1.8i	ABS	1991 till 1994	Mono-Motronic 1.2.1
Passat 1.8i katalysator	ABS	1992 till 1995	Mono-Motronic 1.2.3
Passat 1.8i GT	PB	1988 till 1990	Digifant 25 stift
Passat 1.8i katalysator	PF	1988 till 1992	Digifant 25 stift
Passat 1.8i katalysator	ADZ	1994 till 1995	Mono-Motronic MA1.7
Passat 1.8i G60 kompressor katalysator	PG	1988 till 1993	Digifant 25 stift
Passat 2.0i & 4x4 katalysator	2E	1990 till 1994	Digifant 38 stift
Passat 2.0i katalysator	ABF	1994 till 1995	Digifant 68 stift
Passat VR6	AAA	1991 till 1993	Motronic 2.7/ 2.9
Passat 2.8 VR6	AAA	1993 till 1996	Motronic 2.7/ 2.9
Passat 2.9 Syncro VR6 128kW	ABV	1994 till 1996	Motronic 2.9
Polo 1.0i katalysator	AEV	1994 till 1996	Mono-Motronic 1.2.3
Polo 1.05i katalysator	AAU	1990 till 1994	Mono-Motronic 1.2.1
Polo 1.3i katalysator	AAV	1993 till 1994	Mono-Motronic 1.2.3
Polo 1.3i katalysator	ADX	1994 till 1995	Mono-Motronic 1.3
Polo 1.6i katalysator	AEA	1994 till 1996	Mono-Motronic 1.3
Polo 1.3 GT katalysator	3F	1990 till 1994	Digifant 25 stift
Polo 1.3 GT katalysator	3F	1993 till 1994	Digifant 25 stift
Polo 1.3 G40 & katalysator		1987 till 1990	Digifant 25 stift
Polo 1.3 G40 & katalysator	PY	1991 till 1994	Digifant 25 stift
Sharan 2.0	ADY	1995 till 1996	Mono-Motronic MA1.7
Transporter 2.0i & katalysator	AAC	1990 till 1996	Digifant 38 stift
Transporter 2.0i katalysator	AAC	1994 till 1995	Digifant 45 stift

Modell	Motorbeteckning	Årsmodell	System
Volkswagen (fortsättning)			
Transporter 2.1i katalysator	MV	1987 till 1992	Digifant 25 stift
Transporter 2.1i katalysator	SR	1987 till 1991	Digifant 25 stift
Transporter 2.1i katalysator	SS	1989 till 1991	Digifant 25 stift
Transporter 2.5i katalysator	AAF	1991 till 1995	Digifant 38 stift
Transporter 2.5i katalysator	ACU	1994 till 1996	Digifant 45 stift
Vento 1.4i katalysator	ABD	1991 till 1995	Mono-Motronic 1.2.3
Vento 1.4i	AEX	1995 till 1996	Mono-Motronic MA1.7
Vento 1.6i katalysator	ABU	1992 till 1995	Mono-Motronic 1.2.3
Vento 1.6i katalysator	AEA	1994 till 1995	Mono-Motronic 1.3
Vento 1.8i katalysator	AAM	1992 till 1997	Mono-Motronic1.2.3
Vento 1.8i katalysator	ABS	1992 till 1994	Mono-Motronic MA1.7
Vento 1.8i & 4x4	ADZ	1994 till 1996	Mono-Motronic MA1.7
Vento 2.0i katalysator	2E	1991 till 1995	Digifant 45 stift
Vento 2.0i 16V katalysator	ABF	1992 till 1995	Digifant 68 stift
Volvo			
740 turbo	B230ET	1985 till 1989	Motronic (första gen.)
760 turbo	B230ET	1985 till 1989	Motronic (första gen.)

Kapitel 1
Kortfattad historik över motorstyrnings- och bränsleinsprutningssystem

Mekanisk bränsleinsprutning

Bränsleinsprutningsprincipen är nästan lika gammal som den äldsta bilen. Redan 1881, när de flesta pionjärerna inom motorbranschen utvecklade förgasare, tog en fransman vid namn Eteve patent på en mätenhet för mätning av komprimerad luftmängd. Ett tyskt patent tilldelades J. Spiel år 1883 för en metod som innebar insprutning av bränsle i en brännkammare som var kopplad till motorns cylindrar. Ungefär samtidigt i Kent, England utvecklade Edward Butler en motor som var utrustad med ett insprutningssystem som under tryck pressade bränsle genom en inloppsventil som var försedd med en kanal i ventilskaftet.

Den första serieproducerade motorn med bränsleinsprutning tillverkades av Charter Gas Engine Company i Sterling, Illinois, USA år 1887 **(fig. 1.1)**. Denna motor var av stationär typ och bränslet matades med hjälp av gravitation från en tank till insprutningshuset via en strypventil. Deutz i Europa utvecklade en egen stationär motor med lågtrycksmatad fotogen till inloppsventilen. 300 stycken av denna encylindriga motor tillverkades mellan 1898 och 1901.

Orville Wright var väl medveten om fördelarna med bränsleinsprutning. Hans Flier från 1903 var försedd med bränsleinsprutning **(fig. 1.2)**. Flygmotorer med bränsleinsprutning hade inga problem med nedisning av förgasare eller förgasarbränder, vilket innebar att det var mindre risk att de störtade. Därför utvecklades bränsleinsprutningen snabbare för flygplansmotorer, dock var framstegen mycket långsamma. En kolvpump för högtryck och den kalibrerade insprutningsprincipen introducerades av Leon Levavassuer år 1906. 1912 kom det första bidraget från Bosch som anpassade en tvåtakts utombordsmotor med hjälp av en smörj-medelspump som fungerade som insprutningspump.

Första världskriget och åren fram till 1920 innebar en avsevärd utveckling av förgasaren. Pålitligheten för flygplansmotorer med förgasare ökade så mycket att utvecklingen av bränsleinsprutningen lades på is. Detta tillstånd kvarstod i ett antal år. Under 1930-talet inledde det tyska DVL ("Deutsche Versuchsanstalt für Luftfahrt" = Tyska institutet för test av flygfordon), Bosch, BMW och Mercedes Benz alla utvecklingsprogram för högtryckssystem för bränsleinsprutning till flygplansmotorer. När Mercedes Benz introducerade motorn DB-601 V-12 på 1200 Hk på världsmarknaden 1937 blev bränsleinsprutning det dominerande bränslesystemet för flygplansmotorer. Dock var konstruktionen i hög utsträckning kopplad till dieselsystemet med direkt insprutning i förbränningsrummet. Förgasartillverkaren SU i Birmingham,

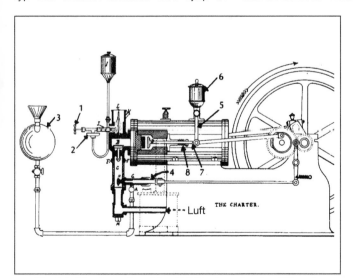

Fig. 1.1 Chartermotorn från 1887 hade redan de viktigaste delarna för bränsleinsprutning med lågt tryck

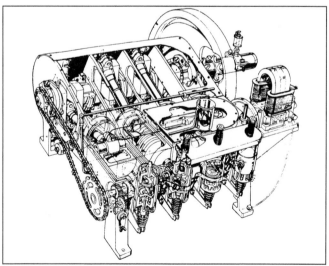

Fig. 1.2 Bröderna Wright använde en kugghjulspump för att pumpa in bränsle i insugsröret till deras fyrcylindriga motor på 28 hk år 1903

England utvecklade ett bränsleinsprutnings-system för Rolls-Royce flygplansmotorer av typ Merlin under den senare delen av andra världskriget. Detta system användes senare i Patton-stridsvagnen under Koreakriget mellan 1950 och 1953.

Bränsleinsprutningsmotorer i bilar förekom mellan 1930- och 1950-talet huvudsakligen i motorer för racerbilar. En tidig pionjär var Ed Winfield som erhöll ett patent för ett system med insprutningsportar (fig. 1.3). Ett liknande system användes på de utmärkta Indy Offenhauser-motorerna under 1950-talet. Bränslesystemet i Offenhauser-motorerna var konstruerat av Stuart Hilborn och även det utrustat med lågtrycksportar. Bränsle spru-tades kontinuerligt in under konstant tryck genom ett trottelhus vid varje insugsport och via ett sprutmunstycke i portområdet. Hilborn-systemet användes ända fram till slutet av 1960-talet och europeiska racerbiltillverkare följde snart efter.

Lucas utvecklade ett system för Jaguars D-modell från 1956 som därefter vann Le Mans 24-timmarslopp (se bild 1.4). Produktions-versionen som följde var dock ett kommersiellt misslyckande p.g.a. den mycket höga kostnaden. Den enda tillverkare som någonsin använde den i produktion var Maserati i sin 3500 Gti från 1961. Lucas-systemet utvecklades ytterligare och introdu-cerades i Formel 1 racerbilar där det tillsam-mans med Kugelfischers insprutningssystem användes under 1960- och 1970-talet. En produktionsvariant användes i vissa Triumph sportbilar där det fick rykte om sig att vara opålitligt.

Under tiden använde Mercedes-Benz sina omfattande kunskaper om bränsleinsprutande flygplansmotorer till att utveckla en insprut-ningsversion av sportmodellen 300SL som började produceras 1954 (fig. 1.5). Detta system hade utvecklats ytterligare när det användes i Formel 1 racerbilen W-196 och racerversionerna av 300SL. Dessa insprutnings-system var utvecklade för dieselmotorer och ansågs för bullriga för att användas i Mercedes-Benz sofistikerade sedanmodeller. Ett mer avancerat intermittent insprutningssystem började tillverkas 1957. Detta utvecklades till ett ännu bättre system som monterades i modell 220SE år 1958. Olika förbättringar genomfördes under de följande tio åren som ökade syste-mets tillförlitlighet och effekt.

Chevrolet experimenterade under 1957 med ett Rochester insprutningssystem som uppenbarligen var baserat på Hilborn-syste-met. Systemet erbjöds som extrautrustning på Corvette-modellen. Pontiac använde en reviderad version i sina Bonneville-modeller från 1957. Systemet visade sig vara kostsamt och otillförlitligt och båda tillverkarna övergav systemet 1959.

Under slutet av 1960-talet utvecklade Bendix ett system som snabbt började ut-mana Hilborn-systemets dominans inom Indy-racing. Bendix-systemet användes av 32 av 33 startande i 1971 års Indy 500 och förblev utan konkurrens under resten av årtiondet.

Ett antal insprutningssystem som tillverk-ades av mindre företag såg dagens ljus och försvann mellan 1950 och 1986. Idag domi-neras marknaden för insprutningssystem av större aktörer och det finns ingen plats för mindre företag.

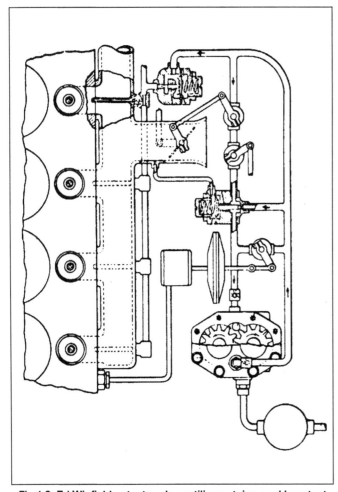

Fig.1.3 Ed Winfield patenterade ventilinsprutning med konstant flöde år 1934. Bränslet pumpades med en kugghjulspump till ett fördelningsrör där en tryckregulator styrde bränsleflödet med hänsyn till trottelläget och undertrycket i insugsröret

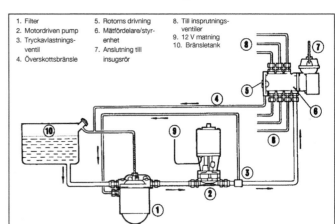

1. Filter
2. Motordriven pump
3. Tryckavlastnings-ventil
4. Överskottsbränsle
5. Rotorns drivning
6. Mätfördelare/styr-enhet
7. Anslutning till insugsrör
8. Till insprutnings-ventiler
9. 12 V matning
10. Bränsletank

Fig. 1.4 Lucas bränsleinsprutning hade en motordriven bränslepump för att pumpa bränsle från tanken. Mätfördelaren drevs med halva motorvarvtalet och levererade uppmätta och tidsstyrda bränsleladdningar till varje injektor i tur och ordning

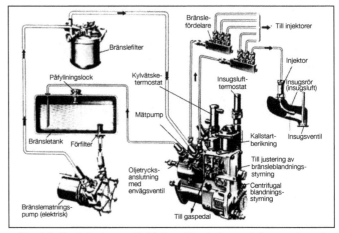

Fig. 1.5 Beskrivning av det intermittenta insprutningssystemet som introducerades år 1958 av Mercedes för 220 SE-modellen.

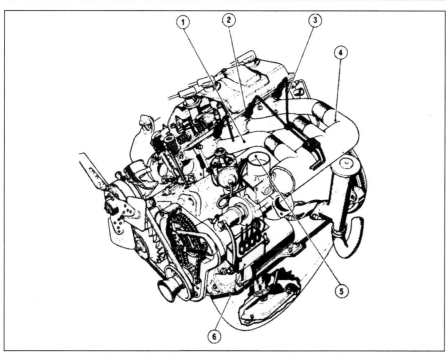

Fig. 1.6 Kugelfischersystemet på en Peugeot 404

1 Inloppskanal	3 Högtrycks bränsleledning	5 Trottelhus
2 Injektor	4 Insugsrör	6 Insprutningpump

Kugelfischer var utan tvekan det mest framgångsrika av de mindre tillverkarna. Deras insprutningssystem användes på ett stort antal europeiska bilmodeller under 1960-

talet till dess att firman köptes upp av Bosch år 1974 **(fig. 1.6)**.

Under 1973 introducerade Bosch det mekaniska insprutningssystemet K-Jetronic

(fig. 1.7). "K"-systemet skulle bli det mest framgångsrika mekaniska insprutningssystemet någonsin. Detta berodde på dess pålitliga och effektiva funktion och låga utsläppsnivåer. När elektroniska styrningar introducerades 1984 föddes "KE"-Jetronic som innebar förbättrade startegenskaper och ännu lägre utsläppsnivåer. Denna elektromekaniska hybridkonstruktion används fortfarande under 1990-talet. Tiderna förändras dock och de elektroniska insprutningssystemen har nu, undantaget K-Jetronic, ersatt de mekaniska systemen.

Elektroniska insprutningssystem

Många funktioner i dagens moderna bilar har i själva verket ofta provats och förkastats många år innan teknologin möjliggjorde användning i större skala. Elektronisk styrning för motorer är ett typexempel. Trots att det under 1930- och 1950-talet gjordes försök, dröjde det till 1966 innan ett användbart elektroniskt system kunde produceras.

Den första dokumenterade användningen av en elektrisk ventil för att spruta in bränsle var 1932 när en ingenjör vid namn Kennedy (en anställd vid Atlas Imperial Diesel Company) utvecklade en sexcylindrig gnisttändande oljedriven marinmotor. Systemet hade naturligt nog inga transistorer (det skulle dröja 16 år innan transistorn uppfanns) eller andra komponenter som ingår i ett modernt system. 1934 monterade Kennedy en sexcylindrig motor med samma insprutnings-

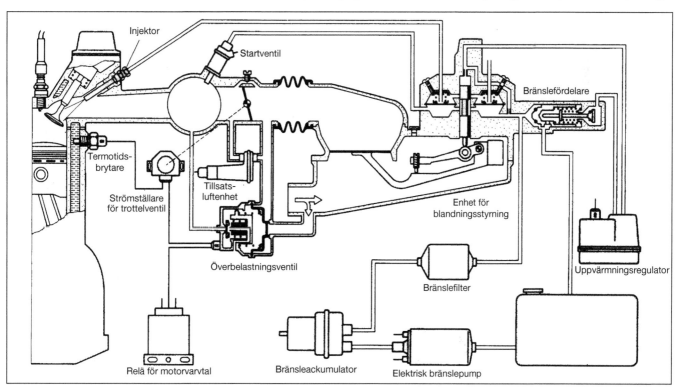

Fig. 1.7 K-Jetronicsystemet från Bosch med överbelastningsskydd, möjliggjorde bättre bränsleekonomi och renare avgaser

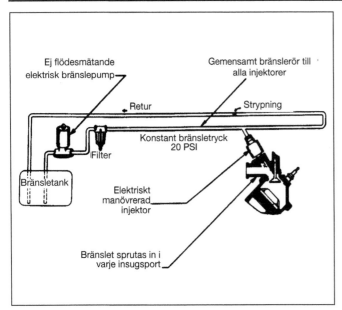

Fig. 1.8 Bendix Electrojector hade tidsstyrd insprutning i insugsportarna med ett gemensamt 20 PSI bränslerör

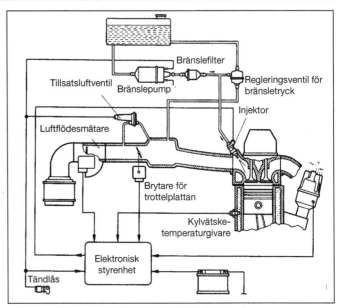

Fig. 1.9 Beskrivning av tändnings/insprutningssystemet L-Jetronic från Bosch

system i en lastbil. Han körde den därefter från Los Angeles till New York och tillbaka. När Atlas Imperial gick i konkurs försvann även Kennedy-systemet.

Den 4 februari 1957 ansökte Bendix om ett patent beträffande elektroniska bränsle-insprutningssystem för bilar. 39 patentan-språk angavs och denna förutseende åtgärd gav Bendix i princip världsomfattande patenträttigheter för alla typer av elektronisk bränsleinsprutning. Patentet beviljades 18 april 1961. Bendix påbörjade ursprungligen utvecklingen av Electrojector-systemet 1952 under ledning av Robert W. Sutton (fig. 1.8). Trots att utvecklingsarbetet tog många år och kostade $1 000 000 kom systemet aldrig i produktion. Electrojector-systemet uppfanns, testades och utvecklades till ett system med stor potential, men den höga komponent-kostnaden, de extrema förhållandena i motor-rummetoch den primitiva teknologi som var tillgänglig under 1950-talet utgjorde för stora hinder. Dock gav detta arbete resultat många år senare.

Under det tidiga utvecklingsarbetet kunde det inträffa att insprutningsventilerna öppna-des och fyllde cylindrarna med bränsle när testbilen kördes under en kraftledning, eftersom de inducerade strömmarna på-verkade modulatorn. Lyckligtvis löstes detta problem snart.

Det grundläggande Electrojector-systemet bestod av en elektronisk styrenhet som tog emot data från givare som avläste trycket i insugsröret, omgivningstemperaturen, luft-tryck och motorns varvtal. Efter en beräkning med hänsyn till varvtal och belastning aktiverades injektorerna via solenoidventiler så att en tidsstyrd bränslepuls sprutades in i insugsporten. Trycket i bränsleröret upprätt-

hölls vid 20 psi med hjälp av en elektrisk bränslepump. Insprutningssignalen utlöstes via ett antal brytare som var monterade i fördelaren och aktiverades av samma axel som tändstiftens brytarspetsar.

År 1966 godkände Bendix att Bosch licenstillverkade elektroniska insprutnings-system i Tyskland och Brasilien samt gav rättigheter att marknadsföra systemen i hela världen.

Ett antal faktorer uppkom under slutet av 1960-talet vilka skulle bidra till att lösa problemen med de elektroniska insprutnings-systemen. Däribland ingick de ökande avgasproblemen och kraven på bränsle-snålare bilar. Dessutom hade förgasarna blivit komplicerade och allt dyrare och det hade uppstått problem med förgasarna vid försök att köra med magrare bränsleblandningar. Elektroniska komponenter och kabelhärvor hade blivit allt bättre och halvledarkompo-nenternas egenskaper hade förbättrats, i synnerhet när det gällde transistorer och integrerade kretsar. Detta möjliggjorde verkligt användbara insprutningssystem. Eftersom förgasarna inte kunde möta avgas- och bränsleförbrukningskraven, började många konstruktörer utnyttja möjligheterna med insprutningssystem för att lösa problemen i de nya bilmodellerna.

År 1966 hade Associated Engineering (ett brittiskt företag) utvecklat ett elektroniskt insprutningssystem som hette AE-Brico Electronic Fuel Injection system. Det monterades i 1969 års Aston Martin DB6 som ett alternativ till standardförgasaren från Weber. Dock producerades detta system inte länge och AE-Brico-systemet användes aldrig i någon annan serietillverkad bil.

År 1967 startade Bendix om sitt utveck-

lingsprogram för elektroniska insprutnings-system. Detta resulterade i det system som användes i tillverkning av 1976 års Cadillac Seville. Bosch utrustade den amerikanska versionen av 1968 års VW 1600 Typ 3 boxer med D-Jetronic, det första av Boschs elek-troniska insprutningssystem. När systemets tillförlitlighet hade bevisats användes D-Jetronic i ett antal serietillverkade bilmodeller från Citroën, Lancia, Mercedes-Benz, Opel, Renault, SAAB och Volvo. Grunderna till dagens elektroniska insprutningssystem lades i och med D-systemet och de moderna syste-men har många likheter med systemet som tillverkades redan år 1967.

År 1973 började D-Jetronic att ersättas av det nya L-Jetronic-systemet från Bosch (fig. 1.9). Många av systemen som följde hade sitt ursprung i L-systemet som satte nya standarder med sin konstruktion. Många av motorstyrningens komponenter och kretsar utgjordes av integrerade kretsar. Senare versioner innebar system för återcirkulation av avgaser, Lambdafunktion och styrning med sluten slinga.

1978 inledde Bendix ett samarbete med Renault. Resultatet var insprutningssystemet Renix som först marknadsfördes 1984 i Renault 25. Renault sålde dock sin andel i Renix till Bendix-France, som därefter fortsatte att utveckla och förbättra det elektr-oniska insprutningssystemet Renix. Tidigare, under 1966, hade Renault själva utvecklat en automatväxellåda med elektronisk styrning som började serietillverkas för Renault 16 år 1969.

1978 kom det första motorstyrnings-systemet i form av Bosch Motronic som först användes i BMW 732i. Bränslesystemet var i princip ett L-Jetronic-system, men styrmodulen innehöll nu även kretsar för att styra den primära tändningen. Senare skulle Motronic även anpassas för att automatiskt styra tomgångsvarvtalet och hantera själv-diagnos. Under tiden hade den första möjlig-heten till självdiagnos presenterats av Cadillac som 1981 hade utrustat en av sina modeller med ett digitalt system från Bendix.

I början av 1990-talet ökade utvecklings-takten för elektroniska insprutningssystem och fram till idag har ett stort antal olika system utvecklats. I vissa system är motor-styrningssystemet kopplat till automatväxel-lådan, antislirsystemet och/eller övriga elektroniska styrningar. Central insprutning, sekventiell bränsleinsprutning och tändsystem utan fördelare är några exempel på senare vidareutvecklingar. Möjligheterna till själv-diagnos har också utvecklats och där de tidiga systemen var begränsade till ett fåtal felkoder kan de nyare systemen ange över hundra.

Denna beskrivning utgör en kortfattad historia över insprutningssystemens ut-veckling. Om du mer ingående vill studera bilhistoria finns en mycket mera omfattande redogörelse som behandlar bränslenas historik, förgasare och insprutningssystem i "Automotive Fuel Injection Systems" av Jan P Norbye (tillhandahålls av Haynes Publishing).

Kapitel 2
Teknisk översikt över motorstyrnings- och bränsleinsprutningssystem

Innehåll

1 Definition av motorstyrningssystem

Ett motorstyrningssystem är i princip ett elektroniskt styrsystem där motorns tändning, bränsletillförsel och tomgång kontrolleras av en styrmodul. Fördelaren (om sådan finns) används enbart för att fördela högspännings-gnistan till rätt cylinder i korrekt tändföljd. Det är viktigt att vara medveten om att motor-styrningssystemet inte styr dessa funktioner oberoende av varandra. Under drift synkroni-serar styrmodulen tändningen och insprut-ningen så att de olika in- och utgångarna arbetar tillsammans och inte som separata enheter **(fig. 2.1)**.

Moderna motorstyrningssystem innehåller digitalteknik och har stora möjligheter till själv-diagnos. Dessutom kan ett motorstyrnings-system styra andra fordonsfunktioner som luftkonditionering samt kommunicera med andra elektroniska styrenheter som kontrol-lerar de låsningsfria bromsarna (ABS), automatväxellådan och antislirsystemet (i förekommande fall).

I de tidiga systemen styrde dock motor-styrningssystemet inte alltid tomgångsvarv-talet och diagnosfunktionen var oftast begränsad. Vi kommer att beskriva kompo-nenterna i ett visst system under de olika kapitlens rubriker, men först ska vi behandla teknologin och komponenterna i ett standardsystem.

2 Analoga och digitala signaler

En analog signal är en kontinuerlig signal som kan ändras steglöst. Därför mäts analoga signaler ofta med hjälp av ett instrument som har en visare som steglöst kan svepa över en skala. När signalnivån ändras förflyttas visaren i motsvarande utsträckning. Ett exempel på en analog signal är spänningen från trottel-potentiometern. När trotteln öppnas och stängs ändras utgångsspänningen från trottelpotentiometern och denna analoga signal används av styrmodulen.

En digital signal kan bara ha två spän-ningstillstånd. Informationen förmedlas via en kod som består av en serie digitala pulser där pulsbredden eller frekvensen (antal pulser per tidsenhet) motsvarar ett visst värde **(fig. 2.2)**.

Många av de signaler som styrmodulen tar

Luftkonditionering

Luftkonditioneringens kompressor

Vevaxelvinkelgivare

Trottellägespotentio-meter eller trottelbrytare

Luftflödesmätare eller insugsrörets tryckgivare

Kylvätsketemperatur-givare

Temperaturgivare för insugsluften

Batterispänning

Syresensor

Vilovinkelgivare

Knacksensor

Varvtalssignal

Turboladdtryck

Styrmodul

Diagnoskontakt

Insprutningsrelä

Bränslepumpsrelä

Injektorer

Tomgångsventil

Kolkanisterventil

Varningslampa

Tändningens drivenhet och tändspole

Ventil för turboförbikoppling

Luftkonditioneringens relä
Luftkonditioneringens kompressor

EQH21

Fig. 2.1 Styrmodul

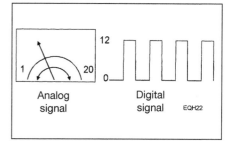

Analog signal

Digital signal

EQH22

Fig. 2.2 Analoga och digitala signaler

emot från motorns givare är analoga. Eftersom styrmodulen är digital måste alla analoga signaler behandlas i en analog-till-digital omvandlare när signalen ska sparas av styrmodulen i digitalt format. Om givaren kan avge digital information underlättas processen. En digital signal från en givare behöver inte omvandlas, vilket gör att signalbehandlingen i styrmodulen blir snabbare. Idag kan endast ett fåtal givare avge digitala signaler. Ett undantag är Fords tryckgivare för insugsröret som avger en digital signal som är frekvensrelaterad. Alla andra tryckgivare för insugsröret avger analoga signaler.

3 Grundläggande elektriska begrepp

Allmänt

Det är viktigt att läsaren är väl förtrogen med de grundläggande principer som gäller vid elektriska mätningar, annars kan det vara svårt att tillgodogöra sig informationen i detta avsnitt. Om du inte förstår innebörden i begrepp som spänning, spänningsfall, motstånd, ampere samt serie- och parallellkopplingar bör du studera en grundläggande bok om bilens elsystem innan du fortsätter. En sådan bok är *"Bilens elektriska & elektroniska system"* av Anthony Tranter (tillhandahålls av Haynes Publishing).

För att kunna förstå motorstyrnings-systemet bättre är det viktigt att först förstå följande principer. Vi börjar med att titta på ohms lag.

Ohms lag

Ohms lag: I = U/R där U är spänningen i volt, R är motståndet i ohm och I strömmen i ampere.

Ohms lag skrivs ibland som U + IR eller R + U/I, men vi kommer i fortsättningen oftast att använda I = U/R.

Normal batterispänning (nbv)

I alla bilars elsystem varierar spänningen med hänsyn till den aktuella belastningen. När motorn är avstängd är batterispänningen mellan 12,0 och 12,6 volt. När motorn startas med startmotorn kommer spänningen att sjunka till mellan 11,0 och ner till 9,5 volt. När motorn är igång kommer generatorn att reglera spänningen till mellan 13,5 och 15,0 volt.

Eftersom driftvillkoren varierar är det oftast fel att instruera någon som felsöker elsystemet att kontrollera att en viss spänning är lika med 12 volt. Därför har vi skapat uttrycket "nbv" som betyder normal batterispänning. När nbv används i texten är den spänning som ska mätas upp beroende på om motorn är avstängd, startas eller går på tomgång.

Observera: *nbv kommer att variera beroende på fordonsmodell och du bör använda tillverkarens specifikationer för att kunna genomföra exakta mätningar. Dock kan följande värden användas som tumregel.*

Avstängd motor:	12,0 till 12,6 volt
Under start:	9,5 till 11,0 volt
Motorn är igång:	13,5 till 15,0 volt*

Spänningen kan vara något lägre vid tomgång.

Vi kommer att använda 12,0 volt i exemplen i detta kapitel eftersom detta värde är den nominella batterispänningen samt gör beräkningarna enklare. Du bör dock alltid under arbete använda den exakta spänningen.

Grundläggande kretsar

I det första exemplet utgörs 12 volts kretsen av ledningar som sammankopplar två motstånd som har samma värde med matningsspänningen och jord. I exemplet är motstånden på 1,5 ohm.

En voltmätare kan användas för att mäta spänningen i de olika punkterna i kretsen. Spänningen är lika med 12 volt i punkt V1 och noll volt i kretsens jordade delar. Spänningsfallet över hela kretsen måste vara lika med 12 volt. Spänningen mellan de två motstånden är 6 volt. Detta beror på att spänningsfallet över de två motstånden är lika stort då de har samma värde. Detta kan visas med ohms lag. 12 volt dividerat med 3,0 ohm totalt motstånd ger en ström genom

motstånden på 4 ampere. Detta motsvaras i en bilkrets av en spole och ett ballastmotstånd. Strömmen i kretsen kommer i verkligheten att variera med hänsyn till förändringar i matningsspänningen och/eller motstånden **(fig. 2.3)**.

Exempel: 15,0 V dividerat med 3,0 ohm ger en ström på 5 A.

Du kan använda ohms lag för att beräkna spänningsfallet i kretsen:
V= IR = 4 A x 1,5 ohm = 6 V. Eftersom detta är spänningsfallet måste vi subtrahera det från matningsspänningen. 12,0 - 6,0 = 6,0. Därför är spänningen mellan de två motstånden lika med 6 V.

Om de två motstånden i stället har olika värden, t. ex. 2 ohm och 1 ohm förändras beräkningen. Det totala motståndet är 3 ohm. Det första motståndet är 2 ohm, vilket motsvarar 2/3 av det totala motståndet. Därför är spänningsfallet över detta motstånd 2/3 av matningsspänningen, vilket motsvarar 8 V. För det andra motståndet gäller 4 V. Spänningarna i de tre punkterna i kretsen blir därmed 12, 4 och 0 volt **(fig. 2.4)**.

Observera: *Det är motståndens inbördes förhållande som avgör spänningsförhållandet.*

Om matningsledningen till det första motståndet kopplas loss kommer spänningen i ledningen att vara 12 V. Även om du kopplar loss ledningen mellan de två motstånden kommer spänningen i punkt V1 att vara 12 V. Detta beror på att spänningsfall över motstånd endast kan uppstå om det flyter en ström genom dem **(fig. 2.5)**.

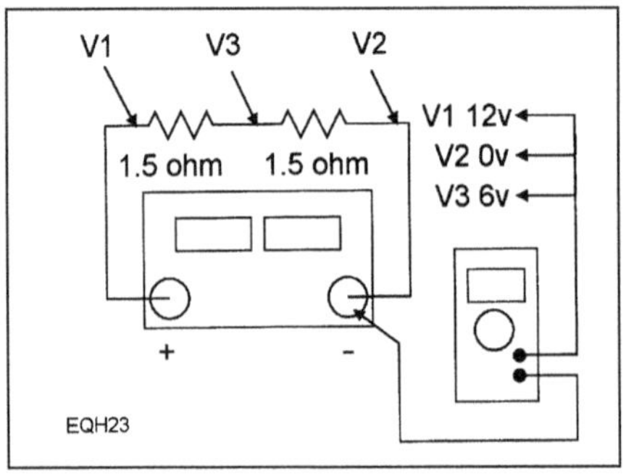

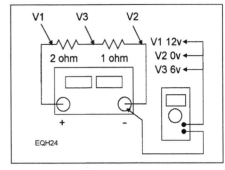

EQH23

Fig. 2.3 Spänningsfall över två ekvivalenta motstånd

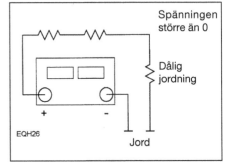

EQH24

Fig. 2.4 Spänningsfall över två olika motstånd

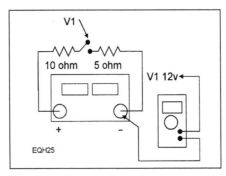

EQH25

Fig. 2.5 Spänningsfall över en krets med brytare

EQH26

Fig. 2.6 Spänningsfall vid dålig jordförbindelse

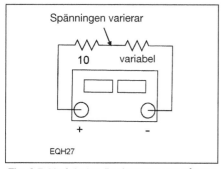

Fig. 2.7 Variabel spänning när motståndet varierar

Om spänningen på ett motstånds jordsida är större än noll måste det finnas ytterligare ett motstånd, som t. ex. en dålig koppling i jordningskretsen **(fig. 2.6)**.

Om det andra motståndsvärdet varierar kommer spänningen mellan motstånden också att variera. Enligt denna princip sänds analoga signaler från en givare till styrmodulen. Exempelvis varierar motståndet i kylvätsketemperaturgivarens termistor med temperaturen, vilket resulterar i att en variabel spänning sänds till styrmodulen. Givarna för lufttemperatur, luftflöde, kylvätskans temperatur, trottelns position och många andra givare, fungerar enligt samma princip. I allmänhet är värdet på det första motståndet i styrmodulen inte känt. Dock är värdet på det variabla motståndet under olika förutsättningar känt, vilket gör att det går att kontrollera om givaren fungerar korrekt. När motståndet varierar ändras spänningen och mätning av spänningssignaler är mycket enklare än att mäta motstånd **(se bild 2.7)**.

Parallellkopplingar

Många bilkretsar kan betraktas som seriekopplingar. Det finns dock ett antal parallellkretsar där de vanligaste förekommer i bränsleinsprutningens kretsar. Insprutningskretsen kan vara kopplad i bankar med två, tre eller fyra injektorer.

För att beräkna den elektriska strömmen genom varje injektor används ohms lag i varje delkrets med injektorer. I vårt exempel är injektorns motstånd lika med 4 ohm, ett normalt värde.

Detta ger: 12 V dividerat med 4 ohm = 3 A. Strömmen genom hela insprutningskretsen blir alltså 3 A x 4 cylindrar = 12 A.

Du kan vilja beräkna det parallella (ekvivalenta) motståndet för insprutningskretsen. Detta motstånd kan mätas från matningsstiftet vid reläet (i normalfall) till styrmodulens stift. Motståndet beräknas enligt följande:

$1/R = 1/R1 + 1/R2 + 1/R3 + 1/R4$. Detta ger $1/R = 1/16 + 1/16 + 1/16 + 1/16$ vilket motsvarar $1/R = 4/16$ eller $1/R = 1/4$ och inverterat $R/1 = 4/1$ ohm.

Detta innebär att kretsens totala parallella motstånd är lika med 4 ohm. Detta gäller under förutsättning att kretsen är felfri. Låt oss se vad som kan inträffa i en krets med ett eller flera fel som ökar kretsens motstånd, t. ex. om en insprutningskrets har ett högt motstånd på 160 000 ohm. Om du använder ovanstående formel ger detta:

$1/R = 1/16 + 1/16 + 1/16 + 1/16000$, vilket ger $1/R = 30001/160000$ eller $R = 5,33$ ohm.

En sådan obetydlig avvikelse i motstånd i förhållande till det korrekta värdet är lätt att missa. Därför måste du vara mycket noggrann när du felsöker insprutningskretsen genom att mäta parallellkretsens motstånd.

Förutsatt att varje injektor har ett motstånd på 16 ohm ges följande värden vid olika typ av insprutningskrets:

Fyra injektorer per bank

Motstånd (ohm)	Funktion
4 till 5	Alla injektorer OK
5 till 6	En injektor misstänkt
8 till 9	Två injektorer misstänkta
16 till 17	Tre injektorer misstänkta

Tre injektorer per bank

Motstånd (ohm)	Funktion
5 till 6	Alla injektorer OK
8 till 9	En injektor misstänkt
16 till 17	Två injektorer misstänkta

Två injektorer per bank

Motstånd (ohm)	Funktion
8 till 9	Alla injektorer OK
16 till 17	En injektor misstänkt

Observera: *När injektorernas motstånd inte är lika med 16 ohm kommer värdena att avvika från ovanstående tabell.*

Vilovinkel och arbetscykel

Traditionellt är vilovinkeln det antal grader fördelarkammen roterar när brytarspetsarna

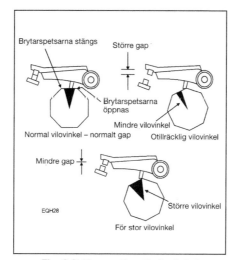

Fig. 2.8 Konventionell vilovinkel

är stängda. Allmänt kan "vilovinkeln" definieras som en inkopplingsvinkel, d.v.s. det antal rotationsgrader en viss enhet är aktiverad **(fig. 2.8)**.

En besläktad term är begreppet "arbetscykel" där alla typer av enheter som kan kopplas på och av betraktas. Detta behöver inte vara roterande enheter. Arbetscykel är antal procent av den totala tiden som en enhet är påkopplad (eller ibland avstängd). Det finns mätinstrument för att mäta både vilovinkel och arbetscykel. Vilovinkeln mäts vanligtvis i grader och arbetscykeln i procent. Ibland används begreppet inkopplingstid som mäts i ms.

Följande enheter genererar signaler med varierande arbetscykel: Halleffektgivaren, hastighetsgivaren och ett flertal andra givare. Enheter som erhåller signaler med varierande arbetscykel är aktiverare som t. ex. injektorerna, tomgångsventilen, kolkanisterventilen etc.

Moderna bilmultimätare kan vanligtvis mäta både vilovinkel (i grader) och arbetscykel (i procent). Vissa kan även mäta inkopplingstider i ms. Genom att ansluta mätinstrumentet mellan jord och pulsanslutningen på tändspolen, tändmodulen, Halleffektgivaren, injektorerna, tomgångsventilen eller någon annan enhet som kopplas på och av med hög hastighet kan arbetscykeln mätas upp. Genom att jämföra detta värde med kända data kan det fastställas om enheten fungerar korrekt.

För att omvandla vilovinklar till arbetscykler och vice versa kan följande formler användas:

Vilovinkel x antal cyl/360 x 100/1=
Arbetscykel; t. ex. 45° 4/360 100/1 = 50%
Arbetscykel / 100 x 360/antal cylindrar =
Vilovinkel; t. ex. 50 / 100 x 360 / 6 = 30°

De flesta kretsar sluts till jord, men i sällsynta fall sker slutningen till matningsspänning. Ett exempel på slutning till jord är en aktiverare som tomgångsventilen. Den är ansluten till batterispänning och styrmodulen aktiverar den genom att jorda kretsen. En voltmätare skulle mäta noll volt, d.v.s. jord. När tomgångsventilen stängs av återgår spänningen till batterinivån. Detta sker flera gånger per sekund och en digital voltmätare kan även användas för att mäta den genomsnittliga spänningen. För en tomgångsventil är detta vanligtvis 6 till 7 volt **(fig. 2.9)**.

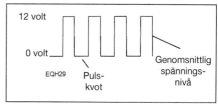

Fig. 2.9 Typisk signal till tomgångsventilen (exempel på styrspänning som kan mätas med oscilloskop)

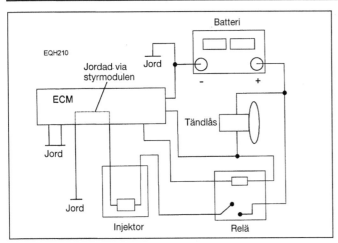

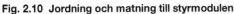

Fig. 2.10 Jordning och matning till styrmodulen

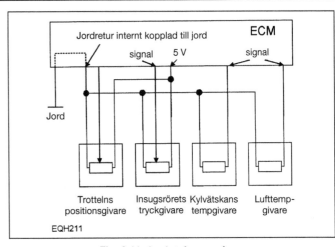

Fig. 2.11 Anslutning av givare

Dessutom kan frekvensmätaren, som många digitala multimätare har, användas för att mäta pulsfrekvens. Detta ger ett antal möjligheter att mäta en enhets pulsbeteende. På aktiverare är den pulsade ledaren oftast jordförbindelsen och därför måste mätningen alltid genomföras på jordsidan. Alla ovanstående aktiverare kan mätas på detta sätt.

4 Motorstyrningssystem

Styrmodul (ECM - electronic control module), allmän princip

I detta avsnitt beskriver vi principen för ett motorstyrningssystem. Trots att komponenterna i de olika systemen kan vara olika gäller samma grundläggande principer och denna beskrivning gäller för de flesta moderna system. Beskrivningen måste dock kompletteras med en för det aktuella systemet för att ge en mera detaljerad beskrivning.

Givare och aktiverare

En givare är en enhet som ger variabel information om en motorparameter, exempelvis luftflödesmätaren, vevaxelns vinkelgivare, kylvätskans temperaturgivare, trottelns positionsgivare etc. Dessa givare tillhandahåller data om motorns belastning, varvtal, temperatur, trotteröppning etc. Denna information sänds till styrmodulen som analyserar signalerna och beräknar de olika utgångssignalerna. Utgångssignalerna används därefter för att påverka de olika aktiverarna. En aktiverare är en enhet som kopplas om eller aktiveras av styrmodulen med hänsyn till ingångsinformationen, exempelvis injektorer, tomgångsventilen, kolkanisterventilen, relädrivningar etc.

I enkla datatermer kan processen sammanfattas som indata, beräkning och utdata. Indata utgörs av signalerna från motorns

givare, styrmodulen beräknar signalerna till aktiverare som t. ex. injektorerna, tändspolens minuspol, tomgångssystemet, avgassystemet, luftkonditioneringen etc. Denna process upprepas många gånger per sekund.

Styrmodulens matningar och jordar

En permanent matningsspänning är vanligtvis kopplad från bilens batteri till ett av styrmodulens stift. Detta gör att självdiagnostiken kan spara data. När tändningen slås på matas spänning till styrmodulen, tändspolen (spolarna), injektorerna, tomgångsventilen och övriga aktiverare. Spänningen matas antingen direkt från tändningen eller via systemreläet. Tändningens PÅ-matning till styrmodulen startar upp den så att den är klar för drift.

När motorn startas eller när den är igång kommer en varvtalssignal från tändningen (oftast vevaxelns vinkelgivare) att påverka styrmodulen så att bränslepumpens relä jordas, vilket gör att bränslepumpen startar. Tändnings- och insprutningsfunktionerna aktiveras också. Aktiverare som injektorerna och tomgångsventilen matas med normal batterispänning från huvudreläet eller tändningslåset och jordas via styrmodulen (fig. 2.10).

Det finns vanligtvis ett antal stift på styrmodulen. En eller två är styrmodulens systemjord. De övriga jordarna används för att jorda olika givar- och aktiverarkretsar. Dessa jordar är sekundära kretsar och används endast när styrmodulen utnyttjar en aktiverare.

Exempelvis använder styrmodulen en jordning för att skapa korrekt tid för insprutningspulserna. Jorden är sedan bruten till dess att det är dags för nästa puls, vilket sker flera gånger per sekund.

I vissa system används en tröghetsbrytare som säkerhetsenhet för att stänga av matningen till reläet eller bränslepumpen.

Referensspänning

Under normal drift kan batterispänningen

variera mellan 9,5 (start av motor) och 14,5 (tomgång). För att minimera effekterna av dessa variationer på motorns givare (vilket styrmodulen skulle behöva kompensera för) stabiliseras spänningen från styrmodulen till givarna till en konstant spänning på 5,0 V (referensspänningen) (fig. 2.11).

När styrmodulen har startat upp matas de flesta givarna (frånsett givare som vevaxelvinkelgivaren och syresensorn som själva genererar en spänning) med referensspänningen 5,0 V.

I de flesta fall är motorns givare inte direkt jordade. I stället är givarnas jordar anslutna till en eller två gemensamma jordar som är direkt kopplade till styrmodulen. Denna anslutning är vanligtvis inte direkt jordad. Den jordas i styrmodulen via en styrmoduljord.

Signalavskärmning

För att reducera störningar på radiobanden är vissa ledningar avskärmade. Avskärmningen ansluts oftast till styrmodulens huvudjord, vilket minimerar störningarna (fig. 2.12).

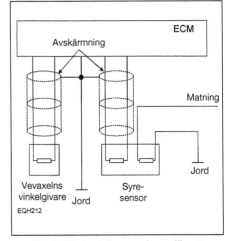

Fig. 2.12 Jordning av givare för att reducera störningar

Signalbehandling

Grundläggande data om vilovinkel och injektoröppningstider är internt sparade i styrmodulen i ett antal två- eller tredimensionella kartor. Dessa kartor innehåller korrekt information om tändlägen och injektoröppningstider med hänsyn till varvtal och belastning.

Att hämta information i en karta är en mycket snabbare metod än att beräkna data. Om systemet är rätt konstruerat innehåller kartorna information för i princip alla tänkbara motorbelastningar och varvtal. Kartan skulle dock vara enormt omfattande om den innehöll alla kombinationer av varvtal och belastning. I stället indelas varvtalsområdet i grupper om 5 varv/min. Belastningsdata lagras på samma sätt. Styrmodulen interpolerar de mellanliggande värdena, vilket täcker in de flesta situationer. Vissa tidiga system hade mindre välgjorda kartor, vilket resulterade i "svarta hål" vid vissa driftvillkor och sämre prestanda.

Dessutom beräknas tändläget och injektoröppningstiderna samtidigt av styrmodulen så att motorn erhåller bästa tidpunkt för tändning och bränsletillförsel i alla situationer.

Motorns viktigaste belastningsgivare är antingen luftflödesmätaren eller insugsrörets tryckgivare och motorns varvtal avläses vanligtvis vid tändsignalen, i regel vevaxelns vinkelgivare. Korrektionsfaktorer för start, tomgång, inbromsning samt körning vid olika belastningar räknas in. Den viktigaste korrektionsfaktorn är motortemperaturen från kylvätskans temperaturgivare. Mindre korrigeringar av tändläge och bränsleblandningen görs med hänsyn till batterispänningen samt signaler från lufttemperaturgivaren och trottelns positionsgivare.

På modeller med tomgångsventil eller stegmotor använder styrmodulen en annan karta för tomgångsdrift. Denna karta används alltid vid tomgång. Varvtalet styrs automatiskt av tomgångsstyrningen när motorn värms upp och vid normal körning med varm motor. I de flesta system gör styrmodulen mindre justeringar av tomgången genom att ändra förställningen. Detta resulterar i att tändläget kontinuerligt ändras vid tomgång.

På motorer med katalysator och syresensor övervakar styrmodulen syresensorns signal och anpassar tändläget så att bränsleblandningen alltid ligger runt Lambda = 1,0 (0,97 till 1,03 är en vanlig spännvidd). Lambda representeras av den grekiska bokstaven λ. Detta driftsätt kallas för sluten slinga. Om bränsleblandningen skulle regleras av en sluten slinga i alla driftvillkor skulle fordonet i vissa situationer vara mycket svårt att köra. Därför öppnar styrmodulen slingan under kallstart, när motorn värms upp, under snabb acceleration och när trotteln är helt öppen. Samtidigt tillåts en bränsleblandning som inte är inom Lambda.

Om motorns hastighet överskrider ett fördefinierat varvtal kommer styrmodulen att

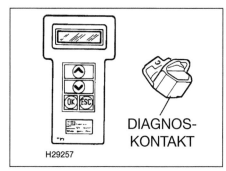

2.13 Felkodsavläsare och seriell port

DIAGNOS-
KONTAKT

H29257

stänga av injektorerna som en säkerhetsåtgärd. Bränsletillförseln minskar även under inbromsning för att ge jämnare gång och för att spara bränsle. Bränsletillförseln ökar när hastigheten sjunker under ett visst varvtal. Om motorn har körts med stängd trottel under en viss period och om trotteln öppnas igen ökar styrmodulen bränsletillförseln på ett kontrollerat sätt för att motorns gång inte ska bli ojämn.

Självdiagnostik

Moderna motorstyrningssystem har en självdiagnostik som regelbundet undersöker signalerna från motorns givare och i vissa fall även aktiverarna. Om det föreligger ett fel sparar styrmodulen en kod. Denna kod kan senare avläsas vid en utgång (den seriella porten) med hjälp av en lämplig felkodsavläsare **(fig. 2.13)**.

I stor utsträckning avgörs dataformat och datatyp av biltillverkaren. Felkodsavläsaren är avsedd att aktivera tillverkarens program och göra det bästa av den tillgängliga informationen. Detta innebär med andra ord att om tillverkaren inte har gjort det möjligt att komma åt viss information så går det inte att läsa den informationen via den seriella porten. Förutom att läsa och radera felkoder kan det exempelvis vara möjligt att läsa Datastreaminformation om signalerna från givarna, justera CO-halten eller utlösa injektorer, tomgångsventilen, reläer och andra aktiverare eller spara givardata under en provkörning. Men dessa funktioner kan som sagt endast användas om tillverkaren har gjort dem tillgängliga. Det är dock vanligen möjligt att inhämta sådan information på andra, mera traditionella sätt. Vi kommer att behandla dessa metoder i kapitel 3.

Vissa fordon är utrustade med en varningslampa monterad på instrumentbrädan. När styrmodulen upptäcker ett allvarligt fel kommer den att jorda ett för detta avsett stift. Detta tänder varningslampan på instrumentbrädan när motorn är igång. Lampan förblir tänd till dess att felet är avhjälpt. Om felet försvinner kommer koden att förbli sparad till dess att den raderas med en lämplig felkodsavläsare eller när batteriet kopplas ur. Dock har inte alla fordon en

varningslampa. Fordon utan kräver att felkodsavläsaren används till att kontrollera om det finns några fel sparade. Vissa styrmoduler har även felkoder för intermittenta fel, vilket är en värdefull hjälp vid feldiagnos.

Koder från en styrmodul kan betecknas som "långsamma koder" respektive "snabba koder". Långsamma koder är felkoder från styrmoduler som är tillräckligt långsamma för att indikeras med en lysdiod eller en varningslampa på instrumentbrädan. Snabba koder är digitala felkoder från styrmoduler som är för snabba för att kunna indikeras på detta sätt. En digital felkodsavläsare krävs för att läsa av snabba koder.

Nödprogram (LOS)

Förutom självdiagnostik innehåller ett modernt motorstyrningssystem vanligtvis en funktion för att motorn i nödfall ändå ska kunna fungera, "linka hem", om än med begränsad effektivitet. Detta kallas LOS – limited operating strategy . Om ett allvarligt fel uppstår i en eller flera givarkretsar och om systemet avläser en givarsignal utanför normala parametrar kommer motorstyrningssystemet att ersätta signalen från givaren med ett förinställt värde. Exempel på sådana fel är kortslutningar eller avbrott i givarkretsen. Andra givarfel behöver inte resultera i att en felkod sparas.

LOS är ett säkerhetssystem som möjliggör att motorn kan fungera med lägre effektivitet så att bilen kan köras till en verkstad. Vissa sådana system är så intelligenta att föraren under normal körning inte behöver märka att ett fel har uppstått.

Eftersom de värden som motorstyrningssystemet använder oftast gäller för en varm motor, kommer motorn inte att fungera tillfredsställande under kallstart och vid varmkörning. Dessutom kan fel i de viktigaste givarna, som luftflödesmätaren eller insugsrörets tryckgivare, resultera i att bilen blir svårare att köra.

Instrumentbrädans varningslampa (i förekommande fall) tänds när ett fel har uppstått. Vissa system, exempelvis Fords, kan även låsa tändläget till ett visst värde (utan förställning) och låta bränslepumpen gå kontinuerligt.

Adaptiva system

Styrmodulen anpassar sig till ändrade driftvillkor och övervakar kontinuerligt informationen från de olika givarna (t. ex. luftflödesmätaren, insugsrörets tryckgivare, lufttemperaturgivaren, kylvätsketemperaturgivaren, trottelns positionsgivare etc). I och med att motorn och dess komponenter slits reagerar styrmodulen på de förändrade driftvillkoren genom att modifiera sina grundkartor.

När de modifierade kartorna används tillsammans med syresensorn kan styrmodulen reagera snabbare och har bättre kontroll på de olika gaserna i avgassystemet. Med sluten slinga bestäms den grundläggande insprutningsdurationen av informationen i kartan för ett visst varvtal och belastning. Om den grundläggande insprutningsdurationen gör att avgasernas Lambdavärde ligger utanför den tillåtna spännvidden (0,97 till 1,03 bränsleblandning) kommer blandningen att vara för fet eller mager och syresensorn meddelar styrmodulen, som korrigerar blandningen. Dock tar detta lite tid och därför lär sig styrmodulen ett korrigeringsvärde och adderar det till grundkartan. Därefter kommer avgaserna att vara inom tillåten Lambda och endast mindre korrigeringar med informationen från syresensorn görs.

Anpassning och modifiering av kartan sker vid följande tillfällen:
a) Aktivering av kolkanisterventil
b) Aktivering av tomgångsventil
c) Justering av tomgångsvarvtal och blandning
d) Justering av blandning vid delbelastning

När kolkanisterventilen aktiveras erhåller motorn en blandning som kompenserar för korrektionen som resulterade ur bränsleförångningsvärderna efter avläsning av syresensorn.

Vid tomgång kommer systemet att gå ner till det tomgångsvarvtal som passar den aktuella situationen. Inställningarna i de flesta adaptiva system raderas om batteriet kopplas ur. När batteriet ansluts och motorn startas måste systemet lära sig värdena igen. Detta sker vanligtvis ganska snabbt, dock kan tomgången fungera dåligt till dess att så har skett.

Inte alla system påverkas av att batteriet kopplas ur. Rover MEMS är ett exempel på ett system som har ett permanent minne som inte förlorar inställningarna när batteriet kopplas ur.

Om en eller flera systemkomponenter byts måste styrmodulen lära sig de nya värdena. Detta kan ibland skapa driftproblem till dess att styrmodulen är klar med denna process.

Inkorrekt anpassningsfunktion

Problemet med anpassningsfunktioner är att driftproblem kan uppstå om en felaktig signal godkänns som en korrekt. Om den felaktiga signalen inte är tillräckligt felaktig för att ge en felkod kan felet förbli oupptäckt.

I vissa fall kan styrmodulen bli förvirrad och anpassningsvärdena förvanskas. Detta kan orsaka driftproblem trots att en systemkontroll inte ger något felmeddelande. Felet kan avhjälpas genom att batteriet kopplas ur eftersom kalibreringen återställer styrmodulen till dess grundvärden.

5 Elektronisk tändning

Allmän beskrivning

Minskade avgasnivåer är mycket viktiga i dagens bilutveckling och den ökade användningen av elektronik i motorstyrsystem är en konsekvens av att tillverkarna vill minska utsläppen från bilarna. När tändningssystemet är pålitligt i sin konstruktion och behovet av justeringar minskas kommer även utsläppen att minska.

En mycket fet blandning förbränns mycket lätt eftersom bränslemolekylerna är mycket tätt packade. När gnistan har tänt blandningen sprids lågan snabbt. Med magrare blandning krävs en kraftigare gnista.

I själva verket är dock en kraftig gnista av mindre betydelse vid förbränningen av magra blandningar. Det är energin för att förlänga gnistans livslängd som är viktigare. Detta beror huvudsakligen på att gnistan "släcks" snabbare när det är färre bränslemolekyler i blandningen. Detta innebär att gnistan måste upprätthållas ca 1,3 till 1,5 ms samt att primärkretsen tillhandahåller tillräckligt med energi för detta.

I ett standardtändsystem med brytarspetsar och 12 V batteri är spolens primärmotstånd ca 3 ohm. Ohms lag (I = U/R) ger att det krävs en ström på ca 4 A i primärkretsen. Detsamma gäller för en krets med ett ballastmotstånd eftersom motståndets resistans på 1,5 ohm adderas till spolens primärmotstånd på 1,5 ohm. Detta ger samma primärström som ovan.

Eftersom sekundärsidans högspänning är beroende av primärströmmen, krävs en högre primärström för att sekundärspänningen ska kunna öka.

I äldre system var den maximala ström som brytarspetsarna kunde hantera begränsad till mellan ca 4 och 5 A. Detta begränsar även energin i tändningen. Dessutom slits brytarspetsarna, vilket ger misständning, fördröjd tändning, högre utsläppsnivåer och behov av regelbundna justeringar. Dessutom är spolens effektivitet lägre både vid höga och låga motorvarv eftersom vilovinkeln är fast. Vi kommer att behandla orsakerna till detta i nästa avsnitt. Moderna elektroniska tändsystem är kapabla att ge hög uteffekt vid alla motorvarvtal och har ersatt tändsystem med brytarspetsar som länge var allenarådande.

Tändning med konstant energi

Elektroniska tändsystem med en spole som har lågt primärmotstånd ger ökad primärström, vilket resulterar i högre tändningseffekt. I kombination med den högre energimängden ger detta en gnista som varar längre vid tändstiftet och möjliggör tändning av magrare bränsleblandningar. Detta gör att bilarna blir bränslenålare och ger lägre utsläpp. Högre driftsäkerhet, bättre kontroll över tändläget samt längre intervaller mellan justeringarna är andra fördelar med de moderna elektroniska tändsystemen.

I princip alla moderna elektroniska tändsystem har variabel vilovinkel, strömbegränsning och tändning med konstant energi.

Om ohms lag (I = U/R) tillämpas på ett system med 12 V batterispänning och en spole med 0,75 ohm primärmotstånd kommer strömmen att vara ca 16 A. Eftersom denna ström är för stor använder den elektroniska tändmodulen inbyggd strömbegränsning som ger en maximal ström på ca 8 A för att förhindra att kretsen överbelastas och att spolen överhettas.

När motorvarvtalet ökar och vilovinkeln ökas (vilket höjer strömmen) sker strömbegränsningen tidigare. När varvtalet, spänningen och vilovinkeln minskar, sjunker även strömmen och strömbegränsningen sker senare. Strömmen är alltså begränsad till ca 8 A oberoende av motorns driftvillkor. Fördelen med en stor strömreserv är att spolspänningen snabbt kan öka. Detta ger en snabbare stigtid för gnistan samt att det alltid finns energi för att upprätthålla strömmen över tändstiftens gnistgap under 1,3 till 1,5 ms.

Tändsystemet är därför mycket mindre beroende av batterispänning, temperatur och motorvarvtal.

Vid låga motorvarvtal, när tändcykeln är relativt lång, är vilovinkeln liten. Eftersom strömtiderna är kortare blir inte spolen varm. Vid ökande motorvarvtal ökar även vilovinkeln för att spolens mättnadsgrad ska vara korrekt vid höga motorvarvtal.

Låt oss nu titta på hur detta fungerar i praktiken. Först betraktar vi en fyrcylindrig motor med brytarspetsar. Se tabell A:

Tabell A - System med brytarspetsar

Varvtal	Vilovinkel	Inkopplingstid
800	45° (50%)	16 ms
1 600	45°	8 ms
3 200	45°	4 ms
6 400	45°	2 ms

En inkopplingstid (vilovinkeltid) på mellan 3 och 6 ms krävs för att spolen ska vara korrekt mättad. I tabell A visas att brytarspetsarna inte sluter strömkretsen tillräckligt länge för att gnistan ska vara tillräcklig. Rätt mättnadsgrad är av avgörande betydelse för att gnistan ska vara korrekt. Det är uppenbart att detta system ger för dålig gnista vid höga motorvarvtal. Gnistkvaliteten varierar avsevärt och p g a de jämförelsevis längre inkopplingstiderna vid låga motorvarvtal kommer primärkretsen att överhettas och därigenom reducera brytarspetsarnas och spolens livslängd.

Låt oss nu analysera ett elektroniskt tändsystem för en fyrcylindrig motor på samma sätt. Se tabell B:

Tabell B - Elektroniskt tändsystem

Varvtal	Vilovinkel	Inkopplingstid
800	10°	6 ms
1 600	20°	6 ms
3 200	40°	6 ms
6 400	80°	6 ms

Här varieras vilovinkeln. Observera att inte alla tillverkare använder sig av en inkopplingstid på 6 ms, men de flesta ligger inom 3-6 ms. Det är uppenbart att gnistan i princip är konstant (d v s konstant tändningsenergi) över motorns hela varvtalsområde om inkopplingstiden är konstant. Det går dock inte att få större vilovinkel än 90° på en fyrcylindrig motor, varför gnistan blir sämre vid mycket höga varvtal. Detta är principen för alla moderna tändsystem, oberoende av om de är en del av ett motorstyrningssystem eller om bilen enbart har elektronisk tändning. De korta inkopplingstiderna vid låga varvtal innebär dessutom att spolen inte värms upp i samma utsträckning som vid tändsystem med brytarspetsar.

De tidiga elektroniska tändsystemen hade fast vilovinkel, vilket gav många av nackdelarna med ett konventionellt system, som att tändenergin var begränsad vid högre motorvarvtal. Dessutom hade dessa system ballastmotstånd och förbikoppling för att reglera ström och spänning på liknande sätt som brytarspetsar.

På de tidiga elektroniska tändsystemen använde vissa tillverkare urladdningskondensatorer för att erhålla en kraftig gnista. Dock varade denna gnista endast 0,1 ms, vilket var otillräckligt för ändamålet (med ett undantag – SAABs system med multipla gnistor).

Tändning

Information om motorns belastning (luftflödesmätaren eller insugsrörets tryckgivare), varvtal (vevaxelvinkelgivaren), temperatur (kylvätsketemperaturgivaren) och trottelläge (trottelns positionsgivare) sänds till styrmodulen som därefter använder en digital karta som är sparad i dess mikroprocessor. Denna karta innehåller tändförställningar för alla driftvillkor. Därigenom kan korrekt tändförställning användas i alla lägen. Styrmodulen hämtar korrekt vilovinkel och tändläge från kartan och sänder en signal till förstärkaren som i sin tur jordar spolens minus så att tändning sker vid rätt tidpunkt (fig. 2.14).

Luftens och kylvätskans temperaturer övervakas också av styrmodulen och tändningen fördröjs automatiskt av en knackgivare (i förekommande fall) om knackning uppträder.

Tändförstärkarens funktion

I ett konventionellt system kopplar brytarspetsarna spolens negativa sida, vilket ger en

gnista. Elektroniska system fungerar på liknande sätt, men har vanligtvis en pulsgenerator och förstärkare för att ge gnistan.

Pulsgeneratorn avger elektriska impulser vid korrekt tidpunkt till förstärkaren som bryter och sluter kretsen från spolens minuspol till jord, vilket ger en gnista. Pulsgeneratorn kan vara en magnetpickup som är monterad i fördelaren eller vid svänghjulet. Det kan även vara en Hallgivare som genererar pulsen (fig. 2.15).

Den pulsens spänning är för svag och måste förstärkas för att styra jordningstransistorn. Förstärkaren känner av utlösningspulsen och förstärker spänningssignalen så att jordningstransistorn aktiveras. Spolens jordsluts alltså av förstärkaren så att dess magnetiska fält byggs upp. Därefter bryts kretsen, magnetfältet upphör och högspänning induceras på sekundärsidan.

Det finns en säkerhetskrets för att undvika att spolen överhettas. Primärströmmen stängs av efter ca 1 sekund om tändningen slås på och motorn inte startar. Förstärkaren innehåller även strömbegränsningskretsarna.

Tändning med styrmodul

Styrmodulen arbetar i princip på samma sätt som ovanstående system och utlöses vanligtvis av vevaxelvinkelgivaren eller en Halleffektgivare. Förstärkaren kan vara integrerad i styrmodulen eller en separat förstärkare som styrs av styrmodulen. En fördel med en separat förstärkare är att den är billigare att byta än hela styrmodulen.

I princip sker tändning i följande steg. Vevaxelvinkelgivaren eller Halleffektgivaren sänder en signal till styrmodulen som tar fram korrekt vilovinkeltid och tändförställning med hänsyn till information från givarna. Styrmodulen skickar därefter en signal till förstärkaren (intern eller extern) som i sin tur styr spolen. När tändförstärkaren ingår i

styrmodulen hanteras strömbegränsningen oftast av styrmodulen.

Fördelare

Tidiga elektroniska tändsystem hade fördelare som i princip fungerade som de för konventionella system med mekanisk eller vakuumstyrd tändförställning. I och med att styrmodulen utvecklades togs de mekaniska och vakuumstyrda enheterna bort från fördelaren och är nu integrerade i styrmodulens kartor. Moderna fördelare (i förekommande fall) innehåller sekundära högspänningskomponenter (fördelarlock, rotor och högspänningsledningar) som fördelar högspänningen från spolens sekundärsida till tändstiften.

Fördelarlösa tändsystem, kallas även brytarlösa

Två argument mot fördelare:

1) En tändspole ska kunna generera tillräckligt med spänning för att överbrygga rotorns gap och tändstiftets elektroder samt ha tillräckligt med reserver för att kunna sörja för korrekt gnisttid. Det kan dock behövas upp till 10 kV (10 000 volt) för att överbrygga rotorns gap. Det är bättre om det går att undvika denna energiförlust och i stället använda energin till att förlänga gnisttiden (fig. 2.16).

2) Fördelarlocket och rotorn orsakar de flesta elektriska fel och tändningsproblem på bilar med elektronisk tändning. Dessutom kan radiostörningar från ett defekt tändsystem störa styrmodulen.

Om fördelare inte används och gnistor samtidigt skapas i två tändstift, går det att reducera förlusterna och öka gnisttiden i tändstiften. Ca 3 kV krävs fortfarande för att utlösa tändstiftet, vars gnista inte har någon funktion, men detta är mycket mindre än den spänning som krävs för att överbrygga rotorns gap.

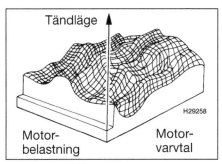

Fig. 2.14 Tändlägesdiagram

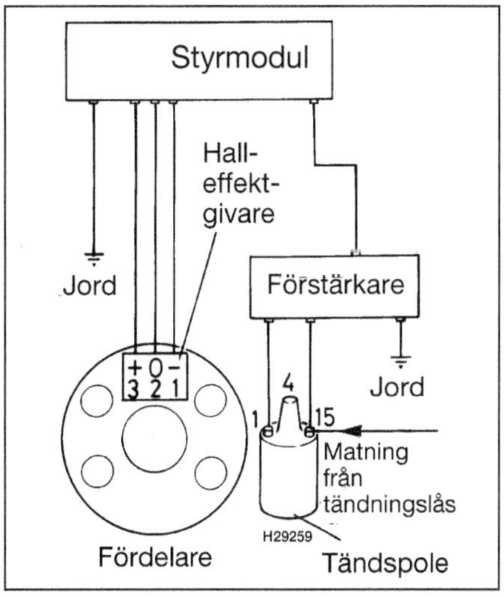

Fig. 2.15 Tändning med Halleffektutlösare

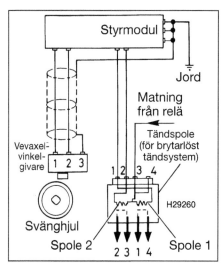

Fig. 2.16 Brytarlöst tändsystem med vevaxelvinkelgivare som utlösare

Fördelarlösa tändsystem med "slösad" gnista

För att exakt förstå förloppet måste vi klara av lite fysikalisk teori. Oberoende av motorns jordningspolaritet kommer tändstiftet och sidoelektroden alltid att ha positiv polaritet. Tändstiftets mittelektrod kommer alltid att vara negativ. Polariteten har i detta fall inget att göra med om fordonet har positiv eller negativ jord.

Elektroniska tändsystem med negativ jord genererar en gnista med negativ polaritet från tändspolen. Gnistan hoppar från mittelektroden till sidoelektroden. Den negativa högspänningen genereras av spolens sekundärsida när minus på spolens primärsida jordas via en brytarspets eller annan brytelektronik.

I ett system med positiv jord kommer gnistan att hoppa från sidoelektroden (fortfarande positiv polaritet) till mittelektroden (negativ polaritet). Detta innebär att systemet genererar en positiv gnista. Elektroner rör sig lättare från minus till plus och lättare från heta föremål (mittelektroden) till kalla föremål (tändstiftets sidoelektrod).

Därför krävs mindre högspänning för att erhålla gnistor när gnistan är negativ. Detta innebär i konventionella tändsystem att det är mindre slitage vid negativa gnistor och till nyligen var detta standard. När spolens lågspänningsstift är felaktigt anslutna så att polariteten vänds krävs 20 till 40% högre spänning för att överbrygga gnistgapet.

I ett system utan fördelare hoppar gnistorna från mittelektroden till jord (negativ gnista). Gnistelektronerna färdas därefter via jord till den andra cylinderns sidoelektrod och hoppar till mittelektroden (positiv gnista) och därefter tillbaks till spolen. Detta utgör hela sekundärkretsen. I fyrcylindriga motorer har vi alltså två negativa och två positiva gnistor.

Denna princip användes med viss framgång i Citroën 2CV och Dyane. Dessa system var enkla i sin konstruktion utan fördelare. Spolens utgångsspänning var mycket låg och Citroën-bilarna förorenade tändstiften vid den positiva gnistan. Många ägare flyttade runt tändstiften var 500:e mil för att jämna ut slitaget.

Moderna fördelarlösa tändsystem har ett motorstyrningssystem, en spole med låg premiärmotstånd, vevaxelns vinkelgivare och andra motorgivare som kontrollerar spolenergin, gnistenergin och tändläget. Eftersom dessa system har hög spolenergi är de positiva gnistorna inte längre något problem.

Trots att detta tändsystem kan kallas direkt tändsystem fungerar det snarlikt som ett konventionellt system. Om systemet är av typ "slösad gnista" används en spole med dubbla ändar för att samtidigt generera gnistor vid två tändstift. Detta innebär att systemet bara kan användas där två kolvar rör sig parvis. Två

dubbelspolar krävs därför för en fyrcylindrig motor och tre dubbelspolar för en sexcylindrig motor.

Gnistan kommer att genereras i en cylinder under kompressiontakten och den tillhörande cylindern kommer samtidigt att erhålla gnista under avgastakten, då gnistan "slösas". Varje tändspole får matning från tändningslåset och en separat vilovinkelanslutning vid förstärkaren (eller styrmodulen). Dessutom finns separata kopplingar för varje spole mellan styrmodulen och förstärkaren. Styrmodulen och förstärkaren innehåller två separata kretsar så att varje spole kan styras både individuellt och alternerande.

Vevaxelns vinkelgivare används för att utlösa tändpulsen till cylinder 1 och 4 och styrmodulen beräknar korrekt tändläge för cylinder 2 och 3.

Justering av tändläge

Få moderna system möjliggör justering av tändläget, oberoende av om motorn är utrustad med fördelarlöst tändsystem eller fördelare. De system där justering är möjlig har ibland en oktanväljare som möjliggör smärre justeringar. Alternativt kan styrmodulen kopplas om till serviceläge och ändra tändlägets grundinställning med hjälp av en handhållen felkodsavläsare varefter tändläget kan justeras genom att fördelaren vrids.

Oktanval

En oktanplugg eller en kopplingsledning kan förekomma för inställning av styrmodulen för olika oktantal. I vissa fall byter styrmodulen både tändlägets grundinställning och insprutningskartorna vid omställning (fig. 2.17).

Styrmodulen sänder en referensspänning på 5 V till oktanväljaren. När denna ledning jordas via ett motstånd (i oktanväljaren) kommer en spänning som underskrider 5 V att sändas till styrmodulen. När den tar emot den lägre spänningen justeras dess interna program.

Knackgivare

Optimalt tändläge (vid högre motorvarvtal än tomgång) för en motor med hög kompression ligger i närheten av läget då motorn börjar knacka. Detta innebär att nära knackningspunkten kommer en eller flera cylindrar ibland att knacka under gång.

Eftersom knackningar kan uppstå vid olika lägen i varje cylinder använder styrmodulen

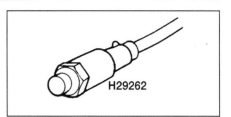

Fig. 2.18 Typisk knackgivare

en rutin för knackavläsning för att exakt känna av vilken eller vilka cylindrar som knackar. Knackgivaren sitter på motorblocket och består av en piezokeramiskt givare som reagerar på oscillationer i motorljudet. Dessa omvandlas till en spänningssignal som är proportionell mot knackningsnivån och sänds till styrmodulen för att utvärderas och åtgärdas (fig. 2.18).

Knackningens frekvens ligger vanligtvis inom bandet 6 till 15 kHz.

Styrmodulen analyserar ljudet från varje cylinder och definierar en referensnivå för varje individuell cylinder med utgångspunkt från ljudnivån under en given period. När ljudnivån överskrider referensnivån med en visst värde föreligger knackning.

Inledningsvis ligger tändläget vid den optimala punkten. När knackning detekteras backar styrmodulen tändläget för denna cylinder eller cylindrar ett antal grader. När knackningen upphör flyttas tändläget fram till dess att knackningen startar igen (då tändläget återigen backas) eller fram till den optimala punkten. Denna process upprepas kontinuerligt så att alla cylindrar alltid arbetar med optimerat tändläge.

Induktiv magnetpickup

Den induktiva magnetpickupen sitter i fördelaren. Den består av en permanentmagnet och en spollindning. De två vanligaste typerna idag har en pickuparm eller ringformad spole (fig. 2.19).

Fördelaraxeln har en skiva med en arm för varje cylinder. När axeln roterar genereras en växelspänning när skivans armar passerar genom magnetfältet

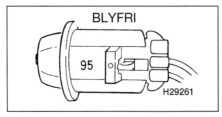

Fig. 2.17 Typisk oktanväljare

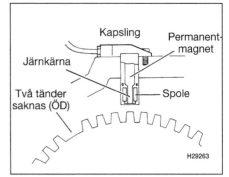

Fig. 2.19 Fördelare från Bosch med induktiv utlösare

Växelspänningen varierar från plus till minus och när skivans arm är mitt emot magnetpickupen passerar spänningssignalen nollpunkten. Detta är utlösningspunkten. Två ledningar kopplar magnetpickupen till styrmodulen som förstärker signalen för att bryta spolens jordning. Utan förstärkning är signalen för svag för detta.

Med hjälp av frånkopplingspunkten kan modulen beräkna inkopplingspunkten samt korrekt vilovinkeltid.

Vevaxelns vinkelgivare

Vevaxelvinkelgivaren fungerar på samma sätt som den induktiva magnetpickupen. Svänghjulet eller vevaxeln har med jämna avstånd runt periferin ett antal ståltänder. Vanligtvis finns 36 tänder (10° vinkelavstånd) men antalet varierar mellan olika tillverkare.

En induktiv pickup med permanentmagnet är monterad i närheten av stiften. När svänghjulet roterar passerar tänderna genom magnetfältet vilket inducerar en växelspänning. Denna signal sänds till styrmodulen och frekvensen är proportionell mot motorns varvtal.

Om en tand utelämnas på två punkter på svänghjulet, eller om det förekommer en dubbeltand, kommer signalen att avvika i dessa ögonblick. Detta ger en referenssignal för ÖD till styrmodulen. Dock kommer inte denna signal vid ÖD utan 90° eller någon annan vinkel FÖD, definierad av tillverkaren.

I och med att svänghjulet roterar påverkar de borttagna tänderna eller dubbeltanden signalen från givaren, vilket anger för styrmodulen var ÖD befinner sig.

De flesta moderna system har endast en vevaxelvinkelgivare till skillnad från vissa äldre system som har två - en för varvtal och en för läge i förhållande till ÖD. Växelspänningen från de två givarna ser olika ut.

Hastighetssignalens toppspänning varierar i enlighet med motorvarvtalet eftersom högre hastighet ger högre inducerad spänning. Den kan variera från 5 V vid tomgång till över 100 V vid 6 000 varv/min. Eftersom datorer föredrar digital information omvandlas växelspänningssignalen till en digital signal av en analog-till-digital omvandlare (fig. 2.20).

I förekommande fall används vevaxelvinkelgivarens signal för att utlösa både tändning och insprutning.

Halleffektgivare

Halleffektgivare används oftast i elektroniska tändsystem med fördelare. Modulen sänder en spänning strax under normal batterispänning till Halleffektgivaren i fördelaren. En jordledning sluter kretsen tillbaks till modulen. Mitt emot Halleffektgivaren sitter en magnet vars fält påverkar givaren. På fördelarens axel, mellan magneten och givaren, sitter en skiva

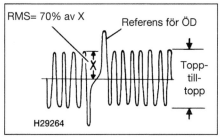

Fig. 2.20 Signalspänning från induktiv utlösare

med lika många hål som motorn har cylindrar. När ett hål passerar mellan magneten och givaren sänds en spänningssignal via en tredje ledning (utgångsledningen) till förstärkaren. När hålet har passerat blockeras magnetfältet vilket resulterar i att spänningen på utgångsledningen försvinner. Antal spänningspulser per motorcykel motsvaras av antalet hål i skivan. Utgångsspänningen är en fyrkantsvåg vars amplitud inte påverkas av varvtalet.

Den största fördelen med Halleffektsignalen är att den är digital, vilket gör att den kan behandlas snabbare av styrmodulen. Dock används Halleffektgivare oftast på motorer med fördelare och eftersom färre bilmodeller numera utrustas med en sådan, förekommer Halleffektgivare allt mer sällan i moderna bilar.

Om motorn har en Halleffektgivare används dess signal till att styra både tändning och insprutning.

6 Elektroniska insprutningssystem

Allmänt

Bränsleblandningen i förgasarsystem påverkas eftersom insugsluftens temperatur och täthet hela tiden varierar. Detta gör det omöjligt att exakt styra blandningens bränsleinnehåll. I motorer med elektroniska insprutningssystem däremot finns ett antal givare som övervakar alla faktorer som kan påverka bränsleblandningen. Systemet reagerar mycket snabbt på förändrade driftvillkor, vilket möjliggör noggrann kontroll.

Styrmodulen är programmerad för att beräkna en normal injektoröppningstid. Detta är den tid som styrmodulen håller injektorn öppen och den mäts i millisekunder (ms). Information från motorns givare som t ex luftflödesmätaren eller insugsrörets tryckgivare, trottelns positionsgivare eller trottellägesgivaren samt kylvätsketemperaturgivaren och lufttemperaturgivaren, avläses och används av styrmodulen för att justera

den beräknade öppningstiden. Detta innebär att mängden insprutat bränsle är exakt anpassad till den aktuella temperaturen, belastningen och varvtalet. Styrmodulen aktiverar även tomgångsventilen så att den automatiskt styr tomgångsvarvtalet med hänsyn till kylvätskans temperatur och motorns belastning.

Det finns ett antal olika insprutningssystem som används idag, men de tre viktigaste typerna är:

Samtidig flerpunktsinsprutning
Central eller enpunktsinsprutning
Sekventiell insprutning

Samtidig flerpunktsinsprutning

Det är det vanligaste insprutningssystemet idag. Ett antal injektorer är sammankopplade till en parallell bank med en anslutning till styrmodulen. Om motorn har flera bankar är varje bank ansluten separat till styrmodulen.

I en fyrcylindrig motor är alla injektorer sammankopplade till en bank. Sexcylindriga motorer har två bankar med tre injektorer och åttacylindriga två bankar med fyra injektorer. V6- och V8-motorernas bankar kallas vänster och höger bank. 12-cylindriga motorer har fyra bankar med tre injektorer. Två effektmotstånd styr två bankar parvis.

Injektorerna utlöses med en referenssignal som antingen kommer från insprutningssystemet eller från en tändlägespuls från vevaxels vinkelgivare. Vanligtvis aktiveras injektorerna två gånger per arbetscykel. Halva bränslemängden sprutas in bakom de insugsventiler som är stängda och resten sprutas in när ventilerna öppnas vid insugstakten. När insugsventilen har öppnat leds bränslet in i cylindern på vanligt sätt (fig. 2.21).

Detta system är tämligen effektivt och fungerar vanligtvis ganska bra. Det är även billigare att utveckla än helt sekventiella system, vilket gör det populärt bland tillverkarna.

Dock uppstår ibland ett fel i fordon som har gått många mil (och ibland redan efter kortare körsträckor). Det byggs upp ett sotskikt på insugsventilens baksida som suger upp en del

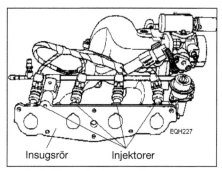

2.21 Flerpunktsinsprutningssystem

av bränslet innan det har släppts in i cylindern. Detta kan resultera i sämre acceleration eftersom bränsleblandningen blir för mager. Sotning är det enda som verkligen hjälper.

Central eller enpunkts- insprutning

Enpunktsinsprutningssystemet har blivit vanligare de senaste åren. I princip är systemet billigare, men använder samma givare som flerpunktsinsprutningssystemen. En enda injektor (vanligtvis strömstyrd) sprutar in bränsle i ett insugsrör i stort sett som en förgasare.

Trots att insprutningen är mycket exaktare uppstår problem med uppvärmning av insugsröret. Motorns varmkörningsperiod måste kontrolleras noggrant för att inte köregenskaperna ska försämras. Dessutom klassificeras insugsröret som "vått". Detta för att det finns bränsle i insugsröret. Ett flerpunktssystem är däremot "torrt" eftersom bränslet sprutas in direkt i ventilens insugsport och därför finns det endast luft i insugsröret.

På grund av de allt strängare avgaskraven kommer enpunktsinsprutning troligtvis att användas mindre i framtiden eftersom de ger mer giftiga avgaser än andra typer av insprutningssystem (fig. 2.22).

Strömstyrda, pulsmodulerade och "peak-and-hold" injektorer

Vissa system utnyttjar att det krävs mer ström att öppna injektorn än att hålla den öppen. Injektorns elektromagnet jordas endast ca 1 millisekund (ms: en tusendels sekund), vilket räcker för att öppna injektorn. Öppnings- kretsen stängs av och en annan krets håller ventilen öppen under önskad tid genom korta strömpulser med lägre styrka. Pulsernas frekvens är så hög att ventilen inte hinner stängas, vilket minskar den totala ström- åtgången. Denna typ av system kallas "strömstyrt" eller pulsmodulerat. En variant av denna metod kallas "peak-and-hold". Efter den första pulsen håller den andra kretsen ventilen öppen utan pulsmodulering.

Fig. 2.22 Centralt insprutningssystem från Nissan, luftflödesmätare med hetfilm

Sekventiell insprutning

I framtiden är det troligt att flerpunktssystem och system med central insprutning kommer att konkurreras ut av de sekventiella fler- punktssystemen där injektorerna öppnas i cylindrarnas tändföljd. Avgasmängderna kan därigenom avsevärt reduceras - i synnerhet om motorn har ett mekaniskt fel eller problem med tändningen. Sekventiella system har samma givare som flerpunktssystemen. Dock används en extra givare för att avgöra exakt vilken cylinder som ska få bränsle. Den vanligaste typen av givare för detta ändamål genererar en växelspänningssignal som liknar signalen från vevaxelns vinkelgivare. Denna givare känner oftast av kamaxelns rotation. Ibland används en Halleffektgivare i för- delaren.

7 Givare för insprutningssystem

Elektroniska bränslesystem består av ett stort antal komponenter som kan delas in i två grupper: givare och aktiverare. Givarna sänder information till styrmodulen så att den kan aktivera injektorerna och tomgångs- styrningen på korrekt sätt. Elektroniska insprutningssystem innehåller följande delar:

Motorns samtliga givare har ett motstånd som antingen motsvarar en temperatur eller en belastning. Eftersom temperaturen eller belastningen varierar ändras även givarens motstånd. Denna förändring resulterar även i att spänningen till styrmodulen varierar. Genom att mäta denna spänning, i enlighet med vissa parametrar, kontrolleras att de givarna fungerar korrekt.

Insprutningssystemets givare kan delas in i flera grupper. Den första och andra gruppen innehåller givare som avger en signal med variabel utnivå. Denna grupp kan indelas i sådana med två respektive tre ledningar. Den tredje gruppen kan ha en kombination av givare med två och tre ledningar integrerade i samma enhet. Ett exempel är den luftflödes- mätare som finns i många Bosch-system. Den kombinerar luftflödes- och lufttemperatur- givaren med CO-potentiometern till en enhet med gemensam jord. Den sista gruppen omfattar givare som fungerar som elektriska brytare (t ex syresensorn och trottelns positionsgivare).

Givare med två ledningar har en jord och en 5 V matning. Matningen fungerar även som utgång på följande sätt: När matning och jord ansluts till givaren kommer givarens motstånd att påverka matningens spänning. Vi tar som exempel en kylvätsketemperaturgivare med två ledningar; matningen på 5 V kommer att minska till mellan två och tre volt när motorn är kall (20°C) och mellan 0,6 och 0,8 volt när

motorn är varm (80°C). Även lufttemperatur- givarens och kylvätsketemperaturgivarens potentiometer samt CO-potentiometern är av denna typ.

Givare med tre ledningar har en matning på 5 V, en jord (ofta via styrmodulen) och en utgångsledning (signal). Utgångsledningen sänder en variabel spänning till styrmodulen. De två vanligaste typerna av givarelement är motståndsspår med släpkontakt eller via en omvandlare. Som exempel kan nämnas luft- flödesmätare, trottelns positionsgivare (mot- ståndsbana) och insugsrörets tryckgivare (omvandlare).

Belastningsgivare

Antingen luftflödesmätaren, insugsrörets tryckgivare eller trottelns positionsgivare kan fungera som belastningsgivare. Styrmodulen beräknar motorns belastning med hjälp av signalen från någon av de tre givarna. Luft- flödesmätaren känner av den luftmängd som sugs in i motorn, insugsrörets tryckgivare avläser det absoluta trycket, orsakat av undertrycket i insugsröret, och trottelns posi- tionsgivare känner av trottelns läge. Vanligtvis används dock någon av de två första som belastningsgivare och trots att trottelns posi- tionsgivare ibland används för att ensam avläsa belastningen är det vanligare att signalen från trottelns positionsgivare an- vänds för att justera signalen från någon av de två andra givarna.

Luftflödesmätare med klaff

Denna luftflödesmätare är oftast placerad mellan luftfiltret och trottelhuset. När luften strömmar genom givaren förflyttas en klaff. Ju större luftflödet är desto mer påverkas klaffen. Klaffen är kopplad till en arm som påverkar en potentiometer, vilket sänder en variabel spänningssignal till styrmodulen (fig. 2.23).

Luftflödesmätaren är en givare med tre ledningar. 5 V referensspänning är kopplad till den ena änden av potentiometerns mot- ståndsspår och den andra till jord. Den tredje ledningen är kopplad till potentiometerns släpkontakt.

Den variabla spänningen från släpkontakten informerar styrmodulen om hur stor luftvolym som sugs in i motorn. Denna information

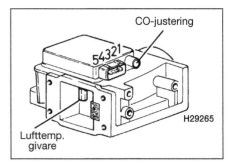

2.23 Luftflödesmätare av typ Motronic

används för att beräkna injektoröppnings-tiden. För att jämna ut luftflödespulser är en dämpare kopplad till givarens klaff. Luft-flödesmätaren påverkar i hög grad den insprutade bränslemängden.

Luftflödesmätare med hettråd – ofta kallad "luftmassemätare"

Luftflödesmätare med hettråd eller hetfilm blir allt vanligare eftersom den noggrant mäter luftens volym, temperatur och täthet vid alla höjder över havet. Det är ett tekniskt överlägset alternativ till luftflödesmätare med klaff och tryckgivare för insugsrör **(fig. 2.22)**.

Denna typ av luftflödesmätare kan vara monterad i luftkanalerna mellan luftfiltret och motorn eller på trottelhuset. Beroende på systemtyp sänds en spänning på 5 eller 12 V till luftflödesmätaren.

Luften passerar genom luftflödesmätaren in i motorn. En mindre mängd luft sugs in i en förbiledningskanal med två trådar. Dessa kallas givartråden respektive kompensations-tråden.

En mindre ström flyter genom kompen-sationstråden som inte värms upp. När luften strömmar förbi tråden ändras trådens motstånd och därmed även strömmen. Det gör att luftflödesmätaren kan känna av den inkommande luftens temperatur. Givartråden värms till en temperatur på 100°C över kompensationstråden. Luft som passerar givartråden kyler ned den och även här ändras trådens motstånd. Dock justeras strömmen så att temperaturen på givartråden hålls 100°C över kompensationstrådens. Utgångsspän-ningen, som är proportionell mot strömmen i givartråden, sänds till styrmodulen.

Detta spänningsvärde är direkt proportio-nellt mot insugsluftens volym, temperatur och täthet. Fördelen med denna typ av givare är att den automatiskt kompenserar för alla höjder över havet vilket gör att styrmodulen under alla driftvillkor kan beräkna korrekt bränsleblandning.

Insugsrörets tryckgivare

Denna givare används oftast som ett billigt alternativ till luftflödesmätare. Den är mindre noggrann än de olika typerna av luftflödes-mätare och används oftast p g a kostnads-skäl, inte för dess tekniska egenskaper. Insugsrörets tryckgivare mäter insugsrörets tryck och har en omvandlare som sänder en elektrisk signal till styrmodulen. Denna givare kan vara en separat enhet som sitter i motorrummet eller vara integrerad i styrmodulen **(fig. 2.24)**.

Tryckgivare i insugsröret används både i flerpunkts- och enpunktsinsprutningssystem, men är speciellt vanlig i enpunktsinsprut-ningssystem.

En vakuumslang kopplar tryckgivaren till insugsröret. Undertrycket i insugsröret påverkar tryckgivarens membran och styrmodulen omvandlar detta till en elektrisk signal. Det absoluta trycket i insugsröret

Fig. 2.24 Insugsrörets tryckgivare

1 Tryckgivare
2 Fästskruvar (vissa typer snäpps fast i en hållare)
3 Tryckgivarens vakuumledning (till insugsröret)
4 Tryckgivarens elektriska anslutning (går oftast till stamkabelhärvan)

beräknas enligt formeln: atmosfärtryck minus insugsrörets tryck = absolut tryck i insugs-röret.

Genom att använda metoden hastighet/-täthet beräknar styrmodulen bränsle-blandningen med hjälp av signalen från insugsrörets tryckgivare och motorns varvtal. Denna metod bygger på hypotesen att motorn suger in en fixerad volym luft per varv. Denna metod att mäta upp luftflödet kan aldrig bli så noggrann som en äkta luftflödesmätare där bränsleblandningen beräknas med den luftvolym som sugs in i motorn som utgångs-punkt.

När insugsrörets vakuum är högt (d v s tomgång), är insugsrörets tryckgivare ganska låg och styrmodulen ger mindre bränsle. När vakuumet är lågt (d v s vidöppen trottel), är insugsrörets tryckgivare hög och styrmodulen ger mer bränsle.

Insugsrörets tryckgivare kan vara av två olika typer. Den vanligaste är en analog givare där utgångsspänningen är proportionell mot belastningen. Den andra typen är en digital givare som huvudsakligen används i Fords EEC IV-system.

Den digitala givaren sänder en fyrkants-signal vars frekvens ökar när belastningen ökar. Styrmodulen reagerar mycket snabbare på en digital signal eftersom det inte behövs någon analog-till-digital omvandlare.

Om insugsröret är "vått" (t ex enpunkts-insprutning) kan bränsle pressas in i vakuum-slangen och givaren p g a den varierande trycknivån i grenröret. En bränslefälla och noggrann placering av vakuumslangen kan förebygga detta. Om bränslet tränger fram till membranet kan det skadas. Om givaren är en separat enhet är det förhållandevis billigt att byta den, men om den är integrerad i styrmodulen kan hela denna enhet kräva utbyte.

Insugsröret i flerpunktsinsprutning är "torrt". Eftersom det inte finns bränsle i insugsröret (det sprutas in på insugsventilens baksida) kan det inte tränga in bränsle i tryckgivaren och därför behövs ingen bränslefälla.

Fasgivare (endast sekventiella insprutningssystem)

I icke-sekventiella system avläser inte styr-modulen cylinder 1 eller tändföljden, eftersom det är överflödigt. När vevaxeln eller för-delaren sänder en tändlägessignal, identifieras korrekt cylinder genom vevaxelns, kamaxelns eller fördelarrotorns mekaniska läge.

På modeller med sekventiell insprutning måste däremot styrmodulen veta vilken cylinder som ska tända. Fasgivaren tillhanda-håller denna information. Givaren är induktiv och utgörs av en sensor med en permanentmagnet som är monterad intill kamaxeln. Denna givare fungerar olika beroende på tillverkare och vi återkommer med en utförligare beskrivning i relevant kapitel.

Givare för luft- och kylvätsketemperatur

Dessa givare är termistorer som vanligtvis har negativ temperaturkoefficient. Ett antal fordon med Renix-systemet kan ha givare med positiv temperaturkoefficient. Termistorernas motstånd är temperaturberoende, vilket gör det möjligt för styrmodulen att beräkna luft- respektive kylvätsketemperaturen. Detta sker utifrån den spänning (eller ström) som avläses på givarens signalledning **(se bild 2.25)**.

Negativ och positiv temperaturkoefficient

Negativ temperaturkoefficient innebär att termistorernas motstånd sjunker med ökande temperatur och positiv temperaturkoefficient att motståndet ökar med temperaturen. Båda typer är exempel på givare med två ledningar, men i det ena fallet ökar spänningen och i det andra minskar spänningen.

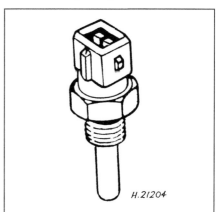

H.21204

Fig. 2.25 Givare för luft- eller kylvätsketemperatur

Lufttemperaturgivare

Lufttemperaturgivaren är en termistor med två ledningar som mäter lufttemperaturen i insugsröret. Eftersom luftens täthet är omvänt proportionell mot temperaturen, möjliggör denna givare noggrannare mätning av den luftvolym som sugs in i motorn.

5 V matas till givarens ena stift och givaren jordas via den andra. Spänningen på givarens spänningsledning varierar med lufttemperaturen.

Lufttemperaturgivaren kan vara placerad på olika ställen som insugsröret, luftfiltret eller luftflödesmätarens inlopp, beroende på tillverkare och modell. Placeringen påverkar i hög grad det temperaturområde som givaren påverkas av.

Lufttemperaturen kommer att variera inom olika spännvidder beroende på var givaren är monterad. Om den exempelvis är monterad i luftfiltret eller luftflödesmätarens inlopp kommer temperaturen att variera i enlighet med motorrummets temperatur, mellan 20°C (kall motor) och 40°C (varm motor). Om givaren däremot är monterad i insugsröret eller i trottelhuset (vissa enpunktsinsprutningssystem) kommer temperaturområdet att vara mycket större eftersom lufttemperaturen kan nå upp till 70°C när motorn är varm.

Vissa bilar kan ha två givare, en för att mäta den omgivande lufttemperaturen i motorrummet och den andra för att mäta insugsluftens temperatur. Detta kan vara av betydelse om motorn är försedd med turbo.

Trots att de flesta bilar är utrustade med en lufttemperaturgivare med negativ temperaturkoefficient, kan bilar med Renix-systemet ha givare med positiv temperaturkoefficient.

Kylvätskans temperaturgivare

Denna givare är en termistor som mäter kylvätsketemperaturen och har två anslutningar. Givaren är i direktkontakt med motorns kylvätska och har ett mätelement som vanligtvis har negativ temperaturkoefficient.

När motorn är kall är motståndet högt. I och med att temperaturen stiger efter start blir kylvätskan varmare, vilket gör att motståndet minskar (negativ temperaturkoefficient). Detta gör att en variabel spänning sänds till styrmodulen som därigenom känner av kylvätsketemperaturen.

5 V sänds till givarens ena anslutning och denna spänning faller i enlighet med givarens motståndsminskning. Givarens normala arbetstemperatur ligger vanligtvis mellan 80°C och 100°C. Styrmodulen använder denna signal som korrigeringsfaktor när tändläge och injektoröppningstider ska beräknas.

Vissa fordon med Renix-system har givare med positiv temperaturkoefficient. I detta fall ökar motståndet och spänningen med ökande temperatur.

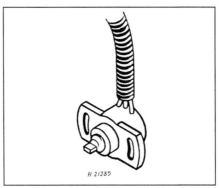

Fig. 2.26 Trottellägespotentiometer

Trottelsignaler

Trottelläget kan avgöras med en enkel brytare (trottelbrytare), en potentiometer (trottelns positionsgivare) eller en kombination som både har brytare och potentiometer. I vissa system finns båda typerna som separata komponenter.

Trottelns positionsgivare

Denna givare informerar styrmodulen om tomgångsläget, inbromsning, acceleration och om trotteln är helt öppen. Trottelns positionsgivare har en potentiometer med tre ledningar. 5 V referensspänning matas till motståndsspårets ena ände och den andra ledningen till jord. Den tredje ledningen går till en släpkontakt som löper på motståndsspåret, vilket resulterar i en variabel spänning till styrmodulen (fig. 2.26).

Med hjälp av denna spänning kan styrmodulen beräkna tomgångsläget (vanligtvis lägre än 0,7 V), fullt gaspådrag (ca 4,5 V) samt hur snabbt trotteln öppnas. Vid fullt gaspådrag gör styrmodulen blandningen fetare. När trotteln är stängd (motorbromsning) över ett visst varvtal stoppar styrmodulen bränsleinsprutningen. Insprutningen startar igen när varvtalet är lika med tomgångsvarvtalet eller när trotteln öppnas. Detta läge kan justeras på vissa modeller.

Trottelbrytare

Denna enhet talar om för styrmodulen när motorn går på tomgång. Oftast finns ytterligare en kontakt för fullt gaspådrag. Blandningen görs ofta fetare under tomgång och vid fullt gaspådrag. Varje trottelbrytare har två kontaktlägen: stängd eller öppen. Styrmodulen kan därför känna av tre olika motortillstånd:

1) Stängd trottel (tomgångskontakten stängd).
2) Öppen trottel (tomgångskontakt öppen och kontakt för fullt gaspådrag öppen).
3) Trotteln helt öppen (tomgångskontakten öppen och kontakten för fullt gaspådrag stängd).

Trottelbrytaren kan justeras på vissa modeller.

Justering av blandning

Bilar med katalysator har oftast ingen CO-justering. Om justering är möjlig resulterar en vridning av skruven endast i små förändringar av CO-halten och berör endast tomgången. När trotteln öppnas från tomgångsstoppet påverkas den insprutade bränslemängden endast av insprutningstiden. Det finns två typer av CO-justering som används idag:

1) *En luftjusterskruv som påverkar luftflödet genom en tomgångskanal. När skruven vrids påverkas luftflödet mot mätklaffen så att klaffens tomgångsläge ändras. Detta nya läge resulterar i en ändrad signal till styrmodulen och tomgångsblandningen blir antingen fetare eller magrare. Detta utförande finns oftast på äldre bilar.*
2) *En potentiometer som ger en varierande spänning till styrmodulen. Denna givare kan antingen vara monterad på styrmodulen, på luftflödesmätaren eller på motorrummets innervägg. Den kan ha två eller tre ledningar.*

CO-potentiometer (endast bilar utan katalysator)

CO-potentiometern möjliggör justering av CO-halten vid tomgång. Denna potentiometer kan antingen sitta direkt på styrmodulen eller vara monterad i motorrummet eller på luftflödesmätaren som en separat givare med tre ledningar. Om den har tre ledningar sänds en referensspänning på 5 V till givarens ena ledning. Den andra ledningen är jordad och den tredje är CO-potentiometerns variabla utsignal (fig. 2.27).

Vid vridning på CO-potentiometerns justerskruv ändras spänningen till styrmodulen, vilket ändrar CO-halten.

8 Aktiverare för insprutningssystem

Injektor

En injektor är en magnetdriven solenoidventil som sprutar in en exakt uppmätt bränslemängd, som avgörs av insprutningstiden, på signal från styrmodulen. Spänningen till injektorerna kommer från huvudreläet och jord ges av styrmodulen under en tidsperiod

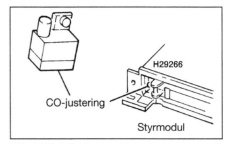

Fig. 2.27 CO-skruv, extern resp placerad i styrmodulen

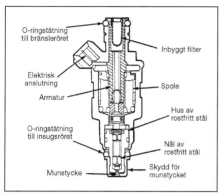

Fig. 2.28 Injektor

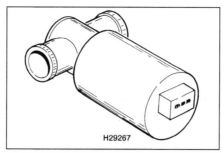

Fig. 2.29 Tomgångsventil, tre ledningar

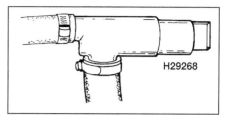

Fig. 2.30 Tomgångsventil, två ledningar

(pulsduration) på mellan 1,5 och 10 ms. Durationen är mycket beroende på motorns temperatur, belastning, varvtal och arbetsförhållanden. När solenoidmagneten stänger alstras en backspänning på 60 V **(fig. 2.28)**.

Enkelt uttryckt jordas injektorn av styrmodulen under en viss pulslängd då injektorn sprutar in bränsle.

Ett finmaskigt filter används för att förhindra att smuts tränger in i ventilen. Dock kan gummi och lacker sätta igen detta filter och fastna i injektormunstycket vilket leder till minskat bränsleflöde. Föroreningar i injektorerna är ett allvarligt problem i många insprutningssystem.

Injektorerna sitter på insugsklackarna på motorns insugsportar, vilket ger en finfördelad bränsleinsprutning på varje ventils baksida. Om injektorerna utlöses samtidigt dröjer det ett ögonblick innan bränslet sugs in i cylindern.

Tomgångsreglering

De flesta moderna bilar har helautomatisk tomgångsreglering utan manuell justering. Om justering är möjlig sker detta vanligtvis genom att försätta tomgångssystemet utanför styrmodulens kontroll och justera tomgångens grundvarvtal med tomgångens luftjusteringsskruv.

De flesta moderna system har en tomgångsventil eller en stegmotor som styrs av styrmodulen för att hålla tomgångsvarvtalet konstant när motorn belastas. Detta gör att tomgången fungerar bra även när elsystemet belastas hårt och när bränsleblandningen är mager. Det automatiska tomgångssystemet ger även högre tomgångsvarvtal när motorn varmkörs.

En mindre luftström får passera runt trottelplattan via en slang eller en öppning i insugsröret. Tomgångsventilen är monterad så att denna luftström passerar genom ventilen. Tomgångsvarvtalet varieras genom att luftmängden genom ventilen ändras.

Tomgångsventil (Bosch, 3 ledningar)

Äldre Bosch-system har en tomgångsventil som är kopplad till en elmotor som kan rotera med- eller motsols **(fig. 2.29)**. Motorn är kopplad till en matning och de två andra ledningarna jordas via styrmodulen. Motorn roterar medsols när den ena ledningen jordas och tvärt om och den styrs så att ventilen aldrig öppnar eller stänger helt. Ventilen kommer att vara i ett mellanläge som ligger närmare det öppna läget. Genom att variera tiderna som de olika anslutningarna är aktiverade kan styrmodulen justera tomgångsventilen exakt till det önskade läget. Det går att mäta tiden som de olika anslutningarna är aktiverade i förhållande till den totala tiden och ange detta i procent.

Tomgångsventil (Bosch, 2 ledningar)

Senare Boschsystem har en styrsolenoid vars motkraft utgörs av en kraftig fjäder. Styrsolenoiden är ansluten till matning och jordas via styrmodulen **(fig. 2.30)**. När tomgångsventilen jordas via styrmodulen öppnas den. Om styrsolenoiden går sönder stängs den av fjädern. Dock strömmar en mindre luftström genom ventilen för att säkerställa ett visst (lägre) tomgångsvarvtal.

Ju längre styrmodulen håller tomgångsventilen öppen desto mer öppnas den. Detta sker flera gånger per sekund (frekvensen är

ca 110 Hz). Genom att variera den tid som kretsen är aktiverad hålls ventilen i exakt rätt läge.Aktiveringstiden kan mätas vid tomgångsventilens jordsignal eller vid motsvarande stift på styrmodulen.

Fords tomgångsventil

Ford har en tomgångsventil som påminner som Boschs senare typ med två ledningar. Eftersom den har en diod är dock ventilsignalen sågtandsformad.

Stegmotor

Stegmotorn kan ta sig olika former, följande två är de vanligaste:

1) *En motor för att driva en ventil som öppnar eller stänger en luftkanal i insugsröret* **(fig. 2.31)**.
2) *En motor för att öka trottelplattan med ett antal steg, vilket släpper fram mer eller mindre luft genom öppningen.*

Vanligtvis matas motorn med spänning och har fyra jordar. Genom att omväxlande jorda de fyra jordstiften kan motorn stegas till önskat läge.

Hjälpluftventil

Denna ventil används för att öka tomgångsvarvtalet när motorn är kall. Den används mest i äldre system och styrs inte av styrmodulen. Hjälpluftventilen finns i en slang som går förbi trottelplattan. En cirkulär temperaturkänslig ventil öppnas för att släppa förbi extra luft när motorn är kall. När motorn är kall är ventilen öppen vilket ökar motorns tomgång. När motorn värms upp stängs ventilen gradvis till dess att den är helt stängd vid normal arbetstemperatur. Detta sker oftast 2-4 minuter efter kallstart **(fig. 2.32)**.

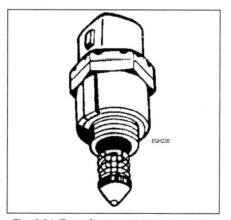

Fig. 2.31 Tomgångsregulator, stegmotor

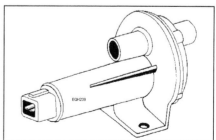

Fig. 2.32 Hjälpluftventil

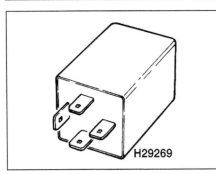

Fig. 2.33 Standardrelä med fyra stift

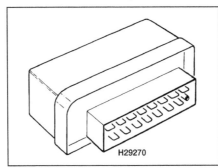

Fig. 2.34 Relä med 15 stift

Hjälpluftventilen är oftast kopplad till bränslepumpsreläets utgång. Det innebär att den endast fungerar när motorn är igång. Strålningsvärme från motorn påverkar ventilen, vilket gör att ventilen hålls stängd när motorn är varm och avstängd.

Fordonets hastighetsgivare

Hastighetsgivaren används för att styrmodulen ska kunna känna av bilens hastighet. Givaren fungerar efter Halleffektprincipen och sitter oftast på växellådan eller hastighetsmätaren.

En spänning på ca 12 V kopplas från tändningslåset till hastighetsgivaren. När hastighetsmätarens vajer roterar kopplas Halleffektgivaren på och av, vilket ger fyrkantspulser till styrmodulen. Signalens frekvens anger fordonets hastighet.

Bränsleinsprutningens reläer

Eftersom det finns så många olika system är det omöjligt att beskriva alla olika reläkombinationer. Nedanstående beskrivning är oftast ganska rätt, men det finns ett antal system som fungerar annorlunda.

Ett systemrelä kan användas för att styra hela insprutningssystemet. I detta fall har reläet två kontakter. Alternativt används två reläer för att styra systemet. I så fall används spänningen från systemets huvudrelä till att aktivera det andra reläet (till bränslepumpen).

I denna bok numreras reläernas stift oftast enligt DIN-standarden som de flesta (men inte alla) europeiska tillverkare följer. I vissa fall har tillverkaren en egen metod att märka stiften (fig. 2.33 och 2.34).

DIN-numrering av stift

30 *Matning direkt från batteriets pluspol.*
31 *Jordretur direkt till batteriet (används sällan i moderna system, kan användas i äldre insprutningssystem).*

85 *Reläjord för aktivering av systemet. Kan vara kopplad direkt till jord eller via styrmodulen.*
85b *Reläjord för utgång. Kan vara kopplad direkt till jord eller via styrmodulen.*
86 *Aktivering av systemets matning. Kan vara ansluten direkt till batteriets pluspol eller via tändningslåset.*
87 *Utgång från det första reläet eller den första relälindningen. Detta stift är matningen till det andra reläets stift 86, vilket matar styrmodulen, injektorerna, tomgångsventilen etc med spänning.*
87b *Utgång från det andra reläet eller den andra relälindningen. Oftast matning till bränslepumpen och syresensorn etc.*

Observera: *På vissa reläer kan stiften 30 och 87/87b och/eller 85 och 86 vara omkastade. Detta beror på att den interna reläskyddsdioden är omvänd, vilket förhindrar spänningsspikar när reläet slår om.*

Huvudrelä och bränslepumpens relä (separata reläer)

När kopplingen är av denna typ styrs motorns elsystem av ett huvudrelä för insprutningen och ett relä för bränslepumpen. Batteriets pluspol är ansluten till huvudreläets stift 30 och stift 30 på bränslepumpens relä. När tändningen slås på leds spänningen till insprutningsreläets stift 86, vilket magnetiserar dess lindning som är kopplad till jord. Detta gör att reläkontakterna sluts. Stift 30 kopplas till utgången vid stift 87 eller 87b. Detta gör att injektorerna, styrmodulen och tomgångsventilen matas med spänning. Dessutom får bränslepumpens relästift 86 spänning.

När tändningen slås på jordar styrmodulen momentant bränslepumpens relästift 87 eller 87b vid sitt stift på styrmodulen. Detta magnetiserar lindningen och sluter kontakterna, vilket matar spänning från stift 30 till 87 eller 87b och bränslepumpen. Efter ca en sekund bryter styrmodulen kretsen och

pumpen stannar. Denna kortvariga körning av bränslepumpen trycksätter bränslesystemet, vilket underlättar start.

Bränslepumpen kommer därefter att vara avstängd till dess att motorn startas. När styrmodulen får en varvtalssignal kommer reläet åter att magnetiseras av styrmodulen och bränslepumpen kommer att gå till dess att motorn stängs av.

Huvudrelä och bränslepumpens relä (ett dubbelt relä)

I detta fall skyddas elsystemet av ett relä med dubbla kontakter. Det finns ett antal olika dubbelreläer som kommer att beskrivas utförligare i respektive kapitel. Vissa reläer (t ex GM:s dubbla) är märkta enligt DIN, andra (som t ex Magneti Marelli) använder andra metoder. I allmänhet gäller dock följande:

Reläet matas från batteriets pluspol. När tändningen slås på jordas reläet. Detta aktiverar reläets första lindning. Då sluts reläkontakterna, vilket ger en spänning till ett visst stift på styrmodulen, till injektorerna, tomgångsventilen och ett annat stift på reläet.

När tändningen slås på jordar styrmodulen bränslepumpens drivning via tillhörande stift på modulen. Detta aktiverar den andra lindningen och sluter den andra reläkontakten, vilket matar spänning till bränslepumpen. Efter ca en sekund bryter styrmodulen kretsen och pumpen stannar. Denna kortvariga körning av bränslepumpen trycksätter bränslesystemet, vilket underlättar start.

Den andra kretsen förblir bruten till dess att motorn startas. När styrmodulen får en varvtalssignal från vevaxelgivaren kommer den andra lindningen att aktiveras av styrmodulen. Detta gör att bränslepumpen, tändningen och insprutningen går till dess att motorn stängs av.

Tröghetsbrytare

Tröghetsbrytaren är en säkerhetsbrytare som stänger av bränslepumpen om bilen stannar mycket hastigt - d.v.s. vid krock. När brytaren löst ut kommer matningen till bränslepumpen att vara avstängd till dess att tröghetsbrytaren har återställts (se bild 2.35).

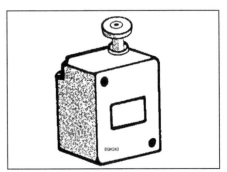

Fig. 2.35 Tröghetsbrytare

9 Bränsletrycksystem

Bränslepump

Tillverkarna använder olika metoder för att förse bränsleröret med bränsle. Vissa använder en extern pump, andra en intern. Även en kombination av bägge förekommer.

I allmänhet är interna och externa pumpar konstruerade så att bränslet strömmar genom pumpen och elmotorn. Det föreligger ingen brandrisk eftersom det inte finns syre tillgängligt. Systemen för flerpunktsinsprutning och enpunktsinsprutning är snarlika, men enpunktsinsprutning arbetar med avsevärt lägre tryck.

Bränslepumpen ger normalt mycket mer bränsle än vad som krävs och överskottet skickas tillbaka till tanken via ett returrör. Faktum är att i ett flerpunktsinsprutningssystem är det möjligt med ett maximalt bränsletryck överskridande 5 bar. För att förhindra tryckfall i systemet finns det en envägsventil i bränslepumpens utlopp. När tändningen stängs av och pumpen slutar arbeta upprätthålls därmed trycket under en viss tid. Ibland har bränsleledningen en dämpare vid bränslefiltret som förhindrar att bränsleflödet pulserar, vilket reducerar ljudnivån från injektorerna.

Extern bränslepump

En bränslepump av valstyp, driven av en permanentmagnets elmotor är placerad nära tanken där den drar bränslet från tanken och pumpar det till bränsleröret via ett filter **(fig. 2.36)**.

På armaturaxeln finns en excentrisk rotor med ett antal fickor runt ytterkanten. Varje ficka innehåller en metallvals. När pumpen aktiveras slungas valsarna ut av centrifugalkraften så att de fungerar som tätningar. Bränslet mellan valsarna tvingas ut genom pumpens tryckutlopp. En dämpare sitter före bränsleröret för att minska pumpens pulsering.

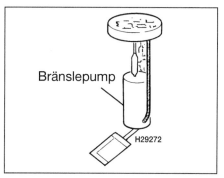

Fig. 2.37 Intern bränslepump

Dämparen ser ut som tryckregulatorn, men saknar vakuumrör.

Intern bränslepump

Denna typ av pump sitter vertikalt i bränsletanken och består av yttre och inre kugghjul. När pumpmotorn startar roterar kugghjulen och bränslet passerar genom kuggarna, vilket skapar en tryckskillnad. Bränslet dras genom pumpens intag, blir trycksatt mellan kuggarna och pumpas ut genom pumpens utlopp till bränsleledningen. **(fig. 2.37)**.

Bränsletrycksregulator

Bränslepumpen matar bränslet till bränsleröret med ett tryck som överskrider systemets arbetstryck. Bränsletrycksregulatorns uppgift är att hålla trycket konstant och leda tillbaka överflödigt bränsle till tanken via returledningen **(fig 2.38)**.

Tryckregulatorn är monterad på bränslerörets utloppssida. Den består av två kammare skilda åt av ett membran. Övre kammaren innehåller en fjäder som utövar tryck på nedre kammaren och stänger utloppsmembranet. Trycksatt bränsle flödar in i den nedre kammaren och trycker på membranet. När trycket överstiger en viss nivå öppnas utloppsmembranet och överskottsbränslet leds tillbaka till tanken via returledningen.

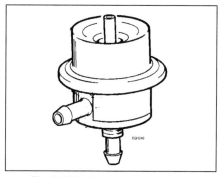

Fig. 2.38 Bränsletrycksregulator

Det är viktigt att bränsletrycket i bränsleröret hålls konstant vid en viss nivå som brukar vara 2,5 till 3,0 bar i flerpunktsinsprutningssystem och 1,0 bar i enpunktsinsprutningssystem. När trycket är konstant kommer injektorns öppningstid (som bestäms av styrmodulen) att vara den viktigaste faktorn som påverkar den bränslemängd som sprutas in i motorn. Om bränsletrycket skulle variera skulle den bränslemängd som levereras av injektorn påverkas vid konstant öppningstid.

I flerpunktsinsprutningssystem påverkar dessutom undertrycket i insugsröret bränsletrycket. Eftersom undertrycket i insugsröret påverkas av gaspådraget kommer även undertrycket att påverka nålen i injektorn. Detta påverkar den insprutade bränslemängden. Genom att koppla tryckregulatorn till insugsröret via en kort vakuumslang kommer bränsletrycket att öka vid acceleration vilket ger fetare bränsleblandning och minska vid körning med konstant hastighet så att blandningen blir magrare. Tryckskillnaden mellan insugsrör och bränslerör är dock konstant, oberoende av gaspådraget.

På tomgång med urkopplat vakuumrör eller med motorn avstängd och pumpen gående, eller vid full gas, är systemtrycket cirka 3,0 bar i ett typiskt flerpunktsinsprutningssystem. Vid tomgång (med anslutet vakuumrör) är bränsletrycket cirka 0,5 bar under systemtrycket.

10 Turboaggregat

Allmänt

Uteffekten för alla typer av bensinmotorer är begränsad av den luftvolym som motorn kan suga in. Enkelt uttryckt ökar den volymetriska effekten om motorn kan pressa in mer luft i cylindrarna och därigenom öka uteffekten. Naturligtvis måste även bränsletillförseln öka för att bränsleblandningen ska bibehållas.

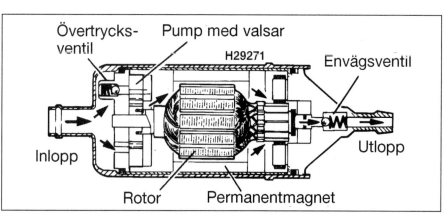

Fig. 2.36 Extern bränslepump av valstyp

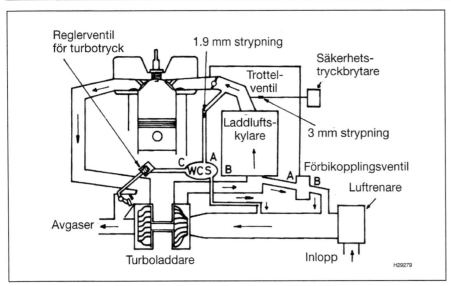

Fig. 2.39 Manövermagnet för reglerventil för turbotryck

Förbiledning av luft

Ett fenomen som kallas "turbofördröjning" kan orsaka tveksamhet i inledningen av accelerationen eftersom det tar ett ögonblick för turbon att få upp hastigheten. Detta kan vara mycket märkbart vid acceleration efter en tids motorbromsning när turbinen går med lågt varvtal p g a baktryck i turbinhuset. Turbofördröjningen kan reduceras med hjälp av en luftförbiledningsventil (fig. 2.41).

Ett avkännarrör kopplar förbiledningsventilen till insugsröret. När turbinen matar komprimerad luft till insugsröret trycker luften mot förbiledningsventilen och den hålls stängd. Under motorbromsning och låga belastningar när turbon inte är aktiv innehåller insugsröret luft med undertryck vilket öppnar förbiledningsventilen. Lufttrycket från skovelhjulet cirkulerar i hela turbinhuset och förebygger att baktryck uppstår. Turbinens varvtal minskas obetydligt och turbofördröjningen blir lägre vid tryck på gaspedalen.

Turboladdning är en metod att komprimera insugsluften så att en större luftmängd kan pressas in i cylindern under högt tryck.

Avgaserna används för att driva en turbin och ett skovelhjul som komprimerar insugsluften. Turbinen sitter i avgassystemet, ganska nära grenröret. När luften komprimeras alstras värme. Detta gör att luften expanderar och förlorar därigenom lite i effektivitet. Detta problem kan lösas med en laddluftskylare som kyler luften på vägen till insugsröret. Detta ger maximal kompression av luften (fig. 2.39).

Styrning av laddtryck

När avgasmängden ökar roterar turbinen snabbare. Vid höga varvtal finns en risk att turbinhastigheten blir för hög och trycket för stort, vilket kan skada motorn. Detta problem löses med hjälp av en reglerventil för turbotrycket som har en klaff i avgassystemet före turboaggregatet (fig. 2.40).

När övertrycksventilen får en signal från styrmodulen aktiveras en ventil som öppnar en kanal. Denna kanal leder den komprimerade insugsluften från en punkt före trotteln genom övertrycksventilen till ett membran.

Luften trycker mot membranet som mekaniskt öppnar en klaff i avgasröret. En del avgaser strömmar via klaffen, inte genom turbinen, vilket reducerar laddtrycket.

En slang kopplar turbon till membranet för övertrycksventilen. När trycket är lika med en fördefinierad nivå verkar den komprimerade insugsluften på membranet som mekaniskt påverkar en klaff i avgasröret. En del avgaser strömmar via klaffen, inte genom turbinen, vilket reducerar laddtrycket.

I sin enklaste form ger detta tillräckligt skydd mot övertryck. Om övertrycksventilen är utrustad med en styrsolenoid som styrs av styrmodulen så kan det maximala laddtrycket varieras för ökad effekt under acceleration och vid olika motorvarvtal. Styrsolenoiden sitter i slangen från turboaggregatet till övertrycksventilen och varierar trycket till denna. När ventilen är öppen sänds luften tillbaka till turbosystemets lågtryckssida.

Vid låga motorvarvtal (lägre än 2 500 varv/min) är laddtrycket försumbart och ventilen aktiveras inte förrän varvtalet blir högre. Styrmodulen brukar pulsa ventilen med en fast frekvens. Pulsbredden varieras så att ventilen öppnas under längre eller kortare tidsperioder.

11 Katalysatorer och avgasrening

Allmänt

Alla nya fordon som säljs i Sverige fr o m 1989 måste ha katalysator och ett slutet system för att minska avgasutsläppen.

Katalysator

En katalysator är egentligen ett ämne som påskyndar en kemisk reaktion, men som självt förblir opåverkat. Katalysatorn i en bil består av en rostfri behållare som innehåller ett keramiskt block med sexkantiga kanaler som kallas celler. Det finns 60 celler per kvadratcentimeter, vilket ger en intern yta på 3,55 kvadratmeter. Cellerna är ytbehandlade en aluminiumyta som har grov ytstruktur och är värmebehandlade i en brännugn så att den resulterande ytan motsvarar 1-2 fotbollsplaner (beroende på katalysatorns storlek). Ytan är belagd med ett mikroskopiskt tunt lager som totalt innehåller 2-3 gram av ädelmetallerna rodium och platina (fig. 2.42).

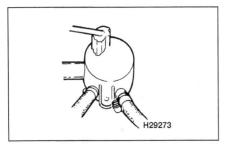

Fig. 2.40 Manövermagnet för reglerventil för turbotryck

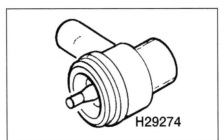

Fig. 2.41 Förbikopplingsventil för turbo

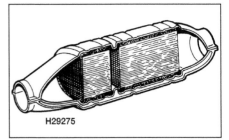

Fig. 2.42 Katalysator

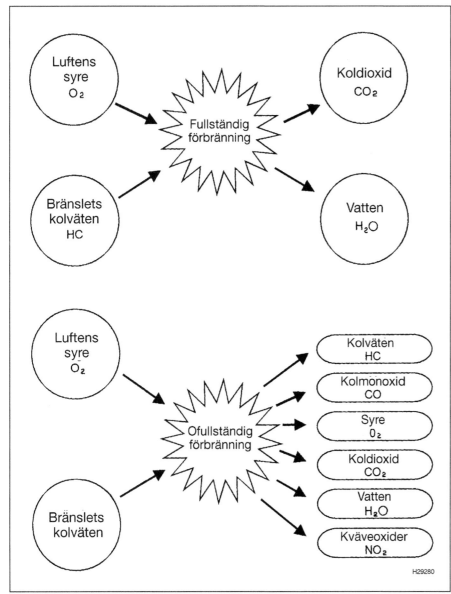

Fig. 2.43 Förbränningsschema

När katalysatorn är ny kan den avge H_2S (vätesulfid), en gas som luktar som ruttna ägg. Detta orsakas av det svavel som bränslet innehåller. Vid motorbromsning (när bränsleblandningen är mager) lagras svaveltrioxid i katalysatorn. Efter motorbromsning (när blandningen blir fetare) kommer svaveltrioxiden att reagera med vätet i avgaserna, vilket ger H_2S. Trots att H_2S är giftigt är den utsläppta mängden så liten att den är ofarlig. I allmänhet minskar lukten efter ett par tusen km.

En motor som är utrustad med katalysator, men saknar styrmodul och en syresensor/-Lambdasond, saknar Lambdareglering och kommer att katalysera ca 50% av avgaserna. I en motor med katalysator som är utrustad med ovanstående enheter och Lambdareglering kommer katalyseringsnivån att ligga på 90%.

Försiktighetsåtgärder
DU SKA INTE
a) Stänga av motorn vid varvtal som är högre än tomgång.
b) Starta motorn genom bogsering.
c) Använda bränsle- eller oljetillsatser.
d) Köra om motorn förbränner olja.
e) Parkera över torra löv eller högt gräs.

Det är viktigt att en motor med katalysator alltid arbetar på rätt sätt. Motorproblem eller misständningar som resulterar i att oförbrända bränsledroppar kommer in i katalysatorn kommer att förstöra den mycket snabbt. Det oförbrända bränslet gör att katalysatorn överhettas. När temperaturen överskrider 900°C kommer katalysatorsubstratet att smälta. Detta förstör katalysatorn och blockerar troligtvis även avgassystemet. Blockeringen gör motorn svagare och resulterar i startproblem som uppträder ofta.

Sluten slinga (Lambdareglering)
System med sluten slinga är utrustade med en syresensor som känner av avgasernas syrehalt. Låg syrehalt tyder på fet blandning och hög tyder på mager blandning.

Vid Lambdareglering kommer syresensorns signal att få styrmodulen att modifiera insprutningspulsen, vilket leder till att bränsleblandningen hålls vid det kemiskt optimala förhållandet. Genom att styra insprutningspulsen så att bränsleblandningen är i ett snävt område kring Lambda-punkten (Lambda = 0,97 till 1,03) går det att uppnå i princip perfekt förbränning under de flesta driftsförhållanden. Det leder till att katalysatorn får mindre arbete och större livslängd med färre utsläpp. (fig. 2.44).

Styrning med sluten slinga är aktiv när motorn arbetar vid normal temperatur. När kylvätskan är kall eller när motorn är fullbelastad eller motorbromsar arbetar styrmodulen med öppen slinga då den medger en magrare eller fetare blandning än den kemiskt optimala. Detta förhindrar att

---

En gallernät av stål skyddar blocket mot värme och vibrationer. En värmesköld mellan underredet och katalysatorn skyddar passagerarutrymmet mot den höga temperaturen från katalysatorn.

Katalysatorn är som ett andra förbränningsutrymme där CO och kolväten (HC) oxideras till H_2O och CO_2 (vatten och koloxid). NOx (kväveoxider) reagerar i en process som kallas reduktion där syre och kväve spaltas upp. Syret reagerar med CO vilket ger CO_2 och N_2.

En mager blandning med stor andel O_2 är bra för att CO och HC ska oxideras effektivt. Samtidigt underlättar en fetare blandning med viss CO-halt NOx-reaktionen. En kompromiss uppnås med en bränsleblandning justerad till förhållandet 14:1. Detta innebär att motorns blandning är lite fetare än optimalt och motorn

kommer därför att dra mer bränsle (fig. 2.43).

En katalysator måste uppnå en minimitemperatur på 300°C innan den börjar arbeta effektivt och den optimala arbetstemperaturon ligger mellan 400 och 800°C. Om temperaturen överskrider 800 - 1 000°C kommer ädelmetallskiktet att förstöras. Över 1 000°C smälter katalysatorn. Ej förbränt bränsle och misständningar orsakar överhettning. Blyad bensin och för mycket oljerester förstör också katalysatorn. Blyföreningarna sätter igen porerna i ytskiktet och lägger sig på ädelmetallskiktet, vilket minskar de katalytiska egenskaperna och gör katalysatorn oanvändbar. Bränslepåfyllningsröret på en bil med katalysator har mindre diameter för att det inte ska gå att använda påfyllningsmunstycken för blyad bensin.

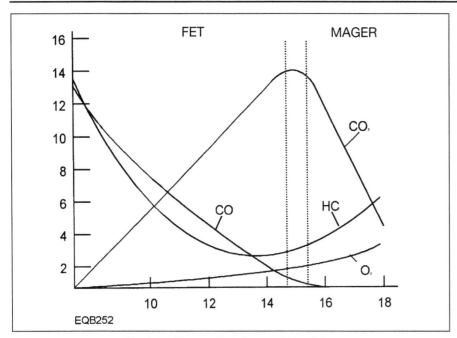

Fig. 2.44 Diagram för bränsle-luftblandning

av titan. Sensorfunktionen utgörs av att motståndet ändras och detta påverkar en digital signal som sänds från styrmodulen. Dessa sensorer reagerar mycket snabbare än zirkonsensorerna och signalen är mycket stabilare över ett större temperaturområde.

Bilens köregenskaper försämras tyvärr om motorn är permanent inställd på Lambdavärdet. Exempelvis skulle det innebära tveksamhet, sämre acceleration och ojämn gång som skulle göra bilen näst intill okörbar. Därför använder motorn Lambdareglering endast vid körning med konstant varvtal vid normal arbetstemperatur. Under acceleration eller när motorn värms upp körs motorn med öppen styrning. Den fetare blandningen förebygger ojämn gång.

Uppvärmning av syresensorn

Syresensorn avger signal endast när avgastemperaturen överskrider 300°C. För att syresensorn ska komma upp i arbetstemperatur så snabbt som möjligt efter start, har den ett värmeelement som matas från utgången på bränslepumpens relä. Detta säkerställer att värmeelementet endast är påslaget när motorn är igång.

Motorfel

Reglering av bränsleblandningen med syresensor är en utmärkt metod när motorn fungerar bra. Dock blir det problem om fel uppstår. Nästan alla fel som påverkar förbränningen resulterar i ökad mängd O_2 i avgaserna. Exempelvis resulterar en misständning p g a tändfel eller ett mekaniskt fel i ofullständig förbränning och att mängden O_2 ökar i avgaserna.

Styrmodulen tolkar detta som att blandningen är för mager och ökar injektoröppningstiden. Om det är ett flerpunkts samtidigt insprutningssystem eller ett enpunktssystem kommer alla cylindrar att erhålla mer bränsle. Detta är ett av skälen till att system med sekventiell insprutning kommer att användas mer i framtiden. I ett sådant system erhåller endast den defekta cylindern mer bränsle.

Bränsleavdunstningssystem (kolkanister och rensventil)

Fordon med katalysator och bränsleavdunstningssystem har ett filter med aktivt kol i en kanister. Detta filterar ut bränsleångor och en kolkanisterventil förvarar ångorna i kanistern. Beroende på systemtyp aktiveras kolkanisterventilen antingen av styrmodulen eller mekaniskt med temperaturreglering. När ventilen aktiveras leds ångorna in i insugsröret och förbränns i motorn. Alternativt styrs ventilen i enklare system av trotteln **(fig. 2.46).**

motorn tvekar, exempelvis vid acceleration med vidöppen trottel.

Syresensor

En syresensor är en keramisk enhet som sitter i grenröret på katalysatorns motorsida. Denna sensor har olika namn och kallas ibland Lambdasond eller avgassyresensor **(fig. 2.45).**

Syremängden efter förbränning är en utmärkt indikator på om blandningen är för fet eller för mager. Syresensorn avger en signal till styrmodulen som nästan omedelbart (inom 50 ms) kan justera injektoröppningstiden. Genom att styra motorn elektroniskt så att bränsleblandningen alltid är vid Lambda-punkten, oberoende av belastning och hastighet, är förbränningen nästan alltid perfekt.

Syresensorn består av två porösa platinaelektroder. Den yttre ytelektroden som placeras i avgasflödet är belagd med ett poröst keramikskikt. Den inre ytelektroden exponeras för frisk luft.

Två typer av syresensorer används idag. Den vanligaste typen har ett sensorelement av zirkon. En spänning alstras av skillnaden i syremängd vid de två elektroderna. Denna spänning, som är omvänt proportionell mot syremängden i avgaserna, sänds till styrmodulen där den används för att justera injektorernas öppningstid för att hålla Lambda konstant vid 1,0 ± 0,03.

Syresensorns utspänning är tämligen låg och varierar mellan 100 mV (mager) och 1,0 V (fet). Signalen liknar den från en brytare och slår mycket snabbt om mellan gränsvärdena.

Den andra typen av syresensor är tillverkad

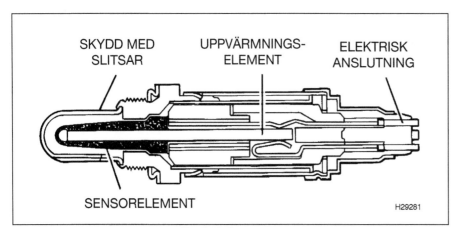

Fig. 2.45 Syresensor

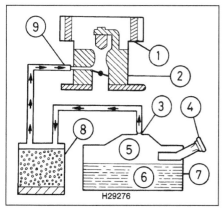

Fig. 2.46 Mekaniskt styrt avdunstningssystem

1 Luftfilter
2 Trottelhus
3 Strypning
4 Tätt påfyllnings- lock
5 Bränsleångor
6 Bränsle
7 Bränsletank
8 Kolkanister
9 Matningsslang

Aktivering med styrmodul

När motorn stängs av är kolkanisterventilen öppen. När tändningen slås på stängs ventilen. För att motorns prestanda inte ska påverkas hålls ventilen stängd när motorn är kall och när motorn går på tomgång. När kylvätsketemperaturen är normal och trotteln delvis öppen (normal körning med varm motor) kommer styrmodulen att öppna och stänga ventilen. När den aktiveras av styrmodulen kommer bränsleångorna att ledas in i insugsröret och förbrännas av motorn **(fig. 2.47)**.

Mekanisk aktivering

Vanligtvis verkar ett undertryck på kolkanisterventilen via en termistor. Styrventilen hålls stängd när motorn är kall så att motorns prestanda inte påverkas. Vakuumet är kopplat så att det inte verkar på ventilen under tomgång. När kylvätsketemperaturen är normal och trotteln delvis öppen (normal körning med varm motor) kommer styrventilen att kopplas till vakuumet vilket gör att bränsleångorna leds in i insugsröret och förbränns av motorn **(fig. 2.48)**.

Aktivering via trotteln

När trotteln är stängd är också kolkanisterventilen stängd. När motorn har startat och trotteln är öppen kommer undertrycket att verka på ventilen. Detta leder in bränsle- ångorna i insugsröret så att de förbränns i motorn.

Analys av avgaser

Syre (O₂)

Syre är en ofarlig gas som utgör 21% av luften och är nödvändig för förbränningen. O_2 består av två syreatomer och mäts i volymprocent. En mindre del av syret (1–2%) kommer att bli över

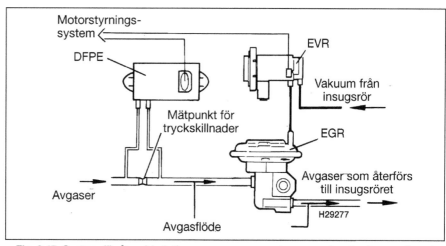

Fig. 2.47 System för återcirkulation av avgaser som styrs av motorstyrningssystemet

vid korrekt förbränning. För mycket eller för lite tyder på felaktig bränsleblandning, tändnings- problem eller mekaniska fel eller på ett avgasläckage. Mängden O_2 som släpps ut via avgasröret är den andel som har blivit över vid förbränningen och ger därför en klar bild av bränsleblandningen – under förutsättning att motorn fungerar korrekt.

Kolmonoxid (CO)

Kolmonoxid bildas vid ofullständig förbränning av bränslet p g a för lite syre. Låg CO-halt i avgaserna indikerar att korrekt bränsle- blandning hålls konstant. Hög CO-halt i avgaserna indikerar att bränsleblandningen är fet, att luftfiltret eller vevhusventilationsventilen är igensatt eller att tomgångsvarvtalet är för lågt. För låg CO-halt indikerar mager bränsle- blandning, ett tryckläckage eller ett läckage i

avgassystemet. CO- och HC-utsläpp minskar när belastningen (och därigenom värme- utvecklingen) ökar och motorn arbetar effektivare.

CO-halten i avgaserna indikerar bränsle- blandningen, men endast när motorn fungerar normalt. Om motorn misständer reduceras den CO-mängd som uppstår. CO bildas vid ofullständig förbränning av bränslet vilket innebär att CO-mängden minskar när bränsle inte förbränns.

Detta innebär att en motor med en bränd ventil eller ett defekt tändstift producerar mindre CO. I detta fall skulle en justering av bränsleblandningen med utgångspunkt från CO-halten resultera i en fet blandning, trots att gasanalysatorn indikerar att bland- ningen är mager. Endast en gasanalysator som kan beräkna en korrigerad CO-halt skulle

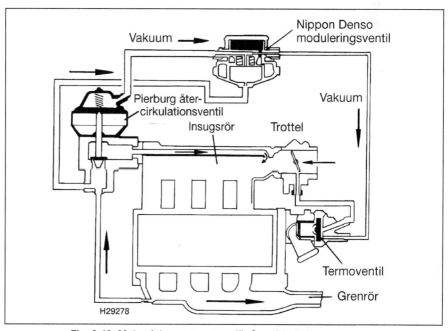

Fig. 2.48 Mekaniskt styrt system för återcirkulation av avgaser

ge rätt mätresultat. Det är därför av avgörande betydelse att alla mekaniska fel och problem med tändsystemet åtgärdas innan bränsleblandningen justeras.

Kolmonoxid är en giftig, smak-, lukt- och färglös gas. Den utgör en allvarlig hälsorisk i tät stadstrafik eller i slutna utrymmen. En koncentration på 0,3% kan vara dödlig, om den inandas kontinuerligt under 30 minuter. Kolmonoxid reagerar med de röda blodkropparna i stället för syre och orsakar kvävning. Viktmässigt utgör CO ca 47% av luftföroreningarna, men det antas att gasen inte påverkar miljön. En molekyl CO består av en kolatom och en syreatom och mäts i volymprocent. CO-halten är proportionell mot bränsleblandningen – ju mindre bränsle, desto lägre CO-halt.

Koldioxid (CO₂)

CO_2 bildas av en motor som arbetar effektivt. När CO- och HC-halterna är låga kommer andelen CO_2 i avgaserna att vara 13 till 15%. Mindre än 8% CO_2 indikerar felaktig bränsleblandning, misständning eller läckande avgassystem. CO_2-halten är direkt proportionell mot bränsleblandningen, men omvänt proportionell mot CO-halten. Lägre CO-halt innebär högre CO_2 halt. Vid varvtal över 2 000 varv/min kommer nivån att vara 1 – 2% högre än vid tomgång eftersom motorns effektivitet är högre.

En molekyl CO_2 innehåller en kolatom och två syreatomer. CO_2 är kemiskt stabilt och reagerar endast långsamt med andra ämnen. Denna gas är inte giftig och finns i utandningsluften hos alla djur som andas, inklusive fiskar. Syre andas in och CO_2 andas ut med en koncentration på ca 5%. CO_2 tas upp av alla gröna växter i en process som kallas fotosyntes. Denna process utnyttjar solenergin och genererar syre som avges till atmosfären.

All förbränning producerar CO_2 och fordonsandelen utgör hälften av utsläppen från industrier och hem. Bidraget från människor och djur är obetydligt. Höga koncentrationer av CO_2 fungerar som ett isolerande lager i atmosfären, vilket förhindrar att värme kan stråla ut i rymden. Idag bildas mer CO_2 än vad som förbrukas. Den minskande förbrukningen orsakas bl a av de krympande regnskogarna. När regnskogen huggs ned absorberas mindre CO_2. Den ökade koncentrationen koldioxid bidrar till den globala uppvärmningen (den så kallade växthuseffekten) enligt många forskare.

Det enda sättet för en bil att bilda mindre CO_2 är att förbränna mindre bränsle. Detta innebär en effektiv motor med bra bränsleekonomi eller en dieselmotor med låg förbrukning eller en bil helt utan bensinmotor - en elbil. Men elbilar kräver elektricitet som ofta produceras i kraftverk som genererar CO_2.

Kolväten (HC)

Bensin består av 15% väte och 85% kol i form av kolväten. HC är en allmän term som betecknar ej förbrända eller ofullständigt förbrända kolväten. HC mäts i PPM, "parts per million" (tusendels promille). Det finns många olika kolväten i avgaserna men alla kan orsaka skador på ögon, näsa och lungor. Om de blandas med NOx och utsätts för kraftigt solljus uppstår fotokemisk smog. HC sägs även orsaka skogsdöd.

Under förbränningen reagerar väteatomerna med syret vilket ger H_2O (vatten). Kolatomerna reagerar med syret vilket ger CO_2. Höga nivåer av kolväten i avgaserna tyder på tändproblem som defekta tändstift eller tändkablar, felaktigt tändläge, tryckläckor, felaktig bränsleblandning eller mekaniska fel. Allt som gör att motorn arbetar mindre effektivt kommer att öka halten av oförbränt HC i avgaserna.

Om bränsleblandningen blir för mager kommer utsläppen av kolväten att minska p g a misständningar. Därför beror svart avgasrök ofta på en för mager blandning. Noggrann utformning av förbränningsutrymmet kan förebygga detta problem.

Kväveoxider (NOx)

NOx är ett samlingsbegrepp för ett antal giftiga gaser som bildas vid höga temperaturer (över 1 300°C) och hög kompression. Det finns många olika NOx (t ex NO, NO_2, NO_3 etc) och de sammanfattas med beteckningen NOx. N motsvarar en kväveatom och Ox ett antal syreatomer.

Kvävet i luften passerar opåverkat förbränningsprocessen till dess att temperaturen blir för hög (över 1 370°C) och trycket för högt. Under dessa förutsättningar reagerar kväve och syre och bildar kvävemonoxid (NO). Detta inträffar när trotteln är helt öppet, vid acceleration och körning vid hög hastighet. När NO uppstår vid starkt solsken uppstår NO_2 (kvävedioxid), ozon (O_3) och NO_3 (kvävenitrat). NO_2 är en ljusbrun gas som även kallas "smog". Tyvärr är NOx-utsläppen maximala vid Lambda = 1, d v s. vid perfekt förbränning.

Återcirkulation av avgaser

Moderna motorer som arbetar med höga temperaturer och hög kompression producerar större mängder NOx. Detta kan reduceras genom att återcirkulera en mindre del av avgaserna till förbränningsutrymmet. Detta minskar effektivt förbränningstemperaturen och därigenom även NOx-halten. Om återcirkulation av avgaser kontrolleras noggrant kommer motorn att påverkas obetydligt.

Återcirkulationen styrs i moderna motorer av styrmodulen till skillnad från äldre fordon som har mekaniska system. Återcirkulationen aktiveras först när motorn är uppe i normal arbetstemperatur och inte belastas fullt. Styrmodulen övervakar spänningen från återcirkulationssystemets givare och justerar signalen för att kunna styra återcirkulationstrycket. Tryckstyrningen öppnar återcirkulationsventilen som släpper in en exakt mängd avgaser i insugsröret.

Kapitel 3
Testutrustning

Innehåll

1 Inledning

Att kontrollmäta en modern bilmotor är inte enkelt. För att göra ett bra jobb måste investeringar göras inom tre områden. Vi kan likna dessa områden vid en trebent stol. I denna liknelse utgörs de tre benen av utrustning, utbildning och information. Tas ett ben bort står stolen inte stadigt. Seriösa personer bör investera i alla tre områdena.

Detta innebär inte att alla som saknar den bästa testutrustningen eller all information är helt chanslösa. Det behövs bara lite mer tid och övning.

Inledningsvis går det dock att säga att trots att en digital multimätare är mycket användbar kräver många tester och kontroller specialutrustning. För att ge en fullständig överblick kommer vi även att beskriva testprocedurer som kräver avancerad utrustning.

Feldiagnostiken och den använda diagnosmetoden kommer att bero på tillgänglig utrustning och dina kunskaper. Det finns ett entydigt samband mellan tidsåtgång och

kostnad. Ju större investeringar i utrustning och utbildning desto snabbare diagnos. Mindre investeringar gör att det tar längre tid. Självklart egentligen!

2 Utrustning

I motorbranschen finns ett antal olika metoder för att testa fordon och att ställa diagnoser på fel. Låt oss betrakta några olika möjligheter.

Multimätare

Detta mätinstrument krävs även vid de enklaste arbetena. Idag är den troligtvis ett digitalt instrument och måste vara avsedd för elektroniska kretsar. Ett analogt instrument eller en testlampa kan användas så länge de uppfyller samma krav som det digitala instrumentet. Beroende på hur avancerat mätinstrumentet är, kan det användas för att mäta spänningar (växelström och likström), motstånd, frekvens, varvtal, pulsbredd, temperatur etc. Ett antal tunna mätsonder och banankontakter för anslutning till en anslut-

ningsbox är också användbart. Använd en testpinne med gripklo eller griphake för att komma åt i olika kontakter. Multimätarens runda mätsonder kan sära på kontakthylsorna och orsaka glappkontakter (fig. 3.1 till 3.3).

Om felet är ett vanligt elfel är multimätaren oftast tillräcklig. Nackdelen är dock att den inte kan analysera de komplicerade elektriska signalerna från många elektroniska givare och aktiverare. Detta ger ofta vilseledande resultat.

Programmerad testutrustning

Denna typ av specialutrustning kopplas mellan styrmodulen och dess kontakt. Detta instrument kontrollerar in- och utsignalerna för styrmodulen och dess givare och aktiverare. Om en eller flera av signalerna inte överensstämmer med de förprogrammerade parametrarna kommer utrustningen att indikera motsvarande fel. Även här gäller att ytterligare testutrustning kan behövas för att hitta felet.

Oscilloskop (med eller utan digital multimätare och motoranalyserare)

Ett oscilloskop är i princip en grafisk voltmätare. Spänningar är sällan konstanta och varierar ofta periodiskt. Oscilloskopet mäter spänningens tidsbeteende och indikerar detta som en vågform. Även när spänningsförändringen är mycket snabb kan oscilloskopet mäta detta. Kretsfel kan ofta hittas

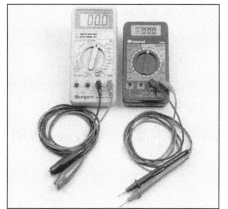

Fig. 3.1 Två digitala multimätare med hög ingångsimpedans och liknande data, men med olika mätsladdar och mätsonder. Den vänstra enheten har krokodilklämmor och den högra testpinnar. Krokodilklämmorna gör händerna lediga för annat, medan testpinnarna är användbara för mätning på kontakter

Fig. 3.2 Professionell multimätare från Fluke med ett antal tillbehör

Fig. 3.3 En stektermometer kan i nödfall vara användbar. De flesta multimätare har dock en termometerfunktion som oftast är noggrannare

mycket snabbare än med andra testinstrument. Oscilloskopet har länge använts för felsökning i tändsystemets primär- och sekundärkretsar i konventionella bilar utan elektroniska system. I och med de elektroniska systemen har oscilloskopet blivit ännu viktigare och om en "labscope"-funktion finns tillgänglig kan komplexa vågformer analyseras. De stora oscilloskopen och instrumenten för motoranalys ersätts idag av en mängd mindre handhållna instrument med oscilloskopfunktion som innehåller många diagnosfunktioner i ett portabelt format.

Avgasanalyserare

Idag har de bästa avgasanalyserarna en funktion för uppmätning av fyra av de gaser som avgaserna består av; syre, koldioxid, kolmonoxid och kolväten. De kan även beräkna Lambdatalet. Enklare typer av avgasanalyserare kan mäta en, två eller tre gaser. En bra avgasanalyserare gör dock jobbet enklare. Avgasanalyseraren är idag ett erkänt instrument för felsökning. Fel i tändsystemet, bränsletillförseln och olika mekaniska motorproblem kan upptäckas med mängden av olika gaser i avgaserna som utgångspunkt.

Batteribackup

Denna enhet förser vissa kretsar med ström när batteriet byts. Exempel på sådana kretsar är radions stöldskyddskod och stationsminne samt styrmodulens programmerbara minne etc.

Startkablar med överspänningsskydd

Styrmodulen kan förstöras om oskyddade startkablar används för att starta bilen. I stället för att använda startkablar, ladda batteriet och starta sedan bilen. Batteri med dålig jordning, urladdat batteri, dålig startmotor eller oskyddade startkablar kan vara förödande.

Färdskrivare

Används för att registrera signalerna från motorstyrningssystemet vid en provkörning eller annan testdrift för senare analys i verkstad. Färdskrivaren är vanligtvis inställd för att registrera signaler precis före och efter en viss händelse. Detta är speciellt användbart vid diagnos av intermittenta fel. Färdskrivarfunktionen kan vara inbyggd i felkodsavläsaren eller annan portabel utrustning.

Testutrustning för styrmoduler

Denna utrustning är avsedd för företag som är specialiserade på att reparera styrmoduler och säljs oftast inte till mindre verkstäder och hemmamekaniker. Ett företag (ATP) erbjuder test av styrmoduler via modem över telefonnätet om modulen tas till någon av deras återförsäljare. Andra testföretag kräver

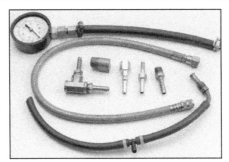

Fig. 3.4 Bränsletrycksmätare och adaptrar

att styrmodulen skickas till dem för utvärdering.

Sats för bränsletrycksprov

Bränsletrycket är av avgörande betydelse för insprutningsmotorer. En tryckmätare som kan mäta tryck upp till 7,0 bar är absolut nödvändig. Tryckmätaren levereras vanligtvis med några adaptrar så att den kan anslutas till ett antal olika bränslesystem (fig. 3.4).

Vakuummätare

Alltid lika användbar. Vakuummätaren känner av motorns undertryck från en anslutning till insugsröret. Den kan användas för felsökning av en mängd olika tändlägesfel och mekaniska problem, inklusive blockerat avgassystem och läckage i trycksystemen (fig. 3.5).

Vakuumpump

Vakuumpumpen kan användas för att kontrollera de olika vakuumstyrda enheter som finns i dagens bilar (fig. 3.6). Det går att tillverka en enkel vakuumpump av en cykelpump. Vänd brickan i pumpen och den kommer att suga in luft i stället för att blåsa ut.

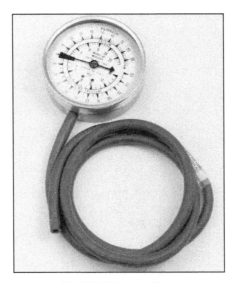

Fig. 3.5 Vakuummätare

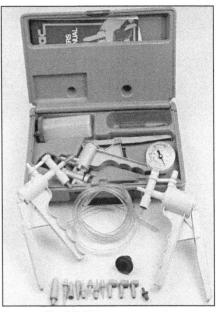

Fig. 3.6 Vakuumpumpsats

Gnistprovare

Kopplas till tändkablarna för att se om det uppstår gnistor. Observera att om du håller i en tändledning från ett modernt tändsystem samtidigt som startförsök görs kan du få en ganska kraftig stöt. Förutom att det är obehagligt kan även tändsystemet skadas.

Bladmått

Användbart för att mäta olika avstånd i vevaxelns vinkelgivare, trottelbrytaren, tändstiften, ventilspel etc.

Hårtork och kylspray

Användbara för att försiktigt värma och kyla olika komponenter vid misstanke att ändringar i temperaturen orsakar felet.

Tändkabeltång

Perfekt för att bryta tätningen mellan kabel och tändstift och därefter koppla loss kabeln (fig. 3.7). Hur många gånger har inte tändkablar gått sönder när de lossats?

Testenhet för baktryck i avgassystemet

Används för att kontrollera baktrycket i avgassystemet. Skruvas in i syresensorns hål. Om det föreligger baktryck är avgassystemet blockerat.

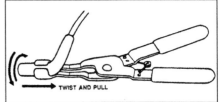

Fig. 3.7 Tång för tändkablar. Gör det enkelt att byta tändkablar

Fig. 3.8 Testdioder för injektorer

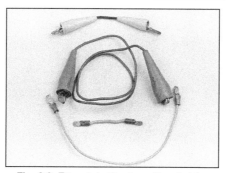

Fig. 3.9 Ett antal olika kopplingskablar

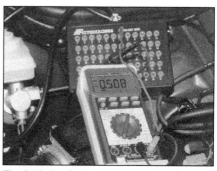

Fig. 3.10 Användning av en anslutningsbox för mätningar vid styrmodulen

Variabel potentiometer

Eftersom motorstyrningssystemet oftast har ett nödprogram (LOS) som möjliggör körning även med defekta givare, påverkar det motorn endast obetydligt om en givare som kylvätskans temperaturgivare kopplas ur. Styrmodulen antar att det föreligger ett fel och tilldelar givaringången ett fast värde. Ibland är det dock bra att kunna variera det motstånd som skickats till givaren för att kontrollera vad som händer. För detta ändamål går det att använda en potentiometer. Om potentiometern ansluts i stället för kylvätsketemperaturgivarens motstånd går det att kontrollera styrmodulens reaktion, injektoröppningstider och CO-halt vid olika motstånd (som motsvarar olika temperaturer).

Testdiod för injektorer

Detta är en liten billig enhet med inbyggda anslutningar så att signalen till injektorerna kan kontrolleras. Injektorernas kabelage kopplas loss vid ventilerna och testdioden ansluts till kabelhärvan. Om motorn dras runt med startmotornblinkar lampan om injektorn får signal från styrmodulen (fig. 3.8).

Överbryggningsledningar

Dessa är användbara för att kontrollera defekta kretsar och överbrygga eller förbikoppla reläer (fig. 3.9).

Anslutningsbox

Anslutningsboxen innehåller ett antal kontaktstycken som gör det enklare att komma åt styrmodulens ingångar och utgångar utan att direkt komma åt stiften. Anslutningsboxens kabelage avslutas med ett universalt kontaktstycke. Ett kabelage med en kontakt kopplas in mellan styrmodulen och dess kontakt och andra änden ansluts till kopplingsboxen. Alla signaler som går till och från styrmodulen finns därefter tillgängliga i boxen. Det går därefter att, med hjälp av en multimätare eller ett oscilloskop, enkelt mäta dessa signaler.

Största nackdelen är att det krävs en mängd olika kontakter för att täcka in de vanligaste styrmodulerna. Det finns även mindre kopplingsboxar för mätning vid komponenter som är svåra att komma åt (fig. 3.10).

Det finns tre huvudanledningar varför en kopplingsbox bör användas vid mätning:

1) *Den bästa anslutningspunkten för mätning av signaler från givare och aktiverare är vid styrmodulens kontakt (med kontakten inkopplad). Alla inkommande och utgående signaler passerar kontakten. Dynamiska mätningar vid denna punkt anses ge exakta resultat.*
2) *I moderna fordon är styrmodulens kontakt välisolerad. Detta gör det svårt eller ibland omöjligt att ta bort isoleringen för att ta isär kontakten. I viss mån gäller det även komponenterna, där vissa är svåra att överhuvudtaget mäta upp.*
3) *Styrmodulens stift (kontaktpunkter) är ömtåliga och upprepade mätningar kan skada dem. Vissa är guldpläterade och denna plätering kan skrapas av under mätning. Med en anslutningsbox undviks sådana problem.*

Felkodsavläsare, även kallad "scanner"

Många tillverkare marknadsför testinstrument som ska anslutas till styrmodulens seriella port. Dessa enheter möjliggör avläsning av

Fig. 3.11 En vanlig felkodsavläsare eller "scanner"

data på en mängd olika bilar och motorstyrningssystem. Felkodsavläsaren kan användas till att läsa av och radera felkoder, visa dataflöden från de olika givarna och aktiverarna och även utlösa olika aktiverare. Felkodsavläsaren är mycket användbar som vägledning vid felsökningen. Det kan dock behövas annan testutrustning för att hitta felet. Dessutom kan felkodsavläsaren vara begränsad till de fel som ingår i styrmodulens feldiagnostik (fig. 3.11).

Auktoriserade återförsäljare

Dessa använder ofta testutrustning som har programmerade testmetoder. Utrustningen ansluts till styrmodulen, oftast via den seriella porten och hjälper mekanikern genom en programmerad testprocedur. Beroende på hur avancerad den är, kan testutrustningen kontrollera de flesta kretsar eller ange testprocedurer som kräver ytterligare utrustning. Denna utrustning är specialtillverkad för de olika bilmärkena och finns oftast endast tillgänglig hos de auktoriserade återförsäljarna för dessa (fig. 3.12).

Fig. 3.12 Opels TESTBOOK, en bärbar datorutrustning som innehåller ett mycket sofistikerat och interaktivt testprogram

Kapitel 4
Allmänna testmetoder

Innehåll

Allmänna kontroller

1 Inledning

Generellt sett är mätningar med voltmätare eller oscilloskop (där detta rekommenderas) tillförlitligare och avslöjar fler fel än ohm-mätaren. Spänningsmätningar är mycket mer dynamiska och utförs med spänning till kretsen. Detta ger bättre förutsättningar för att upptäcka fel än om kretsen bryts och man mäter komponentens motstånd. Om kontakter dras ur kan den defekta kopplings-punkten brytas och de övriga kretsarna uppvisar inga fel vid kontrollmätning.

Dessutom kan oscilloskopet avslöja fel som inte går att upptäcka med voltmätaren. Oscilloskopet är speciellt användbart för analys av komplexa signaler från vissa givare och aktiverare. Även om dagens små hand-hållna oscilloskop för under 25 000 kronor överskrider hemmamekanikerns budget bör alla verkstäder som vill utföra feldiagnoser seriöst självklart ha ett.

I denna bok kommer vi i att testa de flesta komponenterna med en voltmätare. Mot-stånds- och kontinuitetsmätningar med ohm-mätare genomförs vid behov.

Den ideala punkten för att mäta signaler från givare och aktiverare är vid styrmodulens kontakt (när den är inkopplad). Via denna kontakt passerar alla in- och utsignaler, vilket gör att dynamiska mätningar vid denna punkt anses ge noggranna resultat. Dock är det inte alltid möjligt att mäta vid styrmodulens kontakt och andra testpunkter kan också ge tillfredsställande resultat.

2 Spänningskontroller

Anslutning av mätsonder

1 Anslut voltmätarens minussond till motorns jord.
2 Använd plussonden för att mäta spän-ningen vid anslutningarna till den komponent som ska testas **(fig. 4.1)**.
Observera: *Denna procedur ger bra resultat i de flesta fall och vi rekommenderar den till icke-professionella tekniker.*
3 Alternativt går det, om det är möjligt, att bända tillbaka isoleringen kring styrmodulens kontakt och mäta vid stiften med hjälp av mätsonderna **(fig. 4.2)**.
4 Om styrmodulens anslutningar inte går att komma åt måste en anslutningsbox kopplas in mellan styrmodulen och dess kontakt. Detta är en bättre metod än den föregående och den förebygger skador på modulens stift.
Observera: *Se varning 3 (i Referenser) innan modulens kontakt dras ur.*
5 Om en anslutningsbox inte finns tillgänglig, dra ur kontakten och mät vid stiften.
Observera: *Denna metod används huvud-sakligen för att kontrollera matningarna till styrmodulen och jordarna.*

6 Om inte annat anges, anslut voltmätarens minussond till motorns jord och mät med voltmätarens plussond på komponentens

Fig. 4.1 Mätning av likspänning med mät-pinnar. Kretsens kontakter är anslutna och tändningen är påslagen. Anslut minus-sonden till jord och tryck in plussonden förbi isoleringen så att den kommer i kontakt med anslutningen. Detta är en dynamisk mätning på en krets som är igång, vilket möjliggör snabb felsökning av spänningsfel

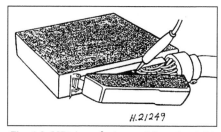

Fig. 4.2 Mätning på styrmodulens kontakt

stift. **Observera:** *Tryck INTE in runda mät-sonder i kvadratiska eller avlånga kontakt-hylsor. Detta kan leda till skador på stiften och ge sämre kontakt. En testpinne med gripklo ska användas i dessa typer av kontakthylsor*

7 I denna bok visas oftast anslutningssidan för kabelhärvors kontakt i olika scheman. Vid mätning på multikontaktens lödsida (eller då man undersöker givarnas stift) kommer stiftens placering att vara omvänd.

Mätning av matnings- eller referensspänning

8 Slå på elsystemet med tändningsnyckeln, komponentens kontakt ska vara i- eller urkopplad enligt den tillhörande texten. Kontrollmät batterispänningen eller referens-spänningen 5,0 V.

Kontrollmätning av signalspänning

9 Slå på elsystemet med tändningsnyckeln, komponentens kontakt ska vara ansluten. Kontrollmät batterispänning eller referens-spänning 5,0 V.

Jordning

10 Metod 1: Slå på elsystemet med tänd-ningsnyckeln och anslut komponentens kontakt. Kontrollmät att spänningen inte överstiger 0,25 V i jordningspunkten.
11 Metod 2: Komponentens kontakt i- eller urkopplad: Anslut voltmätarens plussond till matningsstiftet eller referensstiftet och minussonden till jorden. Voltmätaren ska visa matningsspänning om jordningen är OK.

3 Motståndsmätning

1 Kontrollera att elsystemet är avstängt med tändningsnyckeln samt att den krets eller komponent som ska testas inte är ansluten till en matning.
2 Tryck INTE in runda mätsonder i kvadratiska kontakthylsor. Detta leder till deformering av anslutningen och dålig kontakt.
3 Kretsar som börjar och slutar vid styr-modulen motstånd mäts enklast vid styr-modulens kontakt (när den är urdragen) **(fig. 4.3).**
Observera: *Se varning 3 (i Referenser) innan modulens kontakt dras ur.*
4 Det går även att använda anslutnings-boxen för motståndsmätningar, dock måste den anslutas till styrmodulens kontakt, INTE direkt till styrmodulen.
5 Om motståndsmätningar i en givarkrets sker vid styrmodulens kontakt och givaren har en delad anslutning till styrmodulen (antingen via 5,0 V referensspänning och/eller en jordförbindelse) måste anslutningarna för de övriga komponenterna kopplas loss. Om inte detta görs kan mätningarna bli felaktiga.

Fig. 4.3 Motståndsmätning: Dra ur kontakten, välj korrekt motståndsområde och mät vid de aktuella stiften

6 Vid kontroll av en krets kontinuitet eller jord ska motståndet vara max 1,0 ohm.
7 Vid kontroll av en komponents motstånd mot specifikationerna, var noggrann vid utvärderingen av komponentens funktions-duglighet med utgångspunkt från test-resultatet **(fig. 4.4).** En komponent vars motstånd ligger utanför specifikationerna behöver inte vara defekt. Omvänt gäller att en komponent som ligger innanför specifika-tionerna ändå kan vara defekt. Dock innebär ett avbrott eller mycket högt motstånd nästan säkert ett fel. Ohmmätaren är mera användbar för att kontrollera kontinuitet än felsökning av defekta komponenter.

Kontroll av en krets kontinuitet

Observera: *Dessa tester kan användas för att snabbt kontrollera kontinuiteten mellan de flesta komponenter (givare och aktiverare) och styrmodulen.*
8 Dra ur styrmodulens kontakt. Se varning 3 i Referenser.

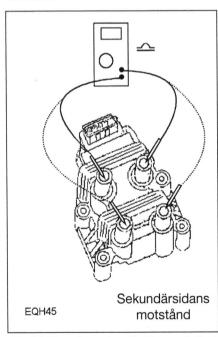

Fig. 4.4 Kontroll av sekundärsidans motstånd på en spole för brytarlösa tändsystem

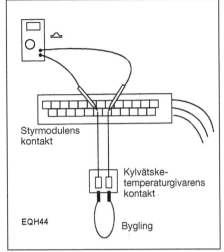

4.5 Kontroll av anslutningarna mellan styrmodulen och en komponents kontakt

9 Dra ur komponentens kontakt.
10 Gör en temporär bygling mellan stift 1 och 2 i komponentens kontakt.
11 Identifiera de två stift på styrmodulen som är kopplade till den komponent som testas.
12 Anslut en ohmmätare mellan de två stiften på modulens kontakt. Ohmmätaren ska visa noll Ohm.
13 Om motståndet inte är noll, kontrollera förbindelsen mellan stiftet i modulens kontakt och givarens kontakt **(fig. 4.5).**
14 Flytta en av ohmmätarens mätsonder till jord. Ohmmätaren ska visa oändligt (högt) motstånd.
15 Om komponenten är ansluten till styr-modulen via fler än två ledningar, upprepa mätningen med två stift i taget.

4 Mätning av pulstider

Anslutning av mätsonder

1 Anslut arbetscykelmätarens minussond till jord.
2 Använd plussonden för att mäta signal-stiftet på den komponent som testas.
3 Genomför arbetscykelmätningarna vid olika motortemperaturer, vid start av motorn och vid olika varvtal **(se bild 4.6).**

Möjliga problem med arbetscykelmätare

Användning av arbetscykelmätare vid starttester av tändsystemets primärsida

4 Även om det går att erhålla meningsfulla mätvärden med de flesta moderna multi-mätare är vissa inte helt tillförlitliga vid test av

Fig. 4.6 Anslut den positiva arbetscykelmätaren till spolens minus (1) och mät pulstiden vid olika varvtal

Fig. 4.7 Användning av en potentiometer för simulering av varierande motstånd för temperaturgivare. Spänningsförändringen kan mätas och motorn kan "luras" att tro att den är varm eller kall. Detta innebär att det går att simulera körningar med kall motor fastän den är varm utan att behöva vänta på att den ska svalna.

tändningen när motorn dras runt med startmotorn. Detta inträffar när mätarens egna förinställda tröskelnivå är för hög för att känna av signalen från den komponent som ska testas.

Användning av arbetscykelmätare vid test av injektorer

5 När injektorn är strömstyrd eller av "peak-and-hold"-typ är det mycket få arbetscykelmätare som kan registrera den mycket snabba jordningen eller strömstyrningen som sker under pulsens andra del. Mätaren registrerar ofta enbart inkopplingstiden på ca 1,0 till 2,0%. Detta innebär att mätningen av injektorns arbetscykel kommer att vara felaktig.

5 Variabel potentiometer

Det kan vara bra att genomföra vissa tester med motorn vid olika temperaturer. Om mekanikern måste vänta till dess att motorn kallnar eller når normal arbetstemperatur, eller någon annan önskvärd temperatur, kan mätningarna ta extremt lång tid **(fig. 4.7)**. De flesta styrmoduler och vissa tändsystem känner av motorns temperatur via spänningen från kylvätskans temperaturgivare.

Observera: *I sällsynta fall tas denna signal från oljetemperaturgivaren som komplement till, eller i stället för, kylvätsketemperaturgivaren.*

Om ett variabelt motstånd (eller en potentiometer) kopplas till olje- eller kylvätsketemperaturgivarens stift går det att simulera motorns samtliga arbetstemperaturer. En enkel potentiometer kan köpas i elektronikbutiker. Trots att en enkel typ är tillräcklig för de flesta tester, rekommenderar vi att en potentiometer av högsta kvalitet används. En sådan ger bättre "känsla" och bättre kontroll över motorn. Potentiometern bör ha ett värde på 100 000 ohm.

Potentiometer (testmetoder)

1 Följande anvisningar ska följas när en potentiometer används i stället för olje- eller kylvätsketemperaturgivaren:
2 Dra ur kontakten till kylvätskans temperaturgivare.
3 Anslut potentiometern mellan de två stiften i kontakten.
4 Justera potentiometern till ett motstånd som motsvarar den temperatur som ska simuleras.
5 Variera motståndet och genomför de tester som krävs.
6 På vissa motorer kommer på detta sätt felkoder att registreras, dessa måste raderas efter testerna.
7 Se avsnittet med felkoder i tillhörande systemkapitel för anvisningar hur felkoderna ska raderas.

6 Kompressionsprov

Var försiktig vid kompressionsprov på motorer med elektronisk tändning, insprutning och/-eller katalysator. Som en allmän regel gäller att tändspolens minuspol, bränslesystemets säkring eller relä samt, om tillverkaren rekommenderar detta, även styrmodulen kopplas ur.

Urkoppling av tändnings- och bränslesystem

Om motorn ska dras runt med startmotorn måste tändningen kopplas ur så att inte motorn startar. Med en insprutningsmotor måste även insprutningssystemet kopplas ur. Följ tillverkarens rekommenderade metod vid urkopplingen av dessa system. Följande gäller dock i vissa fall:

a) Använd en tändkabel till att jorda ledningen mellan spolen och fördelaren. Insprutningen (i förekommande fall) kommer inte att avbrytas, så denna metod inte är lämplig för tändsystem med "slösad" gnista.
b) Dra ur ledningen från spolens minus. Många insprutningssystem utlöses från spolens minus och urkoppling av tändningens primärkrets kommer därmed även att stänga av insprutningssystemet.
c) Motorer med motorstyrningssystem (en kombinerad styrmodul som styr både insprutning och tändning) sprutar ibland ändå in bränsle trots att spolens minuspol har kopplats från. Om vevaxelvinkel-givaren kopplas ur stängs både tändning och inprutning av. Även spolens minus bör kopplas ur.
d) Koppla ur bränslepumpen eller huvud-reläet eller de elektriska anslutningarna till injektorerna.

7 Tändsystemets sekundärsida
- test för fordon med fördelare

Inställning av tändningens sekundärsida

Ett oscilloskop är användbart för analys av tändningens sekundärsida. Dock kan stora delar av sekundärsidan enkelt testas med billig utrustning och genom noggrann inspektion.

Översikt över sekundärsidans inställning

Tändsystemet ska ge tillräcklig spänning för att överbrygga rotorns och tändstiftens elektrodavstånd samt ha en viss spännings-reserv. Om spänningen från spolen är för låg misständer motorn.

Inställning, i modern bemärkelse, innebär att spolens utspänning är tillräckligt kraftig för att motorn ska fungera effektivt och bränslesnålt. Efter en viss tid (inte nödvändigtvis relaterat till körsträckan) kan fel uppstå eftersom komponenterna slits eller blir smutsiga så att spolens reservkapacitet inte räcker till för att motorn ska vara pålitlig.

Motorn kan bli svårstartad, misstända eller hacka och varken gå jämnt eller vara bränsle-snål. En stor andel av alla motorfel kan förklaras med låg reservkapacitet i spolen. Fel som resulterar i förhöjd högspänning kan leda till fel i styrmodulens funktion eller att den får förkortad livslängd.

Inledande kontroll

1 Kontrollera att batteriet, startmotorn och generatorn fungerar korrekt. Fel i dessa komponenter kan leda till problem på andra ställen. Exempelvis kan en defekt diod i generatorn orsaka radiostörningar som kan störa styrmodulens funktion så att tändningen och insprutningen påverkas.

2 Motorns mekaniska delar ska också fungera bra och oljan ska vara ny och av korrekt typ.

3 Många motorproblem orsakas av smutsiga eller defekta komponenter i tändsystemets högspänningsdel. En noggrann kontroll av detta system samt byte av alla slitna och defekta komponenter ger ofta resultat och ger en högre spänningsreserv.

4 Om möjligt ska tillverkarens originaldelar användas i tändsystemets högspänningsdel. Delar från andra tillverkare fungerar sällan lika bra eller håller lika länge som originaldelar.

Spolens högspänningsdel

5 Kontrollera spolen noggrant, i synnerhet spolens högspänningsdel vad gäller fina linjer som tyder på gnistöverslag.

6 Rengör och polera spolens högspänningsdel. Om spolen är ren förebyggs gnistöverslag vid fuktig väderlek. Läckage från spolen reducerar spänningsreserven.

Spolens sekundärmotstånd

7 Dra ur spolens lågspänningskontakter och anslut ohmmätaren mellan spolens högspänningsdel (vanligtvis stift 4) och en av de två lågspänningkontakterna. Jämför värdet med specifikationen i systemkapitlet. I de flesta fall ligger motståndet mellan 5 000 och 15 000 ohm. Om mätsonden flyttas från den ena lågspänningskontakten till den andra ska detta motstånd i princip vara lika med det första.

Tändkablar

8 Tag försiktigt loss tändkablarna från tändstiften. Var försiktig, det är lätt att skada tändkabelanslutningar, vilket ger förhöjt kontaktmotstånd.

9 Kontrollera tändkablarna vad gäller skador, dålig isolering, små hål i isoleringen eller dålig kontakt i båda ändarna.

10 Mät tändkablarnas motstånd med en ohmmätare.

11 Kontrollera i förekommande fall även alla högspänningsskydd.

12 Tag loss och kassera störningsskydd som inte ingår i originalutrustningen.

13 Använd inte tändkablar utan avstörning i motorer som har elektroniska komponenter eftersom fel i styrmodulen då kan uppstå.

14 I vissa motorer används tändkablar utan avstörning tillsammans med avstörningsenheter (t ex BMW). Om detta ingår i originalutrustningen är sådana tändkablar acceptabla.

15 Byt alla tändkablar som är mycket oljiga eller smutsiga.

16 Kontrollera att tändkablarna är korrekt monterade i rätt tändföljd.

17 Se till att tändkablarnas ändar är korrekt anslutna till tändspole och fördelare.

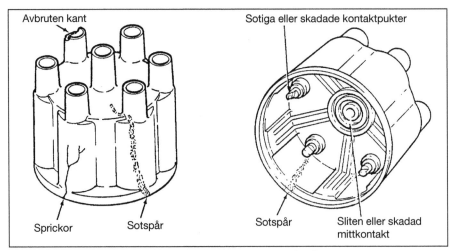

Fig. 4.8 Inspektera fördelarlocket noga. Det ska vara felfritt. Byt det och rotorarmen om det föreligger minsta tvivel på skicket

Fördelare

18 Demontera fördelarlocket och inspektera det, även om det är besvärligt.

19 Undersök lockets isolering beträffande repor, sprickor och märken efter överslag både intern och externt.

20 Kontrollera om det finns olja eller fukt på insidan. Olja kan vara ett tecken på att fördelarens tätning är defekt. Oljan försämrar gnistan genom att leda högspänning till jord. Vatten kan förekomma i motoroljan (defekt topplockspackning etc, oljebyte krävs) och komma in i fördelaren med oljan om packningen är defekt.

21 Undersök om högspänningsanslutningarnas utsidor är korroderade och om de har sprickor eller skador på insidan.

22 Avlägsna all gammal smuts, fett, kallstartsspray, kontaktspray etc från fördelarlockets utsida och polera ytan. En polerad yta reducerar högspänningsöverslagen vid fuktig väderlek.

23 Om du inte är säker på att fördelarlocket är i bra skick, byt det tillsammans med rotorn **(Fig. 4.8)**.

Rotorarm

24 Kontrollera rotorarmens skick.

25 Om rotorarmen har ett motstånd, använd en ohmmätare för att kontrollera värdet, jämför med det specificerade värdet. Om inget värde finns angivet ska värdet ligga mellan 1 000 och 5 000 ohm. Förhöjt rotormotstånd minskar spänningen till tändstiften.

26 Polera INTE rotorns spets eftersom detta ökar luftgapet och minskar spolens reservspänning.

Tändstift

27 Tändstiften ska generellt bytas enligt biltillverkarens rekommendationer.

28 Om bilen körs på sådant sätt att den sliter på delarna mer än normalt (gäller bl a korta körsträckor) ska tändstiften bytas oftare.

29 Skruva loss tändstiften och undersök dem noggrant. Tändstiftens skick ger mycket information om motorns tillstånd, bränsleblandningen och ett stort antal motorfel **(fig. 4.9)**.

30 Byt tändstift med skadade elektroder, sprucken isolator (intern och extern), eller om det är mycket sotigt eller glättat.

31 Nya tändstift gör ofta stor skillnad, kom ihåg att ställa in elektrodavståndet enligt specifikation.

Urskruvande av tändstift

32 Innan ett tändstift skruvas ur, kontrollera att det inte har skruvats i på fel sätt genom att studera monteringsvinkeln. Snedgängning beror oftast på slarvig installation. Topplock av lättmetall är extra känsliga för detta.

33 Du måste vara extremt försiktig när du skruvar i tändstift.

34 Det är bäst att skruva ur tändstiften när motorn är kall, i synnerhet om topplocket är av lättmetall. Många tillverkare varnar för att skruva ur tändstift när motorn är varm.

35 Lossa tändstiftet två eller tre varv och blås rent runt tändstiftet med tryckluft, annars kan smuts trilla ned i cylindern när tändstiftet skruvas ur.

36 Om tändstiftet sitter fast, spruta in olja vid fästet och lirka försiktigt till dess att det lossnar.

37 En sliten eller felaktig nyckel kan slita ned tändstiftets sexkantsfäste. Detta försvårar urskruvandet.

Tändstiftstyper

38 Tändstiftet måste vara av rätt storlek och temperaturtyp. Storlekarna varierar i längd från 10 till 19 mm (elektroddelen) och i diameter mellan 10 och 18 mm. Alla olika storlekar kan ha koniska säten eller en tätningsbricka.

SOTBELÄGGNINGAR

Torra, svarta och sotiga avlagringar. tyder på fet bränsleblandning eller svag tändning. Orsakar misständning, startproblem och tvekan.
Rekommendationer: Undersök flottörnivå, chokefunktion, filter, slitna tändpunkter och igensatt luftrenare. Rengör tändstiften eller försök ev. använda tändstift med lägre värmetal.

OLJEBELÄGGNINGAR

Våta, oljiga beläggningar p g a att olja läckt genom slitna kolvringar, cylindrar och/eller ventilstyrningar in i förbränningsrummet. Orsakar misständning, tändstörningar och tvekan.
Rekommendationer: Motorrenovering med nödvändiga reparationer och nya tändstift.

ÖVERHETTNING

Elektroderna har ett glaserat utseende, centrumspetsen mycket vit, få avlagringar. Orsakas av tändstiftsöverhettning.
Rekommendationer: Kontrollera värmetal, tändläge (för tidigt), bränsleblandning (för mager) och bränslets oktantal (för lågt). Kontrollera kylnivån och se till att kylaren inte är igensatt.

FÖR TIDIG TÄNDNING

Smälta elektroder, isolatorerna är vita men kan ha smutsats ned av misständning eller flygande material i förbränningsrummet. Kan leda till motorskador.
Rekommendationer: Kontrollera värmetal, tändläge (för tidigt) bränsleblandning (för mager), igensatt kylsystem och brist på smörjning.

GLASERING

Isolatorfoten har ett gulaktigt, glaserat utseende. Tyder på att temperaturen i förbränningsrummet stigit plötsligt p g a kraftig acceleration. Normal beläggning har smält och format ett ledande lager. Orsakar misständning vid höga hastigheter.
Rekommendationer: Byt tändstift. Överväg att använda ett kallare tändstift om detta kan motiveras av körvanorna.

IGENSATT ELEKTRODGAP

Förbränningsavlagringar har byggts upp mellan elektroderna och satt igen elektrodkapet. Stiftet slutar tända vilket orsakar en död cylinder.
Rekommendations: Hitta det felaktiga stiftet och avlägsna beläggningen mellan elektroderna.

NORMAL

Grå-bruna avlagringar, sparsam beläggning på isolatorfoten. Du har rätt typ av tändstift och motorn är i god form
Rekommendationer: När nya tändstift installeras, ersätt med stift av samma värmetal som de gamla.

ASKBELÄGGNING

Kraftig, porös eller slaggliknande ljusbrun beläggning på den ena eller båda elektroderna. Uppkommer p g a olje och/eller bränsletillsatser. För mycket beläggning kan dölja gnistan och orsaka misständning och tvekan vid acceleration.
Rekommendationer: Om riklig beläggning samlas på kort tid eller vid lågt milantal, byt till nya ventilstyrningstätningar för att förhindra att olja läcker in i förbränningsrummet.

UTSLITET

Rundade elektroder med ett tunt lager beläggningar på avfyrningspunkten. Normal färg. Orsakar startsvårigheter i fuktigt eller kallt väder och dålig bränsleekonomi.
Rekommendationer: Ersätt med nya tändstift med samma värmetal.

BRUSTEN ISOLATORFOT

Isolatorfoten kan vara sprucken eller kantstött p g a slag på mittelektroden eller genom att sidoelektroden böjts upp med en skruvmejsel. Kan leda till brott på kolven.
Rekommendationer: Kontrollera motorn och var aktsam vid inställning av elektrodgapet på nya tändstift. Undvik att dra motorn.

SPILLD BELÄGGNING

Efter långa perioder av misständning kan beläggningar lossna när normal förbränningstemperatur återupptas efter försenad finjustering. Vid hög hastighet kan beläggning flaga av kolven och slungas mot den heta isolatorn med misständning som följd.

MEKANISK SKADA

Kan orsakas av ett främmande objekt i förbränningsrummet eller att kolven har inkorrekt gänglängd (för lång). Orsakar död cylinder och kan förstöra kolven.
Rekommendationer: Avlägsna det främmande föremålet från motorn och/eller istallera rätt gänglängd.

Fig. 4.9 Översikt över olika typer av tändstiftsslitage

39 Det är möjligt att montera ett tändstift med felaktigt fäste, längd och värmetal. Detta har dock ibland katastrofala konsekvenser.

40 Om ett för långt tändstift monteras (t ex 19 mm i stället för 13 mm) finns det risk att kolven slår i tändstiftets spets. Dessutom kommer de gängor som sticker in i förbränningskammaren att sättas igen av sot, något som gör urskruvandet mycket svårt.

41 Om ett kortare tändstift än normalt monteras (t ex 13 mm i stället för 19 mm) kommer första gängorna i tändstiftshålet att sättas igen av sot. Detta gör det mycket svårt att montera korrekt tändstift utan att gänga om tändstiftshålet. Det felaktiga gnistläget ger även ofullständig förbränning.

42 Ett tändstift med fel värmetal kan vara ett mycket dyrt misstag. Om tändstiftet är hetare än normalt kan det orsaka överhettning, för tidig tändning och kolvhaveri. Ett kallare tändstift är vanligtvis säkrare, men kan ge misständningar vid stadskörning eftersom det inte blir tillräckligt varmt för att förbränna de avlagringar som uppstår vid körning med lågt varvtal.

43 Om motorn är sliten och p g a oljeläckage sotar ett eller flera stift går det att temporärt montera ett tändstift med högre värmetal. Ett hetare stift förbränner oljeavlagringarna snabbare och ger färre misständningar.

Varning: Montering av ett hetare tändstift än specificerat rekommenderas ej p g a risken för motorproblem när motorn körs vid normala eller höga varvtal eller vid hög belastning. Vid körning med höga varvtal och hetare tändstift än rekommenderat finns det risk att det utan förvarning uppstår förtidig tändning och kolvhaverier.

Service av tändstift

44 Rengöring av tändstiften med en stålborste rekommenderas inte eftersom de kan ta skada.

45 Oljiga tändstift kan orsakas av defekta kolvringar eller ventilstyrningar. Felet bör hittas med ett kompressionsprov och måste åtgärdas för att motorn inte ska påverkas negativt. Smutsiga isolatorer kan även orsaka överslag till jord.

Tändstiftets elektrodavstånd

46 Kontrollera alltid elektrodavståndet när tändstiften undersöks eller byts. Ett elektrodavstånd som är för stort eller för litet kan göra motorn svårstartad, ge lägre motoreffekt och sämre bränsleekonomi.

Iskruvande av tändstift

47 Om tändstiftshålets gänga är smutsig, använd en gängtapp för tändstiftshål och mycket fett och gör ren gängorna före montering.

48 Var försiktig så att du INTE får in smuts i cylindern.

49 Montera tändstiftet för hand till dess att fogytorna tar i varandra. Drag därefter åt

ytterligare 1/4 varv med en tändstiftsnyckel (gäller plana fogytor) eller 1/16 varv (koniska fogytor). Dra inte åt för hårt, gängorna i tändstiftshålet kan förstöras.

50 Om du använder momentnyckel ska den ställas in på 10 till 20 Nm. Om tändstiftet dras åt för hårt kan det bli extremt svårt att skruva ut det.

51 Tändstift med koniska anliggningsytor dras ofta åt för hårt eftersom stiftet lätt kilar fast. Tändstiftet kan brytas av vid basen när det senare ska skruvas ur. I detta fall måste tändstiftet tas ut med ett specialverktyg. I extrema fall måste topplocket demonteras för att avlägsna tändstiftet.

52 Tändstift med koniska fogytor sitter i vissa motorer sämre i hålets gängor. Under det första hundratalet kilometer efter tändstiftsbytet kan därför förbränningsgaser läcka ut, vilket ger lite lägre kompression. Efter ett tag tätar sot denna läcka, men det kan bli besvärligt att skruva ur tändstiftet. Om detta händer (tändstiftets bas blir sotig) ska tillverkarens originaltändstift användas.

Kontroll av högspänning (med motorn avstängd)

53 Kontrollera att tändstiften får högspänning. Använd en av följande metoder samtidigt som du drar runt motorn med startmotorn. Se varning 2 i Referenser. Tändstiften ska regelbundet avge en kraftig gnista.

a) Använd en isolerad tång för att hålla en av tändkablarna 6 mm från jord.

b) Anslut en gnistprovare mellan tändkabeln och topplocket **(fig. 4.10)**.

c) En alternativ metod kan användas om du har ett mätinstrument som känner av varvtalet från tändkablarna via en induktiv mätsond. Anslut mätinstrumentets sond till en tändkabel. Dra runt motorn med startmotorn. Om mätinstrumentet registrerar ett varvtal avger tändsystemet högspänning. Testa övriga tändkablar på samma sätt.

54 Ingen gnista: Kontrollera tändsystemets lågspänningssida. Se tillhörande kapitel för det system som testas.

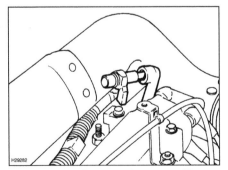

Fig. 4.10 Använd en gnistprovare för att kontrollera spänningen vid spolens matningskabel

55 Kontrollera att spolens högspänningsanslutning avger gnistspänning. Använd någon av ovanstående metoder och dra runt motorn med startmotorn. Se varning 2 i Referenser. En kraftig gnista ska kontinuerligt alstras.

56 Ingen gnista från spolen: Om spolens primärsida utlöses utan att sekundärsidan avger spänning är spolen misstänkt.

57 Innan spolen byts, kontrollera motståndet i tändkabeln från spolen (ska överskrida 30 000 ohm) samt att den har god kontakt med tändspolens högspänningsstift.

58 Kontrollera spolens sekundärmotstånd. Anslut en ohmmätare mellan högspänningsstiftet och primärsidans stift. Jämför med specifikationen i systemkapitlet.

59 Om spolen ger gnistspänning utan att tändstiften ger gnista ska följande komponenter kontrolleras:

a) Tändkablarna. Märk varje tändkabel så att den kan kopplas loss och återanslutas på rätt ställe.

b) Kontrollera att tändkablarna är ordentligt anslutna vid spolen och fördelaren. Lösa tändkablar med dålig kontakt orsakar ofta tändproblem.

c) Tag loss tändkablarna en och en och mät motståndet med en ohmmätare. Det maximala motståndet ska vara lägre än 30 000 ohm.

d) Inspektera tändkablarna. Byt tändkablar där isoleringen är sprucken eller klämd eller där isolerhylsorna och anslutningarna är lösa.

e) Kontrollera att tändkablarna är anslutna till rätt spole och i rätt tändföljd.

f) Demontera fördelarlocket och kontrollera att varken locket eller rotorn är skadad.

g) Undersök om högspänningskomponenterna är blöta eller fuktiga.

h) Kontrollera tändstiftens skick, elektrodavstånd och typ. Många fel i elektroniska tändsystem beror på slitna tändstift. Byt dem alltid i tveksamma fall.

Kontroll med motorn igång

60 Vissa av ovanstående fel som gör motorn svårstartad kan även yttra sig genom att motorn går dåligt.

a) Kontrollera tändkablarna.

b) Kontrollera spolens sekundärmotstånd.

c) Kontrollera tändstiftens skick, elektrodavstånd och typ.

Högspänningssidans isolering

61 Isoleringsdefekter orsakar gnistöverslag till jord.

62 Högspänningssidans isolering kan kontrolleras på följande sätt:

a) Kör motorn på tomgång. Om det är mörkt i garaget eller verkstaden är det enklare att upptäcka eventuella gnistöverslag.

b) Använd en isolerad mätsond med den ena änden ansluten till jord.

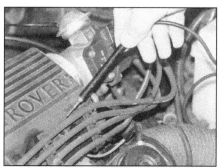

Fig. 4.11 För en isolerad mätsond över tändkablarna, fördelarlocket och spolen. Om isoleringen är dålig kommer gnistor att hoppa till jord via mätsonden

c) För sonden långsamt över tändkablarna, fördelarlocket och tändspolen.
d) Sonden ska hållas närmare än 6 mm under test.
e) Om det sker ett gnistöverslag från en tändkabel eller från spolen till jord via sondens spets är komponenten dåligt isolerad och ska bytas *(fig. 4.11)*.

Defekt högspänningskrets

63 Följande fel orsakar ofta högspänningsfel:
a) Smutsiga tändstift.
b) Tändstift med skadade elektroder eller för stort elektrodavstånd.

c) Omkastad spolpolaritet.
d) Högt motstånd i tändkablarna.
e) Defekta tändkablar.
f) Korroderad högspänningsanslutning på spolen.
g) Dåliga anslutningar på primärsidan.
h) För kraftig avstörning.
i) Fel i högspänningskretsen kan orsaka antingen komponentfel eller radiostörningar som kan påverka styrmodulen.

8 Tändsystemets sekundärsida - test för fordon utan fördelare

Test av sekundärkretsen

1 Att testa sekundärkretsen i ett tändsystem utan fördelare påminner i stor utsträckning om samma test i ett system med fördelare. Kontrollera följande punkter och se även motsvarande tester för system med fördelare.
2 Inspektera och kontrollera tändkablarna. Det maximala motståndet i tändkablarna ska vara 30 000 ohm.
3 Inspektera och kontrollera tändstiften.
4 Kontrollera tändstiftens skick, elektrodavstånd och typ. Många problem med motorer som har elektroniska tändsystem orsakas av dåliga tändstift. Byt dem i tveksamma fall.

5 Eftersom två tändstift avger gnista samtidigt i ett system med "slösad gnista" kommer en defekt tändkabel att påverka bägge cylindrarna.
6 Kontrollera att tändkablarna är anslutna till rätt tändspole och i korrekt tändföljd till cylindrarna.
7 Högspänningsanslutningarna på spolarna är vanligtvis märkta med tillhörande cylindernummer. Anslutning av tändkablarna till fel spole kan leda till att motorn skadas.
8 Inspektera och kontrollera spolen och högspänningsanslutningarna.
9 Kontrollera spolens sekundärmotstånd på följande sätt:
a) Lossa tändkabeln från spolen.
b) Märk tändkablarna för att underlätta monteringen.
c) Mät motståndet mellan varje par matchade högspänningsanslutningar och jämför med specifikationerna i systemkapitlet *(fig. 4.4)*.

Analys

10 En gnista från endast ett av tändstiften i ett par (d v s 1 och 4 eller 2 och 3) tyder på defekt tändkabel eller tändstift.
11 Om inget av tändstiften avger gnista tyder det på defekt spole.
12 Om inget tändstift avger gnistor tyder det på fel i tändspolen eller i primärsidans utlösare (d v s vevaxelns vinkelgivare).

Kontroll av givare och aktiverare

Viktigt: Följande testmetoder är generella och ska följas i samspel med det kapitel som behandlar det system du arbetar med och det systemets kopplingsschema.

9 Primär utlösare - vevaxelns vinkelgivare

1 Inspektera vevaxelvinkelgivarens kontakt vad gäller korrosion.
2 Kontrollera att stiften i givarens kontakt är helt intryckta och har god kontakt med givaren.
3 Demontera vevaxelns vinkelgivare från motorblocket. Inspektera fogytan vad gäller korrosion och skador.
4 Mät givarens motstånd och jämför med specifikationerna i systemkapitlet. Se även mätningarna i slutet av detta avsnitt.
5 Ett fel på någon av ovanstående punkter orsakar ofta en dålig eller felaktig signal från vevaxelvinkelgivaren.
Observera: *Dessa tester gäller även varvtalsgivare och givare för ÖD samt induktiva givare monterade i fördelaren.*

Kontroll av vevaxelvinkelgivarens utsignal med växelströms voltmätare (motorn dras runt med startmotorn)

Observera: *Denna test är lämplig att genomföra om motorn inte startar.*

6 Dra ur vevaxelvinkelgivarens eller styrmodulens kontakt *(se varning 3 i Referenser)* och anslut en växelströms voltmätare till de två stift som går till vevaxelvinkelgivaren. Om det finns en tredje ledning är den avskärmningen.
7 Dra runt motorn med startmotorn. Utgångsspänningen från givaren ska vara minst 0,7 V omräknat växelströmsvärde. De flesta bra givare kan dock ge över 1,4 V omräknat växelströmsvärde **(fig. 4.12)**.
Observera: *Med växelströms voltmätaren går det att visa att vevaxelns vinkelgivare avger en signal. Signalen är en medelvärdessignal och indikerar inte entydigt om givaren är skadad eller att sinussignalen från givaren har korrekt form.*

Kontroll av motståndet i vevaxelns vinkelgivare med en ohmmätare

8 Dra ur vevaxelvinkelgivarens eller styrmodulens kontakt *(se varning 3 i Referenser)* och anslut en ohmmätare till givarens två stift.
9 Anteckna motståndet och jämför den med värdet i systemkapitlet **(Se bild 4.13)**.
Observera: *Även om motståndet är inom angivna gränsvärden (se respektive systemkapitel) är det inte ett entydigt bevis på att givaren levererar en acceptabel signal.*

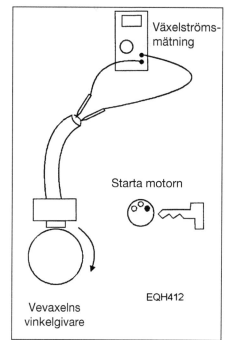

Fig. 4.12 Kontroll av vevaxelvinkelgivaren med en växelströms voltmätare

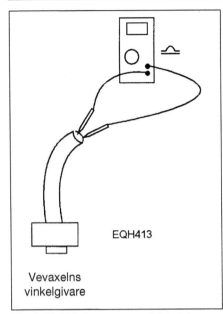

Fig. 4.13 Mätning av vevaxelvinkelgivarens motstånd

Kontroll av vevaxelvinkelgivarens avskärmning

10 Vevaxelns vinkelgivare kan ha en av-skärmad ledning. Leta upp givarens kontakt eller dra ur styrmodulens kontakt *(se varning 3 i Referenser)*.
11 Anslut en ohmmätare till ett av givarens stift (1 eller 2).
12 Anslut den andra ohmmätarsonden till avskärmningens stift. Motståndet ska vara oändligt.
13 Flytta ohmmätaren från avskärmnings-stiftet och jorda den. Även nu ska motståndet vara oändligt.
Observera: *Vevaxelvinkelgivarens avskärmning är i vissa system ansluten till givarens jord. I så fall kommer ohmmätaren att visa ett lågt värde, vilket är normalt. Se kopplings-scheman för det aktuella systemet för att se hur givaren är ansluten.*

10 Primär utlösare - Halleffektgivare

1 I de flesta system är Halleffektgivaren monterad i fördelaren. I vissa VAG-system är den dock monterad vid svänghjulet.
2 Undersök Halleffektgivarens kontakt vad gäller korrosion och skador.
3 Kontrollera att stiften i Halleffektgivarens kontakt är helt fasttryckta och har bra kontakt med givaren.

Snabbtest (motorn avstängd, ingen gnista)

4 Tag loss spolens tändkabel från fördelarens mittanslutning och anslut den till topplocket via en gnistprovare.

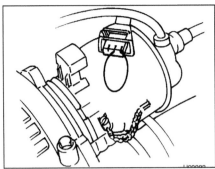

Fig. 4.14 Sammankoppla temporärt "O"- och (-)-anslutningarna vid Halleffekt-givarens kontakt för att se om någon gnista bildas

5 Dra ur Halleffektgivarens kontakt från fördelaren.
6 Identifiera matnings-, signal- och jord-stiften.
7 Bygla tillfälligt "O"- och minusstiften på Halleffektgivarens kontakt med hjälp av en tråd **(fig. 4.14)**.
8 Om en gnista visas i gnistprovaren kan spolen och förstärkaren ge gnista och då är Halleffektgivaren i fördelaren misstänkt.

Test av Halleffektgivaren

9 Rulla tillbaka gummidamasken på Hall-effektgivarens kontakt.
10 Jorda voltmätarens minus eller arbets-cykelmätarens mätsond.
11 Identifiera matnings-, signal- och jord-stiften.
12 Anslut voltmätarens plusledning eller arbetscykelmätarens mätsond till den ledning som är kopplad till givarens signalstift.
13 Låt motorn gå på tomgång.
14 Mätningen ska ge en genomsnittlig spänning på ca 7 till 8 V eller en arbetscykel på ca 35%.

Signalspänning eller arbetscykel ej mätbar

15 Stäng av motorn.
16 Demontera fördelarlocket.
17 Halleffektgivarens kontakt ska vara ansluten, tändningen påslagen och volt-mätarens plussond kopplad till signalstiftet **(fig. 4.15)**.
18 Dra runt motorn långsamt. När spåret i utlösarskivan befinner sig i Halleffektgivarens luftgap ska spänningen alternera mellan 10,0 till 12,0 V och noll volt.

Signalspänning ej mätbar

19 Dra ur Halleffektgivarens kontakt från fördelaren.
20 Kontrollera spänningen vid stift 2 (O) på kabelhärvans kontakt med voltmätarens plussond. Spänningen ska vara mellan 10 och 12 V.
21 Ingen spänning från styrmodulen till stift 2: Kontrollera ledningarna mellan Halleffektgivaren och styrmodulen. Kontrol-lera spänningen vid styrmodulen.

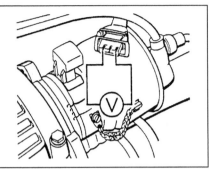

Fig. 4.15 Anslut en voltmätare mellan Halleffektgivarens (+)- och (-)-anslutningar. Man bör erhålla en spänning på mellan 10 och 12 V.

22 Ingen spänning vid styrmodulen: Kontrol-lera matningar och jordar till styrmodulen. Om matningar och jordar är OK är styrmodulen misstänkt.
23 Kontrollera matningen (10 till 12 V) vid Halleffektgivarens stift 1 (+). Om matningen är otillfredsställande måste förbindelsen mellan Halleffektgivaren och styrmodulen kontrolleras.
24 Kontrollera jorden vid Halleffektgivarens stift 3 (-).
25 Om matningen och jorden är OK är givaren i fördelaren misstänkt.

11 Tändningens primärkrets

1 Kontrollera att spolens anslutningar är felfria.
2 Avlägsna smuts och eventuella rester från sprayer. Sådana rester drar annars åt sig smuts, vilket kan leda till överslag av högspänningen.
3 Undersök tändspolen vad gäller tecken på överslag, i synnerhet vid högspänningens anslutning.
4 Trots att följande mätningar kan genom-föras med en vanlig arbetscykelmätare är ett oscilloskop lämpligare för att analysera de signaler som genereras på tändningens primärsida.

Testmetod när motorn inte går

5 Anslut arbetscykelmätarens minussond till jord.
6 Anslut arbetscykelmätarens positiva mät-sond till spolens minusstift (vanligtvis märkt med 1 i Boschsystem).
7 Dra runt motorn med startmotorn.
8 En arbetscykel på ca 5 till 20% ska visas. Om instrumentet kan ange värdet i ms är det ännu mer användbart.
9 Bra primärsignal: tändsystemets primär-krets (inklusive vevaxelvinkelgivaren eller Halleffektgivaren) ger acceptabel signal.

Fig. 4.16 Kontrollera primärmotståndet. Koppla loss lågspänningskablarna och anslut ohmmätaren mellan plus- och minusanslutningarna

Primärsignal saknas (intern förstärkare)

10 Kontrollera primärsidans utlösningssignal (se test av vevaxelns vinkelgivare respektive Halleffektgivare).

11 Slå på tändningen.

12 Kontrollera att det finns spänning vid spolens plusstift (15). Om det inte finns någon spänning, kontrollera ledningarna till matningen (vanligtvis tändningslåset, men det kan även vara något av reläerna).

13 Kontrollera spänningen vid spolens minusstift (1). Om spänningen är noll, lossa ledningen vid spolens minusstift (-) och mät igen. Om spänningen fortfarande är noll, kontrollera spolens primärmotstånd **(fig. 4.16)**. Se specifikationerna i systemkapitlet.

14 Med normal batterispänningsnivå, kontrollera om det finns en kortslutning till jord vid spolstift 1 och tillhörande stift på styrmodulen.

15 Dra ur styrmodulens kontakt (se varning 3 i Referenser) och kontrollera att det finns normal batterispänning vid rätt stift på kontakten **(se bild 4.17)**. Om det inte finns någon spänning, kontrollera förbindelsen mellan spolens stift 1 och tillhörande stift på styrmodulen.

16 Om ledningarna är OK, kontrollera alla matningar till styrmodulen. Om inga fel påträffas är styrmodulen misstänkt, men prova med en ny spole styrmodulen byts ut.

17 Om det är ett brytarlöst tändsystem, upprepa testerna på den andra spolen. Anslutningen till styrmodulen skiljer sig mellan olika system.

Primärsignal ej tillgänglig (separat extern förstärkare)

18 Kontrollera primärsidans utlösningssignal (se test av vevaxelns vinkelgivare respektive Halleffektgivare).

19 Slå på tändningen.

20 Kontrollera att det finns spänning vid spolens plusstift (15). Om spänningen är noll, kontrollera ledningarna till matningspunkten (vanligtvis tändningslåset eller ett av systemreläerna).

21 Kontrollera spänningen vid spolens minusstift (1).

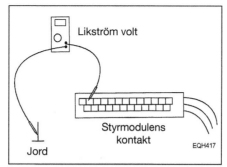

Fig. 4.17 Dra ur styrmodulens kontakt och kontrollera spänningen vid stiften till tändningens primärsida

a) *Ingen spänning: Koppla loss ledningen från spolens minusstift och mät igen.*

b) *Fortfarande ingen spänning: Kontrollera spolens primärmotstånd, spolen är misstänkt.*

c) *Spänning på normal batterinivå: Kontrollera om det finns en kortslutning till jord mellan spolens stift 1 och förstärkaren. Om ledningarna är OK är förstärkaren misstänkt.*

22 Dra ur förstärkarens kontakt *(se varning 3 i Referenser)*. Kontrollera spänningen vid det förstärkarstift som är kopplat till spolens stift 1 **(se bild 4.18)**. Om spänningen är noll, kontrollera ledningarna mellan förstärkaren och tändspolens stift 1.

23 Kontrollera matningen till förstärkaren från tändningslåset.

24 Kontrollera förstärkarens jordning.

25 Dra runt motorn med startmotorn och kontrollera signalen från styrmodulen till förstärkaren.

Observera: *Trots att det är möjligt att använda en arbetscykelmätare för att kontrollera pulssignalen från styrmodulen till förstärkaren, kan det vara svårt att mäta upp signalen korrekt. Ett oscilloskop är bättre för detta ändamål. Om det inte finns någon styrsignal, kontrollera ledningarna mellan förstärkaren och styrmodulens tillhörande stift.*

26 Om det inte kommer någon utsignal från förstärkaren trots att styrsignalen är OK kan förstärkaren vara defekt.

27 Om ledningarna är OK, kontrollera alla matningar till styrmodulen och alla jordar. Om inget fel påträffas är styrmodulen misstänkt, prova dock med en ny spole och/eller förstärkare innan styrmodulen byts ut.

28 Om det är ett brytarlöst tändsystem, upprepa testerna på den andra spolen. Anslutning till styrmodulen skiljer sig mellan olika system.

Tester med motorn igång

29 Anslut arbetscykelmätarens minussond till jord.

30 Anslut arbetscykelmätarens positiva mätsond till spolens minusstift (vanligtvis märkt med 1 i Boschsystem).

31 Kör motorn på tomgång och med olika

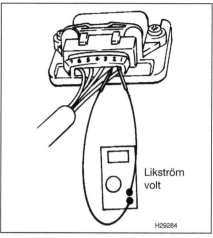

Fig. 4.18 Kontroll av spänningen vid förstärkaranslutningen som är kopplad till tändspolens stift 1

varvtal. Anteckna de olika arbetscyklerna. Följande gäller som riktvärden:

Tomgång: 5 till 20%
2 000 varv/min: 15 till 35%
3 000 varv/min: 25 till 45%

32 Det är viktigt att arbetscykeln i procent ökar när varvtalet stiger. Om multimätaren kan mäta pulstiden i ms ska värdet inte ändras i någon större utsträckning när varvtalet ökar.

33 Kontrollera förstärkarens jordförbindelse.

34 Kontrollera att enheter som radiostörningsskydd eller stöldlarm inte har kopplats till spolens primära (-) stift. *Alla andra tester och detaljerade analyser av primärkretsen kräver ett oscilloskop.*

12 Knackgivare

1 Undersök knackgivarens kontakt vad gäller korrosion och skador.

2 Kontrollera att stiften i knackgivarens kontakt är helt intryckta och i förbindelse med sensorn.

3 Anslut en induktiv tändinställningslampa till tändkabeln för cylinder 1.

4 Låt motorn gå på tomgång.

5 Knacka försiktigt på motorblocket vid cylinder 1.

6 Tändläget ska backas.

13 Injektorernas funktion (flerpunktsinsprutning)

Allmänna testmetoder för injektorer

1 Inspektera injektorernas kontakter vad gäller korrosion och skador.

2 Kontrollera att stiften i injektorernas kontakt är helt intryckta och i förbindelse med injektorerna.

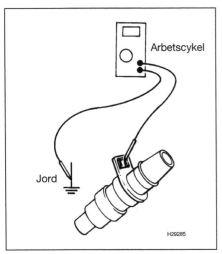

4.19 Kontroll av insprutningspulser

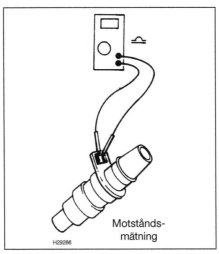

4.20 Kontroll av injektorernas motstånd

3 Kontrollera om det finns korrosion i kontakterna mellan reläet och injektorerna samt mellan styrmodulen och injektorerna. Korrosion i kontakter är en vanlig orsak till dålig bränsleinsprutning.
4 Rulla tillbaka gummidamasken på injektorns kontakt **(fig. 4.19)**.
5 Anslut arbetscykelmätarens minussond till jord.
6 Identifiera matnings- och signalstiften. **Observera:** *En injektorers arbetscykel kan bara avläsas på signalstiftet. Det är här injektorn är kopplad till styrmodulen. Anslut sonden till det andra stiftet om du inte kan få något mätvärde.*
7 Anslut arbetscykelmätarens plussond till den ledning som är kopplad till injektorns signalstift.
8 Trots att följande tester går att genomföra med en arbetscykelmätare är ett oscilloskop lämpligare för att analysera signalerna från kretsarna i insprutningssystemet.
9 Inledningsvis kan sonden anslutas till signalstiftet på någon av injektorerna.

Insprutningssystem med strömstyrning eller "peak-and-hold" (mätning med arbetscykelmätare)

10 Om injektorn är strömstyrd är det endast ett fåtal arbetscykelmätare som kan registrera den andra delen av pulsen. Mätaren känner oftast enbart av inkopplingspulsen på ca 1,0 till 2,0%.Detta innebär att mätningen av injektorns arbetscykel kommer att vara felaktig. Endast ett fåtal multimätare kan mäta denna signal korrekt.

Testmetod när motorn inte går

11 Dra runt motorn med startmotorn.
12 En arbetscykel (injektorns arbetscykel) på ca 5 till 10% ska anges. Om instrumentet kan ange värdet i ms är det ännu mer användbart.

Bra insprutningssignal

a) *Kontrollera om det finns insprutningspulser till de övriga injektorerna.*

b) *Om insprutningssignalen och den primära tändsignalen är tillfredsställande ligger felet troligtvis inte i styrmodulen.*

Dålig eller ingen signal vid en eller flera injektorer

Observera: *I vissa Motronic-system ökas insprutningsfrekvensen under flera sekunder när motorn startas.*
13 Kontrollera bränsletrycket och bränsleflödet.
14 Kontrollera att vevaxelvinkelgivaren och Halleffektgivaren avger signal.
15 Kontrollera att spänningen vid signalstiftet på injektorns kontakt är lika med batterispänningen.
16 Ingen spänning: Kontrollera injektorns motstånd och matning **(fig. 4.20)**.
17 Dra ur styrmodulens kontakt (se varning 3 i Referenser).
18 Slå på tändningen.
19 Jorda momentant injektorernas aktiverarstift i styrmodulen **(fig. 4.21)**.
20 Om injektorn aktiveras, kontrollera styrmodulens matningar och jordar. Om testerna inte indikerar något fel är modulen misstänkt.
21 Om injektorn inte aktiveras, kontrollera spänningen vid styrmodulens stift.

a) *Batterispänning: Injektorn misstänkt.*

b) *Ingen spänning: Kontrollera kontinuiteten mellan injektorns och styrmodulens kontakter.*
22 Om insprutningskretsen är sekventiell eller indelad i bankar, kontrollera alla förbindelser till styrmodulen.

Inkopplingstiden för lång eller för kort

23 Kontrollera kylvätskans temperaturgivare.
24 Kontrollera luftflödesmätaren respektive insugsrörets tryckgivare.
Observera: *Om styrmodulen har aktiverat LOS- funktionen ("linka hem") p g a ett fel i en av givarna kan motorn fungera ganska bra när den är varm, men kan vara svårstartad när den är kall.*

Kontroll med motorn igång

25 Låt motorn gå vid olika varvtal. Anteckna arbetscykeln och jämför med de ungefärliga värdena i följande tabell. När motorn är kall ökar värdena något.

Motorvarvtal	Arbetscykel
Tomgång	*3 till 6%*
2 000 varv/min	*7 till 14%*
3 000 varv/min	*11 till 16%*
Långsam ökning av gaspådrag	*11 till 16%*
Snabb ökning av gaspådrag	*Mer än 20%*
Motorbromsning	*Noll (gaspedalen släpps vid 3 000 varv/min)*

26 Utvärdera på följande sätt:

a) *Arbetscykeln i procent ska öka när motorns varvtal ökar.*

b) *Vid snabb acceleration ska arbetscykeln öka avsevärt.*

c) *Vid motorbromsning med varm motor ska arbetscykeln sjunka till noll (digital mätare) och öka igen när varvtalet sjunker under ca 1 200 varv/min.*

d) *Om mätvärdet inte sjunker till noll, kontrollera att trottelventilen är korrekt justerad samt att trottelns positionsgivare respektive trottelbrytaren fungerar.*

e) *Ljudet från injektorerna ska även upphöra temporärt när arbetscykeln blir noll.*

f) *Observera att vissa långsammare digitala mätinstrument ibland inte registrerar minskningen till noll.*

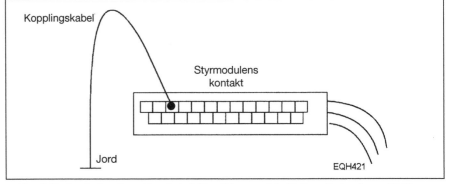

Fig. 4.21 Använd en kopplingskabel för att temporärt vidröra ett styrningsstift för en injektor i styrmodulens kontakt

Arbetscykeln är för läng eller kort

27 Kontrollera kylvätskans temperaturgivare.
28 Kontrollera luftflödesmätaren respektive insugsrörets tryckgivare.

Kontroll av injektorernas motstånd

29 Dra ur kontakterna från alla injektorer och mät deras motstånd vid stiften.

a) Strömstyrda injektorer: 4 ohm.
b) De flesta övriga system: 16 ohm.

30 Parallella insprutningskretsar: Se kapitel 2 för en beskrivning av mätningar på parallella kretsar.

14 Injektorns funktion (enpunktsinsprutning)

1 Undersök injektorernas kontakter vad gäller korrosion och skador.
2 Kontrollera att stiften i kontakterna är helt intryckta och har elektrisk förbindelse med injektorn.
3 Kontrollera om det finns korrosion i kontakterna mellan reläet och injektorerna samt mellan styrmodulen och injektorerna. Korrosion i kontakter är en vanlig orsak till dålig bränsleinsprutning.
4 Rulla tillbaka gummidamasken på injektorns kontakt.
5 Anslut arbetscykelmätarens minussond till jord.
6 Identifiera matnings- och signalstiften.
7 Anslut arbetscykelmätarens plussond till den ledare som är kopplad till injektorns signalstift **(fig. 4.22)**.
Observera: *De flesta enpunkts insprutningssystem har strömstyrning och en normal arbetscykelmätare kan inte korrekt mäta sådana insprutningssignaler. Ett oscilloskop rekommenderas för denna typ av insprutningssignal och för signalmätningar på de flesta enpunkts insprutningssystem.*

Testmetod när motorn inte går

8 Dra runt motorn med startmotorn.
9 Någon form av arbetscykelmätning bör visas. Om mätaren kan mäta pulsbredden i

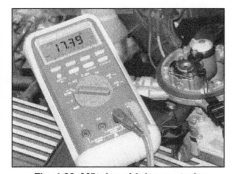

Fig. 4.22 Mätning vid den centrala injektorn och mätning av frekvens. Insprutningsfrekvensen kan förändras vid kallstart eller under acceleration

ms är det ännu mer användbart. Finns en signal indikerar detta åtminstone att styrmodulen kan jorda insprutningskretsen. Detta bevisar dock inte att signalen är helt tillfredsställande.

Bra insprutningssignal

10 Om insprutningssignalen är tillfredsställande och om primärsidans tändsignal också är OK är det osannolikt att felet finns i styrmodulen.

Dålig eller ingen insprutningssignal

11 Kontrollera bränsletrycket och bränsleflödet.
12 Kontrollera signalen från vevaxelns vinkelgivare, Halleffektgivaren och övriga primära pulsgivare.
13 Kontrollera att spänningen vid signalstiftet på injektorns kontakt är lika med batterispänningen.
14 Ingen spänning:

a) Kontrollera injektorns motstånd.
b) Kontrollera ballastmotståndet (i förekommande fall).
c) Kontrollera ledningarna mellan injektorns och styrmodulens kontakter.
d) Kontrollera injektorns matning.

15 Dra ur styrmodulens kontakt (se varning 3 i Referenser).
16 Slå på tändningen.
17 Jorda under ett kort ögonblick injektorns aktiveringsstift.
18 Om injektorn aktiveras, kontrollera styrmodulens matningar och jordar. Om testerna inte visar på något fel är styrmodulen misstänkt.
19 Om injektorn inte aktiveras: kontrollera spänningen vid styrmodulens stift.

a) Batterispänning: Injektorn misstänkt.
b) Ingen spänning: Kontrollera ledningarna mellan injektorns och styrmodulens kontakter.

Fel pulsbredd (om en korrekt mätning kan genomföras)

20 Kontrollera kylvätskans temperaturgivare.
21 Kontrollera insugsrörets tryckgivare.
Observera:*Om styrmodulen har aktiverat LOS-funktionen ("linka hem") p g a ett fel i en av givarna kan motorn fungera ganska bra när den är varm, men kan vara svårstartad när den är kall.*

Kontroll med motorn igång

22 Se avsnitt 13 som beskriver tillvägagångssättet vid kontroll av flerpunktsinsprutning och enpunktsinsprutning med motorn igång.

Motståndsmätningar

23 Dra ur injektorns kontakt och mät injektorns motstånd mellan de två stiften.
24 Om det finns ett ballastmotstånd, dra ur kontakten till det och mät motståndet vid stiften på ballastmotståndet.

15 Induktiv kamaxelgivare

1 Den induktiva fasgivare som identifierar cylindrarna i sekventiella tändsystem kan sitta i fördelaren eller ovanför kamaxeln.
2 Tidsinställningen för fasgivaren och den primära utlösaren är särskilt viktig i sekventiella insprutningssystem. Om fasgivaren inte är synkroniserad aktiverar motorn i bästa fall LOS-funktionen ("linka hem") vilket innebär sämre motoreffekt och ökade utsläpp. I värsta fall startar inte motorn.
3 Fasfel kan bero på följande:

a) Feljusterad fördelare (endast om fördelaren är justerbar).
b) För löst spänd kamrem (vanligt fel).
c) Felmonterad kamrem.

4 Kontrollera om vevaxelvinkelgivarens kontakt har korrosion eller skador.
5 Kontrollera om fasgivarens kontakt har korrosion eller skador.
6 Kontrollera att stiften är helt intryckta och är i förbindelse med fasgivarens kontakt.
7 Mät fasgivarens motstånd och jämför med värdet i systemkapitlet.

Fasgivarens utgång

8 Dra ur fasgivarens eller styrmodulens kontakt (se varning 3 i Referenser).
9 Anslut en växelströms voltmätare mellan de två stiften på fasgivaren eller på motsvarande stift i styrmodulens kontakt.
Observera: *Bästa signalen ges på plusstiftet, med det går ofta att få en signal på fasgivarens jord.*
10 Dra runt motorn med startmotorn. En spänning på minst 0,4 V växelström (omräknat värde) ska erhållas.
11 Anslut fasgivarens eller styrmodulens kontakt.
12 Kontrollera fasgivarens signal- och jordstift.
13 Starta motorn och låt den gå på tomgång. En spänning på minst 0,75 V växelström (omräknat värde) ska uppnås.
14 Ingen eller mycket svag respektive intermittent signal:

a) Mät fasgivarens motstånd.
b) Kontrollera om givaren har skador, är smutsig eller oljig.
c) Kontrollera om kamaxeln respektive fördelaren har skador.

Fasgivarens motstånd

15 Dra fasgivarens eller styrmodulens kontakt och anslut en ohmmätare mellan givarens två stift.
16 Anteckna motståndet och jämför med specifikationerna i systemkapitlet.

16 Halleffekt-fasgivare (CID)

1 Givaren är monterad i fördelaren.
2 Kontrollera om kontakten har tecken på korrosion eller skador.
3 Kontrollera att stiften i kontakten är helt intryckta och i förbindelse med givaren.
4 Rulla tillbaka gummidamasken på givarens kontakt.
5 Anslut voltmätarens minusledning eller arbetscykelmätarens mätsond till jord.
6 Identifiera matnings-, signal- och jord-stiften.
7 Anslut voltmätarens plussond eller arbetscykelmätarens sond till ledaren på givarens signalstift.
8 Låt motorn gå på tomgång.
9 En genomsnittlig spänning på ca 2,5 V eller en ungefärlig arbetscykel på 50% ska erhållas.

Signalspänning eller arbetscykel ej mätbar

10 Stäng av motorn.
11 Demontera fördelarlocket.
12 Givarens kontakt ansluten, tändningen påslagen, voltmätarens plussond kopplad till signalstiftet.
13 Dra runt motorn för hand. När spåret i utlösarskivan befinner sig i luftgapet ska spänningen alternera mellan 5 och noll volt.

Signalspänning ej mätbar

14 Dra ur kontakten från fördelaren.
15 Kontrollera spänningen vid stift 2 (O) i kontakten med voltmätarens plussond:
  a) Ingen spänning från styrmodulen till stift 2: Kontrollera ledningarna mellan givaren och styrmodulen.
  b) Kontrollera spänningen vid styrmodulens stift.
  c) Om det inte finns någon spänning vid styrmodulen ska alla matningar och jordar till styrmodulen kontrolleras. Om matningarna och jordarna är OK är styrmodulen misstänkt.
16 Kontrollera matningen (5 V) vid givarens stift 1 (+). Om matningen inte är OK, kontrollera ledningarna mellan givaren och styrmodulen.
17 Kontrollera jorden vid givarens stift 3 (-).
18 Om matning och jordning är OK är givaren i fördelaren misstänkt.

17 Luftflödesmätare

1 Inspektera lufttrummorna från luftflödes-mätaren och kontrollera om det finns sprickor, om den sitter dåligt eller om den är skadad. Ett större läckage i dessa trummor gör att motorn tänder, men att den slutar gå. Ett mindre läckage påverkar bränsleblandningen negativt.

Fig. 4.23 Spänningsmätning vid luftflödesmätaren

2 Undersök om luftflödesmätarens kontakt har korrosion eller skador.
3 Kontrollera att stiften i luftflödesmätarens kontakt är helt intryckta och i förbindelse med givaren.
4 Luftflödesmätaren kan ha klaff, hettråd eller hetfilm, beroende på systemtyp.

Spänningskontroller på luftflödesmätare med klaff

5 Rulla tillbaka gummidamasken på luft-flödesmätarens kontakt.
6 Anslut voltmätarens minussond till motorns jord.
7 Identifiera matnings-, signal- och jord-stiften.
8 Anslut voltmätarens plussond till den ledare som är kopplad till luftflödesmätarens signalstift (fig. 4.23).
9 Demontera lufttrummorna.
10 Demontera luftfilterhuset så luftflödes-mätarens klaff enkelt kan öppnas och stängas.
11 Öppna och stäng luftflödesmätarens klaff flera gånger och kontrollera att den löper jämnt. Kontrollera också att klaffen inte fastnar (fig. 4.24).
12 Slå på tändningen utan att motorn går igång. Du ska nu erhålla en spänning på ca 0,2 till 0,3 V.
13 Öppna och stäng klaffen flera gånger. Kontrollera att spänningen ökar jämnt till max 4 till 4,5 V.
Observera: *Om du använder en digital multimätare är det användbart om den har en analog skala. På så sätt ser du lättare att spänningsökningen är jämn.*

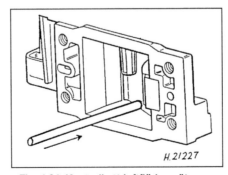

Fig. 4.24 Kontroll att luftflödesmätarens klaff öppnas och stängs utan problem

14 Starta motorn och låt den gå på tomgång. Du bör få en spänning på ca 0,5 till 1,5 V.
15 Öka gaspådraget till under 3 000 varv/min. Du bör få en spänning på ca 2 till 2,5 V.
16 Snäpp till trotteln så att den öppnas. Spänningen bör överstiga 3,0 V.

Ojämn utgångssignal

17 Ojämn utgångssignal betyder att utgångsspänningen ökar stegvis eller minskar till noll volt eller att det blir avbrott i kretsen.
18 Om luftflödesmätarens utgångssignal är ojämn betyder detta vanligtvis att signalbanan är defekt eller att klaffen fastnar. Om så är fallet kan den enda lösningen vara att byta till en ny eller nyrenoverad luftflödesmätare. Om du misstänker att motståndsspåret är smutsigt, ta bort luftflödesmätarens övre kåpa och försök rengöra spåret försiktigt - använd dock inga starka lösningsmedel.
19 Ibland ligger släpskon inte dikt an mot spåret på vissa punkter. Detta kan också ge felaktig utgångssignal.

  a) Tag bort luftflödesmätarens kåpa och kontrollera att släpskon hela tiden ligger an mot spåret, från helt öppet till helt stängt läge.

  b) Du kan försiktigt böja armen om den inte ligger an hela tiden.

Signalspänning ej mätbar

20 Kontrollera att det finns 5,0 V referens-spänning vid luftflödesmätarens matningsstift.
21 Kontrollera jord vid luftflödesmätarens jordningsstift.
22 Om matning och jordning är tillfreds-ställande, kontrollera signalförbindelsen mell-an luftflödesmätaren och styrmodulen.
23 Om matning och/eller jordning är otill-fredsställande, kontrollera ledningarna mellan luftflödesmätaren och styrmodulen.
24 Om luftflödesmätarens ledningar är OK, kontrollera alla matningar och stift till styr-modulen. Om matningar och jordar är tillfreds-ställande är styrmodulen misstänkt.

Signal- eller matningsspänning vid normal batterispänningsnivå

25 Leta efter en kortslutning till batteriets pluspol (+) eller en defekt matning.

Motstådsmätningar på luftflödesmätare med klaff

26 Anslut en ohmmätare till luftflödes-mätarens signal- och matningsstift eller till dess signal- och jordstift.
27 Öppna och stäng luftflödesmätarens klaff flera gånger och kontrollera att motstånds-förändringen är jämn. När klaffen flyttas långsamt från det stängda till det öppna läget kan motståndet ändras i ett antal steg. Detta är normalt. Om du mäter upp avbrott eller kortslutning i kretsen tyder detta på ett fel.

28 Vi tillhandahåller inte motståndsspecifikationer för luftflödesmätaren i denna bok. Det är viktigare att givaren fungerar korrekt än att motståndet ligger mellan vissa värden.
29 Anslut en ohmmätare mellan luftflödesmätarens jordnings- och matningsstift. Mätresultatet bör vara stabilt.
30 Byt luftflödesmätare om motståndet är oändligt eller noll mot jord.
31 Se kommentarerna beträffande motståndsmätning i kapitel 3.

Mätningar på luftflödesmätare med hettråd/hetfilm

Observera: *De angivna spänningarna är baserade på Opels motorer med 16 ventiler och Motronic 2.5. Liknande värden bör erhållas på övriga fordon.*
32 Slå på tändningen. Spänningen bör vara ca 1,4 V.
33 Starta motorn och låt den gå på tomgång. Spänningen bör vara ca 1,9 till 2,3 V.
34 Dutta på trotteln så att den öppnas helt ett antal gånger. Spänningen ska inte öka nämnvärt över tomgångsvärdet vid denna test utan belastning.
Observera: *Om du använder digital multimätare är det användbart om den har en analog skala. På så sätt ser du lättare att spänningsökningen är jämn.*
35 Det är svårare att testa en utgång på en luftflödesmätare med hettråd eftersom det är omöjligt att simulera full belastning i verkstaden om tillgång till "rullande landsväg" saknas. Dock räcker oftast följande test för att konstatera om signalutgången är OK.
36 Lossa lufttrumman så att hettråden kommer fram.
37 Slå på tändningen.
38 Använd ett plaströr och blås luft på hettråden.
39 Det bör vara möjligt att rita en spänningskurva även om denna kurva kommer att vara mycket brantare än när motorn är igång.

Ojämn utgångssignal

40 Ojämn utgångssignal betyder att utgångsspänningen ökar stegvis eller minskar till noll volt eller att det blir avbrott i kretsen.
41 Kontrollera luftflödesmätarens motstånd genom att koppla en ohmmätare till luftflödesmätarens stift 2 och 3. Motståndet bör vara ca 2,5 till 3,1 ohm.
42 Om luftflödesmätarens signal är ojämn när alla matningar och jordar är tillfredsställande tyder detta på en defekt givare. I detta fall kan en ny eller renoverad givare vara det enda som hjälper.

Signalspänning ej mätbar

43 Kontrollera batterimatningen till luftflödesmätarens stift 5.
44 Kontrollera jorden vid givarens stift 2.
45 Kontrollera jorden vid givarens stift 1.
46 Om matning och jordar är OK, kontrollera förbindelsen mellan luftflödesmätaren och styrmodulen.
47 Om matning och/eller jord är otillfredsställande, kontrollera ledningarna för matning

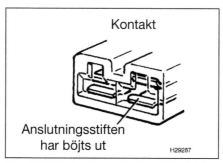

Fig. 4.25 Kontrollera att stiften i kontakten är instuckna och har god kontakt med insugsrörets tryckgivare

och/eller jord från luftflödesmätaren och styrmodulen.
48 Om luftflödesmätarens ledningar fungerar, kontrollera alla matningar och jordar till styrmodulen. Om dessa förbindelser är OK är styrmodulen misstänkt.

18 Insugsrörets tryckgivare (analog och digital)

1 Kontrollera om kontakten till insugsrörets tryckgivare visar tecken på korrosion eller skador.
2 Kontrollera att stiften i tryckgivarens kontakt är helt intryckta och har elektrisk kontakt med tryckgivaren **(fig. 4.25)**.
3 Om tryckgivaren är internt monterad i styrmodulen går det inte att genomföra spänningsmätningar.

Testprocedurer för insugsrörets tryckgivare (analog: extern och intern givare)

4 Använd en T-koppling till att koppla en vakuummätare mellan insugsröret och insugsrörets tryckgivare **(fig. 4.26)**.
5 Låt motorn gå på tomgång. Om motorns undertryck är för dåligt (lägre än 425 till 525 mm Hg), leta efter följande:
a) Vakuumläckage.
b) Ett skadat eller förstört vakuumrör.
c) En blockerad vakuumkoppling.

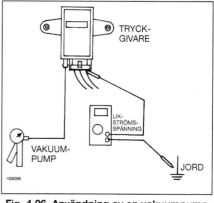

Fig. 4.26 Användning av en vakuumpump och en voltmätare för att kontrollera tryckgivarens signal

d) Motorfel – t ex feljusterad kamrem.
e) Ett läckande membran i luftflödesmätaren (om den är intern, i styrmodulen).
6 Koppla loss vakuummätaren och anslut en vakuumpump i stället.
7 Använd pumpen för att lägga ca 560 mm Hg undertryck på insugsrörets tryckgivare.
8 När du upphör att pumpa ska tryckgivaren hålla detta undertryck i minst 30 sekunder.

Testprocedurer för insugsrörets tryckgivare (analog: extern givare)

9 Rulla tillbaka gummidamasken på kontakten till insugsrörets tryckgivare.
10 Anslut voltmätarens minussond till motorns jord.
11 Identifiera matnings-, signal- och jordstiften.
12 Anslut voltmätarens plussond till den ledning som är kopplad till tryckgivarens signalstift.
13 Koppla loss vakuumslangen från tryckgivaren.
14 Anslut en vakuumpump till tryckgivaren.
15 Slå på tändningen.
16 Jämför spänningen vid påslagen tändning med spänningen i systemkapitlet.
17 Lägg vakuum enligt tabellen och kontrollera att spänningsändringen sker jämnt.

Spänning från tryckgivaren (analog: signalanslutning, motorn står stilla)		
Undertryck	**Spänning**	**Applicerat tryck (bar)**
Noll	4,3 till 4.9	1,0 ± 0,1
200 mbar	3,2	0,8
400 mbar	2,2	0,6
500 mbar	1,2 till 2,0	0,5
600 mbar	1,0	0,4

Villkor	Spänning	Tryck (bar)	Undertryck
Fult gaspådrag	4,35	1,0 ± 0,1	Noll
Tändning påslagen	4,35	1,0 ± 0,1	Noll
Tomgångsvarvtal	1,5	0,28 to 0,55	0,72 to 0,45
Motorbromsning	1,0	0,20 to 0,25	0,80 to 0,75

Ojämn utgångssignal

18 Oregelbunden utgångssignal innebär att spänningen ökar stegvis, minskar till noll eller att det uppstår ett avbrott i kretsen. Detta betyder vanligtvis att tryckgivaren är defekt. I så fall hjälper det bara att byta givare.

Testprocedur för insugsrörets tryckgivare (endast digital extern givare)

19 Ställ in multimätaren för motstånds-mätning.
20 Slå på tändningen.
21 Identifiera matnings-, signal- och jord-stiften.
22 Anslut voltmätarens plussond till den ledare som är kopplad till tryckgivarens signalstift. Spänningen ska i genomsnitt vara 2,5 V. Om så inte är fallet, se mätningarna under "Ingen signalspänning" nedan.
23 Ställ in mätinstrumentet för varvtals-mätning på fyrcylindriga motorer (samtliga motorer).
24 Koppla loss vakuumslangen från tryck-givaren.
25 Anslut multimätarens plussond till signal-stiftet och minussonden till jord.
26 Varvtalet bör ligga på mellan 4 500 och 4 900 varv/min.
27 Koppla en vakuumpump till tryckgivarens slanganslutning. Under de följande testerna ska undertrycket vara konstant vid alla trycknivåer:

a) *Lägg på 200 mb, varvtalet ska minska med 525 ± 120 varv/min.*
b) *Lägg på 400 mb, varvtalet ska minska med 1 080 ± 120 varv/min.*
c) *Lägg på 600 mb, varvtalet ska minska med 1 460 ± 120 varv/min.*
d) *Lägg på 800 mb, varvtalet ska minska med 1 880 ± 120 varv/min.*

28 Tryckutjämna så att mätvärdet återgår till det ursprungliga på 4 500 till 4 900 varv/min.
29 Byt tryckgivare om den inte fungerar på ovanstående sätt.

Signalspänning ej mätbar (både externa analoga och digitala typer)

30 Kontrollera referensspänningen (5,0 V).
31 Kontrollera jordningen.
32 Om matning och jord är OK, kontrollera signalledningarna mellan tryckgivaren och styrmodulen.
33 Om matning och/eller jord är otillfreds-ställande, kontrollera ledningarna mellan tryckgivaren och styrmodulen.
34 Om tryckgivarens ledningar fungerar, kontrollera alla matningar och jordar till styrmodulen. Om dessa förbindelser är OK är styrmodulen misstänkt.

Signal- eller matningsspänning vid normal batterispänningsnivå

35 Leta efter en kortslutning till batteriets pluspol (+) eller en defekt matning.

Övriga kontroller

36 Kontrollera om det finns för mycket bränsle i bränslefällan eller slangen.
37 Kontrollera om vakuumslangen är defekt eller om en vakuumläcka finns.
38 Leta efter mekaniska fel och tändnings-eller bränslefel som kan resultera i för lågt undertryck i motorn.

19 Lufttemperaturgivare

1 Lufttemperaturgivaren påverkar motorn endast obetydligt. Om du misstänker att det är något fel på den, kontrollera följande.
2 Lufttemperaturgivaren kan vara monterad i luftflödesmätarens insug eller i insugsröret.

a) *Om den sitter i luftflödesmätaren delar givarna jord.*
b) *Bägge typerna av lufttemperaturgivare har två ledningar och de kontrolleras på liknande sätt.*

3 Kontrollera om lufttemperaturgivarens kontakt visar spår av korrosion eller skador.
4 Kontrollera att stiften i temperaturgivaren och flödesgivaren är helt intryckta och i elektrisk kontakt med temperaturgivaren.

Test av lufttemperaturgivare

5 Rulla tillbaka gummidamasken på kon-takten till lufttemperaturgivaren (eller luft-flödesmätaren om temperaturgivaren är monterad i flödesgivaren).
6 Anslut voltmätarens minussond till motorns jord.
7 Identifiera signal- och jordstiften.
8 Anslut voltmätarens plussond till den ledare som är kopplad till lufttemperaturgivarens signalstift **(fig. 4.27)**.
9 Med motorn avstängd och tändningen påslagen ska spänningen vara 2 till 3 V beroende på lufttemperaturen. Se tabellen för normala spänningar vid olika temperaturer.
10 Signalspänningen kommer att variera med hänsyn till lufttemperaturen vid luftflödes-mätarens insug eller i insugsröret. När lufttemperaturen i motorrummet och insugs-röret ökar kommer spänningen till styr-modulen att minska. När motorn är kall

Fig. 4.27 Mätning av signal vid lufttemperaturgivare monterad i luftfiltret

kommer temperaturen att vara lika med omgivningstemperaturen. När motorn har startats kommer lufttemperaturen i motorrummet och insugsröret att öka. Lufttemperaturen i insugsröret kommer att öka till ca 70 eller 80°C vilket är mycket högre än lufttemperaturen i motorrummet.
11 Vid tester vid olika temperaturer kan lufttemperaturgivaren värmas med en hårtork och kylas med kylspray, som säljs i elektronikbutiker. När lufttemperaturgivaren värms eller kyls kommer motstånd och spänning också att ändras.

Spännings- och motståndstabell för lufttemperaturgivare (normalvärden)

Temp (°C)	Motstånd	Spänning
0	4 800 - 6 600	4,00 - 4,50
10	4 000	3,75 - 4,00
20	2 200 - 2 800	3,00 - 3,50
30	1 300	3,25
40	1 000 - 1200	2,50 - 3,00
50	1 000	2,50
60	800	2,00 - 2,50
80	270 - 380	1,00 - 1,30
110		0,50

Kretsen bruten 5,0 ± 0,1
Kortslutning
mot jord   Noll

12 Kontrollera att lufttemperaturgivarens spänning motsvarar korrekt temperatur. För detta behövs en termometer.
13 Starta motorn och låt den komma upp i normal arbetstemperatur. När motorn värms upp ska spänningen minska enligt tabellen.
14 Genomför följande tester och kontrollera om spänningen från temperaturgivaren är noll (matningsspänning saknas eller är kortsluten mot jord) eller vid 5,0 V spänningsnivå (givarens krets är bruten).

Noll volt vid givarens signalstift

15 Kontrollera att givarens signalstift inte är kortslutet mot jord.
16 Kontrollera att ledningarna mellan givaren och styrmodulen är intakta.
17 Om givarens ledningar fungerar men ingen spänning erhålls från styrmodulen, kontrollera alla matningar och jordar till modulen. Om dessa förbindelser är OK är styrmodulen misstänkt.

5,0 V vid givarens signalstift

18 Denna spänning finns om det är avbrott i kretsen och uppstår i något av följande fall:

a) *Förbindelsen mellan givarens (eller luftflödesmätarens) signalstift och givaren är bruten.*
b) *Det finns ett avbrott i givaren.*
c) *Givarens jord är bruten.*

Signal- eller matningsspänning vid normal batterispänningsnivå

19 Leta efter en kortslutning till batteriets pluspol (+) eller en defekt matning.

Motståndsmätningar

20 Motståndsmätningarna kan göras vid olika temperaturer varefter de jämförs med temperatur/motståndstabellen. Se punkt 11 för uppvärmning och kylning av lufttemperaturgivaren.

21 När temperaturgivarens motstånd är inom angivna gränser för en kall motor (20°C) ska kylvätsketemperaturen också vara ± 5°C kring detta värde.

20 CO-potentiometer

1 CO-potentiometern kan vara monterad i luftflödesmätaren eller en separat givare som är placerad i motorrummet eller fäst direkt på styrmodulen.

a) Om den är monterad i luftflödesmätaren delar de jord.

b) Både separata luftflödesmätare och sådana monterade i motorrummet har tre ledningar och motsvarande testmetoder ska användas.

c) Om CO-potentiometern är i styrmodulen kan den inte testas separat. Hela styrmodulen måste bytas om CO-potentiometern går sönder.

2 Kontrollera om CO-potentiometern eller luftflödesmätarens kontakt visar tecken på korrosion eller skador.

3 Kontrollera att stiften i kontakten är helt intryckta och i förbindelse med potentiometern respektive luftflödesmätaren.

Test av CO-potentiometer

4 Rulla tillbaka gummidamasken på kontakten till CO-potentiometern (respektive luftflödesmätaren).

5 Anslut voltmätarens minussond till motorns jord.

6 Identifiera matnings-, signal- och jordstiften.

7 Anslut voltmätarens plussond till den ledare som är ansluten till CO-potentiometerns signalstift.

8 Spänningen bör vara ca 2,5 V i de flesta system.

9 Anteckna spänningen så att värdet exakt kan återställas när testerna är färdiga.

10 Avlägsna förseglingen från justerskruven.

11 Vrid skruven med- och motsols. Spänningen oka variera jämnt.

CO-potentiometerns spänning ändras inte vid justering

12 Kontrollera om det finns 5,0 V referensspänning till givaren.

13 Kontrollera givarens jordning.

14 Kontrollera ledningarna mellan CO-potentiometern och styrmodulen och om matning och jordning är OK.

15 Om matning och/eller jordning är otillfredsställande, kontrollera ledningarna för matning och/eller jord mellan CO-potentiometern (respektive luftflödesmätaren) och styrmodulen.

16 Om luftflödesmätarens ledningar är OK, kontrollera alla matningar och jordar till styrmodulen. Om dessa förbindelser också fungerar är styrmodulen misstänkt.

21 Kylvätskans temperaturgivare

1 Kontrollera om kylvätsketemperaturgivarens kontakt visar tecken på korrosion eller skador.

2 Kontrollera att stiften i kylvätsketemperaturgivarens kontakt är helt intryckta och i förbindelse med temperaturgivaren.

Observera: Dålig kontakt och korrosion orsakar ofta felaktiga signaler från kylvätskans temperaturgivare.

3 Rulla tillbaka gummidamasken på kontakten till kylvätskans temperaturgivare.

4 Anslut voltmätarens minussond till motorns jord.

5 Identifiera signal- och jordstiften.

6 Anslut voltmätarens plussond till den ledare som är kopplad till kylvätsketemperaturgivarens signalstift.

7 Låt motorn svalna. Med motorn avstängd och tändningen påslagen ska spänningen vara ca 2 till 3 V beroende på temperatur. Se kylvätsketemperaturgivarens tabell för normala spänningar vid olika temperaturer.

Spännings- och motståndstabell för kylvätskans temperaturgivare (normalvärden)

Temp (°C)	Motstånd	Spänning
0	4 800 - 6 600	4,00 - 4,50
10	4 000	3,75 - 4,00
20	2 200 - 2 800	3,00 - 3,50
30	1 300	3,25
40	1 000 - 1 200	2,50 - 3,00
50	1 000	2,50
60	800	2,00 - 2,50
80	270 - 380	1,00 - 1,30
110		0,50
Kretsen bruten	5,0 ± 0,1	
Kortslutning mot jord		Noll

8 Kontrollera att kylvätsketemperaturgivarens spänning motsvarar temperaturen.

9 Starta motorn och låt den komma upp i normal arbetstemperatur. När motorns temperatur ökar ska spänningen minska enligt kylvätsketemperaturgivarens tabell.

10 Ett vanligt problem är att kylvätsketemperaturgivarens motstånd (och spänning) varierar på fel sätt. Om den normala utspänningen är 3 V vid kall motor och 0,5 V vid varm motor kan en defekt givare ge 1,5 V vid kall motor och 1,25 V vid varm motor. Detta resulterar i att motorn är svårstartad när den är kall och att blandningen är för fet när den är varm. Detta genererar INTE en felkod eftersom kylvätsketemperaturgivarens värden ligger

inom det normala arbetsområdet. Byt givare om detta fel uppstår.

11 Genomför följande tester och kontroller om kylvätsketemperaturgivarens signalspänning är noll (matningen är bruten eller kortsluten mot jord) eller lika med 5,0 V (givarens krets är bruten).

Spänningen är noll volt vid givarens signalanslutning

a) Kontrollera att kylvätsketemperaturgivarens signalanslutning inte är jordad.

b) Kontrollera att ledningarna mellan givaren och styrmodulen fungerar.

c) Om ledningarna till givaren är intakta och spänningen från givaren fortfarande är noll, kontrollera alla matningar och jordar till styrmodulen. Om det inte är något fel på dem är styrmodulen misstänkt.

5,0 V erhålls vid givarens signalanslutning

12 Denna spänning finns om det är brott i kretsen och uppstår i något av följande fall:

a) Signalstiftet i givarens kontakt är inte i kontakt med givaren.

b) Givaren saknar ledningsförmåga.

c) Givarens jord är bruten.

Signal- eller matningsspänning vid normal batterispänningsnivå

13 Leta efter en kortslutning till batteriets pluspol (+) eller en defekt matning.

Motståndsmätningar

Kylvätsketemperaturgivaren i bilen

14 Motståndmätning kan genomföras vid olika temperaturer varefter resultaten jämförs med temperatur/motståndstabellen (**fig. 4.28**). När temperaturgivarmotståndet är inom givna gränser för kall motor (20°C) ska kylvätsketemperaturen också vara ± 5°C kring detta värde.

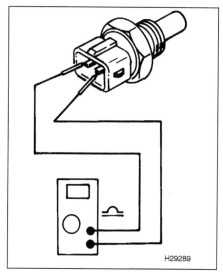

Fig. 4.28 Kontroll av kylvätsketemperaturgivarens motstånd

15 Ta hänsyn till att kylvätskan kan vara varmare än givarens yttemperatur vid mätning på givarens utsida eller på en kylvätskekanal.

Demonterad kylvätsketemperaturgivare

16 Följande metod rekommenderas:
17 Demontera givaren från bilen.
18 Placera givaren i en lämplig behållare som är fylld med vatten. Mät vattnets temperatur.
19 Mät givarens motstånd och jämför med temperaturtabellen.
20 Värm vattnet och mät samtidigt vattentemperatur och givarens motstånd. Jämför motståndet med temperaturtabellen.

22 Trottelbrytare

1 Undersök om trottelbrytarens kontakt visar tecken på korrosion eller skador.
2 Kontrollera att stiften i trottelbrytarens kontakt är helt intryckta och i kontakt med brytaren.
Dålig kontakt och korrosion är vanliga orsaker till felaktiga signaler från trottelbrytaren.
3 De tre ledarna till trottelbrytarens kontakt är jord, tomgångssignal och signal för helt öppen trottel.
4 Rulla tillbaka gummidamasken på trottel-brytarens kontakt.
5 Anslut voltmätarens minussond till motorns jord.
6 Identifiera stiften för tomgångssignal, signalen för helt öppen trottel och jord.
7 Motorn avstängd, tändningen påslagen.
8 Anslut voltmätarens plussond till den ledare som är kopplad till trottelbrytarens signalstift.
9 Noll volt ska visas. Om instrumentet visar 5,0 V, lossa skruvarna och justera trottel-brytaren till dess att spänningen är noll volt.

Noll volt kan inte ställas in (trotteln stängd)

a) *Kontrollera trottelventilens läge.*
b) *Kontrollera trottelbrytarens jord.*
c) *Gör motståndsmätningar på brytaren (se nedan).*

10 Om spänningen är korrekt med trotteln stängd, öppna den. Brytaren ska klicka och spänningen ska öka till 5,0 V.

Låg spänning eller ingen spänning alls (öppen trottel)

a) *Kontrollera att trottelbrytarens tomgångsstift inte är jordat.*
b) *Lossa trottelbrytarens kontakt och kontrollera att spänningen är 5,0 V vid kontaktens tomgångsstift. Genomför följande kontroller om spänningen är noll.*
c) *Kontrollera att tomgångssignalens förbindelse mellan brytaren och styrmodulen fungerar.*
d) *Om förbindelsen är OK, kontrollera alla matningar och jordar till styrmodulen. Om det inte är något fel på dessa är styrmodulen misstänkt.*

Spänningen OK (öppen trottel)

11 Anslut voltmätarens sond till den ledare som är kopplad till signalstiftet för helt öppen trottel.
12 Om trotteln är i tomgångsläget eller endast lite öppen ska mätaren visa 5,0 V.

Låg spänning eller ingen spänning alls (stängd eller minimalt öppen trottel)

a) *Kontrollera jorden.*
b) *Kontrollera att stiftet för helt öppen trottel inte är jordat.*
c) *Koppla loss trottelbrytarens kontakt och kontrollera att spänningen är 5,0 V vid stiftet i kontakten för helt öppen trottel. Genomför följande kontroller om spänningen är noll:*
d) *Kontrollera att signalförbindelsen för helt öppen trottel mellan brytaren och styrmodulen är tillfredsställande.*
e) *Om förbindelsen är OK, kontrollera alla matningar och jordar till styrmodulen. Om dessa fungerar är styrmodulen misstänkt.*

Spänningen är korrekt (stängd eller minimalt öppen trottel)

13 Öppna trotteln helt. När trottelvinkeln överskrider 72°, ska spänningen sjunka till noll volt. Om spänningen inte sjunker är trottel-brytaren misstänkt.

Motståndsmätningar

14 Dra ur brytarens kontakt.
15 Anslut en ohmmätare till brytarens jord (ibland stift 18) och stift 2 (tomgångssignal).
16 Om brytaren är stängd ska ohmmätaren visa nära noll ohm.
17 Öppna trotteln långsamt. När brytaren öppnas ska den klicka och motståndet ska bli oändligt och inte ändras, även när trotteln öppnas helt.
18 Anslut ohmmätaren till jord (ibland stift 18) och stift 3 (anslutning för helt öppen trottel). När trottelbrytaren är stängd ska ohmmätaren visa oändligt motstånd.
19 Öppna trotteln. När brytaren öppnas ska den klicka. Motståndet ska vara oändligt till dess att trottelvinkeln överskrider 72°, då den ska sjunka till ca noll ohm.
20 Om trottelbrytaren inte beter sig på detta sätt och om den inte hindras av att trottel-länkaget kärvar är brytaren misstänkt.

23 Trottelns positionsgivare

1 Kontrollera om trottelns positionsgivare visar tecken på korrosion eller skador.
2 Kontrollera att stiften i potentiometerns kontakt är helt intryckta och i kontakt med potentiometern.
Observera: *Dålig kontakt och korrosion orsakar ofta felaktiga signaler från potentio-metern.*

3 Rulla tillbaka gummidamasken på trottel-positionsgivarens kontakt.
4 Anslut voltmätarens minussond till motorns jord.
5 Identifiera matnings-, signal- och jord-stiften.
6 Anslut voltmätarens plussond till den ledare som är kopplad till potentiometerns signalstift.
7 Slå på tändningen, motorn avstängd. I de flesta system ska en spänning under 0,7 V avläsas.
8 Öppna och stäng trotteln ett antal gånger och kontrollera att spänningsökningen är jämn till maxspänningen på 4,0 till 4,5 V.
Observera: *Om en digital voltmätare används är det praktiskt om den har en analog skala eftersom det gör det enklare att se om spän-ningsökningen är jämn.*

Ojämn utgångssignal

9 Ojämn utgångssignal betyder att utgångs-spänningen ökar stegvis eller minskar till noll volt eller att det blir avbrott i kretsen.
10 Om potentiometerns utgångssignal är ojämn betyder detta oftast att potentiometern är defekt. I detta fall måste trottelns positions-givare bytas.

Signalspänning ej mätbar

11 Kontrollera om referensspänning på 5,0 V finns vid potentiometerns matningsstift.
12 Kontrollera förbindelsen vid potentio-meterns jordning.
13 Om matnings- och jordstiften fungerar som de ska, kontrollera signalförbindelserna mellan potentiometern och styrmodulen.
14 Om matning och/eller jord är defekta, kontrollera förbindelserna mellan potentio-metern och styrmodulen.
15 Om givarens ledningar fungerar, kon-trollera alla matningar och jordar till modulen. Om det inte är något fel på dem är styr-modulen misstänkt.

Signal- eller matningsspänning vid normal batterispänningsnivå

16 Leta efter en kortslutning till batteriets pluspol (+) eller en defekt matning.

Motståndsmätningar

17 Anslut en ohmmätare mellan potentio-meterns signalstift och matningsstiftet eller jordstiftet.
18 Öppna och stäng trotteln ett antal gånger och kontrollera att motståndsändringen är jämn. Om potentiometerns krets bryts eller kortsluts tyder detta på ett fel.
19 Vi tillhandahåller inte motstånds-specifikationer för de trottellägespotentio-metrar som beskrivs i denna bok. Dels publicerar många biltillverkare inte dessa värden, dels är de exakta motståndsvärdena mindre intressanta, det viktiga är funktions-sättet.
20 Anslut en ohmmätare mellan potentio-meterns jord och matning. Detta motstånd ska vara stabilt.

21 Byt potentiometer om kretsen är bruten eller kortsluten mot jord.
22 Se kommentarerna beträffande motståndsmätning i kapitel 3.

24 Fordonets hastighetsgivare

Observera: *Dessa metoder beskriver test av de vanligaste hastighetsgivarna med Hallgivare.*
1 Hastighetsgivaren är vanligtvis monterad i växellådan.
2 Kontrollera om hastighetsgivarens kontakt visar tecken på korrosion eller skador.
3 Kontrollera att stiften i hastighetsgivarens kontakt är helt intryckta och i kontakt med givaren.
4 Rulla tillbaka gummidamasken på givarens kontakt.
5 Anslut voltmätarens minusledning eller arbetscykelmätarens mätsond till jord.
6 Identifiera matnings-, signal- och jordstiften.
7 Anslut voltmätarens (eller arbetscykelmätarens) sond till den ledare som är kopplad till givarens signalstift.

Kontroll av hastighetsgivarens signal

8 Bilens drivhjul måste rotera för att en signal ska genereras. Detta kan ske på något av följande sätt:
a) Rulla bilen framåt.
b) Placera bilen på en ramp eller hissa upp den så att drivhjulen kan rotera fritt.
9 Drag runt hjulen för hand så ett en pulssignal eller spänning erhålls.

Ingen signal eller oregelbunden arbetscykel respektive spänning

10 Givarens kontakt urdragen, tändningen på.
11 Kontrollera spänningen vid signalstiftet. Det ska ge en spänning på mellan 8,5 och 10,0 V.
12 Kontrollera matningen vid givarens matningsstift. En spänning som är lite under normal batterispänning ska erhållas.
13 Kontrollera givarens jordning.

Matning och jordning tillfredsställande

14 Givaren är defekt eller påverkas inte av hastighetsmätarens drivning (d v s defekt vajer eller fel i växellådan).

Ingen signalspänning

15 Kontrollera spänningen vid styrmodulens kontakt.
a) Om spänningen är OK vid styrmodulen ska dioden i ledningen mellan styrmodulen och givaren samt signalledningarna kontrolleras.
b) Om spänning saknas vid styrmodulen ska alla matningar och jordningar till modulen kontrolleras. Om dessa förbindelser fungerar är styrmodulen misstänkt.

25 Tomgångsventil

1 Kontrollera om tomgångsventilens kontakt visar tecken på korrosion eller skador.
2 Kontrollera att kontaktens stift är helt intryckta och ligger an tomgångsventilens kontakt.
3 Låt motorn gå på tomgång.
4 Kontrollera att tomgångsvarvtalet är normalt.
5 Belasta systemet genom att slå på strålkastarna, bakrutans uppvärmning och värmefläkten på högsta hastighet. Tomgångsvarvtalet ska påverkas obetydligt.
6 Om så är möjligt, kläm ihop en av lufttrummorna. Tomgångsvarvtalet ska öka och därefter återgå till normalt **(fig. 4.29)**.
7 Om tomgången fungerar på ovanstående sätt är det osannolikt att det är något fel på tomgångsventilen.
8 Följande fel påverkar tomgången negativt och de aktuella komponenterna ska kontrolleras innan försök med att felsöka tomgångsventilen görs.
a) Mekaniskt fel i motorn
b) Felaktig tändlägesinställning
c) Läckage i insugssystemet
d) Felaktig CO-halt
e) Igensatt luftfilter
f) Feljusterad trottelventil
g) Sotig trottelplatta
h) Feljusterad trottelbrytare respektive trottellägespotentiometer

Testprocedurer (två ledningar)

9 Dra ur tomgångsventilens kontakt.
10 Identifiera matnings- och signalstiften.
11 Mät tomgångsventilmotståndet (se nedan).
12 Koppla ventilens matningsstift till batterispänning.
13 Jorda ventilens jordstift.
Observera: *Denna uppkoppling ska endast vara kortvarig.*
14 Ventilen ska reagera.
15 Rulla tillbaka gummidamasken på ventilens kontakt.
16 Anslut instrumentets minussond till motorjord.

4.29 Kläm ihop en luftslang för tomgångsstyrningen för att kontrollera tomgångsventilens funktion

17 Anslut voltmätarens eller arbetscykelmätarens plussond till ventilens manöverstift.
18 Starta motorn och låt den gå på tomgång.
19 Varm motor: En varierande spänning med ett medelvärde på 7 till 9 V eller en arbetscykel på 40 till 44% bör visas. Det går även att visa en frekvens på 110 Hz.
20 När motorn är kall eller belastas kommer spänningen att minska och arbetscykeln öka.
Observera: *Mätvärdet på en digital voltmätare är spänningens medelvärde.*
21 Belasta motorn genom att slå på strålkastarna, bakrutans uppvärmning och värmefläkten. Spänningens medelvärde minskar och arbetscykeln ökar. Pulsfrekvensen ska vara konstant.
22 Om det finns en luftläcka eller något annat fel som gör att för mycket luft passerar trotteln, kommer tomgångsventilens arbetscykel att vara lägre än normalt eftersom styrmodulen minskar ventilens öppningstid.
23 När motorn belastas hårdare kommer styrmodulen att öka ventilens öppningstider (större arbetscykel) att öka tomgångsvarvtalet.
24 Om motorn har något mekaniskt fel eller om trottelventilen är smutsig kommer styrmodulen eventuellt att öka ventilens öppningstid för att höja tomgångsvarvtalet. Detta kan resultera i ojämn tomgång och högre arbetscykel än normalt.

Tomgångsventilens signal saknas

25 Kontrollera ventilens motstånd. Se nedan.
26 Tändningen påslagen. Kontrollera om normal batterispänning finns vid matningsstiftet.
27 Om spänningen är noll, kontrollera förbindelserna till huvudreläet respektive tändningslåset.
28 Dra ur styrmodulens kontakt (se varning 3 i Referenser).
29 Slå på tändningen.
30 Jorda tillfälligt manöverstiftet i styrmodulens kontakt.
a) Om ventilen aktiveras, kontrollera styrmodulens matningar och jordar. Om dessa är OK är styrmodulen misstänkt.
b) Om ventilen inte aktiveras: kontrollera ledningarna mellan ventilens kontakt och styrmodulen.

Motståndsmätningar

31 Dra ur ventilens kontakt.
32 Koppla en ohmmätare till de två stiften. Motståndet ska vara 8 till 16 ohm.

Testmetoder (tre ledningar)

33 Dra ur tomgångsventilens kontakt.
34 Kontrollera ventilens motstånd (se nedan).
35 Identifiera matnings- och signalstiften. De tre ledarna i ventilens kontakt är matningen och två manöverledare.
36 Ansluta batterispänning till ventilens centrala stift.
37 Jorda ett av de yttre ventilstiften. Ventilen ska reagera.
38 Lossa jordledningen och koppla den till det andra ytterstiftet på ventilen. Ventilen ska röra sig åt motsatt håll.

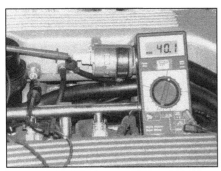

Fig. 4.30 Mätning av arbetscykel vid tomgångsventilen, motorn går på tomgång

39 Om ventilen inte reagerar eller om den fungerar dåligt är det förmodligen fel på ventilen.
40 Rulla tillbaka gummidamasken på ventilens kontakt.
41 Anslut voltmätarens minusledning eller arbetscykelmätarens mätsond till jord.
42 Anslut voltmätarens plussond eller arbetscykelmätarens sond till ett av de två manöverstiften på ventilen.
43 Starta motorn och låt den gå på tomgång.
44 Varm motor: En varierande spänning eller en arbetscykel på ca 31% eller 69% ska visas **(fig. 4.30)**. Arbetscykeln kommer att bero på vilket stift instrumentet är kopplat till.
45 När motorn är kall eller belastas kommer spänningen att minska och arbetscykeln att öka.
Observera: *Mätvärdet på en digital voltmätare är spänningens medelvärde.*
46 Belasta motorn genom att slå på strålkastarna, bakrutans uppvärmning och värmefläkten. Spänningens medelvärde minskar och arbetscykeln ökar.
47 Om det finns en luftläcka eller något annat fel som gör att för mycket luft passerar trotteln kommer tomgångsventilens arbetscykel att vara lägre än normalt eftersom styrmodulen minskar ventilens öppningstid.
48 När motorn belastas hårdare kommer styrmodulen att öka ventilens öppningstider (större arbetscykel) för att öka tomgångsvarvtalet.
49 Om motorn har något mekaniskt fel eller om trottelventilen är smutsig kommer styrmodulen eventuellt att öka ventilens öppningstid för att höja tomgångsvarvtalet. Detta kan resultera i ojämn tomgång och högre arbetscykel än normalt.
50 Flytta voltmätarens eller arbetscykelmätarens plussond till det andra av ventilens två manöverstift.
51 Varm motor: en varierande spänning eller en arbetscykel på ca 31% eller 69% ska erhållas. Arbetscykeln kommer att bero på vilket stift instrumentet är kopplat till.

Tomgångsventilens signal saknas

52 Kontrollera ventilens motstånd.
53 Tändningen påslagen. Kontrollera att det finns normal batterispänning vid matningsstiftet.
54 Om spänningen är noll, kontrollera

förbindelserna till huvudreläet respektive tändningslåset.
55 Dra ur styrmodulens kontakt (se varning 3 i Referenser).
56 Slå på tändningen.
57 Jorda tillfälligt ett av de två manöverstiften i styrmodulens kontakt.
a) *Kontrollera modulens matningar och jordar om ventilen reagerar. Om du inte upptäcker något problem är styrmodulen misstänkt.*
b) *Om ventilen inte aktiveras: Kontrollera ledningarna mellan ventilens kontakt och styrmodulen.*
58 Jorda momentant ventilens styrstift i styrmodulens kontakt till jord. Utvärdera resultatet enligt punkt 57.

Motståndsmätningar

59 Dra ur ventilens kontakt.
60 Koppla en ohmmätare till centrumstiftet och ett av de yttre stiften. Motståndet ska vara 20 ohm.
61 Koppla ohmmätaren till centrumstiftet och det andra yttre stiftet. Motståndet ska vara 20 ohm.
62 Koppla ohmmätaren till de två yttre stiften på ventilen. Motståndet ska vara 20 ohm.

26 Värmare för trottelhus och insugsrör

Snabbtest

1 Starta motorn när den är kall och känn på området runt trottelhuset respektive insugsröret. Om värmaren fungerar ska detta område bli varmt ganska fort. Se till att du inte bränner dig.

Kontroll av trottelhuset

2 Låt motorn gå på tomgång.
3 Anslut voltmätarens minussond till jord.
4 Koppla voltmätarens plussond till värmarens matningsstift. Spänningen ska vara normal batterispänning.

Ingen matning

a) *Kontrollera trottelhusvärmarens matning.*
b) *Kontrollera förbindelserna mellan reläet och värmaren.*

Batterispänning, men värmaren fungerar inte

a) *Kontrollera värmarens motstånd.*
b) *Kontrollera värmarens jordning.*

27 Matningar och jordar till styrmodulen

Observera: *Se tillhörande varningar i referenskapitlet i slutet av denna bok innan du påbörjar arbetet.*

1 Undersök om styrmodulens kontakt visar tecken på korrosion eller skador.

2 Kontrollera att stiften i styrmodulens kontakt är helt intryckta och i kontakt med styrmodulens stift.
Observera: *Dålig kontakt och korrosion orsakar ofta felaktiga signaler från styrmodulen.*
3 Matningar och jordar mäts enklast vid styrmodulens kontakt. Använd en av följande testmetoder:
a) *För tillbaka isoleringen på styrmodulens kontakt (går inte alltid) och mät vid kontakten.*
b) *Koppla en anslutningsbox mellan styrmodulen och dess kontakt och mät spänningarna.*
c) *Dra ur styrmodulens kontakt och mät spänningarna vid kontaktens stift.*
4 Anslut voltmätarens minussond till motorjord för mätningarna vid styrmodulen.
5 Använd ett kopplingsschema för det aktuella fordonet till att identifiera de olika typerna av stift och de tillhörande stiften i styrmodulens kontakt.

Testmetoder för styrmodul

Observera: *Det är inte alla system som har följande stift.*

Styrmodulens matningsstift

6 Detta stift är direkt kopplat till batteriets pluspol, vilket innebär att spänningen alltid är konstant, även när tändningen är frånslagen.
7 Styrmodulens kontakt ansluten: mät på aktuell kontaktpunkt i kontakten. Normal batterispänning ska finnas.
8 Kontakt urdragen:
a) *Koppla voltmätarens minussond till styrmodulens jordstift.*
b) *Koppla voltmätarens plussond till aktuellt stift i kontakten. Normal batterispänning ska finnas.*
9 Ingen spänning: Kontrollera matningen från batteriet.

Styrmodulens startstift

10 Detta stift är kopplat till tändningslåsets startstift. Detta innebär att batterispänningen endast matas när motorn startas.
11 Styrmodulens kontakt insatt:
a) *Mät vid aktuell kontaktpunkt.*
b) *Dra runt motorn med startmotorn. Endast då ska spänning finnas.*
12 Kontakt urdragen:
a) *Koppla voltmätarens minussond till styrmodulens jordstift.*
b) *Koppla voltmätarens plussond till aktuellt stift i kontakten.*
c) *Dra runt motorn med startmotorn. Endast då ska spänning finnas.*
13 Ingen spänning: Kontrollera matningen till tändningslåsets startstift.

Styrmodulens matning från tändningslåset

14 Detta stift är kopplat till tändningslåset. Spänning ska alltid finnas när tändningen är på eller när motorn är igång.
15 Styrmodulens kontakt insatt:
a) *Mät vid aktuell kontaktpunkt.*

b) *Slå på tändningen; normal batterispänning ska finnas.*
16 Kontakt urdragen:
a) *Koppla voltmätarens minussond till styrmodulens jordstift.*
b) *Koppla voltmätarens plussond till aktuellt stift i kontakten.*
c) *Slå på tändningen; normal batterispänning ska finnas.*
17 Ingen spänning: Kontrollera matningen från tändningslåset.

Styrmodulens matning från systemets huvudrelä

18 Detta stift är kopplat till huvudreläet. Spänning ska alltid finnas när tändningen är påslagen eller när motorn är igång. Denna spänning kan vara kopplad till mer än ett stift på styrmodulen.
19 Styrmodulens kontakt insatt:
a) *Mät vid aktuell kontaktpunkt.*
b) *Slå på tändningen; normal batterispänning ska finnas.*
20 Kontakt urdragen:
a) *Koppla voltmätarens minussond till styrmodulens jordstift.*
b) *Koppla voltmätarens plussond till aktuellt stift i kontakten.*
c) *Slå på tändningen; normal batterispänning ska finnas.*
21 Ingen spänning: Kontrollera matningen från systemets huvudrelä och kontrollera reläet.

Styrmodulens jordar

22 Styrmodulens kontakt insatt, tändningen på:
a) *Anslut voltmätarens minussond till motorjord.*
b) *Anslut voltmätarens plussond till det jordstift som ska kontrolleras. Voltmätaren ska indikera maximalt 0,25 V.*
23 Styrmodulens kontakt urdragen, tändningen på eller av:
a) *Anslut voltmätarens minussond till det jordstift som ska kontrolleras.*
b) *Anslut voltmätarens plussond till styrmodulens batterimatning eller direkt till batteriets pluspol. Voltmätaren ska visa normal batterispänning om jordningen är OK.*

Styrmodulens kodningsstift

Observera: *Kodningsstiften är avsedda att koda styrmodulen för olika fordonskonfigurationer (gäller endast vissa system).*
24 Styrmodulens kontakt insatt, tändningen på:
a) *Anslut voltmätarens minussond till motorjord.*
b) *Anslut voltmätarens plussond till det avkodningsstift som ska testas. Voltmätaren ska visa maximalt 0,25 V om kodningsstiftet är jordat och 5,0 V om det inte är jordat.*

Styrmodulens stift för relädrivning (reläer och styrmodul sammankopplade)

Observera: *Beroende på system kan styrmodulen koppla huvudreläet, bränslepumpens relä eller syresensorn till jord.*

Huvudrelädrivningen

25 Identifiera styrmodulens drivstift.
26 Stäng av tändningen. Mät på modulens stift för drivning av huvudreläet med voltmätarens plussond; normal batterispänning ska finnas. Om inte, kontrollera reläet och relälindningen.
27 Slå på tändningen. Spänningen ska sjunka till nära noll volt.
a) *Om inte, dra ur styrmodulens kontakt (se varning 3 i Referenser) och anslut en temporär ledning från drivstiftet och jord.*
b) *Reläet fungerar: Kontrollera alla matningar och jordar till styrmodulen. Om kopplingarna är OK är styrmodulen misstänkt.*
c) *Reläet fungerar inte: Kontrollera reläet och relälindningen.*
Observera: *I vissa system är huvudreläets spole ansluten direkt till jord.*

Pumprelädrivning

28 Huvudreläets drivning måste fungera (föregående test) innan detta test genomförs, även när huvudreläets lindning är direktkopplad till jord.
29 Slå på tändningen. Mät spänningen vid pumpreläets drivning med voltmätarens plussond, normal batterispänning ska finnas. Kontrollera annars reläet och relälindningen.
30 Starta motorn. Spänningen ska sjunka till nära noll.
a) *Om inte måste styrmodulens kontakt dras ur (se varning 3 i Referenser) och en ledning anslutas mellan stift 3 och jord.*
b) *Reläet fungerar: Kontrollera alla matningar och jordar till styrmodulen. Om kopplingarna är OK är styrmodulen misstänkt.*
c) *Reläet fungerar inte: Kontrollera reläet och relälindningen.*
31 I princip genomförs samma typ av mätningar på samtliga relädrivningar som mätningarna på pumpens relädrivning.

28 Tröghetsbrytare

1 Tröghetsbrytaren är en säkerhetsfunktion som är avsedd att bryta strömmen till bränslepumpen eller motorns elsystem vid olyckor. Den kan ibland påverkas av hastiga inbromsningar eller smällar i dess närhet.
2 Återställ tröghetsbrytaren genom att trycka ned återställningsknappen.
3 Fortsätt testerna om bränslepumpen fortfarande inte får spänning.
4 Undersök om tröghetsbrytarens stift visar tecken på korrosion eller skador.

Fig. 4.31 Kontrollera reläet, mät spänningarna

5 Kontrollera att stiften är i kontakt med brytaren.
6 Studera det aktuella kopplingsschemat för att ta reda på vilken krets som tröghetsbrytaren skyddar. Vanligast är:
a) *Reläutgången till bränslepumpen.*
b) *Relämatningen.*
c) *Relädrivkretsarna till styrmodulen.*
7 Kontrollera tröghetsbrytarens matning och jordning.

29 Systemreläer

Snabbtest för reläer

1 Om motorn inte går att starta eller om en relästyrd komponent inte fungerar är följande metod ett enkelt sätt att avgöra om reläet är defekt:
a) *Kontrollera matningen vid den komponent eller de komponenter som styrs av reläet.*
b) *Om spänning saknas går det att förbikoppla reläet (se nedan) och kontrollera spänningen vid komponenten igen eller försöka starta motorn.*
c) *Om motorn nu kan startas eller om det finns spänning vid komponenten måste reläet bytas eller kontrolleras.*
d) *Kontrollera jordning samt matnings- och utgångsspänning vid relästiften om spänning saknas (fig. 4.31). Spåra felen till källan. Kontrollera säkringar respektive avsäkringsledningar i matningsledningen.*

Relästiftens konfiguration (standardreläer)

2 Dubbla reläer fungerar på liknande sätt, men kan ha avvikande numrering. Vissa system från Citroën, Peugeot, Renault och bilar från Fjärran Östern (inkl. japanska tillverkare) kan numrera anslutningarna från ett till fem eller sex.

Huvudreläets stift 30: Matning från batteriets pluspol. Konstant spänning.
Huvudreläets stift 86: Matning från batteriets pluspol eller tändningslåset. Antingen konstant spänning eller styrd med tändningsnyckeln.
Huvudreläets stift 85: Relälindning, jordad

eller styrmodulens styrstift. Spänning nära noll när tändningen är påslagen.
Huvudreläets stift 87: Utgång för spänning till styrmodul, tomgångsventil, injektorer etc. Batterispänning när tändningen är påslagen.
Pumpreläets stift 30: Matning från batteriets pluspol. Konstant spänning.
Pumpreläets stift 86: Matning från huvudreläets stift 87 eller tändningslåset. Antingen konstant spänning eller styrd med tändningsnyckeln.
Pumpreläets stift 85: Relälindning, kopplad till drivstift på modulen. Spänning lägre än 1,25 V när motorn startas eller är igång.
Pumpreläets stift 87: Utgång för spänning till bränslepump och ibland syresensorns värmning. Batterispänning när motorn startas eller är igång.
Stift 85a och 85b har liknande användning som 85.
Stift 87a och 87b har liknande användning som 87.

Reläanslutning med 15 stift för Citroën, Peugeot och Fiat (normalversion)

1 *Reläts utgångsstift: Vanligtvis kopplad till bränslepumpen.*
2 *Batterimatning till reläet: Matning från batteriets pluspol. Konstant spänning.*
3 *Batterimatning till reläet: Matning från batteriets pluspol. Konstant spänning.*
4 *Reläutgång: Olika komponenter styrs beroende på systemtyp.*
5 *Reläutgång: Olika komponenter styrs beroende på systemtyp.*
6 *Reläutgång: Olika komponenter styrs beroende på systemtyp.*
7 *Reläts jord eller styrstift.*
8 *Batterimatning till reläet: Matning från batteriets pluspol. Konstant spänning.*
9 *Reläutgång: Vanligtvis kopplad till bränslepumpen.*
10 *Reläjord eller styrstift.*
11 *Batterimatning till reläet: Matning från batteriets pluspol. Konstant spänning.*
12 *Används ej.*
13 *Reläutgång: Olika komponenter styrs beroende på systemtyp.*
14 *Matning från tändnyckel: Spänningen styrs med tändningsnyckeln.*
15 *Batterimatning till reläet: Matning från batteriets pluspol. Konstant spänning.*

Observera: *Vanligtvis har reläernas stift ovanstående funktioner, men reläerna kan vara kopplade på en mängd olika sätt beroende på systemtyp.*

Förbikoppling av relä

3 Ta ut reläet ur reläsockeln.
4 Anslut en avsäkrad ledning (15 A) mellan batterimatningen (vanligtvis stift 30) och utgången (vanligtvis stift 87) på den kopplingsplint där bränslepumpen eller övriga insprutningskomponenter får matning.
5 Kör inte bränslepumpen kontinuerligt på

detta sätt. Koppla loss förbikopplingen när den aktuella testen är avslutad.

Test av relä

6 Ta ut reläet ur reläsockeln.
7 Koppla en ohmmätare till stiften 30 och 87.
8 Koppla en ledning mellan stift 86 och en 12 V matning.
9 Koppla en ledning mellan stift 85 och jord.
10 Ohmmätaren ska visa noll ohm.

---

30 Bränslepump och krets

1 Hitta bränslepumpen. Typiska placeringar:
a) *Monterad med skruvar på bränsletankens utsida.*
b) *Monterad i bränsletanken. Ofta åtkomlig via ett lock under det bakre passagerarsätet.*
2 Anslut voltmätarens minussond till jord.
3 Identifiera matnings- och jordstiften.
4 Koppla voltmätarens plussond till bränslepumpens matningsstift.
5 Dra runt motorn med startmotorn eller koppla förbi bränslepumpens relä. Normal batterispänning bör finnas.

Matningsspänning saknas

a) *Kontrollera bränslepumpens säkring (i förekommande fall).*
b) *Kontrollera bränslepumpens relä.*
c) *Kontrollera tröghetsbrytaren (i förekommande fall).*
d) *Kontrollera ledningarna.*
6 Koppla voltmätarens plussond till bränslepumpens jordstift.
7 Dra runt motorn eller koppla förbi reläet. En spänning på maximalt 0,25 V bör visas (**fig 4.32**).

---

31 Bränsletrycksystem (fler- och enpunkts-insprutningssystem)

Observera: *Bränsletryckssystemet arbetar med högt tryck. Se varning 12 i Referenser och var mycket försiktig.*

1 Bränslesystemet ska tryckutjämnas innan bränslefiltret byts eller innan arbeta med bränsleledningarna påbörjas.

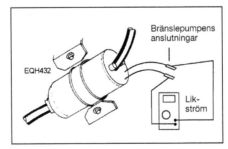

Flg. 4.32 Kontroll av spänningen till bränslepumpen

Tryckutjämna bränslesystemet (ett "dubbelt" relä)

2 Avlägsna bränslepumpens säkring eller lossa bränslepumpens jordledning.
3 Dra runt motorn med startmotorn.
Observera: *Om systemet bara har ett bränslesystemrelä kan systemet inte tryckutjämnas med att detta relä tas bort eftersom det även styr injektorerna.*

Tryckutjämning av bränslesystemet (separat bränslepumpsrelä)

4 Demontera bränslepumpens relä.
5 Dra runt motorn med startmotorn.

Bränslesystemets flödeskapacitet

Observera: *Att mäta bränslesystemets kapacitet är att bra sätt att felsöka systemet. Om trycket är korrekt men bränsleflödet för lågt måste orsaken utredas.*
6 Lossa bränslereturledningen på en punkt efter tryckregulatorn och placera den i ett lämpligt graderat kärl (**fig. 4.33**).
7 Kör bränslepumpen genom att låta motorn gå på tomgång eller förbikoppla reläet.
8 Mät bränsleflödet.
a) *Ett fungerande flerpunkts-insprutningssystem ger mer än 2,0 liter/min.*
a) *Ett fungerande enpunkts-insprutningssystem ger mer än 1,0 liter/min.*
9 Om flödet är för lågt, kontrollera följande:
a) *Igensatt bränslefilter.*
b) *Klämda eller blockerade bränsleledningar.*
c) *Blockerat utlopp från bränsletanken.*

Kontroll av bränsletrycket (motorn avstängd)

Observera: *En bränsletrycksmätare för höga tryck och anslutningar till bränslesystemet krävs för dessa mätningar.*

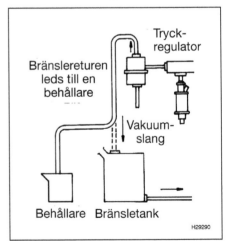

Fig, 4.33 Kontroll av bränsleflöde. Koppla loss bränslereturslangen efter tryckregulatorn och placera slangen i en behållare

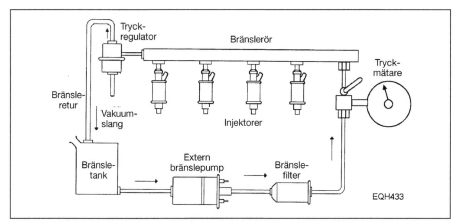

Fig. 4.34 Anslut en tryckmätare och kontrollera trycket i bränsleröret

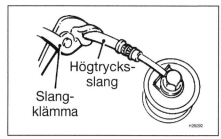

Fig. 4.35 Kläm ihop bränslematnings-slangen för att kontrollera tryckfallet över bränslepumpens strypventil

10 Tryckutjämna bränslesystemet. Se ovan.
11 Anslut bränsletrycksmätaren till bränsle-matningsröret (fig. 4.34):
a) flerpunktsinsprutning: före bränsleröret
b) enpunktsinsprutning: före injektorn på trottelhuset

a) Flerpunktsinsprutning: före bränsleröret

b) Enpunktsinsprutning: före injektorn på trottelhuset

12 Anslut bränsleledningarna.
13 Förbikoppla reläet. Alternativt kan tryck ges genom att tändningen slås på och av ett antal gånger.
14 Anteckna bränsletrycket och jämför med specifikationerna i systemkapitlet.

a) I de flesta flerpunktsinsprutningssystem kommer trycket att vara mellan 2,5 och 3,0 bar.

b) I de flesta enpunktsinsprutningssystem kommer trycket att vara ca 1,0 bar.

Kontroll av bränsletrycket (motorn igång, flerpunktsinsprutning)

15 Anslut bränslepumpens relä.
16 Starta motorn och låt den gå på tomgång.
17 Anslut en gasanalysator (tillval) och anteckna CO-halten.
18 Anteckna bränsletrycket. Det ska vara ca 0,5 bar under det tryck som finns när motorn är avstängd.
19 Tag loss vakuumslangen från tryck-regulatorn och plugga den.
20 Anteckna bränsletrycket. Det ska vara jämförbart med det tryck som finns med motorn avstängd. CO-halten ska vara lite högre än förut.
21 Tag ut pluggen ur vakuumslangen, koppla slangen till tryckregulatorn. Bränsletrycket ska minska med ca 0,5 bar och även CO-halten ska återgå till normala tomgångsvärden.
22 Genomför nedanstående tester för lågt bränsletryck om det är för lågt.
23 Genomför nedanstående tester för högt bränsletryck om det är för högt.
24 Genomför testen för maximalt bränsle-tryck om trycket är tillfredsställande.

Test vid lågt bränsletryck (flerpunkts-och enpunktsinsprutning)

25 Koppla tillfälligt bränslereturledningen från

tryckregulatorn tillbaka till bränsletanken (fig. 4.35).
26 Om trycket ökar är det fel på tryck-regulatorn.
27 Lågt bränsletryck i kombination med långsam tryckökning kan bero på att mat-ningsledningen eller filtret är igensatt. Detta upptäcks vanligen med ett bränsleflödestest.
28 Kontrollera om injektorerna läcker.
29 Om trycket fortfarande är för lågt och det inte finns några bränsleläckor är det troligtvis fel på bränslepumpen.

Test vid högt bränsletryck (flerpunkts-och enpunktsinsprutning)

30 Koppla loss bränslereturledningen från tryckregulatorn.
31 Koppla tillfälligt en slang från tryck-regulatorn till en behållare och starta motorn.
32 Byt bränsletrycksregulator om bränsle-trycket förblir högt.
33 Om trycket är tillfredsställande, kontrol-lera om returledningen är igensatt.

Kontroll av bränslesystemets maximala tryck

⚠️ *Varning: Om bränsleledningarna eller kopplingarna är svaga kan en slang skadas under detta test. Mätningen måste genomföras så snabbt som möjligt. Om trycket hotar att överskrida tryckmätarens kapacitet måste mätningen avbrytas.*

34 Förbikoppla reläet och kläm igen bränsle-returledningen. Trycket i bränslesystemet ska öka till det maximala värdet. Om så inte är fallet tyder detta på en defekt bränslepump.

a) Flerpunktsinsprutning: mellan 4 och 6 bar.

b) Enpunktsinsprutning: ca 3,0 bar.

35 Under denna mätning går det att använda en bromsslangklämma på returledningen i de flesta bränslesystem.

Mätning av kvarstående tryck (flerpunkts- och enpunkts-insprutning)

36 Tryckutjämna bränslesystemet.
37 Anslut bränsletrycksmätaren till bränsle-matningsröret (före bränsleröret).
38 Anslut bränsleledningarna.

39 Låt motorn gå vid normal arbetstemperatur.
40 Anteckna trycket och stäng av tänd-ningen.
41 Trycket ska inte minska mer än 0,5 bar på 60 sekunder.
Observera: *Snabbare tryckfall påverkar inte alltid motorn under körning, men kan göra den svårstartad, i synnerhet när motorn är varm.*

Snabb minskning av kvarstående tryck (flerpunkts- och enpunkts-insprutning)

42 Stäng av tändningen och kläm samtidigt ihop bränslereturledningen.
43 Om tryckminskningen fortfarande är för stor:

a) Testa bränslepumpens envägsventil.

b) Testa injektorerna.

44 Om tryckminskningen därefter är accep-tabel är tryckregulatorn misstänkt.

Kontroll av bränslepumpens envägsventil (flerpunkts- och enpunktsinsprutning)

45 Stäng av tändningen samtidigt som bränslematningsledningen kläms ihop före bränsleröret. Om trycket förblir högt tyder detta på att envägsventilen är defekt. Ibland kan envägsventiler köpas separat, i annat fall måste pumpen bytas.

Kontroll av injektorernas flöde (flerpunkts och enpunkts-insprutning)

46 Tag loss injektorerna från topplocket. Använd en speciell testutrustning för att kontrollera flödet i injektorerna, det är den bästa metoden att testa dem. På de flesta orter finns det specialverkstäder som kan utföra detta arbete.

Fig. 4.36 Förbikoppla reläet. Koppla en kabel mellan stiften 30 och 87 så att reläets utgång får spänning

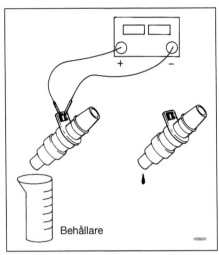

Fig. 4.37 Kontroll av injektorernas volym och stråle. Se kontroll av injektorernas flöde

47 En alternativ metod (endast flerpunkts-insprutning):

a) Tag loss injektorerna från topplocket och placera dem i separata, graderade kärl. Injektorerna måste vara kopplade till bränsleröret och tryckregulatorn.

b) Koppla förbi reläet **(fig. 4.36)**.

c) Lossa elanslutningarna från alla injektorer.

d) Använd en kopplingsledning för att ansluta ventilernas matningsstift till 12 V matning.

e) Använd en annan kopplingsledning för att jorda injektorn.

f) Låt injektorn vara ansluten i exakt 15 sekunder.

g) Testa alla injektorer på samma sätt.

h) Skillnaden mellan de erhållna bränslemängderna ska understiga 5 cc.

i) Alla injektorer ska avge en jämn konisk stråle **(fig. 4.37)**.

j) Upprepa mätningen för att resultatet ska vara tillförlitligt.

k) När ventilerna inte är anslutna till spänning ska de inte läcka mer än en droppe på 60 sekunder.

Visuell flödeskontroll (enpunktsinsprutning)

48 Demontera luftfiltret.

49 Låt motorn gå på tomgång och stäng sedan av den.

50 Kontrollera visuellt att det inte läcker bränsle från injektorn. Om den läcker måste den bytas eller repareras.

51 Tag loss injektorn från trottelhuset och använd en speciell testutrustning för att kontrollera flödet i injektorn.

52 Om en sådan testutrustning inte finns till hands, ta injektorn till en specialverkstad.

32 Syresensor

1 Kontrollera om syresensorns kontakt visar tecken på korrosion eller skador.

2 Kontrollera att stiften i syresensorns kontakt är helt intryckta och i kontakt med syresensorn.

3 Rulla tillbaka gummidamasken på syresensorns kontakt.

4 Anslut voltmätarens minussond till motorns jord.

5 Identifiera stiften. Beroende på systemtyp finns det upp till fyra stift:

a) Syresensorns värmare, jord.

b) Syresensorns värmare, matning.

c) Syresensorns utsignal.

d) Syresensorns signaljord.

6 Koppla voltmätarens plussond till syresensorns signalstift.

7 Om en gasanalysator av den typ som bilprovningen använder är kopplad till avgassystemet ska följande värden uppmätas.

a) CO: enligt bilens specifikation.

b) HC: mindre än 50 ppm.

c) CO_2: mer än 15,0

d) O_2: mindre än 2,0

e) Lambda: 1,0 ± 0,03

8 Låt motorn komma upp i arbetstemperatur.

9 Öka motorns varvtal till 3 000 varv/min under 30 sekunder. Detta bör höja syresensorns temperatur så att den aktiveras.

10 Låt motorn gå med ett konstant varvtal på 2 500 varv/min. Om motorn under längre tid får gå på tomgång sjunker syresensorns temperatur vilket kopplar ur den.

11 Kontrollera att syresensorns signal pulserar. Se nedan för närmare information.

Test av syresensorns värmare

12 Kontrollera att det finns normal batterispänning vid sensorvärmarens matningsstift.

a) Ingen spänning: Kontrollera matningsledningen till reläet respektive tändningslåset.

b) Kontrollera jordningen av syresensorns värmare.

Syresensorns signalutgång

Förutsättning	Spänning
Motorn igång (varm, vid 2 500 varv/min)	0,2 till 1,0 V
Helt öppen trottel	1,0 V konstant
Avstängd bränslematning	0 V konstant
Omkopplingsfrekvens	1 sekunds mellanrum (ca)

33 Syresensor

Kontroll av omkopplingsfrekvens

1 På alla bilar med katalysator kontrolleras avgasernas syrehalt och injektorerna justeras så att bränsleblandningen gör att Lambda är lika med 1,0 ± 0,03. Omkopplingen av syresensorn är av avgörande betydelse för att insprutningssystemet ska fungera korrekt. Funktionskontroll av syresensorn är en mycket viktig testrutin.

Fig. 4.38 Syresensorns lägre utspänning. 0,130 volt är lika med 130 mV. Låg spänning motsvarar mager blandning

2 Anslut ett oscilloskop eller lämplig voltmätare till syresensorns omkopplingsledning.

3 Öka motorns varvtal till mellan 2 500 och 3 000 varv/min under 3 minuter så att syresensor och katalysatorn värms upp.

4 Låt motorn gå på snabbtomgång och kontrollera syresensorns omkoppling.

5 Syresensorns spänning ska slå om från 200 mV till 800 mV ungefär 8 till 10 gånger var 10:e sekund (ung.1 Hz) **(fig. 4.38)**.

Observera: En digital voltmätare kommer att visa en genomsnittlig spänning på ca 450 mV. Det kan vara svårt att upptäcka en långsam syresensor med en multimätare. Det är lämpligare att mäta med ett oscilloskop, vilket kommer att avslöja de flesta fel. Om multimätaren dock har en minimi- och maximifunktion går det lättare att se sensorns omkopplingsbeteende.

Syresensorn kopplar inte om

a) Kontrollera om systemet för självdiagnos har registrerat felkoder. Om syresensorn är defekt kommer styrmodulen antingen att övergå till öppen slinga eller använda en fast spänning på ca 0,45 V för att lägga Lambda på 1,0.

b) Kontrollera syresensorns värmekrets (endast uppvärmd syresensor, typer med 2, 3 eller 4 ledningar). Se testerna för syresensorer i de aktuella kapitlen.

c) Om syresensorns uppvärmningskrets är defekt kommer sensor aldrig (eller bara ibland) att uppnå arbetstemperatur.

d) Öka motorns varvtal hastigt. När bränsleblandningen blir fetare ska syresensorn ge en högre spänning.

e) Om avgassystemet är utrustat med en öppning för CO-mätning före katalysatorn går det att mäta CO- och HC-halten i denna öppning. Om katalysatorn fungerar korrekt är ibland följande tester inte så effektiva när CO-halten mäts vid avgasröret.

f) Öka motorns varvtal till mellan 2 500 och 3 000 varv/min under 3 minuter för att värma syresensorn och katalysatorn.

g) Låt motorn gå på snabbtomgång.

h) Låt systemet gå med öppen slinga genom att koppla loss kontakten från syresensorn.

i) Flerpunktsinsprutningsmotor: Lossa vakuumslangen från bränsletrycksregulatorn och plugga slangänden.

j) Enpunktsinsprutningsmotor: Kläm tillfälligt ihop bränslereturledningen från tryckregulatorn till bränsletanken.

k) CO-halten ska öka och syresensorns spänning vara hög.

l) Återgå till Lambdareglering genom att ansluta kontakten till syresensorn.

m) CO-halten ska återgå till normala värden i och med att motorn reagerar på den fetare blandningen. Detta visar att syresensorn och styrmodulen kan hantera en fet blandning.

n) Flerpunktsinsprutningsmotor: Anslut slangen till tryckregulatorn.

o) Låt systemet gå med öppen slinga genom att dra ur kontakten från syresensorn.

p) Drag ut oljestickan halvvägs eller koppla loss en vakuumslang för att simulera en vakuumläcka.

q) CO-halten ska minska och syresensorns spänning vara låg.

r) Återgå till Lambdareglering genom att ansluta kontakten till syresensorn.

s) CO-halten ska återgå till normala värden i och med att motorn reagerar på den fetare blandningen. Detta visar att syresensorn och styrmodulen kan hantera en fet blandning.

34 Kolkanisterventil

1 Kontrollera om kontakten för kolkanisterventilen visar tecken på korrosion eller skador.
2 Kontrollera att kontaktens stift är helt intryckta och i kontakt med solenoiden.

Testmetoder för kolkanisterventilen

3 Rulla tillbaka gummidamasken (om möjligt) på solenoidens kontakt.

4 Identifiera matnings- och manöverstiften.
5 Slå på tändningen.
6 Kontrollera att det finns batterispänning vid ventilens matningsstift. Om spänning saknas, kontrollera ledningarna från batteriet, tändningslåset respektive reläutgången beroende på systemtyp.
7 Kontrollera ventilens motstånd (se nedan).
8 Dra ut styrmodulens kontakt *(se varning 3 i Referenser)* och jorda momentant kolkanisterventilens styrstift i styrmodulens kontakt.

   a) Om ventilen aktiveras: Kontrollera styrmodulens matningar och jordar. Om inget fel går att upptäcka är styrmodulen misstänkt.

   b) Om ventilen inte aktiveras: Kontrollera ledningarna mellan ventilen och styrmodulens styrstift.

Motståndsmätning

9 Dra ur kontakten och mät ventilens motstånd mellan de två stiften. Motståndet ska vara ca 40 ohm.

Kapitel 5
Felsökning

Dagens "motorinställningar"

Eftersom dagens elektroniska motor- och bränslestyrsystem är mycket pålitliga, blir de förr så nödvändiga motorinställningarna i stället regelbundna underhållstillfällen. Trots att behovet av motorjusteringar minskar eftersom det finns färre justerpunkter idag är det ändå meningsfullt med regelbundna underhållskontroller för att tidigt kunna upptäcka eventuella problem och fel. Snabb och noggrann analys är extra viktigt om bilen har en katalysator eftersom katalysatorn direkt förstörs om för mycket icke förbränt bränsle får passera genom avgassystemet.

Utsända radiostörningar från högspänningskretsarna eller generatorn kan också orsaka problem. För höga störningsnivåer kan påverka styrmodulen – i synnerhet när både tändnings- och bränslestyrningen sker i styrmodulen.

Modern motorinställning innebär att se till att motorn går med maximal effektivitet. Detta kan genomföras med ett fåtal verktyg och enkel utrustning. Se kapitel 3 beträffande den utrustning som krävs.

Att felsöka bilar kan vara mycket tidsödande. Om du inte har tur och av en slump hittar felet direkt är den snabbaste och bästa metoden att följa ett logiskt testschema där du kontrollerar, testar och utvärderar alla möjligheter.

1) Definera felet
Använd en kontrollista för att anteckna information om det aktuella felet och under vilka omständigheter som problemet uppstår. Detta är en viktig förutsättning för att kunna angripa problemet på korrekt sätt och förebygger även missförstånd mellan verkstad och kund.

2) Grundläggande inspektion
Fel i motorer med elektroniska system påminner ofta om problem i motorer som saknar sådana system. Gör en första inspektion där du genomför en följd av visuella kontroller och justeringar. På detta sätt hittas ofta det område där felet ligger.

3) Utvärdering av motorns allmänna funktioner med mätutrustning
Anslut korrekt mätutrustning och genomför en sekvens av mekaniska och elektriska kontroller. Dessa kontroller rekommenderas för en grundläggande analys av motorns allmänna tillstånd och elsystemets skick. De flesta kontrollerna kan utföras med vanliga testinstrument.

4) Felsökning med felkodsavläsare - se även tillhörande kapitel för det aktuella system som testas
Om möjligt, anslut en felkodsavläsare till den seriella porten och läs av felkoderna i självdiagnosfunktionen. Om du inte har tillgång till en felkodsavläsare går det i vissa fall att erhålla s.k. långsamma felkoder genom att följa anvisningarna för det aktuella system som testas. Finns en felkod, kontrollera systemet genom att följa tillhörande testanvisningar för givare och aktiverare.

5) Symptomrelaterad felsökning - se även tillhörande kapitel för det aktuella systemet
Om felkod saknas, följ de symptomrelaterade felsökningstabellerna och testa systematiskt de kretsar och komponenter som kan vara defekta.

1 Felbeskrivningslista

Kundens namn: _____   Datum: _____

Bilmärke: _____   Modell och tillverkningsår: _____

Mätarställning: _____   Registreringsnummer: _____

Karossnummer: _____   Motornummer: _____

Startförmåga

Startar ej O	Kall	Varm O
Svårstartad O	Kall O	Varm O	Efter kort stopp O

Startegenskaper påverkas av trottelns läge: Enklare O   Svårare O

Tomgångsvarvtal

Snabbtomgång vid kall motor eller under uppvärmning: Ja O   Nej O
Stannar när den är kall eller under uppvärmning: Ja O   Nej O

Varm motor: Ojämn tomgång O   Hög tomgång O   Låg tomgång O
              Motorn stannar O   Ibland O   Ofta O

Köregenskaper

Hackar O   Från lågt varvtal O   Från högt varvtal O
Baktändning i insugningen O   Kall O   Varm O
Baktändning i avgassystemet   Kall O   Varm O
Rusningar O   Misständningar   Låg motorkraft O

Tidpunkt då felet uppträder

Direkt på morgonen O   Under dagen O   Under natten O
Hur ofta: Ibland O   Hela tiden O   Under vissa omständigheter (var god ange) O

Väderleksförhållanden

Påverkar ej O   Fint väder O   Fuktigt/blött O   Snö O   Övrigt O
Temperatur: Varmt O   Kallt O   Kyligt O   Varmt och fuktigt O

Motorns tillstånd

Kall O   Under uppvärmning O Varm O
2 000 varv/min O   4 000 varv/min O   Mer än 6 000 varv/min O
Tomgång O   Acceleration O   Mycket höga varvtal O
Motorns varningslampa: Tänd O   Släckt O

Vägförutsättningar

Stadskörning O   I förorter O   Motorväg O   Terrängkörning O

Körsätt

Påverkas ej O   Under start O   Tomgång O   Vid höga hastigheter O
Under acceleration O   Konstant hastighet   Motorbromsning O   Körning i kurvor (h/v) O
Bilens hastighet (km/t): 0-50 O   50-80 O   80-110 O   110-140 O   Över 140 O

Övriga kommentarer

_____

_____

_____

2 Grundläggande kontroller

Oberoende av vad det är för fel är följande kontroller en viktig förutsättning för korrekt användning av testutrustningen. I många fall upptäcks felet redan under kontrollerna. Genomför först en noggrann visuell inspektion av följande komponenter. Alla kontroller gäller inte för alla motorer. Denna första genomgång kan spara avsevärd tid. Slitna men elektriskt fungerande komponenter upptäcks inte alltid vid test.

- Kontrollera motorns oljenivå, oljans skick och vevhusventilationen. Underhåll av smörjsystemet är ytterst viktigt för motorns funktion. På bilar med katalysator kan förorenad olja, eftersatt underhåll av vevhusventilationen eller en oljeförbrännande motor förstöra katalysatorn mycket snabbt.
- Kontrollera kylvätskenivån och kylsystemets skick. Underhåll av kylsystemet är mycket viktigt för att motorn ska fungera bra. Om motorn kyls för mycket eller blir för varm ger kylvätskans temperaturgivare en felaktig signal till styrmodulen, vilket kan resultera i felaktiga signaler från modulen. Detta påverkar tändläget och bränslesystemet.
- Kontrollera automatväxellådsoljans nivå och skick.
- Kontrollera batteriets skick.

- Kontrollera att batteriet sitter ordentligt fast.
- Kontrollera batteriets elektrolytnivå.
- Kontrollera batteriets ledningar och poler/polskor.
- Kontrollera drivremmarnas skick och spänning.
- Skruva ur tändstiften och kontrollera skicket. Byt vid behov.
- Kontrollera att tändstiftens elektrodavstånd är korrekt.
- Kontrollera att tändstiften är av rätt typ.
- Demontera fördelarlocket och kontrollera dess skick, både invändigt och utvändigt. Leta efter sprickor och märken som tyder på överslag.
- Kontrollera att inte olja eller vatten har trängt in i locket. Detta tyder på en defekt tätning.
- Kontrollera rotorns skick och mät motståndet i förekommande fall.
- Kontrollera spolens skick. Leta efter sprickor och märken som tyder på överslag.
- Kontrollera att de elektriska anslutningarna inte är skadade eller korroderade.
- Kontrollera att det inte finns vakuumläckor i slangarna, insugsröret, vid

luftflödesmätaren, oljestickans tätning eller vid ventilkåpans tätning.
- Kontrollera vevhusventilationen. Tag bort eventuell smuts och se till att slangarna inte är blockerade.
- Kontrollera luftfiltrets skick. Byt även om det bara är lite smutsigt.
- Kontrollera avgassystemet.
- Kontrollera bränslesystemet. Leta efter bränsleläckor och slitna eller trasiga komponenter. Om du har tillgång till en gasanalysator som kan mäta HC-halt, för dess mätsond över bränsle- och avdunstningssystemets rör och slangar. Om mätinstrumentet ger ett utslag är det möjligt att den aktuella komponenten läcker bränsle eller bränsleångor.
- Inspektera alla kopplingar, kontakter och stift. Leta efter korrosion och lösa eller felkopplade ledningar.
- Undersök om det finns sot i trottelhuset. Detta orsakas oftast av utsläpp från vevhusventilationen. Sot kan göra att trotteln går trögt eller fastnar, vilket resulterar i sämre tomgång och köregenskaper. Rengöringsvätska för förgasare går utmärkt att använda vid rengöringen.

3 Utvärdering av motorns huvudfunktioner med hjälp av mätutrustning

Det är lämpligt att använda en motoranalysator eller olika typer av handhållna mätinstrument för att lokalisera och analysera fel på följande områden:

a) Motorns mekaniska skick
b) Vakuumsystem
c) Kompression
d) Batteri
e) Laddningssystem
f) Tändningens sekundärkrets
g) Bränslesystem
h) Avgassystem

Nedanstående lista är baserad på en professionell testlista och möjliggör analys av motorns grundläggande mekaniska och elektriska kondition. Många av kontrollerna kräver endast en digital multimätare eller annan enklare testutrustning. Vissa tester kräver dock specialutrustning.

Kundens namn: _____

Datum: _____

Bilmärke: _____

Modell och tillverkningsår: _____

Mätarställning: _____

Registreringsnummer: _____

Rapporterat fel: _____

Test

Resultat

1 Batterispänning *(högre än 12,4 V, nominell batterispänning)* _____

2 Spänning vid start *(högre än 9,6 V, koppla bort startsystemet och Dra runt motorn med startmotorn under 15 sek)* _____

3 Återgångsspänning *(högre än 12,0 V, batterispänning 15 sek efter startförsök)* _____

4 Startmotorns strömförbrukning *(ström under start)* _____

5 Laddningsström efter startförsök *(omedelbart efter ovanstående startförsök ska motorn startas och varvtalet ökas till 3 000 varv/min, strömförbrukningen ska vara inom 10% av generatorns maximala ström)* _____

6 Laddningsspänning, obelastad *(motorvarvtal 3 000 varv/min, alla strömförbrukare frånslagna, spänningen ska underskrida den maximala laddningsspänningen).* _____

7 Laddningsspänning vid belastning *(motorvarvtal 3 000 varv/min, uppvärmd bakruta och värmefläkt påslagen, spänningen ska ligga mellan 12,0 och 13,0 V)* _____

8 Spänning vid spole + *(högre än 11,0 V, tändning påslagen)* _____

9 Spänning vid spole under start + *(högre än 9,0 V, under start)* _____

10 Tändningens arbetscykel på primärsidan i % eller ms vid tomgång _____

11 Tändningens arbetscykel på primärsidan i % eller ms vid 2 000 varv/min _____

12 Kontrollera att spolen är rätt polariserad _____

13 Kontrollera att sekundärsidans isolering är OK _____

14 Kontrollera tändläget och justera (om det går) _____

15 Kontrollera tändförställningen _____

16 Kontrollera vevaxelvinkelgivarens justering (om det går). _____

17 Kontrollera trottelventilens lägesjustering (om det går). _____

18 Kontrollera trottelpotentiometerns eller trottelbrytarens justering (om det går). _____

19 Kontrollera CO-halten vid tomgång och justera den vid behov (om det går). _____

20 Kontrollera undertrycket i motorn vid tomgång *(580 till 750 mbar)* _____

21 Kontrollera undertrycket i motorn vid 2 500 varv/min _____

22 Tomgångsvarvtal _____

23 Syresensorns omkoppling *(fet/mager/OK)* _____

24 Gasanalys:

	Tomgång	2 000 varv/min	3 000 varv/min	Acceleration
O_2				
CO				
CO_2				
HC				

4 Felsökning med felkodsavläsare

Testning av seriella data - inledning

1 En allmän regel är att arbeta enligt listan i "Grundläggande kontroller" och den för utvärdering av motorn innan felkodsavläsaren ansluts. Detta beror på att högspänningsfel kan påverka styrmodulen, vilket kan ge förvirrande indikeringar på felkodsavläsaren. Du bör inte utvärdera styrmodulen och dess givare förrän eventuella fel i elsystemet och tändsystemet är åtgärdade.

Test av självdiagnostiken

2 Är varningslampan (i förekommande fall) tänd under körning? Detta tyder på att det föreligger ett systemfel.

Observera: *Vissa lampor tänds inte om mindre fel uppstår.*

3 Anslut en felkodsavläsare till den seriella porten och läs av eventuella felkoder. Alternativt går det att utlösa s k långsamma felkoder som läses av via lysdioder eller på instrumentbrädan.

4 Använd felkoderna vid felsökningen i de aktuella systemen.

5 Om det inte finns några felkoder registrerade går det att använda felkodsavläsaren för att kontrollera dataflödena (kontinuerlig information från givare och aktiverare, registreras inte i alla system) eller följa den symptomrelaterade felsökningstabellen.

Begränsningar i system med självdiagnos

6 Vissa anser att felkodsavläsaren är ett universalhjälpmedel för att lösa alla elektroniska problem i bilar. Felkoderna är dock bara början av felsökning. I stor utsträckning ges informationen till felkodsavläsaren av programvaran i bilens styrmodul. Felkodsavläsaren gör det bästa av dessa data, men om vissa funktioner eller data inte är avsedda att skickas till den seriella porten kommer dessa inte att indikeras av felkodsavläsaren.

7 I många fall ger felkodsavläsaren snabba svar på märkliga fel. Dock ger den inte svar på alla frågor eftersom vissa fel (inklusive fel på styrmodulen) ibland inte ger felkoder.

8 Det finns ett antal begränsningar för självdiagnossystem:

a) *Den information som felkodsavläsaren kan läsa av definieras av biltillverkaren. Själv-* diagnossystemet och felkodsavläsaren måste arbeta inom dessa begränsningar.
b) *Ingen felkod kommer att registreras om styrmodulen inte är programmerad för detta fel.*
c) *Felaktiga koder kan orsakas av elektriska fel eller högspänningsstörningar.*
d) *En eller flera felaktiga koder kan orsakas av defekta komponenter som inte har egna felkoder.*
e) *Felkoderna indikerar defekta kretsar och inte alltid komponenter. Exempelvis kan en kod som indikerar fel i kylvätsketemperaturgivarens krets orsakas av en defekt givare, ledningsfel eller en korroderad kontakt. Kontrollera alltid ledningarna och kontakterna och genomför noggranna tester av komponenten innan den kasseras.*
f) *Givare med begränsat område. Om signalen från en givare ligger inom dess arbetsområde avges ingen felkod även om denna signal är felaktig vid det aktuella drifttillfället. En defekt kylvätsketemperaturgivare ger en felkod om den är kortsluten mot jord. Dock avges ingen felkod om den har fastnat i ett läge som motsvarar varm eller kall motor.*
g) *En del, men inte alla, motorstyrningssystem kan registrera temporära fel.*
h) *I vissa fall kan felkoder försvinna när tändningen slås från. Detta måste tas i beaktande med sådana system.*
i) *Motorstyrningssystemen i äldre fordon har ofta ingen självdiagnos.*

Användning av felkodsavläsare

9 Felkodsavläsaren kan användas för nedanstående ändamål. Vissa avancerade läsare kan "samtala" med styrmodulen och möjliggöra ingående felsökning.

a) *Avläsning av felkoder.*
b) *Radering av felkoder.*
c) *Kontroll av dataflöden (inte alla system, exempelvis Ford EEC IV, tillhandahåller sådan information).*
d) *Kontroll av givare.*

Dynamiska testprocedurer

10 Använd felkodsavläsaren till att läsa information från styrmodulens seriella port.

11 När felkodsavläsaren har registrerat ett eller flera fel krävs ofta ytterligare tester. Antingen kan teknikern använda avläsaren eller så kan det krävas en multimätare eller ett oscilloskop för att fortsätta felsökningen. Se

testerna av givare och aktiverare i tillhörande kapitel för det aktuella systemet.

12 När felkodsavläsaren har läst av ett fel går det att med en analys av dataflödet (endast vissa system) snabbt avgöra var felet ligger. Denna information kan presenteras på olika sätt, men är i princip data om spänning, frekvens, arbetscykel eller pulslängd, temperatur, etc från de olika givarna och aktiverarna. Tyvärr finns inte denna information i alla fordon och dataflöden kan inte läsas av vid arbete med s k långsamma felkoder. Eftersom informationen registreras i realtid kan olika tester genomföras, varefter utvärdering görs av givarens eller aktiverarens beteende.

13 Drivning eller aktivering av systemets olika aktiverare som tomgångsventilen, reläerna och injektorer med hjälp av styrmodulen är ett utmärkt sätt att testa de aktuella komponenterna och ledningarna. Om aktiveraren fungerar är det inget fel på kretsen eller komponenten. Denna metod kan inte användas på motorns givare.

14 Använd ett oscilloskop eller en multimätare för att kontrollera spänningarna vid den defekta komponenten. Jämför med specifikationerna i tillhörande systemkapitel.

15 Använd en ohmmätare för att kontrollera den defekta kretsens ledningar och komponentmotstånd. Jämför med specifikationerna i tillhörande systemkapitel.

16 Alla defekta kretsar bör testas och alla upptäckta fel åtgärdas. Felkodsavläsaren kan därefter användas till att radera felkoderna, varefter styrmodulen avläses igen för att se om det finns några andra felkoder.

17 En viktig detalj är att styrmodulen endast kan registrera elektroniska fel. Mekaniska fel, fel i tändsystemets sekundärsida eller i bränsleproblem måste felsökas på vanligt sätt.

18 Kontrollera att felen åtgärdas så att de inte återkommer.

Fel av tillfällig natur

19 Vicka på komponentens ledningar, värm den med en hårtork eller kyl ned den med kylspray.

20 Intermittenta fel kan vara mycket svåra att hitta. Det enda sättet är ofta att testa under färd samtidigt som felkoder eller dataflöden avges när felet uppstår. Gör en provkörning med felkodsavläsaren ansluten.

5 Feldiagnos

1   Bilen klarar ej avgaskraven - bilar utan katalysator respektive med katalysator utan Lambdareglering

Svenska avgaskrav

Årsmodell	CO-gräns (% vol)
Årsmodellerna 1975 till -86	4,50
Från och med 1987 års modell	3,50

Maximal HC-halt för samtliga fordon 1 200 ppm. Testen utförs manuellt och normalt vid tomgångsvarvtal.

Avgasmätning

1 Varmkör motorn till normal arbetstemperatur. Anslut en gasanalysator till avgasröret.
2 Genomför CO-mätningen vid normalt varvtal. Mät CO- och HC-halten.
3 Om antingen CO- eller HC-halten eller båda värden är större än gränsvärdena har bilen inte klarat avgaskraven.
Felsökningen är enklare med fordon som inte har katalysator eftersom det inte finns någon syresensor som påverkar blandningen. Mätningarna är därför lättare att tolka.

Felanalys

Observera: *Eftersom fordonets specificerade CO-halt vanligtvis är lägre än det lagstadgade gränsvärdet ska fordonsvärdet användas vid felsökning med utgångspunkt från en CO-mätning. Detsamma gäller HC-halten. Om HC-halten är mycket hög tyder detta på ett ganska allvarligt motorfel.*

4 Följande analys görs genom jämförelse med bilens normala CO-halt och ett HC-gränsvärde på 300 ppm.

För hög CO- och HC-halt
- För fet blandning

Låg CO-halt och hög HC-halt
- Förorenade tändstift
- Misständning
- För mager blandning

Låg CO-halt och låg eller normal HC-halt
- Förorenade injektorer
- Läcka i avgassystemet

2   Bilen klarar ej avgaskraven - bilar med katalysator

Svenska avgaskrav

Årsmodell	CO-gräns (% vol)
Från och med 1992 års modell	Tillverkarens specifikationer

Snabb tomgång: CO-, HC- och Lambdatest
Tomgångsvarvtal: Tomgångsområdet, CO-test

Testen är automatisk och värdena jämförs med biltillverkarens. Om dessa värden inte är tillgängliga kan följande standardvärden användas:

Snabbtomgång	CO	HC	Lambda
2 500 till 3 000 varv/min	0,3%	200 ppm	1,0 ± 0,03
Tomgångsvarvtal	**CO**		
500 till 1 100 varv/min	0,3%		

Avgasmätning

1 Varmkör motorn till normal arbetstemperatur. Anslut en gasanalysator till avgasröret.
2 Öka motorvarvtalet till mellan 2 500 och 3 000 varv/min under 3 minuter för att värma upp syresensorn och katalysatorn.
3 Genomför CO-mätningen antingen vid tomgång eller vid snabbtomgång. Mät CO-halten.
4 Om CO-halten är större än tillverkarens specifikationer eller högre än 0,3% har bilen inte klarat testen.
5 Öka motorvarvtalet till mellan 2 500 och 3 000 varv/min under 3 minuter för att värma upp syresensorn och katalysatorn.
6 Testa motorns CO-halt på nytt.

7 Om CO-halten är högre än tillverkarens specifikationer eller överskrider 0,3% har bilen inte klarat CO-testen. Se "Felanalys".
8 HC-mätning vid snabbtomgång. Mät HC-halten.
9 Om HC-halten är högre än tillverkarens specifikationer har bilen inte klarat HC-testen. Se "Felanalys".
10 Lambdatest vid snabbtomgång. Mät Lambdavärdet.
11 Om Lambdavärdet inte ligger inom de gränser som specificeras av tillverkaren eller överskrider 1,03 har fordonet inte klarat Lambdatesten. Se "Felanalys".

Felanalys

12 Det är svårare att felsöka på katalysatorsystem med Lambdareglering och syresensor jämfört med fordon utan katalysator eftersom syresensorn påverkar blandningen. Om fordonet fungerar som det ska är detta inget problem, men med en kombination av bränsle- och givarfel, avgas- och vakuumläckor samt tändningsfel och mekaniska fel kommer syresensorn att försöka kompensera problemen. Detta kan leda till att avgaserna påverkas på ett oberäkneligt sätt.

Viktig anmärkning: *Avgasläckor och mekaniska fel eller fel i tändsystemet måste åtgärdas innan försök görs att justera bränsleblandningen.*

13 Om katalysatorn måste bytas:
Se till att motorn inte körs på blyad bensin. Alla bilar med katalysator måste tankas med blyfri bensin. Även om alla katalysatorbilar har ett mindre påfyllningshål som endast passar för påfyllning av blyad bensin är det ändå med visst besvär möjligt att tanka fel typ av bensin.

14 Om en bil inte klarar ett avgasprov kan det bero på ett stort antal faktorer. Följande felorsaker är baserade på data som erhålls under testproceduren. Dessutom bör en lämplig multimätare eller ett oscilloskop kopplas till syresensorn. Kör motorn med ett varvtal på 2 500 till 3 000 varv/min under 3 minuter så att syresensorn och katalysatorn värms upp. Låt motorn gå på snabbtomgång och anteckna följande data:

a) *Lambdavärde*
b) *Att syresensorn kopplar om med korrekt frekvens*
c) *CO-halt*
d) *HC-halt*
e) *O_2-halt*
f) *CO_2-halt*

15 Det är troligt att katalysatorn är defekt om följande värden erhålls:

a) *Om CO-halten antingen är högre än tillverkarens specifikationer eller överskrider 0,3%.*
b) *Om HC-halten är högre än tillverkarens specifikationer.*
c) *Om Lambdavärdet är högre än tillverkarens specifikationer eller överskrider 1,03.*
d) *Om O_2-halten är mellan 0,5 och 1,5%.*
e) *Om syresensorns signal har korrekt frekvens.*

16 Om katalysatorn hade korrekt arbetstemperatur under testen tyder ovanstående symptom på att katalysatorn är defekt. Bekräfta detta på något av nedanstående sätt:

a) *Om avgassystemet har en mätöppning för CO-mätning före katalysatorn går det att mäta CO- och HC-halterna i denna öppning. Värdena vid avgasrörets ände ska vara lägre än vid öppningen. Samma värden tyder på att katalysatorn inte fungerar effektivt.*
b) *Låt katalysatorn svalna. Mät CO- och HC-halterna vid avgasrörets ände. Mätvärdena ska vara aningen högre än när katalysatorn är het. Samma värden tyder på att katalysatorn inte fungerar effektivt.*
c) *Mät avgastemperaturen före och efter katalysatorn. Om den fungerar effektivt är temperaturen efter katalysatorn ca. 55°C högre än före. Om de två temperaturerna är lika är det troligtvis fel på katalysatorn.*

För fet blandning och avgasläckage

- CO-halten är högre än tillverkarens specifikationer eller överskrider 0,3%.
- HC-halten är högre än tillverkarens specifikationer.
- Lambdavärdet är högre än tillverkarens specifikationer eller överskrider 0,97.
- O_2-halten är mellan 0,5 och 1,5%.
- Syresensorn kopplar inte om och avger högt värde.

17 Dessa symptom indikerar att blandningen troligtvis är för fet i kombination med ett mindre hål i avgasröret. Detta leder till att gasanalysatorn beräknar ett felaktigt Lambdavärde.
18 Kontrollera felkoderna i systemet för självdiagnos.
19 Genomför kontrollerna vid fet blandning i avsnitt 7 i detta kapitel.

Defekt syresensor och avgasläckage

- CO-halten är högre än tillverkarens specifikationer eller överskrider 0,3%.
- HC-halten är högre än tillverkarens specifikationer.
- Lambdavärdet är högre än tillverkarens specifikationer eller överskrider 0,97.
- O_2 är mellan 0,5 och 1,5%.
- Syresensorn kopplar inte om och avger lågt värde.

20 Symptomen tyder på att syresensorn troligtvis är defekt i kombination med ett mindre hål i avgassystemet. Detta leder till att gasanalysatorn beräknar ett felaktigt Lambdavärde.
21 Kontrollera felkoderna i systemet för självdiagnos.

För fet blandning

- CO-halten är högre än tillverkarens specifikationer eller överskrider 0,3%.

- Lambdavärdet är högre än tillverkarens specifikationer eller överskrider 0,97.
- O_2 är lägre än 0,5%.
- Syresensorn kopplar inte om och avger högt värde.

22 Symptomen tyder på att blandningen är för fet.
23 Kontrollera felkoderna i systemet för självdiagnos.
24 Genomför kontrollerna vid fet blandning i avsnitt 7 i detta kapitel.

Lite för fet blandning med eller utan defekt katalysator och hål i avgassystemet

- CO-halten är högre än tillverkarens specifikationer eller överskrider 0,3%.
- Lambdavärdet är högre än tillverkarens specifikationer eller överskrider 0,97.
- O_2 är högre än 1,5%.
- CO_2-halten är troligen också låg.
- HC-halten är lägre än 250 ppm.

25 Symptomen indikerar att blandningen är lite för fet, med eller utan defekt katalysator och ett hål i avgassystemet.
26 Ett hål i avgassystemet, före syresensorn, gör att syresensorn sänder signaler om mager bränsleblandning till styrmodulen som gör blandningen fetare.
27 Kontrollera felkoderna i systemet för självdiagnos.
28 Genomför kontrollerna vid fet blandning i avsnitt 7 i detta kapitel.

Motorn misständer

- CO-halten är högre än tillverkarens specifikationer eller överskrider 0,3%.
- Lambdavärdet är högre än tillverkarens specifikationer eller överskrider 0,97.
- O_2 är högre än 1,5%.
- HC-halten är högre än 100 ppm (klarar ej svenska avgaskrav).

29 Symptomen tyder på misständning. För hög CO-halt innebär vanligtvis inte misständning. Dock kan en bil med Lambdareglering avge för höga CO-halter p g a en eller flera av följande orsaker:

a) *Motorns misständning orsakas av en mycket fet blandning och de höga O_2-nivåerna i avgassystemet gör att gasanalysatorn beräknar fel Lambdavärde.*
b) *Bilen har körts en längre tid med misständning. Katalysatorns effektivitet har därigenom minskat i sådan omfattning att CO-halten har ökat. Lambdavärdet är korrekt.*
c) *Misständningen har orsakat höga O_2-nivåer i avgaserna. Syresensorn avger en signal till styrmodulen som motsvarar mager blandning. Detta betyder att modulen gör blandningen fetare. De höga O_2-nivåerna i avgassystemet gör att gasanalysatorn beräknar fel Lambdavärde.*

30 Kontrollera felkoderna i systemet för självdiagnos.
31 Genomför kontrollerna för fet blandning. Se avsnitt 7 i detta kapitel.
32 Gör kontrollerna för misständning. Se avsnitt 6 i detta kapitel.

Fet blandning och motorn misständer

- CO-halten är högre än tillverkarens specifikationer eller överskrider 0,3%.
- Lambdavärdet är lägre än tillverkarens specifikationer eller underskrider 0,97.
- O_2-halten är högre än 0,5%

33 Kontrollera felkoderna i systemet för självdiagnos.
34 Genomför kontrollerna för fet blandning. Se avsnitt 7 i detta kapitel.
35 Gör kontrollerna för misständning. Se avsnitt 6 i detta kapitel.

3 Viktiga rutiner före felsökning

1 Först ska alltid en grundläggande kontroll utföras, oberoende av feltyp.
2 Använd sedan en multimätare vid kontrollmätningarna.
3 Använd därefter en felkodsavläsare till att läsa av felkoderna.
a) Om det finns en eller flera felkoder kan orsaken vara ett allvarligt fel i den krets som avgav felkoden. I så fall kan systemet aktivera LOS-funktionen ("linka hem") och detta kan tända varningslampan på instrumentbrädan (vissa system).
b) När motorstyrningssystemet har aktiverat LOS-funktionen ("linka hem") använder det oftast ett fast värde i stället för den defekta

kretsens signal. Motorn kan under dessa omständigheter fungera ganska normalt. Motorstyrningssystemet arbetar utan Lambdareglering och använder ett fast värde på 0,45 som syresensorns utgångsvärde.
c) Kontrollera de tillhörande kretsarna enligt det aktuella systemets testrutiner, åtgärda eventuella fel och radera felkoderna. Se de allmänna rutinerna för självdiagnos.
4 Fortsätt därefter med följande testprocedurer och använd det tillhörande kapitlet för det system som testas.

4 Motorn startar ej, kall motor

1 Kontrollera om kamremmen är av
- Motorer med fördelare: Ta av fördelarlocket. Dra försiktigt runt motorn och kontrollera att rotorn roterar.
- Motorer med brytarlöst tändsystem: Tag loss ventilkåpan. Dra försiktigt runt motorn och kontrollera att ventilerna fungerar.
- Även om kamremmen (eller kamkedjan) inte är av ska justeringen av den kontrolleras.

2 Motorn dras runt långsamt av startmotorn
- Kontrollera att batteriet och startmotorn inte är defekta.
- Felaktig tändinställning kan ge symptom som påminner om defekt batteri eller startmotor.
- Kontrollera att motoroljan är av korrekt typ. Fel eller för gammal olja kan göra motorn trög.
- Om motorn nyligen har monterats ihop kan snäva toleranser göra att motorn går trögt.

3 Kontrollera bränsletillförseln
- Om du har tillgång till en gasanalysator med HC-mätning kan du dra runt motorn med startmotorn (koppla inte från tändningen). HC-halten bör överstiga 4 000 ppm.
  Observera: HC-mätare som inte kan indikera 4 000 ppm kommer att visa fullt skalutslag.
- Låg HC-halt: Cylindrarna får för lite bränsle. Kontrollera motorns kompression eller insprutningssystemet.
- HC-halt överstigande 4 000 ppm: Kontrollera om det föreligger fel i tändsystemet eller mekaniska fel.
  Observera: Det är även möjligt att det sprutas in för mycket bränsle. Kontrollera luftfiltrets kondition. Om filtret är igensatt kan blandningen bli för fet för att motorn ska vara lättstartad.
- Kontrollmät insprutningssignalen vid start. Anteckna om denna signal är för lång eller för kort. Se testerna för motorer som inte startar under insprutningstesterna i tillhörande systemkapitel.
- Om ingen insprutningssignal erhålls under start tyder detta på ett fel i den elektriska matningen eller ett större komponentfel.

4 Kontrollera att tändningen avger gnistor
- *Se testerna för motorer som inte startar i kapitel 4 under "Tändningens sekundärsida" vid denna test.*
- Om det inte bildas någon gnista, kontrollera i kapitel 4 under "Tändningens sekundärsida".
- Om det saknas tändsignal på sekundärsidan, kontrollera tändkablarna, fördelarlocket, rotorn, spolen och spolens sekundärmotstånd. Fel i högspänningssystemet kan antingen orsaka komponentdefekter eller felaktiga signaler som kan påverka styrmodulen.
- Om tändningssignal saknas på primärsidan, utför testerna för primär utlösare och tändsystemets primärsida. Se aktuellt systemkapitel.
- Bränsleinsprutningen i de flesta motorer med elektronisk bränsleinsprutning utlöses från tändningens primärsida. Saknas tändningssignal sker ingen bränsleinsprutning. Detta gäller dock

inte alltid när motorstyrningssystemet styr både tändning och insprutning från samma styrmodul.
- Om systemet har en fasgivare (fasläge används ofta för sekventiella insprutningssystem), kontrollera att de två signalerna är i fas. I vissa fall går motorn dåligt eller blir svårstartad om signalerna är ur fas.
- Skruva ur tändstiften och kontrollera kompressionen. Innan kompressionsprov utförs ska tändsystemet kopplas ur så att motorn inte kan starta.
- Kontrollera tändstiften.

5 Ingen tändning eller tändningssignal
Observera: *Om tändningens primärsida och insprutningen är OK ligger felet i tändsystemets sekundärsida, luftinsuget eller bränsletryckssystemet. Alternativt är det ett mekaniskt fel eller ett tändlägesfel.*
- Om primärutlösaren är en vevaxelvinkelgivare eller en Halleffektgivare, kontrollera att dessa enheter fungerar. Se tester för motorer som inte startar under rubrikerna för dessa givare i tillhörande systemkapitel.

6 Primärutlösare fungerar, men ingen signal från styrmodulen
- Kontrollera tröghetsbrytaren (i förekommande fall).
- Kontrollera styrmodulens matningar och jordar.
- Kontrollera trycket i bränslesystemet.
- Kontrollera matningsspänningen till bränslepumpen.

7 Kontrollera kylvätskans temperaturgivare
- Se testerna av kylvätsketemperaturgivaren i aktuellt systemkapitel.
- Kontrollera att spänningssignalen motsvarar temperaturen.
- Kontrollera kylvätsketemperaturgivarens anslutning. Om motståndet i anslutningen är högre än normalt adderas detta till givarens motstånd, vilket ger för fet blandning vid start.
- Om kylvätsketemperaturgivarens motstånd är mycket högt kan motorstyrningen aktivera LOS-funktionen. I detta fall använder motorstyrningen ett värde som motsvarar varm motor. Därför blir motorn svårstartad när den är kall.
- Motorer utan LOS-funktion kan inte startas om kylvätsketemperaturgivaren är kortsluten eller om dess krets är bruten. Styrmodulen tolkar en mycket högt respektive mycket lågt motstånd som en mycket kall respektive mycket varm motor, vilket ger motsvarande injektoröppningstider.

8 Kontrollera luftflödesmätarens funktion (i förekommande fall)
- Se testerna av luftflödesmätaren i aktuellt systemkapitel.
- Kontrollera utspänningen.
- Undersök om mekaniken fungerar dåligt eller kärvar.

9 Kontrollera insugsrörets tryckgivare (i förekommande fall)
- Se testerna av insugsrörets tryckgivare i aktuellt systemkapitel.
- Kontrollera utspänningen.
- Leta efter vakuumläckor eller felkopplade slangar mellan insugsröret och tryckgivaren.

4   Motorn startar ej, kall motor (forts)

10 Kontrollera om det finns något större läckage i insugssystemet eller om någon slang är lös eller felmonterad

11 Kontrollera bränsleavdunstningssystemet (i förekommande fall)

- Se testerna av kolkanisterventilen i aktuellt systemkapitel.
- Kontrollera kolkanistern.
- Kontrollera kretsen för kolkanisterventilen. Ett fel kan resultera i vakuumläckage.

12 Kontrollera systemet för återcirkulation av avgaser (i förekommande fall)

- Se testerna av återcirkulationen i aktuellt systemkapitel.
- Ett fel kan resultera i ett vakuumläckage eller permanent läckage av avgaser till insugssystemet.

13 Felsök lufttemperaturgivaren, trottelbrytaren respektive trottelns positionsgivare

- Ett fel i någon av dessa komponenter behöver inte betyda totalt systemfel. Dock kan det vara svårare än normalt att starta motorn. Se de aktuella rutiner som gäller för systemet i tillhörande kapitel under komponenttester.

14 Kontrollera tomgångsstyrningen

- Motorn kan starta och därefter stanna om tomgångsventilen eller tillhörande krets är defekt. Se testerna av tomgångsstyrningen i aktuellt systemkapitel.

15 Kontrollera tomgångsventil och trottelbrytare (endast vissa bilar, före 1992)

- Ett fel i någon av dessa två komponenter behöver inte leda till totalt systemhaveri. Dock kan det bli svårare att starta än normalt. Se systemspecifika rutiner under testanvisningarna för tomgångsventil och trottelbrytare.

16 Kontrollera beträffande mekaniska fel på injektorerna

- Om fordonet har varit avställt en längre tid kan vissa injektorer fastna i öppet eller stängt läge. I detta fall kommer för mycket eller för lite bränsle att sprutas in.
- Smuts i injektormunstyckena kan resultera i för lite bränsle eller felaktig bränslestråle vilket kan påverka startegenskaperna.

17 Kontrollera om katalysatorn är igensatt

- Skruva ur ett av tändstiften. Dra runt motorn. Om katalysatorn är blockerad kommer avgaserna att tryckas ut via tändstiftshålet och motorn kommer troligen att starta.

18 Defekt styrmodul

- Om alla signaler och spänningar finns tillgängliga vid styrmodulens kontakt, men ingen insprutningssignal avges är styrmodulen misstänkt. Testa den genom att byta mot en ny.

5   Motorn startar ej, varm motor

1 Kamremmen (eller kamkedjan) är feljusterad

2 Dra runt motorn och kontrollera att gnista eller sekundär tändsignal föreligger

3 Kontrollera tändstiften

- Se test av tändstift under kontroll av tändsystemets sekundärsida i kapitel 4.

4 Blandningen är för fet

- Kontrollera CO-halten. Om blandningen kan justeras bör den ställas in enligt tillverkarens specifikationer.

5 Blandningen är för mager

- Kontrollera CO-halten. Om blandningen kan justeras bör den ställas in enligt tillverkarens specifikationer.

6 Kontrollera luftfiltrets skick

- Om luftfiltret är igensatt kan blandningen bli så fet att bilen blir svårstartad.

7 Kontrollera trycket i bränslesystemet

- Se test av bränsletryck i aktuellt systemkapitel.
- I synnerhet tester utföras om trycket sjunker mycket snabbt när motorn stängs av.

8 Kontrollera bränsleavdunstningen

- Se de relevanta komponenttesterna i aktuellt systemkapitel.
- Om bränsleröret har en temperaturgivare, kontrollera dess funktion.

9 Kontrollera insprutningssignalen vid start

- Se insprutningstesterna i aktuellt systemkapitel.
- Anteckna om signalen är för lång eller för kort.

10 Kontrollera kylvätskans temperaturgivare

- Se testerna av kylvätsketemperaturgivaren i aktuellt systemkapitel.
- Kontrollera att spänningssignalen motsvarar temperaturen.

11 Kontrollera om det finns mekaniska fel på injektorerna

- Smuts i injektormunstyckena kan resultera i för lite bränsle eller felaktig bränslestråle, vilket kan påverka startegenskaperna.
- En eller flera läckande injektorer kan orsaka för fet blandning, vilket kan påverka startegenskaperna.

12 Kontrollera insugsrörets tryckgivare (i förekommande fall)

- Se testerna av insugsrörets tryckgivare i aktuellt systemkapitel.
- Kontrollera utspänningen.
- Leta efter vakuumläckor eller felkopplade slangar mellan insugsröret och tryckgivaren. En vakuumläcka kan orsaka för fet blandning.

13 Kontroll av bränsleavdunstningssystemet (i förekommande fall)

- Se testerna av kolkanisterventilen i aktuellt systemkapitel.
- Kontrollera kolkanistern.
- Kontrollera kretsen för kolkanisterventilen. Ett fel kan resultera i vakuumläckage.

14 Kontrollera systemet för återcirkulation av avgaser (i förekommande fall)

- Se testerna av återcirkulationen i aktuellt systemkapitel.
- Ett fel kan resultera i ett vakuumläckage eller permanent läckage av avgaser till insugssystemet.

15 Felsök lufttemperaturgivaren, trottelbrytaren respektive trottelns positionsgivare

- Ett fel i någon av dessa komponenter behöver inte betyda totalt systemfel. Dock kan det vara svårare än normalt att starta motorn. Se de aktuella komponenttesterna i aktuellt systemkapitel.

16 Kontrollera tomgångsventil och trottelbrytare (endast vissa bilar, före 1992)

- Ett fel i någon av dessa komponenter kan resultera i att bränsle leds in i motorn på fel sätt när den är varm. Se de systemspecifika rutinerna under test av tomgångsventil och trottelbrytare.

6 Misständning

1 Kontrollera tändsystemets primärsida
- Se testerna för kontrollen av tändsystemets primärsida. Kontrollera särskilt följande primärkomponenter:
- Vilovinkel vid tomgång, 2 000 och 3 000 varv/min.

2 Kontrollera tändsystemets sekundärsida
- Se testerna för kontrollen av tändsystemets sekundärsida. Kontrollera särskilt följande sekundärkomponenter: Tändstift, tändkablar, spolens sekundärsida, fördelarlock och rotorarm (i förekommande fall).

3 Kontrollera tändläget
- Om tändlägesmarkeringar finns och om data finns tillgängliga, jämför vid tomgång, 2 000 och 3 000 varv/min.
- Om tändlägesmarkeringar eller specifikationer saknas, gör egna markeringar på remskivan och växellådshuset. Starta motorn och kontrollera att tändläget vid tomgång är ca. 0 till 15° FÖD. Om tändläget styrs av styrmodulen kommer markeringarna att vara ostadiga eftersom modulen ändrar tändläget för att styra tomgångsvarvtalet. Med ökat gaspådrag ska tändläget flyttas fram.

4 Kontrollera om blandningen är för fet

5 Kontrollera om blandningen är för mager

6 Kontroll av luftflödesmätarens funktion (i förekommande fall)
- Se tester av luftflödesmätaren i aktuellt systemkapitel.
- Kontrollera i synnerhet att utgångsspänningen ökar jämnt i proportion till ökande varvtal.

7 För fet blandning

1 Kontrollera luftfiltrets skick
- Om luftfiltret är igensatt kan blandningen bli för fet, vilket ger höga utsläppsnivåer och sämre prestanda.

2 Kontrollera motoroljans skick samt vevhusventilationen
- Förorenad olja och kraftig rökbildning kan ge höga CO- och HC-halter.

3 Kontrollera CO-halten vid tomgång, 2 000 och 3 000 varv/min
- Justera blandningen (om det är möjligt). Sök efter fel i motorstyrningssystemet eller insprutningen. *Observera att inställningen blir fel om justering av CO-halten utförs när det finns fel i systemet.*

4 Mager bränsleblandning vid tomgång kan resultera i för hög HC-halt

5 Högt bränsletryck kan ge en fet bränsleblandning
- Se rutinerna för det aktuella systemet beträffande test av bränsletryck.
- Kontrollera trycket i bränslesystemet
- Kontrollera om bränsletrycksregulatorn är defekt
- Kontrollera om bränslereturledningen är igensatt.

6 Leta efter mekaniska fel på injektorerna
- Förorening av injektormunstyckena kan ge för lite bränsle eller felaktig insprutning vilket kan påverka utsläppsnivåerna och motorns prestanda.
- En eller flera läckande injektorer kan ge för fet blandning vilket påverkar utsläppsnivåerna och motorns prestanda.

7 Syresensor (i förekommande fall)
- Kontrollera att syresensorn kopplar om korrekt. Se rutinerna för

7 Kontrollera trottelns positionsgivare och trottelbrytaren
- Vissa motorer har trottelbrytare eller en kombinerad trottellägespotentiometer/brytare. Se testerna av trottellägesenheter i aktuellt systemkapitel.
- Test av trottelns positionsgivares funktion (i förekommande fall). Kontrollera i synnerhet att utspänningen ökar jämnt när trotteln öppnas.
- Testa trottelbrytarens funktion (i förekommande fall). Kontrollera i synnerhet brytarens justering vid tomgång och fullt gaspådrag.

8 Kontrollera om kamremmen (eller kamkedjan) är feljusterad

9 Fasgivarens signal ur fas
- Om systemet har en fasgivare (förekommer ofta i sekventiella insprutningssystem), kontrollera att de två signalerna är i fas. Signaler ur fas kan resultera i sämre prestanda.
- Kontrollera att fördelaren inte har rubbats ur sitt korrekta läge. En mycket liten förflyttning kan resultera i fasfel.
- En feljusterad eller sträckt kamrem kan resultera i fasfel.

10 Dåliga anslutningar
- Kontrollera att anslutningarna i kabelhärvor samt vid givarnas och aktiverarnas kontakter är korrekta och inte korroderade.

11 Kontrollera kompressionstrycket
- Skruva ur tändstiften.
- Innan kompressionsprovet påbörjas, koppla ur tändsystemet så att inte motorn startar.

det aktuella systemet beträffande test av syresensorn.
- Ett hål i avgassystemet före syresensorn gör att syresensorn felaktigt avläser en mager bränsleblandning. Styrmodulen kommer därför att göra blandningen för fet.

8 Kylvätskans temperaturgivare
- Kontrollera att spänningssignalen är beroende av temperaturen. Se test av kylvätsketemperaturgivaren i aktuellt systemkapitel.
- Om spänningen eller motståndet är för högt eller om värdet är felaktigt kan blandningen bli för fet.

9 Kontrollera insugsrörets tryckgivare (i förekommande fall)
- Se testerna av insugsrörets tryckgivare i aktuellt systemkapitel.
- Kontrollera utspänningen.
- Leta efter en vakuumläcka eller en felkopplad slang mellan insugsrör och insugsrörets tryckgivare. En vakuumläcka kan ge för fet blandning.

10 Luftflödesmätarens funktion (i förekommande fall)
- Se testerna av luftflödesmätaren i aktuellt systemkapitel.

11 Kontrollera insprutningssignalen och anteckna pulstiden
- Se testerna av insprutningen i aktuellt systemkapitel. Kontrollera kylvätsketemperaturgivaren, luftflödesmätaren eller insugsrörets tryckgivare samt övriga givare i bränslesystemet.
- En för lång pulstid kan ge en för fet blandning.

12 Kontroll av bränsleavdunstningssystemet (i förekommande fall)
- Se testerna av kolkanisterventilen i aktuellt systemkapitel.
- Kontrollera kolkanistern.
- Kontrollera kretsen för kolkanisterventilen. Ett fel kan ge läckage av bränsleångor i insugssystemet.

7 För fet blandning (forts)

- I de flesta system ska kanistertömning inte aktiveras när motorn är kall eller värms upp eller när motorn går på tomgång.

13 Kontrollera systemet för återcirkulation av avgaser (i förekommande fall)

- Se testerna av återcirkulationen i aktuellt systemkapitel.

8 För mager blandning

1 Kontrollera CO-halten vid tomgång, 2 000 och 3 000 varv/min

- Justera blandningen (om det är möjligt). Sök efter fel i motorstyrnings-systemet eller insprutningen. *Observera att inställningen blir fel om justering av CO-halten utförs när det finns fel i systemet.*

2 Misständning vid mager blandning

- Mager blandning vid tomgång kan resultera i misständning vilket ger för hög HC-halt.

3 Lågt bränsletryck

- För lågt bränsletryck kan resultera i för mager blandning. Se rutinerna för aktuellt system beträffande tester av bränsletryck.
- Kontrollera trycket i bränslesystemet.
- Kontrollera om bränsletrycksregulatorn är defekt.
- Kontrollera om bränslepumpen är defekt.

4 Kontrollera insprutningssignalen och anteckna pulstiden

- Se testerna av insprutningen i aktuellt systemkapitel. Kontrollera kylvätsketemperaturgivaren, luftflödesmätaren eller insugsrörets tryckgivare samt övriga givare i bränslesystemet.
- Om pulstiden är för kort kan blandningen bli för mager.

5 Kylvätskans temperaturgivare

- Se testerna av kylvätsketemperaturgivaren i aktuellt systemkapitel.
- Kontrollera att spänningssignalen motsvarar temperaturen.
- För låg spänning eller för lågt motstånd samt felaktiga signaler kan ge för mager blandning.

6 Leta efter mekaniska fel på injektorerna

- Förorening av injektormunstyckena kan ge för lite bränsle eller felaktig insprutning, vilket kan påverka utsläppsnivåerna och motorns prestanda.

9 Låg motorkraft

1 Kontrollera tändsystemets primärsida

- Se drifttesterna under systemets primärtest.
- Kontrollera vilovinkeln vid tomgång, 2 000 och 3 000 varv/min.

2 Kontrollera tändsystemets sekundärsida

- Se testerna för kontrollen av tändsystemets sekundärsida. Kontrollera särskilt följande sekundärkomponenter: Tändstift, tändkablar, spolens sekundärsida, fördelarlock och rotorarm (i förekommande fall)

3 Kontrollera tändläget

- Om det finns tändlägesmarkeringar och specifikationer går det att jämföra med dessa vid tomgång, 2 000 varv/min och 3 000 varv/min.
- Om motorn saknar tändlägesmarkeringar och specifikationer går det att göra egna markeringar på remskivan och växellådshuset. Starta motorn och kontrollera att tändlägesinställningen är ca. 0 till 15° FÖD. Om tändningen styrs av styrmodulen kommer markeringarna att vara ostadiga eftersom styrmodulen ändrar tändläget för att styra tomgångsvarvtalet. När trotteln öppnas ska tändläget långsamt flyttas fram.

4 Kontrollera om blandningen är för fet

5 Kontrollera om blandningen är för mager

7 Undersök om det finns vakuumläckage i insugssystemet

- Läckage i insugsröret.
- Lös eller felkopplad vakuumslang.
- Andra orsaker till vakuumläckor är ventilkåpans eller kamkåpans tätning eller vid oljestickans tätning.

8 Kontrollera bränsleavdunstningssystemet (i förekommande fall)

- Se testerna av kolkanisterventilen i aktuellt systemkapitel.
- Kontrollera kolkanistern.
- Kontrollera kretsen för kolkanisterventilen. Ett fel kan medföra läckage till insugssystemet.
- I de flesta system ska kanistertömning inte aktiveras när motorn är kall eller värms upp eller när motorn går på tomgång.

9 Kontrollera systemet för återcirkulation av avgaser (i förekommande fall)

- Se testerna av återcirkulationen i aktuellt systemkapitel.
- Ett fel kan resultera i ett vakuumläckage till insugssystemet.
- I de flesta system ska systemet för återcirkulation av avgaser inte aktiveras när motorn är kall eller värms upp samt när motorn går på tomgång.

10 Kontrollera pulsluftsystemet (i förekommande fall)

- Se testerna av pulsluftsystemet i aktuellt systemkapitel.
- Ett fel kan resultera i vakuumläckage till avgassystemet.
- I de flesta bilar kan pulsluftsystemet endast fungera när motorn är kall och här endast under ett par minuter efter start.

6 Kontrollera luftfiltrets skick

- Igensatt luftfilter kan ge för fet blandning och försämra prestanda.

7 Kontrollera om bränslefiltret är igensatt

8 Kontrollera luftflödesmätarens funktion (i förekommande fall)

- Se testerna av luftflödesmätaren i aktuellt systemkapitel.
- Kontrollera i synnerhet att utgångsspänningen ökar jämnt med ökande varvtal.

9 Kontrollera trottelns positionsgivare och trottelbrytaren

- Vissa motorer har trottelbrytare eller en kombinerad trottellägespotentiometer/brytare. Se testerna av trottellägesenheter i aktuellt systemkapitel.
- Test av trottelns positionsgivar funktion (i förekommande fall). Kontrollera i synnerhet att utspänningen ökar jämnt när trotteln öppnas.
- Testa trottelbrytarens funktion (i förekommande fall). Kontrollera i synnerhet brytarens justering vid tomgång och fullt gaspådrag.
- Kontrollera att trotteln är helt öppet när gaspedalen är helt nedtryckt.

9 Låg motorkraft (forts)

10 Kontrollera om kamremmen (eller kamkedjan) är felaktigt inställd

11 Fasgivarens signal är ur fas

- Om systemet har en fasgivare (förekommer ofta i sekventiella insprutningssystem), kontrollera att de två signalerna är i fas. Signaler ur fas kan resultera i sämre prestanda.
- Kontrollera att fördelaren inte har rubbats ur det korrekta läget. En mycket liten förflyttning kan resultera i fasfel.
- En feljusterad eller sträckt kamrem kan resultera i fasfel.

12 Kylvätskans temperaturgivare

- Kontrollera att spänningssignalen är beroende av temperaturen. Se test av kylvätsketemperaturgivaren i aktuellt systemkapitel.
- Om spänningen eller motståndet är för högt eller om värdet är felaktigt kan blandningen bli för fet.

13 Kontrollera insprutningssignalen och anteckna pulslängden

- Se testerna av insprutningen i aktuellt systemkapitel. Kontrollera kylvätsketemperaturgivaren, luftflödesmätaren eller insugsrörets tryckgivare samt övriga givare i bränslesystemet.
- Felaktig pulslängd kan resultera i lägre motoreffekt.

14 Kontrollera om det finns mekaniska fel på injektorerna

- Smuts i injektormunstyckena kan resultera i för lite bränsle eller felaktig bränslestråle vilket kan påverka startegenskaperna.
- En eller flera läckande injektorer kan ge för fet blandning som kan försämra motorns prestanda.

15 Kontrollera CO-halten vid tomgång och vid 2 000 respektive 3 000 varv/min

- Justera blandningen (om det är möjligt). Sök efter fel i motorstyrningssystemet eller insprutningen.
  Observera: *inställningen blir fel om CO-halten justeras när det finns fel i systemet.*
- Mager blandning vid tomgång kan resultera i misständning vilket ger för hög HC-halt.

16 Lågt bränsletryck

- Lågt bränsletryck kan ge för mager bränsleblandning. Se testerna av bränsletryck i aktuellt systemkapitel.
- Kontrollera trycket i bränslesystemet.
- Kontrollera om bränsletrycksregulatorn är defekt.

- Kontrollera om bränslepumpen är defekt.

17 Kontrollera insugsrörets tryckgivare (i förekommande fall)

- Se testerna av insugsrörets tryckgivare i aktuellt systemkapitel.
- Kontrollera utspänningen.
- Leta efter en vakuumläcka eller en felkopplad slang mellan insugsrör och insugsrörets tryckgivare. En vakuumläcka kan ge för fet blandning.

18 Leta efter läckage i insuget

- Läckage i insugsröret.
- Lös eller felkopplad vakuumslang.
- Andra orsaker till vakuumläckor är ventilkåpans eller kamkåpans tätning eller vid oljestickans tätning.

19 Dåliga anslutningar

- Kontrollera att anslutningarna i kabelhärvor samt vid givarnas och aktiverarnas kontakter är korrekta och inte korroderade.

20 Kontrollera motoroljans typ

- Fel motorolja eller olja som är i dåligt skick kan göra att hydrauliska ventillyftare (i förekommande fall) öppnas, vilket påverkar ventilfunktionen och begränsar motorvarvtalet.

21 Kontrollera att LOS-funktionen ("linka hem") inte är aktiverad

22 Kontrollera att katalysatorn inte är igensatt

- Normalt ska katalysatorn hålla 80 000 km. Om den går sönder tidigare beror det nästan alltid på felaktiga driftförhållanden.
- I vissa bilar kan en igensatt katalysator upptäckas genom att den avger ett väsande ljud.
- Om katalysatorn har slagit i gatan vid farthinder eller trottoarkanter kan detta ge skador som blockerar avgassystemet.
- Misständning eller för fet blandning kan höja katalysatorns temperatur så att den inre delen smälter. Katalysatorn kan förstöras mycket snabbt vilket ofta sätter igen avgassystemet.
- Om katalysatorn är defekt, ta reda på orsaken, annars kan den nya katalysatorn förstöras av samma orsak.

23 Kontrollera kompressionstrycket

- Skruva ur tändstiften och kontrollera kompressionstrycket. Innan kompressionsprov påbörjas, koppla ur tändningen så att motorn inte startar.

10 Hackningar eller ojämn gång

1 Kontrollera tändsystemets primärsida

- Se drifttesterna under systemets primärtest.
- Kontrollera vilovinkeln vid tomgång och 2 000 och 3 000 varv/min.

2 Kontrollera tändsystemets sekundärsida

- Se testerna för kontrollen av tändsystemets sekundärsida. Kontrollera särskilt följande sekundärkomponenter: Tändstift, tändkablar, spolens sekundärsida, fördelarlock och rotorarm (i förekommande fall).

3 Kontrollera tändläget

- Om det finns tändlägesmarkeringar och specifikationer går det att jämföra med dessa vid tomgång och 2 000 och 3 000 varv/min.
- Om motorn saknar tändlägesmarkeringar och specifikationer går det att göra egna markeringar på remskivan och växellådshuset. Starta motorn och kontrollera att tändlägesinställningen är ca. 0 till 15° FÖD. Om tändningen styrs av styrmodulen kommer markeringarna att vara ostadiga eftersom styrmodulen ändrar

tändläget för att styra tomgångsvarvtalet. När trotteln öppnas ska tändläget långsamt flyttas fram.

4 Kontrollera om blandningen är för fet

5 Kontrollera om blandningen är för mager

6 Kontrollera luftfiltrets skick

- Igensatt luftfilter kan ge för fet blandning och försämra prestanda.

7 Kontrollera om bränslefiltret är igensatt

8 Kontrollera CO-halten vid tomgång och vid 2 000 och 3 000 varv/min

- Justera blandningen (om det är möjligt). Sök efter fel i motorstyrningssystemet eller insprutningen.
  Observera: *inställningen blir fel om CO-halten justeras när det finns fel i systemet.*
- Mager blandning vid tomgång kan resultera i misständning vilket ger för hög HC-halt.

10 Hackningar eller ojämn gång (forts)

9 Kontrollera insprutningssignalen och anteckna pulstiden

- Se testerna av insprutningen i aktuellt systemkapitel. Kontrollera kylvätsketemperaturgivaren, luftflödesmätaren och insugsrörets tryckgivare samt övriga givare i bränslesystemet.
- Felaktig pulslängd kan resultera i lägre motoreffekt.

10 Lågt bränsletryck

- Lågt bränsletryck kan ge för mager bränsleblandning. Se testerna av bränsletryck i aktuellt systemkapitel.
- Kontrollera trycket i bränslesystemet.
- Kontrollera om bränsletrycksregulatorn är defekt.
- Kontrollera om bränslepumpen är defekt.

11 Kylvätskans temperaturgivare

- Kontrollera att spänningssignalen är beroende av temperaturen. Se test av kylvätsketemperaturgivaren i aktuellt systemkapitel.
- Om spänningen eller motståndet är för högt eller om värdet är felaktigt kan blandningen bli för fet.

12 Undersök om det finns mekaniska fel på injektorerna

- Smuts i injektormunstyckena kan resultera i för lite bränsle eller felaktig bränslestråle vilket kan påverka startegenskaperna.
- En eller flera läckande injektorer kan ge för fet blandning som kan försämra motorns prestanda.

13 Kontrollera insugsrörets tryckgivare (i förekommande fall)

- Se testerna av insugsrörets tryckgivare i aktuellt systemkapitel.
- Kontrollera utspänningen.
- Leta efter en vakuumläcka eller en felkopplad slang mellan insugsrör och insugsrörets tryckgivare. En vakuumläcka kan ge för fet blandning.

14 Kontrollera luftflödesmätarens funktion (i förekommande fall)

- Se testerna av luftflödesmätaren i aktuellt systemkapitel.
- Kontrollera i synnerhet att utgångsspänningen ökar jämnt i proportion till ökande varvtal.

15 Kontrollera trottelns positionsgivare respektive trottelbrytaren

- Vissa motorer har trottelbrytare eller en kombinerad trottellägespotentiometer/brytare. Se testerna av trottellägesenheter i aktuellt systemkapitel.
- Test av trottelns positionsgivares funktion (i förekommande fall). Kontrollera i synnerhet att utspänningen ökar jämnt när trotteln öppnas.
- Testa trottelbrytarens funktion (i förekommande fall). Kontrollera i synnerhet brytarens justering vid tomgång och fullt gaspådrag.
- Kontrollera att trotteln öppnas helt när gaspedalen trycks ned helt.

16 Leta efter läckage i insuget

- Läckage i insugsröret.
- Lös eller felkopplad vakuumslang.
- Andra orsaker till vakuumläckor är ventilkåpans eller kamkåpans tätning eller vid oljestickans tätning.

17 Kontroll av bränsleavdunstningssystemet (i förekommande fall)

- Se testerna av kolkanisterventilen i aktuellt systemkapitel.
- Kontrollera kolkanistern.
- Kontrollera kretsen för kolkanisterventilen. Ett fel kan ge ett läckage till insugssystemet.
- I de flesta system ska kanistertömning inte aktiveras när motorn är kall eller värms upp eller när motorn går på tomgång.

- Om bränsleångor leds in i insugssystemet vid fel tillfälle kommer motorn att hacka. Lossa och plugga bränsleångslangen till trottelhuset. Provkör bilen. Om motorn fungerar, kontrollera kretsarna för kolkanisterventilen.

18 Kontrollera om kamremmen (eller kamkedjan) är felaktigt inställd

19 Fasgivarens signal är ur fas

- Om systemet har en fasgivare (förekommer ofta i sekventiella insprutningssystem), kontrollera att de två signalerna är i fas. Signaler ur fas kan resultera i sämre prestanda.
- Kontrollera att fördelaren inte har rubbats ur det korrekta läget. En mycket liten förflyttning kan resultera i fasfel.
- En feljusterad eller sträckt kamrem kan resultera i fasfel.

20 Dåliga anslutningar

- Kontrollera att anslutningarna i kabelhärvor samt vid givarnas och aktiverarnas kontakter är korrekta och inte korroderade.

21 Sotavlagringar

- Sotavlagringar på insugsventilernas baksida kan göra att en del av bränslet lagras i sotet.
- Detta gör blandningen magrare vilket kan ge problem i synnerhet när motorn är kall. Stora sotavlagringar orsakas vanligtvis av att motoroljan är i mycket dåligt skick vilket gör att rök sugs in i insugningen till trottelhuset.

22 Hackning vid mager blandning

- Moderna motorer är konstruerade för att ge god bränsleekonomi och låga utsläpp. De förprogrammerade inställningarna i motorstyrningssystemet är ofta magra vilket beroende på motortoleranserna innebär att vissa motorer kommer att hacka eller ha låg motorkraft vid vissa varvtal.
- Ett antal "trick" har under åren använts för att motverka hackningar i insprutningsmotorer. Dessa "trick" kan i själva verket förvärra situationen om de används för att åtgärda ett systemfel. De ska endast användas som en sista utväg på bilar utan katalysator. Katalysatorbilar med Lambdareglering kommer alltid att försöka hålla bränsleblandningen inom Lambda.
- Inlödning av ett motstånd i kylvätsketemperaturgivarens matningsledning. Motståndsvärdet beräknas på följande sätt. Montera en potentiometer i temperaturgivarens krets och gör blandningen fetare genom att ställa in ett högre motstånd än normalt vid normal arbetstemperatur. Om motorn reagerar bättre under körprov ska ett motstånd med ett värde som motsvarar skillnaden mellan det högre inställda värdet och normalvärdet monteras i temperaturgivarens matningsledning.
- Montera injektorer som har bättre genomströmning eller större munstycken.
- Borra ett mycket litet hål i vakuumslangen till insugsrörets tryckgivare. Den lägre vakuumsignalen gör att styrningen gör blandningen fetare.
- Variera fjäderspänningen för luftflödesmätare med klaff så att mindre kraft krävs för att flytta luftflödesmätaren till de öppna lägena. Mindre luft kommer att strömma och bränsleblandningen blir fetare.
- Bilar med katalysator: Gör ett mindre hål i avgassystemet. Svetsa fast en anslutning på avgasröret före syresensor. Skruva fast ett mindre förgasarmunstycke i anslutningen så att en mindre mängd luft kan läcka in i avgasröret. Syresensorns signal kommer motsvara en magrare blandning vilket kommer att föranleda styrmodulen att göra blandningen fetare. Munstycket kommer att sota igen under drift och måste kontrolleras och rengöras regelbundet.

Varning: Denna metod kommer med stor sannolikhet att resultera i att bilen inte klarar avgaskraven.

11 Motorstopp vid tomgång (även ojämn gång under uppvärmning)

Observera: *Om bilen ofta får motorstopp beror det troligtvis på ett eller flera av nedanstående fel. Endast fel som påverkar tomgången har angivits. Motorn kan även uppvisa andra symptom, vilket innebär att andra felsökningsanvisningar ska användas.*

1 Kontrollera tändsystemets primärsida
- Se drifttesterna under systemets primärtest.
- Kontrollera vilovinkeln vid tomgång och 2 000 och 3 000 varv/min.

2 Kontrollera tändsystemets sekundärsida
- Se testerna för kontroll av tändsystemets sekundärsida. Kontrollera särskilt följande sekundärkomponenter: Tändstift, tändkablar, spolens sekundärsida, fördelarlock och rotorarm (i förekommande fall).

3 Kontrollera tändläget
- Om tändlägesmarkeringar finns och om data finns tillgängliga, jämför vid tomgång och vid 2 000 och 3 000 varv/min.
- Om tändlägesmarkeringar eller specifikationer saknas går det att göra egna markeringar på remskivan och växellådshuset. Starta motorn och kontrollera att tändläget vid tomgång är ca. 0 till 15° FÖD. Om tändläget styrs av styrmodulen kommer markeringarna att vara ostadiga eftersom modulen ändrar tändläget för att styra tomgångsvarvtalet. Med ökat gaspådrag ska tändläget flyttas fram.

4 Kontrollera om blandningen är för fet
5 Kontrollera om blandningen är för mager
6 Kontrollera luftfiltrets skick
- Igensatt luftfilter kan ge för fet blandning och försämrad prestanda.

7 Lågt tomgångsvarvtal
- Se tomgångsjusteringarna i aktuellt systemkapitel.
- Justera (om möjligt) tomgångsvarvtalet.

8 Kontrollera CO-halten vid tomgång
- Justera blandningen (om det är möjligt). Sök efter fel i motorstyrningssystemet eller insprutningen.
  Observera: inställningen blir fel om CO-halten justeras när det finns fel i systemet.
- Mager blandning vid tomgång kan resultera i misständning vilket ger för hög HC-halt.

9 Kontrollera att LOS-funktionen ("linka hem") inte är aktiverad.
- Om "linka hem" aktiverats kan tomgångsvarvtalet vara för lågt med varm motor och för högt med kall motor.

10 Kylvätskans temperaturgivare
- Kontrollera att spänningssignalen är beroende av temperaturen. Se test av kylvätsketemperaturgivaren i aktuellt systemkapitel.
- Om spänningen eller motståndet är för högt eller om värdet är felaktigt kan blandningen bli för fet.

11 Undersök om det finns mekaniska fel på injektorerna
- Smuts i injektormunstyckena kan resultera i för lite bränsle eller felaktig bränslestråle vilket kan påverka startegenskaperna.
- En eller flera läckande injektorer kan ge för fet blandning som kan försämra motorns prestanda.

12 Leta efter vakuumläckage vid injektormunstyckenas tätningar
13 Kontrollera om trottelhuset har sotavlagringar
- Detta orsakas oftast av rök från vevhusventilationen. Sot kan göra att trotteln går trögt eller fastnar, vilket resulterar i sämre tomgång och köregenskaper.

14 Kontrollera trottelhusets slitage, i synnerhet runt axeln

15 Kontrollera trottelns positionsgivare respektive trottelbrytaren
- Vissa motorer har trottelbrytare eller en kombinerad trottellägespotentiometer/brytare. Se testerna av trottellägesenheter i aktuellt systemkapitel.
- Test av trottelns positionsgivares funktion (i förekommande fall). Kontrollera i synnerhet att utspänningen ökar jämnt när trotteln öppnas.
- Testa trottelbrytarens funktion (i förekommande fall). Kontrollera i synnerhet brytarens justering vid tomgång och fullt gaspådrag.
- Kontrollera att trotteln öppnas helt när gaspedalen trycks ned helt.

16 Leta efter läckage i insuget
- Läckage i insugsröret.
- Lös eller felkopplad vakuumslang.
- Andra orsaker till vakuumläckor är ventilkåpans eller kamkåpans tätning eller vid oljestickans tätning.

17 Kontroll av bränsleavdunstningssystemet (i förekommande fall)
- Se testerna av kolkanisterventilen i aktuellt systemkapitel.
- Kontrollera kolkanistern.
- Kontrollera kretsen för kolkanisterventilen. Ett fel kan ge vakuumläckage eller permanent läckage av bränsleångor till insugssystemet.
- I de flesta system ska kanistertömning inte aktiveras när motorn är kall eller värms upp eller när motorn går på tomgång.
- Om bränsleångor leds in i insugssystemet vid fel tillfälle kommer motorn att hacka. Lossa och plugga bränsleångslangen till trottelhuset. Provkör bilen. Om motorn fungerar, kontrollera kretsarna för kolkanisterventilen.

18 Kontrollera systemet för återcirkulation av avgaser (i förekommande fall)
- Se testerna av återcirkulationen i aktuellt systemkapitel.
- Ett fel kan resultera i ett vakuumläckage till insugssystemet.
- I de flesta system ska systemet för återcirkulation av avgaser inte aktiveras när motorn är kall eller värms upp eller när motorn går på tomgång.

19 Kontrollera tomgångsventilen, stegmotorn respektive hjälpluftventilen (systemet för tomgångsstyrning)
- Se de relevanta komponenttesterna i aktuellt systemkapitel.

20 Om styrmodulens permanenta spänningsmatning saknas eller avbryts
- I detta fall kommer styrmodulen att förlora lagrad information vilket leder till motorstopp.
- Kontrollera kretsens säkring (i förekommande fall) eller matningen från batteriet (+).
- System med minnesbackup förlorar inte tomgångsinformationen när batteriet kopplas ur.

21 Kontrollera trottelhusvärmaren (i förekommande fall)
- Se testerna av värmaren i aktuellt systemkapitel.
- Om värmaren är defekt kan motorstopp förekomma vid låga temperaturer eller vid fuktig väderlek p g a isproppar.
- Om trottelhuset värms av motorns kylvätska, kontrollera att det erhåller tillräckligt med värme när motorn är uppe i arbetstemperatur. Om värmningen av trottelhuset är otillräcklig kan motorstopp uppträda vid låga temperaturer eller vid fuktig väderlek p g a isproppar.

22 Kontrollera ventilspelen
- För små ventilspel kan bidra till att orsaka motorstopp.

11 Motorstopp vid tomgång (även ojämn gång under uppvärmning) - forts

23 Kontrollera syresensorn
- Defekt syresensor kan göra att motorn går ojämnt på tomgång. Koppla loss syresensorns kontakt. Om tomgången förbättras är det troligtvis fel på syresensorn. Se testerna av syresensorer i aktuellt systemkapitel.

12 Ojämn gång under uppvärmning

Fel som påverkar motorn under uppvärmningen påverkar i allmänhet även tomgången. Se avsnitt 11. Dessutom förstärks de flesta av dessa fel vid kall väderlek.

24 Motorstopp efter motorbromsning
- Kontrollera trottelns läge och trottelns positionsgivares respektive -brytarens justering. Styrmodulen måste erhålla en signal om att trotteln är stängd för att kunna aktivera rutinen för insprutning vid motorbromsning.

13 Knackningar

- Slitna tändstift eller fel värmetal. Se testrutiner för tändstift under sekundärsidans tester i kapitel 4.
- Defekt knackgivare. Se testerna av knackgivare i aktuellt systemkapitel.
- Sotavlagringar i cylindrar.

- Fel i kylsystemet.
- För stor tändförställning (i allmänhet i fördelare med mekanisk tändförställning). Se justeringar av tändläget i aktuellt systemkapitel.
- För lågt oktantal.

14 Motorn baktänder via insugsventiler

1 Kontrollera tändsystemets primärsida
- Se drifttesterna under systemets primärtest.
- Kontrollera vilovinkeln vid tomgång och 2 000 och 3 000 varv/min.

2 Kontrollera tändsystemets sekundärsida
- Se testerna för kontrollen av tändsystemets sekundärsida. Kontrollera särskilt följande sekundärkomponenter: Tändstift, tändkablar, spolens sekundärsida, fördelarlock och rotorarm (i förekommande fall).

3 Kontrollera tändläget
- Om tändlägesmarkeringar finns och om data finns tillgängliga, jämför vid tomgång och vid 2 000 och 3 000 varv/min.
- Om motorn saknar tändlägesmarkeringar och specifikationer går det att göra egna markeringar på remskivan och växellådshuset. Starta motorn och kontrollera att tändlägesinställningen är ca. 0 till 15° FÖD. Om tändningen styrs av styrmodulen kommer markeringarna att vara ostadiga eftersom styrmodulen ändrar tändläget för att styra tomgångsvarvtalet. När trotteln öppnas ska tändläget långsamt flyttas fram.

4 Kontrollera om blandningen är för mager
5 Kontrollera om det finns vakuumläckage i insugssystemet
- Läckage i insugsröret.
- Lös eller felkopplad vakuumslang.
- Andra orsaker till vakuumläckor är ventilkåpans eller kamkåpans tätning eller vid oljestickans tätning.

6 Sotavlagringar
- Sotavlagringar på insugsventilernas baksida kan göra att en del av bränslet lagras i sotet.
- Detta ger för mager blandning och kan orsaka baktändning som kan förvärras när motorn är kall. Större sotavlagringar orsakas oftast av att motoroljan är i mycket dåligt skick samt att rök sugs in via vevhusventilationen till trottelhuset.

7 Kontrollera om insugsventilen läcker eller är bränd
- Skruva ur tändstiften och kontrollera kompressiontrycket.
- Innan kompressionsprovet inleds, se till att motorn inte kan starta.

15 Motorn baktänder via avgasventiler

1 Kylvätskans temperaturgivare
- Kontrollera att spänningssignalen är beroende av temperaturen. Se test av kylvätsketemperaturgivaren i aktuellt systemkapitel.
- Styrmodulen kan ha aktiverat LOS-funktionen ("linka hem"). Alternativt kan kylvätsketemperaturgivarens motstånd vara för lågt när motorn är varm.

2 Leta efter mekaniska fel på injektorerna
- Smuts i injektormunstyckena kan resultera i för lite bränsle eller felaktig bränslestråle vilket kan påverka startegenskaperna.

- En eller flera läckande injektorer kan ge för fet blandning som kan försämra motorns prestanda.

3 Kontrollera om någon avgasventil läcker eller är bränd
- Skruva ur tändstiften och kontrollera kompressionstrycket.
- Innan kompressionsprovet inleds, se till att motorn inte kan starta.

16 Tillfälligt uppkommande fel

- Intermittenta (tillfälliga) fel är de överlägset svåraste att åtgärda och vi kan endast ge generella råd om hur denna typ av fel kan spåras.
- Följ anvisningarna i avsnitt 3 noggrant. Även om du inte säkert lokaliserar felet får du en tämligen klar bild om var felet inte ligger.
- De flesta intermittenta fel orsakas av lösa, korroderade eller defekta ledningar och kontakter.
- Kontrollera att inga ledningar är spända. Detta kan annars göra att ledningen drar i kontakten när motorn vibrerar. Kontakten kan brytas och återställas slumpmässigt.
- Leta efter ledningar med dålig eller trasig isolering. Detta kan kortsluta förbindelser liksom inklämda ledningar kan orsaka kort-slutningar mot jord.
- Kör bilen och försök att reproducera omständigheterna då felet uppstår.
- Om varvräknaren går ner till noll när felet uppstår, kan det vara fel på tändningens primärkrets.
- Om instrumentdisplayen stängs av kan felet ligga i matningen eller tändningslåset.
- Anslut en arbetscykelmätare eller en voltmätare till de kretsar där felsökning ska utföras och starta motorn eller aktivera kretsen. Vissa multimätare kan visa min- och maxvärden och detta kan underlätta sökningen efter defekta matningar eller jordförbindelser.
- Vissa typer av testutrustning har en "färdskrivarfunktion" som kan kopplas till antingen den seriella porten eller mellan styrmodulen och dess kontakt. Färdskrivaren registrerar kontinuerligt informationen från i princip alla givare, aktiverare och styrningar. Kör sedan bilen till dess att felet uppstår. Spara sedan ca. 30 sek med information före och efter felet som senare kan analyseras i verkstaden.
- Kör motorn, vicka på kontaktdonen och knacka försiktigt på reläer och komponenter. Om felet uppträder kan orsaken vara upptäckt.
- Använd en felkodsavläsare till att läsa av felkoderna i styrmodulen. Om det finns koder ska dessa raderas. Kör sedan bilen för att se om koden uppträder igen. Ett eller två fel i en viss krets kan vara tillräckligt för att en kod ska avges.
- Om du inte kan hitta något elfel kan du kontrollera om smörjningen fungerar korrekt och om oljan är av rätt typ. Sådana problem kan orsaka att hydrauliska ventiltryckare fungerar dåligt samt att motorkraften sjunker.
- Kontrollera ventilspelen. För små ventilspel kan ge lägre motorkraft eftersom spelen minskar ytterligare när motorn blir varm.

Kapitel 6
Bosch Motronic flerpunkts (stift 35, 55 & 88)

Innehåll

Specifikationer

Fordon	Årsmodell	Tomgångsvarv	CO%
BMW, Motronic Första generationen			
325i utan katalysator	1985 till 1986	760 ± 40	0,7 ± 0,5
325e med katalysator	1985 till 1991	700 ± 50	0,5 max
525e utan katalysator	1983 till 1985	700 ± 50	1,0 ± 0,5
525e med katalysator	1986 till 1987	720 ± 40	0,5 max
525e utan katalysator	1986 till 1987	720 ± 40	1,0 ± 0,5
535i/M535i utan katalysator	1982 till 1986	800 ± 50	1,0 ± 0,5
M5 DOHC utan katalysator	1985 till 1987	850 ± 50	1,5 max
BMW, Motronic 1.3			
316/318/518i utan katalysator	1988 till 1991	800 ± 40	0,7 ± 0,5
316/318/518i med katalysator	1988 till 1991	800 ± 40	0,5 max
320/325i utan katalysator	1986 till 1991	760 ± 40	0,7 ± 0,5
320/325i med katalysator	1986 till 1991	760 ± 40	0,5 max
520/525i utan katalysator	1988 till 1991	760 ± 40	0,7 ± 0,5
520/525i med katalysator	1988 till 1991	760 ± 40	0,5 max
530/535i utan katalysator	1988 till 1991	800 ± 50	0,7 ± 0,5
530/535i med katalysator	1988 till 1991	800 ± 50	0,5 max
BMW, Motronic 1,7			
316i med katalysator	1991 till 1993	800 ± 40	0,7 ± 0,5
316i & Compact	1993 till 1996	800 ± 40	0,7 ± 0,5
318is 16V med katalysator	1990 till 1991	850 ± 40	0,7 ± 0,5
318i med katalysator	1991 till 1993	800 ± 40	0,7 ± 0,5
318is & Compact	1992 till 1996	850 ± 40	0,7 ± 0,5
318i	1993 till 1996	800 ± 40	0,7 ± 0,5
518i	1993 till 1996	800 ± 40	0,7 ± 0,5
750i & L & med katalysator	1987 till 1994	700 ± 50	0,7 ± 0,5
850i	1991 till 1994	700 ± 50	0,7 ± 0,5

Fordon	Arsmodell	Tomgångsvarv	CO%
BMW, Motronic 3.1			
320i 24V med katalysator	1991 till 1993	700 ± 40	0,7 ± 0,5
320i 24V	1993 till 1996	700 ± 40	0,7 ± 0,5
325i 24V med katalysator	1991 till 1993	700 ± 40	0,7 ± 0,5
325i 24V	1993 till 1996	700 ± 40	0,7 ± 0,5
520i och Touring 24V	1990 till 1993	800 ± 40	0,7 ± 0,5
520i och Touring 24V	1993 till 1996	700 ± 40	0,7 ± 0,5
525i och Touring 24V	1990 till 1993	800 ± 40	0,7 ± 0,5
525i och Touring 24V	1993 till 1996	700 ± 40	0,7 ± 0,5
BMW, Motronic 3.3			
530i & Touring V8	1993 till 1996	600 ± 50	0,7 ± 0,5
540i V8	1993 till 1996	600 ± 50	0,7 ± 0,5
M5	1986 till 1988	850 ± 50	0,3 till 1,5
730i V8 med katalysator	1992 till 1994	600 ± 50	0,7 ± 0,5
730i	1994 till 1996	600 ± 50	0,7 ± 0,5
740i iL V8	1992 till 1994	600 ± 50	0,7 ± 0,5
740i	1994 till 1996	600 ± 50	0,7 ± 0,5
840 Ci	1993 till 1996	600 ± 50	0,7 ± 0,5
Citroën/Peugeot, Motronic 1.3			
Citroën BX19, ZX19 (8V), BX19 (16V) (MT)	-	850 till 950	0,8 till 2,0 (utan katal.) / 0,5 (med katal.)
Citroën BX19, ZX19 (8V), BX19 (16V) (automatväxellåda)	-	800 till 850	0,8 till 2,0 (utan katal.) / 0,5 (med katal.)
Peugeot 205/309/405 1.9 (8V) (MT)	-	850 till 950	0,8 till 2,0 (utan katal.) / 0,5 (med katal.)
Peugeot 205/309/405 1.9 (8V) (automatväxellåda)	-	800 till 850	0,8 till 2,0 (utan katal.) / 0,5 (med katal.)
Peugeot 309/405 (16V) (MT)	-	850 till 950	0,8 till 2,0 (utan katal.) / 0,5 (med katal.)
Citroën/Peugeot, Motronic 3.1			
AX 1.4i K6B (TU3J2/K)	1990 till 1991	880	1,0 ± 0,5
AX 1.4i cat KFZ (TU3J2/L.Z)	1991 till 1996	900 ± 50	0,5 max
BX 1.9i XU9J2 (D6D)	1990 till 1992	850 ± 50	1,5 ± 0,5
ZX 1.9i XU9JA/K (D6E)	1991 till 1992	850 ± 50	1,5 ± 0,5
XM 2.0i XU10J2Z (RFZ) med katalysator	1990 till 1992	875 ± 25	0,5 max
106 1.4i TU3FJ2 (K6B)	1991 till 1992	920 ± 50	1.0 ± 0,5
106 1.4i med katalysator TU3FJ2 (KFZ)	1991 till 1996	920 ± 50	
405 1.9i (XU9J2) D6D	1990 till 1992	850 till 900	1,5 ± 0,5
605 2.0i (XU10J2Z) RFZ med katalysator	1990 till 1995	800 ± 20	0,5 max
Citroën/Peugeot, Motronic 3.2			
Xantia 2.0i 16V med katalysator RFY (XU10J4D/Z)	1993 till 1995	880 ± 50	0,4 max
ZX 2.0i 16V med katalysator RFY/RFT (XU10J4D/Z)	1993 till 1995	880 ± 50	0,4 max
306 2.0i16V med katalysator XU10J4/Z (RFY)	1994 till 1996	850 ± 50	0,5 max
405 2.0i 16V med katalysator XU10J4/Z (RFY)	1992 till 1995	880 ± 50	0,5 max
Citroën/Peugeot, Motronic 4.1			
Citroën BX19	-	850	0,8 till 1,5
Peugeot 405	-	830 till 930	1,5 till 2,0
Citroën/Peugeot, Motronic 5.1			
Xantia LX/SX och Break 1.8i 8V med katalysator	1993 till 1996	850 ± 50	0,4 max
Xantia 2.0i 16V och Break XU10J4RL/Z/L3 (RFV)	1995 till 1996	800 ± 50	0,4 max
XM 2.0i 16V med katalysator	1994 till 1996	800 ± 50	0,4 max
ZX 1.8i Advantage, Aura, Furio med katalysator	1993 till 1996	850 ± 50	0,4 max
306 1.6i XL/XR/XS/XT, 1.8i med katalysator XU7JP/Z (LFZ)	1993 till 1996	850 ± 50	0,4 max
405 2.0 XU7JPL/Z (LFZ)	1992 till 1996	850 ± 50	0,4 max
605 SLi 2.0i 16V			
Vauxhall/Opel, Motronic 1.5			
C16SEI, MT	-	820 till 980	1,0
20SEH MT 4x4	-	890 till 990	1,0
C20NE MT 4x4	-	890 till 990	1,0
C24NE, MT	-	820 till 880	1,0
C24NE, automatväxellåda	-	720 till 780	1,0
C26NE	-	670 till 830	1,0
C30NE	-	670 till 830	1,0
C30SE, SEJ	-	570 till 730	1,0
Alla andra modeller som inte räknats upp ovan	-	720 till 780	1,0

Fordon	Arsmodell	Tomgångsvarvtal	CO%
Vauxhall/Opel, Motronic 2.5			
Alla modeller utan katalysator	-	860 till 1020	0,7 till 1,2 max
Alla modeller med katalysator	-	860 till 1020	0,4 max
Vauxhall/Opel, Motronic 2.7			
Cavalier turbo med katalysator C20LET	1993 till 1995	860 till 1020	0,3 max
Vectra-A turbo med katalysator C20LET	1993 till 1995	860 till 1020	0,3 max
Calibra turbo 4x4 C20LET	1992 till 1996	860 till 1020	0,5 max
Vauxhall/Opel, Motronic 2.8			
Cavalier 2.5i 24V C25XE	1993 till 1995	620 till 780	0,3 max
Vectra-A 2.5i 24V C25XE	1993 till 1995	620 till 780	0,3 max
Calibra 2.0 16V och 4x4 C20XE	1993 och senare	860 till 1020	0,3 max
Calibra 2.5i 24V C25XE	1993 till 1996	620 till 780	0,5 max
Calibra 2.5i 24V X25XE	1997	620 till 780	0,5 max
Vauxhall/Opel, Motronic 2.8.1			
Omega-B 2.5i X25XE	1994 till 1997	570 till 730	0,5 max
Omega-B 3.0i X30XE	1994 till 1997	570 till 730	0,5 max
Vauxhall/Opel, Motronic 2.8.3			
Vectra-B 2.5i V6 24V X25XE	1995 till 1997	570 till 730	0,3 max
Vauxhall/Opel, Motronic 4.1			
Alla fordon	-	720 till 780	1,0
Volvo, Motronic			
740 och 760 turbo	1985 till 1989	800 till 850	0,5 till 2,0

Översikt av systemets funktion

1 Inledning

Läs denna översikt av funktionen hos Motronic tillsammans med kapitel 2 som beskriver vissa av funktionerna i större detalj.

Namnet "Motronic" beskriver en familj av elektroniska system för motorstyrning som kom ut i sin första version i början av 80-talet. Motronic var ett av de första äkta elektroniska styrsystemen och utvecklades från de välbeprövade insprutningssystemen "L" och "LE" Jetronic som kom fram i mitten av 70-talet. Motronic har utvecklats avsevärt genom åren och finns numera monterat på ett brett utbud av europeiska bilar.

Monterat i bilar från BMW kallas Motronic ibland "DME" (Digital Motor Electronics). Intressant nog täcker denna term de flesta versioner av Motronic-familjen i BMW:s fordon, inte något speciellt system. För närvarande finns det ett antal versioner av Motronic i bilparken. Första generationen, 1.5, 1.7, 1.8, 2.5, 2.7, 2.8, 2.8.1, 2.8.3, 3.1, MP3.1, 3.2, 4.1, 5.1, 5.1.1, etc. **(fig. 6.1)**.

Vi kan dela in dessa i huvudgrupperna Motronic "Första generationen" och Motronic Flerpunkts. Skillnaderna tas upp under dessa rubriker där de förekommer.

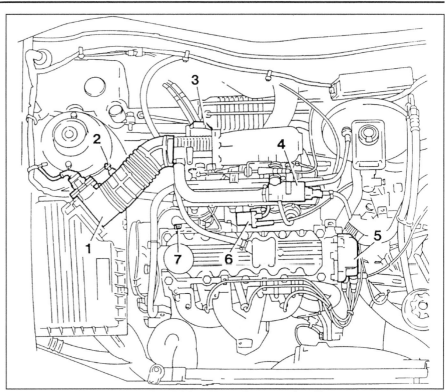

Fig. 6.1 Typiskt Motronic system (1.5.2)

1 Luftflödesmätare
2 Lufttemperatur-givare
3 Trottelns positionsgivare
4 Tomgångsventil
5 Fördelare
6 Kolkanisterventil
7 Kylvätskans temperaturgivare

Motronic "Första generationen"

Ett 35 stifts kontaktdon och multikontakter ansluter första generationens Motronic styrmodul till batteri, givare och aktiverare. Första generationens system monterades huvudsakligen från 1985 till 1987 och karaktäriseras av skilda givare för varvtal och ÖD. Alla senare versioner använder en vevaxelgivare.

Motronic flerpunktsinsprutning (MPi)

Ett kontaktdon med 35, 55 eller 88 stift och multikontakter ansluter styrmodulen till batteri, givare och aktiverare. Motronic 4.1 använder en 35 stifts multikontakt. Motronic 1.7 och MP3.1 använder en 88 stifts multikontakt och tändningen är direkt. Resterande versioner, inklusive 3.1, använder en 55 stifts multikontakt.

2 Styrfunktioner

Allmänt

Motronic styr normalt tändning, bränsle och tomgångsvarvtal i de fordon som använder systemet. En automatisk tomgångsventil styrs direkt av styrmodulen för att upprätthålla en stabil tomgång under alla förhållanden. Detta gäller för alla senare versioner.

Men i vissa tidiga första generationens system styrs tomgångsventilen av en separat styrmodul. Alternativt används en kylvätsketemperaturstyrd tomgångsreglering som inte regleras av Motronics styrmodul.

Tändläget och insprutningstiden behandlas tillsammans av styrmodulen så att tändning och insprutning optimeras under alla arbetsförhållanden.

Signalbehandling

Grundtändläget sparas i styrmodulen i en tredimensionell karta och signaler som anger motorns belastning och hastighet bestämmer tändläget. Huvudgivaren för motorns belastning är antingen en luftflödes- eller insugsrörstryckgivare och motorns hastighet avgörs från vevaxelgivarens signal.

Korrigeringar utförs för faktorer som start, tomgång, inbromsningar och del- och full belastning. Den huvudsakliga korrektionsfaktorn är motorns temperatur. Mindre korrigeringar av tändläge och insprutningstid sker i relation till signaler från lufttemperaturgivaren och signalerna från trottelgivaren.

Den grundläggande insprutningstiden är också lagrad som en tredimensionell karta och motorns hastighet och belastning bestämmer grundvärdet. Motronic beräknar insprutningstiden utifrån signalerna för motorns belastning och hastighet.

Insprutningstiden korrigeras med hänsyn till lufttemperaturgivaren, kylvätskans temperaturgivare, batterispänning och trottelgivarens

läge. Andra styrande faktorer är arbetsförhållanden som kallstart och varmkörning, tomgång, acceleration och inbromsning.

Motronic använder en annan karta för tomgångskörning och den kallas alltid upp när motorn går på tomgång. Varvtalet under uppvärmning och med varmkörd motor regleras av tomgångsregleringen (utom Första generationen). Motronic gör även små justeringar av tomgångsvarvtalet genom att ändra tändläget, vilket leder till ett ständigt föränderligt tändläge vid tomgång.

Grundläggande funktioner för styrmodulen (typiska)

En permanent spänning leds från bilens batteri till styrmodulen (gäller inte Första generationen). Detta gör att självtesten kan behålla data av tillfällig natur. När tändningen slås på leds spänning till tändspolen och till styrmodulen från tändningslåset. Detta gör att styrmodulen jordar bränsleinsprutningens huvudrelä. En relästyrspänning leds därmed till styrmodulen från bränsleinsprutningens huvudrelä.

De flesta givarna (utom de som alstrar en spänning som exempelvis vevaxelns vinkelgivare, knackgivaren och syresensorn) förses nu med en referensspänning på 5,0 V från relevant stift på styrmodulen. När motorn dras runt eller går gör en signal från vevaxelns vinkelgivare att styrmodulen jordar ett stift så att bränslepumpen startar. Tändnings- och insprutningsfunktioner aktiveras också. Alla aktiverare (injektorer, tomgångsventil etc.) förses med normal batterispänning från huvudreläet och styrmodulen fullbordar kretsen genom att jorda relevant aktiverarledning.

Självtesten (inte Första generationen)

Första generationens Motronic-system saknar självtestfunktionen. Alla senare versioner har en sådan som regelbundet undersöker signalerna från motorns givare och loggar internt en felkod om något fel uppmärksammas. Denna kod kan sedan läsas i den seriella porten (diagnostikuttaget) av en lämplig felkodsavläsare.

Vissa versioner har en krets med en varningslampa så att om styrmodulen upptäcker ett fel så jordas varningslampans stift vilket tänder varningslampan på instrumentbrädan. Lampan är tänd så länge felet kvartstår. Om feltillståndet spontant upphör slocknar lampan, men felkoden sparas till dess att den raderas efter avläsning, eller om batteriet kopplas ur. I bilar från Citroën och Peugeot anses ett antal fel vara smärre. Dessa tänder inte varningslampan, men sparas i styrmodulen. Defekter i många av systemets givare klassas som smärre fel.

Nödläge

Motronic har ett s k LOS-läge,"linka hem". I händelse av ett större fel på en eller flera givare ersätter styrmodulen värdet från den

defekta givaren med ett förinställt standardvärde.

Detta betyder att motorn kan gå ganska bra även om en eller flera mindre viktiga givare havererar. Men i och med att dessa ersättningsvärden är giltiga för en varm motor kan prestanda för kallstart och varmkörning vara mindre tillfredsställande. Haveri i en viktig givare som luftflödesmätaren tenderar att göra köregenskaperna mindre godtagbara.

Adaptiva system

Motronic anpassar sig efter ändrade arbetsförhållanden och övervakar kontinuer-ligt data från de olika givarna (d v s luftflödesmätaren eller insugsrörets tryckgivare, lufttemperaturgivaren, kylvätskans temperaturgivare. trottelns positionsgivare etc). I takt med att motor och komponenter slits reagerar styrmodulen på nya arbetsvillkor genom att adoptera de ändrade värdena som en korrek-tion av den grundläggande kartan.

Referensspänning

Spänningsutmatningen från styrmodulen till många av motorns givare är 5,0 V. Detta ger en stabil arbetsspänning som inte påverkas av variationer i systemets spänning.

Returanslutningen till jord är för de flesta givare via ett stift i styrmodulen som inte är direkt anslutet till jord. Styrmodulen kopplar detta stift till jord internt via ett av de stift som är direkt anslutna till jord.

Signalavskärmning

För att minska störningar på radiofrekvenserna har ett antal givare (d v s vevaxelns vinkelgivare, Halleffektgivaren, knackgivaren, förstärkaren och syresensorn) en avskärmad ledning. Denna är ansluten till styrmodulens huvudjord vid stift 19 för att minimera störningar.

Fordonets hastighetsgivare

Fordonets hastighetsgivare används till att upplysa styrmodulen om fordonets hastighet. Den fungerar vanligen efter Halleffektprincipen och är monterad direkt på växellådan eller på hastighetsmätardrivningens baksida.

En spänning läggs på fordonets hastighetsgivare från systemreläet eller tändningslåset. När hastighetsmätarvajern snurrar slås Hallomkopplaren av och på för att skapa en fyrkantsvågssignal till styrmodulen. Signalens frekvens är kopplad till så många pulser per varv av hastighetsmätarvajern och är i direkt proportion till fordonets hastighet.

3 Primär utlösare

Vevaxelns vinkelgivare (inte Första generationen)

Den primära signal som utlöser både tändning och insprutning kommer från vevaxelns

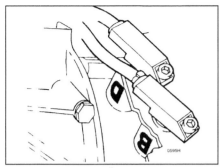

Fig. 6.2 Givarna för ÖD och varvtal (första generationens Motronic). Omkastning av dessa kontakter förhindrar att motorn startar

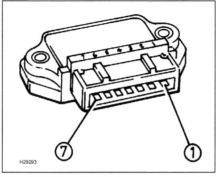

Fig. 6.3 Extern förstärkare som används i vissa Motronic system
Stiftnumren visade

vinkelgivare som finns monterad nära svänghjulet. Den består av en induktiv magnet som utstrålar ett magnetfält. Ett antal ståltänder finns insatta i svänghjulet med jämna mellanrum. När svänghjulet roterar så roterar även tänderna i magnetfältet vilket alstrar en växelströmssignal till styrmodulen som anger rotationshastigheten. Dessutom är två av tänderna utelämnade som en referensmarkering av ÖD. När svänghjulet roterar avger det två utelämnade tänderna en variation i signalen till styrmodulen som en pekare till läget för ÖD.

Toppspänningen i hastighetssignalen kan variera från 5 V vid tomgång till över 100 V vid 6 000 varv/min. I styrmodulen förvandlas den analoga växelströmssignalen till en digital av en A/D-omvandlare.

Givarna för ÖD och varvtal (endast Första generationen)

Den huvudsakliga utlösningssignalen för tändning och insprutning kommer från två givare monterade nära svänghjulet. Dessa indikerar läget för ÖD och motorns varvtal **(fig. 6.2)**.

Givaren för ÖD består av en induktiv magnet som utstrålar ett magnetfält. En referensmarkering för ÖD (ett upphöjt stift) finns på svänghjulet för att ange vevaxelns läge när svänghjulet roterar.

Varvtalsgivaren består även den av en induktiv magnet med ett magnetfält. Ett antal ståltstift är insatta i svänghjulets ytterkant med jämna mellanrum. När svänghjulet roterar skapas en växelspänningssignal som skickas till styrmodulen och anger rotationshastigheten.

Toppspänningen i bägge signalerna är likartad och kan variera från 5 V vid tomgång till över 100 V vid 6 000 varv/min. I styrmodulen förvandlas de analoga växelströmssignalerna till digitala av en A/D-omvandlare.

4 Primär och sekundär tändning

Allmänt

Belastningsdata   (luftflödesmätaren   eller

insugsrörets tryckgivare), motorns hastighet (vevaxelns vinkelgivare), motorns temperatur (kylvätskans temperaturgivare) och trottel-position (trottelgivaren) hämtas in av styrmodulen som stämmer av data mot en tredimensionell digital karta som sparas i mikroprocessorn. Denna karta innehåller en förtändningsgrad för varje arbetsvillkor och därmed kan den bästa tändförställningen för varje arbetsförhållande fastställas.

Förstärkare

Motronics förstärkare innehåller kretsarna för omkoppling av tändspolens negativa stift i rätt ögonblick för att utlösa tändningsimpulsen. Den signal som förstärkaren får från utlösaren är inte stark nog att fullfölja omkopplingen. Därför förstärks signalen till den nivå som krävs.

I regel är förstärkaren placerad i styrmodulen men vissa modeller har en separat förstärkare monterat på en kylfläns bredvid spolen. Styrmodulen beräknar rätt vilovinkel och tändförställning från de data den tar emot från givarna och skickar signalen till förstärkaren som utlöser tändspolen **(fig. 6.3)**.

Vilooperationen i Motronic är baserad på principen "konstant energi, begränsad ström". Detta innebär att viloperioden är konstant kring 4,0 till 5,0 ms vid nästan alla motorvarvtal. Men vilocykeln, uttryckt i procent eller grader varierar med motorns hastighet.

Tändspolen

Tändspolen använder sig av lågt primär-motstånd för att öka primärströmmen och primärenergin. Förstärkaren begränsar primärströmmen till cirka 8 amp, vilket ger en energireserv för att upprätthålla gnistans bränntid (duration) **(fig. 6.4)**.

Tändsystem

Antingen en fördelare eller ett direkt-tändningssystem används. Se kapitel 2 för mer detaljer om direkttändningen.

Fördelare

Fördelaren (om befintlig) innehåller endast sekundära högspänningskomponenter (fördelarlock och rotor). Den har som syfte att fördela den högspända strömmen från tänd-

spolens sekundärkrets till vardera tändstiftet i rätt ordningsföljd. Tändläget är inte justerbart.

Knackgivare (endast vissa modeller)

Många Motronic-försedda fordon använder en knackgivare. Denna är monterad på motorblocket och består av ett piezokeramiskt mätelement som ger respons på variationer i motorns ljud. Denna signal konverteras till en spänning av givaren och skickas till styrmodulen för utvärdering och åtgärd.

Följande beskrivning gäller för den knack-reglering som finns på GMs 16-ventils-motorer. Knackreglering för andra motorer är likartad. Knackregleringen analyserar ljudet från varje cylinder och ställer in en referensnivå för den cylindern baserad på genomsnittet av de senaste 16 faserna. Om ljudnivån överstiger referensnivån med ett visst värde betecknar knackregleringen detta som ett motorknack.

Inledningsvis är tändläget det optimala. När knackning identifieras backar knackregle-ringen tändläget för cylindern eller cylindrarna med ett fast antal grader. Ungefär 2 sekunder (20 - 120 knackfria förbränningscykler) efter det att knacket upphört flyttas tändningen fram i steg om 0,75° till dess att referens-värdet uppnåtts eller knackning uppstår. Denna procedur är kontinuerlig så att alla cylindrar automatiskt har optimerat tändläge.

Om ett fel uppstår i knackregleringen, givaren eller kretsen, loggas en passande fel-kod och tändläget backas 10,5° av nödläges-programmet.

Oktanväljning

Det går inte att justera tändläget manuellt med Motronic-system. Vissa bilar från Vauxhall och Opel har en oktanväljarkontakt så att styr-modulen kan arbeta med olika program, lämpade för olika arbetsförhållanden.

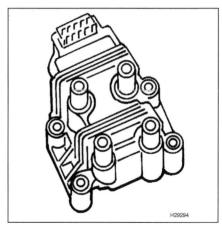

Fig. 6.4 Tänspole som används av brytarlösa system i Citroën och Peugeot (Motronic 5.1 och 3.1)

5 Bränsleinsprutning flerpunkts (MPi)

Allmänt

Motronics styrmodul innehåller en bränsle-karta med injektorernas öppningstider vid grundläggande arbetsförhållanden som hastighet och belastning. Information hämtas sedan från motorgivare som luftflödesmätaren eller insugsrörets tryckgivare, vevaxelns vinkelgivare, kylvätskans temperaturgivare och trottelgivaren. Som ett resultat av denna information letar styrmodulen upp korrekt duration över hela varvtalsregistret för given belastning och temperatur.

Bränsleinjektorer

En injektor är en magnetdriven solenoidventil som aktiveras av styrmodulen. Spänningen till injektorerna kommer från huvudreläet och jord ges av styrmodulen under en tidsperiod (pulsduration) på mellan 1,5 och 10 ms. Insprutningstiden är mycket beroende på motorns temperatur, belastning, varvtal och arbets-förhållanden. När solenoidmagneten stänger alstras en backspänning om 60 V.

Det finns, beroende på modell, flera olika metoder att utlösa injektorerna. De är samtidig insprutning, samtidig insprutning i bankar och sekventiell insprutning.

Samtidig insprutning

Motronics samtidiga insprutning är ett flerpunktsinsprutningssystem och utlöser alla injektorer samtidigt, två gånger per motorcykel. Hälften av det bränsle som behövs sprutas in vardera varvet. Vid kallstart ökas pulsernas duration och frekvens för att ge en fetare bränsleblandning.

Injektorerna är monterade på klackar vid insugsventilerna så att den finfördelade bränsleblandningen riktas på respektive ventils baksida. I och med att injektorerna utlöses samtidigt kommer bränslet att vila på ventiltallrikens baksida ett ögonblick innan det dras in i cylindern.

Samtidig insprutning (Första generationen)

Den grundläggande funktionen liknar den ovan beskrivna. Skillnaden är den att injektorerna styrs med två kretsar. Funktionen bygger på principen att det krävs mer ström för att öppna en injektor än för att hålla den öppen. Denna systemtyp kallas ofta för "strömreglerad insprutning".

När injektorn öppnat jordas den andra kretsen snabbt. Denna omkoppling är så snabb att injektorn hålls öppen, vilket kräver mindre ström. Fördelar med detta arrangemang inkluderar en minskning av injektorns temperatur och omedelbar stängning när den öppethållande kretsen slår från.

Samtidig insprutning i bankar

Motronics samtidiga insprutning i bankar är ett flerpunktsinsprutningssystem och utlöser alla injektorer samtidigt en gång per motorvarv. Detta betyder att halva bränslet till nästa arbetstakt sprutas in vid vardera öppnandet och bränslet ligger ett ögonblick på ventiltallrikens baksida innan ventilen öppnar. Injektorerna öppnar därmed två gånger per cykel. Vid kallstart ökar insprutningstiden för att ge en fetare bränsleblandning. När motorn dras runt av startmotorn fördubblas frekvensen under 20 sekunder innan den återgår till en puls per varv.

Även om injektorerna öppnar samtidigt så är de arrangerade i två bankar där 1 & 2 utgör den ena och 3 & 4 den andra banken. Vardera banken är ansluten till styrmodulen via ett separat stift.

Sekventiell insprutning

Motronics sekventiella insprutning är ett flerpunktssystem som öppnar injektorerna i sekvens – d v s i tändföljd och en gång per cykel. Varje injektor är ansluten till styrmodulen via ett separat stift. Vid kallstart ökar pulsernas duration och frekvens för att ge en fetare bränsleblandning.

Cylinderidentifikation (endast sekventiell insprutning)

I tidiga Motronic-system känner styrmodulen inte till cylinder 1 eller ens tändföljden. Detta därför att det faktiskt inte är nödvändigt. När vevaxeln eller fördelaren ger en signal identifieras rätt cylinder av den mekaniska positionen för vevaxeln, kamaxeln, ventiler och tändningens rotor. I system där injektorerna öppnar samtidigt väntar bränslet på ventiltallrikens baksida till dess att ventilen öppnar.

I och med att insprutningen baseras på enskilda cylindrar måste styrmodulen bli informerad om i vilken takt cylindern är. På GMs 16-ventils motorer utförs detta med en givare för cylinderidentifiering ansluten till fördelaren. Denna fungerar efter Halleffekt-principen. Givaren identifierar cylinder 1 och skickar en signal till styrmodulen som sedan beräknar resterande cylindrar. Fördelaren är monterad på avgaskamaxeln (motorn har dubbla överliggande kamaxlar) (fig. 6.5). Andra motorer (exempelvis BMW) använder en induktionsenhet för samma ändamål men den identifierar cylinder 1 med en induktionspuls.

Fig. 6.5 Motronic fördelare (GM 2.5). Kontakten till fasgivaren är urdragen

Belastningsgivare

Styrmodulen behöver en belastningsgivare för att kunna känna av luftflödet till motorn. När volymen är känd kan korrekt bränslemängd återfinnas på kartan. Olika metoder förekommer för att mäta belastningen. Luftflödesmätare av typen klaff, hettråds luftmängdsmätare och tryckgivare i insugsröret är de tre vanligaste metoderna.

Luftflödesmätare av klaff-typ

Luftflödesmätaren är placerad mellan luftrenaren och trottelhuset. När luft strömmar genom böjer den en klaff. Ju större volym, dess större avböjning (fig. 6.6). Klaffen är kopplat till en arm som glider över ett potentiometerspår vilket ändrar spårets motstånd. Detta ger en signal med variabel spänning till styrmodulen.

Tre ledningar används i denna krets och den kallas ofta för treledningsgivare. 5 V referensspänning ligger över motståndsspåret och den andra änden är ansluten till luftflödesmätarens jordretur. Den tredje ledningen är ansluten till givarens arm.

Med ledning av returspänningen kan sedan styrmodulen beräkna luftvolymen, vilket ger belastningen. Detta styr sedan insprutningstiden. Som utjämning av pulseringar är en dämpare monterad på luftflödesmätarens klaff. Luftflödesmätaren har ett stort inflytande på insprutad bränslemängd.

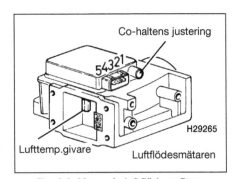

Fig. 6.6 Motronic luftflödesmätare

Hetträds eller hetfilms luftmängdsmätare

Hetträds luftmängdsmätare har ersatt luft-flödesmätare med klaff som fanns på tidigare modeller. Hetträdsmätaren mäter den mängd luft som sugs in i motorn vilket ger en mer precis utgångspunkt för beräknande av bränslemängden. Hettråd är en så precis metod för belastningsmätning att den ofta eliminerar behovet av andra givare för att mäta luftens temperatur och tryck. Automatisk kompensering för höjd över havet ges därmed. Frånvaron av rörliga delar förbättrar pålitligheten och minskar underhållsbehovet (fig. 6.7).

Hetträdsmätaren har fått sitt namn av att en uppvärmd tråd placeras i luftintaget. När luft strömmar över ledningen kyls ledningen ner i proportion till den luftmängd som passerar. I takt med att luftmängden ökar och minskar efter motorns belastning justerar styrmodulen strömflödet för att upprätthålla ledningens ursprungliga motstånd och temperatur. Genom att mäta förändringarna i strömflödet kan styrmodulen beräkna luftflödet in i motorn. I takt med att strömmen varierar i signal-ledningen varieras spänningen och belast-ningen indikeras genom att mäta den variabla spänningssignalen. Spänning kommer till givaren från systemreläet. Hetfilmgivare fung-erar på i princip samma sätt.

Om ett fel uppstår i hetträdsmätaren eller ledningar loggas en lämplig felkod och nöd-programmet tillhandahåller ett ersättnings-värde.

Hetträdsrengöring

Med tiden tenderar avlagringar att byggas upp på hetledningen, vilket kan leda till miss-visande mätning. Detta undviks med en "avbränning" från styrmodulen när motorn stängts av. Cirka fyra sekunder efter det att motorn stängts av skickar styrmodulen en puls genom hetträdsanslutning 4 under 1,5 sekunder. Avbränning sker inte om motorns varvtal aldrig varit över 1 000 varv/-min och kylvätskans temperatur understiger cirka 30°C.

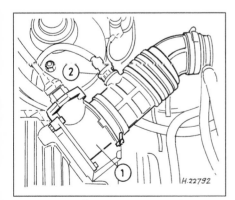

Fig. 6.7 Hetträds eller hetfilms luftmasse-mätare (1) och lufttemperaturgivare (2) i Motronic 1.5.2

Insugsrörets tryckgivare

En vakuumslang ansluter insugsrörets tryckgivare vid insugsröret. Undertryck i in-sugsröret verka på tryckgivarens membran och styrmodulen konverterar internt trycket till en elektrisk signal. Insugsrörets tryck be-räknas enligt formeln: Atmosfärtryck minus insugsrörets tryck = Absolut tryck i insugsröret.

Motronic beräknar insprutningstiden enligt metoden hastighet/täthet från signalen från insugsrörets tryckgivare och motorns hastig-het (vevaxelns vinkelgivare). Denna metod bygger på hypotesen att motorn suger in en fixerad volym luft per varv.

När insugsrörets vakuum är högt (d v s tomgång), är insugsrörets tryckgivare ganska låg och styrmodulen ger mindre bränsle. När vakuumet är lågt (d v s vidöppen trottel), är insugsrörets tryckgivare hög och styrmodulen ger mer bränsle.

Insugsröret på flerpunktsmodeller är av den "torra" typen. I och med att bränsle inte kom-mer in i det - eftersom insprutningen sker på insugsventilernas baksidor - finns det ingen risk för att bränsle dras in i insugsrörets tryckgivare och förorenar membranet, så det finns ingen bränslefälla.

Insugsrörets tryckgivare kan vara placerad inne i styrmodulen (inga anslutande ledningar) eller placerad externt. Vid extern placering ges en 5 V referensspänning till givaren med andra änden till jord. Den tredje ledningen är ansluten till en omvandlare som konverterar trycket i insugsröret till en spänning. I och med att trycket i insugsröret varierar, så varierar även signalen tillbaka till styrmodulen.

Lufttemperaturgivare

Lufttemperaturgivaren är monterad i luftflödesmätarens insug och mäter luftens temperatur innan den går in i luftflödes-mätaren. Eftersom luftens täthet varierar i omvänd relation till temperaturen ger luft-temperaturgivarens signal en mer precis uppskattning av den luftmängd som tas in i motorn.

Den öppna kretsens referensspänning till givaren är 5,0 V och jordningen sker via luftflödesmätarens jordretur. Lufttemperatur-givaren arbetar enligt principen normal-temperatur. En på lufttemperaturen baserad spänningsvariabel signal skickas till styr-modulen. Denna signal är cirka 2,0 till 3,0 V om den omgivande lufttemperaturen är 20°C. Signalen minskar till cirka 1,5 V när tempera-turen stiger till kring 40°C.

CO potentiometer

CO potentiometerns blandningsjustering är placerad i luftflödesmätaren och är en tre-lednings potentiometer som medger små justeringar av tomgångens CO-halt. En referensspänning på 5,0 V läggs på givaren och jordas via luftflödesmätarens jordretur. Den tredje ledningen är signalen från potentiometern.

När CO-justeringens skruv vrids ger ändringen av motståndet en retursignal till styrmodulen som ändrar CO-halten. Justeringen påverkar bara tomgångens CO-halt. På katalysatorförsedda bilar har denna komponent ingen funktion och CO-halten går därmed inte att justera.

CO-justering (endast Första generationen)

Luftflödesmätaren av klafftyp som finns på tidiga versioner använder en luftnippel i luftflödesmätaren till att justera CO-halten. En luftkanal låter en liten luftvolym ledas förbi klaffen. När kanalen flyttas ändras den volym som påverkar klaffen och den ändrar läge. Det ändrade läget ger en ändrad signal till styrmodulen och ändrar mängden insprutat bränsle.

Kylvätskans temperaturgivare

Kylvätskans temperaturgivare är nedsänkt i kylsystemet och innehåller ett temperatur-känsligt variabelt motstånd. När motorn är kall är motståndet ganska högt. När motorn startas och börjar bli uppvärmd blir kylvätskan varmare vilket sänker motståndet. Ju varmare kylvätskan blir, dess mer sjunker motståndet, vilket skickar en variabel signalspänning till styrmodulen baserad på kylvätskans temperatur.

Referensspänningen till givaren är 5,0 V och den sjunker till det värde som beror på mot-ståndet i givaren. Signalen är cirka 2,0 till 3,0 V vid en omgivande temperatur om 20°C och sjunker till mellan 0,5 till 1,0 V vid en normal arbetstemperatur på 80 till 100°C. Styr-modulen använder kylvätskans temperatur-givarsignal som en huvudsaklig korrigerings-faktor vid beräkning av tändläge och insprutningspulsens duration.

Trottelns positionsgivare

Trottelns positionsgivare är till för att informera styrmodulen om tomgångsläge, inbromsningar, accelerationstakt och belast-ning. Den är en potentiometer med tre ledningar. En 5 V referensspänning läggs på ett motståndsspår med andra änden ansluten till jord. Den tredje ledningen är ansluten till en arm som glider utmed motståndsspåret vilket varierar motstånd och spänning i den signal som går tillbaka till styrmodulen.

Från returspänningen kan styrmodulen beräkna tomgångsläget (cirka 0,6 V), full belastning (cirka 4,5 V) samt hur snabbt trotteln öppnas. Vid full belastning berikar styrmodulen bränsleblandningen. Med stängd trottel över ett givet varvtal (inbromsning) stänger styrmodulen av insprutningen som startar igen när tomgångsvarv uppnås eller trotteln öppnas igen.

Trottelbrytare (alternativ till trottelns positionsgivare)

En trottelbrytare med dubbla kontakter finns för att informera styrmodulen om tomgångsläge, inbromsning, marschfart och full belastning. När motorn går på tomgång är tomgångskontakten stängd och fullbelastningskontakten öppen. När trotteln förs från tomgång till vidöppen stänger fullbelastningskontakten och tomgångskontakten öppnas. Vid marschfart med delvis öppen trottel är bägge kontakterna öppna. Vid full belastning berikar styrmodulen bränsleblandningen. Med stängd trottel över ett givet varvtal (inbromsning) stänger styrmodulen av insprutningen som startar igen när tomgångsvarv uppnås eller trotteln öppnas igen.

Styrning av tomgångsvarvtalet

Motronic använder olika metoder för att styra tomgångsvarvtalet vid start, varmkörning och normal varmkörd tomgång.

När en strömförbrukare som lysen eller fläkt slås på skulle tomgången tendera att sjunka. Styrmodulen känner av belastningen och aktiverar tomgångsventilen för att öka luftflödet och därmed höjer tomgången. Om strömförbrukaren stängs av reglerar styrmodulen ventilen så att luftflödet minskar. Normal tomgång ska därmed upprätthållas under alla arbetsvillkor. Om tomgångsventilen havererar går den till felsäkert läge – nästan stängd. Detta ger det grundläggande tomgångsvarvtalet.

Tomgångsventil (tvålednings solenoidtyp)

Tomgångsventilen är en solenoidstyrd aktiverare som styrmodulen använder för att styra varvtalet vid normal tomgång och vid varmkörning (fig. 6.8). Tomgångsventilen är placerad i en slang som ansluter insugsröret till trottelplattans luftfiltersida. En spänning läggs på ventilen från batteriet och motorns jord är kopplad via styrmodulen.

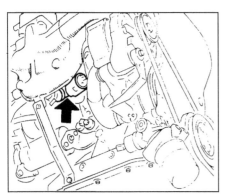

Fig. 6.8 Tomgångsventilen (vid pilen) sett från undersidan - tvålednings Motronic 2.5 (GM)

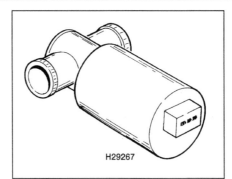

Fig. 6.9 Treledning tomgångsventil

En arbetscykel mäts på jordkretsen för att avgöra öppnings- eller stängningstiden som en procentsats av den totala tiden.

Tomgångsventil (roterande treledning)

Tomgångsventilen är en roterande aktiverare som Motronics styrmodul använder för att styra varvtalet vid normal tomgång och vid varmkörning. Den är placerad i en slang som ansluter insugsröret till trottelplattans luftfiltersida.

Den roterande tomgångsventilen är en likströmsmotor som styrmodulen kan vrida med- eller motsols. Ena vägen öppnar och andra stänger. En spänning läggs på ventilen från batteriet och motorns jord är kopplad via två anslutningar på styrmodulen (fig. 6.9).

Motorns vridning i lämplig riktning sker genom att motorn aktiveras genom endera jordkretsen. Dessa är motsatta vilket förhindrar att ventilen öppnas eller stängs helt. Ventilen intar därmed en genomsnittsposition som återspeglar fördelningen mellan öppen och stängd. Normalt tenderar detta att gå i riktning mot öppen ventil.

En arbetscykel mäts på jordkretsen för att avgöra öppnings- eller stängningstiden som en procentsats av den totala tiden.

Hjälpluftventil (huvudsakligen Första generationen)

Hjälpluftventilen finns i fordon som saknar tomgångsreglering. En elektriskt manövrerad styrventil används för att öka tomgångens varvtal när motorn är kall. Hjälpluftventilen är monterad i en slang som går förbi trottelplattan. Den är temperaturkänslig och låter extra luft gå förbi trotteln när motorn är kall. Extra luft i insugsröret ökar tomgången vilket förhindrar lågt varvtal och tjuvstopp med kall eller halvvarm motor.

Med kall motor är ventilen öppen vilket ökar tomgångens varvtal. I takt med att motorn värms upp stänger ventilen gradvis och är helt stängd vid normal arbetstemperatur.

Hjälpluftventilens motstånd är kopplat till reläutgången. När motorn startas läggs

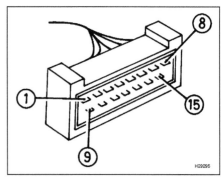

Fig. 6.10 Kontakten till 15 stifts reläet
Stiftnumren visade

spänning på ventilens motstånd. Denna spänning värmer upp motståndet och ventilen stänger långsamt så att den är helt stängd när motorn håller normal arbetstemperatur. Utstrålad värme från motorn påverkar ventilen så att den är stängd när motorn är varm men inte körs.

Reläer (typisk funktion)

Beroende på version är Motronics elektriska system styrt av antingen ett systemrelä med dubbla kontakter eller två separata reläer (systemreläet och bränslepumpsreläet). Oavsett version är den generella funktionen likartad. Även om följande arbetssätt är ganska typiskt för två reläer finns det många variationer på temat. Reläanslutningarna är de som används i den europeiska DIN-specifikationen (fig. 6.10).

En permanent spänning ligger på huvudreläets stift 30 och 86 och bränslepumpsreläets stift från batteriets pluspol. När tändningen slås på jordar styrmodulen stift 85 via ett stift som magnetiserar den första relälindningen. Detta stänger huvudreläets kontakter och spänningen genom stift 30 kopplas till den utgående kretsen vid stift 87. Därmed läggs en utgående spänning på stift 87 som försörjer injektorerna, styrmodulen, tomgångsventilen och i förekommande fall kolkanisterventilen. Dessutom läggs spänning på bränslepumpsreläets stift 86.

När tändningen slås på jordar styrmodulen bränslepumpsreläets stift 85 för ett ögonblick till ett stift på styrmodulen. Detta magnetiserar pumpens relälindning som stänger kontakten och kopplar spänningen från stift 30 till det utgående stiftet 87, vilket ger spänning till bränslepumpens krets. Efter cirka en sekund bryter styrmodulen kretsen och pumpen stannar. Denna korta körning av bränslepumpen bygger upp trycket i bränsleledningen vilket underlättar starten.

Pumpreläkretsen är bruten till dess att motorn dras runt eller går. När styrmodulen får en hastighetssignal från vevaxelns vinkelgivare magnetiseras pumpreläets lindning igen och pumpen går till dess att motorn stängs av. Dessutom är vanligen syresensorns uppvärmningskrets kopplad till pumpreläet så att syresensorns värmare bara arbetar när motorn går.

Bränsletryckssystemet

Bränsletryckssystemen i Motronic-utrustade fordon fungerar alla på liknande sätt. Den huvudsakliga skillnaden är bränslepumpens placering som kan vara inne i tanken eller utanför tanken. De olika typerna beskrivs nedan.

Extern pump

En bränslepump av valstyp, placerad nära tanken, drar bränslet från tanken och pumpar det till bränsleröret via ett bränslefilter.

Intern pump

Bränslepumpen är monterad vertikalt i tanken och är av kugghjulstyp. Bränsle dras genom intaget och trycksätts mellan kuggarna och släpps ut i bränsleledningen.

Bränsleöverföringspump

I vissa modeller förekommer en sekundär hjälppump i tanken som stöd åt den externa pumpen. Denna hjälppump är av kugghjulstyp.

Bränslepump (alla)

Bränslepumpen ger normalt mycket mer bränsle än vad som krävs och överskottet skickas tillbaka till tanken via ett returrör. Faktum är att ett maximalt bränsletryck överskridande 5 bar vanligen är möjligt. För att förhindra tryckfall i systemet finns det en envägsventil i bränslepumpens utlopp. När tändningen stängs av och pumpen slutar arbeta upprätthålls därmed trycket under en viss tid.

Bränsletrycksregulator

Trycket i bränsleröret upprätthålls konstant på en nivå om 2,5 eller 3,0 bar (beroende på fordon) av en bränsletrycksregulator. Tryckregulatorn är placerad på bränslerörets utloppssida.

En vakuumslang ansluter övre kammaren till insugsröret så att variationer i insugsrörets tryck inte påverkar mängden insprutat bränsle. Detta betyder att trycket i röret alltid är konstant över insugsrörets tryck. Mängden insprutat bränsle beror därmed endast på injektorernas öppningstid, bestämt av styrmodulen, inte på variationer i bränsletrycket.

Vid tomgång med vakuumröret urkopplat eller med motorn stoppad och gående bränslepump, eller vid full gas är bränslesystemets tryck cirka 2,5 eller 3,0 bar. Vid tomgång (med inkopplat vakuumrör) är bränsletrycketcirka 0,5 bar under systemtrycket.

6 Katalysator och avgasrening

Katalysator

Versioner med katalysator har även en syresensor så att en sluten styrslinga för avgasrening erhålles. Syresensorn är uppvärmd så att den når optimal temperatur så snart som möjligt efter motorstart. Syresensorvärmarens strömförsörjning tas vanligen från bränslepumpens relä, vilket ser till att värmaren bara arbetar när motorn går.

Kolkanisterventilen

En kolkanisterventil och en kanister med aktivt kol används för att styra utsläpp genom avdunstning. Kolkanistern lagrar bränsleångor till dess att kolkanisterventilen öppnas av styrenheten under vissa givna villkor. När ventilen öppnats sugs bränsleångorna in i insugsröret för normal förbränning.

Justeringar

7 Villkor för justering

1 Kontrollera att samtliga av dessa villkor är uppfyllda innan justering påbörjas:
a) Motorn ska hålla arbetstemperatur. Motoroljans temperatur minst 80°C. En körsträcka om minst 7 km rekommenderas (speciellt om bilen har automatväxellåda).
b) Tillbehör (all motorbelastning) avstängda.
c) För fordon med automatväxellåda, växelväljaren i N eller P.
d) Motorn mekaniskt frisk.
e) Motorns ventilationsslangar och ventilleringssystem i tillfredsställande skick.
f) Insuget fritt från vakuumläckor.
g) Tändsystemet i tillfredsställande skick.
h) Luftfiltret i tillfredsställande skick.
i) Avgassystemet fritt från läckor.
j) Gasvajern korrekt justerad.
k) Inga felkoder i styrmodulen.
l) Syresensorn i tillfredsställande skick (katalysatorförsedda fordon med sluten styrslinga).

2 Dessutom, innan kontroll av tomgångsvarvtal och CO-halt ska motorn stabiliseras enligt följande:

a) Stabilisera motorn. Höj varvtalet till 3 000 varv/min under minst 30 sekunder och låt motorn återta tomgången.
b) Om kylfläkten startar under justeringen, vänta till dess att den stannar, stabilisera motorgången och börja om med justeringen.
c) Låt varvtal och CO-halt stabiliseras.
d) Utför alla kontroller och justeringar inom 30 sekunder. Om denna tid överskrids, stabilisera motorgången och kontrollera igen.

8 Justering av trotteln

Trottelventilens position

1 Rengör trottelventilen och kringliggande områden med medel för förgasarrengöring. Förbiblåsning från vevhusventilationen orsakar ofta klibbiga problem här (fig 6.11).
2 Trottelventilen är kritisk och ska normalt inte rubbas. Ett vanligt fel är feljustering av tomgången via trottelstoppskruven.
3 I de fall justering VERKLIGEN behövs:
a) Haka av gasvajern och avlägsna förseglingshuven från trottelstoppskruven.

b) Lossa trottelgivarens juster/fästskruvar, vrid trottelgivaren helt motsols och dra åt skruvarna.
c) Skruva ur trottelstoppskruven så att det är ett gap mellan stoppet och skruven.
d) Skruva försiktigt in skruven så att den precis berör stoppet.
e) Skruva in skruven ytterligare ett halv varv. Det ska då finnas ett luftgap på mellan 0,05 till 0,15 mm mellan trottelhuset och trottelplattan.
f) Justera trottelgivaren.
g) Montera och justera gasvajern och montera en ny förseglingshuv på stoppskruven.

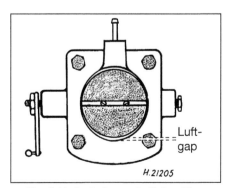

Fig. 6.11 Justering av trottelventilen

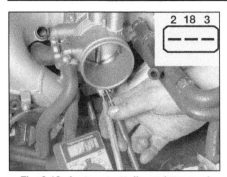

Fig. 6.12 Justera trottelkontakten med hjälp av en ohmmätare. Anslut den mellan stift 2 och 18 och stäng trotteln. Motståndet ska då vara noll (kontinuitet)

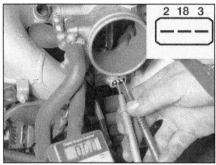

Fig. 6.13 Justera trottelkontakten med hjälp av en ohmmätare. Anslut den mellan stift 3 och 18 och öppna trotteln helt. Motståndet ska då vara noll (kontinuitet)

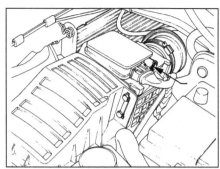

Fig. 6.14 Justering av tomgångens CO-potentiometer, placerad i en luftflödesmätare av klafftyp.

Trottelbrytare

Villkor: *Motorn avstängd, trotteln stängs, trottelbrytaren urkopplad.*

4 Koppla en ohmmätare mellan brytarens stift 2 och 18. Ohmmätaren bör visa noll **(fig. 6.12)**.
5 Öppna trotteln. Ohmmätaren bör ange oändligt motstånd **(fig. 6.13)**.
6 Så snart trotteln lämnar stoppet ska ett "klick" höras.

Justering av trottelns positionsgivare

Villkor: *Motorn avstängd, trotteln stängd, tändningen påslagen.*

7 Koppla en voltmätare mellan signalstiftet och jord och mät spänningen.
8 Brytaren kräver justering om spänningen överstiger 0,60 V.
9 Lossa de två skruvarna och justera brytarens läge så att voltmätarens avläsning understiger 0,60 V.

9 Kontroll av tändläget

1 Tändläget är inte justerbart och märkning saknas i vissa fall. Det är dock nyttigt att utföra följande kontroller.
Observera: *Om märken saknas kan du göra dina egna på vevaxelns remskiva.*
2 Se testvillkoren i avsnitt 7.
3 Låt motorn gå på tomgång.
4 Koppla in ett stroboskop.
5 Notera den ungefärliga grundinställningen.
Observera: *Märkena kommer att fluktuera några grader i takt med att styrmodulen ändrar tändläget för att styra varvtalet.*

6 Öka motorvarvet. Märkena ska flyttas mjukt framåt. Förvänta dig ungefär 25 till 35° försprång vid 3 000 varv/min.
7 Om tändläget inte styrs korrekt av styrmodulen kan följande fel misstänkas:

   a) *Motorn arbetar efter nödprogrammet beroende på att en eller flera givare är defekta.*
   b) *Defekt styrmodul.*

10 Justering av tomgången

Översikt av tomgångsjustering

1 Se testvillkoren i avsnitt 7.
2 Kontrollera enligt beskrivningen ovan att trottelventilen är korrekt inställd.
3 Kontrollera enligt beskrivningen ovan att trottelbrytaren eller trottelns positionsgivare är korrekt justerad.
4 Stabilisera motorn. Höj varvtalet till 3 000 varv/min under minst 20 sekunder och låt motorn återta tomgången. Utför alla kontroller och justeringar inom 30 sekunder. Om tidsgränsen överskrids, börja om. *Om kylfläkten startar, låt den stanna, stabilisera motorvarvet och börja om med justeringen.*
5 Låt tomgången stabiliseras och kontrollera att det reglerade varvtalet är korrekt.
6 Om tomgångens varvtal ligger utanför angivna värden, kontrollera om någon givare är defekt.
7 Anslut en avgasanalyserare till avgassystemet.
8 Stabilisera motorgången enligt ovan.
9 Låt CO-halten stabiliseras och kontrollera halten i tomgångsavgaserna.

CO-justering (endast modeller utan katalysator)

Luftnippeln (första generationens Motronic)

10 Om justering krävs, avlägsna förseglingen från justerskruven för CO-halten i luftflödesmätaren.
11 Stabilisera motorgången enligt ovan.
12 Vrid justerskruven så att halten stabiliseras på angiven nivå.
Observera: *Vrid medsols för att öka och motsols för att minska CO-halten.*
13 Om CO-halten förblir låg och justeringen saknar effekt, leta efter en insugsvakuumläcka. Allra minsta läckage har en negativ effekt på tomgångsblandningen.

CO-potentiometern i luftflödesmätaren (luftflödesmätare av klafftyp)

14 Dra tillbaka gummidamasken och koppla en voltmätare mellan signalledningen och jord. En spänning på cirka 2 till 3 V bör finnas **(fig. 6.14)**.
15 Om spänningen ligger utanför angivna värden när CO-halten är korrekt, kontrollera om det förekommer:

   a) *Vakuumläckage.*
   b) *Felaktig signal från luftflödesmätaren eller insugsrörets tryckgivare.*
   c) *Felaktig signal från kylvätskans temperaturgivare.*
   d) *Igensatta eller läckande injektorer.*
   e) *Fel bränsletryck.*

16 Stabilisera motorgången enligt ovan.
17 Avlägsna förseglingen och vrid på justerskruven för CO-halt. *Vrid medsols för att öka CO-halt och spänning, motsols för att minska.*
18 Se kontrollen av CO-potentiometern om spänningen inte kan varieras, eller om spänning saknas.

Test av systemets givare och aktiverare

Viktigt: *Se kapitel 4 som beskriver vanliga testprocedurer för detta system. Arbetsbeskrivningarna i kapitel 4 ska läsas i samband med komponentnotiser och kopplingsscheman i detta kapitel. Kopplingsscheman och andra data som presenteras i detta kapitel är inte nödvändigtvis representativa för avbildat system. I och med skillnader i ledningsdragning och annat som ofta uppstår även mellan likartade modeller av en given tillverkares produktion, ska man vara ytterst noga med att identifiera styrmodulens stift och kontrollera att korrekta data är inhämtade innan en given komponent kasseras.*

11 Vevaxelns vinkelgivare

Allmänt

1 Se noten i början av detta avsnitt och relevant avsnitt i kapitel 4.
2 Motståndsmätning av vevaxelns vinkel-givare (ohm):

a) *BMW, Motronic Första generationen:*
   960 ± 96
b) *BMW, Motronic 1.3, 1.7, 3.1:*
   550 ± 50
c) *Citroën/Peugeot, Motronic 4.1:*
   600 till 1 600
d) *Citroën/Peugeot, Motronic 1.3, 3.1, 3.2,*
   5.1:300 till 600
e) *Opel och Vauxhall, Motronic 1.5, 2.5, 4.1:*
   500 till 800
f) *Volvo, Motronic Första generationen:*
   1 000

12 Primär tändning

1 Se noten i början av avsnitt 11 och relevant avsnitt i kapitel 4. Många olika kombinationer av layout för primärkretsen förekommer i Motronics system. Välj den testprocedur som ligger närmast det system som testas.
2 Styrmodulens stift 1 är ansluten till tänd-spolens stift 1 i alla versioner av Motronic med intern förstärkare som vi har kontrollerat.
3 Styrmodulens och förstärkarens stift-numrering kan variera beroende på Motronic-system.
4 De flesta av Motronics system använder vevaxelns vinkelgivare som primär utlösare.
5 Vad gäller motståndsspecifikationer för tändspolen, se nedanstående tabell.

13 Knackgivare

1 Se noten i början av avsnitt 11 och relevant avsnitt i kapitel 4.

14 Injektorfunktioner

1 Se noten i början av avsnitt 11 och relevant avsnitt i kapitel 4.
2 Styrmodulen öppna injektorerna helt eller enligt spänningsstyrningsprincipen (första generationen Motronic).
3 I de fall insprutningen är av den strömstyrda typen är mycket få vilomätare kapabla att registrera den snabba jordning som inträffar under insprutningstidens andra steg. Mätaren kanske bara registrerar påslagnings-kretsen med cirka 1.0 eller 2,0%. Detta innebär att avläsningen av injektorns arbetscykel inte är precis och därmed inte representativ för den totala pulsvidden i kretsen.
4 I vissa av Motronics system ökas injek-tionsfrekvensen i flera sekunder medan motorn dras runt på startmotorn.

Test av injektormotstånd

5 Avlägsna injektorkontakterna och mät upp motståndet mellan injektorernas två stift.
a) *Första generationen Motronic: 4 ohm.*
b) *Alla andra Motronic system: 16 ohm.*

15 Halleffektfasgivare (GM 16 ventilsmotorer)

1 Se noten i början av avsnitt 11 och relevant avsnitt i kapitel 4.
2 Halleffektgivaren är placerad i fördelaren.

3 En genomsnittlig signalspänning på cirka 2,5 V eller en ungefärlig arbetscykel om 50% bör erhållas.

16 Luftflödesgivare

1 Se noten i början av avsnitt 11 och relevant avsnitt i kapitel 4. Luftflödesmätaren kan vara av typen klaff, hettråd eller hetfilm beroende på system.

17 Insugsrörets tryckgivare

1 Se noten i början av avsnitt 11 och relevant avsnitt i kapitel 4.
2 Insugsrörets tryckgivare kan vara separat placerad i motorrummet eller inbyggd i styrmodulen beroende på system.

18 Lufttemperaturgivare

1 Se noten i början av avsnitt 11 och relevant avsnitt i kapitel 4.
2 Lufttemperaturgivaren kan vara placerad i inloppet till luftflödesmätaren eller i insugs-röret beroende på system.

19 CO-potentiometer

1 Se noten i början av avsnitt 11 och relevant avsnitt i kapitel 4.
2 CO-potentiometern är antingen placerad i luftflödesmätaren, eller som en separat givare i motorrummet beroende på system.

20 Kylvätskans temperaturgivare

1 Se noten i början av avsnitt 11 och relevant avsnitt i kapitel 4.

Tändspolens motstånd (ohm) - avsnitt 12

	Primärt	Sekundärt
BMW Motronic Första generationen	0,60 till 1,00	8 250
BMW Motronic 1.3, 1.7, 3.1	0,30 till 0,80	5 000 till 7 000
Citroën/Peugeot Motronic 4.1	0,80	6 500
Citroën/Peugeot Motronic 1.3, 3.1, 3.2, 5.1	0,60 till 0,80	8 600 till 9 500
Opel och Vauxhall Motronic 1.8, 2.5, 4.1	0,60 till 0,76	6 400 till 11 000
Volvo Motronic Första generationen	0,45 till 0,55	5 400 till 6 600

21 Trottelbrytare

1 Se noten i början av avsnitt 11 och relevant avsnitt i kapitel 4.

22 Trottelns positionsgivare

1 Se noten i början av avsnitt 11 och relevant avsnitt i kapitel 4.

23 Tomgångsventil

1 Se noten i början av avsnitt 11 och relevant avsnitt i kapitel 4.
2 Motstånd i tomgångsventilen:
  a) Tvålednings tomgångsventil: 8 till 10 ohm
  b) Trelednings tomgångsventil: 40 ohm mellan mittre och det ena av de yttre stiften, 80 ohm mellan ytterstiften.

24 Styrmodulens matningar och jordar

1 Se noten i början av avsnitt 11 och relevant avsnitt i kapitel 4.
2 De flesta fordon från Opel och Vauxhall använder ett 6-stifts relä med dubbla kontakter. Stiftnumreringen följer riktlinjerna från DIN.
3 Många Citroën och Peugeot använder ett 15-stifts relä med dubbla kontakter. Numreringen är från 1 - 15 (se kopplingsschemat).
4 Testning av flerstiftsreläer följer i stort de riktlinjer som beskrivs i kapitel 4 och reläets försörjningar, jordar och utmatningar ska kontrolleras om spänning förekommer. Reläet kan förbikopplas med en överbryggning som ansluter batteriets matning till en tillämplig utmatning.

25 Systemreläer

1 Se noten i början av avsnitt 11 och relevant avsnitt i kapitel 4.

26 Bränsletryck

1 Se noten i början av avsnitt 11 och relevant avsnitt i kapitel 4.

27 Syresensor

1 Se noten i början av avsnitt 11 och relevant avsnitt i kapitel 4.
2 Den syresensor som används av de flesta Motronic-system är av fyrledningstyp.

28 Kolkanisterventil

1 Se noten i början av avsnitt 11 och relevant avsnitt i kapitel 4.

Stifttabell - typisk 35 stifts (Första generationen Motronic, BMW)
Observera: Se bild 6.15 till 6.19

1 Tändspole negativ
2 Trottelbrytarens tomgångskontakt
3 Trottelbrytarens fullbelastningskontakt
4 Startmotor
5 Jord
6 Luftflödesmätarens retur
7 Luftflödesmätarens utmatning
8 Varvtalsgivarens signal
9 Luftflödesmätarens matning
10 Jord (endast automatväxellåda)
11 Bränsleförbrukningsmätare
12 Förenklad CO-testning

13 Kylvätskans temperaturgivare matning/utmatning
14 Injektorerna 1 till 3 (puls)
15 Injektorerna 4 till 6 (puls)
16 Jord
17 Jord
18 Batteri
19 Jord
20 Bränslepumpens relädrivning
21 Varvräknare
22 Lufttemperaturgivaren: (luftflödesmätaren)
23 Varvtalsgivarens avskärmning

24 Syresensorns signal
25 ÖD-givarens retur
26 ÖD-givarens signal
27 Varvtalsgivarens retur
28 Luftkonditionering
29 Luftkonditionering
30 -
31 Syresensorns relädrivning
32 -
33 Tomgångsventilpuls
34 Tomgångsventilpuls
35 Matning från huvudreläet

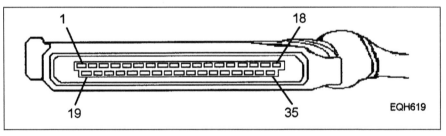

Fig. 6.15 Typisk 35 stifts kontakt
Stiftnumren visas

Stifttabell - typisk 35 stifts (Motronic 3.1, Citroën/Peugeot)
Observera: Se bild 6.15 till 6.19

1 Tändningens utmatning till förstärkare, spole ett
2 Tändningens utmatning till förstärkare, spole två
3 Signalkontakt för trottelns positionsgivare
4 Diagnostikuttag
5 Jord
6 Givarretur för lufttemperaturgivaren, kylvätskans temperaturgivare, CO-potentiometern, trottelns positionsgivare
7 -
8 -
9 Givarmatning för CO-potentiometern, trottelns positionsgivare

10 -
11 -
12 Diagnostikuttag
13 Kylvätskans temperaturgivare matning/utmatning
14 Injektorer (puls)
15 -
16 Jord
17 Diagnostikuttag
18 Batterimatning
19 -
20 Bränslepumpens relädrivning
21 Varvräknare
22 Lufttemperaturgivaren, matning/utmatning
23 Retur från vevaxelns vinkelgivare

24 CO-potentiometersignal
25 Vevaxelns vinkelgivare, matning/signal
26 -
27 Jord
28 Startspärr (endast med automatväxellåda)
29 Luftkonditioneringsomkopplare
30 -
31 -
32 Matarrelä till luftkonditioneringens kompressor
33 -
34 -
35 Normal batterispänningsmatning från huvudreläet

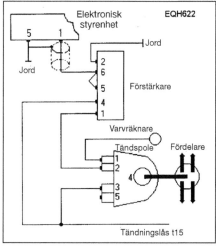

Fig. 6.16 Typiskt kopplingsschema för 35 stifts tändsystem

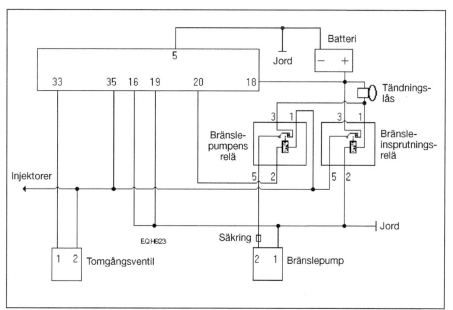

Fig. 6.17 Typiskt kopplingsschema för 35 stifts reläer och komponenter

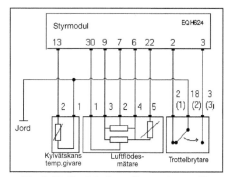

Fig. 6.18 Typiskt kopplingsschema för 35 stifts givare

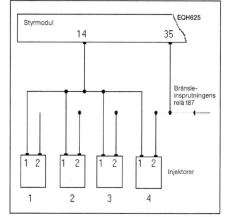

Fig. 6.19 Typiskt kopplingsschema för 35 stifts injektorer

Stifttabell - typisk 55 stifts (Motronic 1.5, Vauxhall)

Observera: *Se bild 6.20 till 6.25*

1 Tändspole negativ
2 Jord
3 Reläjord
4 Tomgångsventil
5 Kolkanisterventil
6 Styrenhet för 4 WD, automatväxellåda
7 Luftflödesmätarens signal
9 Hastighetsgivare
10 Syresensorns retur
12 Luftflödesmätarens matning
12 Matning till trottelns positionsgivare
13 Diagnostikuttag
14 Jord
16 Injektorpuls, bank 1
17 Injektorpuls, bank 2
18 Batteri positiv

19 Jord (huvudstyrmodulen)
20 Kodningsjord utan katalysator
21 Kodningsjord med katalysator
22 Varningslampa
24 Jord
25 Givarretur: luftflödesmätaren,
   lufttemperaturgivaren, CO
26 Givarretur: kylvätskans temperaturgivare,
   trottelns positionsgivare, oktanväljare
27 Tändningslås
28 Syresensor
32 Färddator
34 Automatväxellådans styrenhet
36 Reläjord
37 Normal batterispänningsmatning från relä
40 Avstängning av luftkonditioneringen

41 Tryckkontakt för luftkonditioneringen
42 Tändningslås
42 Kodningsjord (manuell växellåda)
43 CO - utan katalysator (luftflödesmätaren)
44 Lufttemperaturgivaren (luftflödesmätaren)
45 Kylvätskans temperaturgivare,
   matning/signal
46 Oktanväljare
47 Jord (4x4)
48 Vevaxelns vinkelgivare, retur
49 Vevaxelns vinkelgivare, utmatning
51 Automatväxellådans styrenhet
53 Trottelpotentiometersignal
55 Diagnostikuttag

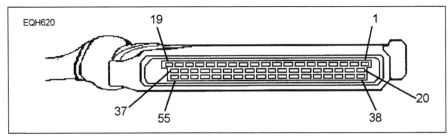

Fig. 6.20 Typisk 55 stifts kontakt

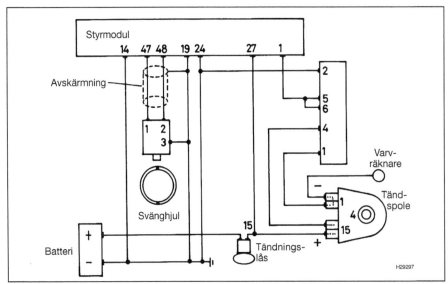

Fig. 6.21 Typiskt kopplingsschema för 55 stifts tändning

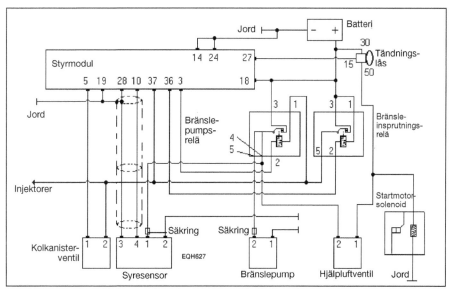

Fig. 6.22 Typiskt kopplingsschema för 55 stifts reläer och komponenter

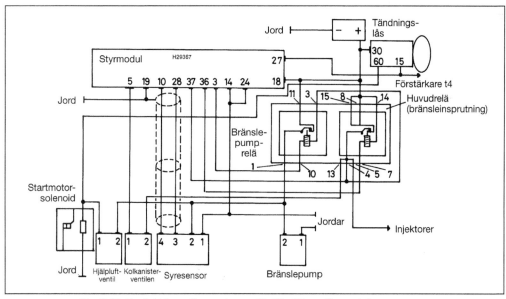

Fig. 6.23 Typiskt kopplingsschema för 55 stifts reläer och komponenter

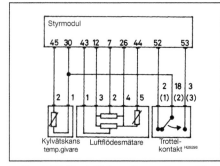

Fig. 6.24 Typiskt kopplingsschema för
55 stifts givare

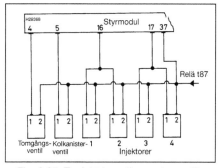

Fig. 6.25 Typiskt kopplingsschema för
55 stifts injektorer

Stifttabell - typisk 88 stifts (Motronic MP3.1, BMW)
Observera: *Se bild 6.26 och 6.27*

1 Bränslepumpens relädrivning
2 Tomgångsventilen
3 Injektorventil cyl. 1
4 Injektorventil cyl. 3
5 Injektorventil cyl. 2
6 Jord
7 -
8 Instrumentbrädans varningslampa (vissa modeller)
9 -
10 -
11 -
12 Trottelns positionsgivare
13 Avbränning
14 Luftflödesgivare
15 -
16 Fasgivare
17 Ti mätsignal
18 -
19 -
20 -
21 -
22 -
23 Tändspole cyl. 2
24 Tändspole cyl. 3
25 Tändspole cyl. 1
26 Huvudrelä stift 30
27 Huvudrelä
28 Jord
29 Tomgångsventilen

30 -
31 Injektorventil cyl. 5
32 Injektorventil cyl. 6
33 Injektorventil cyl. 4
34 Jord
35 -
36 Kolkanisterventilen
37 Syresensorns relä
38 -
39 -
40 -
41 Luftflödesgivaren
42 -
43 Jord
44 Fasgivaren
45 -
46 -
47 -
48 Avstängning av luftkonditioneringen
49 -
50 Tändspole cyl. 4
51 Tändspole cyl. 6
52 Tändspole cyl. 5
53 -
54 Huvudrelä
55 Jord
56 Tändning
57 -
58 -
59 Trottelns positionsgivare

60 Diagnostikkonotakt
61 -
62 -
63 -
64 Elektronisk växellådsstyrning
65 Växlingsintervall P/N
66 -
67 Vevaxelns vinkelgivare
68 Vevaxelns vinkelgivare
69 -
70 Syresensorns signal
71 Syresensorns jord
72 -
73 Fordonets hastighetsgivare
74 -
75 -
76 -
77 Lufttemperaturgivaren
78 Kylvätskans temperaturgivare
79 -
80 -
81 Stöldskydd
82 -
83 -
84 -
85 Luftkonditioneringens kompressorkontakt
86 Luftkonditioneringens kontakt
87 Diagnostikkontakt
88 Diagnostikkontakt

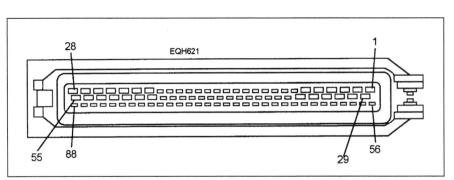

Fig. 6.26 Typisk 88 stifts kontakt

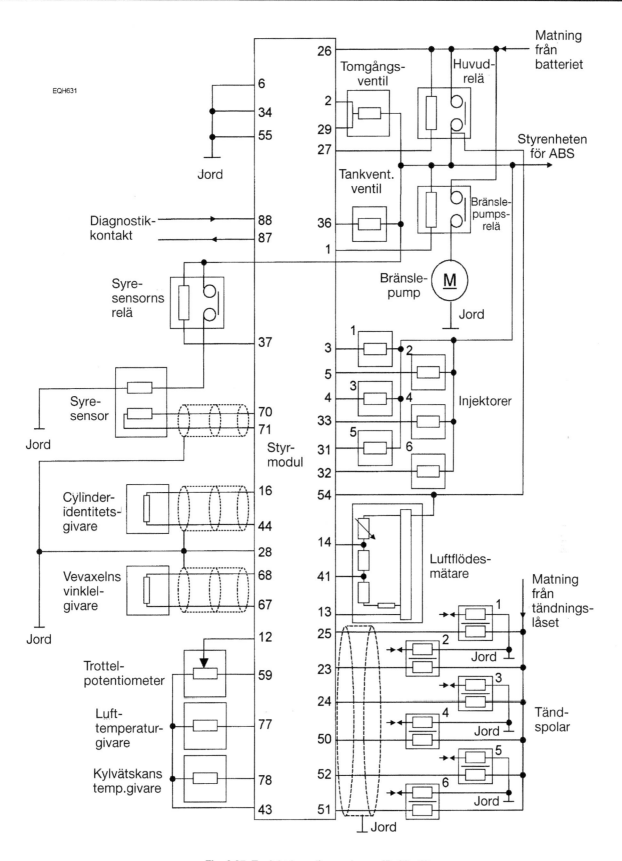

Fig. 6.27 Typiskt kopplingsschema för 88 stift

Felkoder

29 Läsning av felkoder

BMW och Volvo

1 Alla de Motronic-styrenheter som finns i dessa fordonsserier behöver en speciell felkodsavläsare för att kunna läsa felkoderna. Blinkkoder finns inte i något av dessa system. För helhetens skull har vi tagit med felkodsscheman för BMW. I skrivande stund finns inte felkodsscheman för övriga fordon tillgängliga.

Observera: *Blinkkoder finns för ett antal fel på BMW som marknadsförts i USA. Endast dessa bilar har en varningslampa på instrumentbrädan.*

Citroën och Peugeot

2 Om en felkodsavläsare finns tillgänglig ska den anslutas till styrenhetens seriella port och användas till följande:
a) Läsa felkoder
b) Ta bort felkoder
c) Erhålla Datastream-information
d) Aktivera systemets aktiverare. Dessa kan inkludera en eller flera på följande lista:
   Bränsleinjektorer
   Tomgångsventilen
   Kolkanisterventilen (om befintlig)

3 Om en felkodsavläsare inte finns tillgänglig går det fortfarande att läsa felkoderna under förutsättning att diagnostikkontakten har två stift. En felkodsavläsare krävs för system med en 16-stifts diagnostikkontakt.

4 När styrmodulen upptäcker ett fel loggar den en felkod internt och tänder en varningslampa om felet är av allvarlig natur. Smärre fel tänder inte varningslampan även om felkoden loggas. Alla de olika tvåsiffriga felkoderna i fordon från Citroën och Peugeot som är försedda med Motronic-system är av den "långsamma" typen och kan avläsas som blinkkoder i varningslampan på instrumentbrädan. Den första blinkserien anger tiotal och den andra ental **(fig. 6.28)**.

Avläsning av felkoder utan felkodsavläsare

a) Anslut en omkopplare mellan den gröna felkodsavläsarkontaktens stift 2 (se fig.) och jord.
b) Slå på tändningen.
c) Stäng omkopplaren i tre sekunder (varningslampan på instrumentbrädan förblir släckt).

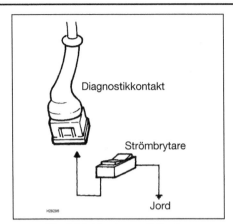

Fig. 6.28 Läsning av felkoder, Citroën och Peugeot

d) Öppna omkopplaren, varningslampan kommer då att:
   Blinka en gång (indikerande 10).
   Vänta 1,5 sekunder.
   Blinka två gånger (indikerande 2).
   Detta indikerar felkod 12 som är koden för teststart.
e) Varningslampan slocknar.
f) Stäng omkopplaren i tre sekunder (varningslampan förblir släckt).
g) Öppna omkopplaren, varningslampan blinkar en felkod.
h) När lampan slocknat, vänta tre sekunder innan du fortsätter.
i) Stäng omkopplaren i tre sekunder och upprepa för fler koder. När kod 11 kommer anger detta att testen är över.
j) Efter kod 11 kan hela avläsningen upprepas.
k) Om kod 11 är den första som visas efter 12 finns inga fel loggade i styrmodulen.

Radering av felkoder från styrmodulens minne

a) Reparera alla kretsar som indikeras av felkoderna.
b) Slå på tändningen.
c) Läs av felkoderna enligt ovan till dess att kod 11 visas utan felkoder (valfritt).
d) Stäng omkopplaren i minst 10 sekunder.
e) Varningslampan förblir släckt.

Funktionskontroll av injektorer och tomgångsventil utan felkodsavläsare

a) Stäng omkopplaren.
b) Slå på tändningen.
c) Vänta tre sekunder.

d) Efter ett ögonblick arbetar injektorerna. Detta kan avgöras via vibrationer och klickljud. Varning: Undvik att dränka cylindrarna i bränsle genom att utföra testen snabbt.
e) Om injektorerna inte arbetar, se testprocedurer för injektorer.
f) Fortsätt med att kontrollera tomgångsventilen.
g) Stäng omkopplaren tre sekunder.
h) Efter ett ögonblick kommer tomgångsventilen att arbeta vilket påvisas av att den vibrerar.
i) Om tomgångsventilen inte arbetar, se testproceduren för tomgångsventil.

Fordon från Opel och Vauxhall

5 Om en felkodsavläsare finns tillgänglig ska den anslutas till diagnostikuttaget (Vauxhalls term är ALDL) och den används för följande:
a) Läsa felkoder
b) Ta bort felkoder
c) Erhålla Datastream-information
d) Aktivera systemets aktiverare. Dessa kan inkludera en eller flera på följande lista:
   Bränsleinjektorer
   Tomgångsventilen
   Kolkanisterventilen (om befintlig)

6 Om ingen felkodsavläsare finns tillgänglig går det att läsa av koderna om diagnostikuttaget är av typen 10 stift. Däremot måste en avläsare användas om uttaget har 16 stift.

Avläsning av felkoder utan felkodsavläsare

7 Brygga över stiften A och B i uttaget. Koderna matas då ut via instrumentpanelens varningslampa. Räkna blinken och leta upp den i felkodstabellen för att hitta felen **(fig 6.29)**.

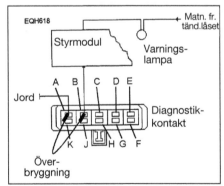

Fig. 6.29 Läsning av felkoder, GM (Opel och Vauxhall)

Felkodstabell - BMW Motronic 1.1, 1.3

Blinkkoder (USA)

Observera: *Gäller endast för fordon avsedda för USA: Dessa koder kan avläsas via blinkningar med varningslampan "Kontrollera motorn" på instrumentbrädan. Andra koder kan bara avläsas med Bosch KTS300 eller BMW:s felkodsavläsare.*

Kod	Post
1	Luftflödesmätaren
2	Syresensorn
3	Kylvätskans temperaturgivare
4	Trottelbrytaren

Felkoder

Observera: *Dessa koder kan bara avläsas med Bosch KTS300 eller BMW:s felkodsavläsare.*
Observera: *De flesta felkodsnummer motsvarar ett stift på styrmodulen, d v s felkod 4 motsvarar styrmodulens stift 4.*

Kod	Post	Fel
1	Styrmodulen	Radera felkodsminnet och läs av igen. Om koden finns kvar, byt styrmodul
3	Bränslepumpens relä	Kretsen bruten eller kortsluten till jord
4	Tomgångsventilen	Kretsen bruten eller kortsluten till jord
5	Kolkanisterventilen	Kortsluten till jord
7	Luftflödesmätaren	Luftflödesmätarens mindre än 0,04 V eller större än 0,95 V
10	Syresensorn	Avgaserna för feta eller för magra
15	Varningslampan (endast USA)	Kortsluten till jord
16	Injektorer (cyl 1+3)	Kretsen bruten eller kortsluten till jord
17	Injektorer (cyl 2+4)	Kretsen bruten eller kortsluten till jord
23	Syresensorvärmarens relä	Kortsluten till jord, eller kortslutning mellan styrmodulens stift 23 och syresensorns relä
28	Syresensorn	Kretsen bruten eller kortsluten till jord
29	Fordonets hastighetsgivare	Ingen signal
33	Solenoid förhindrar kickdown	Kretsen bruten eller kortsluten till jord (modeller med automatväxellåda)
37	Styrmodulen	Matningsspänningen överstiger 16 V
43	CO-potentiometern (modeller utan katalysator)	Kretsen bruten eller kortsluten till jord
44	Lufttemperaturgivaren	Kretsen bruten eller kortsluten till jord
45	Kylvätskans temperaturgivare	Kretsen bruten eller kortsluten till jord
51	Tändlägesintervention	Kortsluten till jord (endast modeller med elektronisk växellådsstyrning)
52	Trottelbrytaren	Tomgångskontakten kortsluten till jord
53	Trottelbrytaren	Fullbelastningskontakten kortsluten till jord
54	Momentomvandlarkopplingen	Endast modeller med elektronisk växellådsstyrning: Denna kod loggas om styrmodulen upptäcker en stängd momentomvandlarkoppling eller kortslutning till jord när växelväljaren är i P eller N
100	Utmatningssteget (endast Motronic 1.3)	Lös kontakt
101	Motorn kan inte köras	Kontrollera följande: styrmodulens matningsspänningar, vevaxelns vinkelgivarsignal, luftflödesmätarsignalerna, bränslepumpens reläaktivering, insprutningens utmatningssignal, injektorventilerna, bränsletrycket

Felkodstabell - BMW Motronic 1.7, 3.1

Kod	Post	Fel
0	Ej definierat fel	
1	Bränslepumpens relä/motorhastighet/ vevaxelns vinkelgivarsignal	
2	Aktiveraren för tomgångens luftreglering	
3	Injektorerna 1 och 3	
4	Injektor 3	
5	Injektor 2	
6	Injektorerna	
12	Trottelns positionsgivare	
16	Kamaxelns positionsgivare	
18	Förstärkaren till styrmodulens stift 18	Kortslutning
19	Styrmodulen	Defekt signal
23	Tändningsförstärkare cylinder 2	
24	Tändningsförstärkare cylinder 3	
25	Tändningsförstärkare cylinder 1	
26	Styrmodulens strömförsörjning	
29	Aktiveraren för tomgångsluftens reglering	
31	Injektor 5	
32	Injektorerna 2, 4 eller 6	
33	Injektor 4	
36	Kolkanisterns rensventil	
37	Syresensorn	Uppvärmningen
41	Luftflödesmätaren	Volym/massa
46	Styrmodulen	Defekt signal
48	Luftkonditioneringens kompressor	Avstängning

Kod	Post	Fel
50	Tändningsförstärkare cylinder 4	
51	Tändningsförstärkare cylinder 6	
54	Styrmodulen	Strömförsörjning
55	Tändningsförstärkare	
62	Elektronisk trottelstyrning	
64	Tändläge (elektronisk automatväxellåda)	Avbrott
67	Motorvarvtal/vevaxelns positionsgivare	
70	Syresensorn	
73	Hastighetsgivaren	
76	CO-potentiometern (utan katalysator)	
77	Intagsluftens temperaturgivare	
78	Kylvätskans temperaturgivare	
81	Larmsystemsignal	
82	Friktionskontroll	Avbruten
83	Fjädringskontroll	Avbruten
85	Luftkonditioneringens kompressor	
100	Styrmodulen	Defekt signal
200	Styrmodulen	
201	Syresensorns styrning	
202	Styrmodulen	
203	Tändningens primärkrets	
204	Elektronisk trottelstyrsignal	
300	Motorn	Kan inte startas

Felkoder - Citroën/Peugeot Motronic

Kod	Post	Fel
11	Diagnostiken avslutad	Inga felkoder loggade
12	Diagnostikstart	
13x	Lufttemperaturgivaren	
14x	Kylvätskans temperaturgivare	
15	Bränslepumpens relä	Defekt matning
21x	Trottelns positionsgivare/ Trottelbrytaren	Tomgångskontakten
22	Tomgångsventilen	Defekt matning
25	Variabel ljudkarakteristik	
31	Defekt tomgångskontakt	Motronic 5.1.1
31	Syresensorn	Blandningsregleringen (kontrollera syresensorns signal spänning) (Motronic 3.1, 3.2)
31	Blandningsregleringen (endast katalysator- försedda fordon)	Läckage i avgaser/insug eller bränsle tryck/typ (Motronic 1.3)
32	Blandningsregleringen	Läckage i avgaser/insug eller bränsle (endast katalysatorförsedda fordon) tryck/typ
33	Kolkanisterventilen	Defekt krets (Motronic 5.1.1)
33x	Luftflödesmätaren/ insugsrörets tryckgivare	Defekt krets (Motronic 4.1, 3.2)
34	Kolkanisterventilen	
35	Trottelbrytaren	Fullbelastningskontakten
41	Vevaxelns vinkelgivare	
42	Injektorer	
43x	Knackgivaren (knackregleringen)	Knackgivare/motortemperatur/ tändstift etc
44x	Knackgivaren (knackupptäckningen)	Knackgivaren

Kod	Post	Fel
51x	Syresensorn	Defekt krets (endast med katalysator)
52	Blandningsregleringen	Matningsspänning/luft/avgasläcka
53x	Batterispänning	Laddning/batteritester
54	Styrmodulen	Styrmodulen/Styrmodulen strömförsörjning/insprutningsrelä
55	CO-potentiometern	Defekt krets
56	Stöldskyddet	
65	Kondensatortändningen	
71	Injektorstyrning 1	
72	Injektorstyrning 2	
73	Injektorstyrning 3	
74	Injektorstyrning 4	

"x" Fel som vanligen gör att styrmodulen går till nödprogrammet och använder ett standardvärde i stället för en givare

Vissa fel betecknas som större och tänder varningslampan. Vilka dessa fel är varierar med systemen och det är alltid bäst att kontrollera felkoderna om ett fel misstänks föreligga.

Aktiverarväljarkod

82 Injektor
83 Tomgångsventilen
84 Kolkanisterventilen

Felkodstabell - GM Motronic

Kod	Post	Fel	Kod	Post	Fel
12	Diagnostikstart		69	Lufttemperaturgivaren	Låg spänning
13	Syresensorn	Ingen ändring i spänningen/ bruten krets	71	Lufttemperaturgivaren	Hög spänning
14	Kylvätskans temperaturgivare	Låg spänning	72	Trottelbrytaren - fullbelastningskontakten	Fullbelastningskontakten öppnar inte
15	Kylvätskans temperaturgivare	Hög spänning	73	Luftflödesmätaren	Låg spänning
16	Knackgivare	Ingen spänningsförändring	74	Luftflödesmätaren	Hög spänning
17	Knackgivare 2	Ingen spänningsförändring	75	Växellådsbrytaren	Låg spänning
18	Knackregleringen	Ingen signal: styrmodulen defekt	76	Automatväxellådans momentreglering	Inkopplad länge
19	Varvtalssignal	Avbruten signal	79	Friktionskontrollens styrning	Fel avstängning av tändning/injektor
21	Trottelpotentiometern	Hög spänning	81	Injektor 1	Låg spänning
22	Trottelpotentiometern	Låg spänning	82	Injektor 2	Låg spänning
23	Knackregleringsmodulen		83	Injektor 3	Låg spänning
24	Hastighetsgivaren		84	Injektor 4	Låg spänning
25	Injektor 1	Hög spänning	85	Injektor 5	Låg spänning
26	Injektor 2	Hög spänning	86	Injektor 6	Låg spänning
27	Injektor 3	Hög spänning	87	Luftkonditioneringens avstängningsrelä	Låg spänning
28	Injektor 4	Hög spänning	88	Luftkonditioneringens avstängningsrelä	Hög spänning
29	Injektor 5	Hög spänning	89	Syresensorn	Låg spänning
31	Motorvarvtalssignal	Ingen signal	91	Syresensorn	Hög spänning
32	Injektor 6	Hög spänning	93	Halleffektgivaren	Låg spänning
33	Insugsrörets tryckgivare	För hög spänning	94	Halleffektgivaren	Hög spänning
34	Ventilen för återcirkulation av avgaser	Hög spänning	95	Varmstartsventilen	Låg spänning
35	Tomgångsventilen	Dålig eller ingen styrning	96	Varmstartsventilen	Hög spänning
37	Motorns självdiagnos	Låg spänning	97	Friktionskontrollens styrning	Fel signal
38	Syresensorn	Låg spänning (från och med 1990 års modell)	98	Syresensorn	Ledningsbrott
39	Syresensorn	Hög spänning (från och med 1990 års modell)	99	Okänd kod	
41	Hastighetsgivaren	Låg spänning	113	Turboladdningsregleringen	Högt laddtryck
42	Hastighetsgivaren	Hög spänning	114	Tomgångens laddtryck	Över övre gränsen
44	Syresensorn	För mager blandning	115	Fullt laddtryck	Under undre gränsen
45	Syresensorn	För fet blandning	116	Laddtryck	Över övre gränsen
47	Luftpumpens relä	Låg spänning	117	Övertrycksventilen	Låg spänning
48	Batterispänning	Låg spänning	118	Övertrycksventilen	Hög spänning
49	Batterispänning	Hög spänning	121	Syrsensor 2	Magra avgaser
51	Programmerbart minne	PROM-fel	122	Syresensor 2	Feta avgaser
52	Motorkontrollampan: sista steget	Hög spänning	123	Insugsrörets ventil 1	Igensatt
53	Bränslepumpens relä	Låg spänning	124	Insugsrörets ventil 2	Igensatt
54	Bränslepumpens relä	Hög spänning	132	Avgasåtercirkulationsventilen	Fel signal
55	Styrmodulen defekt	Byt styrmodul	133	Insugsrörets ventil 2	Hög spänning
56	Tomgångsventilen	Kortsluten till jord	133	Insugsrörets ventil 2	Låg spänning
57	Tomgångsventilen	Avbrott	134	Avgasåtercirkulationsventil 2	Låg spänning
59	Insugsrörets ventil	Låg spänning	134	Insugsrörets ventil 2	Hög spänning
61	Bränsletaknsventilationens ventil	Låg spänning	135	Lampan "CHECK ENGINE"	Låg spänning
62	Bränsletanksventilationens ventil	Hög spänning	136	Styrmodulen	
63	Insugsrörets ventil	Hög spänning	137	Styrmodulens låda	Hög temperatur
65	CO-potentiometer	Låg spänning			
66	CO-potentiometer	Hög spänning			
67	Trottelbrytaren - tomgångskontakten	Tomgångskontakten öppnar inte			

Kapitel 7
Ford EEC IV flerpunkts/CFi

Innehåll

Specifikationer

Fordon/motor	Årsmodell	Tomgångsvarvtal	CO%
Ford 2.0 SOHC			
Sierra/Sapphire/Granada 2.0 MT	1985 till 1989	875 ± 50	0,6 till 1%
Sierra/Sapphire 2.0 automatväxellåda	1985 till 1989	875 ± 50	0,6 till 1%
Granada 2.0 automatväxellåda	1985 till 1986	800 ± 50	0,6 till 1%
Ford 2.0 EFi DOHC 8 ventilers			
Sierra/Sapphire/Granada/Scorpio 2.0	1989 till 1993	875 ± 50	1,25 ± 0,25%
Sierra/Sapphire 2.0 med katalysator	1989 till 1993	875 ± 50	0,50 max
Granada/Scorpio 2.0 med katalysator	1989 till 1994	875 ± 50	0,50 max
Ford CFi			
Fiesta, Escort, Orion	1989 till 1990	900 ± 50	0,50 max
Ford EDIS			
Fiesta XR2i 1.6 LJC	1989 till 1993	900 ± 50	1,0 ± 0,25
Fiesta XR2i 1.6 katalysator LJD	1989 till 1993	900 ± 50	0,5
Fiesta RS turbo 1.6 LHA	1990 till 1992	900 ± 50	1,5 ± 0,25
Escort 1.6i XR3i LJA	1989 till 1992	900 ± 50	0,8 ± 0,25
Escort 1.6i XR3i katalysator LJB	1989 till 1992	900 ± 50	0,5
Escort 1.6i LJE	1990 till 1993	900 ± 50	0,8 ± 0,25
Escort 1.6i katalysator LJF	1990 till 1994	900 ± 50	0,50 max
Orion 1.6i LJA	1989 till 1990	900 ± 50	0,8 ± 0,25
Orion 1.6i LJE	1990 till 1993	900 ± 50	0,8 ± 0,25
Orion 1.6i katalysator LJF	1990 till 1994	900 ± 50	0,5
Ford Zetec 1.6, 1.8, 2.0			
Fiesta XR2i 1.8i RDB	1992 till 1995	875 ± 50	0,50 max
Fiesta 1.8i RQC	1992 till 1995	875 ± 50	0,50 max
Escort 1.6i L1E/1.8i RDA/1.8i RQB	1992 till 1995	875 ± 50	0,50 max
Orion 1.6i L1E/1.8i RDA/1.8i RQB	1992 till 1995	875 ± 50	0,50 max
Mondeo 1.6i L1F/1.8i RKA/2.0i NGA	1993 till 1995	880 ± 50	0,50 max

Fordon/motor	Arsmodell	Tomgångsvarvtal	CO%
Ford V6			
Granada 2.4	-	875	0,75 ± 0,20%
Granada/Scorpio 2.8	1985 till 1987	850	0,6 till 1%
Granada/Scorpio/Sierra 2.9	-	825 ± 25	0,80 ± 0,20%
Ford V6 Katalysator			
Granada ARD	-	825 varv/min	0,50 max
Granada BRD	-	900 varv/min	0,50 max
Granada BRE	-	875 varv/min	0,50 max
Sierra B4B/B4C	-	900 varv/min	0,50 max

Översikt av systemets funktion

1 Inledning

Denna översikt av funktionerna i Ford EEC IV ska läsas i samband med kapitel 2 som tar upp vissa av funktionerna i större detalj.

Ford EEC IV är en motorstyrningsfamilj som finns monterad på alla Fords motorer med elektronisk bränsleinsprutning (med undantag för Sierra och Escort Cosworth) från 1985 fram till 1995. Det monterades först på Fords SOHC ("Pinto") motorer och är ett helintegrerat system som styr primärtändkretsen, bränsletillförsel och tomgångsvarvtalet med en enda styrmodul **(fig. 7.1)**.

Även om en styrmodul med likartat utseende används i alla fordon finns det ett antal viktiga interna skillnader mellan styrenheterna. Dessutom skiljer sig givarna åt. Detta gäller för både fyr- och sexcylindriga motorer. I takt med systemets utveckling har det fått allt fler arbetsuppgifter och Zetec-versionen styr även de olika avgasreningssystemen, luftkonditioneringen och till och med kylarfläktarna. Detta kapitel försöker behandla de flesta varianter som förekommer.

Zeta och Zetec

Ursprungligen använde Ford kodnamnet "Zeta" för att beskriva familjen med 1.6, 1.8 och 2.0 liters 16 ventilsmotorer, men namnet planerades aldrig för produktionsversionerna. Men namnet började användas av så många - redan innan produktionsstarten - att det blev vedertaget. Namnet Zeta är dock inregistrerat av Fiat, så Ford har döpt om motorfamiljen till "Zetec".

2 Styrfunktioner

Signalbehandling

Systemet EEC IV behandlar tändläge och insprutningstiden gemensamt i styrmodulen, så att bästa ögonblicket för tändning och insprutning bestäms för alla arbetsförhållanden. Primärtändningens utlösare är antingen en fördelarmonterad Halleffektgivare

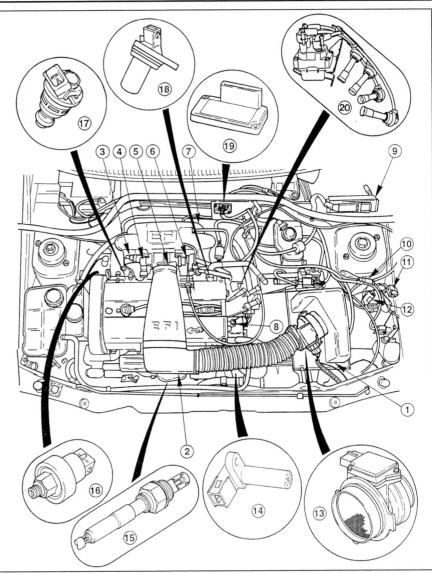

Fig. 7.1 Komponenternas placering, Ford Zetec 16 ventilers 1.8 DOHC

1 Luftfilter	9 ABS-modul	15 Syresensor
2 Lufttrummor	10 Oktanväljare	16 Servostyrningens
3 Tomgångsventil	11 Diagnostikuttag	tryckkontakt
4 Trottelns positionsgivare	12 Diagnostikuttag för	17 Injektorer
5 Trottelhus	FDS 2000	18 Fasgivare
6 Trottelstyrning	13 Luftflödesmätare av typen	19 Fördelarlösa tändningens
7 Luftkammare	hettråd	modul
8 Kylvätskans temp.givare	14 Vevaxelns vinkelgivare	20 Tändspole

eller en svänghjulsmonterad vinkelgivare. Flerpunktsinsprutningen i EEC IV baserades ursprungligen på det väl beprövade Bosch "L" Jetronic med en luftflödesmätare av klafftyp. Men Zetec använder en luftflödesmätare av typen hettråd, V6 med katalysator använder en tryckgivare i insugsröret, liksom CFi-motorn med sin enpunktsinsprutning. Ett kontaktdon med 60 stift och multikontakter ansluter styrmodulen till batteriet, givare och aktiverare.

Grundtändläget finns sparat i styrmodulen i form av en tredimensionell karta och signaler som anger motorns belastning och varvtal bestämmer tändläget under olika arbets-förhållanden. Den huvudsakliga belastnings-givaren är antingen luftflödesmätaren eller insugsrörets tryckgivare. Motorns hastighet avgörs från antingen vevaxelns vinkelgivar-signal eller Halleffektgivarsignalen.

Korrektionsfaktorer räknas sedan in för start, tomgång, inbromsning, delbelastning och fullbelastning. Den viktigaste korrektions-faktorn är motorns temperatur (kylvätskans temperaturgivare). Smärre korrigeringar av tändläget och insprutningstiden utförs enligt signaler från lufttemperaturgivaren och trot-telns positionsgivare.

Den grundläggande insprutningstiden sparas också som en tredimensionell karta och signaler för motorns varvtal och belast-ning bestämmer den grundläggande pulsen. Styrenheten i EEC IV beräknar insprutnings-tiden med utgångspunkt från signalerna för motorns varvtal och belastning.

Insprutningstiden korrigeras med hänsyn till signaler från lufttemperaturgivaren, kyl-vätskans temperaturgivare, batterispänningen samt läget för trottelns positionsgivare. Andra faktorer avgörs av arbetsvillkor som kallstart och varmkörning, tomgång, acceleration och inbromsning.

Styrmodulen använder sig av en annan karta för tomgång och denna karta kallas alltid upp när motorn går på tomgång. Tomgångs-varvtalet vid varmkörning och med normal-varm motor regleras av motorstyrningens tomgångsreglering. Styrenheten utför även små korrigeringar av tomgångsvarvtalet ge-nom att flytta fram eller backa tändläget vilket resulterar i ett konstant föränderligt tändläge vid tomgång.

Grundfunktioner för styrmodulen

En permanent spänning hämtas från batteriet till stift 1 på styrmodulen (gäller ej det grund-läggande EEC IV systemet eller de utbyggda system som användes före omkring 1987) via en 3 amp säkring. Detta gör att permanent-minnet kan spara adaptiva tomgångsvärden och diagnostikfunktionen spara data av tillfälligt natur.

När tändningen är påslagen leds en spänning från tändningslåset till tändspolen/ spolarna, förstärkaren och huvudreläets stift 86. Relästift 85 är direkt anslutet till jord och

Fig. 7.2 Styrmodulen i EEC IV (2.0 SOHC) Kontakternas arrangemang gör dem ganska enkla att sondera

relälindningen magnetiseras för att ansluta stiften 30 och 87. Utgående spänning från stift 87 leds till styrmodulens stift 37 och 57, bränsleinjektorerna, de flesta aktiverare och stift 86 på bränslepumpens relä.

De flesta givare (utom de som alstrar en spänning, exempelvis fordonets hastighets-givare, syresensorn och vevaxelns vinkel-givare eller Halleffektgivaren) försörjs nu med en referensspänning om 5,0 V från relevant stift på styrmodulen. När motorn dras runt av startmotorn eller går leder en hastighetssignal från primärtändningen till att styrmodulen jordar stift 22 så att bränslepumpen kan gå. Tändnings- och insprutningsfunktioner aktiveras. Samtliga aktiverare (injektorer, tom-gångsventilen, etc) försörjs med normal batterispänning från huvudreläet och styr-modulen fullbordar kretsen genom att jorda relevant aktiverares ledning (**fig. 7.2**).

Självdiagnostik

Systemet EEC IV har en självtestfunktion som regelbundet undersöker signalerna från givarna och loggar en tvåsiffrig felkod internt om något fel förekommer. Denna felkod kan läsas med en lämplig felkodsavläsare i den seriella porten.

EEC IV "Grundsystemet"

Det system som monterades på tidiga 2.0 SOHC och 2.8 V6 motorer kallas "grund-systemet" och det kunde bara framställa ett litet antal koder.

EEC IV "Utbyggt" system (2.4 och 2.9 V6 motorer)

Det senare "utbyggda" systemet som mon-terades på motorerna 2.4 och 2.9 framställer många fler tvåsiffriga felkoder. Det utbyggda systemet har tre diagnoslägen och ett serviceläge. Felsökningslägena är följande:

a) *Tändningen på, motorn av: Ett statiskt test av motorns givare.*

b) *Motorn går och serviceläge: En dynamisk test av motorns givare. I serviceläget kan tändläge och tomgångsvarvtal ställas in. Det går inte längre att göra dessa justeringar, annat än i serviceläget.*

c) *Kontinuerlig körning: En test av motorns givare under normal körning, inklusive tomgång eller under en provkörning.*

Observera: *De felkoder som alstras av grundsystemet och ovan nämnda utbyggda system är bara tillgängliga medan felet är närvarande och när tändningen är påslagen. Om felet är permanent loggas tillämplig felkod varje gång tändningen slås på. Men om felet uppstår periodvis och tändningen slås av tappas felkoden.*

EEC IV, förbättrad version (de flesta Ford från 1987 till 1995)

De Ford-system som är monterat på motor-erna 1.4 CFi och 2.0 DOHC innehåller många fler koder än de tidigare systemen och kan behålla tillfälliga koder i permanentminnet. Om felet försvinner finns felkoden kvar till dess att den raderas med en lämplig felkods-avläsare eller till dess att motorn startats mer än 20 gånger när felkoden är självinitiali-serande. Detta utbyggda system har tre diagnostiklägen och ett serviceläge enligt följande:

a) *Tändningen påslagen, motorn avstängd: Ett statiskt test av motorns givare.*

b) *Motorn går och serviceläge: Ett dynamiskt test av motorns givare. I serviceläget kan tomgångsvarvtalet ställas in. Det går inte längre att göra detta annat än i serviceläget.*

c) *Kontinuerlig körning: Ett test av motorns givare under normal körning, inklusive tomgång eller under en provkörning.*

EEC IV "Utbyggt" system (2.4 och 2.9 V6 med katalysator)

Mycket likt den version som finns på 2.0 DOHC motorerna ovan. Denna version har två felsökningslägen och ett serviceläge, angivet av kod 60. De två diagnostiklägena är följande:

a) *Tändningen påslagen, motorn avstängd: Ett statiskt test av motorns givare.*

b) *Motorn går och serviceläge: Ett dynamiskt test av motorns givare. I serviceläget kan tändläget ställas in. Det går inte längre att göra detta annat än i serviceläget.*

EEC IV "Utbyggt" system (alla Zetec och andra Ford fördelarlösa motorer med sekventiell insprutning)

Mycket lik den version som är monterad på 2.4 och 2.9 V6 katalysatorförsedda motorer ovan. Denna version har dock tresiffriga felkoder, men behåller de två diagnostik-lägena och serviceläget. En blinkande markör används för att indikera övergången från ett läge till ett annat och kod 60 är ersatt av denna markör. I denna version går det att driva vissa aktiverare via felkodsavläsaren. De två diagnostiklägena är:

a) *Tändningen påslagen, motorn avstängd: Ett statiskt test av motorns givare.*

b) *Motorn går och serviceläge: Ett dynamiskt test av motorns givare.*

I serviceläget kan tändläget ställas in. Det går inte längre att göra detta annat än i serviceläget.

Permanentminnet

Permanentminnet är en minnesenhet konstruerad för att spara självdiagnostiska data av tillfällig natur liksom adaptiva värden som "lärts in" av styrmodulen. Det betyder att om ett fel uppstår i en eller flera kretsar loggas en felkod som sparas även sedan tändningen stängts av. Något som är mycket nyttigt vid felsökning.

Permanentminnet saknas i fordon byggda före 1987, detta inkluderar alla SOHC och V6 motorer utan katalysator. Fordon utan detta permanentminne saknar även den adaptiva tomgången. Permanentminnet kan spara data därför att en permanent spänning leds från batteriet till stift 1 på styrmodulen.

Det finns tre sätt att radera felkoder. Ett är att använda en felkodsavläsare för omedelbar radering. Det andra sätter är att lossa batteriets jordledning för några minuter (dock finns risken att radiokoderna tappas med denna metod). Slutligen raderas koden av styrmodulen efter 20 kallstarter om felet inte återkommit under denna period.

Definition av motorcykel

Ett fordon som startas med en kylvätsketemperatur understigande 49°C och som körs till dess att kylvätsketemperaturen överskrider 65°C.

Adaptiv tomgång

Styrmodulen styr tomgångsventilen så att den upprätthåller korrekt varvtal under alla förhållanden. Fords adaptiva system kompenserar för normalt slitage och anpassar programmet efter körstil. Under en tidsperiod lär sig styrmodulen det bästa tomgångsläget för en given motor oavsett motorns skick och ålder eller belastning, så att korrekt tomgångsvarvtal alltid hålls.

Adaptiva inställningar sparas i permanentminnet, om batteriet kopplas ur försvinner inställningarna. När batteriström till styrmodulen kopplats från kan tomgången och lågvarvsregistret bli ojämnt och tjuvstoppa under en kort period fram till dess att permanentminnet lär sig inställningarna igen.

Nödprogram

I händelse av ett allvarligare systemfel kan EEC IV kalla upp två nivåer av nödprogrammering.

Nivå 1: Större systemfel

EEC IV hanterar större fel i styrmodulen på följande sätt:

a) Alla givarsignaler ignoreras och i stället används fasta värden så att motorn går (i regel inte speciellt bra).
b) Tändläget fixeras vid alla varvtal.
c) En grundinställning för bränsle ger en

konstant volym över det begränsade arbetsområde som fortfarande är tillgängligt.
d) Bränslepumpen ställs till att arbeta kontinuerligt så länge som tändningen är påslagen.

Observera: Ett sätt att avgöra om nödprogrammet är aktiverat är att lyssna på bränslepumpen. I normala fall ska, när tändningen slås på, bränslepumpen arbeta cirka en sekund och sedan stanna till dess att motorn dras runt på startmotorn eller går.

Nivå 2: Defekt givare

Om ett givarfel uppstår behandlar styrenheten detta på följande sätt: Den defekta givaren tilldelas ett fast värde motsvarande en varmkörd motor så att motorn arbetar tillfredsställande vid normal temperatur. Kallstarter och motorgång under varmkörning blir dock troligen negativt påverkade.

Oktanväljare och servicekontakt

En servicekontakt finns så att styrmodulen kan använda ett annat tändlägesprogram (så att motorn kan köras på ett bränsle med lägre oktantal) eller ändra tomgångsegenskaper för att passa olika förhållanden. När en eller flera av ledningarna jordas, kommer styrmodulen att ändra antingen tändlägeskartan eller tomgångsvarvtalet (beroende på vilken som jordas). Detta tar bort behovet av att göra allmänna justeringar av tändläget (d v s genom att flytta fördelaren eller trottelventilen). Även om justeringar fortfarande kan göras under ledning av styrmodulen och genom en felkodsavläsare rekommenderas varmt att grundtändläget ställs i utgångsposition och att alla justeringar görs med serviceledningarna. Dessutom är det på vissa fordon omöjligt att ändra tomgångsvarvtalet annat än med serviceledningen.

Styrmodulen matar en 5,0 V referensspänning till var och en av serviceledningarna. När en sådan ansluts till jord faller spänningen till noll. När styrmodulen känner av noll spänning för en given ledning utförs tillämpliga justeringar av programmet.

Endast Mondeo

Styrmodulen matar en 5,0 V referensspänning till oktankontakten. När denna ledning jordas via ett motstånd (oktankontakten) skickas en signal under 5,0 V tillbaka till styrmodulen. När styrmodulen känner av den lägre spänningen utförs tillämpliga justeringar av programmet.

Tändlägesjustering

Fördelarsystem

a) 2.0 SOHC motorn har ett helt justerbart tändläge.
b) På övriga modeller med fördelare kan tändläget endast justeras under kod 60 under kontroll av styrmodulen. En felkodsavläsare krävs för att ställa styrmodulen till kod 60.
c) Det går inte att justera tändläget på åttaventils 2.0 DOHC motorn.

d) 2.4 och 2.9 katalysatormodeller: Tändläget kan bara justeras under kod 11 under kontroll av styrmodulen. En felkodsavläsare krävs för att ställa styrmodulen till kod 11.

Fördelarlösa system

a) Det går inte att fysiskt justera tändläget på någon av de fördelarlösa modellerna.
b) En oktankontakt (Mondeo) eller överbryggningsledning (Escort, Fiesta, Orion) låter styrmodulen anpassa tändläget för 95 oktan. Om kontakten eller ledningen avlägsnas kommer styrmodulen att backa tändningen med ett "ej fixerat värde".

Referensspänning

Strömförsörjningen från styrmodulen till många av motorns givare är en referensspänning om 5,0 V. Detta ger en stabil arbetsspänning som inte påverkas av variationer i systemspänningen. Denna utmatning är från styrmodulens stift 26.

Jordretur

Jordanslutningen för de flesta motorgivare är via styrmodulens stift 46 och detta är inte direkt anslutet till jord. Styrmodulen jordar internt stift 46 via ett av det direkt jordanslutna stiften.

Signalavskärmning

För att minska störningar på radiofrekvenserna har ett antal givare (d v s vevaxelns vinkelgivare, Halleffektgivaren, knackgivaren, förstärkaren och syresensorn) en avskärmad ledning. Denna är ansluten till styrmodulens huvudjord vid stift 20 för att minimera störningar.

Fordonets hastighetsgivare

Fordonets hastighetsgivare används för att informera styrmodulen om bilens hastighet. Den fungerar efter Halleffektprincipen och är monterad direkt på växellådan eller bakom instrumentbrädan.

En spänning på cirka 10 V matas till fordonets hastighetsgivare från tändningslåset när detta är påslaget. När hastighetsmätarvajern roterar stängs och öppnas Hallkontakten omväxlande så att den avger en fyrkants vågsignal till styrmodulen. Signalens frekvens anger bilens hastighet.

3 Primär utlösare

Den primära utlösaren i system EEC IV är antingen fördelarmonterad Halleffektgivare eller en svänghjulsmonterad vevaxelvinkelgivare. Bägge typerna beskrivs nedan.

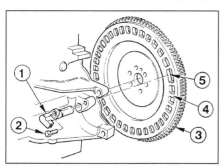

Fig. 7.3 Layout för vevaxelns vinkelgivare och svänghjulet

1 Vevaxelns	4 Tänder
vinkelgivare	(36 minus 1)
2 Fästbult	5 Saknad tand
3 Svänghjul	(90° FÖD)

Vevaxelns vinkelgivare

En vevaxelvinkelgivare används i 8-ventils 2.0 DOHC motorer och i alla motorer utan fördelare. Primärutlösaren för både tändning och bränsle är vevaxelns vinkelgivare som är monterad nära svänghjulet. Givaren består av en induktiv magnet som utstrålar ett magnetfält. 36 tänder finns i svänghjulet med 10° mellanrum. Vid läget 90° FÖD för cylinder 1 är en tand borttagen som ett referensmärke för ÖD. 35 tänder sitter därmed kvar i svänghjulets sida (fig. 7.3).

När svänghjulet roterar och tänderna roterar i magnetfältet skapas en växelströmssignal som skickas till styrmodulen. Signalen som alstras av de 35 tänderna anger rotations-hastigheten och luckan i signalen från den utdragna tanden anger vevaxelns läge.

Toppspänningen i hastighetssignalen kan variera från 5 V vid tomgång till över 100 V vid 6 000 varv/min. Styrmodulen använder en analog-till-digital omvandlare för att förvandla växelströmspulsen till en digital signal. Den variant av systemet som finns på motorn 2.0 DOHC avger ingen tändlägessignal.

Halleffektgivare

Halleffektgivaren används i motorerna 2.0 SOHC & DOHC, CFi-modeller med fördelare, 2.4, 2.8 och 2.9 V6 motorer, samt alla fordon som saknar fördelarlös tändning.

En spänning läggs på Hallgivaren som antingen är direkt jordad eller jordad via styrmodulen. Dessutom matas Hallkontakten med en signalspänning som är något svagare än matningsspänningen (fig. 7.4).

Mitt emot Hallgivaren finns en permanent-magnet vars fält alstrar en svag spänning. Denna svaga spänning fullbordar signal-kretsen. Ett utlösarblad är monterat på fördelaraxeln med urtag som motsvarar antalet cylindrar.

Vartefter fördelaraxeln roterar kommer de massiva och urtagna bitarna av bladet att passera mellan magneten och Hallkontakten så att signalspänningen släpps igenom eller stoppas. Signalspänningen kommer då att

Fig. 7.4 Kombinerad Halleffektgivare och tändmodul (tidig V6 utan katalysator). Pilarna anger modulens fästskruvar

växla mellan hög och låg (d v s inom 300 mV från jord) och denna fyrkantsvåg skickas som en grundsignal för utlösning.

4 Fördelartändning

Tändning och utlösare (Halleffektgivaren som primärutlösare)

En signal alstras av Halleffektgivaren i för-delaren och skickas till utlösaren. Denna signal är den grundläggande tändläges-signalen och gör att utlösaren slår på spolen för att ge en gnista. I och med att fördelaren saknar förställning och utlösaren saknar för-ställningskarta kommer utlösaren inlednings-vis bara att aktivera spolen vid grundtänd-läget. I regel är grundtändläget justerbart i dessa motorer.

Tändlägessignalen sänds även till styr-modulen via stift 56. Styrmodulen använder grundsignalen till att beräkna tändningens vilovinkel och försprång i enlighet med varvtalet och skickar denna modifierade signal till utlösaren, som sammanställer signalerna och därmed får en referens för att utlösa gnistan i rätt ögonblick.

Tändning och utlösare (vevaxelns vinkelgivare som primär utlösare)

I 8-ventils 2.0 DOHC motorn får styrmodulen en primär utlösningssignal direkt från vev-axelns vinkelgivare som konverteras av en analog-till-digital omvandlare till fyrkants-vågform. Styrmodulen beräknar sedan vilo-vinkel och förställning och skickar den behandlade signalen till utlösaren som aktiverar spolen i rätt ögonblick. Grund-tändläget på denna motor kan inte justeras.

Tändningens vilovinkel

Vilofunktionen i system EEC IV baseras på principen "konstant energi, begränsad ström".

Det betyder att viloperioden är konstant vid 4,0 till 5,0 ms vid praktiskt taget alla varvtal. Men arbetscykeln, uttryckt i procent eller grader, varierar med motorns varvtal.

Tändspolen

Tändspolen använder lågt primärmotstånd för att öka den primära strömmen och primär-energin. Förstärkaren begränsar primär-strömmen till cirka 8 amp vilket ger en energireserv för att upprätthålla gnistans brinntid (duration).

Fördelare

I system EEC IV innehåller fördelaren en Hall-effektgivare och sekundära högspännings-komponenter. Högspänningskomponenterna används till att fördela högspänningen från spolens sekundärkrets till varje tändstift i enlighet med tändföljden.

5 Fördelarlös tändning

Fördelarlös tändning (EDIS-4)

De flesta EEC IV-försedda fördelarlösa fordon använder en separat tändningsmodul be-tecknad EDIS-4. Den innehåller ytterligare kretsar för aktivering av tändspolen. I Mondeo MT-modeller finns kretsarna för EDIS-4 i huvudstyrenheten.

Även om tändsystemet är fördelarlöst, så är den grundläggande funktionen i stort sett densamma som med konventionell tändning. I ett fördelarlöst system eller ett system med så kallad "slösad gnista" används en dubbel-ändad tändspole för att utlösa två stift samtidigt. Detta betyder att systemet bara kan användas i motorer där två kolvar stiger och sjunker samtidigt.

Ena cylindern är då i kompressionstakten och den andra i avgastakten där gnistan är "bortslösad". Två dubbeländsspolar krävs därmed för ett fyrcylindrig motor. Cirka 3 kV behövs fortfarande för den "bortslösade" gnistan, men det är betydligt mindre än vad som krävs för att överbrygga rotorgapet. Vardera spolen kräver spänning från tänd-ningslåset och en separat vilovinkelanslutning till styrmodulen (eller EDIS-4) så att styrmodulen kan utlösa spolarna individuellt.

Positionssignalen från vevaxelns vinkel-givare är analog och omvandlas till fyrkants vågform av en analog-till-digital omvandlare. EDIS-4 skickar sedan denna signal till styrmodulen som beräknar vilovinkel och förtändning för cylindrarna 1 och 4 med utgångspunkt från varvtal och skickar en retursignal till EDIS-4. Denna signal för cylindrarna 2 och 3 är beräknad med utgångs-punkt från signalen för cylindrarna 1 och 4.

Retursignalen verkar som en förvarning om kommande tändningsutlösning och inkommer till EDIS-4 i ett fönster i vevaxelvinkeln som är från 10° EÖD till 170° FÖD. Detta fönster ligger utanför normal förställningsvinkel och ser till att signalen inte korrumperas av sekundära högspänningspulser. EDIS-4 sammanställer signalerna och får därmed en referens för utlösning av tändspolen i rätt ögonblick. I praktiken styr retursignalen tändförställningen. I system med integrerad EDIS-4 sker hela processen internt i styrmodulen.

EDIS är självövervakande och i händelse av ett av flera fel skickar den en kodad signal till styrmodulen. Upptäckbara fel inkluderar:

a) Defekt tändspole.
b) Misslyckande att synkronisera med signalen från vevaxelns vinkelgivare.
c) EDIS mikroprofessor defekt.
d) Saknad eller avbruten retursignal från styrmodulen.

Dessutom, om en retursignal tas emot utanför intervallen 10° EÖD till 170° FÖD kommer EDIS att använda bredden från föregående puls. Om fem på varandra följande signaler ligger utanför intervallen eller utanför normalt tändläge (10° EÖD till 57° FÖD) utlöser EDIS tändstiften vid 10° FÖD. Vissa mycket tidiga modeller kanske inte returnerar en signal som beskrivet.

Grundtändläget kan inte justeras på motorer med fördelarlös tändning. När motorn dras runt, arbetar på låga varv eller under nödprogrammet, sker tändningen 10° FÖD.

Tändningens vilovinkel

Vilofunktionen i system EEC IV baseras på principen "konstant energi, begränsad ström". Det betyder att viloperioden är konstant vid 4,0 till 5,0 ms vid praktiskt taget alla varvtal. Men arbetscykeln, uttryckt i procent eller grader, kommer att variera med motorns varvtal. En strömbegränsande puckel syns inte vid granskning av en vågform i ett oscilloskop.

Tändspolar

Tändspolarna (A och B) använder lågt primärmotstånd för att öka den primära strömmen och primärenergin. Förstärkaren begränsar primärströmmen till cirka 8 amp vilket ger en energireserv för att upprätthålla gnistans brinntid (duration). Spole A är ansluten till cylindrarna 1 och 4, spole B till cylindrarna 2 och 3.

6 Bränsleinsprutning

Flerpunkts bränsleinsprutning

Insprutningssystemet EEC IV styr ett multipunktsystem i motorerna SOHC, DOHC (8-ventilers) samt V6.

I systemen för fyrcylindriga motorer är injektorerna anslutna i två bankar om två och styrmodulen utlöser alla injektorer (bägge bankarna) samtidigt en gång per motorvarv.

Men den version som används på 6-cylindriga motorer fungerar något annorlunda. Injektorerna är kopplade i två bankar om tre, men styrmodulen utlöser dem i följd, först den ena, sen den andra banken.

Belastningsdata (luftflödesmätaren eller insugsrörets tryckgivare), motorvarv (vevaxelns vinkelgivare eller Halleffektgivaren), motortemperatur (kylvätskans temperaturgivare) samt trottelläge (trottelns positionsgivare) hämtas in av styrmodulen och jämförs med en digital karta i mikroprocessorn. Kartan innehåller en insprutningstid för varje arbetsförhållande och därmed kan den bästa öppningstiden för ett givet arbetsvillkor avgöras. Vid kallstart ökas öppningstiden för att ge en fetare bränsleblandning.

Bränsleinjektorer

En injektor är en magnetdriven solenoidventil som aktiveras av styrmodulen. Spänningen till injektorerna kommer från huvudreläet och jord ges av styrmodulen under en tidsperiod (pulsduration) på mellan 1,5 och 10 ms. Durationen är mycket beroende på motorns temperatur, belastning, varvtal och arbetsförhållanden. När solenoidmagneten stänger alstras en backspänning om 60 V.

Bränslet matas till injektorerna under tryck och mängden insprutat bränsle bestäms endast av öppningstiden, som regleras av styrmodulen. Injektorerna är monterade i insugskamrarna så att finfördelat bränsle riktas mot ventiltallrikarnas baksida. I och med att injektorerna öppnar samtidigt kommer bränsle att vila på ventiltallrikens baksida ett ögonblick innan det sugs in i cylindern.

Sekventiell flerpunkts bränsleinsprutning

Det EEC IV insprutningssystem som är monterat på Zetec-motorn är ett flerpunktssystem med sekventiell injektoröppning - d v s i tändföljden och en gång per arbetscykel. Varje injektor har sin egen anslutning till ett stift på styrmodulen. Zetec-systemet återgår till samtidig insprutning om motorvarvet sjunker under 600 varv/min.

Data om motorns belastning (luftflödesmätaren), varvtal (vevaxelns vinkelgivare), temperatur (kylvätskans temperaturgivare) samt trottelposition (trottelns positionsgivare) hämtas in av styrmodulen som jämför data med den digitala kartan, som innehåller en öppningstid för varje arbetsvillkor så att optimal öppningstid för ett givet villkor kan erhållas.

Vid kallstart förlängs öppningstiden för att ge en fetare blandning.

Zetec injektor

En injektor är en magnetdriven solenoidventil som aktiveras av styrmodulen. Spänningen till injektorerna kommer från huvudreläet och jord

ges av styrmodulen under en tidsperiod (pulsduration) på mellan 1,5 och 10 ms. Durationen är mycket beroende på motorns temperatur, belastning, varvtal och arbetsförhållanden. När solenoidmagneten stänger alstras en backspänning på 60 V.

Varje injektor är monterad i bränsleröret och tätning utförs med o-ring. Bränslematningen sker under tryck. Till skillnad från de flesta insprutningssystem där injektorn matas från toppen sker matningen till Zetec-injektorer lateralt med injektorn nedsänkt i en bränslefylld ficka. Fördelen med detta arrangemang är att bränslet kyler injektorn, vilket minimerar risken för avdunstning och dåliga varmstartsegenskaper. När tändningen slås på spolas färskt bränsle genom injektorn för att sänka temperaturen.

Hela bränsleröret är pluggat in i insugsröret av plast (Mondeo) eller gjutgods (övriga modeller) och tätningen görs med o-ring. Injektorn är placerad så att när insugsventilen öppnar sprutas finfördelad bränsleånga rakt in i cylindern.

Enpunkts bränsleinsprutning (Fords term "CFi" som står för "central fuel injection").

I ett enpunkts insprutningssystem sprutas bränslet in i insugsröret för att sedan dras ned i cylindern av den nedåtgående kolven. Vid tomgång öppnar injektorn en gång per motorvarv. Vid alla varv över tomgång öppnar injektorn under varje cylinders insugstakt, vilket ger en insprutningsfrekvens om två gånger per motorvarv.

Data om belastning (insugsrörets tryckgivare), varvtal (vevaxelns vinkelgivare eller Halleffektgivaren), temperatur (kylvätskans temperaturgivare) och trottelposition (trottelns positionsgivare) hämtas in av styrmodulen, som jämför data med den digitala kartan, som innehåller en öppningstid för varje arbetsvillkor så att optimal öppningstid för ett givet villkor kan erhållas.

Injektorn manövreras av två kretsar enligt principen att det krävs mer ström för att öppna en injektor än att hålla den öppen. En toppström om 2,75 amp används till att öppna injektorns ventil. Väl öppen lägger den andra kretsen (genom ett ballastmotstånd) på en reducerad ström på 1,32 amp vilket håller ventilen öppen. Fördelar med detta arrangemang är en minskning i injektorns arbetstemperatur och omedelbar stängning när hållkretsen slås från.

Enpunktsinjektor

En injektor är en magnetdriven solenoidventil som aktiveras av styrmodulen. (fig. 7.5). Spänningen till injektorn kommer från huvudreläet och jord ges av styrmodulen under en tidsperiod (pulsduration) på mellan 1,5 och 10 ms. Durationen är mycket beroende på motorns temperatur, belastning, varvtal och arbetsförhållanden. När solenoidmagneten stänger alstras en backspänning på 60 V.

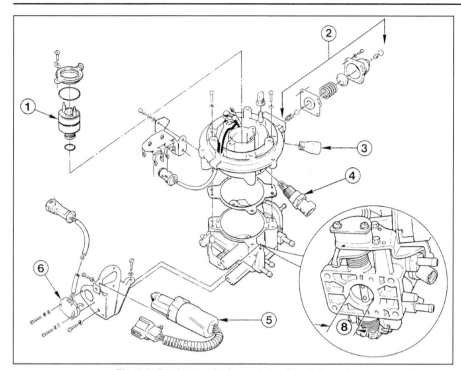

Fig. 7.5 Ford enpunktsinsprutning i trottelhuset

1 Injektor
2 Bränsletrycksregulator
3 Bränsleingång
4 Lufttemperaturgivare
5 Stegmotor
6 Trottelns positionsgivare
8 Trottelventilens diameter
varierar med motorns
storlek

Injektorn matas med bränsle under tryck och mängden insprutat bränsle är helt beroende på injektorns öppningstid.

Cylinderidentitetsgivare

I och med att Zetec-motorn använder sekventiell insprutning måste systemet veta vilken cylinder som är nr 1. Cylinderidentitetsgivaren fungerar på ett sätt som liknar vevaxelns vinkelgivare. En upphöjd lob är placerad på insugskamaxeln bredvid en permanentmagnetgivare placerad i topplocket på motsatta sidan om cylinder 4.

När kamaxeln roterar och loben är mot givaren skickas en växelströmssignal till styrmodulen som därmed exakt kan identifiera positionen för cylinder 1. Signalen ges när kolv 1 är 46° EÖD.

Med cylinder 1 identifierad undersöker styrmodulen positionssignalen från vevaxelns vinkelgivare och sprutar in bränsle när insugsventilen i cylinder 1 öppnar. Insprutning i resterande cylindrar sker när deras insugsventiler öppnas enligt tändföljden. När motorn startar och till dess att den når 600 varv/min ignorerar styrmodulen identitetssignalen och använder samtidig insprutning med ledning av vevaxelgivarens signal. Över 600 varv/min använder styrmodulen identitetssignalen för sekventiell insprutning. Samtidig insprutning inträffar om motorvarvet sjunker under 600

varv/min vid körning. Signalen från identitetsgivaren undersöks bara av styrmodulen vid starten. När motorn går ignoreras signalen till dess att motorn startas igen.

Luftintag

Luft dras genom ett luftfilter till insugsröret via trottelhuset.

Endast Mondeo

I modellserien Mondeo består luftintagets trummor av flera resonatorer som används till att dämpa insugsljudet. Ljudet dämpas när luftpulserna saktas ned under rörelsen i intaget. Varje resonator är konstruerad för att minska insugsljudet i ett givet varvtalsområde. Resonatorrörets diameter och volym är den avgörande faktorn för hur stor minskningen blir och det varvtalsområde som täcks.

Trottelhuset är av typen enkelt stryprör och är placerat mitt i insugsröret. I modellserien Mondeo används ett insugsrör av plast. En förbigångsskruv används till att ställa in grundtomgången vid tillverkningen. Skruven förseglas sedan och det är i regel inte nödvändigt att göra om inställningen vid normal service. Faktum är att styrmodulen normalt justerar tomgångsvarvtalet som en del av inlärningsprocessen (se adaptiv tomgång under rubriken "Självdiagnostik").

Belastningsgivare

Styrmodulen kräver en belastningsavkännare för att upptäcka strömmen av luft till motorn. När luftvolymen väl är känd kan korrekt bränslemängd utläsas på kartan. Flera metoder används av de olika varianterna av system EEC IV för belastningsmätning. Luftflödesmätare av klafftyp, hettråds mängdmätaren och insugsrörstryckgivare är de tre vanligaste typerna.

Luftflödesmätare (klafftyp)

Luftflödesmätaren är placerad mellan luftfiltret och trottelhuset. När luft strömmar genom givaren böjer den en klaff. Ju större volym, dess större avböjning. Klaffen är kopplad till en arm som löper över ett potentiometerspår vilket ändrar motståndet i spåret. Detta ger en variabel spänningssignal till styrmodulen.

Tre ledningar används av kretsen i denna givare som ofta kallas "treledningsgivare". En 5 V referensspänning ligger på motståndsspåret med andra änden ansluten till givarens jordretur. Den tredje ledningen är ansluten till armen.

Från returspänningen kan styrmodulen beräkna volymen på den luft som sugs in i motorn, vilket i sin tur används till att beräkna injektoröppningstiden. En dämpare är monterad på klaffen för att utjämna pulser. Luftflödesmätaren har ett stort inflytande på mängden insprutat bränsle. V6-motorer utan katalysator har två luftflödesmätare.

Hettråds luftmängdsmätare (luftflödesmätare)

Zetec-motorn använder en hettrådsmätare för mätning av den mängd luft som sugs in i motorn (fig. 7.6). Hettrådstypen har i nyare modeller ersatt klafftypen. Luftmängdsmätaren mäter hur mycket luft som sugs in, vilket ger en korrekt injektoröppningstid. Hettrådsmetoden är mycket precis för beräkning avmotorbelastning och eliminerar ofta behovet av andra givare för mätning av temperatur och tryck. Den ger även automatisk kompensation för höjd över havet. Frånvaron av rörliga delar förbättrar pålitligheten och sänker underhållskravet.

Fig. 7.6 Luftflödesmätare av typen hettråd, 1.8 Escort

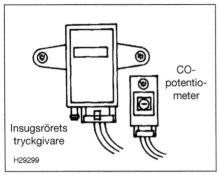

Fig. 7.7 Insugsrörets tryckgivare och CO-potentiometer

Givartypen har fått sitt namn ur sin funktion. Den är en uppvärmd tråd och har en temperaturavkännare och är placerad i en förbigångskanal i det huvudsakliga luftintaget. Bägge givarna är utförda i platina och direkt kopplade till en hybridintegrerad kretsmodul montera på luftflödesmätarens hus.

Mätarmodulen försörjs med ström från huvudreläet och lägger en konstant spänning till temperaturavkännaren. Den mäter temperaturen på den luft som strömmar förbi och skickar signalen till modulen som värmer upp hetledningen till 200°C varmare än lufttemperaturgivaren. När luft passerar hetledningen har den en kylande effekt. I takt med att luftmassan ökar och minskar beroende på motorns belastning justerar modulen strömmen så att ledningens ursprungliga motstånd och temperatur upprätthålles. Förändringarna i krävd ström mäts som ett spänningsfall över ett precisionsmotstånd och förstärks av modulen som ett uppmätt värde. Detta värde skickas till styrmodulen för utvärdering som belastningssignal.

Genom mätning av ändringarna i strömflödet kan styrmodulen avgöra massan på den luft som sugs in i motorn. När strömstyrkan på ledningen varierar så varierar spänningen och belastningen indikeras med en mätning av den variabla spänningssignalen.

Insugsrörets tryckgivare

Insugsrörets tryckgivare används för att avgöra motorns belastning. Denna givare är en digital frekvensenhet och signalens frekvens anger belastningen (fig. 7.7).

Styrmodulen beräknar tändläget och insprutningstiden efter metoden hastighet/-täthet, signalen från insugsrörets tryckgivare samt motorns varvtal. Denna metod fungerar efter teorin att motorn suger in en fixerad volym luft per varv.

En vakuumslang ansluter insugsrörets tryckgivare (vanligen placerad på torpedplåten) och insugsröret. Undertrycket i insugsröret verkar på givarens membran och styrmodulen omvandlar trycket till en elektrisk signal. Det absoluta trycket beräknas enligt formeln "Atmosfäriskt tryck minus insugsrörets tryck = insugsrörets absoluta tryck".

En referensspänning på 5,0 V matas till givaren och kopplas till givarreturkretsen. Signalen från insugsrörets tryckgivare returneras till styrmodulen som en frekvens som varierar från 100 till 110 Hz vid tomgång och från 150 till 160 Hz med tändningen påslagen eller vid full belastning.

Insugsrörets tryckgivare har ett stort inflytande över tändläget och mängden insprutat bränsle.

Lufttemperaturgivare

Lufttemperaturgivaren är monterad i luftflödesmätaren intag (modeller med luftflödesmätare) eller i insugsröret (de flesta andra modeller) eller under insugsresonatorn (Mondeo) och mäter luftens temperatur innan den sugs in i motorn.

Matningen till givaren är en 5,0 V referensspänning och jordning sker genom givarens retur. Lufttemperaturgivaren arbetar efter principen termovariabelt motstånd. En variabel spänning returneras till styrmodulen baserad på luftens temperatur. Denna signal är cirka 2,0 till 3,0 V vid en lufttemperatur på 20°C och spänningen sjunker till cirka 1,5 V när temperaturen stiger till omkring 40°C.

I och med att luftens densitet varierar i omvänd proportion till temperaturen, ger lufttemperaturgivarens signal en mer precis utvärdering av den luftmassa som sugs in i motorn. Lufttemperaturgivaren har dock bara en mindre korrektionsfaktor för styrmodulens utdata.

Där två luftflödesmätare används på V6-motorer finns det bara en lufttemperaturgivare som då är monterad på den bakre givaren.

CO-justering

Två olika typer av CO-justering förekommer på modeller utan katalysator. Katalysatorutrustade fordon saknar CO-potentiometer och CO-halten är därmed inte justerbar.

CO-justering (luftflödesmätare av klafftyp)

Den mekaniska typen av luftflödesmätare använder en luftnippel för justering av CO-halten. En luftkanal leder en liten mängd luft förbi klaffen. När kanalen flyttas ändras den volym som påverkar klaffen, vilket flyttar på den. Denna positionsändring ändrar signalen till styrmodulen som då reglerar mängden insprutat bränsle.

CO-potentiometer (alla andra fordon utan katalysator: ej monterad på katalysatorutrustade fordon)

CO-potentiometerns blandningsjusterare är en trelednings potentiometer som medger

Fig. 7.8 Placering för kylvätskans temperaturgivare, 1.8 Escort fördelarlös tändning

små förändringar av tomgångens CO-halt. En referensspänning på 5,0 V matas till givaren och ansluts via givarreturkretsen. Den tredje ledningen är CO-potentiometerns signal. När justeringsskruven vrids ger ändringen av motståndet en spänningssignal till styrmodulen som reglerar CO-halten. Denna justering rör endast tomgångens CO-halt. Utgångsvärdet är normalt 2,5 V.

Kylvätskans temperaturgivare

Kylvätskans temperaturgivare är nedsänkt i kylsystemet och innehåller ett temperaturkänsligt variabelt motstånd (fig. 7.8). När motorn är kall är motståndet ganska högt. När motorn startas och börjar värmas upp blir kylvätskan allt varmare vilket sänker motståndet i kylvätskans temperaturgivare, vilket leder till en variabel retursignal till styrmodulen baserad på kylvätskans temperatur.

Givarens matning är en referensspänning på 5,0 V som sjunker beroende på motståndet i kylvätskans temperaturgivare. Normal arbetstemperatur är vanligen 80 till 100°C. Styrmodulen använder kylvätskans temperaturgivarsignal som en huvudsaklig korrektionsfaktor vid beräkning av tändläge och injektoröppningstid.

Trottelns positionsgivare

Trottelns positionsgivare informerar styrmodulen om tomgångsläge, inbromsningar, accelerationstakt och full belastning. Trottelns positionsgivare är en trelednings potentiometer. En referensspänning på 5,0 V matas till ett motståndsspår med andra änden ansluten till givarens jordretur. Den tredje ledningen är ansluten till en arm som rör sig över spåret, vilket varierar motstånd och spänning i signalen till styrmodulen.

Ur returspänningen beräknar styrmodulen tomgångsläget (vanligen under 0,7 V), full belastning (cirka 4,5 V) samt hur snabbt trotteln öppnas. Vid full belastning berikar styrmodulen bränsleblandningen. Om trotteln är stängd över ett visst varvtal (inbromsning) stänger styrmodulen av injektorerna. Insprutningen börjar igen när tomgångsvarvtalet är uppnått eller trotteln öppnas igen.

Bränsletemperaturgivaren

Bränsletemperaturgivaren används för att bemästra problemet med förångning i bränsleledningarna. När motorn stängs av med normal arbetstemperatur stoppar även kylvätskeflödet genom kylaren och blocket. Dessutom, om motorhuven är nedfälld blir det mycket varmt i motorrummet. Under en kort stund efter det att motorn stängts av stiger temperaturen i motorrummet vilket förångar bränsle i ledningarna. När bränsletemperaturen understiger 68°C är bränsletemperaturgivaren öppen och styrmodulen implementerar ett normalprogram. När bränsletemperaturen stiger över 87°C stängs bränsletemperaturgivaren och styrmodulen justerar blandningen av bränsle och luft.

Styrning av tomgångsvarvtalet

Flerpunkts- och enpunktsinsprutningssystem använder olika metoder att reglera tomgångsvarvtalet. Motorer med flerpunktsinsprutning använder en solenoidstyrd tomgångsventil medan enpunktssystem använder en stegmotor. Båda varianterna beskrivs nedan.

Tomgångsventil

Tomgångsventilen är en solenoidstyrd aktiverare som styrmodulen använder till att automatiskt styra tomgångsvarvtalet vid normal tomgång och varmkörning. Tomgångsventilen är placerad i en förbiledningskanal till insugsröret.

När en strömförbrukare slås på tenderar tomgångsvarvtalet att sjunka. Styrmodulen känner av detta och för tomgångsventilen mot fjäderspänningen för att öka luftflödet genom ventilen vilket ökar varvtalet. När förbrukaren stängs av begränsar styrmodulen luftflödet igen. Normalt tomgångsvarv upprätthålls under alla arbetsvillkor. Om tomgångsventilen havererar ställs den automatiskt till nästan stängd. Detta ger en grundläggande inställning av tomgångens varvtal.

Ytterligare signaler leds till utsedda stift på styrmodulen från automatväxellådan och luftkonditioneringen (efter vad som finns monterat). Dessa signaler ger möjlighet att justera tomgången efter dessa extra belastningar, om de används.

Stegmotor

Stegmotorn är en solenoidstyrd aktiverare som styrmodulen använder till att automatiskt reglera tomgångsvarvtalet vid normal tomgång och varmkörning. Stegmotorn används huvudsakligen i motorer med enpunkt insprutning och är placerad bredvid injektorn där den agerar på trottelplattan.

Två styrkretsar används. Den första är i grunden en kontaktuppsättning kallad tomgångsstyrningens omkopplare. Tomgångsstyrning implementeras bara om kontakten är stängd. Den andra kretsen aktiveras av styrmodulen (när tomgångsstyrningens omkopplare är stängd) så att konstant tomgångsvarvtal erhålles under alla arbetsvillkor.

När motorn är kall används en något högre tomgång för att motverka den bristande effektiviteten i en kall motor. Vid inbromsning med stängd trottel övervakar styrmodulen trottelns positionsgivare och insugsrörets tryckgivare för belastning så att motorn kan utföra en dämpad retur av trottelplattan. Detta gör att motorn långsamt kan returnera trottelplattan till tomgångsläget, vilket i hög grad reducerar mängden kolväteutsläpp vid inbromsning.

När en strömförbrukare slås på tenderar tomgångsvarvtalet att sjunka. Styrmodulen känner av detta och aktiverar stegmotorn för att öppna trottelplattan en aning vilket ökar tomgången. När förbrukaren stängs av begränsar styrmodulen luftflödet igen. Normalt tomgångsvarv upprätthålls under alla arbetsvillkor.

Ytterligare signaler leds till utsedda stift på styrmodulen från automatväxellådan och luftkonditioneringen (efter vad som finns monterat). Dessa signaler ger möjlighet att justera tomgången efter dessa extra belastningar, om de används.

Servostyrningens tryckkontakt – Zetec-motorer

Denna kontakt manövreras av en tryckförändring när servostyrningen manövreras under framhjulets rörelser. Servostyrningens tryckkontakt är placerad i motorrummet i styrväxelns matningsrör och är stängd när oljetrycket är lågt (d v s när hjulen pekar rakt fram). Kontakten öppnar när ratten vrids (d v s när oljetrycket stiger över en förinställd nivå).

En spänning något under normal batterispänning matas till servostyrningens tryckkontakt. När hjulen pekar rakt fram och servostyrningens tryckkontakt är stängd faller spänningen till nära noll. När ratten vrids så att trycket överstiger det förinställda värdet öppnar servostyrningens tryckkontakt och spänningen på stiftet i servostyrningens tryckkontakt stiger till nästan normal batterispänning. Styrmodulen ökar då tomgångsvarvet som kompensation för den högre belastningen.

Observera: *Den servostyrningstryckkontakt som är monterad i andra fordon från Ford än de som har Zetec-motorn fungerar precis tvärtom. I dessa fordon är servostyrningens tryckkontakt öppen när hjulen pekar rakt fram och stänger när ratten vrids.*

Reläer

Det elektriska systemet i EEC IV styrs av ett huvudrelä för insprutningen och ett bränslepumpsrelä. En permanent spänning ligger på stift 30 på huvudreläet och stift 30 på bränslepumpens relä från batteriets pluspol.

När tändningen slås på läggs en matningsspänning från tändningslåset på stift 86 på huvudreläet. Stift 85 är direkt anslutet till jord och relälindningen magnetiseras för att

ansluta stiften 30 och 87. Utgångsspänning från stift 87 matas därmed till styrmodulens stift 37 och 57, injektorerna, diverse andra aktiverare samt stift 86 på bränslepumpens relä.

När tändningen slås på jordar styrmodulen bränslepumpens reläkontakt 85 (de flesta modeller) eller 86 (Mondeo) kortvarigt vid styrmodulens stift 22. Detta magnetiserar pumpens relälindning vilket stänger reläkontakten och leder spänning från stift 30 till stift 87 vilket ger spänning i bränslepumpens krets. Efter cirka en sekund bryter styrmodulen kretsen och pumpen stannar. Detta bygger upp trycket i bränsleledningarna vilket underlättar motorstarten.

Bränslepumpens reläkrets förblir sedan bruten till dess att motorn dras runt på startmotorn eller går. När styrmodulen får en motorhastighetssignal, magnetiseras åter relälindningen av styrmodulen och bränslepumpen kommer att gå till dess att motorn stängs av.

Tröghetsbrytare

Tröghetsbrytaren är en säkerhetsfunktion som bryter strömmen till bränslepumpen i händelse av en mycket skarp inbromsning, d v s en kollision (**fig. 7.9**). När tröghetsbrytaren löst ut är strömmen till bränslepumpen bruten till dess att brytaren återställts genom att knappen lyfts upp.

Bränsletryckssystem (extern pump)

Före mitten av 1990 användes en bränslepump av valstyp, driven av en permanentmagnets elmotor. Placerad nära tanken drar den bränslet från tanken och pumpar det till bränsleröret via ett filter. Pumpen är av "våt" typ på så vis att bränslet flödar genom pumpen och den elektriska motorn. Det finns ingen brandrisk eftersom det bränsle som dras genom pumpen inte kan förbrännas.

På armaturaxeln finns en excentrisk rotor med ett antal fickor runt ytterkanten. Varje ficka innehåller en metallvals. När pumpen aktiveras slungas valsarna ut av centrifugalkraften så att de fungerar som tätningar. Bränslet mellan valsarna tvingas ut genom pumpens tryckutlopp.

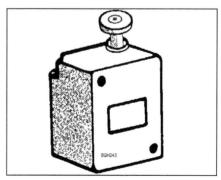

Fig. 7.9 Tröghetsbrytare

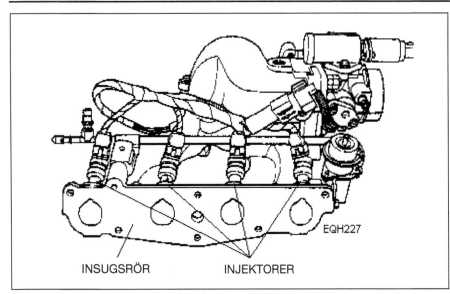

INSUGSRÖR   INJEKTORER

EQH227

Fig. 7.10 Flerpunkts bränsleinsprutning

Trycket i bränsleröret hålls på konstanta 2,5 bar av en bränsletrycksregulator. Pumpen ger normalt mycket mer bränsle än vad som krävs och överskottet leds tillbaka till tanken via en returledning. Bränslecirkulationen hjälper till att kyla ned det. Faktum är att ett maximalt bränsletryck överstigande 5 bar är möjligt med detta system. För att förhindra tryckförlust i matningen finns det en envägsventil i pumpens utlopp. När tändningen och därmed pumpen slutar arbeta upprätthålls trycket under en tid.

Bränsletryckssystem (intern pump, flerpunkts och enpunkts)

Från och med mitten av 1990 består bränslesystemet av en tank med skvalpskott i plast och en dränkt bränslepump (monterad inne i tanken). Pumpen drar bränsle från tanken och pumpar det till injektorn via ett filter (fig. 7.10).

När tändningen slås på startar styrmodulen bränslepumpen för en sekund, vilket trycksätter bränslesystemet. Pumpen stängs av och startar igen när styrenheten får en hastighetssignal från motorn.

Bränslepumpen består av yttre och inre kugghjul. När pumpmotorn startar roterar kugghjulen och bränslet passerar genom kuggarna vilket skapar en tryckskillnad. Bränslet dras genom pumpens intag, blir trycksatt mellan kuggarna och pumpas ut genom pumpens utlopp till bränsleledningen. Pumpen är av "våt" typ på så vis att bränslet flödar genom pumpen och den elektriska motorn. Det finns ingen brandrisk eftersom det bränsle som dras genom pumpen inte kan förbrännas.

Skvalpskottet ser till att uppsugningssilen alltid är nedsänkt i bränslet när detta rör på sig på grund av centrifugalkrafter när nivån är låg. Detta förhindrar att luft kommer in i bränsleledningarna under dessa förhållanden. En pulsdämpare i utloppet minskar effekterna av variationer i bränsletrycket vilket minskar pumpljudet. Pumpen skyddas från övertryck av en säkerhetsventil av kultyp monterad på inloppssidan. När trycket överskrider en förbestämd nivå öppnar ventilen och skickar bränslet tillbaka till tanken.

Trycket i bränsleröret hålls konstant 2,5 bar av en tryckregulator. Pumpen ger normalt mycket mer bränsle än vad som krävs och överskottet leds tillbaka till tanken via en returledning. Bränslecirkulationen hjälper till att kyla ned det. Faktum är att ett maximalt bränsletryck överstigande 5 bar är möjligt med detta system. För att förhindra tryckförlust i matningen finns det en envägsventil i pumpens utlopp. När tändningen och därmed pumpen slutar arbeta upprätthålls trycket under en tid.

Bränsletrycksregulator (flerpunktsinsprutning, extern och intern bränslepump)

Tyckregulatorn är monterad på bränslerörets utloppssida och håller trycket i bränsleröret konstant på 2,5 bar. Tryckregulatorn består av två kammare skilda åt av ett membran. Övre kammaren innehåller en fjäder som utövar tryck på nedre kammaren och stänger utloppsmembranet. Trycksatt bränsle flödar in i den nedre kammaren och trycker på membranet. När trycket överstiger 2,5 bar öppnas utloppsmembranet och överskottsbränslet leds tillbaka till tanken via returledningen.

En vakuumslang ansluter övre kammaren till insugsröret så att variationer i insugsrörets tryck inte påverkar mängden insprutat bränsle. Detta betyder att trycket i röret alltid är konstant över insugsrörets tryck. Mängden insprutat bränsle beror därmed endast på injektorernas öppningstid, bestämt av styrmodulen, inte på variationer i bränsletrycket.

På tomgång med urkopplat vakuumrör eller med motorn avstängd och pumpen gående, eller vid full gas är systemtrycket cirka 2,5 bar. Vid tomgång (med anslutet vakuumrör) är bränsletrycket cirka 0,5 bar under systemtrycket.

Bränsletrycksregulator (enpunktsinsprutning)

Ett bränsletryck på cirka 1 bar styrs av tryckregulatorn som är placerad i trottelhuset bredvid injektorn. När trycket stiger över den bestämda nivån leds överskottet tillbaka till tanken av returledningen. Tryckförlust i systemet förhindras av en envägsventil i pumpens utlopp. När tändningen slås av och pumpen stannar upprätthålls därmed bränsletrycket en tid.

7 Katalysator och avgasrening

Katalysator

Versioner med katalysator har en syresensor så att en sluten slinga för avgasrening kan uppnås. Syresensorn är uppvärmd så att den snabbt uppnår optimal arbetstemperatur när motorn startar. Syresensorns strömförsörjning sker genom bränsleinsprutningens huvudrelästift 87. Detta ser till att uppvärmning endast sker när motorn går. Vissa modeller har två syresensorer; en i vänster och en i höger avgasrör.

En av kolkanisterventilen aktiverad kolkanister används för att reglera avdunstningen. Kolkanistern förvarar bränsleångor till dess att kolkanisterventilen öppnas av styrenheten under vissa arbetsförhållanden. När kolkanisterventilen öppnas dras bränsleångorna in i insuget för normal förbränning. Kolkanisterventilen öppnas inte om motorn är kall eller under varmkörning, när motorn går på tomgång eller vid full belastning.

Kolkanisterventil och kolkanister används inte på V6 katalysatormodeller. Ett motstånd på 1 000 ohm monterat nära styrmodulen ersätter kolkanisterventilens anslutning.

Återcirkulation av avgaser

Moderna motorer som håller hög arbetstemperatur och har hög kompression tenderar

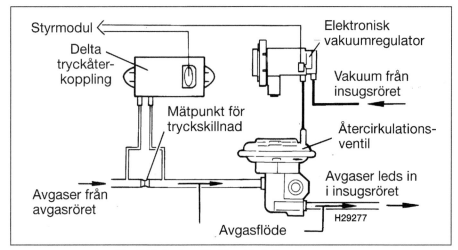

Fig. 7.11 System för återcirkulation av avgaser

att avge höga halter kväveoxider. Denna halt kan reduceras genom att en liten mängd avgaser återcirkuleras till förbrän-nings-kamrarna. Så länge återcirkulationen är korrekt styrd påverkas motorgången inte **(fig. 7.11)**.

Återcirkulation av avgaser inträffar endast när motor nått arbetstemperatur och när motorn arbetar med delbelastning. Styrmodulen övervakar signaler från givaren och justerar signalen till den elektroniska vakuumstyrningsventilen som lägger vakuum på återcirkulationsventilen som under de rätta villkoren öppnar och släpper in en precist doserad mängd avgaser i insugsröret.

Elektronisk vakuumstyrningsventil

Den elektroniska vakuumstyrningsventilen styr det vakuum som läggs på återcirkulationsventilen. Vakuum leds från insugsröret till den elektroniska vakuumstyrningsventilen. Ett andra rör ansluter ventilerna. När styrmodulen ger signal till den elektroniska vakuum-styrningsventil öppnas en kanal så att vakuum läggs på återcirkulationsventilen.

Delta tryckåterkopplingselektronik

Denna givare mäter tryckskillnaden i stryröret mellan avgasröret och återcirkulationsventilen. Tryckfallet omvandlas till en spänning som skickas till styrmodulen, som i sin tur aktiverar vakuumstyrventilen så att den släpper in en precist doserad mängd avgaser i insugsröret via återcirkulationsventilen.

Elektronisk tryckgivare

Denna givare är en föregångare till deltaåterkopplingen och mäter avgasflödet i ett rör som ansluter avgasröret och återcirkulationsventilen. Avgasflödet omvandlas till en spänning som skickas till styrmodulen, som i sin tur aktiverar vakuumstyrventilen så att den släpper in en precist doserad mängd avgaser i insugsröret via återcirkulationsventilen.

Pulsluftsystem

Det är viktigt att katalysatorn och syresensorn når sina respektive arbetstemperaturer så snabbt som möjligt efter det att motorn startat. Att släppa in frisk luft i avgassystemet låter den feta kallstartsblandningen fortsätta att förbrännas. Detta höjer avgastemperaturen och uppnår därmed snabbt sitt syfte.

Frisk luft från intagstrumman (före luft-flödesmätaren) leds till grenröret via pulsluftventilen. Luftströmmen delas upp i två kretsar och kommer in i grenröret via en envägsventil. Vardera kretsen försörjer ett cylinderpar (1 & 4 och 2 & 3) och varje cylinder får luft från sitt eget anslutningrör.

En vakuumanslutning från insugsröret ger vakuum till pulsluftventilen. En solenoid styr det vakuum som läggs på pulsluftventilen. Omedelbart efter kallstart aktiverar styrmodulen solenoiden som öppnar luftventilen så att frisk luft blandas med avgaserna. Luftpulssystemet stänger när syresensorn och katalysatorn uppnår arbetstemperatur. Detta inträffar mellan 30 och 60 sekunder efter motorstart. Det finns en ljuddämpare i luftpulsventilen för att minska ljudet (endast Mondeo).

Justeringar

8 Villkor för justering

1 Kontrollera att samtliga av dessa villkor är uppfyllda innan justering påbörjas:
a) *Motorn ska hålla arbetstemperatur. Motoroljans temperatur minst 80°C. En körsträcka på minst 7 km rekommenderas (speciellt om bilen har automatväxellåda).*
b) *Tillbehör (all motorbelastning) avstängda.*
c) *För modeller med automatväxellåda: Växelväljaren förd till N eller P.*
d) *Motorn mekaniskt frisk.*
e) *Motorns ventilationsslangar och ventilerings-system i tillfredsställande skick.*
f) *Insuget fritt från vakuumläckor.*
g) *Tändsystemet i tillfredsställande skick.*
h) *Luftfiltret i tillfredsställande skick.*
i) *Avgassystemet utan läckor*
j) *Gasvajern korrekt justerad*

k) *Inga felkoder i styrmodulen.*
l) *Syresensorn i tillfredsställande skick (katalysatorförsedda fordon med sluten styrslinga).*
m) *Stabilisera motorgången. Höj varvtalet till 3 000 under minst 30 sekunder och låt motorn återta tomgång. Låt CO-halt och varvtal stabiliseras.*
n) *Utför alla kontroller och justeringar inom 30 sekunder. Om den tiden överskrids, stabilisera motorn igen och gör om kontrollen.*

2 Vid inställning av tomgångsvarvtal och CO-halt, se även följande villkor:
a) *Ställ den elektriska kylfläkten till kontinuerlig körning: Dra ut kontakten från kylsystemets termokontakt. Brygga över kontaktens stift med en sladd.*
b) *Koppla ur serviceladdarna (om de används)*

9 Justering av trotteln

Samtliga fordon

1 Rengör trottelventilen och kringliggande områden med medel för förgasarrengöring. Förbiblåsning från vevhusventilationen orsakar ofta klibbiga problem här.
2 Bortsett från på nedan nämnda fordon är trottelventilen och trottelns positionsgivare inte justerbara.
Observera: *Om tomgången förblir hög efter justering och inte kan sänkas till rätt nivå, leta efter vakuumläckage i insuget.*

Trottelventilens position (2.0 SOHC)

3 Trottelventilen är kritisk och ska normalt inte rubbas. Ett vanligt fel är feljusterad tomgång p g a att trottelstoppskruven rubbats.

4 Där justering VERKLIGEN behövs, se först villkoren i avsnitt 8.

5 Kontrollera att tändläget är korrekt.

6 Dra ur kontakten till trottelns positionsgivare. Den är ganska svår att komma åt.

7 Starta motorn utan att röra gaspedalen och låt den inta tomgång. Motorn ska stabilisera sig på grundtomgången 1 050 ± 20 varv/min.

8 Om grundtomgången inte är korrekt:

 a) Avlägsna förseglingen från trottel-stoppskruven och slacka på låsmuttern.

 b) Justera trottelstoppskruven så att grundtomgångens varvtal på 1 050 ± 20 varv/min uppstår.

 c) Dra försiktigt åt låsmuttern.

 d) Montera en ny försegling på trottelstoppskruven.

9 Anslut kontakten till trottelns positionsgivare.

10 Justera trottelns positionsgivare (se paragraf 28).

Trottelventilens position (2.4, 2.8 och 2.9 V6 utan katalysator)

11 Trottelventilen är kritisk och ska normalt inte rubbas. Där justering VERKLIGEN behövs, se först villkoren i avsnitt 8.

12 Anslut en felkodsavläsare till den seriella porten, ställ motorn till kod 60, serviceläget.

Observera: Motorn 2.8 V6 kräver inte en felkodsavläsare.

13 Kontrollera att tändläget är korrekt.

14 Stäng av motorn.

15 Dra ur kontakten till tomgångsventilen.

16 Starta motorn utan att röra gaspedalen och låt den inta tomgång. Motorn ska stabilisera sig på grundtomgången.

Tabell över grundläggande tomgångsvarvtal

Modell	Grundläggande tomgångsvarvtal
2.4	875
2.8	675
2.9, Manuell växellåda fram till 05/1988	800 ± 25
2.9, Manuell växellåda från och med 06/1988	875 ± 25
2.9, Automatväxellåda fram till 11/1987	800 till 875
2.9, Automatväxellåda från och med 12/1987	900 ± 25

17 Om grundtomgången inte är korrekt:

 a) Avlägsna höljet över trottelhuset.

 b) Lossa försiktigt rullens bult på trottelns kamplatta (fig. 7.12).

 c) Avlägsna förseglingen från trottelstopp-skruven och slacka på låsmuttern.

 d) Justera trottelstoppskruven så att grundtomgång uppstår (se tabellen ovan).

 e) Dra försiktigt åt låsmuttern.

 f) Dra åt rullens bult, kontrollera att kamplattan berör trottelstoppskruven och att det inte finns spel mellan rullen och kamplattan.

 g) Stäng av motorn och sätt i kontakten till tomgångsventilen.

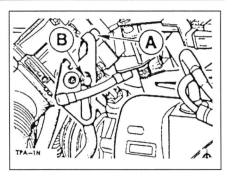

Fig. 7.12 Trottelventiljustering på V6 motorer utan katalysator

A Trottelstoppskruv med försegling
B Kamplatterullens bult

 h) Montera en ny försegling på trottelstoppskruven.

18 Anslut serviceledningen (där så behövs).

19 Justera av trottelns positionsgivare (se paragraf 28).

Trottelventilens position (2.4 och 2.9 V6 med katalysator)

20 Trottelventilen är kritisk och ska normalt inte rubbas. Där justering VERKLIGEN behövs, se först villkoren i avsnitt 8.

21 Anslut en felkodsavläsare till den seriella porten och kontrollera att tändläget är korrekt. Koppla sedan ur felkodsavläsaren.

Observera: följande arbete MÅSTE utföras utan att felkodsavläsaren är ansluten.

22 Stäng av motorn.

23 Dra ur kontakten till tomgångsventilen.

24 Starta motorn och kör den med 3 000 varv/min under cirka 30 sekunder. Stäng trotteln sakta så att motorn intar tomgång. Denna ska stabiliseras på grundtomgången.

Tabell över grundläggande tomgångsvarvtal

Modell	Reglerat varvtal	Grundläggande varvtal
ARD	825 varv/min	700 varv/min
BRD	900 varv/min	700 varv/min
BRE	875 varv/min	700 varv/min
B4B	900 varv/min	700 varv/min
B4C	900 varv/min	700 varv/min

25 Om grundtomgången inte är korrekt:

 a) Lossa bulten på kamplattans rulle.

 b) Avlägsna förseglingen och justera trottelstoppskruven så att grundtomgång uppstår.

 c) Dra åt bulten till kamplattans rulle så att den vilar mjukt på trottelstoppskruven. Se till att det inte finns något spel mellan kamplattan och rullen.

 d) Stäng av motorn och stick in kontakten till tomgångsventilen.

 e) Montera en ny försegling på trottelstoppskruven.

26 Anslut servicekontakten (där så behövs).

27 Justering av trottelns positionsgivare (se paragraf 28).

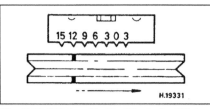

Fig. 7.13 Märken för tändlägets inställning (V6)

Trottelpotentiometern (trottelns positionsgivare)

28 Testvillkor: Trottelplattan korrekt inställd, motorn avstängd, tändningen påslagen.

29 Koppla en voltmätare mellan stift 47 och jord. En spänning över 0,70 V anger feljusterad kontakt.

30 Lossa de två fästskruvarna och justera kontakten så att spänningen understiger 0,70 V (0,50 V är idealiskt).

31 Anslut servicekontakten (där så behövs).

32 Kontrollera justeringen av tomgångens CO-halt.

10 Kontroll av tändläge

Tändläget (2.0 SOHC, 2.8 V6)

1 Se justeringsvillkoren i avsnitt 8.

2 Ställ tändningen till grundläget: 12° för oblyad bensin, 8° för blyad bensin (fig. 7.13).

Observera: Tändläget justeras genom att fördelaren vrids i lämplig riktning. Vi rekommenderar dock att denna justering ska inskränkas till att man ställer in grundläget 12°. Alla ändringar från detta ska endast utföras genom att någon av oktankontakterna jordas i tillämplig kombination.

3 Öka motorvarvet. Tändlägena ska flyttas isär med ökande förställning.

Tändläge (alla andra fordon med eller utan fördelare)

4 Se justeringsvillkoren i avsnitt 8.

5 Grundtändläget ska endast kontrolleras/justeras med hjälp av en felkodsavläsare.

6 Anslut en felkodsavläsare till den seriella porten och ställ styrmodulen i serviceläget, kod 11 (endast 2.4 och 2.9 med katalysator) eller kod 60 (alla övriga modeller).

Observera: Med senare versioner som använder tresiffriga felkoder kallas serviceläget upp efter det att den blinkande markören syns.

7 Ställ tändläget till grundinställningen (fördelarlösa modeller kan kontrolleras men inte justeras) (fig. 7.14).

Observera: Tändläget justeras genom att fördelaren vrids i lämplig riktning. Vi rekommenderar dock att denna justering ska inskränkas till att man ställer in grundläget. Om fördelaren vrids utan en felkodsavläsare blir grundläget fel även om märkena kan se ut att

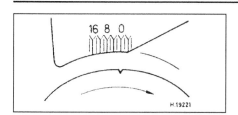

Fig. 7.14 Märken för tändlägets justering (CVH och enpunktsinsprutning)

vara korrekt uppriktade. Varje ändring från grundläget ska utföras genom att service-ledningarna jordas i tillämplig kombination.

Tabell över grundtändläge

Modell	Grundtändläge
1.4 CFi	10°
2.4, 2.9 V6	
utan katalysator	12° oblyad
	8° blyad
2.4, 2.9 V6	
med katalysator	15° oblyad

8 Koppla ur felkodsavläsaren.
9 Öka motorvarvet och kontrollera att tänd-lägesmärkena flyttas isär. Typisk förställning vid 3 000 varv/min är 30 till 40°.
Observera: *När motorn kontrolleras av styrmodulen med en ansluten felkodsavläsare, är tändläget låst till grundinställningen så märkena särar inte på sig.*

11 Justering av serviceledningar

Observera: *Serviceledningarnas kontakter är vanligen placerade nära tändspolen.*

1.4 CFi

När stift 5 (gult) jordas ökar det reglerade tomgångsvarvtalet med 100 varv/min.
När stift 23 (rött) jordas backas tänd-läget 2°.
När stift 24 (blått) jordas backas tänd-läget 4°.
När både stift 23 och 24 jordas backas tändläget 6°.

1.6 CVH EFi

När stift 3 (gult) (ej monterat på katalysator-modeller) jordas stiger tomgången.
När stift 23 (rött) jordas backas tändläget utan fixerat värde. Detta syftar till att förhindra lätta knackningar vid del- och full belastning.
När stift 24 (blått) jordas backas tändläget utan fixerat värde. Detta syftar till att låta motorn använda bränsle med 91 oktan.
När både stift 23 och 24 jordas backas tändläget utan fixerat värde. Syftet är att förhindra lätta knackningar under del- och full belastning när 91 oktanigt bränsle används.

Escort, Orion och Fiesta 1.6/1.8 DOHC

När stift 42 jordas (genom överbryggning i servicekontakten) ställs tändläget för 95 oktan oblyad bensin.
När stift 42 är en bruten krets backas tändläget utan fixerat värde. Syftet är att förhindra lätta knackningar under del- och full belastning.

2.0 SOHC

När stift 5 (gult) jordas stiger den reglerade tomgången 75 varv/min (endast med manuell växellåda).
När stift 23 (rött) jordas backas tänd-ningen 2°.
När stift 24 (blått) jordas backas tänd-läget 4°.
När stiften 23 och 24 jordas backas tänd-ningen 6°.

2.0 DOHC, 8-valve

När stift 5 (gult) jordas stiger den reglerade tomgången 25 varv/min.
När stift 23 (rött) jordas backas tändläget utan fixerat värde. Detta syftar till att förhindra lätta knackningar vid del- och fullbelastning.
När stift 24 (blått) jordas backas tändläget utan fixerat värde. Detta syftar till att låta motorn använda bränsle med 91 oktan.
När både stift 23 och 24 jordas backas tändläget utan fixerat värde. Syftet är att förhindra lätta knackningar under del- och full-belastning när 91 oktanigt bränsle används.

2.0 DOHC, 16-valve

När stift 30 (gult) jordas stiger den reglerade tomgången.
När stift 23 (rött) jordas backas tändläget utan fixerat värde. Detta syftar till att förhindra lätta knackningar vid del- och fullbelastning.
När stift 24 (blått) jordas backas tändläget utan fixerat värde. Detta syftar till att låta motorn använda bränsle med 91 oktan.
När både stift 23 och 24 jordas backas tändläget utan fixerat värde. Syftet är att förhindra lätta knackningar under del- och full-belastning när 91 oktanigt bränsle används.

2.8 V6

När stift 3 (gult) jordas stiger den reglerade tomgången 75 varv/min (endast med manuell växellåda).
Observera: *Tomgången kan minskas med 75 varv/min för vissa modeller med en speciell kalibrering av styrmodulen.*
När stift 23 (rött) jordas backas tänd-ningen 3°.
När stift 24 (blått) jordas backas tänd-ningen 6°.
Observera: *Under inga förhållanden får de blå och röda ledningarna jordas samtidigt.*

2.4 och 2.9 V6 (utan katalysator)

När stift 3 (gult) jordas stiger den reglerade tomgången 75 varv/min (endast med manuell växellåda).
När stift 23 (rött) jordas backas tänd-ningen 4°.
När stift 24 (blått) jordas backas tänd-ningen 6°.
Observera: *Under inga förhållanden får de blå och röda ledningarna jordas samtidigt.*

2.4 och 2.9 V6 med katalysator

När stift 28 (gult) jordas kommer tomgångs-varvtalet antingen att stiga 50 varv/min ELLER sjunka 75 varv/min - beroende på styr-modulens kalibrering.
När stift 23 (rött) jordas backas tänd-ningen 4°.
När stift 24 (blått) jordas backas tänd-ningen 6°.
Observera: *Under inga förhållanden får de blå och röda ledningarna jordas samtidigt.*

12 Justering av tomgång

Justering

1 Se justeringsvillkoren i avsnitt 8.
2 Kontrollera att tändläget är korrekt.
3 Kontrollera den reglerade tomgången.
Observera: *Även om den reglerade tom-gången inte är justerbar är det på vissa modeller möjligt att justera grundtomgången, Se avsnitt 9, Justering av trottelventilen.*
4 2.0 DOHC, 8-ventilers: Denna motor är den enda som har en luftskruv för justering av grundtomgången **(fig. 7.15)**. Dock måste justeringen utföras i serviceläget kod 60.
5 Om tomgången förblir hög och inte kan ställas korrekt, leta efter vakuumläckor i insuget.

Justering av tomgångens CO-halt (endast modeller utan katalysator)

6 Se justeringsvillkoren i avsnitt 8.
7 Starta motorn och kör den med 3 000 varv/min under 30 sekunder och släpp sedan trotteln.
8 Montera en avgasanalysator i avgasröret och kontrollera CO-halten.
9 Tomgångens CO-halt kan justeras på ett av två sätt beroende på modell **(fig. 7.16)**.
Observera: *CO-justeringen har bara inverkan på tomgången. Bränsleblandningen vid varvtal som överstiger tomgång påverkas av injektoröppningstiden och kan inte justeras. Fel CO-halt vid varvtal över tomgång kan bara bero på defekt givare eller defekt styrmodul.*

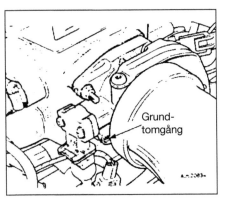

Fig. 7.15 Ford 2.0 DOHC 8 ventilers motor. Justering av tomgången kräver att styrmodulens serviceläge ställs in med kod 60

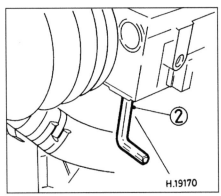

Fig. 7.16 Justering av tomgång och CO-halt, Ford V6
2 Insexnyckel

Luftflödesmätarens justerskruv (luftflödesmätare av klafftyp)

10 Avlägsna förseglingen och använd en insexnyckel för att vrida justerskruven, medsols för att öka, motsols för att minska CO-halten.

11 V6-motorer med två luftflödesmätare: Justera den främre luftflödesmätaren först. Justera den bakre luftflödesmätaren endast om korrekt CO-halt inte kan erhållas med justering av den främre luftflödesmätaren.

CO-potentiometerns justerskruv (insugsrörets tryckgivare)

12 Avlägsna förseglingen och vrid justerskruven medsols för att öka, motsols för att minska CO-halten.

Test av systemets givare och aktiverare

Viktigt: *Se kapitel 4 som beskriver vanliga testprocedurer för detta system. Arbetsbeskrivningarna i kapitel 4 ska läsas i samband med komponentnotiser och kopplingsscheman i detta kapitel. Kopplingsscheman och andra data som presenteras i detta kapitel är inte nödvändigtvis representativa för avbildat system. I och med skillnader i ledningsdragning och annat som ofta uppstår även mellan likartade modeller av en given tillverkares produktion, ska läsaren vara ytterst noga med att identifiera styrmodulens stift och kontrollera att korrekta data är inhämtade innan en given komponent kasseras.*

13 Primär utlösare - vevaxelns vinkelgivare

1 Se noten i början av detta avsnitt och relevant avsnitt i kapitel 4.

2 Den vevaxelvinkelgivare som finns i system EEC IV kan vara ansluten direkt till styrmodulen (2.0 DOHC, 8-ventilers) eller till EDIS.

3 Motståndet i vevaxelns vinkelgivare är 200 till 450 ohm i samtliga modeller.

14 Primär utlösare - Halleffektgivare

1 Se noten i början av avsnitt 13 och relevant avsnitt i kapitel 4.

2 Arbetsbeskrivningarna i kapitel 4 är generella. När Halleffektgivaren testas för signal motsvarar utsignalen Fords retursignal och styrmodulens styrsignal motsvarar Fords tändsignal.

3 Vid test för gnista (snabbtest) och där förstärkaren är direkt ansluten till fördelaren måste förstärkaren kopplas ur och testen utföras på de stift som är direktanslutna till Halleffektgivarens stift i fördelaren.

15 Primär tändning

1 Se noten i början av avsnitt 13 och relevant avsnitt i kapitel 4.

2 När tändningskretsen testas för primärsignal är de beskrivningar som finns i avsnittet "Primärsignal ej tillgänglig (separat extern förstärkare)" generellt korrekta **(fig. 7.17)**. Händelseföljden är denna: Primärutlösaren (vevaxelns vinkelgivare eller Halleffektgivaren) ger signal till styrmodulen som utlöser förstärkaren, vilken i sin tur utlöser spolen för att ge tändgnista. I vissa versioner är vevaxelns vinkelgivare ansluten till en EDIS-modul som skickar signalen till styrmodulen. Styrmodulen returnerar en modifierad signal till EDIS som utlöser spolen **(fig. 7.18 till 7.21)**.

3 Fördelartändning: Primärmotstånd, 0,70 till 1,0 ohm. Sekundärmotstånd, 4 500 till 8 600 ohm.

4 Fördelarlös tändning: Primärmotstånd, 0,50 ohm (ca.). Sekundärmotstånd, 4 500 till 16 000 ohm.

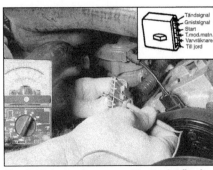

Fig. 7.17 Leta efter normal batterispänning på tändmodulen, Ford V6 (tändmodulsmatning, stift 3)

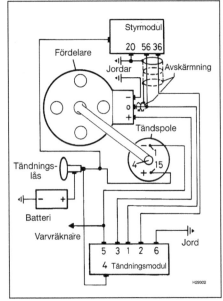

Fig. 7.18 Kopplingsschema för Halleffektgivare (enpunktsinsprutning)

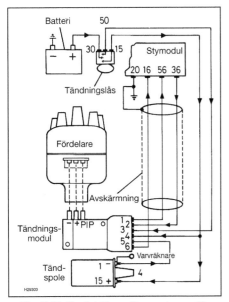

Fig. 7.19 Typiskt kopplingsschema för tändning, V6 motor

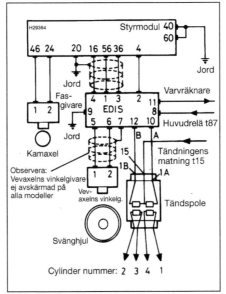

Fig. 7.20 Typiskt kopplingsschema för tändning, Zetec

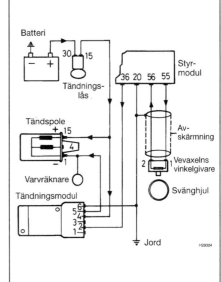

Fig. 7.21 Typiskt kopplingsschema för tändning, 2.0 8-ventilers DOHC

16 Injektorfunktion (flerpunktsinsprutning)

1 Se noten i början av avsnitt 13 och relevant avsnitt i kapitel 4.
2 Injektormotståndet är normalt 16 ohm (fig. 7.22 till 7.24).

17 Injektorfunktion (enpunktsinsprutning)

1 Se noten i början av avsnitt 13 och relevant avsnitt i kapitel 4.
2 Injektormotståndet är normalt 1,0 till 2,0 ohm.
3 Enpunktsinsprutningen är strömstyrd och använder ett ballastmotstånd i kretsen. Ballastmotståndet är normalt 3,5 till 7,0 ohm.

18 Fasgivare

1 Se noten i början av avsnitt 13 och relevant avsnitt i kapitel 4.
2 Fasgivaren är placerad i fördelaren.
3 Fasgivarmotståndet ska vara mellan 200 och 900 ohm.

19 Luftflödesmätare

1 Se noten i början av avsnitt 13 och relevant avsnitt i kapitel 4.
2 Luftflödesmätaren kan vara av typen klaff, hettråd eller hetfilm beroende på modell.
3 Där luftflödesmätaren är av klafftyp är CO-potentiometern av mekanisk typ och justeras med insexnyckel.

20 Insugsrörets tryckgivare

1 Se noten i början av avsnitt 13 och relevant avsnitt i kapitel 4.
2 Till skillnad från de flesta insugsrörstryckgivare som används av andra motorstyrningssystem är den som används av Ford av digital natur. Den är även extern och placerad i motorrummet.

21 Lufttemperaturgivare

1 Se noten i början av avsnitt 13 och relevant avsnitt i kapitel 4.
2 Lufttemperaturgivaren kan vara placerad i intaget till luftflödesmätaren eller i insugsröret beroende på modell.

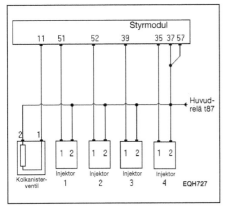

Fig. 7.22 Typisk ledningsdragning för sekventiella injektorer

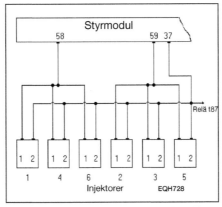

Fig. 7.23 Typisk ledningsdragning för injektorer, V6

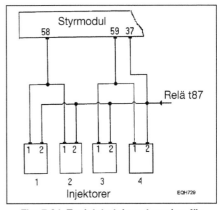

Fig. 7.24 Typisk ledningsdragning för injektorer, 2.0 8-ventilers DOHC

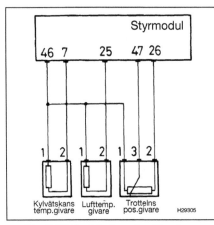

Fig. 7.25 Typisk dragning för givare

22 CO-potentiometer

1 Se noten i början av avsnitt 13 och relevant avsnitt i kapitel 4.
2 CO-potentiometern är av den externa typen och placerad i motorrummet.

23 Kylvätskans temperaturgivare

1 Se noten i början av avsnitt 13 och relevant avsnitt i kapitel 4.

24 Trottelns positionsgivare

1 Se noten i början av avsnitt 13 och relevant avsnitt i kapitel 4 **(fig. 7.25)**.

25 Tomgångsventil (typ Hitachi)

1 Se noten i början av avsnitt 13 och relevant avsnitt i kapitel 4 för tvåstifts tomgångsventil. Det finns vissa fundamentala skillnader i den tomgångsventil som används av EEC IV och beskrivningarna i kapitel 4 ska läsas i noggrann sammanställning med komponentanteckningar och kopplingsscheman i detta kapitel.
2 Vid spänningsprov ändras genomsnittlig spänning, arbetscykel och frekvens. Detta till skillnad från Bosch tvåledningstyp där frekvensen är fixerad.
3 Kontrollera dioden mellan styrmodulens stift och tomgångsventilen.
Observera: *I senare versioner är dioden integrerad i huset till tomgångsventilen. I det*

fallet är en diodsymbol instämplad på huset till tomgångsventilen.

 Varning: När tomgångsventilens funktion kontrolleras genom att batterispänning läggs på är det viktigt att batteri- och jordanslutningarna görs på de rätta anslutningarna på ventilen (om den har integrerad diod). Om anslutningarna kastas om kan dioden och ventilen skadas bortom möjligheter att reparera dem. Anslutningen ska hur som helst endast vara kortvarig.

Motståndsavläsningar

4 Dra ur kontakten till tomgångsventilen och mät upp ventilens motstånd mellan stiften, det ska vara mellan 6 och 14 ohm.
Observera 1: *En defekt tomgångsventil visar vanligen en bruten krets eller kortsluten lindning (högt motstånd).*
Observera 2: *I de fall ventilen har integrerad diod kan mätvärdena variera något beroende på vilken väg mätaren ansluts.*

Diodmotstånd (när monterad i kabelhärvan)

5 Leta upp dioden i kabelhärvan nära tomgångsventilen.
6 Ta ut dioden ur härvan och testa den med en diodprovare eller ohmmätare.
7 Testresultat för diod:
a) *Normal diod: kontinuitet i ena riktningen och oändligt i andra.*
b) *Kortsluten diod: kontinuitet i bägge riktningarna.*
c) *Öppen diod: oändlig i båda riktningarna.*

26 Stegmotor

1 Varmkör motorn till normal arbetstemperatur.
2 Låt motorn gå på tomgång.
3 Kontrollera att tomgången är inom gränsvärdena.
4 Belasta systemet genom att slå på många strömförbrukare. Varvtalet ska knappt ändras.
Observera: *Om denna test ger tillfredsställande resultat är det troligt att stegmotorns skick är tillfredsställande.*
5 Kontrollera att inte stegmotorns kontakt är korroderad eller skadad.
6 Kontrollera att stiften är helt intryckta och har god kontakt med stegmotorns kontakt.

Kontroll av stegmotorn

7 Dra ur stegmotorns kontakt.
8 Anslut en ohmmätare mellan stift 2 och jord:
a) *Stängd trottel: Oändlighet ska indikeras.*
b) *Öppen trottel: Under 1 ohm ska indikeras.*
9 Anslut stift 3 på stegmotorn till 12 V.

10 Anslut stift 4 på stegmotorn till jord. Motorn ska gå.
11 Kasta om anslutningarna på stiften 3 och 4. Motorn ska gå i andra riktningen.

27 Styrmodulens matningar och jordar

1 Se noten i början av avsnitt 13 och relevant avsnitt i kapitel 4.
2 Styrmodulens stift 20, 40 och 60 är jordanslutningar i Fords system EEC IV. Av den orsaken ska ett av dessa stift användas för voltmätarens jordanslutning.
3 Styrmodulens stift 1 är matningen till permanentminnet, batterispänning ska finnas här konstant.
4 Styrmodulens stift 37 och 57 är anslutna till huvudreläets utgång och spänning ska finnas med påslagen tändning eller när motorn är igång.
5 Styrmodulens stift 22 är bränslepumpens relädrivning. Normal batterispänning ska finnas med påslagen tändning och den ska sjunka till nästan noll när motorn dras runt eller går.

Förlust av värden sparade i permanentminnet

6 När bilens batteri eller styrmodulen kopplas ur upphör matningen till permanentminnet vilket leder till att alla data som sparats där går förlorade. Detta inkluderar minnets felkoder och inställningarna för den adaptiva tomgången. När batteriet ansluts igen kan motorn temporärt ha förlorat förmågan att gå på tomgång, eller så kan tomgången vara ojämn och motorn tveka och rusa. Styrmodulen måste lära in värdena igen enligt följande.
Observera: *Motorn måste även lära om värdena ifall grundtomgången ändrats.*

7 Låt motorn gå på tomgång i 3 minuter, vid behov genom att den hålls vid liv med trottelarmen. När motorn nått normal arbetstemperatur, höj varvet till 1 200 i ytterligare 2 minuter. Avsluta med att köra bilen ungefär 10 km. Efter denna provkörning bör styrmodulen ha fullbordat inlärningen.

28 Tröghetsbrytare

1 Se noten i början av avsnitt 13 och relevant avsnitt i kapitel 4.

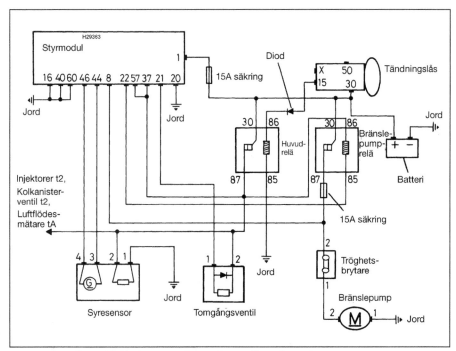

Fig. 7.26 Typiskt kopplingsschema för reläer och komponenter

29 Systemreläer

1 Se noten i början av avsnitt 13 och relevant avsnitt i kapitel 4.
2 De flesta fordon från Ford använder ett huvudrelä och ett bränslepumpsrelä med vardera en kontakt. Stiftnumreringen följer riktlinjerna för DIN **(fig. 7.26)**.

30 Bränslepump och krets

1 Se noten i början av avsnitt 13 och relevant avsnitt i kapitel 4.

31 Bränsletryck

1 Se noten i början av avsnitt 13 och relevant avsnitt i kapitel 4.

32 Syresensor

1 Se noten i början av avsnitt 13 och relevant avsnitt i kapitel 4.
2 Den syresensor som finns i de flesta versioner av system EEC IV är en fyrlednings givare.

33 Kolkanisterventil

1 Se noten i början av avsnitt 13 och relevant avsnitt i kapitel 4.

34 Avgasåtercirkulation

1 Undersök om de två luftpulsrören läcker. Rören är anslutna till luftpulssystemets stryp-rör i avgassystemet.
2 Kontrollera att inte kontakterna till luftpuls-systemet eller ventilen är korroderade eller skadade.
3 Kontrollera att stiften i kontakterna är ordentligt inskjutna och ger god kontakt.

Funktionskontroll av ventilen för återcirkulation av avgaser

4 Varmkör motorn till normal arbets-temperatur.
5 Låt motorn gå på tomgång.
6 Koppla ur vakuumanslutningen mellan åter-cirkulationsventilen och vakuumregleringen.
7 Koppla en vakuumpump till återcirku-lationsanslutningen.
8 Kör vakuumpumpen. Återcirkulationsven-tilen ska aktiveras och tomgångens kvalitet försämras när vakuumet ökas.
9 Upphäv vakuumet, tomgångens kvalitet ska återgå till det normala.
10 Om det fungerar som beskrivet är åter-cirkulationsventilen troligen OK.

Dålig tomgång

11 Om tomgången är dålig kan det bero på att avgaser återcirkuleras.
12 Leta upp den vakuumslang som ansluter vakuumregleringen till återcirkulationsventilen.
13 Koppla ur vakuumslangen och plugga anslutningen till återcirkulationsventilen:
   a) Om kvaliteten förbättras, undersök eventuella läckor på vakuumregleringen och vakkumslangen. Se paragraf 28.
   b) Om tomgången fortfarande är dålig, kontrollera återcirkulationsventilen.
14 Kontrollera om återcirkulationsventilen läcker:
   a) Leta upp det rör som ansluter insugsröret till återcirkulationsventilen.
   b) Lossa röret från insugsröret och plugga öppningen i insugsröret.
   c) Om tomgången nu förbättras är återcirkulationsventilen misstänkt.

Kontroll av luftpulssystemet

15 Dra tillbaka damasken från luftpuls-kontakten (om möjligt).
16 Anslut voltmätarens negativa sond till en motorjord.
17 Anslut voltmätarens eller oscilloskopets positiva sond till luftpulssystemets signal-stift 3.
18 Starta motorn och låt den gå med cirka 2 000 till 2 500 varv/min.
19 Öppna och stäng trotteln ett antal gånger och kontrollera att spänningen varierar mellan ungefär 0,40 och 4,0 V.
Observera: *Om en digital voltmätare används är det bra om den har möjlighet att visa staplar.*

Ojämn signalutmatning

20 Ojämn signal uppstår när utspänningen stegas, faller till noll eller om kretsen bryts.
21 När luftpulssignalen är ojämn indikerar detta vanligen en defekt potentiometer. I så fall är en ny eller renoverad luftpulsgivare det enda som hjälper.

Ingen signalspänning

22 Kontrollera att det finns 5,0 V referens-spänning vid matningsstiftet.
23 Kontrollera jordreturen vid jordstiftet.
24 Om matning och jord är tillfredsställande, leta efter kontinuitet i signalledningarna mellan luftpulsgivaren och styrmodulen.
25 Om matning och/eller jord är otillfreds-ställande, leta efter kontinuitet i signal-ledningarna mellan luftpulsgivaren och styrmodulen.
26 Om ledningarna är tillfredsställande, kontrollera alla matningar och jordar på styrmodulen. Om matningar och jordar är tillfredsställande är styrmodulen misstänkt.

Signal eller matningsspänning på normal batterispänningsnivå

27 Leta efter en kortslutning till en ledning som är ansluten till batteriets pluspol eller inkopplingsbar matning.

Kontroll av funktionen för vakuumregleringen

28 De två ledningarna till vakuum-regleringens kontakt är matning och aktiverad jord.

29 Anslut voltmätarens negativa sond till en motorjord.

30 Anslut matningen för vakuumregleringen till voltmätarens positiva sond.

31 Slå på tändningen och kontrollera om det finns normal batterispänning vid matningen till vakuumregleringen. Om ingen spänning finns, följ ledningen tillbaka till stift 87 på huvud-reläet för bränsleinsprutningen.

32 Kontrollera motståndet för vakuum-regleringen (paragraf 43).

33 Lossa slangen från vakuumregleringen (vid enheten) till insugsröret.

34 Anslut en vakuummätare till slangen.

35 Starta motorn och låt den gå på tomgång.

36 Om undertryck inte förekommer, kontrol-lera om slangen läcker eller om insugsrörets anslutning är igensatt.

37 Stäng av motorn, lossa vakuummätaren och anslut en vakuumpump till vakuum-anslutningen (den nedre).

38 Dra ur kontakten till styrmodulen (se Varning 3 i Referenser).

39 Kör pumpen till 500 mm Hg. Släpp handtaget, det angivna värdet ska vara stabilt.

40 Koppla mycket kortvarigt omkopplings-stiftet i styrmodulens kontakt till jord. Vakuumregleringen bör aktiveras och vakuumet som anges på pumpen ska falla till noll.

41 Om vakuumregleringen aktiveras, kontrol-lera styrmodulens utmatningar och jordar. Om dessa är felfria är styrmodulen misstänkt.

42 Om vakuumregleringen inte aktiveras, leta efter kontinuitet i ledningarna mellan den och styrmodulens omkopplarstift.

Motstånd i vakuumregleringen

43 Dra ur kontakten och mät motståndet mellan de två stiften.

35 Luftpulssystem

Funktionskontroll av luftpulsens solenoidventil

 Varning: Lägg märke till att följande kan skada avgas-systemet.

1 Varmkör motorn till normal arbets-temperatur.

2 Låt motorn gå på tomgång.

3 Lossa vakuumanslutningen från solenoid-ventilen.

4 Anslut en vakuumpump på slang-anslutningen.

5 Kör vakuumpumpen. Luftstöten ska aktiveras och luftströmmen till grenröret ska vara hörbar. Dessutom kan det hända att motorn baktänder vilket kan skada avgasröret.

6 Upphäv vakuumet, motorn ska då gå normalt.

7 Om systemet fungerar som beskrivet är ventilen troligen OK.

Kontroll av luftpulsventilen (allmänt)

8 Undersök om kontakten är skadad eller korroderad.

9 Kontrollera att anslutningens kontaktstift skjuts in ordentligt så att kontakten är god.

Funktionskontroll

10 De två ledningarna till kontakten är matning och aktiverad jord.

11 Anslut voltmätarens negativa sond till en motorjord.

12 Anslut voltmätarens positiva sond till matningsstiftet.

13 Slå på tändningen och kontrollera om det finns normal batterispänning vid matnings-stiftet. Om spänning saknas, följ ledningen tillbaka till stift 87 på huvudreläet för bränsle-insprutningen.

14 Kontrollera motståndet (se paragraf 24).

15 Lossa slangen till insugsröret.

16 Anslut en vakuummätare till slangen.

17 Starta motorn och låt den gå på tomgång. Om undertryck inte förekommer, kontrollera om slangen läcker eller om insugsrörets anslutning är igensatt.

18 Stäng av motorn, lossa vakuummätaren och anslut en vakuumpump till vakuum-anslutningen (den nedre).

19 Dra ur kontakten till styrmodulen (se Varning 3 i Referenser).

20 Kör pumpen till 500 mm Hg. Släpp handtaget, det angivna värdet ska vara stabilt.

21 Koppla mycket kortvarigt omkopplings-stiftet i styrmodulens kontakt till jord. Luft-pulsventilen bör aktiveras och vakuumet som anges på pumpen ska falla till noll.

22 Om luftpulsventilen aktiveras, kontrollera styrmodulens utmatningar och jordar. Om dessa är felfria är styrmodulen misstänkt.

23 Om luftpulsventilen inte aktiveras, leta efter kontinuitet i ledningarna mellan den och styrmodulens omkopplarstift.

Motstånd

24 Dra ur kontakten och mät motståndet mellan de två stiften.

Stifttabell - typisk 60 stifts styrmodul

Observera: Se fig. 7.27.

1 Permanentminnets matning
5 Tomgångsvarvtalets justering
7 Kylvätskans temperaturgivare, matning / signal
10 Luftkonditioneringens lågtryckskontakt
16 Jord
17 Diagnostikuttag
20 Jord
21 Tomgångsventilens signal
22 Bränslepumpens relädrivning
23 Oktanväljare

24 Oktanväljare
25 Lufttemperaturgivare (luftflödesmätare)
26 Matning till trottelns positionsgivare
27 Luftflödesmätarens signal
30 Neutral omkopplare
36 Tändsignal: Förstärkare
37 Bränsleinsprutningens huvudrelä
40 Jord
43 Luftflödesmätarens signal
44 Syresensorns signal

46 Givarretur (luftflödesmätaren/kylvätskans temperaturgivare/trottelns positionsgivare)
47 Trottelns positionsgivarsignal
48 Diagnostikuttag
52 -
56 Tändsignal: Förstärkare
57 Bränsleinsprutningens huvudrelä
58 Injektorer, cylindrarna 1, 2 (4-cyl) 1, 4, 6 (6-cyl)
59 Injektorer, cylindrarna 3, 4 (4-cyl) 2, 3, 5 (6-cyl)
60 Jord

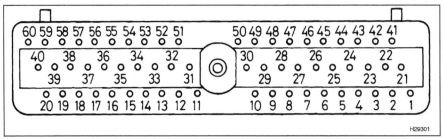

Fig. 7.27 Typisk 60 stifts styrmodulkontakt

Felkoder

36 Läsning av felkoder

1 Om en felkodsavläsare finns tillgänglig ska den anslutas till den seriella porten och användas till följande:
a) Läsa felkoderna genom att köra en diagnostikrutin:
Motorn avstängd.
Motorn igång.
Kontinuerlig körning (inte alla fordon).
b) Ta bort felkoder.
c) Aktivera systemets aktiverare (endast tresiffriga koder).

2 Beskrivningar för avläsande av felkoder finns i instruktionsboken till den utrustning som används.

3 Om en felkodsavläsare inte finns tillgänglig går det ändå att avläsa felkoderna.

Avläsning av felkoder utan felkodsavläsare

4 Anslut en lysdiodstestlampa mellan stift 3 på kontakten (negativ) och batteriets pluspol.

5 Brygga över stiften 1 och 2 i den seriella portens kontakt.

6 Slå på tändningen. Felkoderna matas ut på lysdioden som blinkningar efter cirka 45 sekunder. Genom att räkna blinkningarna och studera relevant felkodstabell för aktuell bil kan felen därmed utläsas (fig. 7.28).

a) Kodpulserna är tända i 0,5 sekunder och släckta i 0,5 sekunder.
b) En paus på två sekunder skiljer siffrorna åt och en paus på fyra sekunder skiljer koderna åt.
c) När alla koder matats ut kommer en paus på 6 - 9 sekunder följt av en blinkning (separatorkoden).
d) Efter ytterligare 6 - 9 sekunder, följt av en blinkning, skickas de tillfälliga felkoderna till permanentminnet.

Observera: En test lampa (lysdiod) som följer minimikraven för bilelektronik - se Varning 5 i Referenser.

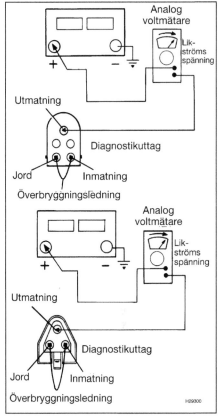

Fig. 7.28 Läsning av felkoder, anslut en analog voltmätare (se varning 5 i Referenser). Brygga över som visat, slå på tändningen och räkna visarutslagen. Det går även att använda en lysdiod och räkna blinkningarna.

Felkodstabell - EEC IV "grundsystem" (motorerna 2.0 SOHC och 2.8 V6)

Kod	Post
11	Inga fel påträffade
12	Luftflödesmätare 1
13	Kylvätskans temperaturgivare
14	Lufttemperaturgivaren (i luftflödesmätaren)
15	Trottelns positionsgivare
22	Luftflödesmätare 2
23	Luftflödesmätare 1 och 2
31	Ledning/defekt modul
32	Ledning/defekt modul

Felkodstabell - EEC IV förbättrade versionen, tvåsiffrig (utom 2.4/2.9 V6 katalysator)

Observera: *Ett systemtest innebär att kontrollera komponenten på det sätt som beskrivs i testprocedurerna.*

Kod	Post	Fel/orsak/åtgärd
10	Kommandokod	Åtgärd krävs enligt följande: *Tändning påslagen, motor avstängd: vicktest. Motorn gående: belasta motorn genom att "dutta" på gasen. Varvtalet måste överskrida 2 500 varv/min.*
11	Inga fel påträffade	Systemet godkänt
13	Kylvätskans temperaturgivare	Testa kylvätskans temperaturgivare
14	Lufttemperaturgivaren	Testa lufttemperaturgivaren
15	Trottelns positionsgivare	Testa trottelns positionsgivare
16	Luftflödesmätare 2	
17	Insugsrörets tryckgivare	Testa insugsrörets tryckgivare
18	Låg batterispänning	Kontrollera batteri och laddning
19	Permanentminnet defekt	Avsluta och börja om testen, om felkoden upprepas testa matning och jord på styrmodulen
20	Separatorkod	Skiljer mjuka koder i permanentminnet från hårda koder (permanenta koder)
21	Tändning	Oregelbunden signal
22	Luftflödesmätare 1	För hög spänning
23	Kylvätskans temperaturgivare	För hög spänning, testa kylvätskans temperaturgivare
24	Lufttemperaturgivaren	Testa lufttemperaturgivaren
25	Trottelns positionsgivare	För hög spänning, testa trottelns positionsgivare
26	Luftflödesmätare 2	För hög spänning
27	Insugsrörets tryckgivare	För högt värde, testa insugsrörets tryckgivare
28	Syresensorn	Testa syresensorn
28	Syresensor 1 (endast 2.0 DOHC 16V)	Mager blandning eller defekt sensor
29	Syresensor 2 (endast 2.0 DOHC 16V)	Mager blandning eller defekt sensor
30	Markörkod	Identifierar styrmodulen till 6-cyl motorer
31	Styrmodulens ROM/RAM defekt	Testa styrmodulens matningar och jordar
32	Luftflödesmätare 2	För låg spänning
33	Kylvätskans temperaturgivare	För låg spänning, testa kylvätskans temperaturgivare
34	Lufttemperaturgivaren	Testa lufttemperaturgivaren
35	Trottelns positionsgivare	För låg spänning, testa trottelns positionsgivare
36	Luftflödesmätare 2	För låg spänning
37	Insugsrörets tryckgivare	För lågt värde, testa insugsrörets tryckgivare
38	Syresensor 1 (endast 2.0 DOHC 16V)	Mager blandning eller defekt sensor
39	Syresensor 2 (endast 2.0 DOHC 16V)	Mager blandning eller defekt sensor
42	Insugsrörets tryckgivare	Ingen förändring av utdata under test. Upprepa testen. Om samma resultat, testa insugsrörets tryckgivare
43	Trottelns positionsgivare	Ingen förändring av utdata under test. Upprepa testen. Om samma resultat, testa trottelns positionsgivare
44	"Duttningstest" ej utförd eller sent gensvar	Upprepa test
45	Fordonets hastighetsgivare	Testa fordonets hastighetsgivare
46	Tomgångsventil defekt	Max varv/min ej uppnått **
47	Tomgångsventil defekt	Min varv/min ej uppnått **
48	Tomgångsventil	** Testa tomgångsventilen. Om OK, testa bränslesystemet
50	Europeisk styrmodul monterad	Måste visas vid test
51	Luftkonditionering påslagen	Stäng av luftkonditioneringen och gör om testen
52	Automatväxellåda: Växelväljaren i "D" vid test	Välj "N" eller "P" och upprepa testen
53	Oktanväljarledning 1 jordad	Koppla ur och upprepa testen
54	Oktanväljarledning 2 jordad	Koppla ur och upprepa testen
55	Tomgångsjusteringsledningen jordad	Koppla ur och upprepa testen
57	Trotteln flyttad under test (före kod 10)	Upprepa testen
58	Tändsignal/Retursignal	Fasning av tändsignal/retursignal
59	CO-potentiometern	Utanför testgränser, testa CO-potentiometern
60	Start för serviceläge	Tomgången kan justeras
61	Kraftförlust - cylinder 1	Kontrollera tändstift och kompression för cylinder 1
62	Kraftförlust - cylinder 2	Kontrollera tändstift och kompression för cylinder 2
63	Kraftförlust - cylinder 3	Kontrollera tändstift och kompression för cylinder 3
64	Kraftförlust - cylinder 4	Kontrollera tändstift och kompression för cylinder 4
65	Bromsomkopplare av/på	
66	Kickdown-kontakt	
67	Bränsletemperaturgivaren	Testa bränsletemperaturgivaren
68	Laddtryckets reglerventil	Kontrollera/justera turbon
69	Laddtryckets reglerventil	Kontrollera/justera turbon
70	Slut på serviceläge	

Kod	Post	Fel/orsak/åtgärd
72	Övertrycksregleringens solenoid (endast 1.6 CVH EFi Turbo)	
73	Kolkanisterventilen (katalysatormodell)	
74	3/4 växelsolenoid	
75	Kopplingsomvandlarens låssolenoid	
76	Broms "på" indikerat	
77	Kickdown indikerat	
78	Servostyrningens tryckkontakt	Servostyrningens tryckkontakt ej aktiverad under test. Kontrollera om servostyrningens tryckkontakt är monterad, om så är fallet, upprepa testen. Om fel förekommer, utför systemtest
91	Syresensorns anslutningar	Omkastade anslutningar (2.0 DOHC 16-ventilers motor)

Felkodstabell - EEC IV förbättrade versionen, tvåsiffrig (2.4/2.9 V6 katalysator)

Kod	Post	Fel/orsak/åtgärd
10	Kommandokod	Separatorkod för permanentminnet. Åtgärd krävs enligt följande: *Motorn går: Belasta motorn genom att "dutta" på gasen. Varvtalet måste överskrida 2 500 varv/min.*
11	Inga fel påträffade (systemet godkänt)	
12	Tomgångsventil	
13	Tomgångsventil	
14	Ojämn tändsignal	
15	Permanentminnet/ROM (modulhaveri)	
16	Motorns testhastighet för låg	
18	Tändmodulsarbete	
19	Matningsspänning till modul	
21	Kylvätskans temperaturgivare	
22	Insugsrörets tryckgivare	
23	Trottelns positionsgivare	
24	Lufttemperaturgivaren	
25	Knackgivare	
27	Farthållare fördröjd	
28	Farthållare - hastighet för hög	
29	Fordonets hastighetsgivare	
30	Markörkod	Identifierar styrmodulen till 6-cyl motorer
31	Elektronisk tryckgivare	För låg spänning
32	Elektronisk tryckgivare	Utanför specifikationerna
33	Ingen återcirkulation av avgaser	
34	Elektronisk tryckgivare	Utanför specifikationerna
35	Elektronisk tryckgivare	För hög spänning
36	Ingen ökning av motorns testhastighet	
37	Minskning av motorns testhastighet	
39	Momentomvandlarens koppling låst	
40	Används inte	
41	Syresensor 1 (cylindrarna 1,2,3)	Mager blandning
42	Syresensor 1 (cylindrarna 1,2,3)	Fet blandning
46	Används inte	
47	Farthållaromkopplare	I användning
48	Farthållaromkopplare	Fastnat
49	Farthållare	Signal
50	Används inte	
51	Kylvätskans temperaturgivare	För hög spänning
52	Servostyrningens tryckkontakt	
53	Trottelns positionsgivare	För hög spänning
54	Lufttemperaturgivaren	
55, 57	Används inte	
57	Oktanväljare - servicekontakt	
58	Insprutning fördröjd via servicejustering	
59	Tomgångsjustering - servicekontakt	
60	Används inte	
61	Kylvätskans temperaturgivare	För låg spänning
62	Automatväxellådas växelsolenoid 4/3	Stängd
63	Trottelns positionsgivare	För låg spänning
64	Lufttemperaturgivaren	För låg spänning
65, 66	Används inte	
67	Luftkonditionering påslagen eller automatväxellåda i "D"	
69	Växlingsventil för 3/2 drev	Öppen

Felkodstabell - EEC IV förbättrade versionen, tvåsiffrig (2.4/2.9 V6 katalysator) - fortsättning

Kod	Post	Fel/orsak/åtgärd
70	Används inte	
72	Insugsrörets tryckgivare	
73	Trottelns positionsgivare	Ingen reaktion på test
74	Bromsljuskontakt	Kretsen bruten
75	Bromsljuskontakt	Kortslutning
76	Används inte	
77	Sent gensvar på kommandokoden "trottelduttning"	
78 till 80	Används inte	
81	Insugsrörets tryckgivare - Transit V6	
82	Matningsventil för sekundärluft (sekundär förbränning)	
83	Fläktströmbrytare	
84	Vakuumregleringen - återcirkulation	
85	Kolkanisterns rensventil	
86	Används inte	
87	Elektrisk bränslepump	
88	Elektrisk fläkt - om monterad	
89	Momentomvandlarens solenoidkopplingslås	
90	Används inte	
91	Syresensor 2 (cylindrarna 4,5,6)	Mager blandning
92	Syresensor 2 (cylindrarna 4,5,6)	Fet blandning
98	Lufttemperaturgivare, kylvätsketemperaturgivare, insugsrörets tryckgivare, trottelns positionsgivare	Maskinvarufel
99	Används inte	

Felkodstabell - EEC IV förbättrade versionen, tresiffrig

Observera: *Ett systemtest innebär att kontrollera komponenten på det sätt som beskrivs i testprocedurerna.*

Kod	Post	Fel/orsak/åtgärd
010	Separator/kommandokod	Tryck gasen i botten för ett ögonblick
020	Kommandokod	Tryck bromsen i botten för ett ögonblick
10	Cylinder 1 låg	Cylinderbalanstest
20	Cylinder 2 låg	Cylinderbalanstest
30	Cylinder 3 låg	Cylinderbalanstest
40	Cylinder 4 låg	Cylinderbalanstest
111	Alla system OK	
112 till 124	Lufttemperaturgivaren eller kylvätskans temperaturgivare	Normal arbetstemperatur ej uppnådd
125	Trottelns positionsgivare	
129	Luftflödesmätaren	Ingen ändring i luftflödesmätaren. Upprepa testen med nedtryckt gaspedal
144	Syresensor	
157 till 159	Luftflödesmätaren	
167	Trottelns positionsgivare	Ingen ändring i trottelns positionsgivare med nedtryckt gaspedal under test. Upprepa testen och utför systemtest
171 till 178	Syresensorn	Blandningen för mager eller för fet
179	Bränslesystemet	Blandningen för mager, kontrollera ventilen för återcirkulation av avgaser
181	Bränslesystemet	För fet blandning, kontrollera tomgångsventilen
182	Tomgångsblandningen för mager	
183	Tomgångsblandningen för fet	
184, 185	Luftflödesmätaren (typ hettråd)	
186	Injektor	Öppningstid (för lång), utför systemtest
187	Injektor	Öppningstid (för kort), utför systemtest
194, 195	Syresensorn	
211	Tändningen	Tändlägessignal, utför systemtest
212	Tändningen	Varvräknarkretsen
213	Tändningen	Tändsignal
214	Fasgivaren	Kretsfel, fasgivaren
215 till 218	EDIS tändspole	Utför systemtest
222	Varvräknarkretsen	
226	EDIS-modul	Utför systemtest
227	Vevaxelns vinkelgivare	
228	EDIS tändspole	Lindning 1, utför systemtest
229	EDIS tändspole	Lindning 2
231	EDIS tändspole	Lindning 3
232	Tändspolens primärkrets	
233	EDIS-modul	Utför systemtest
234 till 237	Tändspole	Utför systemtest
238	EDIS-modul	Utför systemtest
239	Tändsignal	Tändsignal vid runddragning av motorn, utför systemtest
241	Styrmodulen	Fel data, upprepa självdiagnosen
243	Tändspole	Defekt

Kod	Post	Fel/orsak/åtgärd
311 till 316	Defekt i luftpulssystemet	
326, 327	Elektronisk tryckgivare eller Delta återcirkulationsventil	
328	Vakuumregleringen	
332	Återcirkulation	Ventilen öppnar inte
334	vakuumregleringen	
335	Elektronisk tryckgivare eller Delta återcirkululationsventil	
336	För högt avgastryck	
337	Elektronisk tryckgivare eller Delta återcirkul.ventil/vakuumreglering	
338, 339	Kylvätskans temperaturgivare	
341	Syresensorn	Kretsen jordad
411	Självdiagnos testen	Motorns varvtal för lågt under test. Kontrollera att inga insugsläckor finns och upprepa
412	Självdiagnos	För högt varvtal vid test
413 till 416	Tomgångsventilen	
452	Fordonets hastighetsgivare	
511	Defekt ROM	Kontrollera om batteriet kopplats ur, kontrollera säkringen till permanentminnet
512	Permanentminnet defekt	Kontrollera om batteriet kopplats ur, kontrollera säkringen till permanentminnet
513	EEC IV	Referensspänning, utför systemtest
519, 521	Servostyrningens tryckkontakt	Servostyrningens tryckkontakt ej aktiverad vid test. Kontrollera om servostyrningens tryckkontakt är monterad. Upprepa i så fall testen och utför systemtest
522, 523	D/N-kontakt	Utför systemtest
528	Kopplingskontaktfel	
536	Bromskontakt	Kontakt ej aktiverad vid test, upprepa testen
538	Fel vid test	Upprepa testen
539	Luftkonditionering	Luftkonditionering påslagen vid test. Upprepa testen
542, 543	Bränslepump	Bränslepumpen krets, utför systemtest
551	Tomgångsventilen krets	Defekt
552	Luftpulsens krets	Defekt
556	Bränslepump	Bränslepumpen krets, utför systemtest
558	Vakuumregleringen	Elektrisk krets, utför systemtest
563	Högfartsfläkt	Kretsfel
564	Elektronisk fläkt relä/krets	
565	Kolkanisterventilens krets	
566	3/4 växelns solenoid (automatväxellåda)	Utför systemtest
573	Elektronisk fläkt relä/krets	
574	Högfartsfläktens krets	
575	Bränslepumpens krets och/eller tröghetsbrytare	Utför systemtest
576	Kickdown-kontakt	Utför systemtest
577	Kickdown-kontakt	Ej aktiverad vid test. Upprepa testen
612, 613	4/3 kontakt defekt (automatväxellåda)	Bruten krets
614, 615	3/2 kontakt defekt (automatväxellåda)	Bruten krets
621	Växlingssolenoid 1	Kretsfel
622	Växlingssolenoid 2	Kretsfel
624	Tryckregleringens solenoid	Defekt
625	Tryckregleringens solenoid	Kretsfel
628	Låsningssolenoid	
629	Solenoid till momentomvandlarens låskoppling	Utför systemtest
634	D/N kontakt	Utför systemtest
636 till 638	Växollådans temporaturkontakt	Defekt
639	Trottelstoppskruven defekt	
645	1:a växeln defekt	
645	2:a växeln defekt	
645	3:e växeln defekt	
645	4:e växeln defekt	
649	Elektronisk trottelstyrning	Defekt
651	Elektronisk trottelstyrning	Intermittent defekt
652	Låsningssolenoid	Defekt
653	Växellådans styrkontakt	Ej aktiverad vid test. Upprepa testen
658	Omkopplaren mellan prestanda och ekonomi (automatväxellåda)	Ej aktiverad vid test
998	Kylvätskans temp.givare/lufttemp.givare/ luftflödesmätaren/trottelns positionsgivare	Defekt givare, åtgärningskoder efter 998, upprepa testen

Anteckningar

Kapitel 8
GM-Multec flerpunkts/CFi (enpunkts)

Innehåll

Specifikationer

Fordon	Årsmodell	Tomgångsvarvtal	CO%
Multec flerpunktsinsprutning			
Astra 1.4	1991 till 1994	820 till 980	mindre än 0,4
Astra-F 1.4i	1996 till 1997	820 till 890	0,3 max
Astra 1.6i	1992 till 1993	820 till 980	mindre än 0,4
Corsa 1.6i	1992 till 1993	820 till 920	mindre än 0,4
Corsa-B 1.6 GSi	1993 till 1995	820 till 930	1,5 ± 0,5
Nova 1.4i	1992 till 1993	850 till 1010	mindre än 0,4
Nova 1.6i	1992 till 1993	820 till 920	mindre än 0,4
Tigra 1.6i	1994 till 1997	820 till 890	1,5 ± 0,5
Multec CFi (enpunktsinsprutning)			
Astra 1.4i med katalysator	1990 till 1996	830 till 990	0,4 max
Astra 1.6i	1987 till 1993	820 till 980	0,4 max
Astra 1.8i	1991 till 1995	820 till 980	0,4 max
Astra-F 1.4i	1997	830 till 990	1,5 ± 0,5
Astra-F 1.6i E-Drive	1993 till 1996	770 till 930	0,3 max
Astra-F 1.6i	1996 till 1997	770 till 930	0,3 max
Belmont 1.4i med katalysator	1990 till 1993	830 till 990	0,4 max
Belmont 1.6i	1987 till 1993	820 till 980	0,4 max
Belmont 1.8i med katalysator	1990 till 1992	820 till 980	0,4 max
Cavalier 1.6i	1993 till 1995	770 till 930	1,5 ± 0,5
Cavalier 1.6i	1995 till 1997	830 till 990	0,3 max
Cavalier 1.6i (C16NZ)	1988 till 1994	720 till 880	0,4 max
Cavalier 1.6i (C16NZ2)	1993 till 1994	825 till 925	0,4 max
Cavalier 1.8 (C18NZ)	1989 till 1994	800 till 960	0,4 max
Corsa 1.2/1.4i med katalysator	1990 till 1994	830 till 990	0,4 max
Corsa-B & Combo 1.2i	1993 till 1996	840 till 1000	0,4 max
Corsa-B 1.4i och van	1993 till 1996	830 till 990	0,4 max
Corsa-B och Combo 1.4i	1996 till 1997	830 till 990	1,5 ± 0,5
Corsa 1.6i med katalysator	1988 till 1991	800 till 950	0,4 max
Kadett-E 1.4i med katalysator	1990 till 1993	830 till 990	0,4 max
Kadett-E 1.6 med katalysator	1990 till 1993	720 till 880	0,4 max
Kadett-E 1.8i med katalysator	1990 till 1991	800 till 960	0,4 max
Nova 1.2i/1.4i	1990 till 1994	830 till 990	0,4 max
Vectra 1.6i med katalysator	1990 till 1993	825 till 925	0,4 max
Vectra 1.8i med katalysator	1990 till 1994	800 till 960	0,4 max
Vectra-A 1.6i	1993 till 1995	770 till 930	1,5 ± 0,5
Vectra-A 1.6i	1995 till 1997	830 till 990	0,3 max

Översikt av systemets funktion

1 Inledning

GM Multec (MULtipel TEChnology) elektronisk motorstyrning utvecklades av General Motors och användes först på fordon i USA. Den förekom även på fordon i kontinentala Europa innan den kom till Storbritannien omkring 1989. De ursprungliga versionerna var enpunktsinsprutning, men fordon med flerpunktsinsprutning började komma ut 1992. Motorstorlekarna varierar från 1.4 liter via 1.6 till 1.8 liter (fig. 8.1).

GM Multec konstruerades som ett modulärt system med kapacitet att styra ett brett utbud av motorer med såväl en- som flerpunkts insprutning. Europeiska bilar med Multec är alltid utrustade med katalysator.

Multec har utvecklats från Multec-CFi (enpunktsinsprutning) till Multec-M (fler-punktsinsprutning) och slutligen Multec-S (sekventiell insprutning).

Till skillnad från många andra modulära system kan numreringen på styrmodulens stift till vanliga komponenter variera från bil till bil, så var försiktig vid testande av styrmodulens kontakt.

Styrmodulen i GM Multec är konstruerad för tre huvudområden för styrning. Dessa är tändning, bränslesystem och tomgång. Med Multec behandlas tändläge och injektoröppningstid tillsammans av styrmodulen, så att bästa tidpunkt för tändning och insprutning erhålles för alla arbetsvillkor.

Primärkretsens utlösare var i tidiga versioner antingen en fördelarmonterad Halleffektgivare, en fördelarmonterad induktiv utlösare eller en svänghjulsbaserad vevaxelvinkelgivare. Från ungefär 1992 utrustades samtliga motorer med fördelarlös tändning och vevaxelns vinkelgivare blev standard som primär utlösare. Belastningsavkännare i Multec-CFi och Multec-M är en tryckgivare i insugsröret, men vissa Multec-S motorer använder en luftflödesmätare av hettrådstyp. En stegmotor i insugsröret styr tomgången. Insprutningssystemet är antingen en- eller flerpunkts, utom Multec-S som är sekventiellt. Senare versioner av alla tre typerna har en ökad nivå av avgasreglering. Två kontakter (32 och 24 stift eller två 32 stifts) ansluter styrmodulen till batteri, givare och aktiverare.

Även om styrmodulerna ser ganska lika ut i alla fordon finns det ett antal väsentliga skillnader internt. Dessutom varierar givartyperna. Detta kapitel försöker ta upp de flesta skillnader som finns mellan modellår och fordonstyper.

2 Styrfunktioner

Signalbehandling

Grundtändläget sparas i styrmodulen som en tredimensionell karta och signaler från motorns givare bestämmer tändläget. Huvudgivaren för motorns belastning är antingen insugsrörets tryckgivare eller hettråds luftflödesmätaren. Motorns varvtal ges av antingen vevaxelns vinkelgivare, en fördelarmonterad induktionsutlösare eller Halleffektgivaren efter tillämplighet.

Korrektionsfaktorer räknas in för start, tomgång, inbromsning, del- och fullbelastning. Den huvudsakliga korrektionsfaktorn är motorns temperatur (kylvätskans temperaturgivare). Mindre korrigeringar av tändläget och insprutningsdurationen görs med utgångspunkt från signaler från lufttemperaturgivaren och trottelns positionsgivare. I modeller med enpunktsinsprutning saknas dock lufttemperaturgivaren.

Den grundläggande insprutningsdurationen insprutningstiden) sparas också som en tredimensionell karta och motorns belastning och hastighet avgör grundvärdet. GM Multec beräknar insprutningsdurationen utifrån insugsrörets tryckgivare eller luftflödesmätaren samt från motorns varvtal.

Insprutningsdurationens grundvärde korrigeras sedan med hänsyn till kylvätskans temperaturgivare, batterispänningen och graden av trottelöppning (trottelns positionsgivare). Flerpunktsversionen använder signalen från lufttemperaturgivaren i insugsröret, denna funktion förekommer inte i enpunktssystem. Andra korrektionsfaktorer är kallstart, varmkörning, tomgång, acceleration och inbromsning.

Multec använder en speciell karta för tomgången och denna används alltid vid tomgångsvarvtal. Tomgång under varmkörning och vid normal arbetstemperatur styrs av

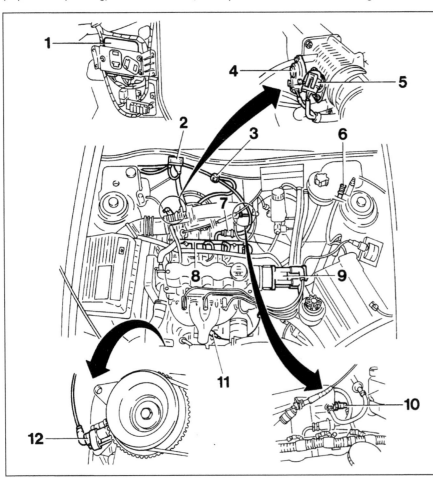

Fig. 8.1 Typisk Multec flerpunktsinsprutning (1.4 motor med fördelare)

1 Styrmodul (i höger fotbrunn)	5 Stegmotor	9 Fördelare
2 Insugsrörets tryckgivare	6 Oktanväljare	10 Lufttemperaturgivare
3 Kolkanisterventil	7 Bränsletrycksregulator	11 Syresensor
4 Trottelns positionsgivare	8 Injektorer	12 Vevaxelns vinkelgivare

tomgångsregleringen. Multec gör även små justeringar av varvtalet genom att ändra tändläget, vilket resulterar i ett ständigt föränderligt tändläge vid tomgång.

Styrmodulens grundfunktioner (en- och flerpunktsinsprutning)

Spänning ligger ständigt på två av styrmodulens stift från batteriet. Detta gör att självdiagnostiken kan spara data av tillfällig natur.

När tändningen slås på läggs spänning på tändspolen, fordonets hastighetsgivare, injektor(er), förstärkare och styrmodulen. De flesta givare (utom de som själva alstrar en spänning, exempelvis vevaxelns vinkelgivare och syresensorn) matas då med en referensspänning på 5,0 V från ett relevant stift på styrmodulen. När motorn dras runt av startmotorn, eller går, ges en hastighetssignal som gör att styrmodulen matar spänning till ett relä som driver bränslepumpen. Även funktionerna för tändning och insprutning aktiveras. Injektorkretsen fullbordas genom att relevant aktiverarledning jordas och stegmotorn styr tomgången på order från styrmodulen när motorn går på tomgång.

Självdiagnostik

Systemet GM Multec har en självtestfunktion som regelbundet undersöker signalerna från motorns givare och loggar en felkod internt om ett fel upptäcks. Denna felkod kan sedan avläsas från den seriella porten med en lämplig felkodsavläsare.

Om styrmodulen upptäcker ett fel jordas ett stift, vilket tänder varningslampan på instrumentbrädan. Lampan förblir tänd så länge som felet kvarstår. Om feltillståndet spontant upphör loggas felkoden till dess att minnet raderas med en felkodsavläsare eller att motorn startats 20 gånger om koden är självinitialiserande.

Nödläge

GM Multec har ett nödläge. I händelse av ett allvarligt fel i en eller flera givare kommer den elektroniska motorstyrningen att ersätta givarsignalen med ett fixerat standardvärde.

Detta betyder att motorn kan gå ganska bra även om en eller flera av de mindre viktiga givarna havererar. Men i och med att de fasta värdena gäller för en varmkörd motor är egenskaperna vid kallstart och varmkörning mindre tillfredsställande. Om en av huvudgivarna, exempelvis insugsrörets tryckgivare havererar leder detta till avsevärt reducerade prestanda.

Bränsleavstängning vid inbromsning

Injektoröppningstiden reduceras vid motorbromsning för att förbättra bränsleekonomin och minska utsläppen.

Referensspänning

Utmatningen från styrmodulen till motorgivarna är 5,0 V referensspänning. Detta ger en stabil arbetsmiljö som inte påverkas av variationer i systemspänningen.

Jordreturen görs för de flesta givare via ett stift på styrmodulen. Detta är inte direkt jordat utan styrmodulen jordar givaren internt till ett stift som är direkt jordat.

Signalavskärmning

Radiostörningar minskas genom att ett antal givare (exempelvis vevaxelns vinkelgivare och syresensorn) använder avskärmat kabelage.

Fordonets hastighetsgivare

Fordonets hastighetsgivare används till att informera styrmodulen om fordonets hastighet. Den fungerar enligt Halleffektprincipen och är monterad på växellådan eller bakom instrumentbrädan.

En spänning på cirka 10 V matas till fordonets hastighetsgivare från tändningslåset när tändningen slås på. När hastighetsmätarvajern roterar slås Hallkontakten av och på vilket ger en fyrkantsvågssignal till styrmodulen. Signalens frekvens anger bilens hastighet.

3 Primär utlösare

Den primära utlösaren av GM Multec är antingen en fördelarmonterad Halleffektgivare, en fördelarmonterad induktiv utlösare eller en svänghjulsmonterad vevaxelvinkelgivare. Funktionen för samtliga system beskrivs nedan.

Vevaxelns vinkelgivare (1.8 enpunkts, 1.4 flerpunkts med fördelare och alla fördelarlösa modeller)

Den primära utlösningssignalen för både tändning och insprutning kommer från vevaxelns vinkelgivare som är monterad nära svänghjulet. Givaren består av en induktiv magnet som utstrålar ett magnetfält. I svänghjulet finns en reluktorskiva med 60 positioner med regelbundna mellanrum. 58 av dessa positioner har reluktortänder med 2 är vakanta.

När svänghjulet snurrar roterar tänderna i magnetfältet vilket skapar en växelströmssignal som anger rotationshastigheten. De två tomma positionerna (med 180° mellanrum) är referenter till ÖD och indikerar vevaxelns läge med en signalvariation när svänghjulet roterar. Den ena tomma positionen anger ÖD för cylindrarna 1 och 4, den andra för cylindrarna 2 och 3.

Toppspänningen i hastighetssignalen kan variera från 5 V vid tomgång till över 100 V vid 6 000 varv/min. Styrmodulen använder en analog-till-digital omvandlare för att förvandla växelströmspulsen till en digital signal.

Halleffektgivaren (1.4 enpunkts)

Förstärkaren matar en spänning strax under normal batterispänning till Halleffektkontakten i fördelaren. En jordretur fullbordar kretsen där den är ansluten till förstärkarens huvudjord.

Mitt emot Hallkontakten finns en magnet som gör att givaren returnerar en svag spänning till förstärkaren. På fördelaraxeln finns ett blad med så många urtag som motorn har cylindrar. När bladet förs mellan kontakten och magneter kopplas Hallkontakten om mellan av och på. När urtaget går förbi kontakten skickas en spänning till modulen via en tredje ledning kallad utmatningen.

När en massiv del av skivan är mellan magneten och kontakten slås spänningen av i och med att magnetfältet avböjs. I grunden är den signal som avges spänning/ej spänning och vågformen är en fyrkantsvåg.

Induktiv utlösare (1.6 enpunkts)

Primärsignalen för både tändning och insprutning kommer från en induktiv utlösare monterad i fördelaren. Denna består av en induktiv magnet som utstrålar ett magnetfält. På fördelaraxeln finns en reluktor med fyra lober med 90° mellanrum.

När fördelaren roterar och reluktortänderna snurras i magnetfältet skapas en växelströmssignal som anger tändläget.

Toppspänningen i signalen kan variera från 5 V vid tomgång till över 100 V vid 6 000 varv/min. Styrmodulen använder en analog-till-digital omvandlare för att förvandla växelströmspulsen till en digital signal.

4 Fördelartändning

Tändningen

Data om motorns belastning (insugsrörets tryckgivare eller luftflödesmätaren) och hastighet (vevaxelns vinkelgivare) hämtas in av styrmodulen som jämför värdena med den digitala tändlägeskartan i minnet. Denna karta innehåller en förställningsvinkel för grundläggande belastning och arbetsvillkor vid hastighet. Vinkeln korrigeras med hänsyn till motorns temperatur (kylvätskans temperaturgivare), så att den bästa förtändningsvinkeln för ett givet arbetsförhållande kan avgöras.

Vilofunktionen i GM Multec baseras på principen "konstant energi, begränsad ström". Det betyder att viloperioden är konstant vid 3,0 till 3,5 ms vid praktiskt taget alla varvtal. Men arbetscykeln, uttryckt i procent eller grader, varierar med motorns varvtal.

Förstärkare

På 1.4 och 1.8 liters motorer, finns en separat förstärkare monterad på en kylfläns bredvid tändspolen. På 1.6 liters motorer är förstärkaren monterad på basplattan under fördelarlocket. Förstärkaren i Halleffektgivarsystemet ger även spänning till Halleffektgivaren och en separat jordning åt denna. En intern anslutning fullbordar kretsen genom förstärkarens huvudjord.

Förstärkaren innehåller kretsar för förstärkning av signalen och kopplar in spolens negativa stift i rätt ögonblick för att ge gnista. Förstärkning krävs eftersom den styrsignal som kommer från styrmodulen är för svag för att utlösa spolen. Vid mottagandet av signal om hastighet och läge från primärutlösaren letar styrmodulen upp rätt viloperiod och förställning och skickar sedan signal till förstärkaren som utlöser tändspolen.

Tändspolen

Tändspolen använder lågt primärmotstånd för att öka den primära strömmen och primärenergin. Förstärkaren begränsar primärströmmen till cirka 8 amp vilket ger en energireserv för att upprätthålla gnistans brinntid (duration).

Fördelare

I systemet GM Multec är fördelarens enda uppgift att fördela högspänningen från spolens sekundärstift till varje tändstift i korrekt tändföljd. Fördelaren är placerad på kamaxeln vid cylinder 4. Antingen en Bosch eller en Lucas fördelare kan förekomma.

1.4 enpunkts: Fördelaren innehåller även Halleffektgivaren och magneten.

1.6 enpunkts: Fördelaren innehåller även den induktiva utlösaren och förstärkaren.

1.8 enpunkts och alla flerpunkts: Fördelaren innehåller endast högspänningsdetaljerna och tändningen utlöses av vevaxelns vinkelgivare som är monterad bredvid svänghjulet.

Tändläget

Grundtändläget är ett par grader FÖD och det är beräknat för att ge effektiv förbränning och maximal effekt vid ett givet varvtal. Tändläget kan bara justeras på motorer med fördelare. Fördelaren vrids där för att ändra tändläget. Inställningsmärken finns inristade på svänghjulet. När märkena är i linje vid tomgång är grundtändläget korrekt. Tändläget kan inte justeras på motorer som saknar fördelare.

När motorvarvet ökar måste förbränningen ske tidigare och tändläget flyttas fram av styrmodulen med utgångspunkt från tändlägeskartan.

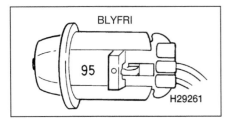

Fig. 8.2 Oktanväljare

Fig. 8.3 Fördelarlös tändning (förstärkaren integrerad med dubbelspolen)

Oktanval

En oktanväljare finns i de flesta system (ej Multec-S) så att styrmodulen kan ändra program för att passa olika klasser oblyad bensin. Vrid 95/91 oktanväljaren till det alternativa läget **(fig. 8.2).**

5 Fördelarlös tändning

Allmänt

Även om tändsystemet kallas fördelarlöst är grundfunktionen lik den med konventionell tändning **(fig. 8.3)**. I ett fördelarlöst system (även kallad "slösad gnista") används en dubbeländad spole till att avfyra två tändstift samtidigt. Detta innebär att systemet bara kan användas med motorer där kolvarna stiger parvis. Tändspolarna har lågt primärmotstånd för att öka strömmen och primärenergin. Förstärkaren begränsar primärströmmen till cirka 8 amp vilket ger en energireserv för att upprätthålla gnistans brinntid (duration).

En cylinder gnistrar i kompressionstakten och den andra i paret i avgastakten där gnistan är "bortslösad". Två par spolar krävs därmed för en fyrcylindrig motor. Cirka 3 kV krävs för att ge den "slösade" gnistan, men det är mycket mindre än vad som krävs för att överbrygga rotorgapet i en fördelare.

Vilofunktionen i GM Multec baseras på principen "konstant energi, begränsad ström". Det betyder att viloperioden är konstant vid 3,0 till 3,5 ms vid praktiskt taget alla varvtal. Men arbetscykeln, uttryckt i procent eller grader, varierar med motorns varvtal. Vid motorstart baseras vilan på batterispänningen och ett fast värde i grader. När 400 varv/min nås ändrar styrmodulen till körläge och vilan baseras på batterispänning och varvtal.

I fördelarlösa GM Multec är förstärkaren integrerad med dubbelspolarna. Styrmodulen beräknar vilovinkel och förställning med utgångspunkt från data från vevaxelns vinkelgivare och andra givare och sänder

sedan en signal till förstärkaren som utlöser spolen. Två signaler skickas, en till vardera spolen, med 180° vevaxelvarvs mellanrum. Fyra signaler skickas därmed över 720°, vilket resulterar i att alla fyra tändstiften ger gnista under två motorvarv.

De två signalerna kallas EST (Electronic Spark Timing). Signalen "EST A" utlöser spolen för cylindrarna 1 och 4 medan "EST B" utlöser spolen till cylindrarna 2 och 3.

Knackgivare

Optimalt tändläge (vid varvtal överstigande tomgång) för en högkomprimerad motor ligger ganska nära knackningsgränsen. Men att ligga så nära den gränsen innebär att knackningar inträffar i en eller flera cylindrar vid vissa tillfällen under motorns arbetscykel.

Knackgivaren är monterad på motorblocket och består av ett piezokeramiskt mätelement som ger gensvar på motorljudets svängningar. Denna signal omvandlas till en spänningssignal av givaren och skickas till knackregleringen för utvärdering och åtgärd. Knackfrekvensen ligger på bandet 8 kHz.

Inledningsvis är tändläget optimerat. När knack identifieras backar styrmodulen tändläget. När knackningarna uppför flyttas tändningen fram mot optimum, eller till dess att knack uppstår igen. Denna process pågår kontinuerligt så att motorn konstant har optimerat tändläge.

I Multec-S används cylinderväljande knackreglering. I och med att knack kan uppstå vid olika ögonblick i varje individuell cylinder pekar knackregleringen ut den eller de cylindrar som knackar och backar tändningen individuellt för dessa. Detta sker kontinuerligt så att varje cylinder konstant har optimerat tändläge.

6 Bränsleinsprutning

Bränsleinsprutning

Insprutningssystemet GM Multec kan vara av typen enpunkts, simultan flerpunkts eller sekventiell. Styrmodulen innehåller en karta med injektoröppningstider för grundläggande belastningar och hastigheter. Information inhämtas sedan från motorgivare som luftflödesmätaren eller insugsrörets tryckgivare, vevaxelns vinkelgivare, kylvätskans temperaturgivare och trottelns positionsgivare. Som ett resultat av denna information bestämmer styrmodulen korrekt öppningstid för insprutningen, oavsett varvtal, belastning och temperatur. När solenoiden stänger alstras en backspänning på upp till 60 V.

Den mängd bränsle som levereras av injektorn bestäms av bränsletrycket och öppningstiden - även kallat pulsduration.

Fig. 8.4 Enpunktsinsprutning

Fig. 8.5 Flerpunktsinsprutning

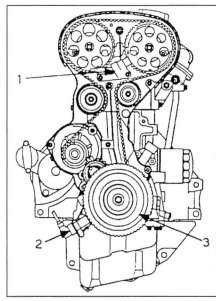

Fig. 8.6 Cylinderidentitetsgivare

1 Fasgivare
2 Vevaxelns vinkelgivare
3 58 tänders skiva

Styrmodulen avgör öppningstiden med utgångspunkt från de olika givarnas signaler. Vid kallstart ökas pulsdurationen för att ge en fetare bränsleblandning.

Injektor(er)

En injektor är en magnetdriven solenoidventil som aktiveras av styrmodulen. Spänningen till injektorerna kommer från huvudreläet och jord ges av styrmodulen under en tidsperiod (pulsduration) på mellan 1,5 och 10 ms.

Bränsleavstängning vid inbromsning

En reducering av pulsen sker vid motorbromsning för att förbättra ekonomin och minska utsläppen. Insprutningen blir då asynkron med pulser varje 12,5 ms. Vid extrem inbromsning kan injektorerna stängas av helt.

Enpunktsinsprutning

Injektorn är en magnetdriven solenoidventil som är monterad i trottelhuset (fig. 8.4).

Injektorn manövreras av två kretsar efter principen att det krävs mer ström att öppna injektorn än att hålla den öppen. Denna systemtyp kallas ofta "strömstyrd insprutning".

När injektorn öppnat jordas den andra kretsen snabbt. Denna omkoppling är så snabb att injektorn hålls öppen, vilket kräver mindre ström. Fördelar med detta arrangemang inkluderar en minskning av injektorns temperatur och omedelbar stängning när den öppethållande kretsen slår ifrån.

Insprutningen kan utföras synkront eller asynkront. Vid normal drift, d v s vid marschfart, är insprutningen synkron. Detta innebär att injektorn är synkroniserad med tändningen och att fyra insprutningspulser sker för varje två motorvarv.

Vid hård acceleration blir insprutningen asynkron. Det innebär att den inte längre är synkroniserad med tändning och pulserna kommer var 12,5 ms. Även durationen kan komma att öka. Asynkron insprutning kan också ske om durationen är mycket kort (under 1 ms) och kontrollen över blandningen blir dålig.

Simultan flerpunktsinsprutning

Det simultana flerpunktssystemet består av en injektor till varje cylinder, placerad i insugsporten så att finfördelat bränsle sprutas på baksidan av varje ventil. Injektorerna öppnar en gång per varv, vilket gör att en del bränsle vilar ett kort ögonblick på ventilens baksida innan det sugs in i cylindern (fig. 8.5).

Dessutom är injektorerna arrangerade i två bankar där 1 och 2 utgör den ena och 3 och 4 den andra. Vardera bank är ansluten till styrmodulen via ett separat stift.

Sekventiell flerpunktsinsprutning

Systemet Multec-S öppnar injektorerna sekventiellt - d v s i tändföljd och en gång per cykel. Varje injektor är ansluten till styrmodulen via ett separat stift. En Halleffekt fasgivare monterad nära kamaxeln identifierar läget för cylinder 1 så att ordningsföljden blir den rätta (fig. 8.6).

Reglering av lufttemperaturen (enpunktsinsprutning)

Luftrenarhuset innehåller ett termoventilsystem för att reglera insugsluftens temperatur. Funktionen är mycket lik den på förgasarmodeller.

Vakuum från insugsröret leds via en liten slang till termoventilen i luftrenarhuset. En annan slang är kopplad till en vakuummotor som styr en klaff i luftfiltrets munstycke. Klaffen öppnar och stänger i enlighet med temperaturen under motorhuven. Termoventilen är en bimetallventil som innehåller en kanal för vakuum. När temperaturen stiger öppnar ventilen som då släpper in luft i kanalen, vilket gör att vakuumet upphävs.

När temperaturen under huven är låg är ventilen stängd och vakuum håller klaffen vidöppen. Detta släpper igenom varm luft från nära avgasröret. När temperaturen stiger börjar ventilen öppna vilket minskar vakuumdraget på klaffen. En blandning av uppvärmd och kall luft sugs då in i trottelhuset. När temperaturen stiger över ett förbestämt värde är luftkanalen helt öppen. Då är klaffen helt stängd så att avgasuppvärmd luft inte längre kommer in. Ej uppvärmd luft sugs nu in. Temperaturen på den luft som sugs in hålls

därmed tämligen konstant, oavsett den omgivande luftens temperatur.

Belastningsgivare

Den huvudsakliga belastningsgivaren i systemen Multec-CFi och Multec-M är insugsrörets tryckgivare. Multec-S kan dock ha en luftflödesmätare av hettrådstyp eller en tryckgivare för insugsröret beroende på modell.

Insugsrörets tryckgivare

Den huvudsakliga belastningsgivaren är insugsrörets tryckgivare (fig. 8.7). En vakuum-

Fig. 8.7 Insugsrörets tryckgivare

1 Tryckgivare
2 Fästskruvar (vissa är endast fasttryckta i clips)
3 Givarens vakuumledning (går till insugsrörets vakuum)
4 Givarens kontakt (vanligen till stamkabelhärvan)

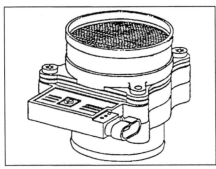

Fig. 8.8 Luftflödesmätare av typen hettråd

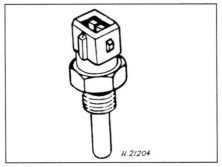

Fig. 8.9 Kylvätskans temperaturgivare

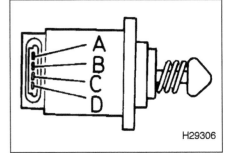

Fig. 8.10 Stegmotor
Stiftbeteckningar visade

slang ansluter insugsrörets tryckgivare (placerad på torpedplåten) till insugsröret. Undertrycket i insugsröret verkar på membranet i tryckgivaren och styrmodulen omvandlar trycket till en elektrisk signal. Det absoluta trycket i insugsröret beräknas enligt formeln "Atmosfäriskt tryck minus insugsrörets tryck = insugsrörets absoluta tryck".

En referensspänning på 5,0 V läggs på givaren och ansluter till returkretsen. Utsignalen från insugsrörets tryckgivare returneras som en variabel spänning till styrmodulen. När tändningen först slås på läser styrmodulen signalen som ett mått på atmosfärtrycket i det ögonblicket. Eftersom atmosfärtrycket varierar mellan tillfällena då bilen används kan styrmodulen beräkna in lufttrycket för bränslekravsberäkningarna.

Styrmodulen beräknar tändläget och insprutningsdurationen efter metoden hastighet/täthet, signalen från insugsrörets tryckgivare samt motorns varvtal. Denna metod fungerar efter teorin att motorn suger in en fixerad volym luft per varv.

Insugsröret på modeller med enpunktsinsprutning är av den "våta" typen. Bränsle sprutas in i röret och det finns en risk att det dras in i tryckgivaren och förorenar membranet. Detta förhindras av att vakuumslangen är dragen framför filtret, genom en bränslefälla och sedan till styrmodulen (som innehåller insugsrörets tryckgivare).

Hettråds luftmängdsmätare (luftflödesmätare)

Vissa versioner av Multec-S använder en hettråds luftflödesmätare för att mäta massan på den luft som sugs in i motorn (fig. 8.8). Hettråds luftmängdsmätare är ett alternativ till insugsrörets tryckgivare. Hettrådsmätaren mäter den mängd luft som sugs in i motorn vilket ger en mer precis utgångspunkt för beräknande av bränslemängden. Hettråd är en så precis metod för belastningsmätning att den ofta eliminerar behovet av andra givare för att mäta luftens temperatur och tryck. Automatisk kompensering för höjd över havet ges därmed. Frånvaron av rörliga delar förbättrar pålitligheten och minskar underhållsbehovet.

Två uppvärmda halvledarelement och en temperaturkompensationsgivare är placerade i en förbigångskanal till det huvudsakliga luftintaget.

Luftflödesmätaren hämtar ström från systemets huvudrelä och lägger en konstant spänning på hettrådsgivaren. När luft passerar givaren kyls denna ned. I takt med att belastningen växlar ändras luftflödet och luftflödesmätaren justerar strömstyrkan för att hålla ledningen vid ursprunglig temperatur och motstånd. Ändringarna i uppvärmningsströmmen mäts som ett spänningsfall över ett precisionsmotstånd och förstärks av luftflödesmätaren som ett uppmätt värde. Detta värde returneras till styrmodulen för utvärdering som en belastningssignal.

Genom mätning av ändringarna i strömflödet kan styrmodulen avgöra massan på den luft som sugs in i motorn. När strömstyrkan på ledningen varierar så varierar spänningen och belastningen indikeras med en mätning av den variabla spänningssignalen.

Lufttemperaturgivare - endast vissa modeller

Lufttemperaturgivaren är monterad i insugsrörets ände och mäter lufttemperaturen i insugsröret. I och med att luftens täthet varierar med temperaturen ger signalen från lufttemperaturgivaren en mer precis utvärdering av den mängd luft som sugs in i motorn.

Lufttemperaturgivaren innehåller ett temperaturkänsligt variabelt motstånd. När luften är kall är motståndet relativt högt. När motorn startar och börjar värmas upp stiger lufttemperaturen i insugsröret vilket sänker motståndet i lufttemperaturgivaren. Detta ger en variabel spänningssignal till styrmodulen baserad på luftens temperatur.

Givarens matning är 5,0 V referensspänning och jordning sker via givarens retur. För ökande av känsligheten är relationen mellan spänning och temperatur kopplad vid en given punkt. Detta resulterar i två skilda spänningsmätningar mellan vissa temperaturer. Lufttemperaturgivare används inte i enpunktssystem eller Multec-S.

CO-justering

CO-halten är inte justerbar på något av dessa fordon.

Kylvätskans temperaturgivare

Kylvätskans temperaturgivare är nedsänkt i kylsystemet och innehåller ett temperaturkänsligt variabelt motstånd. När motorn är kall är motståndet ganska högt. När motorn startas och börjar bli uppvärmd blir kylvätskan varmare vilket sänker motståndet . Ju varmare kylvätskan blir, dess mer sjunker motståndet vilket skickar en variabel signalspänning till styrmodulen baserad på kylvätskans temperatur (fig. 8.9).

Referensspänningen till givaren är 5,0 V och den sjunker till det värde som beror på motståndet i givaren. Normal arbetstemperatur är 80 till 100°C. Styrmodulen använder kylvätskans temperaturgivarsignal som en huvudsaklig korrigeringsfaktor vid beräkning av tändläge och insprutningsduration. För ökande av känsligheten är relationen mellan spänning och temperatur kopplad vid en given punkt. Detta resulterar i två skilda spänningsmätningar mellan vissa temperaturer.

Trottelns positionsgivare

Trottelns positionsgivare är till för att informera styrmodulen om tomgångsläge och acceleration. Den är en potentiometer med tre ledningar. En 5 V referensspänning läggs på ett motståndsspår med andra änden anslutet till jord. Den tredje ledningen är ansluten till en arm som glider utmed motståndsspåret, vilket varierar motstånd och spänning i den signal som går tillbaka till styrmodulen.

Stegmotor

Luftventilens stegmotor är en aktiverare som styrmodulen använder till att automatiskt styra tomgångsvarvtalet både vid normal arbetstemperatur och vid varmkörning (fig. 8.10). När trotteln är stängd är trottelventilen låst i ett läge där bara lite luft passerar. Trottelpositionen har då ingen effekt på tomgångsvarvtalet.

En förbigångsport till trottelplattan finns i insugsröret. En ventil är placerad i porten. När ventilen rör sig varieras volymen på den luft som passerar genom porten och detta påverkar tomgångsvarvtalet direkt. Tomgången beror därmed på luftventilens position i förbigångsporten.

Stegmotorn styrs av styrmodulen via två motorlindningar. Kretsarna för bägge både börjar och slutar vid styrmodulen. Genom att bryta och stänga kretsarna kan styrmodulen placera ventilen så att den exakt styr tomgången.

När en strömförbrukare slås på tenderar tomgångsvarvtalet att sjunka. Styrmodulen känner av detta och aktivera stegmotorn för att öppna ventilen så att varvtalet upprätthålls. När motorn är kall reglerar stegmotorn ventilen så att tomgången blir lagom snabb. När motorn stängs av aktiverar styrmodulen ventilen till helt stängd (vilket förhindrar glödtändning). Efter ett par sekunder aktiverar styrmodulen ventilen igen så att den är något öppen och därmed klar för nästa start.

Vid en fordonshastighet över 25 km/t placerar stegmotorn ventilen så att luften är helt avstängd. När motorn saktar in öppnar stegmotorn ventilen för att släppa in mer luft i insugsröret. Detta hjälper till att minska utsläpp av koloxid och kolväten under inbromsning.

Bränslepumpens relä

Ett relä används för att mata spänning till injektorerna (endast flerpunktssystem) och bränslepumpen. Reläets arbete är likartat på samtliga motorer även om ett antal metoder finns för att ge spänning och magnetisera reläet. Två typiska metoder beskrivs nedan.

Samtliga reläer

Bränslepumpen i GM Multec styrs av ett relä. En permanent matning till reläets stift 30 kommer från batteriets pluspol.

Metod 1

När motorn dras runt eller går matar styrmodulen momentant en spänning till reläets stift 86, som är direkt jordat via stift 85. Detta magnetiserar bränslepumpens relälindning och stänger bränslepumpens reläkontakter.

Metod 2

När motorn dras runt eller går leds en matning från tändningslåset till reläets stift 86 som är anslutet till ett stift på styrmodulen via relästift 85. Styrmodulen aktiverar sitt stift genom att jorda det. Detta gör att bränslepumpens relälindning magnetiseras och dess reläkontakter stängs.

Samtliga reläer

Oavsett vilken metod som används för att magnetisera relälindningen blir resultatet att reläkontakterna stänger och att spänning ansluts från stift 30 till stift 87, vilket ger matning till bränslepumpens krets. Till skillnad från andra system är reläet från och med 1992 i Multec "M" bara aktiverat av styrmodulen när motorn dras runt eller går. Före 1992

aktiverades reläet av styrmodulen i några sekunder för trycksättning av bränslesystemet när tändningen först slogs på.

Spänning till injektorerna i flerpunktssystem hämtas också från reläets stift 87. Spänning till injektorn i enpunktssystem kommer direkt från tändningslåset.

Bränsletryckssystem (en- och flerpunktssystem)

Bränslesystemet inkluderar en tank med skvalpskott och en nedsänkt bränslepump. Pumpen drar bränsle från tanken och pumpar det till bränsleröret via ett filter (fig. 8.11).

När tändningen slås på lägger styrmodulen spänning på bränslepumpens relä under cirka en sekund för att trycksätta bränslet. Pumpen stängs sedan av till dess att motorn dras runt eller körs.

Skvalpskottet hindrar luft från att komma in i bränsleledningen genom att se till att upptagningssilen alltid är dränkt när nivån är låg - även om bränslet flyttas av centrifugalkraften vid kurvtagning.

Pumpen är av "våt" typ på så vis att bränsle flödar genom pumpen och den elektriska motorn. Det finns ingen brandrisk eftersom det bränsle som dras genom pumpen inte kan förbrännas.

Bränslepumpen består av yttre och inre kugghjul. När pumpmotorn startar roterar kugghjulen och bränslet passerar genom kuggarna vilket skapar en tryckskillnad. Bränslet dras genom pumpens intag, blir trycksatt mellan kuggarna och pumpas ut genom pumpens utlopp till bränsleledningen.

För att minska variationer i bränsletrycket finns en dämpare i pumpens utlopp som förhindrar hydrauliska knackningar. Pumpen skyddas från övertryck med en säkerhetsventil på inloppet. När motorn är matas bränslet genom en envägsventil och filtret till bränsleröret eller trottelhusinjektorn.

För att förhindra tryckfall finns det en envägsventil i pumpens utlopp. När tändningen slås av och pumpen stannar behålls därmed trycket en tid.

Bränsletrycksregulator (flerpunktsinsprutning)

Trycket i bränsleröret hålls på konstanta 3,0 bar av en tryckregulator. Pumpen ger normalt mycket mer bränsle än vad som krävs och överskottet leds tillbaka till tanken via en returledning. Bränslecirkulationen hjälper till att kyla ned det. Faktum är att ett maximalt bränsletryck överstigande 5 bar är möjligt med detta system. För att förhindra tryckförlust i matningen finns det en envägsventil i pumpens utlopp. När tändningen och därmed pumpen slutar arbeta upprätthålls trycket under en tid.

Tyckregulatorn är monterad på bränslerörets utloppssida och håller trycket i bränsleröret konstant på 2,5 bar. Tryckregulatorn

består av två kammare skilda åt av ett membran. Övre kammaren innehåller en fjäder som utövar tryck på nedre kammaren och stänger utloppsmembranet. Trycksatt bränsle flödar in i den nedre kammaren och trycker på membranet. När trycket överstiger 2,5 bar öppnas utloppsmembranet och överskottsbränslet leds tillbaka till tanken via returledningen.

En vakuumslang ansluter övre kammaren till insugsröret så att variationer i insugsrörets tryck inte påverkar mängden insprutat bränsle. Detta betyder att trycket i röret alltid är konstant över insugsrörets tryck. Mängden insprutat bränsle beror därmed endast på injektorernas öppningstid, bestämt av styrmodulen, inte på variationer i bränsletrycket.

På tomgång med urkopplat vakuumrör eller med motorn avstängd och pumpen gående, eller vid full gas är systemtrycket cirka 2,5 bar. Vid tomgång (med anslutet vakuumrör) är bränsletrycket cirka 0,5 bar under systemtrycket.

Bränsletrycksregulator (enpunktsinsprutning)

Ett bränsletryck på cirka 1 bar styrs av tryckregulatorn som är placerad i trottelhuset bredvid injektorn. När trycket överstiger den bestämda nivån leds överskottet tillbaka till tanken av returledningen. Tryckförlust i systemet förhindras av en envägsventil i pumpens utlopp. När tändningen slås av och pumpen stannar upprätthålls därmed bränsletrycket en tid.

Bränsletrycksreglering i relation till insugsröret är inte nödvändig med enpunkts insprutning. Detta därför att insprutningen sker i luftflödet ovanför trottelplattan och därmed inte påverkas av ändringar i insugsrörets undertryck.

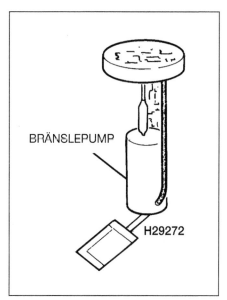

BRÄNSLEPUMP

H29272

Fig. 8.11 Invändig bränslepump

7 Katalysator och avgasrening

Katalysator

De flesta modeller med GM Multec elektronisk motorstyrning har katalysator som standard.

De GM Multec insprutningssystem som är monterade på katalysatorutrustade fordon har en sluten styrslinga så att utsläppen kan reduceras. Systemen har en syresensor som övervakar avgasernas syrehalt. Låg syrehalt anger fet bränsleblandning medan hög anger mager.

Syresensorn avger signal endast när avgastemperaturen uppnått ett minimumtemperatur på cirka 300°C. Syresensorn i Multec-system saknar värmare och förlitar sig enbart på avgasvärme för att uppnå arbetstemperatur.

Avdunstningsreglering

En kanister med aktivt kol används för att förhindra utsläpp av kolväteångor. Ångor från tanken leds till kolkanistern via bränsletankens ventilationsrör. När motorn stannat eller går på tomgång fångas ångorna i kanistern. En envägsventil, aktiverad av insugsrörets vakuum (tidiga modeller) eller styrmodulen (senare versioner) används till att tömma kanistern under vissa givna arbetsvillkor.

I mekaniska system leds vakuum från ovanför trottelplattan till kanistern. När trottelplattan öppnas läggs vakuum på kanistern och envägsventilen öppnar en direkt kanal till insugsröret via en andra vakuumledning. Ångorna dras då in i motorn för normal förbränning.

Sekundär luftinsprutning och återcirkulation av avgaser

Vissa senare versioner av Multec-CFi och Multec-S använder sekundär luftinsprutning och återcirkulation av avgaser för att reducera utsläpp. Omedelbart efter kallstart och innan syresensorn avger signal, som sätter den elektroniska motorstyrningen under kontroll av en sluten slinga, är bränsleblandningen fet. Under dessa förhållanden slås en sekundär luftinsprutning på som sprutar in frisk luft i grenröret. Syret i den insprutade luften reagerar med de heta avgaserna i grenröret vilket oxiderar koloxid och kolväten till koldioxid (CO_2) och vatten (H_2O). Avgastemperaturen höjs så att syresensorn snabbare når arbetstemperatur. När syresensorn börjar arbeta stängs den sekundära luftinsprutningen av.

Återcirkulation av avgaser inträffar endast sedan motorn uppnått arbetstemperatur och då motorn arbetar under delbelastning. Styrmodulen öppnar då återcirkulationsventilen som låter en liten, precist mätt, mängd avgaser ledas in i insugsröret. Detta sänker temperaturen i förbränningsrummen och minskar produktionen av kväveoxider (NOx).

Justeringar

8 Villkor för justering

1 Kontrollera att samtliga av dessa villkor är uppfyllda innan justering påbörjas.
 a) *Motorn ska hålla arbetstemperatur. Motoroljans temperatur minst 80°C. En körsträcka om minst 7 km rekommenderas (speciellt om bilen har automatväxellåda).*
 b) *Tillbehör (all motorbelastning) avstängda.*
 c) *Fordon med automatväxellåda: Växelväljaren i N eller P.*
 d) *Motorn mekaniskt frisk.*
 e) *Motorns ventilationsslangar och ventileringssystem i tillfredsställande skick.*
 f) *Insuget fritt från vakuumläckor.*
 g) *Tändsystemet i tillfredsställande skick.*
 h) *Luftfiltret i tillfredsställande skick.*
 i) *Avgassystemet fritt från läckor.*
 j) *Gasvajern korrekt justerad.*
 k) *Inga felkoder i styrmodulen.*
 l) *Syresensorn i tillfredsställande skick (katalysatorförsedda fordon med sluten styrslinga).*
2 Dessutom, innan kontroll av tomgångsvarvtal och CO-halt ska motorn stabiliseras enligt följande:
 a) *Stabilisera motorgången. Höj varvtalet till 3 000 under minst 30 sekunder och låt motorn återta tomgång.*
 b) *Låt varvtal och CO-halt stabiliseras.*
 d) *Utför alla kontroller och justeringar inom 30 sekunder. Om denna tid överskrids, stabilisera motorgången och kontrollera igen.*

9 Justering av trotteln

Trottelventilens position och trottelns positionsgivare

1 Rengör trottelventilen och kringliggande områden med medel för förgasarrengöring. Förbiblåsning från vevhusventilationen orsakar ofta klibbiga problem här.
2 Trottelventilens position är kritisk och får inte rubbas.
3 Trottelns positionsgivare är inte justerbar i denna motorserie.

10 Kontroll av tändläget

1 Tändläget är justerbart endast på tidiga 1.2 och 1.4 motorer med enpunktsinsprutning som är utrustade med fördelare. På alla andra motorer är tändläget ej justerbart. Dessa har dock en oktanväljare så att tändningen kan anpassas för olika bränslekvaliteter.

2 Tändlägesmärken finns vanligen, även på fördelarlösa modeller så att tändlägesinställningen kan kontrolleras.
3 Även om tändläget inte är justerbart är det nyttigt att kontrollera att tändningen styrs korrekt av styrmodulen. Dålig styrning av tändningen kan indikera ett allvarligt fel i en givare eller i styrmodulen.
4 Se villkoren i avsnitt 8.
5 Låt motorn gå på tomgång.
6 Koppla in ett stroboskop.
7 Kontrollera att det ungefärliga grundtändläget är antingen 5° eller 10° FÖD. Denna motorserie använder tändlägesmärken som är i linje med varandra när tändningen är korrekt inställd **(fig. 8.12)**. En ÖD-indikator finns normalt inte.
Observera: *Märkena kommer att fluktuera ett fåtal grader efter hur styrmodulen varierar tändläget för att styra tomgångsvarvtalet.*

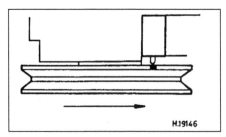

Fig. 8.12 Tändlägesmärken (1.6 motor med fördelare)

8 Om tändläget är fel, men justerbart, korrigera det genom att lossa klammerbultarna och vrida på fördelaren. Dra åt bultarna när tändläget är korrekt.

9 Öka motorvarvet. Tändlägesmärkena ska flyttas fram smidigt. Förvänta ungefär 25 till 35° förställning vid 3 000 varv/min.

10 Om tändläget inte styrs korrekt av styrmodulen kan följande fel misstänkas:

a) *Motorn arbetar efter nödprogrammet beroende på att en eller flera givare är defekta.*

b) *Defekt styrmodul.*

11 Kontroll av tomgångens varvtal och CO-halt

Observera: *Tomgångens varvtal och CO-halt kan ej justeras på denna motorserie.*

1 Se villkoren i avsnitt 8.

2 Stabilisera motorn. Höj varvtalet till 3 000 varv/min under minst 30 sekunder och låt motorn återta tomgången. Utför alla kontroller och justeringar inom 30 sekunder. Om tidsgränsen överskrids, börja om. *Om*

kylfläkten startar, låt den stanna, stabilisera motorvarvet och börja om med justeringen.

3 Låt tomgången bli stabil och kontrollera att varvtalet är korrekt.

4 Om varvtalet ligger utanför angivna värden, kontrollera om någon givare är defekt.

5 Anslut en avgasanalyserare till avgasröret.

6 Stabilisera motorgången enligt ovan.

7 Låt CO-halten stabiliseras och kontrollera halten i tomgångsavgaserna.

Test av systemets givare och aktiverare

Viktigt: *Se kapitel 4 som beskriver vanliga testprocedurer för detta system. Arbetsbeskrivningarna i kapitel 4 ska läsas i samband med komponentnotiser och kopplingsscheman i detta kapitel. Kopplingsscheman och andra data som presenteras i detta kapitel är inte nödvändigtvis representativa för avbildat system. I och med skillnader i ledningsdragning och annat som ofta uppstår även mellan likartade modeller av en given tillverkares produktion ska läsaren vara ytterst noga med att identifiera styrmodulens stift och kontrollera att korrekta data är inhämtade innan en given komponent kasseras.*

12 Primär utlösare - vevaxelns vinkelgivare eller induktiv utlösare

1 Se noten i början av detta avsnitt och relevant avsnitt i kapitel 4.

2 Vevaxelns vinkelgivare har i de flesta fall ett motstånd om 500 till 800 ohm.

3 Testning av den induktiva utlösare som förekommer i vissa versioner är mycket lik testningen av vevaxelns vinkelgivare. Det induktiva motståndet är 500 till 1 500 ohm.

13 Primär utlösare - Halleffektgivare

1 Se noten i början av avsnitt 12 och relevant avsnitt i kapitel 4.

14 Primär tändning (med fördelare)

1 Se noten i början av avsnitt 12 och relevant avsnitt i kapitel 4 (**fig. 8.13**). Även om den primära utlösaren varierar sker primärtändningen i fördelarmodeller via en styrmodul med separat förstärkare.

2 Stiftnummer på styrmodulen och förstärkaren kan variera beroende på vilket Multec-system det är fråga om.

3 Multec-system med fördelare kan använda sig av en vevaxelvinkelgivare, induktiv utlösare eller Halleffektgivare som primär utlösare.

4 I de flesta fallen är primärmotståndet 0,30 till 0,60 och sekundärmotståndet 5 000 ohm.

15 Tändsystem (fördelarlösa)

Observera: *Primärtändningen på fördelarlösa Multec-system är ganska ovanlig såtillvida att dubbelspolen och förstärkaren är kombinerade i en flänsförsedd enhet på topplockets vänstra sida och att det inte går att utföra normala primäranslutningar.*

1 I de flesta fallen är sekundärmotståndet 6 000 ohm. Det är inte möjligt att kontrollera primärmotståndet.

2 Undvik skador på spolarna vid kompressionsprov genom att dra ur kontakten till fördelarlösa spolar.

Testprocedurer med avstängd motor

3 Slå på tändningen.

4 Kontrollera om spänning matas till den fördelarlösa spolens +, stift 1 (**fig. 8.14 till 8.16**). Spänning saknas: Kontrollera ledningarna tillbaka till matningen från tändningslåset.

5 Kontrollera spolarnas jordanslutning vid stift 2.

6 Stäng av tändningen och dra ur kontakten till tändspolarna (*se Varning 3 i Referenser*).

7 Lossa tändkablarna från tändstiften 1 och 4 och montera en gnisthoppare för anslutning av vardera stiftet till topplocket.

8 Anslut en tillfällig (säkrad) överbryggning mellan spolkontaktens stift 1 och spolens stift 1.

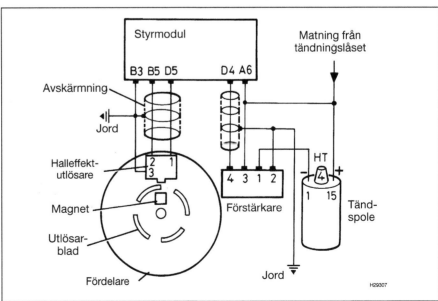

Fig. 8.13 Typiskt kopplingsschema för Multec tändsystem med fördelare

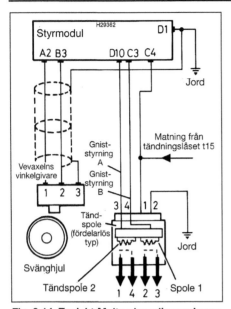

Fig. 8.14 Typiskt Multec kopplingsschema, fördelarlös tändning

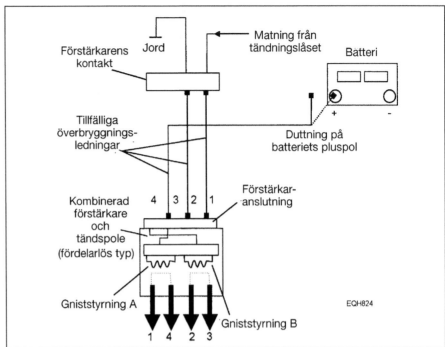

Fig. 8.15 Testning av fördelarlös tändning

9 Anslut en tillfällig (säkrad) överbryggning mellan spolkontaktens stift 2 och spolens stift 2.
10 Anslut ena änden av en tillfällig överbryggning till spolens stift 3.
11 Dutta överbryggningens andra ände på batteriets pluspol. En gnista ska överbrygga bägge gnistprovargapen.
12 Montera tändkablarna på stiften 1 och 4. Lossa tändkablarna från tändstiften 2 och 3 och montera en gnisthoppare för anslutning av vardera stiftet till topplocket.
13 Flytta den temporära överbryggningens ände från stift 3 till stift 4 på spolen.
14 Dutta överbryggningens andra ände på batteriets pluspol. En gnista ska överbrygga bägge gnistprovargapen.

Ingen gnista i ett eller flera gnistprovargap

a) *Om tändkablarnas motstånd och anslutningar är tillfredsställande är tändspolarna misstänkta.*

Fig. 8.16 Tändspolens nummermarkeringar

Tillfredsställande gnista i gnistprovarnas gap

a) *Kontrollera kontinuiteten i kretsen mellan styrmodulen och tändspolen.*
b) *Om ledningen är god, kontrollera alla matningar och jordar på styrmodulen. Om inga fel påträffas är styrmodulen misstänkt.*

16 Injektorfunktion (flerpunktsinsprutning)

1 Se noten i början av avsnitt 12 och relevant avsnitt i kapitel 4 **(fig. 8.17)**.

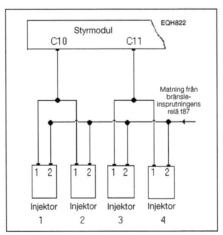

Fig. 8.17 Typiskt kopplingsschema för Multec, injektorer, flerpunkts insprutning

2 Spänning till injektorerna kommer från systemreläet, vilket betyder att matning bara finns när motorn dras runt eller går. För teständamål kan spänning dock ledas förbi reläet (se kapitel 4).
3 Injektormotståndet är normalt 11,8 till 12,6 ohm.

17 Injektorfunktion (enpunktsinsprutning)

1 Se noten i början av avsnitt 12 och relevant avsnitt i kapitel 4 **(fig. 8.18)**.
2 Injektormotståndet är normalt 1,4 till 2,0 ohm.

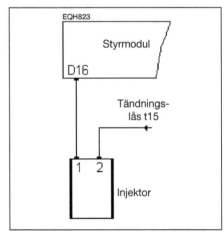

Fig. 8.18 Typiskt kopplingsschema för Multec, injektor, enpunkts insprutning

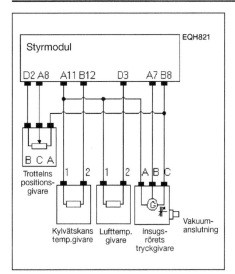

Fig. 8.19 Typiskt kopplingsschema för Multec, givare

3 Enpunktssystemet är strömstyrt och vid snabb acceleration ska insprutningen vara asynkron med en puls var 12,5 ms.

Observera: *Vid asynkron insprutning är pulsen inte synkroniserad med tändning. För korrekt mätning av asynkron puls krävs ett oscilloskop med variabel tidsbas.*

18 Luftflödesmätare typ hettråd

1 Se noten i början av avsnitt 12 och relevant avsnitt i kapitel 4.

19 Insugsrörets tryckgivare

1 Se noten i början av avsnitt 12 och relevant avsnitt i kapitel 4 **(fig. 8.19)**.
2 Insugsrörets tryckgivare är en separat givare placerad i motorrummet.

20 Lufttemperaturgivare

1 Se noten i början av avsnitt 12 och relevant avsnitt i kapitel 4.
2 Lufttemperaturgivaren är vanligen placerad i insugsröret på flerpunktssystem. Enpunkts system saknar lufttemperaturgivare.
3 När lufttemperaturen i insugsröret är 40 till 50°C ändras spänningens område, som visat i tabellen.

Tabell över lufttemperaturgivarens motstånd, spänning och temperatur

Temp	Motstånd	Spänning
0	9 420	3,25 till 3,50
5	7 280	3,00 till 3,25
10	5 670	2,75 till 3,00
15	4 449	2,50 till 2,75
20	3 515	2,00 till 2,50
30	2 237	1,75 till 2,00
40 till 50	1 000	0,90 till 1,00
40 till 50	820	4,10 till 3,48
60 till 80	560	3,05 till 2,40

21 Kylvätskans temperaturgivare

1 Se noten i början av avsnitt 12 och relevant avsnitt i kapitel 4.
2 När kylvätskans temperatur är 40 till 50°C ändras spänningens område, som visat i tabellen.

Tabell över kylvätskans temperaturgivares motstånd, spänning och temperatur

Temp	Motstånd	Spänning
0	6 000	2,75 till 3,25
20	3 000	2,00 till 2,50
30	1 800	1,50 till 2,00
40	1 450	1,25 till 1,50
45	1 000	1,20 och 3,70
50	820	3,48
70	450 till 500	2,75 till 3,00
85	400	2,21
100 till 110	300	1,43 till 2,00

22 Trottelpositionsgivare

1 Se noten i början av avsnitt 12 och relevant avsnitt i kapitel 4.

23 Fordonets hastighetsgivare

1 Se noten i början av avsnitt 12 och relevant avsnitt i kapitel 4.
2 Kontrollera att stiften i den runda kontakten till fordonets hastighetsgivare är helt intryckta och har god kontakt med hastighetsgivaren.

24 Stegmotor

1 Varmkör motorn till normal arbetstemperatur.
2 Låt motorn gå på tomgång.
3 Kontrollera att tomgången är inom gränsvärdena.
4 Belasta systemet genom att slå på många strömförbrukare. Varvtalet ska knappt ändras.
Observera: *Om denna test ger tillfredsställande resultat är det troligt att stegmotorns skick är tillfredsställande.*
5 Kontrollera att inte stegmotorns kontakt är korroderad eller skadad.
6 Kontrollera att stiften är helt intryckta och har god kontakt med stegmotorns kontakt.

Stegmotortester

7 Avlägsna stegmotorn från insugsröret.
8 Kontrollera att luftpassagen i insugsröret inte är igensatt, rengör vid behov.
9 Kontrollera att axel och kona roterar fritt i motorarmaturen.
10 Montera stegmotorn i insugsröret.
11 Dra ur stegmotorns kontakt.
12 Mät motståndet i motorlindningarna A till B och C till D. Motståndet ska vara 50 till 65 ohm.
13 Anslut alla kontakter.
14 Anslut voltmätarens negativa sond till en motorjord.
15 Anslut voltmätarens positiva sond till ledningen som är ansluten till stegmotorns signalstift "A".
16 Låt motorn gå på tomgång.
17 Slå på och slå av ett antal stora strömförbrukare: d v s bakruteuppvärmningen, helljuset och värmefläkten på max. Spänningen ska då och då växla från noll till matning när en motorlindning magnetiseras.
18 Upprepa testen på signalstiften B, C och D.
19 Om signal saknas, kontrollera kontinuiteten i ledningarna mellan styrmodulens kontakt och stegmotorn.
20 Om ledningarna till stegmotorn är tillfredsställande, kontrollera alla matningar och jordar på styrmodulen. Om dessa är tillfredsställande är styrmodulen misstänkt.

25 Styrmodulens matningar och jordar

1 Se noten i början av avsnitt 12 och relevant avsnitt i kapitel 4.
2 Batterispänning matas normalt till styrmodulen på två separata stift.
3 I vissa versioner finns en matning till relästift 86 från styrmodulen, spänning ska då finnas när motorn dras runt eller går. Kontrollera detta i tillämpliga fall.

26 Systemrelä

1 Se noten i början av avsnitt 12 och relevant avsnitt i kapitel 4.
2 Systemet Multec använder ett systemrelä som ger spänning till injektorerna och bränslepumpen **(fig. 8.20)**.
3 I vissa versioner finns en matning till relästift 86 från styrmodulen, spänning ska då finnas när motorn dras runt eller går. Kontrollera detta i tillämpliga fall.
4 Kontrollera att matningsspänning finns vid den/de delar som försörjs av reläet; injektorer (endast flerpunktssystem) eller bränslepumpen.

27 Bränslepump och krets

1 Se noten i början av avsnitt 12 och relevant avsnitt i kapitel 4.

28 Bränsletryck

1 Se noten i början av avsnitt 12 och relevant avsnitt i kapitel 4.

29 Syresensor

1 Se noten i början av avsnitt 12 och relevant avsnitt i kapitel 4.
2 Den syresensor som finns i de flesta Multec-system har en tråd och saknar värmare.

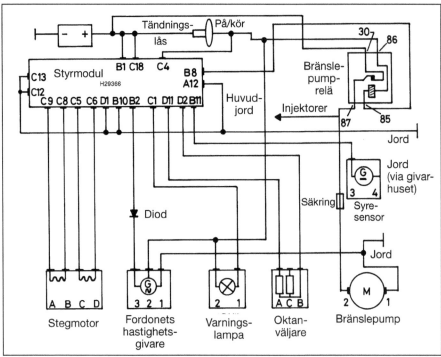

Fig. 8.20 Typiskt Multec kopplingsschema, reläer och komponenter

Stifttabell - typisk 56 stift (Multec-CFi och Multec-M)

Observera: *se fig. 8.21*

Avsnitt "A"

A2	Vevaxelns vinkelgivare
A7	Insugsrörets tryckgivarsignal, stift B
A8	Trottelns positionsgivarsignal
A11	Givarretur, lufttemperaturgivaren, kylvätskans temperaturgivare, insugsrörets tryckgivare
A12	Styrmodulens huvudjord

Avsnitt "B"

B1	Batterimatning - felkodsminnet
B2	Fordonets hastighetsgivare
B3	Vevaxelns vinkelgivare
B6	Injektorrelä
B7	Diagnostikuttag
B8	Insugsrörets tryckgivare, trottelns positionsgivare
B10	Jord
B11	Syresensorns signal
B12	Kylvätskans temperaturgivare

Avsnitt "C"

C1	Varningslampa
C2	Varvräknare
C4	Tändningens matning
C5	Stegmotor, stift C
C6	Stegmotor
C8	Stegmotor
C9	Stegmotor
C10	Injektorpuls (1 + 2)
C11	Injektorpuls (3 + 4)
C12	Jord (inj 1+2)
C13	Jord (inj 3+4)
C16	Batterimatning

Avsnitt "D"

D1	Jord (sista injektorsteget)
D2	Givarretur, trottelns positionsgivare
D3	Lufttemperaturgivarens signal
D6	Diagnostikuttag
D10	Förstärkarens styrsignal
D11	Oktanväljare

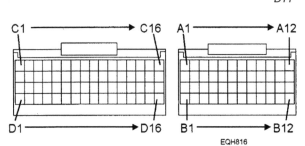

Fig. 8.21 Typisk Multec kontakt (Multec CFI och Multec M)

Stifttabell - typisk 64 stift (Multec S)

Observera: *Se fig. 8.21*

Avsnitt "A"

A1	Stegmotor
A2	Stegmotor
A3	Stegmotor
A4	Stegmotor
A5	Cylinderidentitetsgivarens signal
A6	Batterimatning - felminnet
A7	Signal från insugsrörets tryckgivare
A8	Luftkonditionering
A9	Automatväxellådans styrenhet
A10	Sekundärluftens relä
A11	Sekundärluftens solenoidventil
A12	Bränslepumpens relä
A13	Kolkanisterventilen
A15	Relädrivning för luftkonditioneringens kompressor
A16	Vevaxelns vinkelgivare

Avsnitt "B"

B1	Styrmodulens huvudjord
B2	Givarretur. kylvätskans temperaturgivare, trottelns positionsgivare, återcirkulationen
B3	Kylvätskans temperaturgivare
B4	Signal från lufttemperaturgivaren
B5	Luftkonditioneringens tryckkontakt
B6	Insprutningens relä
B8	Växelväljarens P/N omkopplare (automatväxellåda)
B9	Diagnostikkontakt
B10	Varningslampa
B13	Varvräknare
B14	Vevaxelns vinkelgivare

Avsnitt "E"

E1	Knackgivarens signal
E2	Injektor 3
E3	Injektor 2
E4	Injektor 1
E6	Injektor 4

E7	Jord (injektorernas slutsteg)
E9	Jord (syresensorn
E10	Automatväxellådans momentregleringssignal
E14	Tändningens styrsignal EST A
E16	Tändningens matning

Avsnitt "F"

F1	Avgasåtercirkulationens solenoidventils jord
F2	Avgasåtercirkulationens solenoidventils signal
F3	Tändningens matning
F5	Trottelns positionsgivares signal
F7	Jord (injektorernas slutsteg)
F8	Matning till insugsrörets tryckgivare
F9	Syresensorns signal
F10	Signal från fordonets hastighetsgivare
F11	Diagnostikuttag
F14	Tändningens styrsignal EST B
F15	Lufttemperaturgivarens retur
F16	Jord

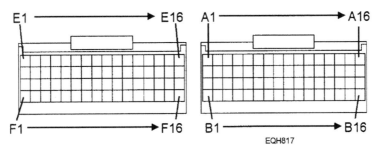

Fig. 8.22 Typisk Multec kontakt (Multec S)

Felkoder

30 Läsning av felkoder

1 Om en felkodsavläsare finns tillgänglig ska den kopplas till självdiagnostikens seriella port (Vauxhalls term är ALDL) och användas till följande **(fig. 8.23)**:

a) *Läsning av felkoder.*
b) *Radering av felkoder.*
c) *Läsning av Datastream information.*
d) *Aktivera systemets aktiverare. Detta kan inkludera en eller flera av följande:*
Bränsleinjektorer
Tomgångsventilen
Kolkanisterventilen (om befintlig)

2 Om ingen felkodsavläsare finns tillgänglig går det att läsa av koderna om diagnostik-uttaget är av typen 10 stift. Däremot måste en avläsare användas om uttaget har 16 stift.

Fig. 8.23 Placering av diagnostikuttag, senare versioner

Avläsning av felkoder utan felkodsavläsare

3 Brygga över stiften A och B i diagnostik-uttaget. Koderna matas då ut till instrument-

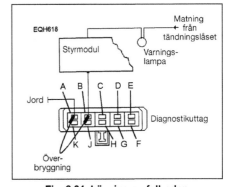

Fig. 8.24 Läsning av felkoder, GM (Opel och Vauxhall)

brädans varningslampa. Räkna blinken och läs av felkodstabellen för att spåra fel **(fig. 8.24)**.

Felkodstabell

Kod	Post	Fel
12	Diagnostikstart	
13	Syresensor	Ingen ändring i spänningen/bruten krets
14	Kylvätskans temperaturgivare	Låg spänning
15	Kylvätskans temperaturgivare	Hög spänning
18	Knackregleringens processor	
19	Vevaxelns vinkelgivare	Felaktig varv/min signal
21	Trottelns positionsgivare	Hög spänning
22	Trottelns positionsgivare	Låg spänning
24	Fordonets hastighetsgivare	Ingen hastighetssignal
25	Injektorer	Låg spänning
28	Bränslepumpens reläkontakter	
29	Bränslepumpens relä	Låg spänning
32	Bränslepumpens relä	Hög spänning
33	Insugsrörets tryckgivare	Hög spänning
34	Insugsrörets tryckgivare	Låg spänning
35	Tomgångens stegmotor	Dålig eller ingen styrning av varvtalet
41	Förstärkarens styrsignal, cylindrarna 2 och 3 (fördelarlöst)	Hög spänning
42	Förstärkarens styrsignal, cylindrarna 1 och 4 (fördelarlöst system)	Hög spänning
42	Primärtändning (fördelarsystem)	Hög spänning
44	Syresensorn	För mager blandning
45	Syresensorn	För fet blandning
46	Förstärkarens (fördelarlösa) styrsignal (A+B)	Hög spänning
49	Batterimatning till styrmodulen	Hög spänning (över 17,0 V)
51	Styrmodulen	Defekt styrmodul (koppla ur och koppla i styrmodulen och gör en ny avläsning)
55	Styrmodulen defekt	Byt styrmodul
63	Förstärkarens styrsignal, cylindrarna. 2 och 3 (fördelarlöst)	Låg spänning
64	Förstärkarens styrsignal, cylindrarna. 1 och 4 (fördelarlöst)	Låg spänning
64	Primärtändning (fördelarsystem)	Låg spänning
67	Luftflödesmätaren (luftmassemätare)	Signal utanför normala arbetsparametrar
69	Lufttemperaturgivaren (endast flerpunktsinspr.)	Låg spänning
69	Luftflödesmätaren (luftmassemätare)	Defekt signal
71	Lufttemperaturgivaren (endast flerpunktsinspr.)	Hög spänning
72	Förstärkarens styrsignal (A+B)	Ledningsbrott
75	Momentreglering (endast med automatväxellåda)	Låg spänning
76	Kontinuerlig momentreglering (endast med automatväxellåda)	
81	Injektorer	Hög spänning
93	Quad drivmodul (styrmodulen)	

Kapitel 9
Honda / Rover PGM-Fi

Innehåll

Specifikationer

Fordon	Årsmodell	Tomgångsvarvtal	CO%
Honda PGM-Fi			
Accord EFi A4 SOHC A20	1985 till 1989	800 ± 50	0,1 max
Accord 2.0i-16 A2 DOHC 16V B20	1987 till 1989	800 ± 50	0,1 max
Accord 2.0i & katalysator SOHC F20A4	1989 till 1992	770 ± 50	0,1 max
Accord 2.0i & katalysator F20A8	1992 till 1996	770 ± 50	0,1 max
Accord 2.0i kupé katalysator F20A7	1992 till 1996	770 ± 50	0,1 max
Accord 2.2i katalysator F22A3/A7/A8	1989 till 1996	770 ± 50	0,1 max
Accord 2.3i katalysator DOHC H23A2	1993 till 1996	780 ± 50	0,1 max
Aerodeck EFi A4 SOHC A20	1985 till 1989	800 ± 50	0,1 max
Aerodeck 2.2i katalysator SOHC F22A3/A7/A8	1989 till 1996	770 ± 50	0,1 max
Ballade EXi SOHC 3W EW3	1986 till 1989	800 till 900	1,5 max
Civic CRX EW3	1984 till 1987	850 ± 50	0,5 till 2,0
Civic GT EW3	1984 till 1987	850 ± 50	0,5 till 2,0
Civic 1.5 LSi SOHC D15B2	1991 till 1995	750 ± 50	0,1 max
Civic kupé katalysator SOHC D15B2	1991 till 1995	750 ± 50	0,1 max
Civic 1.5i VTEC-E SOHC D15Z3	1995 till 1996	750 ± 50	0,1 max
Civic 1.6i-16 DOHC 16V D16A9	1987 till 1992	800 ± 50	0,1 max
Civic 1.5 VEi SOHC VTEC katalysator D15Z1	1991 till 1995	600 ± 50	0,1 max
Civic 1.6 ESi SOHC VTEC katalysator D16Z6	1991 till 1996	750 ± 50	0,1 max
Civic/CRX 1.6 VTi DOHC VTEC med katalysator	1990 till 1991	750 ± 50	0,1 max
CRX 1.6i-16 DOHC 16V D16A9	1987 till 1992	800 ± 50	0,1 max
CRX 1.6 ESi katalysator SOHC 16V D16Z6	1991 till 1996	750 ± 50	0,1 max
Civic 1.6 VTi katalysator DOHC 16V B16A2	1991 till 1995	750 ± 50	0,1 max
CRX 1.6 VTi c DOHC 16V B16A2	1991 till 1995	750 ± 50	0,1 max
Civic 1.6i SOHC 16V 83kW D16Y3	1995 till 1996	750 ± 50	0,1 max
Civic 1.6i VTEC SOHC 16VD16Y2	1995 till 1996	750 ± 50	0,1 max
Concerto 1.5i katalysator ZC 1 SOHC D15B2	1991 till 1995	800 ± 50	0,1 max
Concerto 1.6 DOHC D16A9 (automatväxellåda:D16Z4)	1989 till 1991	800 ± 50	0,5+0,5-0,3
Concerto 1.6i SOHC 16V katalysator D16Z2	1992 till 1995	780 ± 50	0,1 max
Concerto 1.6i DOHC 16V katalysator D16A8	1992 till 1995	800 ± 50	0,1 max
Integra EX 16 A2 DOHC 16V D16	1986 till 1990	800 ± 50	0,1

Fordon	Arsmodell	Tomgångsvarvtal	CO%
Legend C25A2	1986 till 1988	770 ± 50	1,0 ± 1.0
Legend 2.7 & kupé SOHC C27A2	1988 till 1991	720 ± 50	2,0 max
Legend 2.7 katalysator SOHC C27A1	1990 till 1991	680 ± 50	0,1 max
Legend 3.2 katalysator SOHC 24V C32A2	1992 till 1996	650 ± 50	0,1 max
NSX katalysator DOHC 24V V-TEC C30A	1991 till 1996	800 ± 50	0,1 max
Prelude Fi B20A1	1985 till 1987	800 ± 50	1,0 ± 1,0
Prelude 4WS 2.0i-16 DOHC B20A7	1987 till 1992	800 ± 50	0,1
Prelude 4WS 2.0i-16 katalysator B20A9	1987 till 1992	750 ± 50	0,1 max
Prelude 2.0i 16V katalysator SOHC F20A4	1992 till 1996	770 ± 50	0,1 max
Prelude 2.2i VTECDOHC 16V H22A2	1994 till 1996	790 ± 50	0,1 max
Prelude 2.3i 16V katalysator DOHC 16V H23A2	1992 till 1996	780 ± 50	0,1 max
Shuttle 1.6i 4WD SOHC 16V D16A7	1988 till 1990	780 ± 50	0,1 max
Rover PGM-Fi			
216/416i SOHC utan katalysator D16A6/7/Z2	1989 till 1992	780 ± 50	0,2 till 1.0
216/416i SOHC katalysator D16A6/7/Z2	1989 till 1994	780 ± 50	0,1 max
216/416 GTi DOHC utan katalysator D16A9/8/Z4 (manuell växellåda)	1990 till 1992	800 ± 50	0,5 ± 0,3
216/416 GTi DOHC utan katalysator D16A9/8/Z4 (automatväxellåda)	1990 till 1992	750 ± 50	0,5 ± 0,3
216/416 GTi DOHC utan katalysator D16A9/8/Z4 (manuell växellåda)	1992 till 1994	800 ± 50	0,1 max
216/416 GTi DOHC utan katalysator D16A9/8/Z4 (automatväxellåda)	1992 till 1994	750 ± 50	0,1 max
620i/Si/SLi/GSi F20Z1/2	1993 till 1996	770 ± 50	0,2 max
623i S/Si/SLi/GSi H23A3	1993 till 1996	770 ± 50	0,2 max
825i V6 SOHC 24V V6 2.5	1986 till 1988	720 till 820	0,25 till 0,75
827i V6 SOHC 24V V6 2.7	1988 till 1991	720 ± 50	0,5 ± 0,25
827i V6 SOHC 24V katalysator V6 2.7	1988 till 1991	720 ± 50	0,1 max
827i V6 SOHC 24V katalysator V6 2.7	1991 till 1996	680 ± 50	0,1 max
Sterling V6 SOHC 24V V6 2.5	1986 till 1988	770 ± 50	0,5 ± 0,25

Översikt av systemets funktion

1 Inledning

PGM-Fi (ProGraMmed Fuel Injection) är en elektronisk motorstyrning utvecklad av Honda och monterad på alla Hondas bränsle-insprutade fordon sedan det tidiga 80-talet. Under en period av nära samarbete mellan Honda och Rover monterades PGM-Fi även på ett antal fyr- och sexcylindriga fordon från Rover försedda med insprutningsmotorer från Honda. PGM-Fi kom på den första sex-cylindriga Rover-modellen 1986 och på fyrcylindriga motorer (serierna 200 och 400) 1989. PGM-Fi elektronisk motorstyrning är ett helt integrerat system som styr primär-tändning, bränsle och tomgång från samma styrmodul (fig. 9.1).

Det grundläggande PGM-Fi-systemet monterat på alla insprutningsmotorer från Honda är av generellt liknande typ oavsett motor. Det finns dock ett antal skillnader mellan olika versioner. Den tidiga versionen av 2.5 V6 liknar mer ett konventionellt elektro-niskt tändsystem där tändläget styrs med vakuum och mekanik, inte en digital karta som i den senare versionen på 2.7 liter. Av det skälet har vi, när det gäller V6-motorn, koncentrerat oss mer på den senare versionen. Förutom tändlägets styrning,

regleringen av insugsröret och stiftnummer, är systemen faktiskt ganska likartade. På V6 motorerna finns en styrlåda som innehåller tändlägets och CO-haltens potentiometrar samt de flesta vakuumstyrda enheterna (fig. 9.2).

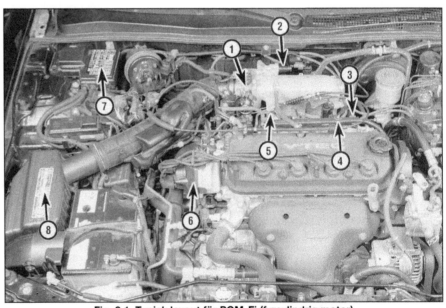

Fig. 9.1 Typisk layout för PGM-Fi (fyrcylindrig motor)

1 Trottelhus
2 Tomgångsventil
3 Bränsletryckets servicekontakt
4 Bränslerör
5 Bränsletrycksregulator
6 Fördelare
7 Central med säkringar och reläer
8 Luftrenare

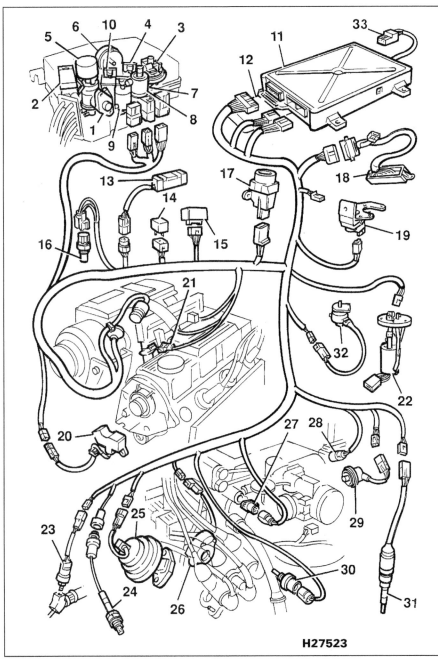

Fig. 9.2 Typisk layout för PGM-Fi (Rover 827 V6 motor)

H27523

1   Tändlägespotentiometer
2. Insugsrörets tryckgivare
3. Konstantvakuumventil
4. Luftsugsventil
5. Återcirkulationsventil
6. Trotteldämparfilter
7. Lufttank
8. Tryckregulatorns
    avstängningsventil
9. Insugsrörets styrventil A
10. Insugsrörets styrventil B
11. Styrmodul
12. Kylfläktens klockmodul
13. Injektormotstånd

14. Luftkonditionerings
    kopplingens relä
15. Huvudsakligt systemrelä
16. Oljetemperaturgivare
17. Tröghetsbrytare
18. Växellådans
    lägesomkopplare
19. Lufttrycksgivare
20. Vevaxelns vinkelgivare på
    kamaxeln
21. Injektorer
22. Bränslepump
23. Servostyrningens
    tryckkontakt
24. Syresensor

25. Givare för återcirkulations-
    ventilens lyfthöjd
26. Vevaxelns vinkelgivare i
    fördelaren
27. Lufttemperaturgivare
28. Tomgångsventil
29. Trottelns positionsgivare
30. Kylvätskans temperatur
    givare
31. Fordonets hastighetsgivare
32. Luftfilterresonatorns
    styrventil
33. Styrmodulens
    länkanslutning 66

2 Styrfunktioner

Signalbehandling

Grundtändläget är sparat i en tredimensionell karta och signaler om motorns hastighet och belastning avgör tändläget. Huvudgivare för belastningen är insugsrörets tryckgivare. Motorns hastighet utläses av signalen från vevaxelns vinkelgivare.

Korrektionsfaktorer används för start, tomgång, inbromsning och del- eller full belastning. Den huvudsakliga korrektionsfaktorn är motorns temperatur (kylvätskans temperaturgivare). Smärre korrigeringar av tändläget görs med ledning av signalerna från lufttemperaturgivaren och trottelns positionsgivare.

Den grundläggande insprutningstiden (durationen) sparas också som en tredimensionell karta och signaler om motorns belastning och hastighet avgör den grundläggande durationen. PGM-Fi beräknar insprutningstiden utifrån signalerna från insugsrörets tryckgivare och vevaxelns vinkelgivare.

Insprutningstiden korrigeras med hänsyn till uppgifter om atmosfärtryck, lufttemperatur, kylvätskans temperatur, batteriets spänning och läget för trotteln. Andra styrfaktorer är arbetsförhållanden som kallstart, varmkörning, tomgång, acceleration och inbromsning.

PGM-Fi använder sig av en annan karta för tomgång och denna karta kallas alltid upp när motorn går på tomgång. Tomgångsvarvtalet vid varmkörning och med normalvarm motor regleras av tomgångsventilen.

Andra indata som styrmodulen använder för att modifiera utdata är signaler från generator, automatväxellåda, luftkonditionering och batteri.

Grundfunktioner för styrmodulen

Tändläget och injektoröppningstiden behandlas tillsammans av styrmodulen så att bästa tidpunkt för tändning och insprutning uppnås under alla arbetsförhållanden. Tre separata anslutningsdon och kontakter ansluter styrmodulen till batteri, givare och aktiverare.

Styrmodulen matas permanent med batterispänning. Detta gör att självdiagnostiken kan spara data av tillfällig natur. När tändningen slås på ges matningsspänning till tändspolen, förstärkaren, styrmodulen, tomgångsventilen (vissa modeller) och huvudreläet. Bränsleinsprutningens huvudrelä aktiveras och en relästyrd matning läggs till injektorkretsen, styrmodulen och tomgångsventilen (vissa modeller).

De flesta givare (utom de som alstrar en spänning, exempelvis fordonets hastighetsgivare, syresensorn och vevaxelns vinkelgivare) försörjs nu med en referensspänning på 5,0 V från relevant stift på styrmodulen. När motorn dras runt av startmotorn eller går leder en hastighetssignal från vevaxelns vinkelgivare till att styrmodulen jordar relädrivningen så att bränslepumpen kan starta. Tändnings- och insprutningsfunktioner aktiveras. Samtliga aktiverare (injektorer, tomgångsventilen, etc) försörjs med normal batterispänning från tändningslåset eller huvudreläet och styrmodulen fullbordar kretsen.

Adaptiv funktion

Styrmodulen anpassar sig efter ändrade motorförhållanden och övervakar kontinuerligt data från de olika givarna (d v s insugsrörets tryckgivare, lufttemperaturgivaren, kylvätskans temperaturgivare och trottelns positionsgivare). I takt med att motor och komponenter slits, reagerar styrmodulen på de nya omständigheterna genom att anpassa de ändrade värdena som en korrektion av grundkartan.

Självdiagnostik

Systemet PGM-Fi har självtest som regelbundet undersöker signalerna från givaren och loggar felkoder om fel uppstår. Till skillnad från andra elektroniska motorstyrningar inkluderar PGM-Fi inte en seriell port för utfrågning med en felkodsavläsare.

När styrmodulen upptäcker ett fel jordas stift A13 och varningslampan "Check Engine" på instrumentbrädan tänds. Lampan är tänd så länge felet finns kvar. Om lampan tänds och slocknar är det mycket troligt att problemet är av tillfällig natur.

En röd lysdiod sitter på styrmodulens hölje (inte alla modeller) och den börjar också blinka om ett fel uppstår. När tändningen slås av slocknar lysdioden. Den fortsätter att blinka om tändningen slås på igen. Om feltillståndet upphört kommer lysdioden att fortsätta att blinka till dess att styrmodulens minne initialiserats genom att 10 amp säkringen i sockel 4 avlägsnas i minst 10 sekunder.

I PGM-Fi kan självdiagnostiken endast användas till att läsa och radera felkoder, andra funktioner som t ex Datastream saknas.

Nödprogram

PGM-Fi har två centralprocessorer i styrmodulen. Om den ena upphör att fungera tar den andra över för att bibehålla körbarheten. Detta arbetsläge kallas "backup".

I händelse av allvarligt fel på en eller flera givare eller deras kretsar ersätts data från dessa med fasta standardvärden. Detta kallas ofta "linka hem" (LOS). Ett allvarligt fel är när givarens signal ligger utanför de normala arbetsparametrarna.

Referensspänning

Spänningsutmatningen från styrmodulen till många av motorns givare är 5,0 V. Detta ger en stabil arbetsspänning som inte påverkas av variationer i systemets spänning.

Returanslutningen till jord sker för de flesta givare via ett stift i styrmodulen som inte är direkt anslutet till jord. Styrmodulen kopplar detta stift till jord internt via ett av de stift som är direkt anslutna till jord.

Varvtalsreglering

När motorn uppnår ett förbestämt varvtal stänger PGM-Fi av injektorerna vilket begränsar maxvarvtalet.

Bränsleavstängning vid inbromsning

När motorvarvtalet överskrider ett förinställt värde med stängd trottel stängs injektorerna av för att förbättra bränsleekonomin. När varvtalet sjunker under tröskelvärdet återställs insprutningen. Detta tröskelvärde baseras på motorns temperatur och varvtalsfallet.

Fordonets hastighetsgivare

Fordonets hastighetsgivare informerar styrmodulen om fordonets fart. I samklang med andra indata använder styrmodulen givarsignalen som bas för den variabla ventilöppningen vid rörelse framåt och tomgångsventilen vid inbromsning och då bilen stannar.

Fordonets hastighetsgivare fungerar enligt Halleffektprincipen. En spänning matas från tändningslåset till jord. I takt med att hastighetsmätarens vajer roterar alstras en puls som växlar mellan 5,0 och noll V.

---

3 Primär utlösare

Vevaxelns vinkelgivare (Induktiv utlösare)

Primärsignalen för utlösning av både tändning och bränsle kommer från vevaxelns vinkelgivare. Placering och funktion för vevaxelns vinkelgivare är olika beroende på motorns cylinderantal. Båda typerna beskrivs nedan.

V6 motorer

Vevaxelns vinkelgivare består av två induktiva givare i ett hölje monterat bredvid främre kamaxeln. Kamremsskivan fungerar som reluktor och har 24 stavar för att ge signal om ÖD och varvtal samt en stav som ger en signal som anger positionen för cylinder 1.

Fyrcylindriga motorer

Vevaxelns vinkelgivare består av tre induktiva givare monterade i fördelaren. Vardera givaren har en reluktor med ett fast antal tänder placerade i fältet runt en induktiv magnet. Reluktorerna är monterade på fördelaraxeln, ovanför varandra. Cylindergivaren är längst ned, ÖD-givaren i mitten och varvtalsgivaren överst. Varvtalsreluktorn har 16 tänder jämt fördelade med 22,5° mellanrum, ÖD-reluktorns 4 tänder sitter med 90° mellanrum och cylinderreluktorn har en tand som anger positionen för cylinder 1. När fördelaren roterar och tänderna rör sig i magnetfälten

skapas en växelspänning som anger rotationshastighet, en pekare till ÖD och positionen för cylinder 1. Varje givare är ansluten till styrmodulen med en signalledning och en jordledning.

Toppspänningen i signalerna kan variera från 2 V vid tomgång till över 100 V vid 6 000 varv/min. Styrmodulen använder en analog-till-digital omvandlare för att förvandla växelströmspulsen till en digital signal.

Fasgivaren

En givare för cylinderidentifiering anger tändföljden. I fyrcylindriga SOHC-motorer finns givaren i fördelaren (tillsammans med givarna för ÖD och varvtal). I DOHC-motorer är givaren placerad på avgaskamaxeln. När fördelaren roterar och cylinder 1 närmar sig ÖD induceras en svag växelströmssignal som skickas till styrmodulen. Styrmodulen omvandlar växelströmssignalen till en digital puls. Denna signal används till att synkronisera de sekventiella insprutningspulserna. I V6-motorer hämtas cylinderidentifikationen från den kamaxelmonterade vevaxelvinkelgivaren.

---

4 Tändning

Tändningen

Data om motorns belastning (luftflödesmätaren), varvtal (vevaxelns vinkelgivare), temperatur (kylvätskans temperaturgivare) och trottelposition (trottelns positionsgivare) hämtas in av styrmodulen som jämför data med den digitala kartan, som innehåller en förställningsgrad för varje arbetsvillkor så att optimal tändförställning för ett givet villkor kan erhållas. Motorn 2.5 V6 saknar dock tändningskarta.

Fördelare

Fyrcylindriga motorer

Tändspole, förstärkare, vevaxelns vinkelgivare (innehållande en induktiv utlösare och en varvtalsgivare) är samtliga monterade i fördelaren. Detta minskar ledningsdragning och förbättrar pålitligheten. Systemet kallas ibland "spolen i locket" och utmärks av avsaknaden av huvudspolens sekundära tändkabel (fig. 9.3). Den sekundära högspänningen går direkt från spolen till rotorarmen som fördelar spänningen till tändstiften via tändkablar på konventionellt sätt. Dessutom finns cylinderidentitetsgivaren i fördelaren på SOHC-motorer. I DOHC-motorer sitter den givaren monterad på och drivs av avgaskamaxeln.

V6 motorer

Fördelaren innehåller en induktiv utlösare och en sexarmad reluktor. Hur signalen används beror på om motorn är på 2,5 eller 2,7 liter.

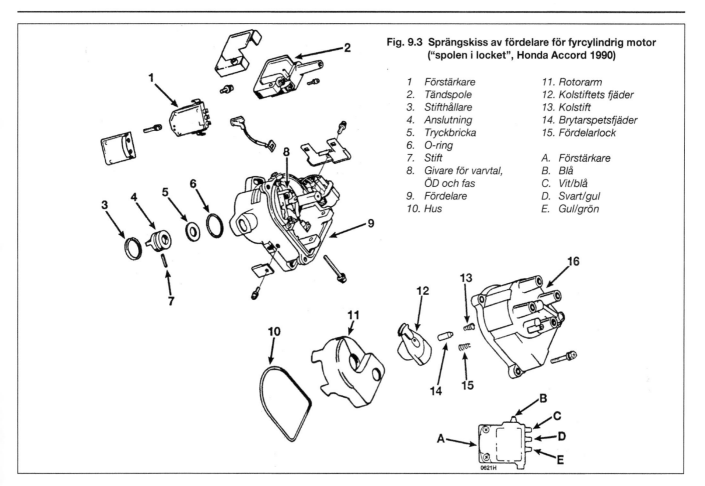

Fig. 9.3 Sprängskiss av fördelare för fyrcylindrig motor ("spolen i locket", Honda Accord 1990)

1 Förstärkare
2. Tändspole
3. Stifthållare
4. Anslutning
5. Tryckbricka
6. O-ring
7. Stift
8. Givare för varvtal, ÖD och fas
9. Fördelare
10. Hus

11. Rotorarm
12. Kolstiftets fjäder
13. Kolstift
14. Brytarspetsfjäder
15. Fördelarlock

A. Förstärkare
B. Blå
C. Vit/blå
D. Svart/gul
E. Gul/grön

2,5 liter

Vevaxelns vinkelgivare är direkt ansluten till förstärkaren som använder signalen till att beräkna vilovinkel och grundtändläge. Mekaniska vikter och fjädrar som manövreras av centrifugalkraft sköter om förställningen. Dessutom används en av styrmodulen kontrollerad vakuumförställning för styrande av tändläget beroende på motorns belastning.

2,7 liter

Den fördelarbaserade vevaxelvinkelgivaren är direkt ansluten till styrmodulen och den signal som returneras när motorn dras runt är en fast referens för 10° FÖD. När motorn går bortser styrmodulen från fördelarens signal och använder istället den kamaxelmonterade givaren till att fastställa motorns hastighet, position och position för cylinder 1. Om den kamaxelmonterade givarens signal upphör använder styrmodulen fördelarens signal till att fastställa grundtändläge och grundduration för insprutningen.

Tändläget

Fyrcylindriga motorer

Till skillnad från de flesta elektroniska motorstyrningar är grundtändläget justerbart på PGM-Fi. Tändläget får endast justeras sedan styrmodulen satts i serviceläge genom att en testanslutning överbryggas. Om varvtalssignal och/eller cylinderföljds signal är felaktiga använder styrmodulen ÖD-signalen för alla synkroniseringsfunktioner.

När motorn dras runt av startmotorn noterar styrmodulen detta samt närvaron av signaler för varvtal och ÖD, och ställer tändläget till ett fixerat 10° FÖD. Under varmkörningen flyttar styrmodulen fram tändningen för att förbättra köregenskaperna med kall motor. När motorn nått normal arbetstemperatur stabiliseras tändningen kring 18° FÖD. Styrmodulen gör små ändringar av tändläget för att styra tomgångsvarvtalet, så inställningsmärkena kommer normalt att variera flera grader under normala förhållanden (ej i serviceläge).

Om luften eller kylvätskan blir farligt varm backar styrmodulen tändningen i ett försök att reducera motorns temperatur. Låga och höga temperaturer definieras av signaler från främst kylvätskans temperaturgivare men även från lufttemperaturgivaren.

V6 motorer

Grundtändläget är justerbart även på V6 - motorer, men en annan metod används. Justering sker via en tändningspotentiometer i styrlådan.

Förstärkare

Förstärkaren i PGM-Fi (ofta kallad "tändare" av japanska biltillverkare) innehåller kretsar för att utlösa spolen i rätt ögonblick. Styrmodulen beräknar korrekt vilotid och förställning (ej 2.5 V6) från de data den får från givarna och skickar en signal till förstärkaren som då utlöser spolen. Förstärkaren är placerad i fördelarhuset på fyrcylindriga och på vänster innerskärm på sexcylindriga motorer.

Vilofunktionen i PGM-Fi baseras på principen "konstant energi, begränsad ström". Det betyder att viloperioden är konstant vid 3,0 till 3,5 ms vid praktiskt taget alla varvtal. Men arbetscykeln, uttryckt i procent eller grader, varierar med motorns varvtal.

Tändspolen

Tändspolen använder lågt primärmotstånd för att öka den primära strömmen och primärenergin. Förstärkaren begränsar primärströmmen till cirka 8 amp vilket ger en energireserv för att upprätthålla gnistans brinntid (duration). Spolen finns i fördelarhuset på fyrcylindriga och på vänster innerskärm på sexcylindriga motorer.

5 Bränsleinsprutning

Styrmodulen i PGM-Fi innehåller en bränsle-karta med injektoröppningstider för grund-förhållanden baserade på motorns hastighet och belastning. Information hämtas sedan in från motorns givare som exempelvis insugs-rörets tryckgivare, vevaxelvinkelgivaren, kylvätskans temperaturgivare och trottelns positionsgivare. Sedan letar styrmodulen upp korrekt öppningstid för alla förhållanden.

Varje injektor är ansluten till styrmodulen med sitt eget stift och de öppnar sekventiellt enligt tändföljden, synkroniserat till insugs-ventilernas öppning. Vid kallstart ökar in-sprutningstiden för att ge en fetare blandning.

Lågmotståndsinjektor

När injektorns motstånd är lågt (2 till 3 ohm) reagerar den snabbare vilket ger snabbare öppningstid. Men i och med att mer ström flödar genom injektorn alstras mer värme, vilket kan resultera i att livslängden sjunker. Genom att leda spänningen genom ett seriemotstånd läggs en lägre spänning på injektorn, vilket ger mindre värme och större livslängd. Spänningen till var och en av injektorerna leds genom ett motstånd på 5 till 7 ohm som är placerat i ledningskretsen till injektorn.

Bränsleinjektorer

En injektor är en magnetdriven solenoidventil som aktiveras av styrmodulen. Spänningen till injektorerna kommer från huvudreläet och jord ges av styrmodulen under en tidsperiod (pulsduration) på mellan 1,5 och 10 ms. Pulsdurationen är mycket beroende av motorns temperatur, belastning, varvtal och arbetsförhållanden. När solenoidmagneten stänger alstras en backspänning på 60 V.

Varje injektor har en tappspets för att finfördela bränslet maximalt under öppnings-tiden. De är placerade i insugsklackarna till insugsventilerna så att det finfördelade bränslet sprutas rakt in i varje cylinder under insugstakten. Injektorerna hålls på plats av bränsleröret och tätas med två tätande och en dämpande o-ring.

Luftintaget

Insugsluften dras in i motorn via trummor och förbi två resonatorer. Systemet reducerar insugsljudet till ett minimum. Resonatorerna är placerade före luftfiltret. Den första är fixerad och har en liten diameter. Den andra resonatorn är en tvåstegsenhet som styrs elektroniskt av styrmodulen via en solenoid. Styrmodulen aktiverar resonatorn vid varvtal över 3 000 varv/min. Vakuum från vakuum-behållaren påverkar ett membran och styrventilen öppnar för att öka resonatorns öppning, vilket minskar insugsljudet.

Styrning av insugsröret (V6-motorer)

Under alla driftsförhållanden strömmar luft in i insugsröret via trottelventilen i trottelhuset. Men med V6-motorer använder Honda två skilda insugsvägar för att förbättra luftflödet till motorn vid alla varvtal. En kort väg används vid höga varvtal och en lång vid låga. Luft-flödet regleras vid alla varvtal av styrmodulen via en extra trottelventil (i insugsröret) och en vakuumaktiverare.

Insugsrörets tryckgivare

Huvudavkännaren av motorns belastning är insugsrörets tryckgivare. Beroende på modell kan den vara direkt ansluten till insugsröret eller vara monterad på torpedplåten och ansluten till insugsröret med en vakuumslang. Oavsett typ är funktionen ganska likartad. Undertrycket i insugsröret verkar på tryckgivarens membran och styrmodulen omvandlar trycket till en signal. Det absoluta trycket i insugsröret beräknas med formeln: "Atmosfärtryck minus insugsrörets tryck = Absolut insugsrörstryck.

PGM-Fi beräknar insprutningstiden enligt metoden hastighet/täthet från signalen från insugsrörets tryckgivare och motorns hastig-het. Denna metod bygger på idén att motorn suger in en fixerad volym luft per varv.

Insugsröret är av den "torra" typen. I och med att bränsle inte kommer in i röret eftersom insprutningen sker till ventilernas baksidor, så finns det ingen risk att bränslet dras in i tryckgivaren och förorenar mem-branet. Bränslefälla används därför inte.

En referensspänning på 5,0 V ligger på givaren och jorden är ansluten till givarretur-kretsen. Utmatningssignalen skickas till styr-modulen som en variabel spänning. Signal-spänningen varierar från 1,0 V vid tomgång till cirka 4,5 V vid full belastning.

Lufttemperaturgivare

Lufttemperaturgivaren är monterad i luft-intagets kåpa och mäter luftens temperatur innan den når insugsröret. I och med att lufttätheten varierar i omvänd proportion till temperaturen ger signalen från givaren en mer ackurat utvärdering av den luftmassa som sugs in i motorn.

En referensspänning på 5,0 V ligger på givaren och jorden är ansluten till givar-returkretsen. Lufttemperaturgivaren är ett termokänsligt variabelt motstånd. En variabel spänning returneras till styrmodulen baserad på luftens temperatur. Signalen är cirka 2,0 till 3,0 V vid en omgivande temperatur på 20°C.

CO-potentiometer (används ej i katalysatormodeller)

CO-potentiometerns blandningsjustering är en trelednings potentiometer som medger små ändringar av tomgångens CO-halt. En referensspänning på 5,0 V ligger på givaren och jorden är ansluten till givarreturkretsen. Den tredje ledningen är signalen.

När justerskruven vrids ger ändringarna i motståndet en signal till styrmodulen som resulterar i en förändring av CO-halten. Denna justering påverkar endast halten vid tomgång. Katalysatormodeller saknar möjlighet att justera CO-halten.

Lufttrycksmätare

Lufttrycksmätaren upptäcker ändringar i det omgivande lufttrycket och signalerar detta till styrmodulen som en spänning. En ändring i lufttrycket påverkar densiteten och därmed insprutningstiden. När styrmodulen upptäcker en förändring av lufttrycket ändras bränsle-kartan. En referensspänning på 5,0 V ligger på givaren och returvärdet beror på lufttrycket. Arbetsområdet är från 0 till 700 mm Hg med en spänning varierande från cirka 3,5 till 0,5 V.

Kylvätskans temperaturgivare

Kylvätskans temperaturgivare är nedsänkt i kylsystemet och innehåller ett temperatur-känsligt variabelt motstånd. När motorn är kall är motståndet ganska högt. När motorn startas och börjar bli uppvärmd blir kylvätskan varmare och detta sänker motståndet i. Ju varmare kylvätskan blir, dess mer sjunker motståndet vilket skickar en variabel signal-spänning till styrmodulen baserad på kylvätskans temperatur.

En referensspänning på 5,0 V ligger på givaren och returvärdet beror på motståndet i kylvätskans temperaturgivare. Normal arbets-temperatur är vanligen 80 till 100°C.

Styrmodulen använder signalen från kyl-vätskans temperaturgivare som en huvud-saklig korrektionsfaktor vid beräkning av tändläge och insprutningstid.

Trottelns positionsgivare

Trottelns positionsgivare informerar styr-modulen om trottelns position och accelera-tionstakten. PGM-Fi använder signalen från positionsgivaren till att avgöra om motorn arbetar på tomgång, bromsar, accelererar eller är vidöppen så att rätt karta för tändning och insprutning kan användas (fig. 9.4). Trottelns positionsgivare är en trelednings potentiometer. En referensspänning på 5,0 V läggs på ett motståndsspår med andra änden ansluten till givarjordreturen. Den tredje är ansluten till en arm som löper utmed motståndsspåret vilket varierar motståndet och därmed den returspänning som leds till styrmodulen.

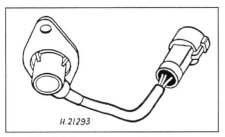

Fig. 9.4 Trottelns positionsgivare

Trottelhus, tomgångsjusterings- skruv och trotteldämpare

Trottelhuset innehåller en förbigångskanal och en justerskruv för tomgångsvarvtalet.

En dämpare ingår i trottelmekanismen så att den stänger långsammare vid inbromsning. Långsam trottelstängning reducerar utsläppen genom att förhindra ett starkt vakuum när trotteln stängs plötsligt. Starkt vakuum under dessa förhållanden tenderar att suga ut de bränsledroppar som sitter fast på insugsrörets väggar och trycka dem genom motorn till avgasröret som oförbrända kolväten.

Trotteldämparens funktion är helt mekanisk och styrs inte av styrmodulen. En vakuum- aktiverad fjäder arbetar mot ett membran som är anslutet till trottelmekanismen. I vila, med avstängd motor, är fjädern slack och mem- branet utsträckt för att hålla trotteln något öppen. När motorn startar arbetar ett undertryck mot membranet som trycker ihop fjädern och därmed stänger trotteln. Tom- gångens varvtal är beroende av tomgångs- ventilens läge och tomgångsjusterskruvens.

När motorn arbetar med högre varv än tomgång är det bara lite vakuum som arbetar mot membranet och fjädern slackar för att öppna trotteln en smula. När gaspedalen släpps vid inbromsning eller växling arbetar vakuum mot membranet vilket stänger trotteln på ett kontrollerat sätt så att utsläpp av ej förbränt bränsle undviks.

Tomgångsventil

Tomgångsventilen är en solenoidmanövrerad aktiverare som styrmodulen använder för att automatiskt reglera varvtalet vid normal tomgång och varmkörning. PGM-Fi ställer tomgången efter läget för trottelns positions- givare och motorns temperatur, angiven av kylvätskans temperaturgivare. Tomgångs- ventilen är placerad i en förbiledningsslang som ansluter insugsröret till trottelplattans luftfiltersida. En matningsspänning kommer från huvudreläet och jord aktiveras av styrmodulen beroende på belastning och temperatur. För att förhindra att ändringar i solenoidens motstånd påverkar funktionen är ventilhuset anslutet till kylsystemet.

När en strömförbrukare som strålkastare, luftkonditionering eller värmefläkt etc slås på skulle tomgångsvarvet tendera att sjunka.

Styrmodulen känner av belastningen och öppnar tomgångsventilen mot fjädertrycket, vilket ökar luftflödet och därmed varvtalet. Om strömförbrukaren slås av reducerar styr- modulen luftflödet igen. Normalt tomgångs- varvtal kommer därmed att bibehållas under alla varma driftsförhållanden, även om vissa arbetsvillkor kan medföra något förhöjd tomgång.

När motorn dras runt och omedelbart efter start öppnar tomgångsventilen för att öka varvtalet med cirka 100 till 250 varv/min. Vid varmkörning är ventilen tillräckligt öppen för att ge en snabb tomgång till dess att motorn närmar sig normal arbetstemperatur.

När motorn saktar in öppnar styrmodulen tomgångsventilen en aning för att minska bildandet av undertryck i insugsröret. Detta förhindrar att olja från vevhuset dras in i insugsröret. Styrmodulen håller en förhöjd tomgång under en kort stund efter åter- vändandet till tomgång innan det reglerade varvtalet intas. Styrmodulen känner även av när automatväxellådan (i förekommande fall) är i P, N eller D och justerar insprutningstiden efter detta för att styra tomgångens varvtal.

Hjälpluftventil

För att förhindra ojämn tomgång och tjuvstopp när motorn är kall använder PGM-Fi en vaxtermostatstyrd ventil för att öka varvtalet under varmkörning när kylvätske- temperaturen understiger 30°C. Hjälpluft- ventilen stänger så snart motorn uppnått normal arbetstemperatur.

Hjälpluftventilen är monterad på trottel- huset och ansluten med en slang till kyl- systemet så att kylvätskans temperatur avgör ventilens öppning. Ett hål i trottelhuset på luftfiltersidan låter luften gå förbi trottel- ventilen. Förbigångsluften passerar genom hjälpluftventilen och leds till trottelhuset på trottelventilens motorsida. Detta luftflöde höjer tomgångsvarvtalet till en hastighet som beror helt på den extra luftvolymen.

Vaxtermostaten reagerar på temperatur genom att krympa och växa. När tempe- raturen är låg är termostaten sammandragen och ventilen öppen för att öka tomgångs- varvtalet. Ju lägre temperatur, dess större öppning. I takt med att temperaturen stiger expanderar vaxtermostaten för att gradvis stänga hjälpluftventilen som är helt stängd vid normal arbetstemperatur.

Snabbtomgångsventil (vissa modeller)

När kylvätsketemperaturen understiger -10°C och tomgångsvarvtalet understiger 1 800 varv/min aktiverar styrmodulen snabbtom- gångens solenoidventil för att låta extra luft passera trotteln vilket ger en förhöjd tomgång **(fig. 9.5)**. Snabbtomgångsventilen är antingen helt öppen eller helt stängd. Tomgångs- ventilen fininställer varvtalet när snabbtom- gångsventilen är öppen.

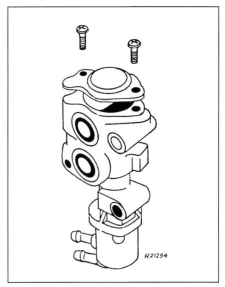

Fig. 9.5 Ventil för snabb tomgång (ej styrd av styrmodulen)

Variabla kamtider och elektronisk styrning (VTEC - vissa 1.5 & 1.6 motorer)

Hondas system VTEC är en metod att variera kamtiderna för att öka motorns effektivitet vid både höga och låga varvtal. Standard- kamtider och lyfthöjder i motorer avsedda för landsväg är alltid en kompromiss mellan effekt, vridmoment, utsläpp och ekonomi. Om kamtiderna är ställda för maximal lyfthöjd och öppningstid uppnås vid höga motorvarv blir vridmoment, utsläpp och ekonomi lidande vid låga varvtal. Hondas VTEC-system låter kamtiderna ställas till två positioner så att motorns effektivitet maximeras. Detta ger maximalt vridmoment vid låga varvtal (vanligen under 4 800 varv/min) och maximal effekt vid höga varvtal.

Honda använder två mekaniskt skilda metoder för att öppna och stänga ventilerna på 1.5 och 1.6 VTEC-motorer. Det är däremot ingen skillnad i kretsar och hydraulik.

1.5 motorer

VTEC använder en kamaxel med separata primär- och sekundärlober och samman- hörande primära och sekundära vipparmar för att uppnå variabla kamtider. Kamprofilerna är utformade så att sekundärloberna ger mindre lyfthöjd än primärloberna. Vid låga varvtal påverkas vippan av kamaxelns sekundärlob och ventilerna öppnas tillräckligt för att ge god ekonomi och goda prestanda anpassade för måttliga arbetsförhållanden.

Vid höga varvtal ger styrmodulen en signal som låter en solenoidventil stänga en oljeväxel vilket hydrauliskt för en kolv så att den låser ihop primär- och sekundärvipporna. Då påverkar primärvipporna på höghastighets- primärkamloberna insugsventilerna så att de lyfter mer vilket gör högre effekt vid höga varvtal. När varvtalet sjunker under högfartströskeln signalerar styrmodulen att oljeväxeln ska öppna, vilket drar tillbaka kolven och ventilerna återgår till lågfarts sekundär lyfthöjd.

1.6 motorer

VTEC använder tre vipparmar för att uppnå variabla kamtider. Vid låga varv påverkas de två yttre (som är individuellt anslutna till ventilen) av loben på lågvarvskamaxeln vilket öppnar ventilen. Den centrala vipparmen är i detta läge inte kopplad till de yttre. Även om den centrala armen påverkas av högfartsloben har den ingen påverkan på ventilen vid låga varvtal.

Vid högt varvtal signalerar styrmodulen till en solenoidventil att stänga en oljeväxel vilket hydrauliskt för en kolv så att den låser ihop alla tre armarna. Nu påverkar den centrala armens rörelse från högfartsloben de yttre armarna så att de ger högre lyft. När varvtalet sjunker under högfartströskeln signalerar styrmodulen att oljeväxeln ska öppna, vilket drar tillbaka kolven och ventilerna återgår till lågfarts sekundär lyfthöjd.

Alla motorer

Förutom varvtalet styrs inkopplandet av högvarvslyftet av motorns belastning (insugsrörets tryckgivare), kylvätskans temperatur (kylvätskans temperaturgivare måste ange en motortemperatur överstigande 60°C) och bilen måste köras fortare än 21 km/t (manuell växellåda) eller 5 km/t (automatväxellåda) enligt signalen från fordonets hastighetsgivare.

Servostyrningens tryckkontakt

Denna kontakt manövreras av tryckförändringar när servostyrningen arbetar. Servostyrningens tryckkontakt är placerad i motorrummet i styrväxelns matarledning. Kontakten är stängd när trycket i hydrauloljan är lågt (d v s när hjulen pekar rakt fram). Kontakten öppnar när ratten vrids (d v s när oljetrycket stiger över ett förbestämt värde).

En spänning något mindre än normal batterispänning matas till servostyrningens tryckkontakt. När hjulen pekar rakt fram och kontakten är stängd faller spänningen till nära noll. När ratten vrids och trycket överskrider gränsvärdet öppnar kontakten och spänningen på styrmodulens stift stiger till nära normal batterispänning. Styrmodulen höjer då tomgångsvarvet för att kompensera för den ökade belastning som uppstår när styrservon är aktiv.

Reläer

Det elektriska systemet i PGM-Fi styrs av ett systemrelä med dubbla kontakter (fig. 9.6). En permanent spänning matas till reläets stift 1 från batteriets pluspol. När tändningen slås på matas spänning till stift 5 vilket magnetiserar

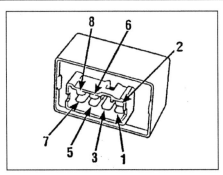

Fig. 9.6 Systemrelä i PGM-Fi

1. Batteriets matning till reläet
2. Reläets jord
3. Reläets matning till injektorer och styrmodul
5. Tändningslåsets matning till reläet
6. Runddragningens matning till reläet
7. Reläets utmatning till bränslepumpen
8. Reläets drivning

den första relälindningen som är jordad. Detta stänger den första reläkontakten och stift 1 ansluts till utmatningen på stift 3 vilket försörjer injektorerna och styrmodulens stift B11 och B12. Dessutom matas spänning till den andra reläkontakten via diod och motstånd.

När tändningen först slås på jordar styrmodulen kortvarigt relästift 8 vid styrmodulens stift B3 och B4. Detta magnetiserar den andra relälindningen som stänger den andra reläkontakten och ger spänning till utmatningsstift 7, vilket ger ström till bränslepumpens krets. Efter cirka en sekund bryter styrmodulen kretsen och pumpen stannar. Denna korta körning bygger upp bränsletrycket vilket underlättar starten.

Bränslepumpens reläkrets förblir sedan bruten till dess att motorn dras runt eller går. När styrmodulen får en hastighetssignal från vevaxelns vinkelgivare magnetiseras åter den andra relälindningen och pumpen går sedan till dess att motorn stängs av.

Spänningen till pumpen medan motorn går matas via ett ballastmotstånd i bränslesystemets relä. Ballastmotståndet minskar strömflödet genom pumpen vilket ökar driftsäkerheten. När motorn dras runt av startmotorn är detta motstånd förbikopplat av en spänning på relästift 6 från startmotorkretsen.

Tröghetsbrytare (Rover)

Tröghetsbrytaren är en säkerhetsbrytare som kopplar ur bränslepumpen i händelse av en mycket skarp inbromsning, d v s en kollision. När kontakten aktiverats är kretsen till bränslepumpen bruten till dess att tröghetsbrytaren återställts genom att knappen dras upp.

Bränsletryckssystemet

Bränsletryckssystemet är av den återcirkulerande typen och inkluderar bränsletank, skvalpskott, nedsänkt bränslepump och returledning. Pumpen drar bränsle från tanken och pumpar det till bränsleröret via ett filter. När trycket i bränsleröret överskrider gränsvärdet returneras överskottet till tanken. Återcirkulationen ser till att färskt svalt bränsle under konstant tryck finns i bränsleröret. Skvalpskottet ser till att upptagaren alltid är nedsänkt i bränsle, även när nivån är låg och bränslet skvalpar runt i tanken.

För att minska effekten av variationer i bränsletrycket finns en pulsdämpare ansluten till bränsleröret vilket förhindrar hydrauliska knack.

När tändningen slås på lägger styrmodulen spänning på bränslepumpens relä under cirka en sekund för att trycksätta bränslet. Pumpen stängs sedan av till dess att motorn dras runt eller körs.

Bränslepumpen är aningen av typen impeller eller vals och drivs av en permanentmagnetmotor placerad inne i tanken där den drar ut bränsle och pumpar det till bränsleröret via ett filter. Pumpen är av "våt" typ på så vis att bränslet flödar genom pumpen och den elektriska motorn. Det finns ingen brandrisk eftersom det bränsle som dras genom pumpen inte kan förbrännas.

Impellerpump

Impellern är monterad på armaturaxeln och har ett antal spår på ytterkanten. När pumpen startas vrids impellern, vilket skapar en tryckskillnad som tvingar bränsle genom spåren till pumpens utlopp. En ventil förhindrar övertryck.

Valspump

På armaturaxeln finns en excentrisk rotor med ett antal fickor runt ytterkanten. Varje ficka innehåller en metallvals. När pumpen aktiveras slungas valsarna ut av centrifugalkraften så att de fungerar som tätningar. Bränslet mellan valsarna tvingas ut genom pumpens tryckutlopp. En ventil förhindrar övertryck.

Alla typer

Trycket i bränsleröret hålls konstant (3,0, 2,7 eller 2,4 bar beroende på modell) av en tryckregulator. Bränslepumpen ger normalt mycket mer bränsle än vad som krävs och överskottet skickas tillbaka till tanken via ett returrör. Faktum är att ett maximalt bränsletryck överskridande 4,5 bar är möjligt. För att förhindra tryckfall i systemet finns det en envägsventil i bränslepumpens utlopp. När tändningen stängs av och pumpen slutar arbeta upprätthålls därmed trycket under en viss tid.

Bränsletrycksregulator

Tryckregulatorn är monterad på bränslerörets utloppssida och upprätthåller ett jämnt tryck i bränsleröret.

På tomgång med urkopplat vakuumrör, med motorn avstängd och pumpen igång eller vid full gas, är bränslesystemets tryck cirka 2,4, 2,7 eller 3,0 bar beroende på modell. Vid tomgång (med anslutet vakuumrör) är trycket i bränsleröret cirka 0,5 bar under systemtrycket.

Dessutom finns på V6-motorer en av styrmodulen aktiverad avstängningsventil för att ge ökat bränsletryck och därmed fetare blandning under vissa förhållanden. Detta kan komma att behövas vid varmstart då förångning kan inträffa. Genom att minska undertrycket på regulatorn leder det höjda bränsletrycket till lättare start.

6 Katalysator och avgasrening

Katalysator

De PGM-Fi insprutningssystem i bilar från Honda och Rover som har katalysator har en sluten styrslinga för att reducera utsläppen. Sådana system är försedda med en syresensor som övervakar avgasernas syrehalt. Låg halt anger fet blandning och hög halt mager. Spänningen i syresensorkretsen är ganska låg och växlar mellan 100 mV (mager) och 1,0 V(fet).

Signalen växlar från mager till fet med cirka 1 HZ. En digital voltmätare ansluten till signalledningen skulle visa en genomsnittsspänning på cirka 0,45 V. Om fel uppstår i syresensorns krets använder styrmodulen konstant spänning på 0,45 V, vilket inte ska förväxlas med den snittsspänning på 0,45 V som uppstår vid växlandet mellan 0,1 och 1,0 V.

När motorn körs med sluten slinga gör signalen från syresensorn att styrmodulen modifierar insprutningen så att den ligger nära idealet. Genom att kontrollera insprutningen under de flesta arbetsvillkor hålls blandningen alltid i det lilla fönstret runt Lambda-punkten (d v s Lambda = 0,97 till 1,03), och en nästa perfekt förbränning blir då resultatet. Det leder till att katalysatorn får mindre arbete och större livslängd med färre utsläpp.

Styrningen med sluten slinga är aktiv när motorn arbetar vid normal temperatur. När kylvätskans temperatur understiger 70°C eller när motorn är fullbelastad eller motorbromsar arbetar styrmodulen med öppen slinga då den medger en magrare eller fetare insprutningstid. Detta förhindrar att motorn tvekar, exempelvis vid acceleration med vidöppen trottel.

Syresensorn avger signal endast när avgastemperaturen nått minst cirka 300°C. För att kunna ge syresensorn optimal arbetstemperatur så snabbt som möjligt efter motorstart innehåller syresensorn ett värmeelement. Uppvärmningen regleras av styrmodulen via ett relä eller från bränslepumpens relä beroende på fordon. Styrmodulen stänger under vissa förhållanden av reläet. I V6 motorer används två syresensorer, en för varje cylinderbank.

Linjärflödesgivaren (endast vissa motorer)

Linjärflödesgivaren har en funktion som liknar syresensorns och den är också installerad i avgassystemet. Signalen är digital och växlar mellan 5,0 och noll V. Linjärflödesgivaren arbetar över en bred skala av insprutningstider.

I likhet med syresensorn ger linjärflödesgivaren endast signal när avgaserna nått en minimitemperatur på cirka 300°C. För att kunna ge linjärflödesgivaren optimal arbetstemperatur så snabbt som möjligt efter motorstart innehåller linjärflödesgivaren ett värmeelement. Detta stabiliserar även givarens temperatur. Linjärflödesgivarens värmare får spänning från systemreläet och jordas av styrmodulen under vissa förhållanden.

Kolkanisterventilen

Kolkanisterventilen, en membranventil, en tvåvägsventil och en kanister med aktivt kol samverkar för att reglera avdunstningen. Kolkanistern förvarar bränsleångorna till dess att kolkanisterventilen öppnas av styrmodulen under vissa arbetsförhållanden (fig. 9.7).

Spänningen till kolkanisterventilen kommer från tändningslåset. Jordning sker via styrmodulen som aktiverar ventilen genom att vid behov jorda den. Normal status för kolkanisterventilen är öppen och den stänger när den aktiveras av styrmodulen.

När motorn startat och kylvätskan håller under 70°C stänger styrmodulen kolkanisterventilen så att ångorna hålls kvar i kolkanistern. När motorn uppnått 70°C öppnar styrmodulen kolkanisterventilen vilket lägger vakuum på membranventilen som öppnar så att bränsleångorna kan dras in i insugsröret för normal förbränning i motorn.

Återcirkulation av avgaser

Det system för återcirkulation av avgaser som används av Hondas PGM-Fi-utrustade fordon styrs av styrmodulen med ledning av signaler från de olika givarna. Komponenter i styrsystemet inkluderar styrsolenoiden, ventilen för konstantvakuum samt en ventil och lyftavkännare.

I styrmodulen finns en digital karta som anger hur stort lyft som krävs för att dosera

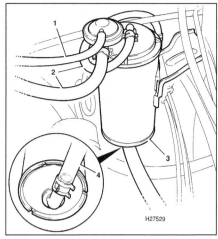

Fig. 9.7 Typiska slanganslutningar för kolkanistern (V6-motor)

1 Vakuumslang   3. Kolkanister
2. Ångslang   4. Luftintagsslang

återcirkulationen av avgaser. Den ger signaler till styrsolenoiden så att vakuum läggs på återcirkulationsventilen som då öppnar för att släppa in en doserad mängd avgaser i insugsröret. Givaren känner av aktuellt lyft och det jämförs med kartan. Om de två värdena inte stämmer överens justerar styrmodulen med styrsolenoiden.

Vakuum från insugsröret till konstantvakuumventilen. Den dämpar pulserna i insugsröret i enlighet med trottelns öppning och ger ett konstant vakuum till styrsolenoiden. Vid mottagandet av en pulsad signal från styrmodulen ändrar solenoiden öppningstiden för att låta varierande vakuum arbeta på lyftventilen som öppnar för att släppa in en doserad mängd avgaser i insugsröret.

Lyftventilens givare är en treledningsgivare med ett motstånd som varierar med lyftventilens position. 5,0 V matas till givaren och till styrmodulens givarretur. En signalspänning som varierar från 1,2 till 4,3 V beroende på ventilens lyfthöjd återkommer till styrmodulen. Då öppnas styrsolenoiden av styrmodulen med en arbetscykel som varierar beroende på den grad av kontroll som krävs.

Justeringar

7 Villkor för justering

1 Kontrollera att samtliga av dessa villkor är uppfyllda innan justering påbörjas.
  a) *Motorn ska hålla arbetstemperatur. Motoroljans temperatur minst 80°C. En körsträcka om minst 7 km rekommenderas (speciellt om bilen har automatväxellåda).*
  b) *Tillbehör (all motorbelastning) avstängda.*
  c) *Fordon med automatväxellåda: Växelväljaren i N eller P.*
  d) *Motorn mekaniskt frisk.*
  e) *Motorns ventilationsslangar och ventileringssystem i tillfredsställande skick.*
  f) *Insuget fritt från vakuumläckor.*
  g) *Tändsystemet i tillfredsställande skick.*
  h) *Luftfiltret i tillfredsställande skick.*
  i) *Avgassystemet fritt från läckor.*
  j) *Gasvajern korrekt justerad.*
  k) *Inga felkoder i styrmodulen.*
  l) *Syresensorn i tillfredsställande skick (katalysatorförsedda fordon med sluten styrslinga).*

2 Dessutom, innan tomgångsvarvtal och CO-halt kontrolleras ska motorn stabiliseras enligt följande:
  a) *Stabilisera motorgången. Höj varvtalet till 3 000 under minst 30 sekunder och låt motorn återta tomgång.*
  b) *Om kylfläkten startar under justeringen, vänta till dess att den stannar, stabilisera motorgången och börja om med justeringen.*
  c) *Låt varvtal och CO-halt stabiliseras.*
  d) *Utför alla kontroller och justeringar inom 30 sekunder. Om denna tid överskrids, stabilisera motorgången och kontrollera igen.*

8 Justering av trotteln

Kontroll och justering av trottelhus

1 Rengör trottelplattan och omgivande områden med förgasarrengöring.
2 Trottelns position är kritisk och får inte rubbas. Av den orsaken är trottelstopp-skruven förinställd och ej justerbar. Mixtra inte med den.
3 Justering av gasvajern.
4 Varmkör motorn till normal arbetstemperatur.
5 Kontrollera att vajern arbetar smidigt utan kärvningar över hela arbetsområdet.
6 Kontrollera vajerns spel. Tryck försiktigt på

den och kontrollera att den rör sig 10 till 12 mm innan trottellänkaget börjar öppna.
7 Om justering krävs, slacka låsmuttern och flytta på vajern så att avböjningen blir korrekt.
8 När vajern är korrekt justerad, tryck gaspedalen i botten och kontrollera att trotteln är helt öppen.
9 Släpp gaspedalen och kontrollera att trotteln är helt stängd mot stoppet.
10 Trottelns positionsgivare är inte heller justerbar och får inte mixtras med.
11 Kontrollera trottelhuset, dålig funktion eller att trotteln fastnar i endera ändläget kan vara ett resultat av för stort slitage i trottelhuset eller axlar.

9 Justering av tändläget

Fyrcylindriga motorer

Observera: *Följande beskrivning är för Rover 216/416, Hondas modeller är liknande.*
1 Grundtändläget på fyrcylindriga motorer med PGM-Fi kan justeras.
2 Tändläget får endast justeras sedan styrmodulen försatts i serviceläge genom överbryggning av stiften i diagnostikuttaget.
Observera: *Självdiagnostikens testanslutning saknas på 216/416 modellerna med katalysator eftersom styrmodulens stift tilldelats syresensorns signal.*
3 Se villkoren i avsnitt 7. Det är speciellt viktigt att motoroljan håller normal arbetstemperatur innan du börjar arbetet.
4 Starta motorn och låt den gå på tomgång.
5 Koppla in en varvräknare och ett stroboskop.
6 Försätt styrmodulen i grundtändläge.
7 Leta upp diagnostikuttaget och ta av den gula skyddshuven (om monterad).
8 Brygga över de två yttre stiften på diagnostikuttaget.
9 När styrmodulen arbetar i grundtändläge ska inställningsmärkena vara stabila. Om svårigheter finns att ställa in grundtändläget eller om märkena vandrar, leta då efter en defekt eller feljusterad trottelpositionsgivare eller trottelplatta.
10 Kontrollera med stroboskopet att grund-tändläget är enligt specifikationerna. Kom ihåg att motorn roterar motsols. Det röda märket är utgångspunkten och märkena på var sida om detta indikerar toleransen ± 2°. Det gula märket anger ÖD. Tändläget är 16 ± 2° FÖD för de flesta motorer (fig. 9.8).
11 Om tändläget är fel, lossa fördelarens fästbultar och vrid fördelaren så att inställningsmärkena blir i linje med varandra.
12 Dra försiktigt åt fördelarbultarna och kontrollera tändläget.
13 Avlägsna överbryggningen från diagnostikuttaget.

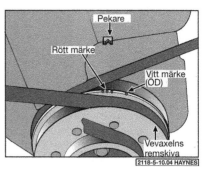

Fig. 9.8 Typiska tändinställningsmärken (de flesta fyrcylindriga motorer). Observera att motorn roterar motsols

14 Starta motorn, sikta på tändningsmärkena med stroboskopet (vars förtändningsstyrning måste vara noll) och öka långsamt motor-varvet till 3 000. Märkena ska glida mjukt isär när tändningen flyttas fram.

V6-motorer

15 Grundtändläget kan justeras på V6 PGM-Fi motorer.
16 Starta motorn och låt den gå på tomgång.
17 Koppla in en varvräknare och ett stroboskop.
18 Kontrollera med stroboskopet att grundtändläget är enligt specifikationerna. Det röda märket är 15° ± 2° FÖD. Det vita märket anger ÖD (fig. 9.9).
19 Om tändläget är fel, vrid då på CO-justeringsskruven i styrlådan till dess att läget blir korrekt (fig. 9.10). Medsols flyttar fram tändläget och motsols backar.

Observera: *På vissa motorer kan justeringen vara förseglad med ett lock fasthållet av två nitar. Borra ur nitarna så att justeringen blir åtkomlig.*

20 Starta motorn, sikta på tändningsmärkena med stroboskopet (vars förtändningsstyrning måste vara noll) och öka långsamt motorvarvet till 3 000. Märkena ska glida mjukt isär när tändningen flyttas fram.

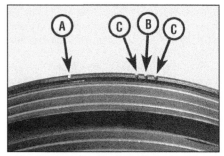

Fig. 9.9 Typiska tändinställningsmärken (de flesta V6-motorer). Observera att motorn roterar medsols

A. ÖD-märken   C. Toleransmärken
B. Tändlägesmärke   ±2°

Fig. 9.10 Justering av tändläget (V6 motor utan katalysator). Leta upp justerings-potentiometern i styrlådan och vrid på skruven för att backa eller flytta fram tändläget

10 Justering av tomgången

1 PGM-Fi använder en automatisk tom-gångsventil för att upprätthålla korrekt varvtal på tomgången oavsett arbetsvillkor. Det är dock viktigt att grundtomgången är korrekt inställd, i annat fall kan problem uppstå.
2 Se justeringsvillkoren i avsnitt 7. Det är särskilt viktigt att motoroljan håller normal arbetstemperatur när du påbörjar arbetet.
3 Starta motorn och låt den gå på tomgång.
4 Koppla in en varvräknare och en avgas-analyserare.
5 Kontrollera att tändläget är korrekt.
6 Kontrollera att läget för trottelns positions-givare är korrekt.
7 Kontrollera normaltomgången. Om den är utanför specifikationerna eller är ojämn ska grundtomgången kontrolleras och justeras.

Justering av grundtomgång

8 Stäng av tändningen.
9 Dra ur tomgångsventilens kontakt.
10 Starta motorn, höj varvtalet till 2 000 under 10 sekunder och låt sedan motorn gå på tomgång.
11 Leta upp justerskruven i trottelhuset **(fig. 9.11)**.
12 Avlägsna förseglingen (om monterad).
13 Vrid justerskruven så att angivet varvtal erhålles (550 + 50 varv/min)
14 Höj varvtalet till 1 000 under några sekunder, släpp trotteln långsamt och låt motorn stabilisera sig på tomgång.
15 Kontrollera grundtomgången och justera vid behov.
16 Stäng av tändningen och sätt i kontakten till tomgångsventilen.
17 Avlägsna säkringen från sockel 4 under 30 sekunder. Se varning 3 i Referenser.
18 Sätt i kontakten till tomgångsventilen.
19 Starta motorn, höj varvtalet till 2 000 under 10 sekunder och låt sedan motorn gå på tomgång.

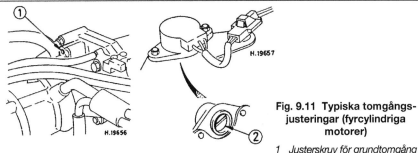

Fig. 9.11 Typiska tomgångs-justeringar (fyrcylindriga motorer)
1 Justerskruv för grundtomgång
2 Justerskruv för CO-halten

Kontrollera att tomgången ligger inom gränsvärdena. Om inte, gör om justeringen.
20 Kontrollera att CO-halten ligger inom gränsvärdena. Om halten är fel, leta upp justerskruven i CO-potentiometern (ej med katalysator), justera CO-halten och kontrollera grundtomgången igen.
21 Upprepa kontrollerna av CO-halt och varvtal vid tomgång till dess att bägge ligger inom gränsvärdena.
22 Belasta motorn genom att slå på bak-ruteuppvärmningen och kontrollera att varvtalet fortfarande ligger inom gränsvärdena.

Tomgångsjusteringar (V6-motorer)

Varvtal

23 Se justeringsvillkoren i avsnitt 7. Det är särskilt viktigt att motoroljan håller normal arbetstemperatur när du påbörjar arbetet.
24 Ställ ratten så att framhjulen pekar rakt fram.
25 Anslut en varvräknare och notera varvtal för tomgång som ska vara 720 ± 50 varv/min (manuell växellåda) eller 680 ± 50 varv/min (automatisk växellåda i D) eller 720 ± 50 varv/min (automatisk växellåda i N eller P).
26 Leta upp styrmodulen under främre passagerarsätet och studera den gula lysdioden.

a) Om den gula lysdioden är släckt kräver inte tomgången justering.
b) Om den gula lysdioden är tänd, vrid tomgångens justerskruv (i trottelhuset) motsols **(fig. 9.12)**.
c) Om den gula lysdioden blinkar, vrid tomgångens justerskruv medsols.
27 Om den gula lysdioden inte slocknar inom 30 sekunder efter gjord justering, vrid justerskruven i samma riktning.
28 Fortsätt justeringen till dess att den gula lysdioden slocknar.
29 Belasta motorn enligt följande:
a) Slå på helljuset
b) Slå på värmefläkten för fullt.
c) Slå på den uppvärmda bakrutan.
30 Tomgångens varvtal ska vara konstant 800 varv/min.

CO-halt (endast modeller utan katalysator)

31 Se villkoren i avsnitt 7 och kontrollera att alla motorbelastningar är avstängda.
32 Anslut en avgasanalyserare till avgasröret.
33 CO-halten ska vara 1,0 ± 1,0. Justera vid behov genom att vrida på justerskruven i CO-potentiometern (placerad under instrument-brädan).

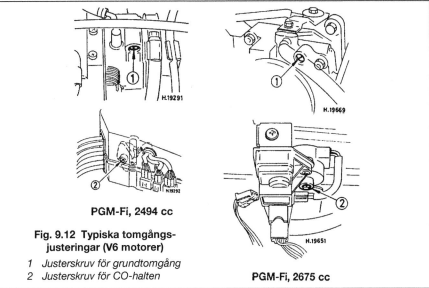

PGM-Fi, 2494 cc

Fig. 9.12 Typiska tomgångs-justeringar (V6 motorer)
1 Justerskruv för grundtomgång
2 Justerskruv för CO-halten

PGM-Fi, 2675 cc

Test av systemets givare och aktiverare

Viktigt: *Se kapitel 4 som beskriver vanliga testprocedurer för detta system. Arbetsbeskrivningarna i kapitel 4 ska läsas i samband med komponentnotiser och kopplingsscheman i detta kapitel. Kopplingsscheman och andra data som presenteras i detta kapitel är inte nödvändigtvis representativa för avbildat system. I och med skillnader i ledningsdragning och annat som ofta uppstår även mellan likartade modeller av en given tillverkares produktion ska läsaren vara ytterst noga med att identifiera styrmodulens stift och kontrollera att korrekta data är inhämtade innan en given komponent kasseras.*

11 Vevaxelns vinkelgivare

1 Se noten i början av detta avsnitt och relevant avsnitt i kapitel 4.
2 Kontakten till vevaxelns vinkelgivare i V6 motorer innehåller två stiftuppsättningar, en för vardera givaren. Behandla stiftuppsättningarna som separata givare och testa dem i enlighet med detta. Därtill kommer att den induktiva utlösaren i fördelaren testas på liknande sätt. Motståndet i vevaxelns vinkelgivare (både ÖD och varvtal) ska vara mellan 500 och 1 200 ohm. Motståndet i vevaxelvinkelgivaren (fördelarbaserad induktiv signal) ska vara mellan 650 och 850 ohm.
3 Vevaxelns vinkelgivare i fyrcylindriga motorer består av två oberoende induktiva utlösare i fördelaren. Givarna mäter ÖD och varvtal separat. Funktion och testprocedurer är mycket lika dem för svänghjulsbaserade vevaxelvinkelgivare när väl rätt signalledning identifierats i kontakten.
4 På Hondas fordon ska motståndet i vevaxelvinkelgivaren (både ÖD och varvtal) vara mellan 350 och 700 ohm. På Rovers modeller ska motståndet i vevaxelvinkelgivaren (både ÖD och varvtal) vara mellan 500 och 1 200 ohm.

12 Primär tändning

1 Se noten i början av avsnitt 11 och relevant avsnitt i kapitel 4.
2 Primärkretsen består i grunden av styrmodulen och en extern förstärkare. Förstärkaren är placerad i fördelaren i de system som har "spolen i locket".
3 När tändningskretsen testas för primärsignal är det tillvägagångssätt som beskrivs i avsnittet "Primärsignal saknas (extern förstärkare)" generellt de mest lämpade.
4 Tändspolens motstånd är vanligen ett av följande värden:
   a) *Primärt motstånd 0,6 till 0,8, sekundärt motstånd 13 200 till 19 800*
   b) *Primärt motstånd 0,4 till 0,5, sekundärt motstånd 940 till 14 160*
5 Sök efter förstärkarspänningar på fördelarens sjustiftskontakt, tvåstiftskontakten eller vid styrmodulen **(fig. 9.13 och 9.14).**
Observera: *Även om en primärsignal kan erhållas vid varvräknarstiftet i tvåstifts-*

kontakten till fördelaren är den signalen inte en genuin primär signal, anslutning till det negativa stiftet inne i fördelaren ger bättre resultat.
6 Anslut vilomätarens positiva sond till spolens negativa stift. Detta är inte lätt att komma åt men följande metod kan användas för anslutning:

Anslutning av testinstrument till primärtändkretsen

7 Avlägsna fördelarlocket och leta upp spolens negativa stift.
8 Skruva ur den skruv som fäster lågspänningsledningen vid spolens negativa stift.
9 Tillverka en provisorisk lågspännings-

ledning med en liten ögla i ena änden och ett stift i den andra.
10 Skruva i skruven så att den säkrar både den ursprungliga och den provisoriska lågspänningsledningen vid spolens negativa anslutning.
11 Dra försiktigt den provisoriska ledningen över den genomföring som leder primärledningarna in i fördelaren. Se till att den nya ledningen inte påverkar rotorn och att den inte kläms sönder när fördelarlocket monteras.
12 En annan metod är att fila upp ett litet hack i läppen på fördelarlockets fot.
13 Montera fördelarlocket med stor försiktighet.
14 Anslut provarens sond till stiftet på änden av den nya ledningen.

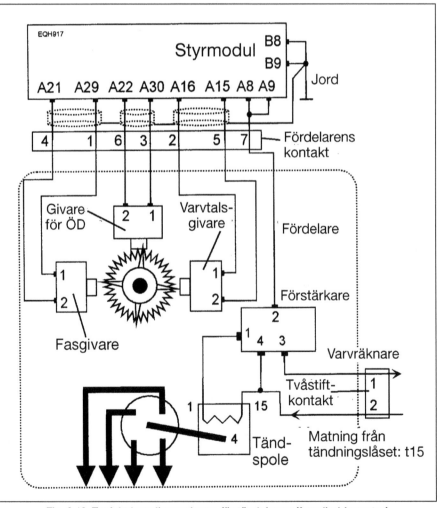

Fig. 9.13 Typiskt kopplingsschema för tändningen (fyrcylindrig motor)

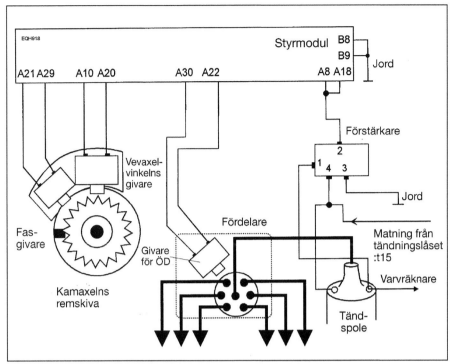

Fig. 9.14 Typiskt kopplingsschema för tändning (V6-motorer)

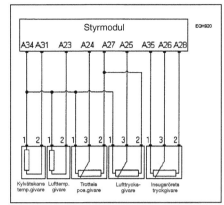

Fig. 9.15 Typiskt kopplingsschema för givare

13 Injektorfunktioner

1 Se noten i början av avsnitt 11 och relevant avsnitt i kapitel 4.
2 Spänning till injektorerna tas vanligen från systemreläet.
3 Injektorerna arbetar sekventiellt.
4 Injektormotståndet är normalt 10,0 till 13,0 ohm (utan ballastmotstånd) eller 1,5 till 2,0 ohm (genom ett ballastmotstånd på 5,0 till 7,0 ohm).

14 Fasgivare

1 Se noten i början av avsnitt 11 och relevant avsnitt i kapitel 4.
2 Fasgivaren kan finnas i fördelaren eller ansluten till avgaskamaxeln.
3 Honda: Fasgivarens motstånd ska vara mellan 350 och 700 ohm. Rover: Fasgivarens motstånd ska vara mellan 500 och 1 200 ohm.

15 Insugsrörets tryckgivare

1 Se noten i början av avsnitt 11 och relevant avsnitt i kapitel 4.

2 Insugsrörets tryckgivare är placerad på torpedplåten eller fastbultad på insugsröret (ingen vakuumslang).
3 I de fall insugsrörets tryckgivare är direkt ansluten på insugsröret, leta efter vakuumläckage vid fogytorna. Byt o-ring vid behov.

16 Lufttrycksgivare

1 Använd en tunn sond stucken genom gummiinsatsen på lufttrycksgivarens kontakt. Mycket stor försiktighet är nödvändig för att undvika skador på damask eller stift.
2 Anslut voltmätarens negativa sond till en motorjord.
3 Anslut voltmätarens positiva sond till den ledning som är ansluten till lufttrycksgivarens signalstift.
4 Slå på tändningen.
5 Spänningssignalen för lufttryck vid havsnivå är ungefärligen mellan 1 och 3 V. Spänningen ändras något med lufttrycket, liksom när bilen används på olika höjd över havet. Spänningsändringarna är troligen relativt små. Det viktiga är att spänningen ligger inom förväntade parametrar. Felaktiga värden indikerar en defekt givare.

17 CO-potentiometer

1 Se noten i början av avsnitt 11 och relevant avsnitt i kapitel 4.
2 CO-potentiometern är av extern typ och finns i passagerarfotbrunnen under styrmodulen.

18 Lufttemperaturgivare

1 Se noten i början av avsnitt 11 och relevant avsnitt i kapitel 4.
2 Lufttemperaturgivaren finns normalt i insugsröret (fig. 9.15).

19 Kylvätskans temperaturgivare

1 Se noten i början av avsnitt 11 och relevant avsnitt i kapitel 4.

20 Trottelns positionsgivare

1 Se noten i början av avsnitt 11 och relevant avsnitt i kapitel 4.

21 Tomgångsventil

1 Se noten i början av avsnitt 11 och relevant avsnitt i kapitel 4.
2 Kontinuitet ska mätas med en ohmmätare mellan de två stiften på tomgångsventilen (fig. 9.16).

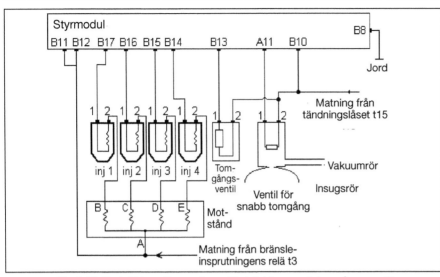

Fig. 9.16 Typiskt kopplingsschema för injektorer och tomgångsventil

24 Systemreläer

1 Se noten i början av avsnitt 11 och relevant avsnitt i kapitel 4.
2 Systemreläet är enkelt 8 stifts med dubbelkontakt **(fig. 9.17)**.

25 Bränslepump och krets

1 Se noten i början av avsnitt 11 och relevant avsnitt i kapitel 4.

26 Bränsletryck

1 Se noten i början av avsnitt 11 och relevant avsnitt i kapitel 4.

27 Syresensor

1 Se noten i början av avsnitt 11 och relevant avsnitt i kapitel 4.

3 Arbetscykel med varm motor:
Ingen belastning   ca. 30%
Under belastning   ca. 37%

22 Styrmodulens matningar och jordar

1 Se noten i början av avsnitt 11 och relevant avsnitt i kapitel 4.

23 Tröghetsbrytare

1 Se noten i början av avsnitt 11 och relevant avsnitt i kapitel 4.
2 Tröghetsbrytaren finns bara på Rover och sitter vanligen bakom radion.

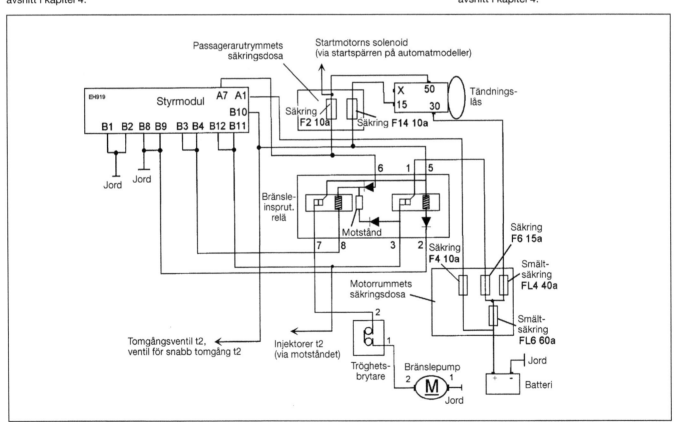

Fig. 9.17 Typiskt kopplingsschema för relä och komponenter

2 Den syresensor som finns i de flesta Honda PGM-Fi fordon är av typen fyrledningsgivare med värmare. Vissa modeller använder dock en linjärflödesgivare som växlar digitalt mellan noll och 5,0 V.

28 Kolkanisterventil

1 Se noten i början av avsnitt 11 och relevant avsnitt i kapitel 4.

29 Styrlådans vakuumanslutningar (V6 2.7)

1 Styrlådan på torpedplåten innehåller ett antal komponenter, huvudsakligen styr-solenoider anslutna med vakuumslangar. Slangarnas nummer finns angett på slang-sidorna och de korrekta anslutningarna, efter nummer, är följande:

1) Regulatorns avstängningsventil till bränsletrycksregulatorn
2) Insugsrörets styrsolenoider A & B till insugsrörets styrmembran
3) Regulatorns avstängningsventil till insugsrörets vakuumkälleanslutning
4) Insugsrörets tryckgivare till insugsrörets vakuumkälleanslutning
5) Konstantvakuumstyrning och luftbehållare till vakuumtanken och till insugsrörets vakuumkälleanslutning
6) Sugstyrventilen till luftsugsventilen (endast system med luftinsprutning)
7) Insugsrörets styrsolenoid B till insugsrörets styrmembran
8) Trotteldämparens luftfilter till trotteldämparens membran
9) Avgasåtercirkulationens styrsolenoid-ventil till återcirkulationsventilen
10) Insugsrörets styrsolenoid A till vakuumtanken
11) Luftsugningens styrventil till vakuumtanken

Stifttabell – typisk 53 stifts (Rover)

Observera: Se fig. 9.18

A1	Batterimatning (avsäkrad)	A29	Fasgivarens retur
A2	Luftkonditioneringskopplingens relädrivning	A30	ÖD-givarens retur
A3	-	A31	Kylvätskans temperaturgivarsignal
A4	Startomkopplare (automatväxellåda)	A32	-
A5	-	A33	-
A6	Startomkopplare (automatväxellåda)	A34	Givarretur, lufttemperaturgivaren,
A7	Matning (avsäkrad) från tändningslåset för runddragning		kylvätskans temperaturgivare, trottelns positionsgivare
A8	Tändningsutmatning till förstärkare	A35	Insugsrörets tryckgivarretur
A9	Tändningsutmatning till förstärkare (ansluten till styrmodulen)	A36	Diagnostikuttag
A10	-	B1	Jord
A11	Drivning till snabbtomgångens solenoid	B2	Jord (ansluten till styrmodulen)
A12	-	B3	Bränsleinsprutningens relädrivning
A13	Självdiagnostikens varningslampa	B4	Bränsleinsprutningens relädrivning (ansluten till styrmodulen)
A14	Luftkonditioneringens tryckkontakt	B5	Resonatorns styrsolenoid
A15	Varvtalsgivarsignal	B6	Automatväxellådans låsningssolenoid
A16	Varvtalsgivarretur	B7	-
A17	Generator	B8	Jord
A18	Fordonets hastighetsgivarsignal	B9	Jord (ansluten till styrmodulen)
A19	-	B10	Tändningens försörjning (avsäkrad)
A20	CO-potentiometersignal	B11	Normal batterispänningsmatning från relä
A21	Fasgivarens signal	B12	Normal batterispänningsmatning från relä
A22	ÖD-givarens signal		(ansluten till styrmodulen)
A23	Lufttemperaturgivarens signal	B13	Tomgångsventilpuls
A24	Trottelns positionsgivarsignal	B14	Injektor 4 puls
A25	Lufttrycksgivarens signal + havsnivå	B15	Injektor 3 puls
A26	Insugsrörets tryckgivarsignal	B16	Injektor 2 puls
A27	Givarmatning trottelns positionsgivare	B17	Injektor 1 puls
A28	Givarmatning insugsrörets tryckgivare		

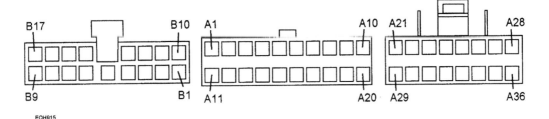

EQH915

Fig. 9.18 53 stifts kontakt för PGM-Fi

Stifttabell - typisk 76 stifts (Honda)

Observera: Se fig. 9.19

A1	Injektor 1 drivning	B8	Servostyrningens tryckkontakt
A2	Injektor 4 drivning	B9	Tändningslåset
A3	Injektor 2 drivning	B10	Fordonets hastighetsgivare
A4	Spolens solenoidventil	B11	Fasgivarens signal
A5	Injektor 3 drivning	B12	Fasgivarens retur
A6	Syresensorns värmare drivning	B13	ÖD-givarens signal
A7	Bränsleinsprutningens relädrivning	B14	ÖD-givarens retur
A8	Bränsleinsprutningens relädrivning	B15	Varvtalsgivarens signal
A9	Tomgångsventilens drivning	B16	Varvtalsgivarens retur
A10	-	D1	Batteri
A11	-	D2	Bromskontakt
A12	Kylarfläktens relä	D3	-
A13	Självdiagnostikens varningslampsdrivning	D4	Diagnostikuttag
A14	-	D5	-
A15	Luftkonditioneringens relädrivning	D6	VTEC oljetryckskontakt
A16	Generator	D7	Datalänksanslutning
A17	Automatväxellådans låsningssolenoid	D8	-
A18	-	D9	Generator
A19	Automatväxellådans låsningssolenoid	D10	Elektronisk belastningsdetektor
A20	Kolkanisterventilens drivning	D11	Trottelns positionsgivarsignal
A21	Förstärkarens styrsignal	D12	-
A22	Förstärkarens styrsignal	D13	Kylvätskans temperaturgivarsignal
A23	Jord	D14	Syresensorns signal
A24	Jord	D15	Lufttemperaturgivarens signal
A25	Bränsleinsprutningens reläutmatning	D16	-
A26	Jord	D17	Insugsrörets tryckgivarsignal
B1	Bränsleinsprutningens reläutmatning	D18	Automatväxellådans upplåsningsstyrning, uppväxlingsindikator
B2	Jord	D19	Givarmatning, insugsrörets tryckgivare
B3	Instrumentpanelen (endast automatväxellåda)	D20	Givarmatning, trottelns positionsgivare
B4	Instrumentpanelen (endast automatväxellåda)	D21	Insugsrörets tryckgivarretur
B5	Luftkonditioneringens kontakt	D22	Givarretur, lufttemperaturgivaren, kylvätskans temperatur-givare, syresensorn, diagnostikuttaget, trottelns positionsgivare
B6	-		
B7	P/N kontakt (endast automatväxellåda)		

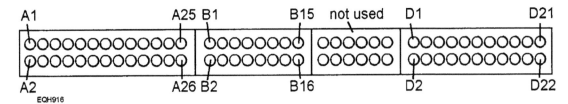

Fig. 9.19 76 stifts kontakt för PGM-Fi

Felkoder

30 Läsning av felkoder

1 När motorn går och styrmodulen upptäcker ett fel jordas ett stift vilket tänder varnings-lampan "Check Engine" på instrument-panelen. Lampan förblir tänd till dess att felet inte längre finns. Om varningslampan tänds och slocknar är felet troligtvis av tillfällig natur.
2 Självdiagnostiken i PGM-Fi kan bara användas för avläsning och radering av felkoder, andra funktioner som Datastream saknas.
3 Beroende på modell finns det två

grundläggande sätt att avläsa felkoderna. I den tidiga versionen avläses felkoderna som blinkningar i styrmodulens lysdiod. I senare versioner överbryggas kontakter i diagnostik-uttaget och felkoderna matas ut som blinkningar på instrumentbrädans varnings-lampa.

Tidiga fordon

4 Leta upp styrmodulen under passagerar-sidans fotbrunn.
5 Slå på tändningen.
6 Titta på den röda lysdioden i mitten av styrmodulen.
7 Räkna antalet blinkningar. Dessa avges som rak räkning, d v s 15 blink anger felkod 15 **(fig. 9.20)**.

Fig. 9.20 Studera blinkkoderna (tidiga versioner). Studera lysdiodens blinkningar på styrmodulen. Den gula lysdioden släcks om tomgångsvarvtalet är korrekt. Om den gula lysdioden är konstant tänd eller blinkar ska tomgångsvarvtalet justeras

8 Lysdioden tar sedan paus i två sekunder och avger nästa kod. När alla koder matats ut kommer en ny paus innan sekvensen börjar om.

9 Om antalet blink indikerar ett nummer som saknar felkod är styrmodulen misstänkt. Kontrollera flera gånger och undersök sedan matningar och jordar på styrmodulen innan en utbytesenhet monteras.

10 När tändningen slås av släcks lysdioden, men den börjar blinka igen när tändningen slås på.

11 Om felen åtgärdats kommer dioden att fortsätta blinka till dess att minnet raderas. Metoden beskrivs nedan.

Radering av felkoder

12 Radera felkoderna genom att lyfta ut 10 amp säkringen ur sockel 4 i säkringsdosan under 10 sekunder.

Observera: *Detta ställer även om de adaptiva värdena.*

Senare fordon

13 Titta på lampan "Check Engine" på instrumentbrädan. Om den är tänd finns en eller flera felkoder loggade och styrmodulen bör utfrågas enligt följande:

14 Brygga över de två stiften i diagnostikuttaget.

15 Slå på tändningen.

16 Titta på varningslampan. Om den är tänd, men inte blinkar är styrmodulen i "back-up" läge. Den ska i så fall tas ut och testas av en specialist.

17 Räkna antalet blink på varningslampan. De första 9 koderna visas rakt, d v s 8 blinkningar anger felkod 8. Från 10 till 48 sker indika-tionen som korta och långa blink där långa blink anger tiotal och korta entalet, d v s så visas 41 som fyra långa och ett kort blink **(fig. 9.21)**.

18 När den första koden matats ut görs en paus innan nästa.

19 När alla koder matats ut görs en paus innan sekvensen upprepas.

20 Om antalet blink indikerar ett nummer som saknar felkod är styrmodulen misstänkt. Kontrollera flera gånger och kontrollera sedan

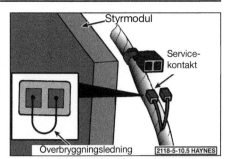

Fig. 9.21 Läsning av blinkkoder (senare versioner). Brygga stiften i service-kontakten (bakom sparkplåten till vänster om handskfacket)

matningar och jordar på styrmodulen innan en utbytesenhet monteras.

Radering av felkoder

21 Radera felkoderna genom att lyfta ut 7,5 amp reservsäkringen under 30 sekunder.

Observera: *Detta ställer även om de adaptiva värden.*

Felkodstabell

Kod	Fel
0	Styrmodulen
1	Syresensorn (utom motorn D16A9)
3	Insugsrörets tryckgivare
4	Vevaxelns vinkelgivare
5	Insugsrörets tryckgivare
6	Kylvätskans temperaturgivare
7	Trottelns positionsgivare
8	ÖD position (ÖD-givaren)
9	Position för cylinder 1 (fasgivaren)
10	Lufttemperaturgivaren
11	CO-potentiometern
12	Avgasåtercirkulationen
13	Lufttrycksgivaren
14	Tomgångsventilen
15	Tändningens utdatasignal
16	Injektor (motorn D15B2)
17	Fordonets hastighetsgivare
18	Tändläget
19	Automatväxellådans upplåsning, styrsolenoidventil A/B
20	Elektronisk belastningsavkännare
21	Spolens solenoidventil
22	Kamtidens oljetryckskontakt
30	Automatväxellådans bränsleinsprutningssignal A
31	Automatväxellådans bränsleinsprutningssignal B
41	Syresensorns värmare (motorerna D16Z6, D16Z7, B16A2)
41	Linjärflödesgivarens värmare (motorn D15Z1)
43	Bränslematningens system (motorerna D16Z6, D16Z7, B16Z2)
48	Linjärflödesgivaren (motorn D15Z1)

Kapitel 10
Magneti-Marelli G5/G6/8F/8P en-/flerpunkts

Innehåll

Specifikationer

Fordon	Årsmodell	Tomgångsvarvtal	CO%
Magneti-Marelli G5 & G6 (Citroën/Peugeot)			
AX 1.1i katalysator TU1M/Z (HDZ/HDY)	1992 till 1995	850 ± 50	0,5 max
BX 1.6i katalysator XU5M3Z (BDY)	1991 till 1994	850 ± 50	0,5 max
ZX 1.6i XU5M (B4A)	1991 till 1993	875 ± 25	1,0 till 2,0
ZX 1.6i XU5M.3/4K (B4A)	1991 till 1993	875 ± 25	1,0 till 2,0
ZX 1.6i katalysator XU5M.3L/Z (BDY)	1992 till 1993	850 ± 50	0,5 max
106 1.1i katalysator TU1M/Z (HDZ)	1993 till 1995	800 ± 50	0,4 max
205 1.1i katalysator TU1M/Z (HDZ)	1992 till 1995	800 ± 50	0,4 max
205 1.6i katalysator XU5M2Z (BDY)	1990 till 1991	800 ± 50	0,5 max
205 1.6i katalysator XU5M3Z (BDY)	1992 till 1995	800 ± 50	0,5 max
309 1.6i katalysator XU5MZ (BDZ)	1989 till 1991	800 ± 50	0,5 max
309 1.6i katalysator XU5M2Z (BDY)	1991 till 1992	850 ± 50	0,5 max
309 1.6i katalysator XU5M3Z (BDY)	1992 till 1994	800 ± 50	0,5 max
405 1.6i katalysator XU5MZ (BDZ)	1989 till 1991	800 ± 50	0,5 max
405 1.6i katalysator XU5M2Z (BDY)	1989 till 1991	800 ± 50	0,5 max
405 1.6i katalysator XU5M3Z (BDY)	1991 till 1992	800 ± 50	0,5 max
405 1.6i katalysator XU5M3L/Z (BDY)	1992 till 1993	800 ± 50	0,5 max
Magneti-Marelli 8F (Fiat)			
Punto 75, 1.2 176 A8.000	1994 till 1995	850 ± 50	0,35 max
Tipo 1.8i katalysator 159 A4.046	1992 till 1994	850 ± 50	0,35 max
Magneti-Marelli 8P (Citroën/Peugeot)			
Evasion 2.0i katalysator RFU (XU10J2CZ/L)	1994 till 1996	850 ± 50	0,3 max
Synergie 2.0i katalysator RFU (XU10J2CZ/L)	1994 till 1996	850 ± 50	0,3 max
Xantia 1.6i katalysator XU5JP/Z (BFZ)	1993 till 1995	850 ± 50	0,5 max
Xantia 2.0i katalysator XU10J2C/Z (RFX)	1993 till 1995	850 ± 50	0,5 max
ZX 2.0i katalysator XUJ10J2/C/L/Z (RFX)	1992 till 1995	850 ± 50**	0,4 max
ZX 1.6i och Break katalysator BFZ(XU7JPL/Z)	1994 till 1995	850 ± 50	0,4 max
ZX 1.8i och Break katalysator LFZ(XU7JPL/Z)	1995 till 1996	850 ± 50	0,4 max
106 1.4i 8V SOHC TU2J2L/Z (MFZ)	1993 till 1996	950 ± 50	0,3 max
106 1.6 flerpunkts TU5J2L/Z/K (NFY)	1994 till 1996	850 ± 50	0,3 max
306 1.8i Cabrio & katalysator XU7JPL/Z (LFZ)	1993 till 1996	850 till 900	0,3 max
306 2.0i katalysator XU10J2C (RFX)	1994 till 1995	850 ± 50	0,5 max
405 2.0i och 4X4 katalysator XU10J2C/Z (RFX)	1992 till 1995	850 ± 50	0,5 max
Boxer 2.0i katalysator XU10J2.U (RFW)	1994 till 1995	850 ± 50	0,5 max
806 2.0i XU10J2CL/Z (RFU)	1995 till 1996	850 ± 50	0,3 max

** *Modeller med luftkonditionering: 900 ± 50 varv/min*

Översikt av systemets funktion

1 Inledning

Läs denna översikt av Magneti-Marelli tillsammans med kapitel 2 som beskriver vissa av funktionerna i större detalj.

Familjen Magneti-Marelli (MM) motorstyrningssystem har utvecklats från systemet Weber-Marelli som monterades på Fiat och andra fordon. Även om vissa komponenter i MM liknar dem i Weber-Marelli finns det tillräckligt stora skillnader för att systemen ska behandlas för sig.

G5 är ett tidigt MM-system monterat i diverse bilar från Citroën och Peugeot, snabbt ersatt av G6. Varianten 8P har nu i stort sett ersatt G6, även om G5, G6 och 8P är mycket likartade i konstruktion och funktion. Huvudskillnaden mellan systemen är numreringen på de stift som används för givare och aktiverare.

Generellt är både G5 och G6 enpunktssystem, även om en flerpunktsversion monterades på vissa 2.0i versioner av Citroën XM och Peugeot 605. Vissa tidiga versioner av G5 monterade på Peugeot 309 och 405 hade fördelare men alla senare versioner av G5 & G6 är fördelarlösa. Versionen 8P är ett fördelarlöst flerpunktssystem, liksom 8F som monterats på vissa av Fiats modeller från och med årsmodell 1993 som ersättning för Weber-Marelli. 8F är mycket likt 8P, inklusive likartad stiftnumrering.

Magneti-Marelli G5, G6, 8P och 8F är helt integrerade system som styr primär tändning, bränsletillförsel och tomgång med en styrmodul. Korrekt vilovinkel och förställning av tändningen samt injektorernas öppningstid beräknas utifrån data från vevaxelns vinkelgivare (vevaxelns position och hastighet) och insugsrörets tryckgivare (motorns belastning). Ett 35 stifts kontaktdon och kontakter ansluter styrmodulen till batteri, givare och aktiverare. De flesta versioner har katalysator och kolkanister för avgasrening.

2 Styrfunktioner

Signalbehandling

Grundtändläget är sparat i en tredimensionell karta och signaler om motorns hastighet och belastning avgör tändläget. Huvudgivare för belastningen är insugsrörets tryckgivare. Motorns hastighet utläses av signalen från vevaxelns vinkelgivare.

Korrektionsfaktorer räknas sedan in för start, tomgång, inbromsning, delbelastning och fullbelastning. Den viktigaste korrektionsfaktorn är motorns temperatur (kylvätskans temperaturgivare). Smärre korrigeringar av tändläget och insprutningstiden (durationen) utförs enligt signaler från lufttemperaturgivaren och trottelns positionsgivare.

Den grundläggande insprutningstiden sparas också som en tredimensionell karta och signaler om motorns belastning och varvtal avgör grundinställningen. MM beräknar tändläget och insprutningstiden efter metoden hastighet/täthet, signalen från insugsrörets tryckgivare samt motorns varvtal. Denna metod fungerar enligt teorin att motorn suger in en fixerad volym luft per varv. insprutningstiden korrigeras med utgångspunkt från signaler från lufttemperaturgivaren, kylvätskans temperaturgivare, batteriets spänning och trottelns positionsgivare. Andra inverkande faktorer är kallstart - varmkörning, tomgång, acceleration och inbromsning.

MM använder sig av en annan karta för tomgång och denna karta kallas alltid upp när motorn går på tomgång. Tomgångsvarvtalet vid varmkörning och med normalvarm motor regleras av tomgångsventilen. Styrenheten utför små korrigeringar av tomgångsvarvtalet genom att flytta fram eller backa tändläget vilket resulterar i ett konstant föränderligt tändläge vid tomgång.

Om motorn har en syresensor resulterar syresensorns signal i att styrmodulen modifierar injektorpulsen så att insprutningstiden ger optimal bränsleblandning.

Grundfunktioner för styrmodulen

Den permanenta spänningen från batteriet till styrmodulen skiljer sig lite beroende på modell. En beskrivning av de olika typerna följer.

G5 och G6

En permanent spänning ligger på styrmodulen från batteriet. Detta gör att självdiagnostiken kan spara data av tillfällig natur. När tändningen är påslagen läggs ström på huvudreläet, som i sin tur matar spänning till styrmodulens stift 35 (de flesta versioner).

8P

En permanent spänning ligger på styrmodulens stift 4 från batteriet. Anslutningen sker via 15 stifts reläet och är ovanlig såtillvida att den dubblerar som huvudreläets drivning. När tändningen är påslagen läggs ström på huvudreläet, som i sin tur matar spänning till styrmodulens stift 35. Matningen till stift 35 tar nu över uppgiften att mata spänning till styrmodulen.

Alla modeller

De flesta givare som lufttemperaturgivaren, kylvätskans temperaturgivare, trottelns positionsgivare och insugsrörets tryckgivare får nu 5,0 V referensspänning från relevant stift på styrmodulen. När motorn dras runt eller går kommer en hastighetssignal från vevaxelns vinkelgivare som gör att styrmodulen jordar pumprelädrivningens stift så att bränslepumpen kan starta. Tändning och insprutning aktiveras. Alla aktiverare (tändspole, injektor, tomgångsventil, kolkanisterventilen etc) matas med drivspänning från bränslepumpens relä och styrmodulen fullbordar kretsar genom att jorda relevant aktiverare.

Självdiagnostik

MM har en seriell port för diagnostik. Den medger tvåvägskommunikation så att vissa komponenter kan aktiveras. Datastream information (levande värden) om systemets komponentstatus finns också. I Peugeot och Citroën kan värden för tomgångens varvtal och CO-halt (modeller utan katalysator) samt tändläge justeras via felkodsavläsaren.

Dessutom undersöker självtesten regelbundet givarsignalerna och loggar en felkod om ett fel påträffas. I Citroën och Peugeot läses denna felkod i den seriella porten med en passande felkodsavläsare. Koderna kan även matas ut till instrumentbrädans varningslampa som blinkkoder.

I Fiat-system kan detaljer om vilka komponenter som är defekta avläsas från den seriella porten på MM 8F med en speciell felkodsavläsare. Blinkkoder finns inte i detta system.

För bägge systemen gäller att om feltillståndet upphör så finns koden sparad till dess att den raderas av felkodsavläsaren.

Funktionen för varningslampan på instrumentbrädan skiljer sig mellan Fiat och Citroën/Peugeot.

Citroën/Peugeot

När styrmodulen upptäcker ett större fel jordas lämpat stift vilket tänder instrumentbrädans varningslampa. Lampan är tänd så länge som feltillståndet finns kvar. Om felet är mindre allvarligt tänds inte lampan även om en felkod loggas av styrmodulen. Om felet är tillfälligt tänds lampan så länge som felet finns och slocknar sedan. En felkod loggas och förekomsten av en felkod anger att ett fel tidigare upptäcktes i den kretsen.

Fiat

När styrmodulen upptäcker ett större fel jordas styrmodulens stift 6, vilket tänder instrumentbrädans varningslampa. Lampan är tänd så länge som feltillståndet finns kvar. Om felet är av tillfällig natur tänds lampan så länge som felet finns och slocknar sedan. En felkod loggas och förekomsten av en felkod anger att ett fel tidigare upptäcktes i den kretsen.

Nödprogram

I händelse av ett allvarligt fel i en eller flera givare ersätter styrmodulen givarvärdet med ett fixerat standardvärde. Motorn fortsätter att gå, om än mindre effektivt.

Detta betyder att motorn kan gå ganska bra även om en eller flera mindre viktiga givare havererar. Men i och med att dessa ersättningsvärden är giltiga för en varm motor kan prestanda för kallstart och varmkörning vara mindre tillfredsställande. Om en viktig givare havererar, exempelvis insugsrörets tryckgivare reduceras prestanda betydligt.

Fel som hittas av självdiagnostiken sparas som felkoder och finns kvar till dess att de raderas av en passande felkodsavläsare. Detta låter självdiagnostiken spara fel som är av intermittent natur.

Adaptivt minne

Med tiden lär sig styrmodulen den bästa tomgången för en given motor, oavsett ålder och slitage eller belastning så att korrekt varvtal vid tomgång bibehålls. Dessa anpassade värden sparas i minnet.

Sparade tomgångsinställningar och felkoder raderas om batteriet kopplas ur. Detta kan innebära ojämn tomgång till dess att styrmodulen lärt sig de optimala inställningarna igen.

Referensspänning

Styrmodulens matning till givarna är 5,0 V referensspänning. Detta ger en stabil arbetsmiljö som inte påverkas av variationer i systemspänningen.

Jordningen för de flesta givare sker genom ett eller flera stift på styrmodulen och dessa är inte direkt jordade. Styrmodulen jordar dessa internt till det direktanslutna jordstiftet.

Signalavskärmning

För att minska radiostörningar har ett antal givare avskärmade kablar (G5: vevaxelns vinkelgivare, insugsrörets tryckgivare och syresensorn), (G6: vevaxelns vinkelgivare och syresensorn), (8P: vevaxelns vinkelgivare, knackgivaren och syresensorn). Syresensorns kabel är ansluten till styrmodulens jord på stift 12 (G5) eller 31 (G6) för att minimera störningar. Vevaxelns vinkelgivarkabel är ansluten till stift 24 på styrmodulen (G6) eller stift 17 (8P). Övriga avskärmade kablar är anslutna direkt till jord eller stift 34 på styrmodulen (8P).

Fordonets hastighetsgivare

Fordonets hastighetsgivare anger fordonshastigheten till styrmodulen. Den arbetar enligt Halleffektprincipen och är monterad direkt på växellådans hastighetsmätaranslutning.

En spänning på cirka 12 V matas till fordonets hastighetsgivare från tändningslåset när tändningen är påslagen. När hastighetsmätarvajern roterar slås Hallkontakten till och från vilket ger en fyrkantsvågformsignal till styrmodulen. Signalens frekvens (8 pulser per varv) anger hastigheten.

3 Primär utlösare

Vevaxelns vinkelgivare

Den primära utlösningssignalen för både tändning och insprutning kommer från vevaxelns vinkelgivare som är monterad nära svänghjulet. Givaren består av en induktiv magnet som utstrålar ett magnetfält. I svänghjulet finns en reluktorskiva med stålstift med regelbundna mellanrum. När svänghjulet snurrar roterar tänderna i magnetfältet vilket skapar en växelströmssignal som anger rotationshastigheten. De två tomma positionerna (med 180° mellanrum) är referenter till ÖD och indikerar vevaxelns läge med en signalvariation när svänghjulet roterar. Den ena tomma positionen anger ÖD för cylinder 1 och 4, den andra för cylinder 2 och 3.

Toppspänningen i hastighetssignalen kan variera från 5 V vid tomgång till över 100 V vid 6 000 varv/min. Styrmodulen använder en analog-till-digital omvandlare för att förvandla växelströmspulsen till en digital signal.

4 Tändning

Data om motorns belastning (insugsrörets tryckgivare) och hastighet (vevaxelns vinkelgivare) hämtas in av styrmodulen som jämför dessa med en tredimensionell digital tändningskarta i mikroprocessorn. Denna karta har en förställningsvinkel för grundläggande belastnings- och hastighetsvillkor. Den korrigeras med hänsyn till motorns temperatur (kylvätskans temperaturgivare) så att bästa tändläge för ett givet arbetsvillkor kan beräknas.

Förstärkare

Förstärkaren i MM innehåller kretsarna för att utlösa tändspolen i rätt ögonblick. Förstärkarkretsarna finns inne i själva styrmodulen och processorn styr tändningens viloperiod för varje arbetsvillkor och batterispänning.

Vilooperationen i MM är baserad på principen "konstant energi, begränsad ström".

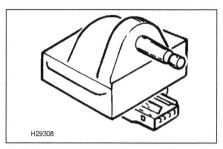

H29308

Fig. 10.1 Tändspole i system G5 med fördelare

Detta innebär att viloperioden är konstant kring 3,0 till 4,0 ms vid nästan alla motorvarvtal. Men vilocykeln, uttryckt i procent eller grader, varierar med motorns hastighet.

Tändspolen

Tändspolen använder sig av lågt primärmotstånd för att öka primärströmmen och primärenergin. Förstärkaren begränsar primärströmmen till cirka 8 amp, vilket ger en energireserv för att upprätthålla gnistans bränntid (duration). Fördelarlösa system använder två tändspolar. Spolens spänning kommer från bränslepumpsanslutningen på reläet, vilket betyder att det bara finns spänning när motorn dras runt eller går (fig. 10.1).

Fördelare (i förekommande fall)

I MM innehåller fördelaren endast sekundära högspänningsdelar (fördelarlock och rotor) och har som enda uppgift att fördela högspänningen från spolens sekundärstift till tändstiften i korrekt tändföljd.

Fördelarlös tändning

Även om systemet kallas fördelarlöst är grunden ganska likartad jämfört med konventionell tändning. I ett fördelarlöst system, eller så kallat "slösad gnista", används en dubbeländad spole till att gnistra två tändstift samtidigt. Det betyder att systemet bara används då kolvarna stiger parvis.

Ena cylindern är då i kompressionstakten och den andra i avgastakten där gnistan är "slösad". Två par spolar krävs därmed för en fyrcylindrig motor. Cirka 3 kV behövs fortfarande för den "slösade" gnistan, men det är betydligt mindre än vad som krävs för att överbrygga rotorgapet. Vardera spolen kräver spänning från tändningslåset och en separat anslutning till styrmodulen så att styrmodulen kan utlösa spolarna individuellt.

Tändläget

Tändläget i MM G5/G6 enpunktssystem är inte normalt justerbart. Det går dock att justera förställningskurvan med en lämplig felkodsavläsare. Detta ska emellertid inte göras lättvindigt och alla andra funktioner i motorn ska kontrolleras och utvärderas innan kurvan modifieras. Tändläget på version 8F är inte justerbart under några som helst omständigheter.

Knackgivare
(vissa versioner av 8P)

Optimalt tändläge (vid varvtal överstigande tomgång) för en högkomprimerad motor ligger ganska nära knackningsgränsen. Men att ligga så nära den gränsen innebär att knackningar inträffar i en eller flera cylindrar vid vissa tillfällen under motorns arbetscykel.

I och med att knack kan uppstå vid olika tillfällen i varje cylinder använder MM 8P en knackregleringsprocessor (i styrmodulen) för att ange vilken eller vilka cylindrar som knackar. Knackgivaren är monterad på motorblocket och består av ett piezokeramiskt mätelement som reagerar på svängningar i motorljudet. Knack omvandlas till en spänningssignal som returneras till knackregleringen för utvärdering och åtgärd. Knack ligger i frekvensbandet 8 till 15 kHz.

Styrmodulen analyserar ljudet från varje individuell cylinder och anger en referensnivå för den cylindern baserad på genomsnittligt ljud över en bestämd tidsperiod. Om ljudnivån överstiger referensnivån med ett givet värde betraktar styrmodulen det som att motorn knackar.

Inledningsvis är tändläget det optimala. När knackning identifieras backar knackregleringen tändläget för berörda cylindrar med ett fast antal grader. När knacket upphört flyttas tändningen fram till dess att referensvärdet uppnåtts eller knackning uppstår. Denna procedur är kontinuerlig så att alla cylindrar automatiskt har optimerat tändläge.

5 Bränsleinsprutning

Flerpunkts bränsleinsprutning

Styrmodulen i MM 8P innehåller en bränslekarta med grundläggande injektoröppningstider för varje hastighet och belastning. Information hämtas från motorgivare som insugsrörets tryckgivare, vevaxelns vinkelgivare, kylvätskans temperaturgivare, lufttemperaturgivaren och trottelns positionsgivare. Med utgångspunkt från denna information söker styrmodulen upp korrekt öppningstid för varje varvtal, belastning och temperatur.

MM 8P har en injektor per cylinder, monterad i insugsporten så att finfördelat bränsle sprutas direkt på baksidan av varje ventil. Injektorerna öppnas samtidigt två gånger per motorcykel. Halva bränslemängden sprutas därmed in varje motorvarv.

Bränslet vilar en kort stund på ventilens baksida innan det sugs in.

Den mängd bränsle som levereras av injektorn bestäms av bränsletryck och

öppningstid – även kallat pulsduration. Styrmodulen avgör öppningstiden med utgångspunkt från de olika givarnas signaler. Vid kallstart ökas pulsdurationen till det dubbla för att ge en fetare bränsleblandning.

Spänning till injektorerna kommer från bränslepumpsanslutningen på reläet, vilket gör att det bara finns spänning när motorn dras runt eller går.

Injektor

En injektor är en magnetdriven solenoidventil som aktiveras av styrmodulen. Spänningen till injektorerna kommer från huvudreläet och jord ges av styrmodulen under en tidsperiod (pulsduration) på mellan 1,5 och 10 ms. Durationen är mycket beroende på motorns temperatur, belastning, varvtal och arbetsförhållanden. När solenoidmagneten stänger alstras en backspänning på 60 V.

Enpunkts bränsleinsprutning

Enpunktsinsprutning består av en injektor monterad i trottelhuset. Den mängd bränsle som levereras av injektorn bestäms av bränsletryck och öppningstid – även kallat pulsduration. Styrmodulen avgör öppningstiden med utgångspunkt från de olika givarnas signaler. Spänning till injektorerna kommer från bränslepumpsanslutningen på reläet, vilket gör att det bara finns spänning när motorn dras runt eller går.

Vid kallstart ökas öppningstiden för att ge en fetare blandning och insprutningen sker asynkront (d v s inte synkroniserat med tändningen). När motorn startat växlar styrmodulen till synkroniserad insprutning. Pulser på 1,5 till 2,0 ms vid 60° EÖD avges fyra gånger per motorcykel vid normal drift. Vid tomgång, då pulsen sjunker under tröskelvärdet 1,5 ms återgår styrmodulen till asynkront läge, till dess att insprutningstiden åter överstiger 1,5 ms. Asynkron insprutning används även vid acceleration.

Först när motorn saktas ned upphör insprutningen.

Injektor

En injektor är en magnetdriven solenoidventil som aktiveras av styrmodulen. Spänningen till injektorn kommer från bränslepumpens relä och jord ges av styrmodulen under en tidsperiod (pulsduration) på mellan 1,5 och 10 ms. Durationen är mycket beroende på motorns temperatur, belastning, varvtal och arbetsförhållanden. När solenoidmagneten stänger alstras en backspänning på 60 V.

I enpunktsmotorer sprutas bränsle in i insugsröret där det blandas med luft. Det undertryck som alstras när kolven sjunker suger in blandningen i cylindern.

Insugsrörets tryckgivare

Den huvudsakliga belastningsgivaren är insugsrörets tryckgivare. En vakuumslang

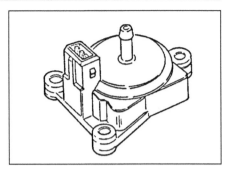

Fig. 10.2 Insugsrörets tryckgivare (samtliga MM-system)

finns mellan givaren och insugsröret. Undertrycket i insugsröret arbetar mot givarens membran och styrmodulen omvandlar trycket till en elektrisk signal som är proportionell mot undertrycket i insugsröret (fig. 10.2).

Insugsrörets tryck beräknas enligt formeln:

Atmosfärtryck minus insugsrörets tryck = Absolut tryck i insugsröret.

Styrmodulen noterar lufttrycket när tändningen slås på och vid full belastning vid låg fart. Dessa tryck används sedan för efterföljande beräkningar av insugsrörets undertryck.

Styrmodulen beräknar insprutningstiden enligt metoden hastighet/täthet från signalen från insugsrörets tryckgivare och motorns hastighet (vevaxelns vinkelgivare). Denna metod bygger på hypotesen att motorn suger in en fixerad volym luft per varv. När insugsrörets vakuum är högt (d v s tomgång), är insugsrörets tryckgivare ganska låg och styrmodulen ger mindre bränsle. När vakuumet är lågt (d v s vidöppen trottel), är insugsrörets tryckgivare hög och styrmodulen ger mer bränsle.

En referensspänning på 5,0 V matas till givaren som är ansluten till givarreturen. Den tredje ledningen är ansluten till en omformare som konvertera insugsrörets tryck till en spänning. Signalspänningen varierar därmed i takt med tryckförändringarna.

Insugsröret på enpunktsinsprutade modeller är "vått". Bränsle sprutas in i insugsröret och det finns risk att det dras in i insugsrörets tryckgivare och förorenar membranet. Insugsröret på flerpunktsinsprutade modeller är "torrt". Bränslet sprutas på ventilernas baksida, så det finns ingen risk att det dras in i insugsrörets tryckgivare och förorenar membranet.

Luftemperaturgivare

Lufttemperaturgivaren är monterad i insugsröret där den mäter lufttemperaturen i insugsröret. Eftersom luftens täthet varierar i omvänd relation till temperaturen ger lufttemperaturgivarens signal en mer precis uppskattning av den luftmängd som tas in i motorn.

Den öppna kretsens referensspänning till givaren är 5,0 V och jordningen sker via luftflödesmätarens jordretur. Lufttemperaturgivaren arbetar enligt principen normaltemperatur. En på lufttemperaturen baserad spänningsvariabel signal skickas till styrmodulen. Denna signal är cirka 2,0 till 3,0 V om den omgivande lufttemperaturen är 20°C och minskar till cirka 1,5 V när temperaturen stiger till kring 40°C.

CO-justering

CO-halten vid tomgång kan endast justeras via en felkodsavläsare. På katalysatormodeller är CO-halten inte justerbar.

Kylvätskans temperaturgivare

Kylvätskans temperaturgivare är nedsänkt i kylsystemet och innehåller ett temperaturkänsligt variabelt motstånd. I takt med motståndsförändringen skickas en variabel signalspänning till styrmodulen baserad på kylvätskans temperatur. Signalen är cirka 2,0 till 3,0 V vid en omgivande temperatur om 20°C och sjunker till mellan 0,5 till 1,0 V vid en normal arbetstemperatur om 80 till 100°C.

Referensspänningen till givaren är 5,0 V och jordas via givarreturen. Styrmodulen använder kylvätskans temperaturgivare signal som huvudsaklig korrigeringsfaktor vid beräknande av tändläge och insprutningstid.

Trottelns positionsgivare

Trottelns positionsgivare informerar styrmodulen om accelerationstakt och trottelposition. Vid tomgång, acceleration, inbromsning och full belastning använder styrmodulen trottelpositionen till att modifiera bränslekartan. Om insugsrörets tryckgivare slutar fungera ger trottelns positionsgivarsignal grunden för beräkning av motorns belastning.

Trottelns positionsgivare är en potentiometer med tre ledningar. En referensspänning på 5,0 V matas till ett motståndsspår med andra änden jordad. Den tredje är ansluten till en arm som löper utmed spåret, vilket varierar motståndet och därmed spänningen i retursignalen till styrmodulen.

Tomgångsventil - G5 och vissa G6

Tomgångsventilen är en solenoidmanövrerad aktiverare som styrmodulen använder för automatisk styrning av varvtalet vid normal tomgång och varmkörning. Tomgångsventilen är placerad i en slang som ansluter insugsröret till trottelplattans luftfiltersida (fig. 10.3).

När en strömförbrukare som lysen eller fläkt slås på skulle tomgången tendera att sjunka. Styrmodulen känner av belastningen och aktiverar tomgångsventilen för att öka luftflödet och därmed tomgången. Om strömförbrukaren stängs av reglerar styrmodulen ventilen så att luftflödet minskar. Normalt

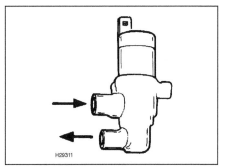

Fig. 10.3 Typisk tomgångsventil

tomgång ska därmed upprätthållas under alla arbetsvillkor. Om tomgångsventilen havererar går den till felsäkert läge om nästan stängd. Detta ger det grundläggande tomgångsvarvtalet.

När motorn saktar av fungerar tomgångsventilen som en stötdämpare och ger en styrd återgång till tomgång så att utsläppen minskar.

Stegmotor (vissa G6 och 8P)

Luftventilens stegmotor är en aktiverare som styrmodulen använder till att automatiskt styra tomgångsvarvtalet både vid normal arbetstemperatur och vid varmkörning. När trotteln är stängd är trottelventilen låst i ett läge där bara lite luft passerar. Trottelpositionen har då ingen effekt på tomgångsvarvtalet.

En förbigångsport till trottelplattan finns i insugsröret. En ventil är placerad i porten. När ventilen rör sig varieras volymen på den luft som passerar genom porten och detta påverkar tomgångsvarvtalet direkt. Tomgången beror därmed på luftventilens position i förbigångsporten.

Stegmotorn styrs av styrmodulen via två motorlindningar. Kretsarna för bägge både börjar och slutar vid styrmodulen. Genom att bryta och stänga kretsarna kan styrmodulen placera ventilen så att den exakt styr tomgången. Varje puls från styrmodulen stegar motorn 1/10 av ett varv eller 0,04 mm.

När en strömförbrukare som lysen eller fläkt slås på skulle tomgången tendera att sjunka. Styrmodulen känner av belastningen och aktiverar tomgångsventilen så att varvtalet bibehålls.

När motorn är kall reglerar stegmotorn ventilen så att tomgången blir lagom snabb.

När motorn stängs av aktiverar styrmodulen ventilen till helt stängd (vilket förhindrar glödtändning) under 4 - 5 sekunder. Efter ett par sekunder aktiverar styrmodulen ventilen igen så att den är något öppen och därmed klar för nästa start.

Vid varvtal över tomgång stänger luftventilen helt. När motorn saktar in öppnas ventilen för att ge insugsröret extra luft, vilket reducerar utsläpp av CO och kolväten under inbromsning.

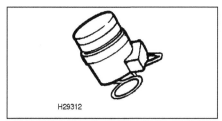

Fig. 10.4 Trottelhusets värmare

Trottelhusets värmare

Värmaren är till för att förhindra isbildning vid kall och fuktig väderlek. Värmaren är alltid igång när motorn går och styrs av ett temperaturkänsligt motstånd som ger mer ström för snabb uppvärmning. När värmaren nått arbetstemperatur stiger motståndet, vilket sänker strömmen (fig. 10.4).

Reläer

Elsystemet i MM använder antingen separata huvud- och bränslepumpsreläer eller ett 15 stifts relä med dubbla kontakter. Båda typerna beskrivs nedan (fig. 10.5).

Huvud- och bränslepumpsreläer (separata reläer)

Elsystemet i MM styrs av ett huvudrelä och ett bränslepumpsrelä. Permanent spänning matas från batteriets pluspol till huvudreläets stift 3 och till bränslepumpsreläets stift 3.

När tändningen slås på matas ström till huvudreläets stift 1 och bränslepumpsreläets stift 1 från tändningslåsets stift 15. Styrmodulen jordar huvudreläets stift 2 genom styrmodulens stift 5, vilket magnetiserar relälindningen. Detta stänger huvudreläets kontakt och reläets stift 3 blir anslutet till utmatningskretsen vid stift 5 som matar spänning till styrmodulens stift 35.

När tändningen slås på matas spänning till bränslepumpsreläets stift 1 och styrmodulen jordar kortvarigt reläkontakt 2, vilket magnetiserar bränslepumpens relälindning. Detta stänger kontakterna i bränslepumpens relä och ansluter spänning från relästift 3 till relästift 5. I och med detta matas ström till bränslepumpens krets. Efter cirka en sekund bryter styrmodulen kretsen och pumpen stannar. Denna korta körning bygger upp trycket i bränslesystemet och underlättar starten.

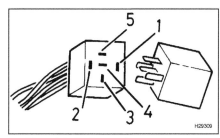

Fig. 10.5 Reläblock (4 - 5 stifts relä)

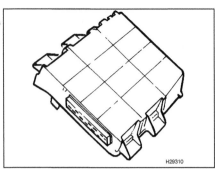

Fig. 10.6 Styrmodul (Magneti-Marelli)

Bränslepumpens reläkrets förblir sedan bruten till dess att motorn dras runt på startmotorn eller går. När styrmodulen får en hastighetssignal magnetiseras åter relä-lindningen av styrmodulen och bränsle-pumpen kommer att gå till dess att motorn stängs av **(fig. 10.6).**

Stift 5 på pumpreläet ger även spänning till tändspolen, tomgångsventilen, syresensorn, kolkanisterventilen och injektorn. Spänning till dessa komponenter finns bara när motorn dras runt eller går och styrmodulen aktiverar dem i enlighet med programmet.

Huvud- och bränslepumpsrelä (ett dubbelrelä)

I senare versioner av G5 och G6 och alla 8P och 8F styrs elsystemet av ett 15 stifts relä med dubbla kontakter. En permanent spän-ning från batteriets pluspol leds till stiften 2, 3, 8, 11 och 15. Alla stift används inte av alla modeller.

8P och 8F: batterispänningen till stift 2 eller 3 (beroende på modell) ger en permanent matning till styrmodulens stift 4 när tänd-ningen är avslagen. När tändningen är påslagen matas relästift 14 eller 12 (beroende på modell). Styrmodulen jordar sedan stift 10 via styrmodulstift 4, vilket magnetiserar den första relälindningen. Så länge tändningen är påslagen matar stift 35 styrmodulen med spänning.

G5 och G6: När tändningen är påslagen är reläets stift 10 antingen direkt jordat eller jordat via styrmodulen, vilket magnetiserar den första relälindningen.

Samtliga MM-system: När relälindningen magnetiseras stänger detta reläkontakterna och stift 11 ansluts till utmatningskretsen på stift 1 och 9. En spänning matas därmed ut på stift 1 och 9. Stift 1 försörjer styrmodulens stift 35. Utmatningen på stift 9 används bara av 8P och försörjer då kolkanisterventilen och fordonets hastighetsgivare.

När tändningen slås på jordar styrmodulen momentant reläets kontakt 7 via ett styr-modulstift. Detta magnetiserar den andra lindningen, vilket stänger den andra kontakten så att spänning leds från stift 8 till stift 13 vilket fullbordar pumpkretsen. Efter cirka en sekund bryter styrmodulen kretsen. Denna korta körning bygger upp trycket i bränslesystemet och underlättar starten. Dessutom matas spänning till tändspolar, injektorer och i förekommande fall tomgångsventil, trottelhus-värmare och syresensorvärmare via relä-utmatningarna på stift 4, 5 och 6.

Den andra kretsen förblir bruten till dess att motorn dras runt eller går. När styrmodulen får en signal från vevaxelns vinkelgivare magne-tiseras åter den andra lindningen och bränslepump, tändning och insprutning arbetar till dess att motorn stängs av.

Bränsletryckssystemet

När tändningen slås på magnetiserar styr-modulen bränslepumpens relä i cirka en sekund så att bränslesystemets tryck byggs upp. Pumpreläet stängs sedan av i avvaktan på signal att motorn dras runt eller går. När motorn går matas bränsle genom en envägs-ventil och ett bränslefilter till bränsleröret eller trottelhusinjektorn.

För att förhindra tryckfall finns det en envägsventil i pumpens utlopp. När tänd-ningen slås av och pumpen stannar behålls därmed trycket en tid.

Bränslepumpen kan finnas i eller utanför tanken, båda typerna beskrivs nedan.

Extern pump (i förekommande fall)

En bränslepump av valstyp, driven av en permanentmagnets elmotor. Placerad nära tanken drar den bränslet från tanken och pumpar det till bränsleröret via ett filter. Pumpen är av "våt" typ på så vis att bränslet flödar genom pumpen och den elektriska motorn. Det finns ingen brandrisk eftersom det bränsle som dras genom pumpen inte kan förbrännas.

På armaturaxeln finns en excentrisk rotor med ett antal fickor runt ytterkanten. Varje ficka innehåller en metallvals. När pumpen aktiveras slungas valsarna ut av centrifugal-kraften så att de fungerar som tätningar. Bränslet mellan valsarna tvingas ut genom pumpens tryckutlopp.

Intern pump (Citroën)

Tvåstegs bränslepumpen är monterad horisontalt på tankens botten. Första steget består av en turbin som matar bränslet till andra steget som är en högtrycks kugghjuls-pump. Bränsle dras genom intaget, trycksätts och matas ut till bränsleledningen.

Intern pump (Fiat och Peugeot)

Bränslepumpen är monterad vertikalt i tanken och är av kugghjulstyp. När pumpmotorn startar roterar kugghjulen och bränslet passerar genom kuggarna vilket skapar en tryckskillnad. Bränslet dras genom pumpens intag, blir trycksatt mellan kuggarna och pumpas ut genom pumpens utlopp till bränsleledningen.

Bränsletrycksregulator (flerpunktsinsprutning)

Trycket i bränsleröret hålls på konstanta 2,5 bar av en tryckregulator. Pumpen ger normalt mycket mer bränsle än vad som krävs och överskottet leds tillbaka till tanken via en returledning. Bränslecirkulationen hjälper till att kyla ned det. Faktum är att ett maximalt bränsletryck överstigande 5 bar är möjligt med detta system. För att förhindra tryck-förlust i matningen finns det en envägsventil i pumpens utlopp. När tändningen och därmed pumpen slutar arbeta upprätthålls trycket under en tid.

Tyckregulatorn är monterad på bränsle-rörets utloppssida och håller trycket i bränsle-röret konstant på 2,5 bar. Tryckregulatorn består av två kammare skilda åt av ett membran. Övre kammaren innehåller en fjäder som utövar tryck på nedre kammaren och stänger utloppsmembranet. Trycksatt bränsle flödar in i den nedre kammaren och trycker på membranet. När trycket överstiger 2,5 bar öppnas utloppsmembranet och överskotts-bränslet leds tillbaka till tanken via retur-ledningen.

En vakuumslang ansluter övre kammaren till insugsröret så att variationer i insugsrörets tryck inte påverkar mängden insprutat bränsle. Detta betyder att trycket i röret alltid är konstant över insugsrörets tryck. Mängden insprutat bränsle beror därmed endast på injektorernas öppningstid, bestämt av styr-modulen, inte på variationer i bränsletrycket.

På tomgång med urkopplat vakuumrör eller med motorn avstängd och pumpen gående, eller vid full gas är systemtrycket cirka 2,5 bar. Vid tomgång (med anslutet vakuumrör) är bränsletrycket cirka 0,5 bar under system-trycket.

Bränsletrycksregulator (enpunktsinsprutning)

Ett bränsletryck på cirka 1 bar styrs av tryckregulatorn som är placerad i trottelhuset bredvid injektorn. När trycket stiger över den bestämda nivån leds överskottet tillbaka till tanken av returledningen. Tryckförlust i systemet förhindras av en envägsventil i pumpens utlopp. När tändningen slås av och pumpen stannar upprätthålls därmed bränsle-trycket en tid.

6 Katalysator och avgasrening

Katalysator

De MM insprutningssystem som finns på katalysatorutrustade motorer styrs med en sluten slinga för att reducera utsläpp. System med sluten slinga har en syresensor som övervakar avgasernas syrehalt. Låg halt betyder fet blandning och hög halt mager.

När motorn arbetar med sluten slinga gör syresensorns signal att styrmodulen modifierar injektoröppningstiden så att bränsleblandningen hålls nära idealet. Med kontroll av öppningstiden under de flesta villkor kan bränsleblandningen alltid hållas i det lilla fönstret kring Lambda-punkten (d v s Lambda = 0,97 till 1.03) så att nästan perfekt förbränning uppstår. Detta ger katalysatorn mindre arbete och större livslängd samt färre utsläpp.

Styrningen med sluten slinga är aktiv när motorn arbetar vid en temperatur över 45°C. När kylvätskans temperatur understiger 45°C eller när motorn är fullbelastad eller motorbromsar, arbetar styrmodulen med öppen slinga då den medger en magrare eller fetare bränsleblandning. Detta förhindrar att motorn tvekar, exempelvis vid acceleration med vidöppen trottel.

Fig. 10.7 Kolkanistern på Peugeot 205

Syresensorn avger signal endast när avgastemperaturen nått minst cirka 300°C. För att kunna ge syresensorn optimal arbetstemperatur så snabbt som möjligt efter motorstart innehåller syresensorn ett värmeelement. Syresensorns värmare matas från stift 5 på bränslepumpens relä vilket ser till att värmaren är påslagen bara när motorn går.

Kolkanisterventilen

En kolkanisterventil och en kanister med aktivt kol används av katalysatorversionerna för att reglera avdunstningen. Kanistern förvarar bränsleångorna till dess att kolkanisterventilen öppnas av styrmodulen under vissa arbetsförhållanden (fig. 10.7 och 10.8).

När motorn är avstängd är kolkanisterventilen öppen. När tändningen slås på stänger kolkanisterventilen till dess att motorn nått normal arbetstemperatur och trottel är

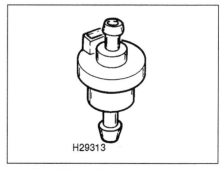

Fig. 10.8 Typisk kolkanisterventil

delvis öppen (normal marschfart med varm motor). När kolkanisterventilen aktiveras av styrmodulen sugs bränsleångorna in i insugsröret för normal förbränning.

För att undvika försämringar av motorns prestanda är kolkanisterventilen stängd när motorn är kall eller går på tomgång. När kylvätskan når normal arbetstemperatur och trotteln är på mellangas (mellan 11° och 89°) öppnas och stängs kolkanisterventilen av styrmodulen med en arbetscykel på 54%.

En extra kolkanisterventil används i motorn XU5M3Z som finns i Citroën ZX. När motorn står stilla är denna ventil normalt stängd. Den öppnas när motorn startar och förblir öppen till dess att tändningen stängs av.

När motorn stängts av ger reläet ström till kolkanisterventilen i 4 till 5 sekunder så att ventilen är stängd vid motorstoppandet. Detta ser till att motorn inte glödtänder.

Justeringar

7 Villkor för justering

1 Kontrollera att samtliga av dessa villkor är uppfyllda innan justering påbörjas:

a) Motorn ska hålla arbetstemperatur. Motoroljans temperatur minst 80°C. En körsträcka på minst 7 km rekommenderas (speciellt om bilen har automatväxellåda).
b) Tillbehör (all motorbelastning) avstängda.
c) För fordon med automatväxellåda, växelväljaren i N eller P.
d) Motorn mekaniskt frisk.
e) Motorns ventilationsslangar och ventileringssystem i tillfredsställande skick.
f) Insuget fritt från vakuumläckor.

g) Tändsystemet i tillfredsställande skick.
h) Luftfiltret i tillfredsställande skick.
i) Avgassystemet fritt från läckor.
j) Gasvajern korrekt justerad.
k) Inga felkoder i styrmodulen.
l) Syresensorn i tillfredsställande skick (katalysatorförsedda fordon med sluten styrslinga).

2 Dessutom, innan kontroll av tomgångsvarvtal och CO-halt ska motorn stabiliseras enligt följande:

a) Stabilisera motorgången. Höj varvtalet till 3 000 under minst 30 sekunder och låt motorn återta tomgång.
b) Om kylfläkten startar under justeringen, vänta till dess att den stannar, stabilisera motorgången och börja om med justeringen.
c) Låt varvtal och CO-halt stabiliseras.
d) Utför alla kontroller och justeringar inom

30 sekunder. Om denna tid överskrids, stabilisera motorgången och kontrollera igen.

8 Justering av trotteln

Trottelventilens position och trottelns positionsgivare

1 Rengör trottelventilen och kringliggande områden med medel för förgasarrengöring. Förbiblåsning från vevhusventilationen orsakar ofta klibbiga problem här.
2 Trottelventilens position är kritisk och får inte rubbas.
3 Trottelns positionsgivare är inte justerbar på dessa motorer.

9 Kontroll av tändläget

Fiat

1 Tändläget är inte justerbart.

Citroën och Peugeot

2 Tändläget ska under normala omständigheter betraktas som ej justerbart. Men om svåra arbetsförhållanden kräver ändring kan tändlägeskurvan modifieras med hjälp av en felkodsavläsare. Att backa tändningen ska ses som en sista utväg och alla andra orsaker till dåliga motorprestanda måste undersökas först.

3 Förhållanden då backande av tändläget kan vara nödvändigt:
a) Knackningar vid delvis och full belastning.
b) Om lågkvalitativt oblyat bränsle används.
c) Användning av 91 oktan oblyad bensin. I detta fall ska förställningen backas tre steg (6°).
d) Tändlägesjustering påverkar tändläget vid 3/4 belastning, under marschfart och vid acceleration.

10 Justering av tomgången

1 CO-halten ska under normala omständigheter betraktas som ej justerbart. Men om svåra arbetsförhållanden kräver ändring kan CO-halten (endast motorer utan katalysator) modifieras med hjälp av en felkodsavläsare. Att justera halten ska ses som en sista utväg och alla andra orsaker till felaktig bränsleblandning måste undersökas först.

2 Tomgångsvarvtalet kan inte justeras, men den kan re-initialiseras enligt följande (endast modeller med stegmotor):

Initialisering av tomgångens varvtal

3 Slå på tändningen.
4 Vänta 10 sekunder och starta motorn. Styrmodulen re-initialiserar automatiskt tomgångsvarvtalet.
Observera: *Tomgångsvarvtalet ska re-initialiseras om batteriet eller styrmodulen varit urkopplade eller sedan trottelns positionsgivare eller stegmotorn bytts.*

Test av systemets givare och aktiverare

Viktigt: *Se kapitel 4 som beskriver vanliga testprocedurer för detta system. Arbetsbeskrivningarna i kapitel 4 ska läsas i samband med komponentnotiser och kopplingsscheman i detta kapitel. Kopplingsscheman och andra data som presenteras i detta kapitel är inte nödvändigtvis representativa för avbildat system. I och med skillnader i ledningsdragning och annat som ofta uppstår även mellan likartade modeller av en given tillverkares produktion ska man vara ytterst noga med att identifiera styrmodulens stift och kontrollera att korrekta data är inhämtade innan en given komponent kasseras.*

11 Vevaxelns vinkelgivare

1 Se noten i början av detta avsnitt och relevant avsnitt i kapitel 4.
2 Citroën/Peugeot: Motståndet i vevaxelns vinkelgivare är mellan 300 och 500 ohm. Fiat: Motståndet i vevaxelns vinkelgivare är mellan 612 och 748 ohm.

12 Primärtändning

1 Se noten i början av avsnitt 10 och relevant avsnitt i kapitel 4 **(fig. 10.9 och 10.10).**
2 När tändningskretsen testas för primärsignal är det tillvägagångssätt som beskrivs i avsnittet "Primärsignal saknas (intern förstärkare)" generellt de mest lämpade.
3 Stiftnummer på styrmodulen och komponenter kan variera beroende på vilket av Magneti-Marellis system som testas.
4 Matning till tändspole/-spolar ges från bränslepumpens relä och spänning finns bara när motorn dras runt eller går. För teständamål kan reläet dock förbikopplas (se kapitel 4).
5 Om tändningen är fördelarlös, testa bägge spolarna på samma sätt.
6 Citroën/Peugeot: Primärmotståndet är 0,80 ohm. Sekundärmotståndet är 8 600 ohm.
7 Fiat: Primärmotståndet är 0,495 till

0,605 ohm. Sekundärmotståndet är 6 660 till 8 140 ohm.

13 Knackgivare

1 Se noten i början av avsnitt 10 och relevant avsnitt i kapitel 4.

14 Injektorfunktion (flerpunkts insprutning)

1 Se noten i början av avsnitt 10 och relevant avsnitt i kapitel 4 **(fig. 10.11 och 10.12).**
2 Spänning till injektorerna kommer från systemreläet, vilket betyder att matning bara finns när motorn dras runt eller går. Men för teständamål kan spänning ledas förbi reläet (se kapitel 4).
3 Injektormotståndet är normalt 16,2 ohm (Fiat) eller 13 till 17 ohm (Citroën och Peugeot 8P).

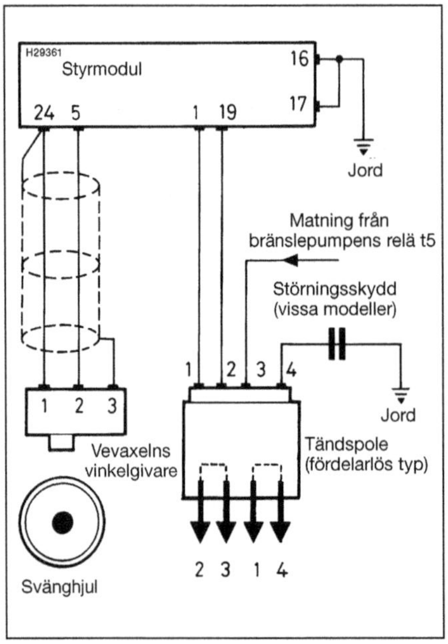

Fig. 10.9 Typiskt kopplingsschema för tändningen, G5, G6

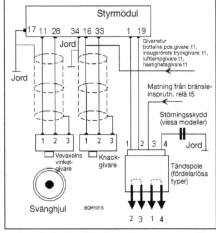

Fig. 10.10 Typiskt kopplingsschema för tändningen, 8P, 8F

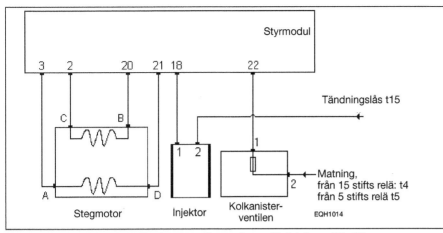

Fig. 10.11 Typiskt kopplingsschema för injektor, G5, G6

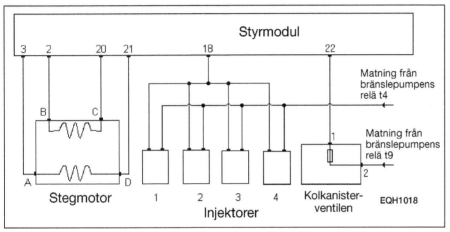

Fig. 10.12 Typiskt kopplingsschema för injektorer, 8P, 8F

15 Injektorfunktion (enpunktsinsprutning)

1 Se noten i början av avsnitt 10 och relevant avsnitt i kapitel 4.
2 Spänning till injektorerna kommer från systemreläet, vilket betyder att matning bara finns när motorn dras runt eller går. För teständamål kan spänning dock ledas förbi reläet (se kapitel 4).
3 Injektormotståndet är normalt 1,4 till 1,6 ohm.
4 Enpunkts system är strömstyrda. Under vissa arbetsförhållanden sker insprutningen asynkront.
Observera: *Vid asynkron insprutning är pulsen inte synkroniserad med tändning. För korrekt mätning av asynkron puls krävs ett oscilloskop med variabel tidsbas.*

16 Insugsrörets tryckgivare

1 Se noten i början av avsnitt 10 och relevant avsnitt i kapitel 4 (**fig. 10.13 och 10.14**).
2 Insugsrörets tryckgivare är en separat givare placerad i motorrummet.

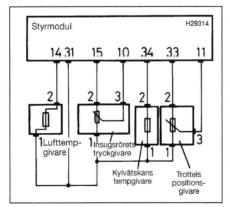

Fig. 10.13 Typiskt kopplingsschema för givare, G5, G6

17 Lufttemperaturgivare

1 Se noten i början av avsnitt 10 och relevant avsnitt i kapitel 4.
2 Lufttemperaturgivaren kan finnas i insugsröret eller trottelhuset.

18 Kylvätskans temperaturgivare

1 Se noten i början av avsnitt 10 och relevant avsnitt i kapitel 4.

19 Trottelns positionsgivare

1 Se noten i början av avsnitt 10 och relevant avsnitt i kapitel 4.

20 Fordonets hastighetsgivare

1 Se noten i början av avsnitt 10 och relevant avsnitt i kapitel 4.

21 Tomgångsventil

1 Se noten i början av avsnitt 10 och relevant avsnitt i kapitel 4.
2 Tomgångsventilens motstånd är 6,5 till 8,0 ohm.
3 Tomgångsventilen är ett exempel på en tvåledningsventil.
4 Spänning till tomgångsventilen matas från systemreläet vilket innebär att den bara förekommer när motorn dras runt eller går. För testning kan dock reläet förbikopplas (se kapitel 4).

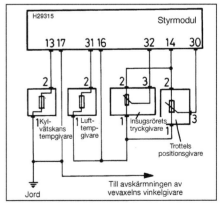

Fig. 10.14 Typiskt kopplingsschema för givare, G5, G6

22 Stegmotor

1 Varmkör motorn till normal arbets-temperatur.
2 Låt motorn gå på tomgång.
3 Kontrollera att tomgången är inom gräns-värdena.
4 Belasta systemet genom att tända strål-kastarna, slå på bakrutans uppvärmning och värmefläkten. Tomgångsvarvtalet ska knappt ändras.
Observera: *Om denna test ger tillfreds-ställande resultat är det troligt att stegmotorns skick är tillfredsställande.*
5 Kontrollera att inte stegmotorns kontakt är korroderad eller skadad.
6 Kontrollera att stiften är helt intryckta och har god kontakt med stegmotorns kontakt.

Stegmotortester

7 Avlägsna stegmotorn från insugsröret.
8 Kontrollera att luftpassagen i insugsröret inte är igensatt, rengör vid behov.
9 Kontrollera att axel och kona roterar fritt i motorarmaturen.
10 Montera stegmotorn i insugsröret.
11 Dra ur stegmotorns kontakt.
12 Mät motorlindningarnas motstånd, A till D och B till C. Motståndet ska vara cirka 53 ohm.
13 Anslut alla kontakter.
14 Anslut voltmätarens negativa sond till en motorjord.
15 Anslut voltmätarens positiva sond till ledningen ansluten till stegmotorns signal-stift "A".
16 Låt motorn gå på tomgång.
17 Slå på och stäng av ett antal stora ström-förbrukare. Spänningen ska växla mellan noll och normal batterispänning när motor-lindningen magnetiseras.
18 Upprepa testen på signalstiften B, C och D.
19 Om signal saknas, kontrollera konti-nuiteten i ledningarna mellan styrmodulens kontakt och stegmotorn.
20 Om ledningarna till stegmotorn är till-fredsställande, kontrollera alla matningar och jordar på styrmodulen. Om dessa är till-fredsställande är styrmodulen misstänkt.

23 Trottelhusets värmare

1 Se noten i början av avsnitt 10 och relevant avsnitt i kapitel 4.
2 Spänningen till trottelhusvärmaren kommer

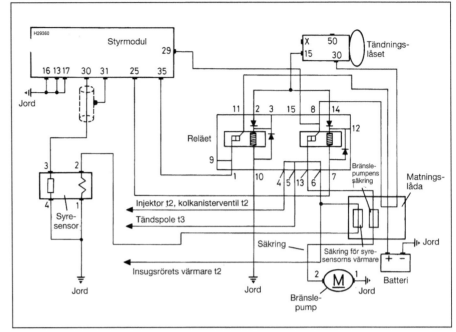

Fig. 10.15 Typiskt kopplingsschema för relä och komponenter, G5, G6 (15 stifts relä)

från systemreläet, vilket betyder att den bara får ström när motorn är igång.

24 Styrmodulens matningar och jordar

1 Se noten i början av avsnitt 10 och relevant avsnitt i kapitel 4.

25 Systemreläer

1 Se noten i början av avsnitt 10 och relevant avsnitt i kapitel 4 (fig. 10.15 och 10.16).
2 Magneti-Marelli använder endera separata huvud- och bränslepumpsreläer eller ett 15 stifts systemrelä.

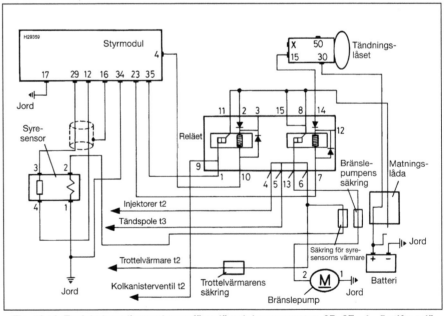

Fig. 10.16 Typiskt kopplingsschema för relä och komponenter, 8P, 8F - 4 - 5 stifts relä

26 Bränslepump och krets

1 Se noten i början av avsnitt 10 och relevant avsnitt i kapitel 4.

27 Bränsletryck

1 Se noten i början av avsnitt 10 och relevant avsnitt i kapitel 4.

28 Syresensor

1 Se noten i början av avsnitt 10 och relevant avsnitt i kapitel 4.
2 Syresensorn i de flesta Magneti-Marelli system har fyra ledningar och värmare.

29 Kolkanisterventil

1 Se noten i början av avsnitt 10 och relevant avsnitt i kapitel 4.
2 Spänning till kolkanisterventilen matas från systemreläet, vilket innebär att den bara förekommer när motorn dras runt eller går. För testning kan dock reläet förbikopplas (se kapitel 4).

Stifttabell – typisk 35 stifts (MM G5, Peugeot)
Observera: Se fig.10.17

1 Tändspole
2 Tomgångsventil
3 Varvräknare
4 Diagnostikuttag
5 Huvudreläets drivning
6 Luftkonditioneringens kompressorrelä
7 Matning till trottelns positionsgivare
8 -
9 Matning till insugsrörets tryckgivare
10 -
11 Givarretur, kylvätskans temperaturgivare, trottelns positionsgivare

12 Givarretur, lufttemperaturgivaren, insugsrörets tryckgivare
13 Syresensorns signalretur
14 Vevaxelns vinkelgivarsignal
15 P/N kontakt (automatväxellåda)
16 Jord
17 Jord
18 Injektordrivning
19 Tändspole
20 Kolkanisterventilen
21 Bränslepumpens relädrivning
22 Självdiagnostikens varningslampa
23 -

24 Kylvätskans temperaturgivarsignal
25 Trottelns positionsgivarsignal
26 Lufttemperaturgivarsignal
27 Insugsrörets trycksignal
28 Diagnostikuttag
29 Batterimatning
30 Syresensorns signal
31 Vevaxelns vinkelgivarretur
32 Luftkonditioneringskontakt
33 Luftkonditioneringskontakt
34 -
35 Normal batterispänningsmatning från huvudreläet

Stifttabell – typisk 35 stifts (MM G6, Citroën och Peugeot)
Observera: Se fig.10.17

1 Fördelarlös spole
2 Stegmotor
3 Stegmotor
4 Diagnostikuttag
5 Vevaxelns vinkelgivarsignal
6 Varvräknare
7 Självdiagnostikens varningslampa
8 -
9 -
10 Insugsrörets trycksignal
11 Trottelns positionssignal
12 -
13 Jord, syresensorns signal

14 Lufttemperaturgivarens signal
15 Matning till insugsrörets tryckgivare
16 Jord
17 Jord
18 Injektordrivning
19 Fördelarlös spole
20 Stegmotor
21 Stegmotor
22 Kolkanisterventilen
23 -
24 Vevaxelns vinkelgivarretur
25 Bränsleinsprutningens relädrivning
26 -

27 -
28 Diagnostikuttag
29 Batterimatning
30 Syresensorns signal
31 Givarretur, trottelns positionsgivare, lufttemperaturgivaren, kylvätskans temperaturgivare, insugsrörets tryckgivare
32 -
33 Matning till trottelns positionsgivare
34 Kylvätskans temperatursignal
35 Normal batterispänningsmatning från bränsleinsprutningens relä

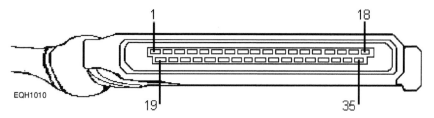

Fig. 10.17 35 stifts kontakt, samtliga versioner

Stifttabell – typisk 35 stifts (MM 8F, Fiat)
Observera: Se fig. 10.17

1 Fördelarlös spole
2 Stegmotor
3 Stegmotor
4 Diagnostikuttag
5 Vevaxelns vinkelgivarsignal
6 Varvräknare
7 Självdiagnostikens varningslampa
8 -
9 -
10 Insugsrörets trycksignal
11 Trottelns positionssignal
12 -
13 Jord, syresensorns signal

14 Lufttemperaturgivarens signal
15 Matning till insugsrörets tryckgivare
16 Jord
17 Jord
18 Injektordrivning
19 Fördelarlös spole
20 Stegmotor
21 Stegmotor
22 Kolkanisterventilen
23 -
24 Vevaxelns vinkelgivarretur
25 Bränsleinsprutningens relädrivning
26 -

27 -
28 Diagnostikuttag
29 Batterimatning
30 Syresensorn signal
31 Givarretur, trottelns positionsgivare, luft temperaturgivaren, kylvätskans temperaturgivare, insugsrörets tryckgivare
32 -
33 Matning till trottelns positionsgivare
34 Kylvätskans temperatursignal
35 Normal batterispänningsmatning från bränsleinsprutningens relä

Stifttabell – typisk 35 stifts (MM 8P, Citroën och Peugeot)
Observera: Se fig. 10.17

1 Tändspole
2 Stegmotor
3 Stegmotor
4 Huvudreläets drivning
5 -
6 Självdiagnostikens varningslampa
7 -
8 Luftkonditioneringen
9 Luftkonditioneringen
10 Diagnostikuttag
11 Vevaxelns vinkelgivarretur
12 Syresensorns signalretur
13 Kylvätskans temperatursignal

14 Givarmatning, trottelns positionsgivare
15 Diagnostikuttag
16 Givarretur (trottelns positionsgivare, insugsrörets tryckgivare, lufttemperaturgivaren)
17 Jord
18 Injektordrivning
19 Tändspole
20 Stegmotor
21 Stegmotor
22 Kolkanisterventilen
23 Bränsleinsprutningens relädrivning
24 Luftkonditioneringen

25 -
26 -
27 Fordonets hastighetssignal
28 Vevaxelns vinkelsignal
29 Syresensorns signal
30 Trottelns positionssignal
31 Lufttemperaturgivarens signal
32 Insugsrörets trycksignal
33 -
34 Jord
35 Normal batterispänningsmatning från huvudreläet

Felkoder

30 Läsning av felkoder

Citroën och Peugeot

1 Om en felkodsavläsare finns tillgänglig ska den anslutas till styrenhetens seriella port och användas till följande:

a) Läsning av felkoder.
b) Radering av felkoder.
c) Läsning av Datastream-information.
d) Aktivera systemets aktiverare. Detta kan inkludera en eller flera av följande:
   Bränsleinjektorer
   Tomgångsventilen
   Kolkanisterventilen (om befintlig)

2 Om en felkodsavläsare inte finns tillgänglig går det ändå att läsa felkoderna under förutsättning att diagnostikkontakten har två stift. En felkodsavläsare krävs för system med en 16 stifts diagnostikkontakt.

3 När styrmodulen upptäcker ett fel loggas en felkod och den tänder varningslampan på instrumentbrädan om felet är att betrakta som större. En del fel anses vara smärre. Dessa tänder inte varningslampan, men sparas i styrmodulen. Alla de olika felkoderna i bilar från Citroën och Peugeot är av den "långsamma" typen och kan matas ut som blinkkoder på instrumentbrädans varningslampa. Den första serien anger tiotal, den andra ental.

Avläsning av felkoder utan felkodsavläsare

a) Anslut en tvåvägs tillbehörsbrytare mellan felkodsavläsarens kontaktstift 2 och jord (fig. 10.18).
b) Slå på tändningen.
c) Stäng omkopplaren i tre sekunder (varningslampan på instrumentbrädan förblir släckt).
d) Öppna kontakten, varningslampan kommer att:
   Blinka en gång (indikerar 10).
   Vänta 1,5 sekunder.
   Blinka två gånger (indikerar 2).
   Detta indikerar felkod 12 som är koden för teststart.
e) Varningslampan slocknar.
f) Stäng omkopplaren i tre sekunder (varningslampan förblir släckt).
g) Öppna omkopplaren, varningslampan blinkar en felkod.
h) När lampan slocknat, vänta tre sekunder innan du fortsätter.
i) Stäng omkopplaren i tre sekunder och upprepa för fler koder. När kod 11 kommer anger detta att testen är över.
j) Efter att kod 11 visats kan avläsningen göras om.

k) Om kod 11 är den första som visas efter kod 12 finns inga fel inloggade i styrmodulen.

Radering av felkoder från styrmodulens minne

a) Reparera alla kretsar som indikeras av felkoderna.
b) Slå på tändningen.
c) Läs av felkoderna som ovan till dess att kod 11 visas utan felkoder (valfritt).

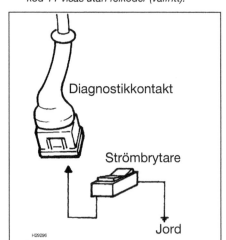

Fig. 10.18 Utmatning av blinkkoder, Citroën och Peugeot

d) Stäng omkopplaren i minst 10 sekunder.
e) Varningslampan förblir släckt.

Funktionskontroll av injektorer och tomgångsventil utan felkodsavläsare

a) Stäng omkopplaren
b) Slå på tändningen.
c) Vänta tre sekunder.
d) Efter ett ögonblick arbetar injektorerna. Detta kan avgöras genom vibrationerna och ett klickljud.

 Varning: Undvik att spruta in för mycket bränsle i cylindrarna genom att avsluta testen snabbt.

e) Om injektorerna inte arbetar, se testprocedurer för injektorer.

f) Fortsätt med att kontrollera tomgångsventilen.
g) Stäng omkopplaren tre sekunder.
h) Efter ett ögonblick kommer tomgångsventilen att arbeta vilket påvisas av att den vibrerar.
i) Om tomgångsventilen inte arbetar, se testproceduren för tomgångsventilen.

Fiat

5 Om en felkodsavläsare finns tillgänglig ska den anslutas till diagnostikuttagets seriella port och användas till följande :

a) Läsning av felkoder.
b) Radering av felkoder.
c) Läsning av Datastream information.

d) Aktivera systemets aktiverare. Detta kan inkludera en eller flera av följande:
Bränsleinjektorer
Tomgångsventilen
Kolkanisterventilen (om befintlig)

6 Det Magneti-Marelli 8F system som används av Fiat kräver en speciell felkodsavläsare. Systemet kan inte mata ut blinkkoder. För att vara fullständiga finns en lista över de komponenter som avger felkoder för avläsning.

Felkodstabell (MM G5, G6, 8P – Citroën och Peugeot)

Kod	Post
11	Avslutad diagnos
12	Diagnostikstart
13x	Lufttemperaturgivare
14x	Kylvätskans temperaturgivare
15	Bränslepumpens styrning
21x	Trottelns positionsgivare
22	Stegmotor eller tomgångsventil
23	Tomgångsventil
27x	Fordonets hastighetsgivare
31x	Lambdastyrning
33x	Insugsrörets tryckgivare
34	Kolkanisterventil
41	Vevaxelns vinkelgivare
42	Injektorstyrning
44x	Knackgivare
45	Tändspolestyrningen (spole 1)
52	Lambdastyrning
53x	Batterispänning
54	Styrmodul
57	Tändspole (spole 2)

Aktiverarväljarkod

91	Bränslepumpen eller bränslepumpens relä
92	Injektor
93	Tomgångsventil
94	Kolkanisterventil
95	Luftkonditioneringskomprssorns matningsrelä

x Fel som vanligen orsakar att styrmodulen kallar upp nödprogrammet och använder ett förbestämt värde i stället för givarens.
Vissa fel anses som större och tänder varningslampan. Vilka dessa fel är varierar dock mellan systemen så det är alltid bäst att avläsa styrmodulen om ett fel misstänks.

Feltillstånd (MM 8F - Fiat)

Kod	Post	Fel
-	Vevaxelns vinkelgivare	Förlust av signal
-	Trottelns positionsgivare	
-	Insugsrörets tryckgivare	Ingen korrelation mellan insugsrörets trycksignal och signalerna från trottelns positionsgivare och vevaxelns vinkelgivare
-	Lufttemperaturgivar	
-	Kylvätskans temperaturgivare	
-	Spänning	Spänningen mindre än 6,2 V eller större än 15,5 V
-	Lambdastyrning	
-	Injektorstyrning	
-	Tändspolestyrning	
-	Stegmotor	
-	Kolkanisterventil	
-	Relästyrning	
-	Styrmodul	Minnena
-	Adaptiva	Gränsen för adaptiv styrning uppnådd - antyder ett allvarligt mekaniskt motortillstånd

Observera: *Feltillstånd, inte felkoder, loggas i systemet MM 8F och en felkodsavläsare krävs för att avläsa feltillstånden.*

Kapitel 11
Mazda EGI

Innehåll

Specifikationer

Fordon	Årsmodell	Tomgångsvartal	CO%
323 1.3i katalysator B3	1991 till 1995	850 ± 50	0,3 maximum
323 1.3i B3	1994 till 1997	850 ± 50	0,3 maximum
323 1.5i Z5	1994 till 1997	700 ± 50	0,5 ± 0,5
323 1600i B6	1985 till 1989	1000 ± 50	0,3 maximum
323 1.6i turbo 4x4 B6	1986 till 1989	850 ± 50	0,3 maximum
323 1.6i katalysator B6	1991 till 1994	750 ± 50	0,3 maximum
323 1.6i kombi katalysator B6E	1991 till 1994	850 ± 50	0,3 maximum
323 1.8 GTi BP	1989 till 1991	850 ± 50	0,3 maximum
323 1.8 katalysator BP	1991 till 1994	800 ± 100	Ej tillämpligt
323 1.8i BP	1994 till 1997	750 ± 50	0,3 maximum
323 2.0 V6 KF	1994 till 1995	800 ± 50	0,3 maximum
323 2.0i KF	1996 till 1997	800 ± 50	0,3 maximum
626 1.8i katalysator FP	1991 till 1997	725 ± 50	0,3 maximum
626 2000i framhjulsdrift FE	1985 till 1987		
626 2.0i GT FE	1987 till 1990	750 ± 50	1,5 ± 0,5
626 2.0i FE	1990 till 1993	825 ± 25	2.0 ± 0,5
626 2.0i katalysator FE	1990 till 1995	750 ± 50	1,5 ± 0,5
626 2.0i katalysator FS	1991 till 1997	700 ± 50	0,3 maximum
626 2.2i 4x4 katalysator F2	1990 till 1993	750 ± 25	0,5 maximum
626 2.5i V6 katalysator KL	1991 till 1997	650 ± 50	0,5 ± 0,5
MX-3 1.6i B6	1991 till 1996	700 ± 50	0,3 maximum
MX-3 1.8i V6 K8	1991 till 1996	670 ± 30	0,5 ± 0,5
MX-5 1.6i B6-ZE	1990 till 1996	850 ± 50	0,3 maximum
MX-5 1.8i BP	1994 till 1997	850 ± 50	0,5 ± 0,5
MX-6 2.5i katalysator KL	1992 till 1996	650 ± 50	0,5 ± 0,5
Xedos 6 1.6i B6	1994 till 1996	700 ± 50	0,3 maximum
Xedos 6 2.0i KF	1992 till 1996	670 ± 50	0,3 maximum
Xedos 9 2.0i KF	1994 till 1995	670 ± 50	0,3 maximum
Xedos 9 2.5i KL	1994 till 1996	650 ± 50	0,3 maximum
RX7 Wankel RE13B	1986 till 1990	750 ± 25	0,1 maximum
RX7 Wankel turbo katalysator RE13B	1989 till 1993	750 ± 25	0,1 maximum
RX7 Wankel 2x turbo RE13B	1992 till 1996	725 ± 25	0,1 maximum

Tändläge och primärmotstånd

Fordon	Årsmodell	Tomgångsvarvtal	Primärmotstånd	Tändläge
323 1.3i katalysator B3	1991 till 1995	850 ± 50	0,81 till 0,99	10 ± 1
323 1.3i B3	1994 till 1997	850 ± 50	0,81 till 0,99	10 ± 1
323 1.5i Z5	1994 till 1997	700 ± 50	0,49 till 0,73	5 ± 1
323 1.6i turbo 4x4 B6	1986 till 1989	850 ± 50	3.1	6 ± 1
323 1.6i katalysator B6	1991 till 1994	750 ± 50	0,81 till 0,99	10 ± 1
323 1.6i kombi katalysator B6E	1991 till 1994	850 ± 50	1,04 till 1,27	2 ± 1
323 1.8 GTi BP	1989 till 1991	850 ± 50	0,81 till 0,99	10 ± 1
323 1.8 katalysator BP	1991 till 1994	800 ± 100	0,81 till 0,99	10 ± 1
323 1.8i BP	1994 till 1997	750 ± 50	0,49 till 0,73	10 ± 1
323 2.0 V6 KF	1994 till 1995	800 ± 50	0,49 till 0,73	10 ± 1
323 2.0i KF	1996 till 1997	800 ± 50	0,49 till 0,73	10 ± 1
626 1.8i katalysator FP	1991 till 1997	725 ± 50	0,64 till 0,96	12 ± 1
626 2.0i GT FE	1987 till 1990	750 ± 50	1,03 till 1,27	6 ± 1
626 2.0i FE	1990 till 1993	825 ± 25	1,03 till 1,27	6 ± 1
626 2.0i katalysator FE	1990 till 1995	750 ± 50	0,72 till 0,88	12 ± 1
626 2.0i katalysator FS	1991 till 1997	700 ± 50	0,64 till 0,96	12 ± 1
626 2.2i 4x4 katalysator F2	1990 till 1993	750 ± 25	0,72 till 0,88	6 ± 1
626 2.5i V6 katalysator KL	1991 till 1997	650 ± 50	0,49 till 0,73	10 ± 1
MX-3 1.6i B6	1991 till 1996	700 ± 50	0,49 till 0,73	10 ± 1
MX-3 1.8i V6 K8	1991 till 1996	670 ± 30	0,49 till 0,73	10 ± 1
MX-5 1.6i B6-ZE	1990 till 1996	850 ± 50	0,78 till 0,94	10 ± 1
MX-5 1.8i BP	1994 till 1997	850 ± 50	0,78 till 0,94	10 ± 1
MX-6 2.5i katalysator KL	1992 till 1996	650 ± 50	0,49 till 0,73	10 ± 1
Xedos 6 1.6i B6	1994 till 1996	700 ± 50	0,72 till 0,88	10 ± 1
Xedos 6 2.0i KF	1992 till 1996	670 ± 50	0,81 till 0,99	10 ± 1
Xedos 9 2.0i KF	1994 till 1995	670 ± 50	0,49 till 0,73	10 ± 1
Xedos 9 2.5i KL	1994 till 1996	650 ± 50	0,49 till 0,73	10 ± 1
RX7 RE13B	1986 till 1990	750 ± 25	0,20 till 1,0	-
RX7 turbo katalysator RE13B	1989 till 1993	750 ± 25	0,20 till 1,0	-
RX7 2x turbo RE13B	1992 till 1996	725 ± 25	0,20 till 1,0	-

Översikt av systemets funktion

1 Inledning

Läs denna översikt av funktionen hos Mazda EGI tillsammans med kapitel 2 som beskriver vissa av funktionerna mer detaljerat.

I likhet med andra fordonstillverkare utvecklade Mazda sitt bränsleinsprutningssystem, EGI (Electronic Gas Injection) i mitten av 80-talet.

EGI har utvecklats till ett helt integrerat system som styr primärtändning, bränsletillförsel och tomgångsvarvtal i en styrmodul. Om så utrustad styr och övervakar systemet självdiagnostiken, bränsletryck, luftkonditionering, kylarfläktar, automatväxellåda och avgasrening, inklusive återcirkulation av avgaser och tömning av kolkanistern. Så har det dock inte alltid varit, de första versionerna av EGI gjorde inte mycket mer än öppna injektorerna eftersom fördelaren var mer närbesläktad med ett konventionellt elektroniskt system där tändläget styrdes med mekanik och vakuum, inte av en tändlägeskarta som i senare versioner. Tidiga motorer hade dessutom en termostyrd hjälpluftventil, inte automatisk reglering av tomgångsvarvtalet.

Det grundläggande EGI-systemet är i stort sett lika i alla sina former, men det finns ett antal betydande skillnader mellan olika fordon och de komponenter som används - även med hänsyn tagen till utvecklingen.

Motorstyrningen är ansluten till batteri, givare och aktiverare med mellan en och fyra kontakter. Stiftnumreringen i kontakterna är vanligen konstant, med det finns vissa olikheter vad gäller till vilket styrmodulstift ett komponentstift är anslutet. Exempelvis så är i en bil kylvätsketemperaturgivaren ansluten till stift 2C. I en annan bil är 2C en jord och kylvätsketemperaturgivaren är ansluten till stift 2D.

2 Styrfunktioner

Signalbehandling (beskrivningen gäller senare modeller)

Grundtändläget finns på en karta i styrmodulens ROM och signaler som anger motorns hastighet och belastning avgör tändläget. Den huvudsakliga belastningsavkännaren är en luftflödesmätare och motorns hastighet avgörs med signalen från vevaxelns vinkelgivare.

Korrigeringsfaktorer räknas in för start, tomgång, motorbromsning delbelastning och full belastning. Den huvudsakliga korrigeringsfaktorn är motorns temperatur (kylvätsketemperaturgivaren). Smärre justeringar av tändläget och bränsleblandningen görs utifrån signalerna från lufttemperaturgivaren och trottelns positionsgivare.

Den grundläggande bränsleblandningen sparas också som en tredimensionell karta och signaler för motorns belastning och varvtal bestämmer den grundläggande injektoröppningstiden. Bränsleblandning och pulsduration korrigeras utifrån signaler från lufttemperaturgivaren, kylvätsketemperaturgivaren, batterispänning och trottelläge (trottelns positionsgivare). Andra korrigeringsfaktorer är arbetsvillkoren, exempelvis kallstart och varmkörning, tomgång, acceleration samt inbromsning.

EGI kallar upp en speciell karta för tomgångskörning som alltid används när trottelbrytaren är stängd och motorn går på tomgång.

Grundläggande funktioner för styrmodulen (typiska)

Styrmodulen matas med en permanent spänning från batteriet via en eller flera avsäkrade länkar. När tändningen slås på matas spänning från styrmodulen till insprutningens huvudrelä, tändspolen och förstärkaren.

Matningen till insprutningens huvudrelä är direkt ansluten till jord via en magnetiseringsslinga och när reläet magnetiseras matas en spänning till styrmodulen, bränslepumpens relä, injektorer och de olika solenoidventilerna.

Motorns givare (luftflödesmätaren, lufttrycksgivaren, lufttemperaturgivaren, CO-potentiometern, kylvätskans temperaturgivare, trottelns positionsgivare etc) matas nu med 5,0 V referensspänning från relevant stift på styrmodulen.

I vissa tidiga versioner matas spänning till styrmodulen när tändningsnyckeln vrids till startläge. Denna anslutning används inte i senare versioner. När motorn dras runt på startmotorn eller går ges en hastighetssignal från tändningen till styrmodulen som jordar bränslepumpens relädrivning, så att pumpen kan köras. Även funktionerna för tändning och insprutning aktiveras. Injektorerna matas med normal batterispänning från huvudreläet och styrmodulen fullbordar kretsen genom att jorda injektorns drivstift. Tomgångsventilen styr tomgångens varvtal genom att styrmodulen jordar tomgångsventilens drivning då motorn går på tomgång.

Styrmodulen tar även emot signaler från ett antal givare, inkluderande dem för koppling, växellådans neutralläge, bromsljuskontakt, servostyrning, värmefläkt, luftkonditionering, den uppvärmda bakrutan etc. Dessa signaler anger den elektriska belastningen så att tomgångsstyrningen kan arbeta med ledning av strömförbrukningen.

Avstängning av bränslet vid inbromsning

Vid motorbromsning stängs bränslet av för att förbättra driftsekonomin och sänka utsläppen. Villkoren för bränslets avstängning är:

a) Stängd trottel (tomgångskontakten stängd).
b) Motorns varvtal överstiger 3 000 varv/min.
c) När varvtalet sjunker under 1 500 till 1 000 varv/min återupptas insprutningen.

Ventilering av sur motor

Om trotteln är vidöppen när motorn dras runt förhindrar styrmodulen insprutning. Detta är exempelvis användbart om motorn surats ner (översvämmats med bränsle) vid starten.

Referensspänning

Matningen från styrmodulen till motorns givare är 5,0 V. Detta ger en stabil arbetsspänning som inte påverkas av variationer i systemspänningen.

Jordning av de flesta givare görs via ett eller flera styrmodulstift som dock inte är direkt anslutna till jord. Styrmodulen jordar stiften internt till styrmodulstift som är direkt anslutna till jord.

Självdiagnos

Mazda EGI har en självtestfunktion som kontinuerligt undersöker motorgivarnas signaler. När ett fel upptäcks tänds varningslampan "Check Engine" på instrumentbrädan (i förekommande fall) och styrmodulen loggar internt en felkod. Dessa felkoder kan avläsas med hjälp av varningslampan "Check Engine" genom att tillämpliga stift i självdiagnostikens kontakt byglas. Om varningslampa saknas kan koderna läsas i diagnostikkontakten med en analog voltmätare eller lysdiod. Fel loggas även för aktiverare, men endast under tre sekunder efter det att tändningen slagits på med diagnostikkontakten jordad.

Om feltillståndet upphör slocknar varningslampan men felkoderna finns kvar till dess att de raderas. Det finns flera olika sätt att radera koderna, inklusive att lyfta ut säkringen till varningslampan, koppla ur batteriets jordledning eller använda en lämplig felkodsavläsare.

Nödprogram

Förutom självtestfunktionen har EGI en "linka hem"-funktion (LOS). Om ett allvarligt fel uppstår i en eller flera givare ersätter styrmodulen givarvärdet med ett fast värde.

Exempelvis är värdet för kylvätsketemperaturgivaren fixerat till 50°C och för lufttemperaturgivaren till 20°C. Det betyder att motorn kan gå ganska bra med fel i lufttemperaturgivaren eller kylvätsketemperturgivaren. Men i och med att ersättningsvärdena är de för en halvvarm motor kan egenskaperna vid kallstart och varmkörning vara mindre tillfreds-tällande.

Adaptivt minne

Med tiden lär sig styrmodulen de bästa tomgångsinställningarna för en given motor, oavsett ålder, skick och belastning, så att korrekt tomgångsvarvtal alltid bibehålles. Dessa adaptiva inställningar sparas i minnet. Detta med för att om batteriet kopplas ur behöver styrmodulen lite tid för att lära sig systemparametrarna igen innan korrekt styrning av tomgången återställs.

Fordonets hastighetsgivare

Fordonets hastighetsgivare är placerad i hastighetsmätaren. En växelströmspuls, skapad av hastighetsmätarens givare, skickas till fordonets hastighetsgivare som omvandlar den till en digital signal. Denna fyrkants vågform sänds sedan till styrmodulen som en signal för fordonets hastighet.

3 Primär utlösare

Allmänt

Den primära utlösaren för både tändning och insprutning i EGI är en fördelarmonterad Halleffektgivare. Dessutom använder vissa

senare versioner en svänghjulsmonterad vevaxelvinkelgivare för att ge två givarindata. Båda typerna beskrivs nedan.

Vevaxelns vinkelgivare

Vevaxelns vinkelgivare är monterad nära svänghjulet och består av en induktiv magnet som utstrålar ett magnetfält. I svänghjulet ingår en reluktorskiva med ståltänder med jämna mellanrum. När svänghjulet och därmed tänderna roterar skapas en växelspänningssignal. Toppspänningen i hastighetssignalen kan variera från 5 V vid tomgång till över 100 V vid 6 000 varv/min. I styrmodulen förvandlas den analoga växelströmssignalen till en digital signal av en A/D-omvandlare. Denna signal används inte i alla system från Mazda och är utöver signalen från den fördelarmonterade Halleffektgivare.

Halleffektgivare

Tändningen matar normal batterispänning till Halleffektgivaren i fördelaren. Halleffektgivarkretsen fullbordas med en anslutning till jord.

Mitt emot Hallgivaren finns en magnet vars fält för att givaren skickar en svag spänning tillbaka till styrmodulen. På fördelaren finns en utlösarskiva med ett urtag per cylinder. När bladet passerar mellan magneten och givaren slås givaren av och på. När urtaget passerar givaren skickas en spänning till styrmodulen via en tredje ledning kallad signalledningen.

När den massiva delen av skivan finns mellan magneten och givaren slås spänningen ifrån i och med att magnetfältet avböjs. Det gör att spänningssignalen till styrmodulen är antingen spänning eller inte spänning och vågformen är en fyrkantsvåg. Halleffektgivarsignal krävs för att utlösa tändning, insprutning och tomgångsstyrning. Motorn kan inte gå utan en signal från Halleffektgivaren.

Beroende på modell kan Hallsignalerna till styrmodulen skilja sig åt. I vanlig metod skickar en signal (180° vevaxelvarv för fyrcylindriga motorer) för varje cylinder, plus en extra signal som anger ÖD för cylinder 1. Den andra signalen sänds till styrmodulen på en separat ledning. En andra metod sänder en signal per cylinder, men urtaget är förlängt för cylinder 2 för att ange ÖD för den cylindern.

4 Tändning

Data om motorns belastning (luftflödesmätaren) och varvtal (vevaxelns vinkelgivare) hämtas in av styrmodulen som jämför data med en digital tändlägeskarta sparad i processorn. Denna karta innehåller en förställningsvinkel för grundläggande belastningar och hastigheter. Förställningsgraden korrigeras utifrån motorns temperatur (kylvätskans temperaturgivare) så att optimalt tändläge för ett givet arbetsvillkor bestäms.

Förstärkare

Förstärkaren i Mazdas EGI (ofta kallad "tändare" av japanska biltillverkare) innehåller kretsarna för att utlösa spolen i rätt ögonblick. Styrmodulen beräknar korrekt vilotid och förställning utifrån data inhämtade från givarna och sänder en styrsignal till förstärkaren som utlöser tändspolen.

Förstärkarens placering varierar mellan fordonen. Vissa finns i motorrummet (huvudsakligen tidiga versioner med fördelare) och andra finns i fördelarhuset.

Vilofunktionen i EGI baseras på principen "konstant energi, begränsad ström". Det betyder att viloperioden är konstant vid 3,0 till 3,5 ms vid praktiskt taget alla varvtal. Men arbetscykeln, uttryckt i procent eller grader varierar med motorns varvtal.

Tändspolen

Tändspolen använder lågt primärmotstånd för att öka den primära strömmen och primärenergin. Förstärkaren begränsar primärströmmen till cirka 8 amp vilket ger en energireserv för att upprätthålla gnistans brinntid (duration). Spolen finns i fördelarhuset på de flesta EGI-försedda bilar.

Fördelare

I systemet EGI innehåller fördelaren Halleffektgivaren som ger signal om ÖD och hastighet samt de sekundära högspänningskomponenterna (fördelarlock, rotor och tändspole) och har som uppgift att mata ut högspänningen från spolens sekundärlindning till varje tändstift i tändföljden.

Integrerade tändningskomponenter

I vissa versioner är spolen och förstärkaren integrerade inne i fördelaren. Detta reducerar ledningsdragning och förbättrar driftsäkerheten. Systemet kallas ibland "spolen i locket" och utmärks av avsaknaden av huvudspolens sekundära tändkabel. Den sekundära högspänningen går direkt från spolen till rotorarmen som fördelar spänningen till tändstiften via tändkablar på konventionellt sätt.

Knackgivare (endast vissa fordon)

Optimalt tändläge (vid varvtal överstigande tomgång) för en högkomprimerad motor ligger ganska nära knackningsgränsen. Men att ligga så nära den gränsen innebär att knackningar inträffar i en eller flera cylindrar vid vissa tillfällen under motorns arbetscykel.

I och med att knack kan uppstå vid olika tillfällen i varje cylinder använder EGI en knackregleringsprocessor (i styrmodulen) för att ange vilken eller vilka cylindrar som knackar. Knackgivaren är monterad på motorblocket och består av ett piezokeramiskt mätelement som reagerar på svängningar i motorljudet. Knack omvandlas till en spänningssignal som returneras till knackregleringen för utvärdering och åtgärd.

Styrmodulen analyserar ljudet från varje individuell cylinder och använder en avancerad teknik för att skilja knack från allmänt motorljud.

5 Bränsleinsprutning

Allmänt

Mazda har två helt skilda metoder för att mata bränsle till EGI-utrustade motorer. Metoderna är samtidig flerpunktsinsprutning sekventiell flerpunktsinsprutning. Dessutom kan de sekventiella insprutningen antingen vara synkroniserad med insugsventilernas öppning, eller inte synkroniserad.

I och med att EGI är ett modulärt system är det små skillnader mellan de olika versionernas layout. Det är i implementeringen skillnaderna finns. Först kommer en beskrivning av vad som är gemensamt och sedan en beskrivning av respektive typ.

Mazda EGI är försett med en karta över grundläggande injektoröppningstider avstämda för olika belastningar och varvtal. Information hämtas sedan in från motorns givare som luftflödesmätaren, givarna för varvtal och ÖD, kylvätskans temperaturgivare och trottelns positionsgivare och brytare. Som ett resultat av denna information letar styrmodulen upp korrekt öppningstid för aktuellt förhållande oavsett varvtal, belastning och temperatur.

En injektor är en magnetdriven solenoidventil som aktiveras av styrmodulen. Spänningen till injektorerna kommer från huvudreläet och jord ges av styrmodulen under en tidsperiod (pulsduration) på mellan 1,5 och 10 ms. Durationen är mycket beroende på motorns temperatur, belastning, varvtal och arbetsförhållanden. När solenoidmagneten stänger alstras en backspänning på 60 V.

Den mängd bränsle som levereras av injektorn bestäms av bränsletryck och öppningstid. Styrmodulen avgör öppningstiden med utgångspunkt från de olika givarnas signaler. Vid kallstart ökas pulsdurationen för att ge en fetare bränsleblandning.

Bränsleavstängning vid hög fart (varvtalsbegränsare)

För att förhindra att motorn övervarvas stänger styrmodulen i EGI av jordningen av injektorerna över ett visst varvtal (som varierar med motortyp), vilket stänger av bränsletillförseln. När varvtalet sjunker under gränsvärdet återställs insprutningen.

Avstängning av bränslet vid inbromsning

Injektoröppningstiden reduceras vid motorbromsning för att förbättra bränsleekonomin och minska utsläppen. Definitionen av motorbromsning varierar efter motorns varvtal, kylvätskans temperatur och andra faktorer. När varvtalet sjunker under gränsvärdet återställs insprutningen. Dessutom, på fordon med automatväxellåda reduceras insprutningen vid uppväxlingar för att göra dem mjukare.

Flerpunktsinsprutning – samtidig

Det s k samtidiga flerpunktsinsprutningssystemet består av en injektor per cylinder, monterad i insugsporten så att finfördelat bränsle sprutas direkt på ventilens baksida. Injektorerna utlöses samtidigt, två gånger per motorcykel. Halva den krävda bränslemängden per motorcykel sprutas därmed in varje motorvarv.

Bränslet vilar en kort stund på ventilens baksida innan det sugs in i cylindern. Till skillnad från andra samtidiga system är samtliga injektorer här anslutna till styrmodulen via separata ledningar till separat drivstift på styrmodulen.

Flerpunktsinsprutning – sekventiell

Det sekventiella systemet fungerar på ett sätt som liknar det samtidiga. Skillnaden är att injektorerna utlöses när insugsventilerna öppnar på signal från cylinderidentitetsgivaren. Styrmodulen styr varje injektors öppningstid, som bestäms utifrån signalerna från de olika givarna.

Under vissa omständigheter sker insprutningen dock samtidigt eller till och med icke sekventiellt (ur takt med vevaxelns läge). På tomgång, med stängd trottelbrytare, sker insprutningen sekventiellt. När trotteln öppnas sker insprutningen under en kort period (längden styrd av kylvätskans temperatur) samtidigt.

När motorn accelererar med en trottelvinkel överstigande ett visst värde ändras insprutningen till samtidig under en kort period (längden styrd av kylvätskans temperatur).

Variabelt insugssystem

Under alla arbetsförhållanden strömmar luft till insugsröret via trottelventilen i trottelhuset. På vissa motorer använder dock Mazda två separata insugsvägar för att förbättra motorns lufttillförsel vid både höga och låga varvtal. En kort insugsväg används vid höga varv och en lång vid låga. Luftströmmen genom vardera vägen styrs av styrmodulen genom en extra trottelventil (placerad i insugsröret) och en eller två solenoidventilstyrda vakuumaktiverare.

Belastningsgivare

Styrmodulen måste ha en belastningsgivare som anger motorns luftgenomströmmning. När väl volymen är känd kan korrekt insprutningsduration letas upp på kartan. I tidiga versioner av Mazdas EGI-system användes en luftflödesmätare av klafftyp. I senare versioner används en hettråds luftmassemätare som huvudsaklig belastningsgivare.

Luftflödesmätare av klafftyp

Luftflödesmätaren är placerad mellan luftrenaren och trottelhuset. När luft strömmar genom böjer den av en klaff. Ju större volym, dess större avböjning. Klaffen är kopplat till en arm som glider över ett potentiometerspår vilket ändrar spårets motstånd. Detta ger en signal med variabel spänning till styrmodulen.

EGIs luftflödesmätare är baserad på den nu föråldrade konstruktionen Bosch 'L' Jetronic. Givarens funktioner liknar mycket den modernare treledningens luftflödesmätaren monterad i moderna Motronic-system. Dock är kretsuppbyggnaderna något annorlunda (fig. 11.1). Batterispänning från systemreläet matas via anslutning VB till ett motstånd inne i luftflödesmätaren. Motståndet reducerar batterispänningen till mellan 5,0 och 10,0 V. Den resulterande spänningen kallas referensspänning och matas både till styrmodulen och luftflödesmätarens motståndsspår i luftflödesmätarhuset. Motståndsspårets andra ände är ansluten till luftflödesmätarens jordretur vid E2. Luftflödesmätarens utsignal ges från armen till styrmodulen via luftflödesmätarens anslutning VS.

Med ledning av returnerad signalspänning kan styrmodulen beräkna den luftvolym som sugs in i motorn (= belastningen) och detta används till att beräkna grundlängden på insprutningstiden. För uppmjukande av insugspulser finns en dämpare på luftflödesmätarens klaff. Luftflödesmätaren har ett mycket stort inflytande på den mängd bränsle som sprutas in.

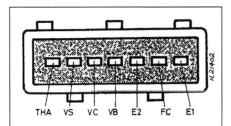

Fig. 11.1 Stift på luftflödesmätare av klafftyp

THA	Lufttemperaturgivare
VS	Luftflödesgivarens signal
VB	Strömförsörjning
E1 & E2	Jord
FC	Bränslepumpens jord (sluten när motorn går, öppen när motorn inte går)

Luftflödesmätare av klafftyp innehåller även en uppsättning jordningsstift för bränslepumpen. Se avsnittet "bränslepumpens relä" nedan för en funktionsbeskrivning.

Luftflödesmätare av hettrådstyp

Hettråds luftmängdsmätare har ersatt luftflödesmätare av klafftyp på senare motorer. Hettråds luftmängdsmätare mäter upp den faktiska massan på den luft som sugs in i motorn, vilket ger en exaktare beräkningsgrund för injektoröppningstiden. Hettråd är en mycket precis metod för beräkning av motorns belastning och en lufttemperaturfunktion ingår i givaren. Automatisk kompensering för höjd över havet ingår. Frånvaron av rörliga delar förbättrar pålitligheten och minskar underhållskraven.

Givartypen har fått sitt namn av att en het tråd placeras i luftintaget. När luften passerar tråden kyls tråden ned i proportion till luftens massa. När massan ökar eller minskar med belastningen justerar styrmodulen strömflödet till hettråden så att den upprätthåller ursprunglig temperatur och ursprungligt motstånd. Genom mätning av ändringarna i strömflödet kan styrmodulen beräkna den luftmassa som sugs in. I takt med spänningsvariationerna på signalledningen varierar även spänningen och belastningen indikeras av att den variabla spänningen mäts. Givaren matas med ström från systemreläet.

Lufttemperaturgivaren

I hettråds luftflödesmätaren saknas separat temperaturgivare eftersom den funktionen är inbyggd i hettrådskretsen.

Lufttemperaturgivaren är monterad i intaget på luftflödesmätare av klafftyp. Lufttemperaturgivaren mäter luftens temperatur innan den kommer in i insugsröret. I och med att luftens täthet står i omvänd proportion till temperaturen ger lufttemperaturgivarens signal styrmodulen möjlighet att mer exakt avgöra den luftmängd som sugs in i motorn. Korrigeringsvikten av signalen från lufttemperaturgivaren är inte så stor. Lufttemperaturgivaren arbetar efter principen negativ temperaturkoefficient. En signal med variabel spänning, baserad på luftens temperatur, skickas till styrmodulen.

Justering av CO-halten (endast luftflödesmätare av klafftyp)

Den mekaniska typen av luftflödesmätare använder en luftskruv för finjustering av CO-halten. En luftkanal låter en liten luftström gå förbi klaffen vid tomgång. När justerskruven rubbas ändras den luftvolym som påverkar klaffen, vilket gör att klaffen ändrar läge. Denna lägesförändring modifierar signalen till styrmodulen så att mängden insprutat bränsle ändras. Förbigångsluften saknar effekt vid varvtal högre än tomgång. Det går inte att justera tomgångens CO-halt på senare bilar med luftflödesmätare av hettrådstyp.

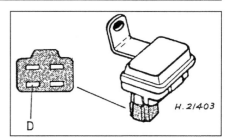

Fig. 11.2 Lufttrycksgivare
Vid stift D bör det finnas en spänning på cirka 4 V när tändningen är påslagen

Lufttrycksgivare

På vissa motorer kan en lufttrycksgivare finnas monterad. Syftet med den är att informera styrmodulen om ändringar i lufttrycket så att smärre justeringar av bränsleblandningen kan utföras (fig. 11.2).

Kylvätskans temperaturgivare

Kylvätsketemperaturgivaren är placerad i kylsystemet och fungerar enligt principen negativ temperaturkoefficient. I takt med att motståndet i kylvätsketemperaturgivaren varierar ändras spänningen i signalen till styrmodulen med utgångspunkt från kylvätskans temperatur. Signalen är mellan 2,0 och 3,0 V vid en omgivande temperatur på 20°C och sjunker till 0,4 till 0,8 V vid en kylvätsketemperatur på 80°C.

Givarens matning är 5,0 V referensspänning och jord är via givarreturen. Styrmodulen använder kylvätsketemperaturgivarens signal som huvudsaklig korrektionsfaktor vid beräkning av tändläge och injektoröppningstid.

Trottelns positionsgivare/brytare

I de flesta versioner är trottelns positionsgivare brytare kombinerade till en givare som egentligen är en potentiometer med en separat uppsättning tomgångskontakter. Trottelns positionsgivare ger styrmodulen data om accelerationstakt och trottelns position medan trottelbrytaren anger tomgång. En gemensam jord ansluter både trottelns positionsgivare och trottelbrytaren till styrmodulen. I vissa versioner används inte brytarkontakterna i trottelns positionsgivare.

Givaren matas med 5,0 V referensspänning till trottelbrytarens tomgångskontakt från styrmodulen. Spänningen faller till noll när tomgångskontakten stängs.

Trottelns positionsgivare är en potentiometer med tre ledningar. En 5 V referensspänning läggs på ett motståndsspår med andra änden ansluten till jord. Den tredje ledningen är ansluten till en arm som glider utmed motståndsspåret vilket varierar motstånd och spänning i den signal som går tillbaka till styrmodulen, som därmed kan beräkna precis hur snabbt trotteln öppnar.

Tomgångsstyrningen

Under EGIs utvecklingsperiod har ett antal olika komponenter och metoder använts för

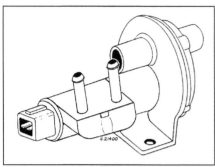

Fig. 11.3 Hjälpluftventil. Används i mycket tidiga versioner som saknar automatisk reglering av tomgången, eller som en snabbtomgångsventil vid varmkörning, tillsammans med tomgångsventilen

att styra tomgångsvarvtalet vid olika temperaturer och belastningar.

Tidiga modeller

EGI styrde inte tomgången i tidiga versioner och en justerskruv finns på trottelhuset. Vid kallstart och varmkörning höjdes tomgångens varvtal med en hjälpluftventil (fig. 11.3). När någorlunda stora elektriska belastningar kopplas in tenderar tomgångsvarvtalet att sjunka. Detta motverkas med en kopplad luftventil som aktiveras när belastningen slås på. Förutom hjälpluftventilen kan extra tomgångshöjande ventiler finnas för luftkonditionering, servostyrning och allmän strömförbrukning (fig. 11.4).

Senare versioner

En solenoidstyrd tomgångsventil, aktiverad av styrmodulen, efter motorns belastning använd

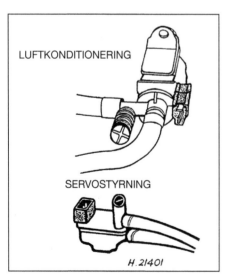

LUFTKONDITIONERING

SERVOSTYRNING

Fig. 11.4 Solenoider för höjning av tomgången. Ventilerna aktiveras av styrmodulen för att ge snabbare tomgång när exempelvis luftkonditionering eller servostyrning används

för att automatiskt styra tomgångsvarvtalet både vid normal körning och varmkörning. Tomgångsventilen är placerad i en luftkanal som ansluter insugsröret till trottelplattans luftfiltersida. Styrmodulen pulserar ventilen med en fast frekvens på 160 Hz och en variabel arbetscykel på mellan 40 och 100%. Ju större arbetscykel, dess öppnare ventil.

Styrmodulen får även signaler från ett antal givare, bl a för kopplingen, neutralläge, bromsljuskontakten, servostyrningen, värmefläkten, luftkonditioneringen, uppvärmd bakruta etc. Dessa signaler används till att avgöra den elektriska belastningen så att styrmodulen kan reglera tomgången därefter. Om tomgångsventilen havererar stängs ventilen automatiskt så att den lämnar en liten öppning för grundläggande tomgångsvarvtal.

Dessutom används en vaxkuletermostatstyrd ventil för att höja tomgångens varvtal under varmkörning. Ventilen stängs när kylvätskan når över 50°C.

I de flesta versioner går det fortfarande att justera det grundläggande tomgångsvarvtalet. Dock måste styrmodulen ställas till serviceläge via diagnostikkontakten innan detta kan utföras.

Huvudrelä och bränslepumpsrelä

Det elektriska systemet i Mazdas EGI styrs av bränsleinsprutningens huvudrelä och bränslepumpens relä och arbetssättet varierar med modell. I vissa versioner (vanligen senare, med hettråds luftmassemätare) aktiveras bränslepumpsreläet ungefär som i de flesta europeiska system med en matning från huvudreläet och aktivering av pumpens relädrivning av styrmodulen. Detta innebär att ett haveri i huvudreläet hindrar bränslepumpen från att arbeta. I andra modeller arbetar bränslepumpens relä oberoende av huvudreläet. I sådana fall jordas reläet antingen via luftflödesmätarens bränslepumpkontakt (tidiga modeller med luftflödesmätare av klafftyp) eller genom aktivering av pumprelädrivningen av styrmodulen.

Bränslepumpsreläets funktion i system med luftflödesmätare

Bränslepumpens relä använder sig av två lindningar för att styra reläkretsen; en när motorn dras runt på startmotorn och en för normal körning. När reläet får runddragningsspänning magnetiseras den första lindningen, som är jordad, och bränslepumpen körs under runddragningen.

När runddragningen upphör avmagnetiseras lindningen och matningen till pumpen bryts. Den andra lindningen är jordad via en uppsättning kontakter i luftflödesmätarens relä. När nyckeln släpps från startläget kommer, om motorn startat, kontakterna i

luftflödesmätaren att stänga till jord vilket magnetiserar bränslepumpsreläets andra lindning så att pumpen fortsätter att gå. Luftflödesmätarkontakterna fungerar även som säkerhetsbrytare. När motorn stannar, oavsett orsak, stängs luftflödesmätaren och bränslepumpskontakterna bryts, vilket stänger av bränslepumpen.

Bränsletryckssystem

Bränslesystemet består av en tank, en pump, bränslefilter, bränsleröret, tryckregulatorn och returledningen. Bränslepumpen kan vara av typen intern nedsänkt impeller eller extern valspump. Pumpen drar bränsle från tanken och pumpar det till bränsleröret via ett filter. I fyrhjulsdrivna versioner gör installationen av kardanaxeln att tanken är delad i två sektioner. Den har då en överföringspump som pumpar bränslet från den vänstra sidan till den högra där huvudpumpen finns. Överföringspumpen har sin egen styrenhet och omkopplare.

När tändningen slås på magnetiserar styrmodulen bränslepumpens relä i ungefär en sekund, så att bränslesystemet trycksätts. Pumpen stängs sedan av till dess att signal kommer om att motorn dras runt eller går.

När motorn går matas bränsle genom ett filter till bränsleröret. Tryckförlust i systemet förhindras av en envägsventil i bränslepumpens utlopp. När tändningen stängs av och pumpen stannar upprätthålls trycket därmed en tid, vilket i stor utsträckning reducerar avdunstning och problem med varmstart.

Bränsletrycksregulator

Trycket i bränsleröret hålls konstant på 2,5 bar av en tryckregulator. Bränslepumpen levererar normal mycket mer bränsle än vad som krävs och överskottet leds tillbaka till tanken i returledningen. Faktum är att maximalt bränsletryck över 5 bar är möjligt i detta system. Tryckförlust i systemet förhindras av en envägsventil i bränslepumpens utlopp. När tändningen stängs av och pumpen stannar upprätthålls trycket därmed en tid.

Vid tomgång med urkopplat vakuumrör eller med stillastående motor och gående bränslepump är systemtrycket mellan 2,4 och 3,3 bar. Vid tomgång (med inkopplat vakuumrör) är bränsletrycket ungefär 0,5 bar under systemtrycket.

Dessutom finns en styrmodulaktiverad avstängningsventil för att öka bränsletrycket och därmed berika blandningen under vissa omständigheter. Funktionen kan komma att behövas vid varmstartsförhållanden som kan leda till förångning. Genom att stänga av vakuumet till tryckregulatorn ökas bränsletrycket vilket underlättar start.

6 Katalysator och avgasrening

De Mazda EGI system som används på katalysatorförsedda motorer har ett styrsystem med sluten slinga för att minska utsläpp. System med sluten slinga är försedda med en syresensor som övervakar avgasernas syrehalt. Låg halt indikerar fet blandning och hög syrehalt mager blandning.

När motorn körs med sluten slinga gör signalen från syresensorn att styrmodulen modifierar insprutningen så att den ligger nära idealet. Genom att kontrollera insprutningen under de flesta arbetsvillkor hålls blandningen alltid i det lilla fönstret runt Lambda-punkten (d.v.s. Lambda = 0,97 till 1,03), och en nästan perfekt förbränning blir då resultatet. Det leder till att katalysatorn får mindre arbete och större livslängd med färre utsläpp.

Styrningen med sluten slinga är aktiv när motorn arbetar vid normal temperatur. När kylvätskan är kall, motorn är fullt belastad eller under motorbromsning arbetar styrmodulen med öppen slinga då den medger en magrare eller fetare bränsleblandning. Detta förhindrar

att motorn tvekar, exempelvis vid acceleration med vidöppen trottel.

Syresensorn avger signal endast när avgastemperaturen nått minst cirka 300°C. För att kunna ge syresensorn optimal arbetstemperatur så snabbt som möjligt efter motorstart innehåller syresensorn ett värmeelement. Uppvärmningen matas via huvudreläet. I V6 motorer används två syresensorer.

Avdunstningsreglering

En kolkanisterventil, membranventil, tvåvägsventil och kanister med aktivt kol underlättar reglering av avdunstning. Kolkanistern förvarar bränsleångorna till dess att kolkanisterventilen öppnas av motorstyrningen under vissa förhållanden. När kolkanisterventilen aktiveras dras bränsleångorna in i insugsröret för normal förbränning. Kolkanisterventilen kallas ibland för en rensventil.

Matningen till kolkanisterventilen kommer från huvudreläet. Jordning sker via styrmodulen som aktiverar den genom att jorda den när så krävs. Motorns prestanda påverkas inte, genom att kolkanisterventilen är stängd när motorn är kall eller går på tomgång. När kylvätskan når normal arbetstemperatur, syresensorn fungerar, växel

är ilagd och trotteln är delvis öppen (normal marschfart med varm motor) öppnas och stängs kolkanisterventilen av styrmodulen.

Återcirkulation av avgaser

Återcirkulationen är endast aktiv när motorn nått normal arbetstemperatur och motorn arbetar med delbelastning. Avgaser leds från grenröret till insugsröret via en styrventil. Dessutom används solenoidventiler till att styra det vakuum som läggs på styrventilen.

Styrmodulen övervakar motorns arbetsförhållanden och öppnar styrventilen med genom att aktivera vakuumsolenoidventilen i en arbetscykel och slå på ventilationsventilen. Detta lägger mer vakuum på styrventilen och ökar avgasflödet. Styrventilen flyttas mot stängt läge när styrmodulen aktiverar ventilationsventilen med en arbetscykel och öppnar solenoidvakuumventilen. Detta ger mindre vakuum till styrventilen och minskar avgasflödet. Varierande vakuum läggs därmed på styrventilen, vilket låter en exakt uppmätt mängd avgaser ledas till insugsröret. När avgaserna passerar genom styrventilen sänds en variabel signal till styrmodulen som anger lyfthöjden för ventilen. Detta leder till att styrmodulen justerar signalerna till solenoiderna för att finjustera den avgasmängd som leds in i insugsröret.

Justeringar

7 Villkor för justering

1 Samtliga dessa villkor ska vara uppfyllda innan justering påbörjas:
a) Motorn ska hålla arbetstemperatur. Motoroljans temperatur minst 80°C. En körsträcka på minst 7 km rekommenderas (speciellt om bilen har automatväxellåda).
b) Tillbehör (all motorbelastning) avstängda.
c) För fordon med automatväxellåda, växelväljaren i N eller P.
d) Motorn mekaniskt frisk.
e) Motorns ventilationsslangar och ventileringssystem i tillfredsställande skick.
f) Insuget fritt från vakuumläckor.
g) Tändsystemet i tillfredsställande skick.
h) Luftfiltret i tillfredsställande skick.
i) Avgassystemet fritt från läckor.
j) Gasvajern korrekt justerad
k) Inga felkoder loggade i styrmodulen.
l) Syresensorn i tillfredsställande skick

(katalysatorförsedda fordon med sluten styrslinga).
2 Dessutom, innan kontroll av tomgångsvarvtal och CO-halt ska motorn stabiliseras enligt följande:
a) Stabilisera motorn. Höj varvtalet till 3 000 varv/min under minst 30 sekunder och låt motorn återgå till tomgång.
b) Om kylfläkten startar under justeringen, vänta till dess att den stannar, stabilisera motorgången och börja om med justeringen.
c) Låt varvtal och CO-halt stabiliseras.
d) Utför alla kontroller och justeringar inom 30 sekunder. Om denna tid överskrids, stabilisera motorgången och kontrollera igen.

8 Justering av trotteln

1 Trottelventilens position kan inte justeras.
2 Dra ur kontakten till trottelns positionsgivare och leta upp trottelbrytarens kontakter.

3 Anslut en ohmmätare till de två trottelbrytarkontakterna. När trotteln är stängd ska ohmmätaren ange kontinuitet.
4 Stick in ett bladmått på 0,50 mm mellan trottelns stoppskruv och trottelarmen. Ohmmätaren ska nu ange oändligt motstånd.
5 Justera trottelbrytaren genom att slacka på fästskruvarna och vrida på enheten med trottelns positionsgivare och trottelbrytare.

9 Kontroll av tändläget (typisk)

1 Se justeringsvillkoren i avsnitt 7.
2 Anslut en varvräknare (använd stiftet IG i diagnostikkontakten) och ett stroboskop.
3 Bygla tillfälligt stiften GND och TEN i diagnostikkontakten (fig. 11.5).
4 Kontrollera tomgångsvarvtalet och justera vid behov.
5 Kontrollera grundtändläget. Jämför med specifikationerna i början av detta kapitel (fig. 11.6).

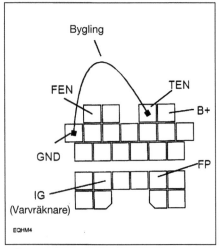

Fig. 11.5 Varvtalet hämtas in genom att varvräknaren ansluts till stiftet IG i diagnostikkontakten. Bygla stiften TEN och GND i diagnostikkontakten. Detta ställer systemet till serviceläge

6 Om tändläget är fel, korrigera genom att slacka klammerbultarna och vrida fördelaren. Dra åt bultarna igen när tändläget är korrekt.
7 Avlägsna byglingen från diagnostikkontakten.
8 Öka motorvarvet. Tändläget ska flytta sig mjukt framåt. Förvänta cirka 25 till 35° förställning.

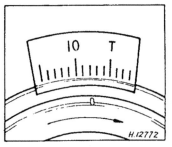

Fig. 11.6 Tändlägesmärken (de flesta av Mazdas modeller)

10 Justering av tomgången (typisk)

1 Se justeringsvillkoren i avsnitt 7.
2 Anslut en varvräknare (använd stiftet IG i diagnostikkontakten).
3 Bygla tillfälligt stiften GND och TEN i diagnostikkontakten.
Observera: *Detta moment är inte nödvändigt på tidiga versioner utan tomgångsstyrning.*
4 Kontrollera tomgångsvarvtalet och justera vid behov genom att vrida justerskruven för förbigångsluften **(fig. 11.7 och 11.8)**.
5 Avlägsna byglingen från diagnostikkontakten.
6 Kontrollera och justera tomgångens CO-halt (endast luftflödesmätare av klafftyp).

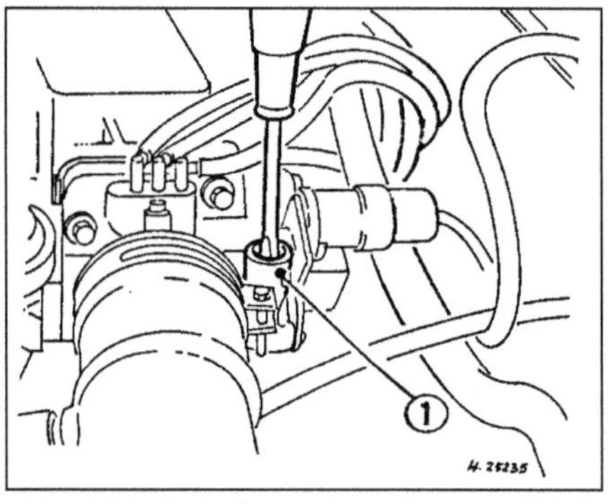

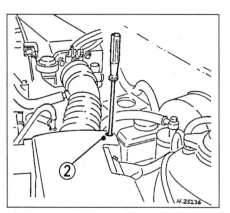

Fig. 11.7 Justering av tomgångsvarvtalet (typisk)
1 Justerskruv

Fig. 11.8 Justering av CO-halten (typisk)
2 Justerskruv

Tester av systemets givare och aktiverare

Viktigt: *Se kapitel 4 som beskriver vanliga testmetoder. Beskrivningarna i kapitel 4 ska läsas tillsammans med de komponentnotiser och kopplingsscheman som finns i detta kapitel (fig. 11.9). De kopplingsscheman och andra data som finns i detta kapitel är inte nödvändigtvis korrekta för just din version. I och med de variationer av ledningsdragning och data som ofta förekommer även mellan mycket snarlika fordon i en tillverkares utbud ska du vara mycket noga med att identifiera stiften på styrmodulen korrekt och se till att alla korrekta data är inhämtade innan en given komponent kasseras.*

11 Vevaxelns vinkelgivare - på vevaxelns remskiva, i förekommande fall

1 Se anmärkningen i början av detta avsnitt och relevant avsnitt i kapitel 4.
2 Motståndet i vevaxelns vinkelgivare är mellan 520 och 580 ohm.

12 Primär utlösare - Halleffektgivare

1 Se notisen i början av avsnitt 11 och relevant avsnitt i kapitel 4.
2 Två Halleffektgivarsignaler eller en signal avges beroende på modell. Signalerna växlar mellan 5,0 V och noll.

13 Primär tändning

1 Se notisen i början av avsnitt 11 och relevant avsnitt i kapitel 4.
2 Primärtändningen är i huvudsak som en styrmodul med extern förstärkare, men förstärkaren är kombinerad med tändspolen, så det extra testet nedan ska utföras.
3 Stiftnummer för styrmodul och komponenter kan variera beroende på vilket Mazda EGI system som testas.
4 Primärmotståndet varierar beroende på modell. Se specifikationerna i början av detta kapitel.
5 För mätning av primärmotståndet, dra ur trestiftskontakten från fördelaren. Anslut sedan en ohmmätare mellan stift A och B **(fig. 11.10)**.

6 Sekundärmotståndet ska vara mellan 20 000 och 31 000 ohm.
7 Varvtalsavläsning kan göras genom att en varvräknare ansluts till stift IG i diagnostikkontakten.

14 Knackgivare

1 Se notisen i början av avsnitt 11 och relevant avsnitt i kapitel 4.

15 Injektorfunktion (flerpunktsinsprutning)

1 Se notisen i början av avsnitt 11 och relevant avsnitt i kapitel 4.

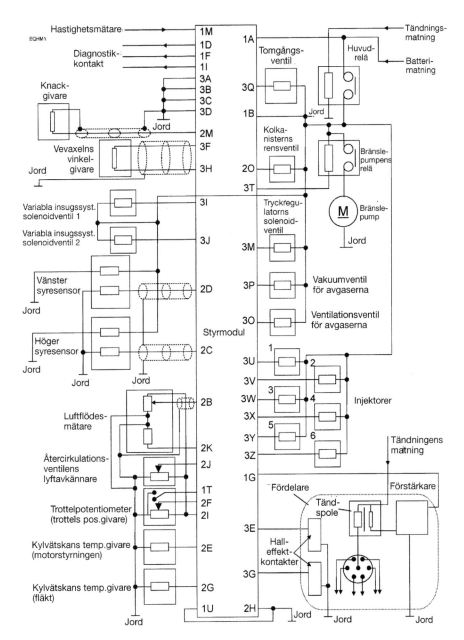

Fig. 11.9 Typiskt kopplingsschema för EGI (modell 626 V6 visad)

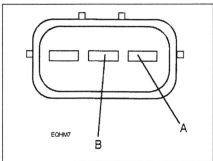

Fig. 11.10 Dra ur trestiftskontakten från fördelaren och anslut en ohmmätare mellan stift A och B för att mäta det primära motståndet

18 Kylvätskans temperaturgivare

1 Se notisen i början av avsnitt 11 och relevant avsnitt i kapitel 4.

19 Trottelns positionsgivare

1 Se notisen i början av avsnitt 11 och relevant avsnitt i kapitel 4.

20 Tomgångsventil

1 Se notisen i början av avsnitt 11 och relevant avsnitt i kapitel 4.
2 Tomgångsventilens motstånd är 7,7 till 9,3 ohm.

21 Styrmodulens matningar och jordar

1 Se notisen i början av avsnitt 11 och relevant avsnitt i kapitel 4.

22 Systemreläer

1 Se notisen i början av avsnitt 11 och relevant avsnitt i kapitel 4.

23 Bränslepump och krets

1 Se notisen i början av avsnitt 11 och relevant avsnitt i kapitel 4.

---

2 Injektorerna matas med spänning från systemreläet.
3 Injektorerna arbetar antingen samtidigt eller sekventiellt.
4 Injektorerna motstånd är normalt 12 till 16 ohm.

16 Luftflödesmätare

1 Se notisen i början av avsnitt 11 och relevant avsnitt i kapitel 4.

2 Luftflödesmätaren kan vara av klafftyp eller hettrådstyp beroende på fordon.

17 Lufttemperaturgivare

1 Se notisen i början av avsnitt 11 och relevant avsnitt i kapitel 4.
2 Lufttemperaturgivaren är monterad i intaget på luftflödesmätare av klafftyp.

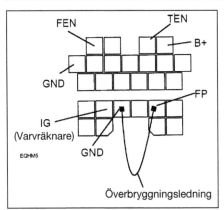

Fig. 11.11 Vid test av bränsletrycket, kör pumpen genom att bygla stiften FP och GND i diagnostikkontakten

24 Bränsletryck

1 Se notisen i början av avsnitt 11 och relevant avsnitt i kapitel 4.
2 Bränslepumpens relä kan magnetiseras för tryckprov med en bygling av stiften FP och GND i diagnostikkontakten (fig. 11.11).

25 Syresensor

1 Se notisen i början av avsnitt 11 och relevant avsnitt i kapitel 4.
2 Den syresensor som är monterad i de flesta Mazda är av typen fyra ledningar med värmare. I V6 motorer används två syresensorer.

26 Kolkanisterventil

1 Se notisen i början av avsnitt 11 och relevant avsnitt i kapitel 4.

27 Solenoidventiler

1 Systemet EGI innehåller ett antal solenoidventiler som aktiveras av styrmodulen under vissa förhållanden. Solenoidventilerna används typiskt för följande ändamål:
   a) Styrning av vakuum till återcirkulationens styrventil.
   b) Styrning av ventilationen till återcirkulationens styrventil.
   c) Styrning av avstängningsvakuum till tryckregulatorn.
   d) Styrning av vakuum till det variabla insugssystemet.
   e) Styrning av vakuum till tomgångshöjande ventiler vid olika belastningar, d v s servostyrning eller luftkonditionering.
2 För testning kan en likartad metod användas för att kontrollera varje solenoids funktion.
3 Kontrollera först att det inte finns korrosion eller skador på solenoidens kontakt.
4 Kontrollera att anslutningens stift är helt intryckta och har god kontakt med solenoidens kontakt.
5 Rulla tillbaka gummidamasken (där så är möjligt) på solenoidens kontakt.

6 Leta upp matnings- och signalstiften.
7 Slå på tändningen.
8 Kontrollera om det finns normal batterispänning vid solenoidens matningsstift. Om spänning saknas, följ ledningarna tillbaka till huvudreläets utmatning.
9 Kontrollera solenoidventilens motstånd enligt följande.
10 Dra ur styrmodulens kontakt (se varning 3 i Referenser) och jorda en kort stund omkopplingsstiftet i styrmodulens kontakt:
   a) Om solenoiden aktiveras: Kontrollera styrmodulens matningar och jordar. Om inga fel påträffas är styrmodulen misstänkt.
   b) Om solenoiden inte aktiveras: Leta efter kontinuitet i ledningarna mellan solenoidventilen och styrmodulens stift.

Solenoidventilers motstånd

11 Dra ur kontakten och mät motståndet mellan de två stiften. Ett typiskt solenoidmotstånd är kring 40 ohm.

28 Avgasåtercirkulation

1 Kontrollera om rör och slangar i avgasåtercirkulationen läcker.
2 Testa solenoidventilernas funktion till vakuum och ventilation till återcirkulationens styrventil enligt ovan.
3 Återcirkulationens lyftventil har en treledningsgivare och en variabel spänning ska avges till styrmodulen när återcirkulationen är aktiverad. Detta kan vara svårt att testa för avlastning.
4 Felfunktioner i återcirkulationen medan motorn går på tomgång eller varmkörs leder till ojämn tomgång och tjuvstopp.

Stifttabell - tvåsegments styrmodulkontakt
Observera: Se fig.11.12

1A	Batteri	1S	Kontakt till fläktens och luftkonditioneringens motor	2L	Trottelns positionsgivare
1B	Huvudrelä			2M	Trottelns positionsgivare
1C	Bränslepumpens relä	1T	Strömbrytare till den uppvärmda bakrutan	2N	Syresensor
1D	Diagnostikkontakt			2O	Hettråds luftflödesmätare
1F	Diagnostikkontakt	1U	Kombinationsomkopplare	2P	Hettråds luftflödesmätare
1G	Tändningsförstärkare	1V	Kopplingspedalens lägeskontakt	2Q	Kylvätskans temperaturgivare
1J	Luftkonditioneringens relä	2A	Jord	2T	Bränsletrycksregulator
1K	Diagnostikkontakt	2B	Jord	2U	Injektor 1
1N	Trottelns positionsgivare	2C	Jord		Injektor 3
10	Bromsljuskontakt	2D	Jord	2V	Injektor 2
1P	Servostyrningens tryckkontakt	2E	Fördelartändning		Injektor 4
1Q	Luftkonditioneringens styrmodul	2J	Motorstyrningsmodulen	2W	Tomgångsventil
1R	Motorns kylfläktsrelä	2K	Hettråds luftflödesmätare	2X	Kolkanisterventil

Fig. 11.12 Typiskt tvåsegments kontaktdon till styrmodulen i EGI

Stifttabell - tresegments styrmodulkontakt

Observera: Se fig.11.13

1A	Batteri	1V	Kopplingspedalens lägeskontakt	3G	Fördelarens Halleffektgivarsignal
1B	Huvudrelä	2B	Hettråds luftflödesmätare	3H	Vevaxelns vinkelgivare
1C	Tändningslås	2C	Syresensor, höger	3I	Variabelt insugssystem,
1D	Diagnostikkontakt	2D	Syresensor, vänster		solenoidventil 1
1F	Diagnostikkontakt	2E	Kylvätskans temperaturgivare	3J	Variabelt insugssystem,
1G	Förstärkarens styrsignal	2F	Trottelns positionsgivare		solenoidventil 2
1I	Diagnostikkontakt	2G	Kylvätskegivare (fläkt)	3M	Bränsletrycksregulator
1J	Luftkonditioneringens relä	2H	Jord	3O	Återcirkulationens
1K	Diagnostikkontakt	2I	Referensspänning till givare		ventileringssolenoidventil
1L	Kombination styrmodul/relä	2J	Signal för återcirkulationsventilens	3P	Återcirkulationens
1M	Fordonets hastighetsgivare		lyfthöjd		vakuumsolenoidventil
1O	Bromsljuskontakt	2K	Hettråds luftflödesmätare	3Q	Tomgångsventil
1P	Servostyrningens tryckkontakt	2M	Knackgivare	3T	Bränslepumpens relädrivning
1Q	Kontakt till fläktens och	2O	Kolkanisterventil	3U	Injektor 1
	luftkonditioneringens motor	3A	Jord	3V	Injektor 2
1R	Kontakt till fläktens och	3B	Jord	3W	Injektor 3
	luftkonditioneringens motor	3C	Jord	3X	Injektor 4
1S	Motorns kylfläktsrelä	3D	Jord	3Y	Injektor 5
1T	Stängd trottelbrytare	3E	Fördelarens Halleffektgivarsignal	3Z	Injektor 6
1U	Jord	3F	Vevaxelns vinkelgivare		

3Y	3W	3U	3S	3Q	3O	3M	3K	3I	3G	3E	3C	3A
3Z	3X	3V	3T	3R	3P	3N	3L	3J	3H	3F	3D	3B

2O	2M	2K		2I	2G	2E	2C	2A
2P	2N	2L		2J	2H	2F	2D	2B

1U	1S	1Q	1O	1M	1K	1I	1G	1E	1C	1A
1V	1T	1R	1P	1N	1L	1J	1H	1F	1D	1B

EQHM2

Fig. 11.13 Typiskt tresegments kontaktdon till styrmodulen i EGI

Felkoder

29 Läsning av felkoder

1 De tvåsiffriga felkoderna i Mazda med EGI är av den långsamma typen och kan avläsas som blinkkoder på en analog voltmätare, lysdiod eller varningslampa beroende på modell.
2 Blinken avges som rak räkning av korta blink för de nio första koderna (8 blink = felkod 8). Felkoderna 10 till 69 visas med långa och korta blink åtskilda av korta pauser. Tiotal anges med långa blink och entalet med korta (41 anges av fyra långa och ett kort blink).
3 En av två metoder används för att läsa av felkoderna. I tidiga versioner finns en grön enstifts kontakt. I senare versioner används en flerstifts diagnostikkontakt. Diagnostikkontakten är vanligen placerad på vänster innerskärm eller nära luftflödesmätaren.

Tidiga modeller

4 Leta upp den gröna enstiftskontakten och anslut stiftet till en god jord (fig. 11.14).
5 Slå på tändningen, koderna matas ut på instrumentbrädans varningslampa.

Senare versioner

6 Om en felkodsavläsare finns tillgänglig kan den anslutas till diagnostikkontaktens seriella port och användas till följande:
a) Läsa felkoder.
b) Radera felkoder.
c) Läsa Datastream-information.
d) Aktivera systemets aktiverare och omkopplare.

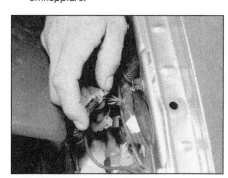

Fig. 11.14 Tidiga versioner, leta upp den gröna enstifts kontakten och jorda den med en skarvsladd. Slå på tändningen, koderna matas då ut som blinkningar med instrumentbrädans varningslampa

7 Om en felkodsavläsare saknas går det fortfarande att läsa felkoder.

Läsning av felkoder utan felkodsavläsare

8 Slå på tändningen men starta inte motorn.
9 Brygga stiften TEN och GND i diagnostikkontakten (fig. 11.15). Varningslampa saknas på senare modeller, anslut en analog voltmätare eller en lysdiod (se varningarna i Referenser) mellan stiftet FEN och batteriets pluspol.
10 Blinkningar matas ut som tvåsiffriga koder, se beskrivningen ovan, och jämförs med felkodstabellen för att bestämma felen.

Radering av felkoder

11 Felkoderna sparas i minnet till dess att följande utförs:
12 Batteriets jordledning ska vara urkopplad minst 20 sekunder (se till att inte förlora andra sparade data som radiokod och tidsinställning etc) samtidigt som bromspedalen är nedtryckt i minst 5 sekunder.
13 Koppla in batteriet, kontrollera om det finns felkoder i styrmodulen.

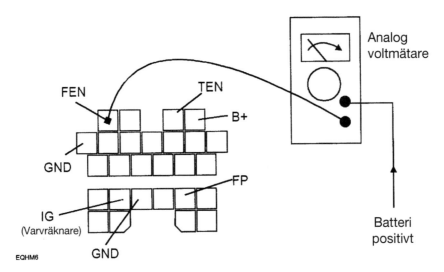

Fig. 11.15 Bygla stiften TEN och GND i diagnostikkontakten. Anslut en voltmätare eller lysdiod mellan stiften FEN och batteriets pluspol för avläsning av felkoder

Felkodstabell

Kod	Fel	Kod	Fel
1	Tändningspulsen	29	Solenoidventil, återcirkulationens ventilation
2	Varvtalsgivaren	34	Tomgångsventil A
3	Varvtalsgivaren	35	Tomgångsventil B
4	Varvtalsgivaren	41	Solenoidventil - variabelt insugssystem 1
5	Knackgivaren	46	Solenoidventil - variabelt insugssystem 2
6	Fordonets hastighetsgivare	55	Fordonets hastighetsgivare
8	Luftflödesmätaren	56	Temperaturgivare automatväxellåda
9	Kylvätskans temperaturgivare	60	Solenoidventil - växling 1-2 automatväxellåda
10	Lufttemperaturgivaren	61	Solenoidventil - växling 2-3 automatväxellåda
12	Trottelns positionsgivare	62	Solenoidventil - växling 3-4 automatväxellåda
14	Styrmodulen	63	Solenoidventil - låsning av automatväxellådan
15	Syresensorn	64	Solenoidventil - växling 3-2 automatväxellåda
16	Återcirkulationsgivaren	64	Kylfläktens relä
17	Lambdasonden	65	Låssolenoid, automatväxellåda
23	Syresensorn	66	Ledningstryckssolenoid, automatväxellåda
24	Lambdasonden	67	Kylfläktens relä (låg temperatur)
25	Bränsletrycksregulatorns solenoidventil	68	Kylfläktens relä (hög temperatur)
26	Kolkanisterventilen	69	Kylfläktens termogivare
28	Solenoidventil, återcirkulationens vakuum		

Kapitel 12
Nissan ECCS

Innehåll

Specifikationer

Fordon	Årsmodell	Tomgångsvartal	CO%
4WD pick-up 2.4i katalysator Z24i	1990 till 1994	800 ± 50	1,0 ± 0,5
4WD Wagon 3.0i katalysator VG30E	1990 till 1994	750 ± 50	0,2 till 0,8
100NX 2.0 katalysator SOHC 16V SR20DE	1991 till 1994	850 ± 50	0,5 ± 0,5
200 SX katalysator DOHC 16V turbo CA18DET	1989 till 1994	850 ± 50	2,0 max
200 SX DOHC 16V turbo SR20DET	1994 till 1996	800 ± 50	0,5 max
300 CX VG30E	1984 till 1991	700 ± 50	1.0 max
300 ZX VG30E	1984 till 1990	900 ± 50	1,0 max
300 ZX turbo VG30ET	1984 till 1990	900 ± 50	1,0 max
300 ZX turbo katalysator DOHC 2x turbo	1990 till 1995	750 ± 50	0,2 till 0,8
Bluebird ZX turbo SOHC CA 18T	1986 till 1990	650 ± 100	2,0 max
Bluebird 2.0i SOHC CA 20E	1988 till 1990	850 ± 50	1,5 ± 0,5
Micra 1.0i katalysator DOHC 16V 40kw CG10DE	1993 till 1996	650 ± 50	1,0 max
Micra 1.3i katalysator DOHC 16V 55kwCG13DE	1993 till 1996	650 ± 50	1,0 max
Maxima VG30E	1989 till 1994	900 ± 50	1,0 max
Maxima katalysator VG30E	1989 till 1994	900 ± 50	1,0 max
Prairie 2.0i katalysator SOHC CA20E	1989 till 1991	750 ± 50	0,5 max
Primera 1.6i GA16DE	1994 till 1996	700 ± 50	0,5 max
Primera 2.0 enpunktsinsprutning SR20Di	1991 till 1995	850 ± 50	0,3 till 0,5
Primera 2.0 katalysator DOHC 16V SR20Di	1990 till 1995	850 ± 50	0,5 ± 0,5
Primera kombi 2.0 katalysator DOHC 16V	1990 till 1996	850 ± 50	0,5 max
Primera 2.0e ZX DOHC 16V SR20DE	1991 till 1995	850 ± 50	0,5 max
Primera 2.0e GT SR20DE	1991 till 1995	850 ± 50	0,5 max
Primera 2.0e katalysator SR20DE	1991 till 1995	850 ± 50	0,5 max
Primera 2.0i DOHC 16V SR20DE	1994 till 1996	850 ± 50	0,5 max
Primera 2.0i GT DOHC 16V SR20DE	1994 till 1996	850 ± 50	0,5 max
QX 2.0 DOHC 24v V6 VQ20DE	1994 till 1996	675 ± 50	0,3 max
QX 3.0DOHC 24v V6 VQ30DE	1994 till 1996	625 ± 50	0,3 max
Serena 1.6i DOHC 16V 71kw GA16DE	1993 till 1996	750 ± 50	0,5 max
Serena 2.0i DOHC 16V 93kw SR20DE	1993 till 1996	800 ± 50	0,5 max
Silvia turbo ZX CA18ET	1984 till 1990	750 ± 100	2,0 max
Sunny 1.6i katalysator SOHC 12V GA16i	1989 till 1991	850 ± 50	0,5 max
Sunny ZX kupé DOHC 16V CA16DE	1987 till 1989	800 ± 50	2,0 max
Sunny 1.8 ZX katalysator DOHC 16V CA18DE	1989 till 1991	800 ± 50	0,5 max
Sunny GTi-R DOHC 16V 164kw	1991 till 1994	925+25-75	0,7 ± 0,5
Sunny 2.0 GTi katalysator DOHC 16V 105kw	1991 till 1994	850 ± 50	0,5 ± 0,5
Terrano II 2.4 KA24EBF	1993 till 1996	800 ± 50	0,5 max
Patrol 4.2i OHV 128kw TB42E	1992 till 1996	650 ± 50	0,5 max
Urvan 2.4i katalysator Z24i	1989 till 1994	700 ± 50	0,7 till 1.0
Vanette 2.4i katalysator OHV 52 kW Z24i	1987 till 1994	800 ± 50	N/A

Översikt av systemets funktion

1 Inledning

Läs denna översikt av funktionen hos Nissan ECCS tillsammans med kapitel 2 som beskriver vissa av funktionerna i större detalj.

Det elektroniska system som används för styrning av de flesta av Nissans motorer med bränsleinsprutning kallas Nissan ECCS. Systemet har använts i ungefär 10 år och har under den tiden utvecklats avsevärt. Även om ECCS är monterat på fordon med både flerpunkts- och enpunktsinsprutning är komponenter och styrmodulanslutningar likartade. Den huvudsakliga skillnaden är vevaxelns vinkelgivare.

Systemet Nissan ECCS är ett helt integrerat elektroniskt motorstyrningssystem som styr primärtändning, bränslematning och tomgångsvarvtal från samma styrmodul. Dessutom styr den kylarfläkten och luftkonditioneringen. Ett 54 stifts kontaktdon och kontakter ansluter styrmodulen till batteri, givare och aktiverare.

2 Styrfunktioner

Signalbehandling

Tändläge och injektoröppningstid behandlas tillsammans av styrmodulen så att tändläge och bränsletillförsel optimeras för varje arbetsförhållande.

Grundtändläget sparas på en tredimensionell karta och tändläget bestäms av motorns belastning och varvtal. Den huvudsakliga belastningsgivaren är luftflödesmätaren som är av typen hettråd eller hetfilm, motorns hastighet hämtas från vevaxelvinkelgivarens signal. Korrektionsfaktorer för start, tomgång, bromsning, delbelastning och fullbelastning räknas in. Den huvudsakliga korrektionsfaktorn är motorns temperatur (kylvätsketemperaturgivaren). Mindre korrigeringar av tändläge och bränsleblandning görs med utgångspunkt från signalerna från lufttemperaturgivaren och trottelns positionsgivare.

Den grundläggande bränsleblandningen sparas också som en tredimensionell karta och den grundläggande injektoröppningstiden beräknas utifrån signalerna för motorns belastning och hastighet. Nissan ECCS beräknar bränsleblandningen utifrån signalerna från luftflödesmätaren och vevaxelns vinkelgivare (varvtalet). Bränsleblandning och öppningstid utifrån signaler från lufttemperaturgivaren, kylvätskans temperaturgivare, batterispänning och trottelns positionsgivare. Andra styrande faktorer är arbetsvillkor som kallstart

och varmkörning, tomgång, acceleration samt inbromsning.

Nissan ECCS kallar upp en annan karta närhelst motorn går på tomgång. Tomgångens varvtal vid varmkörning och med varm motor styrs av tomgångsventilen. Nissan ECCS gör små justeringar av varvtalet genom att ändra tändläget vilket innebär att tändläget konstant förändras under tomgång.

När motorn arbetar med vidöppen trottel stänger styrmodulen av luftkonditioneringen (i förekommande fall) i flera sekunder för att förbättra accelerationen.

Grundläggande funktioner för styrmodulen

En permanent spänning leds från bilens batteri till styrmodulen. Detta gör att självtesten kan behålla data av tillfällig natur. När tändningen slås på leds spänning till tändspolen och till styrmodulen från tändningslåset. Tändningslåset ger även matning till syresensorns värmare, kolkanisterventilen, återcirkulationsventilen och bränslepumpens relä. När signal för påslagen tändning når styrmodulen magnetiserar den huvudreläet vilket ger spänning till ett eller flera stift på styrmodulen, luftflödesmätaren och vevaxelns vinkelgivare.

De flesta givarna (utom de som alstrar en spänning som exempelvis vevaxelns vinkelgivare, knackgivaren och syresensorn) förses nu med en referensspänning på 5,0 V från relevant stift på styrmodulen. När motorn dras runt eller går gör en signal från vevaxelns vinkelgivare att styrmodulen jordar ett stift så att bränslepumpen startar. Tändnings- och insprutningsfunktioner aktiveras också. Alla aktiverare (injektorer, tomgångsventil etc.) förses med normal batterispänning från huvudreläet och styrmodulen fullbordar kretsen genom att jorda relevant aktiverarledning i enlighet med aktuella driftsvillkor.

Självdiagnos

Nissan ECCS har en självtestfunktion som regelbundet undersöker signalerna från motorns givare och loggar en felkod om ett fel uppmärksammas. Om feltillståndet upphör finns felkoden kvar till dess att den raderas eller batteriet kopplas ur.

De koder som matas ut är av den långsamma typen. Det innebär att koderna kan visas på instrumentbrädans varningslampa medelst bygling av två stift i diagnostikkontakten eller genom att en lämplig felkodsavläsare kopplas till den seriella porten.

När styrmodulen upptäcker ett allvarligt fel medan motorn går jordar den stift 24 vilket tänder varningslampan på instrumentbrädan. Lampan förblir tänd till dess att felet åtgärdats.

Förutom självtest har Nissan ECCS en "linka hem"-funktion (LOS) som är ett nödprogram. I händelse av ett allvarligt fel i

styrmodulen eller en av givarkretsarna kallar motorstyrningen upp nödprogrammet. Hur omfattande det är beror på felets natur.

Styrmodulen initierar "linka hem" i händelse av att den havererar. Nödprogrammet är endast aktivt när tändningen är påslagen. Om tändningen slås av avbryts nödprogrammet, men det återaktiveras om tändningen slås på och felet finns kvar. I annat fall återgår styrmodulen till normal verksamhet.

Haveri i styrmodulens mikroprocessor:

a) *Varningslampan på instrumentbrädan tänds.*

b) *Bränsleinsprutning begränsas till en gång per motorvarv.*

c) *Tändläget fixeras till ett förbestämt värde.*

d) *Bränslepumpens relä är magnetiserat när motorn går och avmagnetiserat när motorn står stilla.*

e) *Tomgångsventilen öppnas helt.*

f) *Kylarfläktsreläet slår på.*

Styrmodulen vidtar följande åtgärder i händelse av att en speciell givare uppvisar felfunktioner:

Luftflödesmätare eller luftflödesmätarens krets utanför normala arbetsparametrar:

a) *Signal från trottelns positionsgivare ger styrmodulen en ersättningssignal för belastningen.*

b) *En förbestämd injektoröppningstid används vid start.*

c) *Varvtalet begränsas till maximalt 2 400 varv/min.*

Fel på kylvätsketemperaturgivaren eller kylvätsketemperaturgivarens krets utanför normala arbetsparametrar:

a) *Kylvätsketemperaturgivarens ersättningsvärde är 20°C när tändningen slås på eller motorn startar.*

b) *Kylvätsketemperaturgivarens ersättningsvärde ändras gradvis från 20°C till 80°C under de första 6 minuterna efter påslagen tändning eller motorstart.*

c) *Kylvätsketemperaturgivarens ersättningsvärde fixeras till 80°C 6 minuter efter påslagen tändning eller motorstart.*

Defekt trottelpositionsgivare, eller kretsen för trottelns positionsgivare utanför normala arbetsparametrar:

a) *Signalen från trottelns positionsgivare bortses ifrån och motorns prestanda vid acceleration kommer att vara dåliga. Tomgångsläget avgörs från varvtal och injektoröppningstider.*

Defekt knackgivare eller knackgivarens krets utanför normala arbetsparametrar:

a) *Tändläget backas beroende på arbetsvillkor.*

Referensspänning

Spänningsutmatningen från styrmodulen till många av motorns givare är 5,0 V. Detta ger en stabil arbetsspänning som inte påverkas av variationer i systemets spänning.

Returanslutningen till jord sker för de flesta givare via ett stift i styrmodulen som inte är direkt anslutet till jord. Styrmodulen kopplar detta stift till jord internt via ett av de stift som är direkt anslutna till jord.

Signalavskärmning

För att minska störningar på radiofrekvenserna har luftflödesmätaren, vevaxelns vinkelgivare, knackgivaren, trottelpotentiometern och syresensorn en avskärmningsledning. Denna är ansluten till styrmodulens jordar vid stiften 39 och 48 för att minimera störningar.

Fordonets hastighetsgivare

Fordonets hastighetsgivare används till att upplysa styrmodulen om fordonets hastighet. En bladkontakt är monterad mitt emot en magnetplatta i hastighetsmätardrivningen. När hastighetsmätarvajern roterar alstrar fordonets hastighetsgivare en växelströmspuls som styrmodulen sedan omvandlar till ett digitalt värde. Fordonets hastighet konverteras sålunda till en pulssignal.

3 Primär utlösare

Vevaxelns vinkelgivare

Den primära utlösaren för både tändning och insprutning kommer från vevaxelns vinkelgivare, monterad i en optisk fördelare. Denna optiska fördelare och vevaxelvinkelgivare fungerar efter en annan princip än de konventionella vevaxelvinkelgivare eller Halleffektgivare som används i de flesta europeiska fordon. Den optiska fördelaren består av två lysdioder och en tunn skiva eller rotor med två rader urtag och två optiska dioder (pickuper) **(fig. 12.1)**.

Följande beskrivning tar upp en typisk ECCS vevaxelvinkelgivare. Men antalet urtag, stiftnummer på styrmodulen och funktionerna varierar mellan olika fyr- och sexcylindriga motorer.

Fig. 12.1 Vevaxelns vinkelgivare monterad i en Nissan fördelare (6-cylindrig motor visad). Pilen pekar på den optiska pickupen. Under pickupen finns rotorskivan med två rader urtag. Stora rektangulära urtaget indikerar positionen för cylinder 1

Primera P10 enpunktsinsprutning

Den yttre raden urtag finns runtom nära rotorns ytterkant, det är totalt 360 urtag med 1° mellanrum. Den inre raden urtag har ett urtag per cylinder (i detta fall 4) med 90° mellanrum. I och med att fördelaren roterar med halva motorvarvtalet motsvarar urtagen med 90° en vevaxelvinkel på 180°. Ett av de fyra inre urtagen är förlängt vilket markerar läget för cylinder 1. Motsvarande sexcylindriga urtag är gjorda med 60° mellanrum, motsvarande 120° på ett vevaxelvarv. I och med att positionen för cylinder 1 är utmärkt är det inte nödvändigt att ha en separat cylinderidentitetsgivare.

Matning från huvudreläet slår på lysdioderna när tändningsnyckeln vrids till läget "på" och en andra ledning fullbordar kretsen till jord. Lysdioderna är monterade i fördelaren ovanför rotorn som är monterad på fördelaraxeln. Pickuperna är monterade under rotorn och anslutna till styrmodulen med två separata signalledningar.

När ett urtag är mitt emot lysdioden sluts en krets genom att ljuset från dioden magnetiserar pickupen. När rotorn snurrar och de två raderna urtag passerar under lysdioderna slås pickuperna av och på. Vågformande kretsar i fördelaren omvandlar dessa signaler till en serie av/på pulser och två distinkta fyrkantsvågformiga signaler skickas till styrmodulen på de två signalledningarna. De yttre urtagen sänder en hastighetssignal och de inre en positionssignal till styrmodulen. Ibland betecknas hastighetssignalen som den "högupplösta" signalen och positionssignalen betecknas som den "lågupplösta" signalen.

4 Tändning

Belastningsdata (luftflödesmätaren), motorns varvtal och cylinderposition (vevaxelns vinkelgivare), motortemperatur (kylvätskans temperaturgivare) samt trottelns position (trottelns positionsgivare) hämtas in av styrmodulen som jämför inhämtade värden med den digitala kartan i mikroprocessorn. Denna karta innehåller en förställningsvinkel för varje driftsvillkor vilket gör att den optimala förställningsvinkeln för ett givet arbetsförhållande kan bestämmas. Styrmodulen letar upp korrekt vilovinkel och tändläge och avger

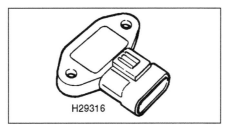

Fig. 12.2 Extern förstärkare

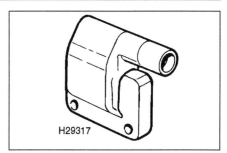

Fig. 12.3 Tändspole

en signal till förstärkaren, som i sin tur utlöser tändspolen. Ovanligt nog för en motor med elektronisk styrning så kan grundtändläget justeras. Dock måste korrekt inställningsmetod användas.

Förstärkare

Förstärkaren innehåller kretsar för att utlösa tändspolen. ECCS har en separat förstärkare monterad på torpedplåten bredvid återcirkulationsventilen **(fig. 12.2)**. Styrmodulens tändsignal är för svag för att på egen hand utlösa tändspolen, vilket gör att den måste förstärkas till en nivå som kan utlösa spolen. Styrmodulen beräknar således korrekt vilovinkel och förtändning från data som den hämtar in från givarna och skickar en styrsignal till förstärkaren som sedan utlöser spolen. Dessutom är ett motstånd inlagt i kretsen mellan spolen/förstärkaren och styrmodulen för att möjliggöra utlösningen. I andra system kan detta motstånd vara inbyggt i förstärkaren.

Vilooperation

Vilooperationen i Nissan ECCS är baserad på principen "konstant energi, begränsad ström". Detta innebär att viloperioden är konstant kring 4,0 till 5,0 ms vid nästan alla motorvarvtal. Men vilocykeln, uttryckt i procent eller grader, varierar med motorns hastighet.

Tändspolen

Tändspolen använder sig av lågt primärmotstånd för att öka primärströmmen och primärenergin. **(fig. 12.3)**. Förstärkaren begränsar primärströmmen till cirka 8 amp, vilket ger en energireserv för att upprätthålla gnistans bränntid (duration).

Optisk fördelare

I Nissans system innehåller den optiska fördelaren den primära utlösningens rotor och lysdioder samt de sekundära högspänningsdelarna och har som uppgift att fördela högspänningen från spolens sekundärstift till varje tändstift i korrekt tändföljd **(fig. 12.4)**.

Knackgivare

Optimalt tändläge (vid varvtal överstigande tomgång) för en högkomprimerad motor ligger ganska nära knackningsgränsen. Men att ligga så nära den gränsen innebär att knackningar inträffar i en eller flera cylindrar vid vissa tillfällen under motorns arbetscykel.

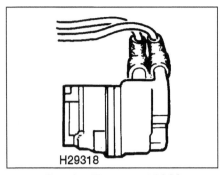

Fig. 12.4 Fördelaren i ECCS

Knackgivaren är monterad på motorblocket och består av ett piezokeramiskt mätelement som ger gensvar på motorljudets svängningar. Denna signal omvandlas till en spänningssignal av givaren och skickas till knackregleringen för utvärdering och åtgärd. Knackfrekvensen ligger på bandet 8 - 15 kHz.

Inledningsvis är tändläget optimerat. När knack identifieras backar knackregleringen tändläget.

5 Bränsleinsprutning

Allmänt

Nissan har två tydligt skilda metoder för att försörja ECCS-utrustade motor med bränsle. Metoderna är sekventiell flerpunktsinsprutning och enpunktsinsprutning.

I och med att ECCS är ett modulärt system är det mycket små skillnader mellan styrsystemen för olika motorer. Skillnader i implementering beskrivs nedan.

Styrmodulen i ECCS innehåller en bränslekarta med injektoröppningstider (eller pulsdurationer) för grundläggande hastigheter och belastningar. Information hämtas sedan in från motorgivare som luftflödesmätare, vevaxelns vinkelgivare, kylvätskans temperaturgivare, lufttemperaturgivaren och trottelns positionsgivare. Som ett resultat av denna information letar styrmodulen upp korrekt injektoröppningstid för alla varvtal, belastningar och temperaturer.

Den mängd bränsle som injektorn (injektorerna) avger styrs av bränsletrycket och öppningstiden. Vid kallstart ökas både frekvens och duration för att ge en fetare bränsleblandning.

Injektorn är en magnetiskt manövrerad solenoidventil som får sin strömförsörjning från batteriets pluspol och som jordas via styrmodulen. Injektorn styrs med två kretsar. Funktionen är enligt principen att det krävs mer ström för att öppna en injektor än för att hålla den öppen. Denna typ av system kallas ofta för "strömstyrt". När injektorn väl öppnat, jordar den andra kretsen med snabba pulser. Pulserna är så snabba att injektorn hålls

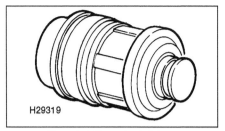

Fig. 12.5 Enpunktsinjektor

öppen vilket drar mindre ström. Fördelar med detta arrangemang är bl a att injektorns arbetstemperatur minskas och att den stänger omedelbart när hållkretsen bryts.

Vid kallstart ökas öppethållningstiden för att ge en fetare blandning. Vid motorbromsning är pulsen noll i och med att styrmodulen stänger av insprutningen. Vid övervarvning stänger styrmodulen av insprutningen som en säkerhetsåtgärd.

Enpunktsinsprutning

Systemet med enpunktsinsprutning består av en injektor monterad i trottelhuset (fig.12.5). I enpunkts insprutningsmotorer sprutas bränslet in i insugsröret där det blandas med luft. Det undertryck som skapas när kolven sjunker drar in bränsleblandningen i vardera cylindern. Injektorn utlöses normalt två gånger per motorvarv. Vid höga eller låga belastningen eller om ett fel orsakar att styrmodulen går över till nödprogrammet så utlöses injektorn emellertid bara en gång per motorvarv.

Flerpunktsinsprutning - sekventiell

Sekventiella flerpunktsinsprutningssystem består av en injektor per cylinder, monterad i insugsporten så att en finfördelad bränsleström riktas mot baksidan på varje ventil. Med utgångspunkt från signalen för cylinder 1 från vevaxelns vinkelgivare utlöses injektorerna när insugsventilen öppnar.

Hettråds luftflödesmätare

Nissan ECCS använder en hettråds luftflödesmätare, inbyggd i trottelhuset, till att mäta massan av den luft som sugs in i motorn (fig. 12.6). Mätning av luftens massa gör det onödigt att korrigera för densitetsändringar i och med att densiteten redan är känd. Detta är en mer precis metod att utvärdera motorns belastning och ger en mer precis mätning för injektoröppningstiden över motorns temperatur- och varvtalsområde. Frånvaron av rörliga delar ökar pålitligheten och minskar kraven på underhåll.

Hettrådsmätaren har fått sitt namn av att en hettrådsgivare är placerad i en förbigångskanal till luftintaget. Luftflödesmätarmodulen får spänning från systemets huvudrelä och lägger en konstant spänning på hettråden. När luft passerar givaren kyls denna ned. I takt med belastningen växlar luftflödet och luftflödesmätaren justerar strömstyrkan för att hålla ledningen vid ursprunglig temperatur

Fig. 12.6 Luftmassemätare av typen hettråd eller hetfilm

och motstånd. Ändringarna i uppvärmningsströmmen mäts som ett spänningsfall över ett precisionsmotstånd och förstärks av luftflödesmätaren som ett uppmätt värde. Detta värde returneras till styrmodulen för utvärdering som en belastningssignal.

Genom mätning av ändringarna i strömflödet kan styrmodulen avgöra massan på den luft som sugs in i motorn. När strömstyrkan på ledningen varierar så varierar spänningen och belastningen indikeras med en mätning av den variabla spänningssignalen

Lufttemperaturgivaren

Lufttemperaturgivaren är en del av luftflödesmätaren och mäter temperaturen på den luft som strömmar genom trottelhuset. I och med att luftens densitet varierar i omvänd proportion till temperaturen ger lufttemperaturgivarens signal en mer precis utvärdering av den luft som sugs in i motorn. I och med att lufttemperaturgivaren arbetar tillsammans med luftflödesmätare ska de två givarna betraktas som en enhet.

Där en separat lufttemperaturgivarsignalledning används (vissa modeller) sänds en variabel spänningssignal till styrmodulen baserad på luftens temperatur. Denna signal är ungefär 5,0 till 7,0 V beroende på temperatur.

Kylvätskans temperaturgivare

Kylvätsketemperaturgivaren är inbyggd i kylsystemet och innehåller ett variabelt motstånd som fungerar enligt principen om negativ temperaturkoefficient. När motorn är kall är motståndet ganska högt. När motorn startats och börjar värmas upp blir kylvätskan varmare vilket ändrar motståndet i kylvätskans temperaturgivare. I takt med att kylvätsketemperaturgivaren blir varmare sjunker motståndet i den, vilket skickar en variabel spänningssignal till styrmodulen baserad på kylvätskans temperatur.

Givarens matning är 5,0 V referensspänning som sjunker till ett värde som beror på motståndet i kylvätsketemperaturgivaren. Normal arbetstemperatur är vanligen från 80 till 100°C. Styrmodulen använder kylvätsketemperaturgivarens signal som huvudsaklig korrektionsfaktor vid beräkning av tändläge och injektoröppningstid.

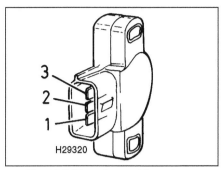

Fig. 12.7 Trottelns positionsgivare

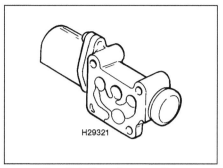

Fig. 12.8 Tomgångsventilen

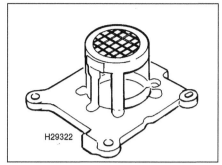

Fig. 12.9 Trottelhusets värmare

Trottelns positionsgivare

En trottelpositionsgivare finns för att informera styrmodulen om trottelns position och accelerationstakten **(fig. 12.7)**. Trottelns positionsgivare är en potentiometer med tre ledningar. 5,0 V referensspänning matas till ett motståndsspår med andra änden jordad. Den tredje ledningen är ansluten till en arm som löper på motståndsspåret vilket varierar motståndet och därmed spänningen i den signal som sänds till styrmodulen.

Servostyrningens tryckkontakt

Denna kontakt manövreras med tryckförändringen då servostyrningen arbetar. Servostyrningens tryckkontakt är placerad i motorrummet i matningsröret till styrväxeln. Servostyrningens tryckkontakt är öppen när hydraultrycket i styrningen är lågt (hjulen pekar rakt fram). Kontakten stänger när ratten vrids (d v s när oljetrycket överstiget ett förbestämt gränsvärde).

En spänning på cirka 7 till 9 V matas till servostyrningens tryckkontakt. När hjulen pekar rakt fram och servostyrningens tryckkontakt är öppen är spänningen normal batterispänning. När ratten vrids och oljetrycket i styrningen överskrider gränsvärdet stänger servostyrningens tryckkontakt och spänningen på stiftet till servostyrningens tryckkontakt sjunker till nära noll. Styrmodulen ökar då tomgångsvarvtalet för att kompensera för den ökade belastningen från den aktiverade servostyrningen.

Tomgångsreglering

ECCS använder två metoder för att styra tomgångsvarvtalet under olika arbetsförhållanden. När motorn först kallstartas höjs varvtalet med en snabbtomgångskam till dess att motorn värmts upp. Vid normal arbetstemperatur styr styrmodulen en solenoidstyrd aktiverare så att normalt tomgångsvarv upprätthålles enligt de belastningar som läggs på motorn.

Snabbtomgångskam

Snabbtomgångskammen är en återgång till förgasartiden och till sin funktion mycket lik den typ som monterades på många japanska förgasare. En vaxkuletermostat som påverkas av kylvätskan trycker mot snabbtomgångs-kammen. När motorn är kall trycker termostaten kammen mot trottelstoppet så att trotteln tvingas upp för att ge en snabb tomgång. I takt med att motorn värms upp värmer kylvätskan termostaten och snabbtomgångskammen vrids mot sitt stängda läge. Detta leder till att tomgångsvarvtalet återgår till det normala för varm motor.

Tomgångsventil

Tomgångsventilen är en solenoidstyrd aktiverare som används till att automatiskt styra tomgångsvarvtalet vid motorns normala arbetstemperatur **(fig. 12.8)**. Tomgångsventilen är placerad i en slang som ansluter insugsröret till trottelplattans luftfiltersida.

Det sökta tomgångsvarvtalet finns loggat på en karta i styrmodulens minne. När styrmodulen känner av tomgångsläge genom att trottelns positionsgivare stänger styr den tomgången genom att manövrera tomgångsventilen så att varvtalet hålls så nära det sökta som möjligt med tanke på belastning och temperatur.

När strömförbrukare som lysen eller fläkt slås på skulle tomgången tendera att sjunka. Styrmodulen känner av belastningen och aktiverar tomgångsventilen för att öka luftflödet och därmed tomgången. Om strömförbrukaren stängs av reglerar styrmodulen ventilen så att luftflödet minskar. Normal tomgång ska därmed upprätthållas när motorn är varm.

En arbetscykel mäts på jordkretsen för att avgöra öppnings- eller stängningstiden som en procentsats av den totala tiden. Ju öppnare ventil, dess längre arbetscykel och dess lägre genomsnittlig spänning.

Trottelhusvärmare (endast enpunkts insprutningsmodeller)

Trottelhusets värmare är placerad mellan nedre trottelhuset och insugsröret **(fig. 12.9)**. Denna värmare är till för att värma trottelhuset så att inte isbildning uppstår i kall och fuktig väderlek.

Värmaren fungerar enligt principen positiv temperaturkoefficient och ger större ström för snabbare uppvärmning av trottelhuset under varmkörning. I takt med att värmaren blir varmare stiger motståndet i denna och strömmen reduceras. Matningen styrs av styrmodulen som slår på och av värmaren efter behov. Den slår på värmaren när motorn går, kylvätsketemperaturen understiger 65°C och batterispänningen överstiger 13 V. Så snart motorns temperatur överstiger 65°C i mer än ett par sekunder slås värmaren av.

Reläer

Nissan ECCS styrs av ett huvudrelä för bränsleinsprutningen och bränslepumpens relä **(fig. 12.10)**. En permanent spänning ligger från batteriets pluspol till huvudreläets stift 3 och 2. När tändningen slås på jordar styrmodulen stift 1 via styrmodulstift 4, vilket magnetiserar den första relälindningen. Detta stänger den första reläkontakten och stift 3 ansluts till utmatningens krets vid stift 5. Stift 5 ger spänning till styrmodulens stift 38 och 47, luftflödesmätaren och vevaxelns vinkelgivare. När tändningen stängs av håller styrmodulen relädrivningen påslagen i ytterligare 15 sekunder innan kretsen bryts.

När tändningen slås på ges matning till pumpreläets stift 3 och 2 och styrmodulen jordar kort bränslepumpens reläkontakt 1 (vanligen vid styrmodulstift 104). Detta magnetiserar relälindningen vilket stänger reläkontakten och ansluter spänning från pumpreläets stift 3 till stift 5, vilket ger pumpkretsen spänning. Efter cirka 5 sekunder (om det inte kommer signal från vevaxelns vinkelgivare) bryter styrmodulen kretsen och pumpen stannar. Denna korta körning är till för att trycksätta bränslesystemet och underlätta starten.

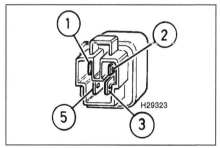

Fig. 12.10 Relä i ECCS

1 Relädrivning, styrmodulen
2 Batterispänning till reläet
3 Batterispänning till reläet
5 Reläets utmatning

Bränslepumpens reläkrets förblir bruten till dess att motorn dras runt eller går. När styrmodulen får en hastighetssignal från vevaxelns vinkelgivare magnetiseras relälindningen igen och bränslepumpen går sedan till dess att motorn stängs av.

Ett extra relä används till att styra trottelhusets värmare. En permanent matning läggs till huvudreläets stift 3 från batteriets pluspol. När tändningen slås på ges spänning till relästift 2. När motorn arbetar under vissa förhållanden jordar styrmodulen reläkontakt 1. Detta magnetiserar relälindningen, vilket stänger kontakten och ger spänning från reläets stift 3 till stift 5, vilket ger spänning till trottelhusvärmaren. Matningen styrs av styrmodulen som slår på och stänger av värmaren efter behov. Se paragrafen om trottelhusets värmare för en beskrivning av hur styrmodulen arbetar.

Bränsletryckssystem

När tändningen slås på magnetiserar styrmodulen bränslepumpens relä i cirka 5 sekunder så att bränslesystemet trycksätts. Reläet stängs sedan av i väntan på signal att motorn dras runt eller går. När motorn går matas bränsle genom en envägsventil och ett bränslefilter till injektorn på trottelhuset eller injektorerna på bränsleröret.

Bränslepumpen är monterad vertikalt i tanken. Bränsle dras genom pumpintaget, trycksätts och matas ut i bränsleledningen (fig. 12.11).

Bränsletrycksregulator

Ett bränslesystemtryck på cirka 2,5 bar styrs av tryckregulatorn som är placerad i trottelhuset bredvid injektorn (enpunktsinsprutning) eller på bränsleröret (flerpunktsinsprutning). När trycket stiger över en förbestämd nivå skickas överskottet tillbaka till tanken via returledningen. Tryckförlust i matningen undviks genom att en envägsventil är monterad i bränslepumpens utlopp. När tändningen är avstängd och bränslepumpen stannat upprätthålls därmed systemtrycket en viss tid.

6 Katalysator och avgasrening

Katalysatorutrustade versioner av Nissan ECCS är försedda med ett styrsystem med sluten slinga så att utsläpp av skadliga ämnen i avgaserna reduceras. System med sluten slinga har en syresensor som övervakar avgasernas syrehalt. En låg syrehalt anger en fet blandning medan en hög halt anger att blandningen är mager.

Den syresensor Nissan använder är tillverkad av keramiskt titan. När bränsleblandningen är den kemiskt ideala ändras sensorns motstånd dramatiskt för att ge en

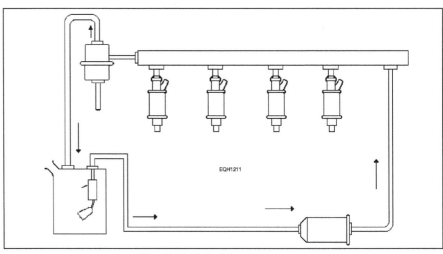

Fig. 12.11 Bränsletrycksomloppet

omkoppling. Styrmodulen matar sensorn med 1,0 V och omkopplingsmotståndet i syresensorn växlar mellan noll och 1,0 med en frekvens på cirka 8 ggr per 10 sekunder.

När motorn arbetar med sluten slinga använder styrmodulen syresensorns signal till att modifiera injektoröppningstiderna så att bränsleblandningen hålls nära den idealiska. Genom att styra insprutningen så att bränsleblandningen alltid är i det lilla "fönstret" kring Lambdapunkten (Lambda = 0,97 till 1,03) kan nästan perfekt förbränning erhållas. Detta ger katalysatorn mindre arbete så att den håller längre med färre utsläpp ur avgasröret.

Styrning med sluten slinga används när motorn arbetar med normal temperatur. När kylvätskan är kall, motorn går på tomgång, med full belastning eller vid motorbromsning använder styrmodulen en öppen slinga. Styrmodulen övergår dessutom till öppen slinga om ett fel uppstår i syresensorns krets. Med öppen slinga tillåter styrmodulen en fetare eller magrare bränsleblandning än de kemiskt ideala. Detta förhindrar att motorn tvekar, exempelvis vid acceleration med vidöppen trottel.

Syresensorn avger inte signal förrän den värmts upp till minst ca 300°C. För att påskynda syresensorns uppvärmning till optimal arbetstemperatur innehåller den en värmare.

Syresensorns värmare matas från tändningslåset vilket ser till att värmaren inte arbetar när tändningen är avstängd.

Kolkanister och återcirkulationens vakuumomkopplingsventil

Styrmodulen i ECCS styr grundfunktionerna för både kolkanistern och avgasernas återcirkulation genom att aktivera en vakuumomkopplingsventil som skär av vakuum till både kolkanisterventilen och återcirkulationssystemet (fig. 12.12). När vakuumomkopplingsventilen kopplas från leds vakuum till återcirkulations- och kolkanisterventilerna. När vakuumomkopplingsventilen kopplas in släpper en kanal in luft (via luftfiltret). De

förhållanden som gör att styrmodulen kopplar in vakuumomkopplingsventilen för att koppla ur kolkanistern och återcirkulationen är följande:

a) Defekt luftflödesmätare
b) Låg motortemperatur
c) Hög motortemperatur
d) Motorstart
e) Tomgång
f) Högt varvtal

Kolkanisterventilen

En kolkanisterventil och en kanister med aktivt kol används av katalysatorförsedda fordon för att underlätta avdunstningsregleringen (fig. 12.13). Till skillnad från många moderna fordon är den huvudsakliga metoden att öppna kolkanisterventilen mekanisk, styrd av ökande undertryck i insugsröret.

Kolkanistern är fylld med aktivt kol och förvarar bränsleångor från de förseglade bränsletanken när motorn inte går. Två metoder används för att rensa kanistern från ångor när motorn går. En vakuumslang från insugsröret är ansluten till en rensventil med en liten permanent öppning. Vid tomgång dras en liten mängd luft genom luftintaget i kanisterns undersida och luften blandas med små mängder bränsleånga som dras in i insugsröret.

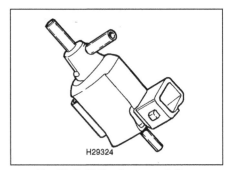

Fig. 12.12 Kolkanisterns och återcirkulationens vakuumomkopplingsventil

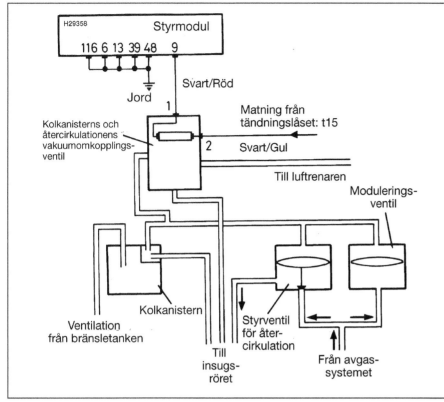

Fig. 12.13 Typisk krets med kolkanister och återcirkulation av avgaser

Vakuumslangen till kolkanisterventilen är dragen genom kolkanistern och återcirkulationens vakuumomkopplingsventil. Vakuum läggs bara på kolkanisterventilen under vissa förhållanden som avgörs av styrmodulen och beskrivs ovan.

När kolkanistern och återcirkulationens vakuumomkopplingsventil är deaktiverade anläggs vakuum från en portad vakuumkanal i trottelhuset bredvid trottelventilen. I takt med att trotteln öppnar och vakuumet blir starkare dras luft in genom intaget i kanisterns undersida och luft och bränsleångor dras till insugsröret genom både den öppna kolkanisterventilen och den konstanta rensventilen för normal förbränning.

Återcirkulation av avgaser

Moderna motorer som arbetar med höga temperaturer och hög kompression produ-cerar större mängder NOx. Detta kan reduceras genom att återcirkulera en mindre del av avgaserna till förbränningsutrymmet. Detta minskar effektivt förbränningstemperaturen och därigenom även NOx-halten. Om återcirkulation av avgaser kontrolleras noggrant kommer motorn att påverkas obetydligt. Om avgaser återcirkuleras till en kall motor påverkas tomgång och prestanda negativt.

Det återcirkulationssystem som används i Nissan ECCS är ett mekaniskt system styrt av motorns undertryck. Dock har styrmodulen en övergripande kontrollfunktion genom att använda den kombinerade kolkanister- och vakuumomkopplingsventilen till att styra det vakuum som läggs på återcirkulationsventilen. På så vis aktiveras återcirkulationen endast när motorn nått normal arbetstemperatur och arbetar med delbelastning.

Återcirkulationssystemet består av en moduleringsventil och återcirkulationsventilen. När villkoren är lämpliga leds vakuum till moduleringsventilen. Denna styr vakuumet till återcirkulationsventilen. En kanal från avgassystemet leder avgaser till moduleringsventilen. En kombination av motorns undertryck och avgasernas övertryck låter moduleringsventilen styra återcirkulationsventilens öppning, vilket i sin tur gör att en precist uppmätt mängd avgaser ledas in i insugsröret.

Motorn arbetar med delbelastning

Trotteln är delvis öppen och vakuumsignalen till moduleringsventilen är ganska stark. Det avgastryck som påverkar moduleringsventilen är också ganska starkt vilket öppnar ventilen mot ett fjädertryck. Detta tätar vakuumkanalen så att vakuumsignalen leds till moduleringens utlopp där återcirkulationsventilen öppnas, vilket i sin tur låter en precist uppmätt mängd avgaser ledas in i insugsröret.

Justeringar

7 Villkor för justering

1 Kontrollera att alla dessa villkor är uppfyllda innan justering påbörjas.

a) Motorn ska hålla arbetstemperatur. Motoroljans temperatur minst 80°C. En körsträcka på minst 7 km rekommenderas (speciellt om bilen har automatväxellåda).

b) Tillbehör (all motorbelastning) avstängda.

c) För fordon med automatväxellåda, växelväljaren i N eller P.

d) Motorn mekaniskt trisk.

e) Motorns ventilationsslangar och ventileringssystem i tillfredsställande skick.

f) Insuget måste vara fritt från vakuumläckor.

g) Tändsystemet i tillfredsställande skick.

h) Luftfiltret i tillfredsställande skick.

i) Avgassystemet fritt från läckor.

j) Gasvajern korrekt justerad

k) Inga felkoder loggade i styrmodulen.

l) Syresensorn i tillfredsställande skick (katalysatorförsedda fordon med sluten styrslinga).

2 Dessutom, innan kontroll av tomgångsvarvtal och CO-halt ska motorn stabiliseras enligt följande:

a) Stabilisera motorn. Höj varvtalet till 3 000 varv/min under minst 30 sekunder och låt motorn återgå till tomgång.

b) Om kylfläkten startar under justeringen, vänta till dess att den stannar, stabilisera motorgången och börja om med justeringen.

c) Låt varvtal och CO-halt stabiliseras.

d) Utför alla kontroller och justeringar inom 30 sekunder. Om denna tid överskrids, stabilisera motorgången och kontrollera igen.

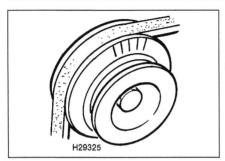

Fig. 12.14 Typiska tändlägesmärken för Nissan

8 Justering av trotteln

1 Villkor för justering: Motorn avstängd, trotteln stängd, tändningen påslagen.
2 Anslut en voltmätare mellan stift 3 och jord. En spänning mellan 0,52 till 0,62 V ska avläsas. En högre spänning indikerar att trottelns positionsgivare är feljusterad.
3 Lossa de två fästskruvarna och justera kontakten så att voltmätaren indikerar en spänning inom de angivna parametrarna.

9 Kontroll av tändläget

1 Till skillnad från de flesta elektroniska motorstyrningssystem är tändläget justerbart i Nissan ECCS.
2 Se justeringsvillkoren i avsnitt 7.
3 Låt motorn inta tomgång vid normal arbetstemperatur.
4 Höj varvtalet till 2 000 varv/min under två minuter och låt motorn återgå till tomgång.
5 Tändläget kan justeras med en felkodsavläsare eller enligt följande beskrivning:
6 Stäng av motorn.
7 Dra ur kontakten till trottelns positionsgivare.
8 Starta motorn och låt den gå på tomgång.
9 Anslut stroboskop och varvräknare.
10 Kontrollera tändläget och jämför med specifikationerna (15 ± 2°) (fig. 12.14).

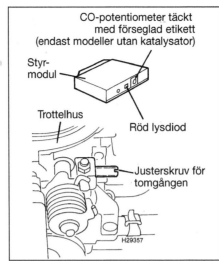

Fig. 12.15 Justering av tomgångens varvtal och CO-halt (enpunktsinsprutning)

11 Om tändläget är fel, lossa på fördelarens fästbultar och vrid fördelaren så att tändläget blir korrekt. Dra åt fördelarens bultar igen.
12 Stäng av motorn.
13 Sätt i kontakten till trottelns positionsgivare.
14 Starta motorn och låt den gå på tomgång.
15 Öka varvtalet. Tändlägesmärkena ska flyttas framåt. Inga värden finns angivna, men förvänta en mjuk och jämn framflyttning.

10 Justering av tomgången

Grundläggande tomgångsvarvtal

1 Se justeringsvillkoren i avsnitt 7.
2 Kontrollera att trottelns positionsgivare är korrekt justerad (se avsnitt 8).
3 Kontrollera att tändläget är korrekt.
4 Låt motorn inta tomgång vid normal arbetstemperatur.
5 Höj varvtalet till 2 000 varv/min under två minuter och låt motorn återgå till tomgång.
6 Tomgångsvarvtalet kan justeras med en felkodsavläsare eller enligt följande beskrivning:

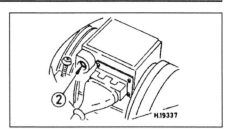

Fig. 12.16 CO-potentiometerns justering (2) är i vissa modeller placerad i luftflödesmätaren

7 Stäng av motorn.
8 Dra ur kontakten till trottelns positionsgivare.
9 Starta motorn och låt den inta tomgång.
10 Kontrollera att det grundläggande tomgångsvarvtalet är inom normala parametrar (800 ± 50 varv/min).
11 Om tomgångsvarvtalet kräver justering, vrid på justerskruven (fig. 12.15) på trottelhuset så att korrekt varvtal erhålles.
12 Sätt i kontakten till trottelns positionsgivare.
13 Starta motorn och låt den inta tomgång.
14 Kontrollera att det reglerade tomgångsvarvtalet är inom normala parametrar (850 ± 50 varv/min).

CO-haltens justering (endast modeller utan katalysator)

15 Se justeringsvillkoren i avsnitt 7.
16 Kontrollera att trottelns positionsgivare, tändläget och tomgångsvarvtalet är korrekt injusterade.
17 Anslut en gasanalyserare.
18 Kontrollera tomgångens CO-halt. Om den ligger utanför angivna parametrar ska den justeras.
19 Avlägsna i förekommande fall förseglingsetiketten från styrmodulens sida. På vissa modeller finns en CO-potentiometer på luftflödesmätaren (fig. 12.16).
20 Vrid justerskruven så att rätt CO-halt uppstår.
21 Kontrollera tomgångsvarvtalet. Om detta inte är korrekt måste justeringen av både varvtal och CO-halt göras om från början.
22 När både tomgångsvarvtal och CO-halt är korrekta ska styrmodulen förseglas med en ny försegling.

Tester av systemets givare och aktiverare

Viktigt: *Se kapitel 4 som beskriver vanliga testmetoder. Beskrivningarna i kapitel 4 ska läsas tillsammans med de komponentnotiser och kopplingsscheman som finns i detta kapitel. Observera att de kopplingsscheman och andra data som finns i detta kapitel är inte nödvändigtvis korrekta för just din version. I och med de variationer av ledningsdragning och data som ofta förekommer även mellan mycket snarlika fordon i en tillverkares utbud ska du vara mycket noga med att identifiera stiften på styrmodulen korrekt och se till att alla korrekta data är inhämtade innan en given komponent kasseras.*

11 Vevaxelns vinkelgivare

Allmänt

1 Demontera fördelarlocket och kontrollera om rotorn är skadad eller excentrisk. Avlägsna vid behov fördelaren från motorn och snurra på axeln. Axel och rotorplatta måste rotera utan avvikelser eller störningar.
2 Kontrollera avskärmningsledningen till vevaxelns vinkelgivare.
3 Vevaxelns vinkelgivare och styrmodulkontakt måste vara anslutna vid test av signalutmatning.
4 En voltmätare, vilovinkelmätare eller frekvensmätare kan användas vid testning av signalutmatning.

Observera: *Följande metod används då två skilda signaler avges av vevaxelns vinkelgivare. I de fall bara en signal ges måste metoden modifieras. Testprincipen är dock bra.*

Test för varvtalssignal

5 Anslut utrustningen mellan stift 1 och 4 (varvtalssignal) på kontakten till vevaxelns vinkelgivare eller motsvarande stift på styrmodulen.
6 Dra runt eller kör motorn (om så föredras går det att lossa fördelaren från motorn, slå på tändningen och snurra på fördelaraxeln för hand). En högfrekvent signal som växlar mellan noll och 5,0 V ska avläsas. Voltmätaren ska indikera växling mellan noll och 5,0 V. Arbetscykelmätare, varvräknare och frekvensmätare ska ange att signal finns. Frekvensen ska vara högre än den som erhålls vid test av signalen från ÖD-givaren. Om signalen saknas eller är mycket svag eller tillfällig, se testerna nedan.

Test för utmatning av ÖD-signal

7 Anslut utrustningen mellan stift 1 och 3 (varvtalssignal) på kontakten till vevaxelns vinkelgivare eller motsvarande stift på styrmodulen.
8 Dra runt eller kör motorn (om så föredras går det att lossa fördelaren från motorn, slå på tändningen och snurra på fördelaraxeln för hand). En lågfrekvent signal som växlar mellan noll och 5,0 V ska avläsas. Voltmätaren ska indikera växling mellan noll och 5,0 V. Arbetscykelmätare, varvräknare och frekvensmätare ska ange att signal finns. Frekvensen ska vara lägre än den som erhölls vid test av varvtalssignalen. Om signalen saknas eller är mycket svag eller tillfällig, se testerna nedan.

Avskärmningsanslutning för vevaxelns vinkelgivare

9 Signalledningarna från vevaxelns vinkelgivare är avskärmade från radiostörningar. Leta upp ledningens kontakt eller dra ur kontakten från styrmodulen.
10 Anslut en ohmmätarsond till den ledning som är ansluten till givarens signalstift 3.
11 Anslut den andra ohmmätarsonden till jord. Motståndet ska vara oändligt.
12 Flytta den första ohmmätarsonden till den ledning som är ansluten till givarens signalstift 4. Motståndet ska även här vara oändligt.
13 Om signalen saknas eller är mycket svag eller tillfällig:

a) *Kontrollera om det finns spänning till vevaxelvinkelgivarens stift 2.*
b) *Kontrollera vevaxelvinkelgivarens jord vid stift 1.*
c) *Kontrollera om givaren är skadad, smutsig eller oljig.*
d) *Kontrollera om fördelaren och rotorplattan är skadade.*
e) *Kontrollera om det finns kontinuitet mellan vevaxelvinkelgivarens signalstift och styrmodulens stift.*

12 Primär tändning

1 Se notisen i början av avsnitt 11 och relevant avsnitt i kapitel 4.
2 Primärtändningen är i huvudsak som en styrmodul med extern förstärkare, men förstärkaren är kombinerad med tändspolen, så följande extra test ska utföras:
3 Vid test av den primära tändkretsen (med fördelare) för signal är den metod som beskrivs i "Primärsignal ej tillgänglig (separat extern förstärkare)" generellt den met lämpade.
4 Stiftnummer på styrmodul och komponenter varierar beroende på det Nissan ECCS system som testas.
5 Tändspolens primärmotstånd i de flesta ECCS-system är 0,60 till 1,0 ohm. Sekundärmotståndet är 6 000 till 14 600 ohm.
6 Spolens stift 1 är anslutet till förstärkarens stift 2 och styrmodulens stift 3 via ett motstånd på 3 ohm. Kontrollera motståndet.

Snabb kontroll av primärkretsens funktion

7 Lossa fördelaren från motorn (ledningarna till vevaxelns vinkelgivare måste vara anslutna).
8 Placera en gnistprovare mellan huvudtändkabeln och motorblocket.

9 Slå på tändningen.
10 Snurra på fördelaraxeln för hand, studera gnistprovaren och övervaka injektorfunktionen.
11 Om injektorn utlöses måste vevaxelns vinkelgivare ge en god signal.
12 Om en bra gnista överbryggar gapet måste funktionen av styrmodul och förstärkare vara tillfredsställande. Svag gnista indikerar troligen fel i förstärkaren eller motståndet, men kontrollera även styrmodulens signal.

13 Knackgivare

1 Se notisen i början av avsnitt 11 och relevant avsnitt i kapitel 4.

14 Injektorfunktion (enpunktsinsprutning)

1 Se notisen i början av avsnitt 11 och relevant avsnitt i kapitel 4 samt **fig. 12.17**.
2 Spänning till injektorn/injektorerna matas från batteripolen.
3 Insprutningssystemet är strömstyrt.
4 Med enpunktsinsprutning är injektormotståndet normalt 1,0 till 2,0 ohm. Med flerpunktsinsprutning är injektormotståndet normalt 10 till 14 ohm.

Snabb kontroll av injektorfunktion

5 Lossa fördelaren från motorn (ledningarna till vevaxelns vinkelgivare måste vara anslutna).
6 Placera en gnistprovare mellan huvudtändkabeln och motorblocket.
7 Slå på tändningen.
8 Snurra på fördelaraxeln för hand, studera gnistprovaren och övervaka injektorfunktionen.
9 Om injektorn utlöses måste vevaxelns vinkelgivare ge en god signal.

15 Luftflödesmätare

1 Se notisen i början av avsnitt 11 och relevant avsnitt i kapitel 4.
2 Luftflödesmätaren kan vara av typen hettråd eller hetfilm beroende på bil.

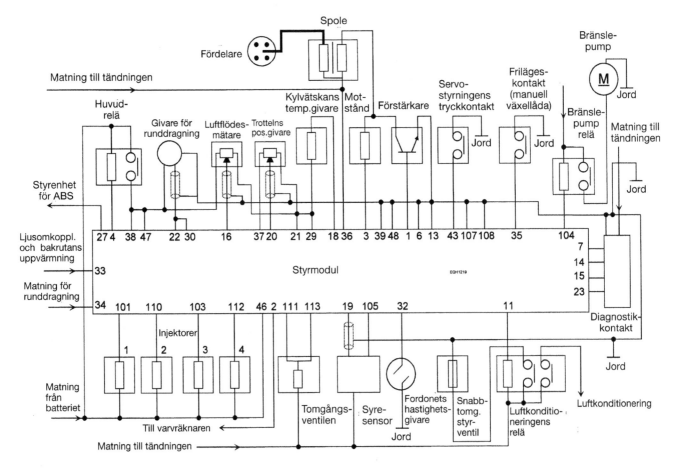

Fig. 12.17 Typisk ECCS kopplingsschema (flerpunkts). Enpunkts liknande med injektorn vanligen ansluten till stift 101

16 Lufttemperaturgivare

1 Se notisen i början av avsnitt 11 och relevant avsnitt i kapitel 4.
2 Lufttemperaturgivaren ingår i hettråds luftflödesmätaren och det är inte alltid möjligt att testa den separat.

17 Kylvätskans temperaturgivare

1 Se notisen i början av avsnitt 11 och relevant avsnitt i kapitel 4.

18 Trottelns positionsgivare

1 Se notisen i början av avsnitt 11 och relevant avsnitt i kapitel 4.

19 Tomgångsventilen

1 Se notisen i början av avsnitt 11 och relevant avsnitt i kapitel 4.
2 Tomgångsventilens motstånd i en tvåledningsenhet är cirka 10 ohm.
3 Skruva ur två skruvar och lossa tomgångs-ventilen från trottelhuset. Kontrollera att tomgångsventilens fjäder inte är brusten och att plungern inte är sträv eller skuren.

20 Trottelhusets värmare (endast motorer med enpunkts insprutning)

1 Se notisen i början av avsnitt 11 och relevant avsnitt i kapitel 4.
2 Utför testerna när kylvätskans temperatur understiger 65°C.
Observera: *Om motorn är varm kan en variabel potentiometer anslutas till kylvätske-temperaturgivarens kontakt så att kall motor kan simuleras.*

3 Om en felkodsavläsare finns tillgänglig kan insugsrörets värmarrelä aktiveras via den seriella porten. Detta bevisar integriteten i reläet och tillhörande ledningar.

21 Styrmodulens matningar och jordar

1 Se notisen i början av avsnitt 11 och relevant avsnitt i kapitel 4.
2 Förutom drivningen för huvudrelä och pumprelä kan det finnas en drivning till trottelhusvärmarens relä.

22 Systemreläer

1 Se notisen i början av avsnitt 11 och relevant avsnitt i kapitel 4.
2 I Nissan ECCS (enpunktsinsprutning) matas trottelhusets värmare från ett relä.

23 Bränslepump och krets

1 Se notisen i början av avsnitt 11 och relevant avsnitt i kapitel 4.

24 Bränsletryck

1 Se notisen i början av avsnitt 11 och relevant avsnitt i kapitel 4.

25 Syresensor

1 Se notisen i början av avsnitt 11 och relevant avsnitt i kapitel 4.
2 Syresensorn i Nissan ECCS kan likna den som förekommer i andra system, d v s fyrlednings zirkonium med värmare. I vissa fall förekommer dock en syresensor av titan.
3 Styrningen av den slutna slingan kan även kontrolleras i diagnostikläge II med gående motor.

26 Kolkanisterns och återcirkulationens vakuumomkopplingsventil

1 Kontrollera om vakuumomkopplings-ventilens kontakt är skadad eller korroderad.
2 Kontrollera att stiften i kontakten är helt intryckta och har god kontakt med vakuumomkopplingsventilens kontakt.
3 Kontrollera om vakuumslangarna läcker eller är dåligt anslutna.

Snabb kontroll av vakuumomkopplingsventilens funktion

4 Starta motorn och varmkör den till normal arbetstemperatur.

5 Låt motorn inta tomgång. Vid tomgäng ska vakuumomkopplingsventilen slås på.
6 Koppla ur vakuumomkopplingsventilens slang "A" och "B".
7 Placera ett finger över vakuumom-kopplingsventilens anslutning "A". Vakuum ska kännas.
8 Placera ett finger över vakuumom-kopplingsventilens anslutning "B". Inget vakuum ska kännas.
9 Höj varvtalet till över 2 000 varv/min. Över 2 000 varv/min ska vakuumomkopplings-ventilen stängas av.
10 Placera ett finger över vakuumom-kopplingsventilens anslutning "A". Inget vakuum ska kännas.
11 Placera ett finger över vakuumom-kopplingsventilens anslutning "B". Vakuum ska kännas.
12 Låt motorn återta tomgång och stäng av den. Anslut vakuumslangarna.
13 Om vakuumomkopplingsventilen fungerar som beskrivet är det osannolikt att den är defekt.

Kontroll av vakuumomkopplingsventilens funktion

14 Varmkör motorn till normal arbets-temperatur.
15 Anslut voltmätarens negativa sond till en motorjord.
16 Anslut voltmätarens positiva sond till den ledning som går till vakuumomkopplings-ventilens stift 2.
17 Slå på tändningen, voltmätaren ska ange normal batterispänning. Om spänning saknas, kontrollera matningen från tändningslåset.
18 Flytta den positiva sonden till den ledning som är ansluten till vakuumomkopplings-ventilens stift 1.
19 Slå på tändningen, voltmätaren ska ange normal batterispänning. Om spänning saknas, anslut en ohmmätare mellan vakuumomkopplingsventilens stift 1 och 2 och kontrollera att det finns kontinuitet i vakuum-omkopplingsventilen.
20 Starta motorn och låt den gå på tomgång. Voltmätaren ska visa en spänning understigande 1,0 V. Om normal batteri-

spänning påvisas har vakuumomkopplings-ventilen inte aktiverats. Kontrollera att villkoren för aktivering av vakuumom-kopplingsventilen är uppfyllda och kontrollera sedan kontinuiteten i ledningarna till styr-modulen. Om ledningarna till vakuumom-kopplingsventilen är tillfredsställande, kontrol-lera styrmodulens matningar och jordar. Om dessa är tillfredsställande är styrmodulen misstänkt.
21 Höj varvtalet till över 2 000 varv/min. Spänningen ska stiga från under 1,0 V till normal batterispänning. Om inte är styr-modulen misstänkt.

Kontroll av vakuumomkopplingsventilens mekaniska funktion

22 Dra ur kontakten från den tomgångs-höjande vakuumomkopplingsventilen.
23 Anslut en vakuumpump till inloppsrör "C" på vakuumomkopplingsventilen.
24 Placera ett finger över utloppet vid anslutning "B".
25 Använd pumpen till att lägga vakuum på 500 mm Hg till anslutning "C". När pumphandtaget släpps ska vakuumet kvarstå.
26 Ta bort fingret från utloppet, vakuumet ska hävas. Om en vakuumpump inte finns tillgänglig, försök att blåsa från "C" till "B". Försöket ska vara framgångsrikt.
27 Anslut en provisorisk ledare mellan vakuumomkopplingsventilens positiva stift och batteriets pluspol (polariteten i vakuumomkopplingsventilens stift måste följas om skador på ventilen ska undvikas).
28 Anslut en provisorisk ledare mellan vakuumomkopplingsventilens negativa stift och batteriets minuspol.
29 Placera ett finger över utloppet vid anslutning "A".
30 Använd pumpen till att lägga vakuum på 500 mm Hg till anslutning "C". När pumphandtaget släpps ska vakuumet kvarstå.
31 Ta bort fingret från utloppet, vakuumet ska hävas. Om en vakuumpump inte finns tillgänglig, försök att blåsa från "C" till "A". Försöket ska vara framgångsrikt.

Stifttabell - typisk 64 stifts
Observera: Se fig.12.18

1	Förstärkarens utlösningssignal	34	Tändningslås
2	-	35	Frilägeskontakt, modeller med manuell växellåda, startspärr, modeller med automatväxellåda
3	Tändspolen (via motstånd)		
4	Huvudrelädrivningen	36	Tändningslås
5	-	37	Matning till trottelns positionsgivare
6	Jord	38	Matning till huvudrelä
7	Diagnostikkontakt	39	Jord
8	Luftflödesmätare	40	Vevaxelvinkelgivarens utmatning (vissa modeller)
9	Kombinerad återcirkulations-/kolkanisterventil	41	Luftkonditioneringens tryckkontakt och fläktpåslagning
10	-	42	Knackgivarens signal
11	Luftkonditioneringsrelädrivningen	43	Servostyrningens tryckkontaktsignal
12	-	44	-
13	Jord	45	-
14	Diagnostikkontakt	46	Batterimatning
15	Diagnostikkontakt	47	Matning till huvudrelä
16	Luftflödesmätarsignal	48	Jord
17	Luftflödesmätarsignalretur	101	Injektordrivning 1, flerpunktsinsprutning (enpunktsinsprutning i förekommande fall)
18	Kylvätsketemperaturgivarens signal		
19	Syresensorns signal	102	Kylfläktens relädrivning 1 går, fläkten på
20	Trottelns positionsgivarsignal	103	Injektordrivning 3, flerpunktsinsprutning
21	Givarretur: kylvätskans temperaturgivare, trottelns positionsgivare	104	Bränsleåumpens relädrivning
22	Vevaxelvinkelgivarens utmatning	105	Kylfläktens relädrivning 2
23	Diagnostikkontakt	106	Trottelhusets värmare (enpunktsinsprutning)
24	Självdiagnostikens varningslampa	107	Jord
25	-	108	Jord
26	-	109	Batterimatning
27	Varvräknare	110	Injektordrivning 2, flerpunktsinsprutning
28	-	111	Tomgångsventil (vissa modeller)
29	Givarretur: kylvätskans temperaturgivare, trottelns positionsgivare	112	Injektordrivning 4, flerpunktsinsprutning
30	Vevaxelvinkelgivarens utmatning	113	Tomgångsventil (vissa modeller)
31	Vevaxelvinkelgivarens utmatning (vissa modeller)	114	Tomgångsventilens drivning
32	Fordonshastighetsgivarens signal	115	Automatväxellådans låssolenoid
33	-	116	Jord

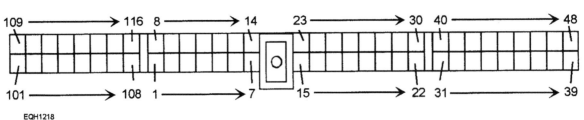

EQH1218

Fig. 12.18 64 stifts kontakt, ECCS

Felkoder

27 Läsning av felkoder

1 Om en felkodsavläsare finns tillgänglig kan den anslutas till diagnostikkontaktens seriella port och användas till följande:
  a) Läsning av felkoder.
  b) Radering av felkoder.
  c) Läsa Datastream-information.
  d) Kontroll av den slutna slingans blandningsreglering
  e) Aktivering av systemets aktiverare. Detta kan inkludera vissa på följande lista:
    Tomgångsventilen

    Injektor(er)
    Bränslepumpens relä
    Återcirkulationens och kolkanisterns vakuumomkopplingsventil
    Kylarfläkt
  f) Återställa adaptiv funktion till ursprungliga förinställda värden
  g) Utföra justeringar:
    Ställa in trottelns positionsgivare
    Ställa in tändförställningen
    Justera CO-halten (endast modeller utan katalysator)
    Ställa in grundläggande tomgångsvarvtal.
  h) Ändra följande parametrar (motorn igång):
    Tomgångsventilens arbetscykel
    Injektoröppningstid

    Tändlägets backande
    Kylvätsketemperaturgivaren (ändra temperatur)

2 Om en felkodsavläsare inte är tillgänglig går det fortfarande att visa felkoder som blinkningar med styrmodulens lysdioder (se *Observera* nedan) eller den instrumentbrädes-monterade varningslampan. Förutom Data-stream och aktivering av komponenter kan många av funktionerna ovan utföras utan felkodsavläsare. Även justeringar är möjliga utan felkodsavläsare. Se avsnittet om justeringar.
Observera: *I vissa versioner finns det en röd lysdiod på styrmodulen medan andra har en röd och en grön lysdiod. Där två förekommer*

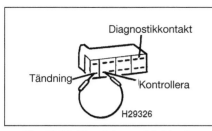

Fig. 12.19 Utmatning av blinkkoder

*blinkar den röda tiotal och den gröna ental.
Fyra röda blink följt av tre gröna anger
felkod 43.*

Läsning av blinkkoder

Observera: *Följande metod är allmän,
variationer kan krävas i vissa fall.*

3 Det finns två lägen att läsa felkoder och
sammanhängande information, läge I och läge
II. Utmatningen i vardera läget skiljer sig
beroende på om tändningen är påslagen eller
om motorn går.

> *Läge I, tändning på, motor avstängd:
> Kontrollera varningslampans glödlampa
> och styrmodulens lysdiod. Om bilen
> saknar varningslampa, läs av koderna på
> styrmodulen.*
>
> *Läge I, motorn igång: Tändning av
> varningslampan eller röd lysdiod anger ett
> systemfel.*
>
> *Läge II, tändning på, motor avstängd:
> Utmatning av felkoder.*
>
> *Läge II, motorn igång: Kontroll av den
> slutna slingans styrsystem.*

4 Om tändningen slås av och motorn stängs
av ställer sig självdiagnostiken i läge I.
5 Slå på tändningen men starta inte motorn.
6 Starta motorn och låt den gå på tomgång.
Om det finns ett fel tänds varningslampan
eller lysdioden.
7 Stäng av motorn och slå på tändningen
utan att starta motorn.
8 Bygla stiften i diagnostikkontakten **(fig.
12.19)**. Avlägsna byglingen efter två sekunder.
Koderna matas ut på instrumentbrädans
varningslampa som blinkningar. Genom att
räkna blinken och se efter i felkodstabellen
kan felet därmed bestämmas.
9 Blinkningarna är utmatning som tvåsiffriga
koder enligt följande:
10 Ett eller flera fel: En blinkning som varar i
0,6 sekunder med en paus på 0,6 sekunder
mellan varje blink anger den första siffran i
felkoden. Efter 0,9 sekunders paus kommer
en andra serie blinkningar varande
0,3 sekunder med 0,3 sekunders mellanrum
anger den andra siffran. När det första felet
matats ut inträffar en paus på 2,1 sekunder
innan nästa kod. När alla felen matats ut i
nummerordning, med lägsta numret först sker
en paus på 2,1 sekunder innan sekvensen
repeteras. Detta fortsätter till dess att stiften i
diagnostikkontakten byglas igen.
11 Om inga felkoder finns sparade blinkar
lampan kod 55.

12 Bygla stiften i diagnostikkontakten under
två sekunder. Styrmodulen återgår till läge I.

Radering av felkoder

13 Felkoderna sparas till dess att en av
följande åtgärder vidtas:

a) *Koderna visas (läge II) och själv
   diagnostiken växlas tillbaka till läge I.*
b) *Bilens batteri är urkopplat 24 timmar (se
   upp med förlust av andra data som
   radiokod, klockinställningar etc) eller att
   en felkodsavläsare används till att radera
   koderna.*
c) *Ett fel raderas automatiskt när motorn
   startas 50 gånger efter det att felet
   upphört. Om felet uppstår igen innan 50
   starter gjort nollas räkneverket så att
   ytterligare 50 starter måste utföras innan
   felet raderas automatiskt. Proceduren
   avser enstaka felkoder och koden raderas
   automatiskt endast om 50 starter inträffat
   utan att just den felkoden uppstått.*

Kontroll av blandning – stängd slinga (endast modeller med katalysator)

14 Med avstängd motor och påslagen
tändning, bygla stiften i diagnostikkontakten
under två sekunder. Koderna matas ut på
varningslampan eller den röda lysdioden,
utvärderingen görs som ovan.
15 Starta och varmkör motorn till normal
arbetstemperatur.
16 Höj motorvarvet till 2 000 varv/min under
2 minuter.
17 Studera varningslampan eller lysdioden.

a) *Lampan eller lysdioden blinkar 5 gånger
   under 10 sekunder. Motorn styrs då med
   sluten slinga.*
b) *Lampan eller lysdioden tänds inte. Motorn
   styrs då med öppen slinga.*
c) *När lampan eller lysdioden är tänd är
   bränsleblandningen mager.*
d) *När lampan eller lysdioden är släckt är
   bränsleblandningen fet.*

18 Lampan eller lysdioden återspeglar aktuell
status för bränsleblandningen genom att förbli
tänd eller släckt omedelbart innan övergången
till öppen slinga.

28 Alternativa sätt att läsa felkoder - endast vissa modeller

Observera: *En lägesväljare finns på
styrmodulens hölje för val av diagnostikläge
för utmatning och (i vissa fall) andra funktioner.
Vrid försiktigt, med hjälp av en skruvmejsel,
lägesväljaren efter behov under följande
procedurer. Varning! Hårdhänt behandling kan
skada lägesväljaren (fig. 12.20).*

Alternativ metod nummer ett (typfall, Nissan 300 ZX modeller)

1 Vrid lägesväljaren fullt motsols.
2 Slå på tändningen.
3 Kontrollera att styrmodulens lysdiod tänds
och förblir tänd (kontroll av glödlampa).

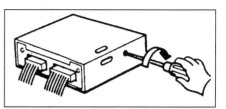

**Fig. 12.20 På vissa modeller finns en
lägesväljare på styrmodulens hölje. Vrid
den försiktigt med en skruvmejsel enligt
textens beskrivning. Var medveten om att
hårdhänt behandling kan skada väljaren**

4 Vrid lägesväljaren fullt medsols.
5 Styrmodulens lysdiod ska blinka kod 23, 24
(vissa modeller) eller 31. Dessa koder anger
att inga fel är påträffade. Anteckna andra
koder och fortsätt.
6 Tryck gaspedalen i botten och släpp upp
den.
7 Styrmodulens lysdiod ska blinka kod 24
(vissa modeller) eller 31. Dessa koder anger
att inga fel är påträffade. Anteckna andra
koder och fortsätt.
8 Starta motorn och låt den gå på tomgång.
9 Styrmodulens lysdiod ska blinka kod 31.
Denna kod anger att inga fel är påträffade.
Anteckna andra koder och fortsätt.
10 Slå (i förekommande fall) på och stäng av
luftkonditioneringen.
11 Styrmodulens lysdiod ska blinka kod 44.
Denna kod anger att inga fel är påträffade.
Anteckna andra koder och fortsätt.
12 Vrid lägesväljaren fullt motsols och stäng
av motorn.
13 Se felkodstabellen för avgivna koder och
kontrollera relevanta kretsar enligt beskrivning
på annan plats.

Radering av felkoder

14 Slå på tändningen.
15 Vrid lägesväljaren fullt medsols, låt den
stanna där över två sekunder.
16 Vrid lägesväljaren fullt motsols, låt den
stanna där i två sekunder.
17 Stäng av tändningen.

Alternativ metod nummer två (typfall, Nissan 200 SX och Primera)

18 Slå på tändningen.
19 Vrid lägesväljaren medsols.
20 Både den gröna och den röda lysdioden
börjar blinka och gå mellan fem lägen, angiv-
na av en, två, tre, fyra eller fem blinkningar.
21 Ett läge väljs genom att lägesväljaren
vrids fullt motsols omedelbart efter det att
önskat läge blinkats. Välj läge III genom att
vrida lägesväljaren fullt motsols omedelbart
efter det att den blinkat tre gånger.
22 När tändningen stängs av återgår
styrmodulen till läge I.
23 Efter avslutad självdiagnos, kontrollera att
lägesväljaren försätts i normalt körläge genom
att vrida den fullt motsols.
Observera: *Läge I och II finns tillgängliga
endast på fordon med katalysator. Motorn*

mäste hålla arbetstemperatur och arbeta under sluten slinga.

Läge I (övervakning av syresensorn)

24 Den gröna lysdioden är tänd när bränsleblandningen är mager och släckt när den är fet. När motorn går kommer lysdioden att blinka.

25 Med öppen slinga är lysdioden antingen tänd eller släckt.

26 Om styrmodulen använder nödprogrammet är den röda lysdioden tänd.

Läge II (övervakning av bränsleblandningens återkoppling)

27 Den gröna lysdioden fungerar precis som i läge I.

28 Den röda tänds när blandningen är mager och släcks när blandningen är fet i sekvens med den gröna lysdioden under den tid som blandningen håller sig inom giltiga arbetsparametrar.

29 När slingan är öppen är den röda lysdioden tänd eller släckt.

Läge III (utmatning av felkoder)

30 Ställ in läge III enligt beskrivningen ovan.

31 Anteckna de koder som ges. Om kod 55 visas är inget fel loggat.

32 Radera koderna genom att gå över till läge IV.

Radering av felkoder/ inställning av läge IV

33 Vrid lägesväljaren medsols.

34 Lysdioderna börjar blinka och gå genom lägena vilket anges med ett, två, tre, fyra och fem blink.

35 Välj läge IV genom att vrida lägesväljaren fullt motsols omedelbart efter det att lysdioderna blinkat 4 gånger.

36 När styrmodulen gått in i läge IV raderas loggade felkoder.

37 Slå av tändningen.

Läge IV (övervakning av och på)

38 Kalla upp läge IV enligt ovanstående beskrivning.

39 Den röda lysdioden ska vara släckt.

40 Tryck ned gaspedalen, den röda lysdioden ska tändas. Om inte, kontrollera tomgångsbrytaren. Lysdioden växlas av eller på med varje tryck på gaspedalen.

41 Starta motorn, den röda lysdioden ska vara tänd. Om inte, kontrollera startsignalkretsen från tändningslåset till styrmodulen (vanligen stift 34).

42 Ställ framvagnen på pallbockar så att hjulen kan rotera fritt. Tänk på säkerheten.

43 Lägg i en växel och driv hjulen så att 20 km/t överskrids. Den gröna lysdioden ska tändas över 20 km/t och slockna under 20 km/t. Om den gröna lysdioden inte uppträder som beskrivet, kontrollera kretsen till fordonets hastighetsgivare.

Läge V (dynamisk test i realtid)

44 Starta motorn och ställ in läge V enligt beskrivningen ovan.

45 Kör motorn med olika belastningar och studera lysdioderna.

46 Om lysdioderna börjar blinka, räkna blinken för att fastställa felet. Felkoden blinkar en gång och loggas inte i minnet.

Felkodstabell

Kod	Fel
11	Vevaxelns vinkelgivare i fördelaren, varvtals- eller vevaxellägesgivare
12	Klaff/hettråds luftflödesmätare
13	Kylvätskans temperaturgivare
14	Fordonets hastighetsgivare
21	Tändsignalens krets
22	Bränslepumpen
23	Trottelns positionsgivare - tomgång
24	Trottelns positionsgivare - full belastning eller neutral/parkeringskontakten
25	Hjälpluftventilen
26	Turboladdtrycksgivaren
31	Luftkonditioneringen
31	Inga fel påträffade (modeller utan luftkonditionering)
31	Styrmodul - motorerna GA16i/CA18DE
32	Startsignal
33	Syresensor
34	Knackgivarens krets
34	Trottelns positionsgivare - motorn SR20Di
41	Lufttemperaturgivaren
42	Bränsletemperaturgivaren
43	Trottelns positionsgivarkrets
44	Inga fel påträffade
51	Injektorer
54	Automatväxellådans signal förlorad
55	Ingen felfunktion i ovanstående kretsar

Observera: *Om koderna 11 och 21 visas vid samma avläsning kontrollera kretsen för vevaxelns vinkelgivare innan någon annan krets kontrolleras.*

Kapitel 13
Renix enpunkts- och flerpunktsinsprutning

Innehåll

Specifikationer

Fordon

Fordon	Årsmodell	Tomgångsvartal	CO%
Renix flerpunktsinsprutning			
5 F3N 702	1989 till 1992	800 ± 50	0,5 max
9/11 F3N 708	1986 till 1989	800 ± 50	0,5 max
19 F7P 700	1991 till 1993	900 ± 50	1,5 ± 0,5
19 F3N 746	1992 till 1993	850 ± 50	1,5 ± 0,5
19 automatväxellåda katalysator F3N 743	1990 till 1992	800 ± 50	0,5 max
19 katalysator F7P 704	1991 till 1995	900 ± 50	0,5 max
21 katalysator F3N 722	1991 till 1995	800 ± 50	0,5 max
21 katalysator J7R740	1991 till 1995	900 ± 50	0,5 max
21 katalysator J7R 746,747	1991 till 1995	800 ± 50	0,5 max
21 J7R 750,751	1986 till 1993	775 ± 50	1,5 ± 0,5
21 J7R754	1989 till 1994	850 ± 75	1,8 ± 0,2
21 katalysator J7T754,755	1992 till 1995	800 ± 50	1,5 ± 0,5
21 turbo J7R 752	1991 till 1992	800 ± 25	1,5 ± 0,5
25 J7R 722,723	1986 till 1993	775 ± 50	1,5 ± 0,5
25 J7R	1991 till 1993	850 ± 75	1,8 ± 0,2
25 katalysator J7T 732, 733	1990 till 1991	800 ± 50	0,5 max
25 J7T 706/7,714/5,730/1	1984 till 1987	800 ± 25	1,5 ± 0,5
25 katalysator J7R 726	1991 till 1993	900 ± 50	0,5 max
25 V6 Z7W 700	1989 till 1993	700 ± 50	1,5 ± 0,5
25 V6 katalysator Z7W 706	1991 till 1992	800 ± 50	0,5 max
25 V6 turbo Z7U 702	1985 till 1990	700 ± 25	1.0 ± 0,25
25 V6 turbo katalysator Z7U 700	1991 till 1993	700 ± 50	0,5 max
Alpine V6 turbo Z7U 730	1986 till 1992	700 ± 25	1.0 ± 0,25
Alpine V6 turbo katalysator Z7U 734	1990 till 1992	700 ± 50	0,5 max
Clio katalysator F7P 720	1991 till 1992	900 ± 50	1,5 ± 0,5
Clio katalysator F7P 722	1991 till 1996	900 ± 50	0,5 max
Espace J7R 760	1988 till 1991	775 ± 50	1,5 ± 0,5
Espace katalysator J7R768	1991 till 1996	775 ± 50	0,5 max
Espace katalysator J7T 772	1991 till 1995	775 till 825	0,5 max
Espace katalysator J7T 770	1991 till 1992	800 ± 50	0,5 max
Espace V6 katalysator Z7W 712	1991 till 1995	800 ± 25	0,5 max
Laguna katalysator F3R 722	1994 till 1995	730 ± 50	0,3 max
Safrane katalysator J7R 732/3	1993 till 1996	750 ± 50	0,5 max
Safrane katalysator J7R 734/5	1993 till 1994	825 ± 50	0,5 max
Trafic katalysator J7T780	1991 till 1993	800 ± 25	0,5 max

Fordon	Arsmodell	Tomgångsvarv	CO%
Renix enpunktsinsprutning			
5 1.4 katalysator C3J 700 (B/C/F407)	1986 till 1990	850	0,5 max
5 1.4 katalysator C3J 760 (B/C/F407)	1990 till 1996	850	0,5 max
5 1.7i katalysator F3N G716 (B/C408)	1987 till 1991	700	0,5 max
5 1.7i katalysator F3N G717 (B/C409)	1987 till 1991	700	0,5 max
9 1721 katalysator F3N 718 (L42F/BC37F)	1986 till 1989	700	2,0 max
11 1721 katalysator F3N 718 (L42F/BC37F)	1986 till 1989	700	2.0 max
19 1.4i katalysator C3J 710 (B/C/L532)	1990 till 1992	850 ± 50	0,5 max
19 1.4i katalysator C3J 700	1991 till 1992	850 ± 50	0,5 max
19 1.7i katalysator F3N 740 B/C/L53B	1990 till 1992	750 ± 50	0,5 max
19 1.7i automatväxellåda katalysator F3N 741 B/C/L53B	1990 till 1992	750 ± 50	0,5 max
21 1.7i katalysator F3N 723 (X48F)	1991 till 1995	800 ± 50	0,3 max
Chamade 1.4i katalysator C3J 710 (B/C/L532)	1990 till 1992	850 ± 50	0,5 max
Chamade 1.4i katalysator C3J 700	1991 till 1992	800 ± 50	0,5 max
Chamade 19 1.7i katalysator F3N 741	1990 till 1992	750 ± 50	0,5 max
Chamade 19 1.7i automatväxellåda katalysator F3N 740	1990 till 1992	750 ± 50	0,5 max
Extra 1.4 katalysator C3J 760 (B/C/F407)	1990 till 1995	850	0,5 max
Extra 1.4 katalysator C3J 762 (F407)	1992 till 1995	850	0,5 max
Express 1.4 katalysator C3J 762 (F407)	1992 till 1995	850	0,5 max

Översikt av systemets funktion

1 Inledning

Renix monterades först i Renault 25 år 1984 och är ett helt integrerat system som styr primärtändning, bränsletillförsel och tomgångsvarvtal med en enda styrmodul. Det grundläggande Renix-systemet används på de flesta av Renaults fyr- och sexcylindriga motorer, med eller utan katalysator – inklusive turboversioner – även om det finns ett antal variationer i utförandet. Renix kan ha flerpunkts- eller enpunktsinsprutning och detta kapitel tar upp båda typerna. Trots ett antal skillnader i de givare som används i olika fordon från Renault är den grundläggande konfigurationen för Renix mycket likartad, även mellan flerpunkts- och enpunktsinsprutning, och stiftnumren på styrmodulen är ofta identiska (fig. 13.1 och 13.2).

Även om systemet kallas "Renix" är det även känt som Bendix, Fenix eller Siemens. I stort är grundläggande ledningsdragning, specifikationer och konfigurationer likartade, huvuddelarna kommer från ett antal leverantörer och tenderar att låna ut namnet till systemet. Exempelvis så kan styrmodulen vara tillverkad av Bendix, Fenix, Renix eller Siemens. Injektorerna kan vara Bendix eller Renix. Trottelhuset kan vara tillverkat av Weber eller Solex (flerpunktsinsprutning) eller Weber, GM eller Bosch (enpunkts- insprutning). Tändsystemet använder den vanligt förekommande kombinerade spolen och förstärkaren AEI, som under många år gett gnista åt förgasarmotorer. Ett 35 stifts kontaktdon och kontakter ansluter styrmodulen till batteri, givare och aktiverare.

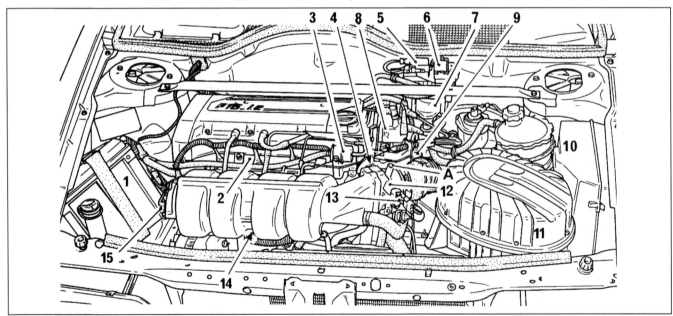

Fig. 13.1 Layout för flerpunkts insprutningssystem (Renault 19, motor F7P)

1 Styrmodul
2 Bränslerör med injektorer
3 Bränsletrycksregulator
4 Kylvätskans temperaturgivare
5 CO-potentiometer (modeller utan katalysator)
6 Insugsrörets tryckgivare
7 Förstärkare
8 Fördelare
9 Tomgångsventil
10 Relä
11 Luftrenare
12 Trottelhus
13 Trottelns positionsgivare
14 Knackgivare
15 Lufttemperaturgivare
A Justerskruv för tomgångsvarvtalet

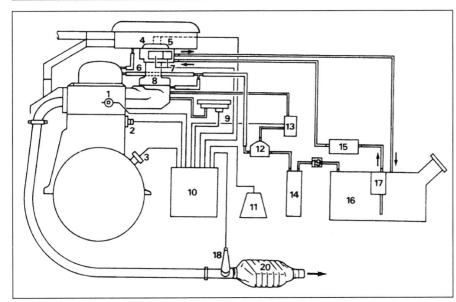

Fig. 13.2 Layout för enpunkts insprutningssystem (Renault 19, motor E7J)

1 Kylvätskans temperaturgivare	5 Lufttemperatur-givare	9 Insugsrörets tryckgivare	15 Bränslefilter
2 Knackgivare	6 Trottelns positionsgivare	10 Styrmodul	16 Bränsletank
3 Vevaxelns vinkelgivare	7 Tomgångsventilen	11 Förstärkare	17 Bränslepump
4 Injektor	8 Trottelhuset	12 Vakuumventil	18 Syresensor
		13 Kolkanisterventil	19 Envägsventil
		14 Kolkanister	20 Katalysator

2 Styrfunktioner

Signalbehandling

Renix är konstruerat för tre huvudområden av styrning. Dessa är tändning, bränslesystem och tomgångsvarvtal. Tändläge och injektor-öppningstider behandlas gemensamt av styrmodulen för att optimera parametrarna för tändning och bränsletillförsel för varje arbetsförhållande.

Grundläggande vilovinkel och tändläge sparas på en tredimensionell karta och signaler om motorns belastning och varvtal styr tändläget. Den huvudsakliga belastnings-givaren är insugsrörets tryckgivare (flerpunkts och vissa enpunkts insprutningssystem utan Bosch trottelhus) och varvtalet bestäms av signalen från vevaxelns vinkelgivare. Belast-ningssignalen i enpunktsinsprutning med Bosch trottelhus kommer från trottelns positionsgivare och fullbelastningssignaler.

Korrektionsfaktorer inräknas för start, tomgång, inbromsning, delbelastning och full belastning. Huvudsaklig korrektionsfaktor är motorns temperatur (kylvätsketemperatur-givaren). Mindre korrigeringar av tändläge och bränsleblandning utförs utifrån signaler från lufttemperaturgivaren och trottelns positions-givare eller trottelbrytaren.

Den grundläggande bränsleblandningen sparas också på en tredimensionell karta och signalerna om motorns belastning och hastighet bestämmer den grundläggande injektoröppningstiden. Renix använder metoden hastighet/täthet för att kalkylera bränsleblandningen utifrån trycket i insugs-röret eller trottelvinkeln (trottelns positions-givare) och motorns varvtal (vevaxelns vinkelgivare). Bränsleblandning och öppnings-tider korrigeras utifrån signaler från luft-temperaturgivaren, kylvätskans tempera-turgivare, batterispänning och grad av trottelöppning (trottelns positionsgivare). Andra avgörande faktorer är arbets-förhållanden som kallstart och varmkörning, tomgång, acceleration och inbromsning.

Batterispänningen har ett viktigt inflytande på injektoröppningstiden. När spänningen ändras kompenserar styrmodulen genom att öka eller minska öppningstiden. En lägre spänning resulterar i en längre öppningstid.

Renix kallar alltid upp en speciell karta för tomgång när signaler från trottelbrytaren, trottelpositionsgivaren eller stegmotorns tomgångskontakt indikerar att motorn går på tomgång. Varvtalet för tomgång vid varm-körning och normal arbetstemperatur upprätthålls av tomgångsventilen. Renix utför små justeringar av tomgångsvarvtalet genom att ändra tändläget, vilket ger ett ständigt föränderligt tändläge vid tomgång.

Grundläggande funktioner för styrmodulen

En permanent spänningsmatning leds från batteriet till stift 4 på styrmodulen. Detta gör att självdiagnostiken kan spara data av tillfälligt återkommande natur. När tändningen är påslagen matas spänning till den kom-binerade spolen och förstärkaren från tändningsläset. Detta gör att styrmodulen jordar stift 7, vilket aktiverar huvudreläet för bränsleinsprutningen. En reläomkopplad spänning leds därmed till styrmodulstift 19 från stift 5 på bränsleinsprutningens huvud-relä.

De flesta givarna (utom de som alstrar en spänning som exempelvis vevaxelns vinkelgivare, knackgivaren och syresensorn) förses nu med en referensspänning på 5,0 V från relevant stift på styrmodulen.

När motorn dras runt kommer en matning från stift 50 i startkretsen att ge spänning till stift 29 på styrmodulen. Denna spänning finns bara när motorn dras runt på startmotorn och meddelar styrmodulen om behovet av att öka insprutningsfrekvensen. Denna matning är borttagen på senare versioner som använder signalen för motorhastighet till att avgöra runddragning.

När motorn dras runt eller går gör en hastighetssignal från vevaxelns vinkelgivare att styrmodulen jordar stift 6 så att bränsle-pumpen kan gå. Funktionerna för tändning och insprutning aktiveras också. Samtliga aktiverare (injektor(er), tomgångsventil, kolka-nisterventil etc matas med normal batteri-spänning från bränslepumpens relä och styrmodulen fullbordar kretsen genom att jorda relevant aktiverarledning.

Bränsleavstängning vid hög fart (varvtalsbegränsare)

Renix förhindrar övervarvning genom att genom att blockera injektorjorden över ett visst varvtal. Varvtalsbegränsningen träder in vid olika varvtal beroende på motorkod. Typiska värden är följande:

a) *Z7X : 6 300 varv/min på ettan och tvåan, 6 200 varv/min på trean, fyran och femman.*
b) *J7R och J7T (12 ventilers): 6 350 varv/min.*
c) *J7R och J7T (8 ventilers): 6 000 varv/min.*

Avstängning av bränslet vid inbromsning

Bränsleavstängning vid inbromsning används när motorbromsning föreligger för att förbättra ekonomin och minska utsläppen. Villkoren för denna avstängning är:

a) *Stängd trottel.*
b) *Motorns varvtal överstiger 2 000 varv/min.*
c) *När varvtalet sjunker under 1 100 varv/min återställs insprutningen.*

Referensspänning

Spänningsutmatningen från styrmodulen till många av motorns givare är 5,0 V. Detta ger en stabil arbetsspänning som inte påverkas av variationer i systemets spänning.

Jordningen av de flesta givare sker via ett stift på styrmodulen som inte är direkt anslutet till jord. Styrmodulen jordar istället aktuellt stift genom att internt ansluta det till ett direktjordat stift.

Signalavskärmning

För att reducera radiostörningar använder ett antal givare (d v s vevaxelns vinkelgivare, knackgivaren och syresensorn) en avskärmad ledning.

Självdiagnos

Renix har en självtestfunktion som regelbundet undersöker signalerna från motorns givare och loggar internt en felkod i händelse av att ett fel upptäcks. Denna kod kan sedan avläsas i den seriella porten av en lämplig felkodsavläsare. När styrmodulen upptäcker ett feltillstånd jordar den stift 18 vilket tänder lampan på instrumentbrädan. Lampan är tänd till dess att feltillståndet upphävs.

Om feltillståndet upphör sparas koden i minnet till dess att den raderas av en lämplig felkodsavläsare eller till dess att batteriet eller styrmodulen kopplats ur. Eftersom styrmodulen sparar koder för tillfälligt återkommande fel är detta ett värdefullt redskap vid felsökning.

Nödprogram

Renix har en "linka hem" funktion. I händelse av ett allvarligt fel i en eller flera givare ersätter motorstyrningen givarvärdet med ett fast.

Detta innebär att motorn kan gå ganska bra även om en eller flera mindre viktiga givare är defekta. Men i och med att ersättningsvärdena är genomsnittliga för en varmkörd motor kan egenskaperna vid kallstart och varmkörnings vara mindre goda. Om en huvudgivare, exempelvis insugsrörets tryckgivare, havererar blir körförhållandena inte fullt så bra.

Standardvärden för nödprogrammet

a) Lufttemperaturgivaren: 20°C.
b) Kylvätskans temperaturgivare: När motorn dras runt används värdet från lufttemperaturgivaren. Efter start, 90 till 100°C (varmkörd motor).
c) CO-potentiometern: Genomsnittligt CO-potentiometervärde.

Fordonets hastighetsgivare

Fordonets hastighetsgivare informerar styrmodulen om bilens hastighet. Den arbetar enligt Halleffektprincipen och kan finnas monterad antingen direkt på växellådan eller bakom instrumentbrädan.

En spänning på cirka 10 V matas till fordonets hastighetsgivare från tändningslåset. När hastighetsmätarvajern roterar slås Hallkontakten omväxlande till och från och returnerar en fyrkantsvågformssignal till styrmodulen. Signalens frekvens anger fordonets hastighet.

3 Primär utlösare

Vevaxelns vinkelgivare

Den primärsignal som initierar både tändning och bränsleinsprutning kommer från en vevaxelvinkelgivare monterad bredvid svänghjulet **(fig. 13.3)**. Vevaxelns vinkelgivare består av en induktiv magnet som utstrålar ett magnetfält. Toppspänningen i hastighetssignalen kan variera från 5 V vid tomgång till

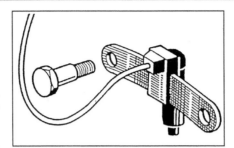

Fig. 13.3 Vevaxelns vinkelgivare i Renix-system

över 100 V vid 6 000 varv/min. I styrmodulen förvandlas den analoga växelströmssignalen till en digital av en A/D-omvandlare.

Fyrcylindriga motorer

44 ståltänder är utplacerade på svänghjulets ytterkant med regelbundna mellanrum. Två tänder avlägsnas sedan vid vardera 90° FÖD och FND. De 40 kvarvarande inkluderar två dubblerade tänder placerade strax före gapen för de avlägsnade tänderna. Dubbeltänderna med gapen fungerar som hänvisningsmärken till ÖD. När svänghjulet roterar och drar tänderna genom ett magnetfält alstras en växelströmssignal som sänds till styrmodulen som en indikation på rotationshastigheten.

Sexcylindriga motorer

66 ståltänder är utplacerade på svänghjulets ytterkant med jämna mellanrum. Två tänder avlägsnas sedan från varje tredjedel av varvet (120° mellanrum). De 60 kvarvarande inkluderar tre dubblerade tänder placerade strax före gapen för de avlägsnade tänderna. Dubbeltänderna i kombination med gapen fungerar som hänvisningsmärken till ÖD. När svänghjulet roterar och drar tänderna genom ett magnetfält alstras en växelströmssignal som sänds till styrmodulen som en indikation på rotationshastigheten.

4 Tändning

Tändningen

Data om motorns belastning (insugsrörets tryckgivare) hastighet (vevaxelns vinkelgivare), temperatur (kylvätskans temperaturgivare) och trottelläge (trottelbrytaren eller trottelns positionsgivare) hämtas in av styrmodulen som jämför data med en tredimensionell digital karta, sparad i mikroprocessorn. Denna karta innehåller en förställningsvinkel för varje arbetsförhållande, vilket gör att det optimala tändläget för ett givet arbetsförhållande kan bestämmas.

När tändningen slås på matas spänning till styrmodulen och den kombinerade förstärkaren och tändspolen. Kretsen är sedan vilande, avvaktande signal om runddragning eller motorgång.

När motorn dras runt eller går får styr-

modulen en signal från vevaxelns vinkelgivare och avger en styrsignal till förstärkaren/-tändspolen så att gnista kan utlösas.

Förstärkaren styr spolens vilokrets genom att slå på och stänga av strömmen i spolen så att den utlöser tändningsgnista.

När förstärkaren stänger av strömmen till spolen kollapsar magnetfältet i primärlindningen snabbt och högspänning induceras i spolens sekundärlindning. Sekundärutmatningen leds till fördelarlocket via huvudtändkabeln via rotorarmen. Från fördelaren leds sekundärutmatningen till det tändstift i tändföljden som ska få gnista via en tändkabel.

Kombinerad förstärkare och tändspole

Förstärkaren och tändspolen är hopbyggda för att minska på ledningsdragningen. Förstärkaren innehåller kretsarna för att utlösa spolen i rätt ögonblick för att skapa gnista. När styrmodulen får utlösningssignalen från vevaxelns vinkelgivare sänder den en styrsignal till förstärkaren som fullbordar processen genom att utlösa tändspolen.

Förstärkaren ger spänning till spolens primärlindning genom att ansluta spolens stift 1 till jord under en period som kalla för vilotid. Under denna period bygger spolen upp ett magnetfält i primärlindningen. När motorn går beräknar Renix styrmodul spolens tillslagstid så att korrekt vilotid bibehålls.

Vilooperationen i Renix är baserad på principen "konstant energi, begränsad ström". Detta innebär att viloperioden är konstant kring 3,0 till 3,5 ms vid nästan alla motorvarvtal. Men vilocykeln, uttryckt i procent eller grader varierar med motorns hastighet.

Tändspolen använder sig av lågt primärmotstånd för att öka primärströmmen och primärenergin. Förstärkaren begränsar primärströmmen till cirka 8 amp, vilket ger en energireserv för att upprätthålla gnistans brinntid (duration).

Fördelare

I Renix är fördelarens enda uppgift att fördela högspänningen från tändspolens sekundärkrets till tändstiften i rätt tändföljd.

Tändläget

Det går inte att justera tändläget i system Renix.

Knackgivare (inte alla motorer)

Optimalt tändläge (vid varvtal överstigande tomgång) för en högkomprimerad motor ligger ganska nära knackningsgränsen. Men att ligga så nära den gränsen innebär att knackningar inträffar i en eller flera cylindrar vid vissa tillfällen under motorns arbetscykel.

Eftersom knackningar kan uppstå vid olika moment i enskilda cylindrar använder Renix en knackreglerande mikroprofessor (i styrmodulen) för att peka ut den eller de cylindrar som knackar. Knackgivaren är monterad på motorblocket och består av ett piezokeramiskt mätelement som ger gensvar på motorljudets svängningar. Denna signal omvandlas till en spänningssignal av givaren och skickas till knackregleringen för utvärdering och åtgärd. Knackfrekvensen ligger på bandet 8 - 15 kHz. Vissa motorer med system Renix kan använda dubbla knackgivare.

Tändlägeskartan i styrmodulen är indelad i två zoner – en ej kritisk och en kritisk zon. Den ej kritiska zonen definieras som den period då motorns belastning är låg vid lågt varvtal. Den kritiska zonen definieras som den period då motorns belastning varierar från delbelastning till full belastning. Varvtalet i den kritiska zonen kan vara högt eller lågt.

Inledningsvis är tändläget optimerat enligt kartans definition. När knack upptäcks vidtar styrmodulen åtgärder beroende på motorns arbetszon. Om motorn är i den ej kritiska zonen backar styrmodulen snabbt tändläget med 7°. Efter cirka 10 sekunder flyttas tändningen fram i små steg mot det optimala tändläge som kartan definierar.

Om motorn befinner sig i den kritiska zonen arbetar styrmodulen i två faser. I den första backar styrmodulen snabbt tändläget på ett sätt som liknar funktionen i den ej kritiska zonen. Efter ett flertal sekunder börjar den andra fasen – betecknad "långsam korrigering" – att flytta fram tändläget i små steg mot det optimala tändläge som kartan anger.

Processen pågår kontinuerligt så att alla cylindrar konstant arbetar med optimerat tändläge.

Om ett fel föreligger i knackgivaren eller ledningarna loggas en felkod och tändläget i den kritiska zonen backas 3° från nominellt optimum.

5 Bränsleinsprutning

Två skilda metoder används för matning av bränsle till Renix-utrustade motorer. Metoderna är enpunkts- och flerpunktsinsprutning.

I och med att Renix är ett modulärt system är det bara en liten skillnad mellan de olika motorernas styrsystem. Det föreligger dock ett antal skillnader i implementeringen, vilket beskrivs nedan.

Styrmodulen i Renix innehåller en bränslekarta med injektoröppningstider (ibland kallat pulsduration) för grundläggande hastigheter och belastningar. Information hämtas sedan in från givare som insugsrörets tryckgivare, vevaxelns vinkelgivare, kylvätskans temperaturgivare, lufttemperaturgivaren och trottelns positionsgivare. Styrmodulen hämtar in denna information och letar upp korrekt öppningstid på kartan för samtliga varvtal, belastningar och temperaturer.

Den mängd bränsle injektorn/injektorerna levererar bestäms av bränsletryck och öppningstid. Vid kallstart ökas öppningstiden för att ge en fetare bränsleblandning, des-

sutom dubbleras insprutningsfrekvensen från en injektoröppning per vevaxelvarv till två medan motorn dras runt. Styrmodulen upptäcker att motorn dras runt genom att en runddragningssignal mottas på styrmodulens stift 29 från stift 50 i startkretsen. När motorn startat och varvtalet överstiger 1 000 varv/min eller när tändningsnyckeln släpps återgår injektoröppningen till en gång per vevaxelvarv. Vid motorbromsning kopplas injektoröppningen ur av styrmodulen. Vid övervarning stänger styrmodulen av insprutningen som en säkerhetsåtgärd.

Injektor(er)

En injektor är en magnetdriven solenoidventil som aktiveras av styrmodulen. Spänningen kommer från huvudreläet och jord ges av styrmodulen. Injektorerna styrs med två kretsar. Funktionen bygger på principen att det krävs mer ström för att öppna en injektor än för att hålla den öppen. Denna systemtyp kallas ofta för "strömstyrd insprutning". När injektorn öppnat jordas den andra kretsen snabbt. Denna omkoppling är så snabb att injektorn hålls öppen, vilket kräver mindre ström. Fördelar med detta arrangemang innebär även en minskning av injektorns temperatur och omedelbar stängning när den öppethållande kretsen slår från.

Flerpunktsinsprutning – sekventiell

Ett flerpunkts insprutningssystem består av en injektor per cylinder, monterad i insugsporten så att finfördelat bränsle riktas mot vardera insugsventilens baksida. I och med att injektorerna öppnar samtidigt kommer bränsle för en kort stund att vila på insugsventilens baksida innan det sugs in i cylindern.

Enpunktsinsprutning

Ett enpunkts insprutningssystem består av en injektor monterad i trottelhuset. I ett sådant system sprutas bränslet in i insugsröret där det blandas med luft. Det undertryck en sjunkande kolv alstrar suger in bränsleblandningen i respektive cylinder. Injektorn öppnar normalt två gånger per motorvarv. Vid låga och höga motorbelastningar, eller om styrmodulen kallar upp nödprogrammet på grund av ett fel, sker insprutning emellertid bara en gång per motorvarv.

Kallstartsventilen

I vissa versioner finns en kallstartsventil som prutar in extra bränsle i insugsröret vid låga temperaturer. Till skillnad från tidigare versioner av denna ventil i andra tillämpningar är ventilen INTE ansluten till startkretsen och använder inte en termotidsbrytare för jordning. Kallstartsventilen fungerar mer som en extra injektor och aktiveras under en period som bestäms av kylvätskans temperatur.

Insugsrörets tryckgivare

Den huvudsakliga belastningsavkännaren i flerpunkts insprutningssystem och motorer utan Bosch trottelhus är insugsrörets tryckg-

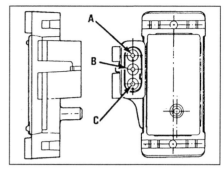

Fig. 13.4 Insugsrörets tryckgivare
A Jord   B Signal   C 5 V matning

ivare **(fig. 13.4)**. En vakuumslang ansluter insugsrörets tryckgivare (placerad på torpedplåten bredvid styrmodulen) och insugsröret. Undertrycket i insugsröret påverkar membranet i insugsrörets tryckgivare och styrmodulen omvandlar trycket till en elektrisk signal. Insugsrörets tryck beräknas enligt formeln: Atmosfärtryck minus insugsrörets tryck = Absolut tryck i insugsröret.

Renix beräknar bränsleblandningen enligt metoden hastighet/täthet från signalen från insugsrörets tryckgivare och motorns hastighet (vevaxelns vinkelgivare). Denna metod bygger på hypotesen att motorn suger in en fixerad volym luft per varv.

Lufttemperaturgivaren

Lufttemperaturgivaren är monterad i luftintaget (flerpunktsinsprutning) eller ovanför injektorn (enpunktsinsprutning) och mäter luftens temperatur innan den sugs in i insugsröret. I och med att luftens densitet varierar i omvänd proportion till temperaturen ger signalen från lufttemperaturgivaren en mer precis utvärdering av den luftvolym som sugs in i motorn. Lufttemperaturgivaren har bara en mindre korrigeringseffekt på styrmodulens utmatning.

Givarens matning är 5,0 V referensspänning och jordningen är via lufttemperaturgivaren. Två helt olika typer av lufttemperaturgivare förekommer beroende på fordon:

a) NTC: Denna signal är cirka 2,0 till 3,0 V vid en omgivande temperatur på 20°C och sjunker till virka 1,5 V om temperaturen stiger till runt 40°C.

b) PTC: Denna signal är cirka 0,5 V vid en omgivande temperatur på 20°C och stiger till cirka 1,5 V när temperaturen stiget till 40°C.

CO-potentiometern

CO-potentiometerns blandningsjustering är en tvålednings potentiometer som medger att småändringar görs av tomgångens CO-halt. 5,0 V referensspänning matas till givaren och jordning sker via luftflödesmätaren. CO-potentiometern signalspänning varierar med läget på justerskruven.

När CO-potentiometerns justerskruv vrids ändras motståndet och returspänningen till styrmodulen, vilket resulterar i en ändring av CO-halten. Justering av CO-potentiometern påverkar endast tomgångens CO-halt. CO-potentiometer finns inte på katalysator-försedda fordon.

Kylvätskans temperaturgivare

Kylvätsketemperaturgivaren är inbyggd i kylsystemet och arbetar antingen med negativ eller positiv temperaturkoefficient. När motståndet i kylvätsketemperaturgivaren ändras skickar detta en variabel signal till styrmodulen baserad på kylvätskans temperatur:

a) NTC: Signalen är cirka 1,5 till 2,2 V när kylvätskan håller 20°C och sjunker till mellan 0,1 och 0,2 V vid normal arbetstemperatur om 80 till 100°C.

b) PTC: Signalen är cirka 0,5 V när kylvätskan håller 20°C och stiger till cirka 1,2 V när temperaturen nått cirka 80°C.

Givarens matning är 5,0 V referensspänning och jord är via givarreturen. Styrmodulen använder kylvätsketemperaturgivarens signal som huvudsaklig korrektionsfaktor vid beräkning av tändläge och injektor-öppningstid.

Trottelbrytare (vissa fordon)

En trottelbrytare med dubbla kontakter informerar styrmodulen om tomgångsläge, inbromsning, marschfart och full belastning. I enpunkts insprutningsmotorer utan Bosch trottelhus är trottelbrytaren monterad som ett alternativ till trottelns positionsgivare. När motorn går på tomgång är tomgångskontakten stängd och fullbelastningskontakten öppen. När trotteln flyttas till vidöppet läge stängs fullbelastningskontakten och tomgångskontakten är öppen. Vid marschfart med delvis öppen trottel är båda kontakterna öppna. Vid full belastning när brytaren är mindre än 10° från vidöppen berikar styrmodulen bränsle-blandningen. När trotteln är stängd över ett visst varvtal (motorbromsning) stänger styrmodulen av insprutningen. Denna återupptas när varvtalet sjunkit till tomgång eller om trotteln öppnas. En av två typer av trottelbrytare kan användas och trottelbrytaren har generellt ersatts av en trottelpositionsgivare i senare fordon.

Trottelns positionsgivare (vissa fordon med flerpunkts-insprutning)

Trottelns positionsgivare är ett alternativ till trottelbrytaren och informerar styrmodulen om exakt trottelposition. Trottelns positionsgivare är en potentiometer med tre ledningar. 5,0 V referensspänning matas till ett motståndsspår med andra änden jordad. Den tredje ledningen är ansluten till en arm som löpet på motståndsspåret vilket varierar motståndet och därmed den spänningssignal som sänds till styrmodulen.

Trottelns positionsgivare (enpunktsinsprutning med Bosch trottelhus)

En trottelpotentiometer med dubbla motståndsspår informerar styrmodulen om

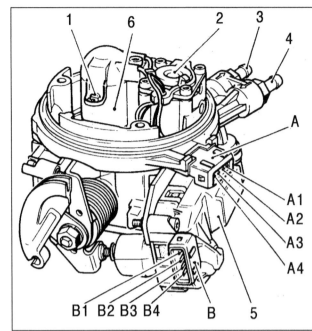

Fig. 13.5 Trottelhus typ Bosch

1 Lufttemperaturgivare
2 Bränsletrycksregulator
3 Bränslets returanslutning
4 Bränslematningens anslutning
5 Stegmotor
6 Injektor
A Kontakt till lufttemperaturgivare och injektor
A1 Lufttemperaturgivaren
A2 Injektor +
A3 Injektor -
A4 Lufttemperaturgivaren
B Stegmotorns kontakt
B1 Lindningsanslutning
B2 Lindningsanslutning
B3 Tomgångskontakt
B4 Tomgångskontakt

acceleration, trottelposition och full belastning. Vissa tidigare modeller har en sjustifts kontakt, senare versioner har en femstifts kontakt. De extra stiften i den äldre versionen ger information om trottelposition till automat-växellådans styrmodul, där tillämpligt. I senare versioner lämnas den informationen direkt till automatväxellådans styrning av Renix styr-modul **(fig. 13.5)**.

Trottelns positionsgivare är en potentio-meter med fyra ledningar. En gemensam 5,0 V referensspänning matas till vardera mot-ståndsspåret med andra ändarna i en gemensam jord. Vardera signalutmatnings-ledningen är ansluten till en arm som löper på motståndsspåret, vilket varierar motståndet och därmed retursignalen till styrmodulen.

De mer känsliga signalerna som skapas här låter styrmodulen utvärdera motorns belast-ning med större precision. Det finns ett starkt samband mellan trottelns position, varvtalet och den luftmängd som sugs in i motorn (belastningen). Med utgångspunkt från kartans värden kan styrmodulen beräkna injektoröppningstiderna. Det första mot-ståndsspåret täcker vinklarna från 0 till 24° och det andra vinklarna från 18 till 90°. När trottelvinkeln överstiger 70° bryts full-belastningskretsen och styrmodulen berikar då bränsleblandningen genom längre injektoröppningstider.

Trottelns positionsgivares stift och anslutningar är guldpläterade för att förhindra felsignaler som kan uppstå med dåliga kontaktytor. Dessutom är kroppen till trottelns positionsgivare ventilerad för att motverka kondens.

Tomgångsreglering

När strömförbrukare som lysen eller fläkt slås på skulle tomgången tendera att sjunka.

Tomgångsvarvtalet i Renix-utrustade fordon är inte justerbart och styrmodulen använder en tomgångsventil (flerpunktsinsprutning) eller stegmotor (enpunktsinsprutning) till att upprätthålla ett stabilt varvtal på tomgången under alla förhållanden.

Tomgångsventil (flerpunktsinsprutning)

Tomgångsventilen är en solenoidmanövrerad aktiverare som styrmodulen använder till att automatiskt styra tomgångsvarvtalet både vid normal tomgång och varmkörning. Tom-gångsventilen är placerad i en slang som ansluter insugsröret till trottelplattans luftfiltersida.

Styrmodulen känner av motorbelastningar (exempelvis extra strömförbrukning från strålkastare, uppvärmning av bakrutan och annat) och driver tomgångsventilen till att öka luftflödet genom ventilen och därmed höja varvtalet. Om belastningen upphör driver styrmodulen ventilen till att reducera luftflödet. Normalt tomgångsvarvtal upprätthålls därmed vid alla varma och kalla driftsförhållanden. Det förekommer två typer av tomgångsventil på Renix-utrustade motorer – en tvålednings- och en treledningskontakt. Typerna identifieras genom räkning av antalet ledningar till tomgångsventilens kontakt.

Treledningsk tomgångsventil (flerpunktsinsprutning)

Treledningsk tomgångsventilen är en lik-strömsmotor som styrmodulen kan rotera antingen med- eller motsols **(fig. 13.6)**. Rotation i ena riktningen öppnar ventilen och stänger följaktligen i den andra riktningen. Matning till tomgångsventilen kommer från bränslepumpens relä jordning sker via två anslutningar till styrmodulen.

Rotation av motorn i tillämplig riktning uppnås genom att motorn aktiveras genom att en av de två ledningarna jordas. I realiteten

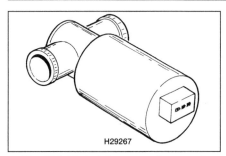

Fig. 13.6 Trelednings tomgångsventil

är de två kretsarna motsatta. Detta förhindrar att motor öppnar eller stänger helt i en given riktning. Ventilen intar därmed ett genomsnittsläge som återspeglar kretstyngdpunkt mot öppning eller stängning. Normalt är denna tyngdpunkt i den öppna riktningen.

En arbetscykel kan mätas upp på vardera jordkretsen för att ta fram öppnings- eller stängningstider som en procent av total tid.

Tvålednings tomgångsventil (flerpunktsinsprutning)

En tvålednings tomgångsventilen är en solenoidstyrd aktiverare som styrmodulen driver mot ett fjädertryck för att öka ventilens luftgenomströmmning och därmed höja tomgångsvarvtalet (fig. 13.7). När belastningen upphör driver styrmodulen ventilen till att minska luftflödet. Normalt tomgångsvarvtal upprätthålls under alla omständigheter. Om tomgångsventilen blir defekt går den till ett förbestämt läge med nästan stängd öppning vilket ger en grundläggande tomgång.

Stegmotor (enpunktsinsprutning)

Styrmodulen övervakar konstant tom-gångsvarvtalet och jämför detta med tomgångskartan och temperatur och belastning. Om skillnaden mellan faktiskt varvtal och tomgångskartan skiljer sig med mer än 25 varv/min driver styrmodulen stegmotorn för att korrigera varvtalet.

Förutom detta gör styrmodulen små justeringar av tändläget om skillnaden mellan faktiskt varvtal och kartan överskrider 10°. Detta resulterar i en mer stabil tomgång och ett ständigt föränderligt tändläge vid tomgång. När motorn är kall ställer stegmotorn trotteln till en lämpligt snabb tomgång.

Stegmotorn är en likströmsmotor som manövrerar en tryckstång. Tryckstången är I kontakt med trottelarmen som aktiverar

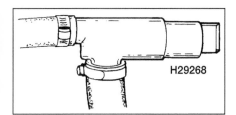

Fig. 13.7 Tvålednings tomgångsventil

trottelplattan och upprätthåller korrekt tomgångsvarvtal. Stegmotorn består av ett spiralskuret drev med pinjong som styrs av styrmodulen genom en motorlindning. Kretsen utgår från och avslutas vid styrmodulen. Ström till lindningen för tryckstången i ena riktningen. Styrmodulen backar tryckstången genom att kasta om lindningens polaritet vilket gör att styrmodulen kan placera stegmotorns tryckstång exakt för styrning av tomgångens varvtal.

Dessutom används en uppsättning kontakter för att ge signal om tomgångsläge. När trotteln är stängd är kontakterna stängda och ett styrmodulstift är jordat. När trotteln är öppen öppnar kontakterna och jordningen av styrmodulstiftet upphör.

Snabbtomgångstermostat (endast R25 och B29E)

Den tidiga version av Renix som monterades på Renault 25 använder en termostatstyrning som fungerar på ett sätt som liknar automatchoken på vissa förgasare. Enheten fungerar som en andra trottelventil i trottelhuset. En bimetallfjädertermostat finns i ett gjutet aluminiumhus. Fjädern värms upp av kylvätskan.

Snabb tomgång uppnås med hjälp av en variabel kam ansluten till trottelspindeln. När motorn är kall verkar kammen på spindeln vilket öppnar trotteln så att en lagom snabb tomgång uppnås. I takt med att bimetallfjädern värms upp slackar den gradvis så att kammen gradvis dras tillbaka för att minska tomgångsvarvtalet. När kylvätskan nått 70°C släpps spindeln helt och tomgången övergår till normal.

Reläer

Renix elektriska system styrs av bränsleinsprutningens huvudrelä och bränslepumpens relä. Nedan beskrivs ett typiskt arrangemang, men variationer förekommer i många fordon.

Permanent matning till huvudreläets och pumpreläets stift 3 kommer från batteriets pluspol. När tändningen slås på matas spänning till stift 1 och styrmodulen jordar stift 2 via styrmodulstiftet 7, vilket magnetiserar den första relälindningen. Detta stänger den första reläkontakten och stift 3 ansluts till utmatningskretsen på stift 5. I och med detta matas en spänning till stift 5 som i sin tur ger spänning till styrmodulens stift 19 och bränslepumpens relästift 1.

När tändningen slås på jordar styrmodulen bränslepumpens reläkontakt 2 vid styrmodulstift 6 under en kort stund. Detta magnetiserar relälindningen vilket stänger reläkontakten och ansluter spänning från stift 1 till stift 5. Detta ger spänning till bränslepumpens krets. Efter cirka en sekund bryter styrmodulen kretsarna och pumpen stannar. Denna korta körning bygger upp bränsletrycket vilket underlättar starten.

I vissa fall är reläanslutningarna 1 och 2 omkastade för att reducera radiostörningar när lindningen aktiveras.

Bränslepumpens reläkrets förblir bruten till dess att motorn dras runt eller går. När styrmodulen får en hastighetssignal från vevaxelns vinkelgivare magnetiseras åter relälindningen av styrmodulen och bränslepumpen går sedan till dess att motorn stängs av. Dessutom matar bränslepumpens stift 5 spänning till injektorerna, tomgångsventilen samt i förekommande fall syresensorns värmare och kolkanisterventilen.

Elektrisk vattenpump (F3N743 och F3N746)

Den elektriska vattenpumpens uppgift är att pumpa runt kylvätskan i systemet efter det att tändningen stängts av och motorn stannat. Detta hjälper till att förhindra dåliga varmstartsegenskaper som kan uppstå på grund av bränsleförångning och utsipprande från bränsleledningarna.

När tändningen stängts av behåller styrmodulen huvudreläet på så att ström till styrmodulen matas i ytterligare två minuter. Under denna period övervakas kylvätsketemperaturgivarens signal och om returnerad spänning indikerar en temperatur över 107°C jordar styrmodulen stift 13 vilket magnetiserar den elektriska vattenpumpens relä.

Reläet jordar vattenpumpen och kylfläktens relä vilket startar kylfläkten. De två komponenterna samarbetar sedan för att reducera kylvätskans temperatur. När temperaturen sjunkit till 70°C släpper styrmodulen stift 13. Vattenpumpens relä avmagnetiseras vilket stänger av pumpen och även kylfläkten. Efter 13 minuters körning bryter styrmodulen kretsarna även om temperaturen inte sjunkit under tröskelvärdet.

Fläktens relä är anslutet till den elektriska vattenpumpens jord. När fläkten aktiveras under normal körning ansluter detta den elektriska vattenpumpen till jord och den startar. Detta förhindras dock av en diod i kylfläktens jordning.

Vissa av Renaults modeller (Clio) använder ett tidsrelä för att styra kretsen och reläet står då inte under motorstyrningens kontroll.

Bränslepumpens ballastmotstånd

Motorn F3P704 använder ett s k ballastmotstånd för att styra strömmen till bränslepumpen. Full batterispänning matas till pumpen via ballastmotståndets relä när motorn dras runt.

Insprutningens avstängningsrelä (B295)

I denna version finns ett extra relä kallat insprutningens avstängningsrelä till att styra pumprelädrivningens krets. Tryckkontakten är

placerad vid jordningen för avstängnings-
reläets lindning. När tryckkontakten stänger
aktiveras avstängningsreläet, vilket bryter
pumprelädrivningens krets. Pumpreläet slutar
då att arbeta vilket stänger av pumpen.

Bränsletryckssystem

När tändningen slås på magnetiserar styr-
modulen bränslepumpens relä under cirka en
sekund så att bränslesystemet sätts under
tryck. Bränslepumpens relä stängs sedan av i
avvaktan på en signal om runddragning eller
motorgång. När motorn går matas bränslet via
en envägsventil och bränslefiltret till flerpunkts
insprutningens bränslerör eller trottelhus-
injektorn.

Tryckförlust i systemet förhindras en av
envägsventil i bränslepumpens utlopp. När
tändningen stängs av och bränslepumpen
stannar upprätthålls därmed trycket en viss
tid.

Bränslepumpen kan vara monterad i eller
utanför tanken, bägge typerna beskrivs
nedan.

Extern pump

En bränslepump av valstyp, driven av en
permanentmagnets elmotor. Placerad nära
tanken drar den bränsel från tanken och
pumpar det till bränsleröret via ett filter.
Pumpen är av "våt" typ på så vis att bränslet
flödar genom pumpen och den elektriska
motorn. Det finns ingen brandrisk eftersom
det bränsle som dras genom pumpen inte kan
förbrännas.

På armaturaxeln finns en excentrisk rotor
med ett antal fickor runt ytterkanten. Varje
ficka innehåller en metallvals. När pumpen
aktiveras slungas valsarna ut av
centrifugalkraften så att de fungerar som
tätningar. Bränslet mellan valsarna tvingas ut
genom pumpens tryckutlopp.

Intern pump (enpunktsinsprutning)

Bränslepumpen är monterad vertikalt i tanken
och är av kugghjulstyp. När pumpmotorn
startar roterar kugghjulen och bränslet
passerar genom kuggarna vilket skapar en
tryckskillnad. Bränslet dras genom pumpens
intag, blir trycksatt mellan kuggarna och
pumpas ut genom pumpens utlopp till
bränsleledningen.

Bränsletrycksregulator
(flerpunktsinsprutning)

Trycket i bränsleröret hålls på konstanta 2,5
bar av en tryckregulator. Pumpen ger normalt
mycket mer bränsle än vad som krävs och
överskottet leds tillbaka till tanken via en
returledning. Bränslecirkulationen hjälper till
att kyla ned det. Faktum är att ett maximalt
bränsletryck överstigande 5 bar är möjligt
med detta system. För att förhindra tryck-
förlust i matningen finns det en envägsventil i

pumpens utlopp. När tändningen och därmed
pumpen slutar arbeta upprätthålls trycket
under en tid.

Bränsletrycksregulator
(enpunktsinsprutning)

Ett bränsletryck på cirka 1 bar styrs av tryck-
regulatorn som är placerad i trottelhuset
bredvid injektorn. När trycket stiger över den
bestämda nivån leds överskottet tillbaka till
tanken av returledningen. Tryckförlust i
systemet förhindras av en envägsventil i
pumpens utlopp. När tändningen slås av och
pumpen stannar upprätthålls därmed bränsle-
trycket en tid.

6 Turboaggregat

Effekten för en given motor är begränsad av
den luft motorn kan ta in. Enkelt uttryckt, ju
mer luft en motor kan klämma in i en cylinder,
dess större blir den volymetriska effektiviteten
och dess mer effekt kan tas ut. Självfallet ökar
bränsletillförseln så att bränsleblandningen
upprätthålls.

Turboladdning är en metod att komprimera
insugsluften så att maximal laddning kan
tvingas in i en cylinder under högt tryck eller
"överladdning".

Avgaserna används för att driva en turbin
och ett skovelhjul som komprimerar insugs-
luften. Turbinen sitter i avgassystemet,
ganska nära grenröret. När luften kompri-
meras alstras värme. Detta gör att luften
expanderar och därigenom förlorar lite i
effektivitet. Renault löser detta problem med
en laddluftskylare som kyler luften på vägen
till insugsröret. Detta ger maximal kompres-
sion av luften.

Styrning av laddtryck

När avgasmängden ökar roterar turbinen
snabbare. Vid höga varvtal finns en risk att
turbinhastigheten blir för hög och trycket för
stort, vilket kan skada motorn. Detta problem
löses med hjälp av en reglerventil för
turbotrycket som har en klaff i avgassystemet
före turboaggregatet.

En slang kopplar turbon till membranet för
övertrycksventilen. När trycket är vid en
fördefinierad nivå verkar den komprimerade
insugsluften på membranet som mekaniskt
påverkar en klaff i avgasröret. En del avgaser
strömmar via klaffen, inte genom turbinen,
vilket reducerar laddtrycket

I sin enklaste form ger detta tillräckligt
skydd mot övertryck och detta arrangemang
används av motorn Renault B295. Men i
motorerna B29G och J7R752 kan maxtrycket
varieras under kontroll av styrmodulen med

hjälp av en styrsolenoid för förbättrad kraft vid
acceleration och olika motorvarvtal. Styr-
solenoiden är placerad i slangen mellan
turbon och övertrycksventilen och låter hela
eller delar av övertrycket verka på ventilen.
När ventilen är öppen leds luften tillbaka till
insugssystemets lågtryckssida.

Vid låga varvtal är laddtrycket försumbart
och ventilen aktiveras inte förrän varvtalet
överstiger en viss nivå. Styrmodulen tenderar
att aktivera ventilen med en fast frekvens
(12 Hz) med varierande varaktighet så att
ventilen är öppen kortare eller längre perioder
efter behov.

Säkerhetsbrytare

Även om övertrycksventilen skyddar motorn
från för högt laddtryck under normala
förhållanden riskeras dock motorskador under
vissa omständigheter. Exempelvis kan en
skuren eller havererad övertrycksventil vara
katastrofal för motorn. Därför har Renaults
turbo en tryckkontakt i reläkretsen som
säkerhetsåtgärd. Brytaren är stängd till dess
att laddtrycket når en viss förbestämd nivå då
tryckvakten öppnar och stänger av bränsle-
pumpens relä. Ledningsdragningarna för de
olika turboversionerna varierar något men
effekten är densamma för samtliga versioner.

J7R 752 (Renault 25 fyrcylindrig motor)

Tryckvakten är placerad i matningen från
tändningslåset till ett av pumpreläets
matningsstift. När tryckvakten löser ut stängs
pumpreläet av.

B29G (Renault 25 V6)

Tryckvakten är placerad i pumprelä-
drivningens anslutning till styrmodulens stift 6.
När tryckvakten löser ut stängs pumpreläet
av.

B295 (Renault 25 V6 och Alpine V6)

I dessa versioner finns ett extra relä för
avstängning av injektorerna som används för
att styra pumprelädrivningens krets. Tryck-
vakten är placerad i jorden till avstängnings-
reläets lindning. När tryckvakten löser ut
stängs pumpreläet av.

Förbikopplingsventil

När trotteln är öppen tvingar det stigande
laddtrycket från turboaggregatet luft under
högt tryck in i motorns intagssystem förbi den
öppna trotteln. När trotteln stängs plötsligt
möter den trycksatta inkommande luften en
vägg vilket gör att turbinen mycket snabbt
saktar in. Den stängda trotteln betyder i
praktiken även att ytterst lite avgaser håller
igång turbinen och detta förvärrar problemet.

Om trotteln nu öppnas igen och motorn
ökar varvtalet kan det, eftersom turbinen rör
sig så långsamt, ta en viss tid innan turbon
kommer upp i fart igen. Denna fördröjning kan

orsaka en dramatisk tvekan mellan det ögonblick trotteln öppnas och motorn ger ordentligt gensvar.

Renault använder en vakuumstyrd förbi-kopplingsventil för att komma runt detta problem. Ventilen är normalt stängd. Vid motorbromsning råder högt undertryck i insugsröret och detta leds med ett rör till förbikopplingsventilen som öppnar. Väl öppen leds övertrycket i intaget till lågtryckssidan av luftrenaren.

7 Katalysator och avgasrening

Modeller med katalysator är även försedda med en syresensor så att styrning med sluten

slinga kan reducera avgaserna. Tidiga versioner använde en syresensor utan värmare med senare versioner har en värmare.

Fördelen med att värma upp syresensorn är att den snabbt når optimal arbetstemperatur sedan motorn startat. Syresensorns värmare matas från bränslepumpens relästift 5. Detta ser till att värmaren bara är aktiv när motorn går.

En kolkanisterventil och en kanister med aktivt kol används för att reglera avdunst-ningarna. Kolkanistern förvarar bränsle-ångorna till dess att kolkanisterventilen öppnas av motorstyrningen under vissa arbetsförhållanden. När kolkanisterventilen aktiveras dras bränsleångorna till insugsröret för normal förbränning. Kolkanisterventilens matning tas från bränslepumpens relästift 5 eller direkt från stift 15 i tändningslåset.

De förhållanden som styrmodulen aktiverar kolkanisterventilen vid är:

a) Kylvätsketemperatur över 60°C.
b) Motorvarvtal över 1 200 varv/min.
c) Ett stabilt insugsrörstryck på 900 mbar.

Avdunstningsreglering (mekanisk typ)

Även om många tidiga katalysatorversioner har en kolkanister öppnades rensventilen mekaniskt utan kontroll från styrmodulen. I dessa versioner är kolkanisterventilens utlopp anslutet till trottelhuset före trottelventilen. När trotteln öppnar och luftvolymen når en förbestämd nivå öppnas kolka-nisterventilen och detta gör att insugsrörets undertryck kan suga in ångorna från kanistern.

Justeringar

8 Villkor för justering

1 Kontrollera att alla dessa villkor är uppfyllda innan justering påbörjas:
a) Motorn ska hålla arbetstemperatur. Motor-oljans temperatur minst 80°C. En kör-sträcka på minst 7 km rekommenderas (speciellt om bilen har automatväxellåda).
b) Tillbehör (all motorbelastning) avstängda.
c) Motorer med automatväxellåda: växelväljaren till N eller P.
d) Motorn mekaniskt frisk.
e) Motorns ventilationsslangar och ventileringssystem i tillfredsställande skick.
f) Insuget fritt från vakuumläckor.
g) Tändsystemet i tillfredsställande skick.
h) Luftfiltret i tillfredsställande skick.
i) Avgassystemet fritt från läckor.
j) Gasvajern korrekt justerad
k) Inga felkoder loggade i styrmodulen.
l) Syresensorn i tillfredsställande skick (katalysatorförsedda fordon med sluten styrslinga).

2 Dessutom, innan kontroll av tomgångs-varvtal och CO-halt ska motorn stabiliseras enligt följande:
a) Stabilisera motorn. Höj varvtalet till 3 000 varv/min under minst 30 sekunder och låt motorn återgå till tomgång.
b) Om kylfläkten startar under justeringen, vänta till dess att den stannar, stabilisera motorgången och börja om med justeringen.
c) Låt varvtal och CO-halt stabiliseras.
d) Utför alla kontroller och justeringar inom 30 sekunder. Om denna tid överskrids, stabilisera motorgången och kontrollera igen.

9 Justering av trotteln (flerpunktsinsprutning)

1 Renaultmotorer med Renix/Bendix "R" flerpunkts insprutningssystem är försedda med ett antal olika trottelhus enligt följande:
   Solex enkel
   Weber dubbel
   Pierburg dubbel
2 Solex trottelhus kan vara försett med antingen en trottelbrytare eller en trottel-positionsgivare.
3 Både Weber och Pierburg trottelhus är vanligen utrustade med en trottelpositions-givare. Dessutom värms trottelhuset från Pierburg vanligen av en värmare som inte styrs av styrmodulen och som har positiv temperaturkoefficient.
4 Oavsett typ av trottelhus utförs vanligen justeringarna på följande sätt:

Trottelhus med trottelpositionsgivare

5 Trottelns positionsgivare är justerbar. Justeringar kan dock endast utföras med en lämplig felkodsavläsare ansluten till den seriella porten. Värden som hämtas av felkodsavläsaren kommer att ligga inom intervallerna nedan. Dessa är digitala värden som inte kan läsas på annat sätt.

Trottelhus med trottelpositionsgivare (värden för felkodsavläsare)

Villkor	Typiskt värde
Tomgång (manuell växellåda)	5 till 15
Tomgång (automatväxellåda)	12 till 28
Delbelastning	20 till 190
Full belastning	225 till 245

Trottelhus med trottelbrytare

Voltmätare

6 Villkor: motorn avstängd, trotteln stängd, tändning påslagen.
7 Anslut en voltmätare mellan stift 2 och jord. En spänning större än noll anger att brytaren är öppen och därmed feljusterad.
8 Lossa de två skruvarna, justera brytaren så att spänningen är noll.

Ohmmätare

9 Villkor: trottelbrytarens kontakt urdragen.
10 Anslut en ohmmätare till stiften 2 och 18. Ohmmätaren ska visa noll (kontinuitet).
11 Öppna trotteln. Ohmmätaren ska ange bruten krets (oändlighet) så snart som trotteln lämnar stoppet. En hörbart klick ska också förekomma.
12 Justera efter behov.

10 Justering av trotteln (enpunktsinsprutning)

1 Justering av trottelns positionsgivare är inte möjlig. Basläget kan dock kontrolleras med en lämplig felkodsavläsare.
2 Om trottelns positionsgivare bedöms som defekt måste hela nedre delen av trottelhuset bytas.

11 Kontroll av tändläget

1 Grundtändläge och förställning anges inte för detta system och tändläget är inte justerbart.

Kontroll för felmonterat svänghjul

2 Det är möjligt att montera svänghjulet i fel läge. Om detta inträffar går motorn mycket dåligt med lågt vakuum i insugsröret och åtföljande fet bränsleblandning.
3 Placera kolv 1 vid ÖD.
4 Använd vit färg och markera den tand på svänghjulet som är rakt under vevaxelns vinkelgivare.
5 Vrid motorn sakta medsols och räkna tänderna. Åtta tänder (inklusive den målade) ska passera under vevaxelns vinkelgivare innan den stora dubbeltanden når vevaxelns vinkelgivare.

12 Justering av tomgången

Justering av CO-potentiometern (endast modeller med flerpunktsinsprutning utan katalysator)

1 Avlägsna förseglingshuven från CO-potentiometern och vrid på justeringsskruven **(fig. 13.8)**:

Medsols för att öka CO-halten och spänningen.
Motsols för att minska CO-halten och spänningen.

2 När justeringen är gjord, anteckna CO-halten och lossa ventilationsslangen från ventilkåpan.
3 Om CO-halten sjunker med mer än 1%, justera om nivån med slangen urkopplad. När slangen ansluts igen kommer CO-halten troligen att stiga till en nivå över angivet övre gränsvärde. I det fallet leder justering av CO-halten med inkopplad ventilationsslang till tvekan och dåliga motorprestanda på grund av en för mager bränsleblandning.
4 Den höga CO-halten med ansluten slang beror på förorenad motorolja (korta körsträckor eller behov av oljebyte).

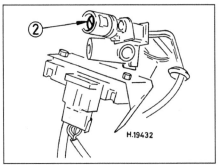

Fig. 13.8 Justering av CO-halten med CO-potentiometerns skruv
2 CO-haltens justerskruv

5 Byt motorolja. Om CO-halten fortsätter att vara hög kan kolvringarna vara utslitna vilket orsakar förbiblåsning i motorn.

Justering av tomgången

6 Tomgångsvarvtalet är normalt inte justerbart på modeller med tomgångsventil.
7 Vissa fordon har dock en luftskruv för att medge en liten justering för motorslitage och åldrande givare **(fig. 13.9)**.
8 När motorn är ny måste luftkanalen vara helt stängd.
9 Innan luftskruven justeras, kontrollera om följande fel finns:

Vakuumläckage.
Smuts på trottelhus eller trottelventil.
Kärv trottel, feljusterad gasvajer eller trottelbrytare.

10 Se villkoren för justering innan följande utförs.
11 Anslut en lämplig felkodsavläsare till den seriella porten.
Observera: *Det kan vara möjligt att göra denna justering med en arbetscykelmätare ansluten till tomgångsventilens stift 1 (tvålednings tomgångsventil) eller 3 (treledning tomgångsventil).*
12 Kalla upp tomgångsventilens pulsbredd eller arbetscykel på felkodsavläsarens bildskärm.

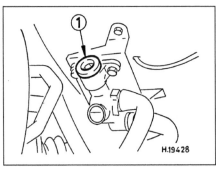

Fig. 13.9 Vissa fordon är försedda med en förbigångsskruv för att medge en liten grad av justering
1 Tomgångens förbigångsskruv

13 Anteckna tomgångsvarvtalet.
14 Anteckna tomgångsventilens pulsbredd eller arbetscykel.
15 Skruva ut justerskruven så att tomgångsvarvet höjs. När varvtalet höjs minskar pulsbredden.
16 Fortsätt skruva ut justerskruven till dess att minimum arbetscykel eller pulsbredd uppnås.
17 Anteckna minimivärdet.
18 Skruva in justerskruven så att arbetscykeln eller pulsbredden ökar med 0,2 till 0,3 ms, eller med 4 till 5%. Exempelvis, om minimivärdet är 2,85 ms/30,2% - justera till 3,1 ms/35%.
Observera: *Om luftläckage eller annat fel finns som resulterar i att mer luft förbigår trotteln kommer tomgångsventilens puls att ha ett lägre värde än normalt eftersom styrmodulen öppnar tomgångsventilen mindre. När motorn belastas mer öppnar styrmodulen tomgångsventilen mer för att öka tomgångsvarvtalet. Dessutom, om motorn har mekaniska problem eller trottelplattan är smutsig kommer styrmodulen kanske att öppna tomgångsventilen mer för att öka varvtalet. Detta kan både resultera i ojämn tomgång och en större pulsbredd eller arbetscykel än normalt.*

Tester av systemets givare och aktiverare

Viktigt: *Se kapitel 4 som beskriver vanliga testmetoder. Beskrivningarna i kapitel 4 ska läsas tillsammans med de komponentnotiser och kopplingsscheman som finns i detta kapitel. Kopplingsscheman och andra data i detta kapitel är inte nödvändigtvis korrekta för just din version. I och med de variationer av ledningsdragning och data som ofta förekommer även mellan mycket snarlika fordon i en tillverkares utbud ska du vara mycket noga med att identifiera stiften på styrmodulen korrekt och se till att alla korrekta data är inhämtade innan en given komponent kasseras.*

13 Vevaxelns vinkelgivare

1 Se notisen i början av detta avsnitt och relevant avsnitt i kapitel 4.
2 Motståndet i vevaxelns vinkelgivare är cirka 200 ohm.
3 Använd en mätstav för att kontrollera luftgapet i vevaxelns vinkelgivare. Om gapet ligger utanför specifikationerna (1,0 ± 0,5 mm), byt vevaxelvinkelgivare.

4 Kontrollera att vevaxelns vinkelgivare är fäst med de korrekta ansatsförsedda bultarna. Fel fästbultar kan låsa vevaxelns vinkelgivare i fel position.

14 Primär tändning

1 Se notisen i början av avsnitt 13 och relevant avsnitt i kapitel 4 **(fig. 13.10)**.

2 Primärtändningen är i grunden en styrmodul med extern förstärkare och förstärkaren är kombinerad med tändspolen.
3 Vid test av den primära tändkretsen (med fördelare) för signal är den metod som beskrivs i "Primärsignal ej tillgänglig (separat extern förstärkare)" generellt den mest lämpade.
4 Tändspolens primärmotstånd är 0,40 till 0,80 ohm, sekundärmotståndet är 2 000 till 12 000 ohm.
5 Lossa spolen för kontroll av primärmotståndet.

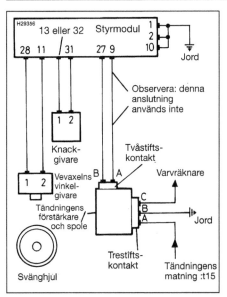

Fig. 13.10 Typiskt kopplingsschema för tändningen

15 Knackgivare

1 Se notisen i början av avsnitt 13 och relevant avsnitt i kapitel 4.

16 Injektorfunktion (flerpunktsinsprutning)

1 Se notisen i början av avsnitt 13 och relevant avsnitt i kapitel 4 (fig. 13.11).
2 Spänning till injektorerna hämtas vanligen från bränslepumpens relä, vilket gör att spänning bara finns när motorn dras runt eller går. För testning går det dock att förbikoppla reläet (se kapitel 4).
3 Flerpunkts insprutningssystem är strömstyrda och kretsarna för öppningsspänning respektive hållspänning fullbordas via styrmodulens stift 20 och 21 (motorn F3N746 endast stift 21).
4 Injektoröppningen är samtidig.

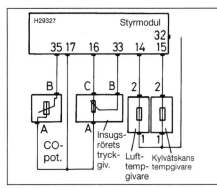

Fig. 13.12 Typiskt kopplingsschema för givare

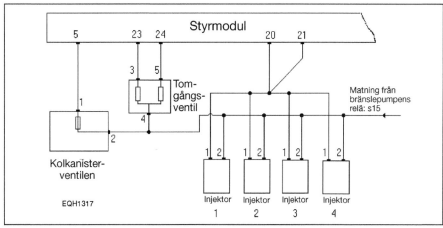

Fig. 13.11 Typiskt kopplingsschema för injektorer

5 Injektormotståndet är normalt 14,0 till 15,0 ohm. Om så inte är fallet är det möjligt att fel injektor är monterad (injektorer byggs med olika motstånd och en med fel motstånd för Renix styrmodul kan ibland monteras av misstag).

17 Injektorfunktion (enpunktsinsprutning)

1 Se notisen i början av avsnitt 13 och relevant avsnitt i kapitel 4.
2 Spänning till injektorerna hämtas vanligen från bränslepumpens relä, vilket gör att spänning bara finns när motorn dras runt eller går. För testning går det dock att förbikoppla reläet (se kapitel 4).
3 Enpunkts insprutningssystemet är strömstyrt.
4 Injektormotståndet är 1,2 ohm.

18 Insugsrörets tryckgivare

1 Se notisen i början av avsnitt 13 och relevant avsnitt i kapitel 4 (fig. 13.12).
2 Prestanda för insugsrörets tryckgivare kan snabbt utvärderas med en lämplig felkods-

avläsare ansluten till den seriella porten. Välj Datastream, avlästa värden ska likna dem i tabellen för insugsrörstryck (kapitel 4, avsnitt 18).
3 Kontrollera att det kalibrerade begränsningsmunstycket är monterat i slangen mellan insugsröret och tryckgivaren (insugsrörsänden) och kontrollera sedan att munstycket inte är igensatt. Begränsningsstorleken varierar med fordonstyp.

19 Lufttemperaturgivare

1 Se notisen i början av avsnitt 13 och relevant avsnitt i kapitel 4.
2 Identifiera givartypen (positiv eller negativ temperaturkoefficient):

a) Negativ givare: När temperaturen i motorrummet stiger så sjunker spänningen i signalen till styrmodulen.
b) Positiv givare: När temperaturen i motorrummet stiger så stiger spänningen i signalen till styrmodulen.

3 Lufttemperaturgivaren är placerad i luftintaget (flerpunktsinsprutning) eller ovanpå injektorn (enpunktsinsprutning).

Lufttemperaturgivare

Givartyp Motorkoder	Pos. temperaturkoeff. F3N, J7R, J7T, Z7U, J7T780		Neg. temperaturkoeff. J7R (732,740,746/7, 752), Z7W, F7P, J7T 754/5,760, Z7X (722,723)	
Temp (°C)	Motstånd	Volt	Motstånd	Volt
0	254 - 266		7469 - 11970	
20	283 - 297	0,5 - 1,5	3061 - 4045	2,2 - 2,8
40	315 - 329		1289 - 1654	
Bruten krets		5.0 ± 0.1		5.0 ± 0.1
Kortslutning till jord		noll		noll

Observera: Om givaren inte finns medtagen bland uppräknade motorkoder, mät då motståndet och jämför med tabellen ovan. Det bör vara självklart vilken givartyp som är monterad.

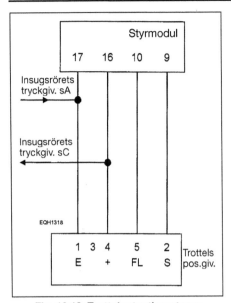

Fig. 13.13 Trottelpotentiometerns ledningsdragning, Bosch enpunkts-insprutning (5 stift)

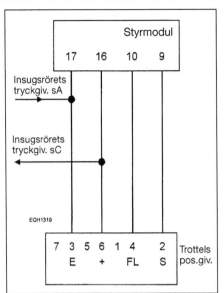

Fig. 13.14 Trottelpotentiometerns ledningsdragning, Bosch enpunkts-insprutning (7 stift)

20 Kylvätskans temperaturgivare

1 Se notisen i början av avsnitt 13 och relevant avsnitt i kapitel 4.
2 Identifiera givartypen (positiv eller negativ temperaturkoefficient):

a) *Negativ givare: När temperaturen i kylvätskan stiger så sjunker spänningen i signalen till styrmodulen.*
b) *Positiv givare: När temperaturen i kylvätskan stiger så stiger spänningen i signalen till styrmodulen.*

21 Trottelbrytare

1 Se notisen i början av avsnitt 13 och relevant avsnitt i kapitel 4.

22 Trottelns positionsgivare

1 Se notisen i början av avsnitt 13 och relevant avsnitt i kapitel 4.
2 Flerpunktsinsprutning: trottelpositions-givarens anslutningar:

Trottelns positionsgivarsignal på stift A.
Matning med referensspänning på stift B.
Jordretur på stift C.

3 Enpunktsinsprutning: trottelpositions-givarens anslutningar, femstifts kontakt **(fig. 13.13)**:

Trottelns positionsgivarsignal på stift 2.
Matning med referensspänning på stift 4.
Jordretur på stift 1.
Fullbelastningskontakt på stift 5.

4 Enpunktsinsprutning: trottelpositions-givarens anslutningar, sjustifts kontakt **(fig. 13.14)**:

Trottelns positionsgivarsignal på stift 2.

Matning med referensspänning på stift 6.
Jordretur på stift 3.
Fullbelastningskontakt på stift 4.

23 Tomgångsventil

1 Se notisen i början av avsnitt 13 och relevant avsnitt i kapitel 4.
2 Tomgångsventilen kan ha två eller tre ledningar.
3 Tomgångsventilens motstånd:

Tvålednings tomgångsventil: 8 till 10 ohm.
Trelednings tomgångsventil: 40 ohm från centrumstiftet till endera ytterstiftet.
80 ohm mellan de två ytterstiften.

24 Stegmotor (modeller med enpunktsinsprutning)

Observera: *Stegmotorn och tillhörande tomgångskontakt går inte att justera.*
1 Kontrollera om stegmotorns kontakt är korroderad eller skadad.
2 Kontrollera att anslutningens stift är helt intryckta och har god kontakt med steg-motorkontakten.
3 Placera ett shims mellan trottelstoppet och stegmotorns plunger.
4 Slå på och stäng av tändningen. Steg-motorns plunger ska gå till kallstartsläget.
5 Avlägsna shimset och upprepa förfarandet.
6 Om en lämplig felkodsavläsare finns tillgänglig kan nu stegmotorns grundläge kontrolleras.

Funktionstest för stegmotorn

Observera: *Denna test resulterar i att styrmodulen sparar en felkod. Efter avslutad test ska minnet raderas.*
7 Slå på tändningen.
8 Dra ur kontakten till kylvätsketemperatur-givaren.
9 Anslut ett 15 kiloohm motstånd mellan stiften i kylvätsketemperaturgivarens kontakt. Stegmotorn ska öppna trotteln ytterligare.
10 Koppla ur motståndet och anslut kontakten till kylvätsketemperaturgivaren. Stegmotorn ska återta ursprungsläget.
11 Radera felkoden för kylvätsketemperatur-givaren i styrmodulen.

Stegmotorn arbetar inte

12 Anslut en voltmätares positiva sond till stift 1 på stegmotorn och den negativa sonden till jord.
13 Slå på och stäng av tändningen. En spänning ska visas kortvarigt när stegmotorn aktiveras.
14 Upprepa förfarandet på stift 2 på stegmotorn.
15 Dra ur stegmotorns multikontakt.
16 Anslut en ohmmätare mellan stiften 1 och 2. Motståndet ska vara mellan 5 och 50 ohm.

Kylvätskans temperaturgivare

Givartyp	Pos. t.koeff. (Bendix)		Neg. t.koeff. (Bosch)		Neg. t.koeff. (Bendix)	
Motorkoder 746/7,	F3N, J7R, J7T, Z7U		J7T (706,707, 714,715)		F7P, J7R (732,740, 752), J7T 760, J7T780, Z7W, Z7X (722,723)	
Temp (°C)	**Motstånd**	**Volt**	**Motstånd**	**Volt**	**Motstånd**	**Volt**
20	283 - 297	0,6 - 0,8	2200 - 2800	1,5 - 2,2	3061 - 4045	1,6 - 2,5
80	383 - 397	1,0 - 1,2	280 - 370	0,1 - 0,2	301 - 367	0,2 - 0,5
90	403 - 417	212 - 273				
Bruten krets		5,0 ± 0,1		5,0 ± 0,1		5,0 ± 0,1
Kortslutning till jord		noll		noll		noll

Observera: *Den kylvätsketemperaturgivare som Renault använder kan vara av tre olika typer, två av dessa har negativ temperaturkoefficient och en har positiv. Om givaren i din bil är en annan än ovan givna motorkoder, mät upp motståndet och jämför med ovanstående tabell.*

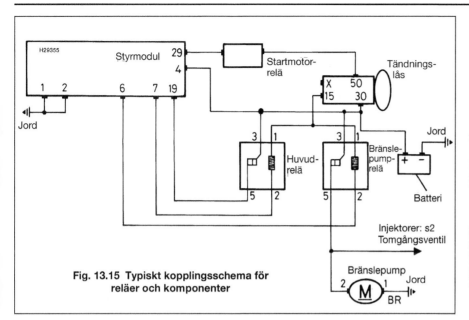

Fig. 13.15 Typiskt kopplingsschema för
reläer och komponenter

Kontroll av stegmotorns tomgångskontakter

17 Tändningen på, trotteln stängd.
18 Koppla en voltmätares negativa sond till stift 4 på stegmotorn.
19 Koppla en voltmätares positiva till stift 3 på stegmotorn. En maximal spänning på 0,25 V bör uppmätas.
20 Öppna trotteln, spänningen ska stiga till normal batterispänning.
21 Om spänningen är normal batterispänning med öppen eller stängd trottel är stegmotorns tomgångskontakter misstänkta.
22 Om det inte finns spänning när trotteln är öppen, kontrollera kontinuiteten mellan styrmodulens och stegmotorns stift.

25 Styrmodulens matningar och jordar

1 Se notisen i början av avsnitt 13 och relevant avsnitt i kapitel 4.
2 Förutom relädrivningar för huvudrelä och bränslepumpsrelä kan det finnas drivningar för den elektriska vattenpumpen och andra reläer.

26 Systemreläer

1 Se notisen i början av avsnitt 13 och relevant avsnitt i kapitel 4 **(fig. 13.15)**.
2 I Renix matas även den elektriska vattenpumpen från ett relä.

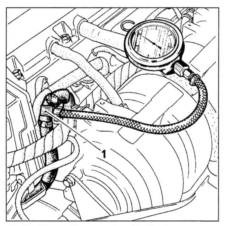

13.16 Kontroll av trycket i bränslesystemet (flerpunktsinsprutning, motor 1.8 F7P visad)
1 T-koppling

27 Bränslepump och krets

1 Se notisen i början av avsnitt 13 och relevant avsnitt i kapitel 4 **(fig. 13.16 och 13.17)**.

28 Bränsletryck

1 Se notisen i början av avsnitt 13 och relevant avsnitt i kapitel 4.

29 Syresensor

1 Se notisen i början av avsnitt 13 och relevant avsnitt i kapitel 4.
2 Den syresensor som används av de flesta Renix-versioner har fyra ledningar och en värmare.

30 Kolkanisterventil

1 Se notisen i början av avsnitt 13 och relevant avsnitt i kapitel 4.

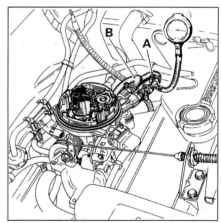

13.17 Kontroll av trycket i bränslesystemet (enpunktsinsprutning)
A Bränslematningsröret   B Bränslereturen

Stifttabell - typisk 35 stifts

Observera: *Se fig 13.18.*

1 Jord
2 Jord
3 -
4 Batterimatning
5 Kolkanisterventil (i förekommande fall)
6 Bränslepumpens relädrivning
7 Huvudrelädrivningen
8 Trottelbrytarens fullbelastningskontakt
9 Förstärkaren/tändspolen
10 Jord (vissa modeller)
11 Vevaxelvinkelgivarens signal
12 -
13 Knackgivarens retur (eller 32)

14 Lufttemperaturgivarens signal
15 Kylvätsketemperaturgivarens signal
16 Matning till insugsrörets tryckgivare
17 Insugsrörets tryckgivarretur
18 Diagnostikuttag
19 Huvudrelä utmatning
20 Injektordrivning
21 Injektordrivning
22 -
23 Tomgångsventilens signal
24 Tomgångsventilens signal
25 Trottelbrytarens tomgångskontakt

26 Flödesmätare (vissa modeller)
27 Tändningsförstärkare/spole
28 Vevaxelvinkelgivarens retur
29 Startmotorns relä
30 -
31 Knackgivarsignal
32 Givarretur (kylvätsketemperaturgivaren, lufttemperaturgivaren)
33 Insugsrörets tryckgivarsignal
34 -
35 Syresensorns signal eller CO-potentiometern

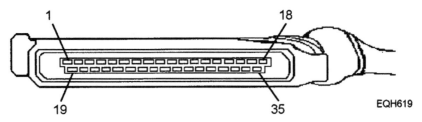

Fig. 13.18 Renix 35 stifts kontakt

Felkoder

31 Läsning av felkoder

Felkodsavläsaranalys

1 Om en felkodsavläsare finns tillgänglig kan den anslutas till diagnostikkontaktens seriella port och användas till följande:
   a) Läsning av felkoder.
   b) Radering av felkoder.
   c) Läsa Datastream-information.
   d) Aktivera en eller flera av systemets aktiverare.
   e) Utföra servicejusteringar.

2 Blinkkoder kan inte matas ut av detta system. För helhetens skull tillhandahåller vi en lista över de komponenter som kan avge felkoder för läsning av en felkodsavläsare.

3 Om fordonet har en trottelpositionsgivare (inte alla fordon) kan grundläget för trottelns positionsgivare ställas in med hjälp av en felkodsavläsare. I och med att de värden som används av felkodsavläsaren vid justeringen är digitala är det svårt att utföra denna justering manuellt.

Radering av felkoder

4 Koppla ur batteriet *(se varning 3 och 8 i Referenser)*.
5 Låt batteriet vara urkopplat minst 15 minuter.
6 Koppla in batteriet.

Varningslampan tänd (modeller med automatväxellåda)

7 På fordon modeller med automatväxellåda kan orsaken till den tända lampan vara ett fel antingen i kraftöverföringen eller motorstyrningen.
8 Dra ur styrmodulens kontakt till kraftöverföringen *(se varning 3 i Referenser)*.
9 Om varningslampan slocknar finns felet i kraftöverföringen.
10 Om varningslampan förblir tänd ligger felet i motorstyrningen.

Felkoder

11 I motorstyrningssystemet Renix/Bendix R används interna felkoder för att ange fel i systemet. En felkodsavläsare, exempelvis Renault XR25 eller annan passande felkodsavläsare krävs för avläsning av koderna. Faktiska kodnummer är inte tillgängliga men de kretsar som kontrolleras av styrmodulen inkluderar följande:

Defekt krets

Luftkonditioneringen
Lufttemperaturgivaren
Batterimatning till styrmodulen
Vevaxelns vinkelgivare
CO-potentiometern (i förekommande fall, endast modeller utan katalysator)
Kylvätsketemperaturgivaren
Bränslepumpens styrning (relädrivningskretsen)
Uppvärmd vindruta (i förekommande fall)
Tändsignalen
Injektor
Tomgångsventilen
Knackgivaren
Insugsrörets tryckgivare
Syresensorn
Servostyrningen (i förekommande fall)
Huvudreläet
Seriell kommunikation
Trottelns positionsgivare eller trottelbrytare (beroende på vad som är monterat)
Fordonets hastighetsgivare (i förekommande fall)

Observera: *Alla komponenter finns inte på alla fordon.*

Kapitel 14 Rover MEMS –
enpunkts- och flerpunktsinsprutning

Innehåll

Specifikationer

Fordon	Årsmodell	Tomgångsvartal	CO%
Rover MEMS flerpunktsinsprutning			
114 1.4 GTi 16V katalysator	1991 till 1994	850 ± 50	0,75 max
214 1.4 DOHC 16V katalysator	1992 till 1996	875 ± 50	0,5 max
220 2.0 DOHC 16V katalysator	1991 till 1994	850 ± 50	0,5 till 2,0
220 2.0 DOHC 16V katalysator	1992 till 1996	850 ± 50	0,5 till 2,0
220 2.0 DOHC 16V turbo katalysator	1992 till 1996	850 ± 50	0,5 till 2,0
414 1.4 DOHC 16V katalysator	1992 till 1996	875 ± 50	0,5 max
414 1.4 DOHC 16V	1995 till 1996	875 ± 50	0,5 max
416 1.6 DOHC 16V	1995 till 1996	875 ± 50	0,5 max
420 2.0 DOHC 16V katalysator	1991 till 1994	850 ± 50	0,5 till 2,0
420 2.0 DOHC 16V katalysator	1992 till 1996	850 ± 50	0,5 till 2,0
420 2.0 DOHC 16V turbo katalysator	1992 till 1996	850 ± 50	0,5 till 2,0
620 2.0 DOHC 16V turbo	1994 till 1996	800 ± 50	0,3 max
820i 2.0 DOHC 16V katalysator	1991 till 1996	850 ± 50	0,5 till 2,0
820 2.0 DOHC 16V turbo katalysator	1992 till 1996	850 ± 50	0,5 till 2,0
Metro 1.4 GTi DOHC 16V katalysator	1991 till 1994	850 ± 50	0,5 till 2,0
MGF 1.8 DOHC 16V	1995 till 1996	875 ± 50	0,3 max
MGF 1.8 VVC DOHC 16V	1995 till 1996	875 ± 50	0,3 max
Montego 2.0 EFi	1989 till 1992	750 ± 50	2,0 till 2,5
Montego 2.0 EFi automatväxellåda	1989 till 1992	750 ± 50	2,0 till 2,5
Rover MEMS enpunktsinsprutning			
Metro 1.4 16V	1990 till 1992	850 ± 50	0,5 till 2,0
Metro 1.4 16V katalysator	1990 till 1992	850 ± 50	0,5 till 2,0
Metro 1.4 16V katalysator	1993 till 1997	850 ± 50	0,5 till 2,0
Mini Cooper 1.3i manuell växellåda	1991 till 1992	850 ± 50	0,5 till 2,0
Mini Cooper 1.3i automatväxellåda	1991 till 1992	850 ± 50	0,5 till 2,0
Mini Cooper 1.3i Cabriolet	1993 till 1997	850 ± 50	0,5 till 2,0
Mini 1.3	1996 till 1997	850 ± 50	0,4 max
111	1995 till 1997	850 ± 50	0,4 max
114	1995 till 1997	875 ± 50	0,4 max
114 1.4i och Cabrio katalysator	1991 till 1994	875 ± 50	0,75 max
114 1.4i 16V katalysator	1991 till 1993	875 ± 50	0,75 max
214/414 utan katalysator	1989 till 1992	850 ± 50	0,5 till 2,0
214/414 katalysator	1990 till 1992	850 ± 50	0,5 till 2,0
214 1.4 16V katalysator	1992 till 1996	850 ± 50	0,5 till 2,0
414 1.4 16V katalysator	1992 till 1996	850 ± 50	0,5 till 2,0
414 1.4 16V	1995 till 1996	850 ± 50	0,5 till 2,0

Översikt av systemets funktion

1 Inledning

Läs denna översikt av funktionen hos Rover MEMS tillsammans med kapitel 2 som beskriver vissa av funktionerna i större detalj.

Rover MEMS (Modular Engine Management System) utvecklades av Rover och Motorola i samarbete och användes första år 1989 på Montego 2.0 förgasarmotor och sedan i fordon med flerpunktsinsprutning. MEMS är ett helt integrerat system som styr tändning, bränsletillförsel ochtomgångsvarv från en styrmodul **(fig. 14.1)**. När systemet förekommer på förgasarmotorer kallas det ERIC.

MEMS konstruerades som ett modulärt system kapabelt att styra ett brett utbud av motorer med flerpunkts- eller enpunktsinsprutning. Därtill är styrmodulen konstruerad för en svår arbetsmiljö. Den är robust byggd och har kortslutningsskydd för att vara driftsäker trots placeringen i motorrummet.

Före 1994 fanns det tre huvudsakliga produktionsversioner av MEMS. Dessa kallas versionerna 1.2, 1.3 och 1.6. Från och med mitten av 1994 monterades version 1.8.

Följande skillnader finns mellan versionerna:

a) *Version 1.2 (den första produktionsversionen) konstruerades för motorer utan katalysator. Även om en katalysator kan eftermonteras på fordon med v1.2 så ska den då vara av den ej reglerade typen. Version 1.2 utmärks av en 36 stifts multikontakt till styrmodulen.*

b) *Version 1.3 är versionen för styrning av katalysator från styrmodulen för avgasrening. Version 1.3 utmärks av att det finns två kontakter (36 stift och 18 stift) till styrmodulen.*

Förbättringar i den interna organisationen har frigjort vitala delar av MEMS, vilket medfört en återgång till en 36 stifts kontakt till styrmodulen. Turboladdade versioner har dock behållit tvåkontaktssystemet.

Efter mitten av 1994 är MEMS version 1.8 i produktion. Huvudsakliga förändringar är monterandet av ett insugsrör av plast och en ny stegmotor. Den nya stegmotorn arbetar inte längre mot länkaget till trottelplattan utan aktiverar istället en ventil inne i insugsröret. Mycket sena versioner monterade i KR6 och MGF använder direkttändning med "slösad gnista" och variabel ventilstyrning.

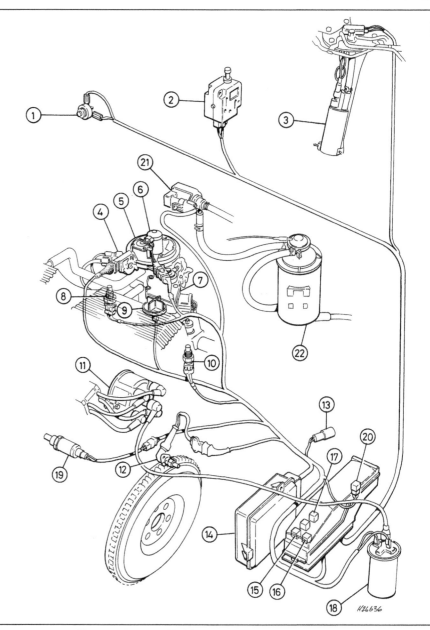

Fig. 14.1 Rover MEMS (Rover 214 enpunktsinsprutning)

1 Gaspedalkontakt	9 Trottelhusvärmare	16 Bränslepumpens relä
2 Tröghetsbrytare	(insugsröret)	17 Relä till trottelhusvärmaren
3 Bränslepump	10 Kylvätskans temperaturgivare	(insugsröret)
4 Trottelns positionsgivare	11 Fördelare	18 Tändspole
5 Bränsletrycksregulator	12 Vevaxelvinkelgivare	19 Syresensor
6 Injektor	13 Diagnostikkontakt	20 Syresensorns relä
7 Stegmotorn	14 Styrmodul	21 Kolkanisterventilen
8 Lufttemperaturgivare	15 Huvudrelä	22 Kolkanistern

2 Styrfunktioner

Signalbehandling
Styrmodulen i MEMS är konstruerad för tre huvudsakliga styrområden. Dessa är tändning, bränsletillförsel och tomgångsvarvtal. Korrekt vilovinkel och tändläge för samtliga arbetsförhållanden beräknas utifrån data från vevaxelns vinkelgivare (vevaxelns läge och hastighet) och insugsrörets tryckgivare (motorns belastning).

Grundläggande tändläge sparas på en tredimensionell karta och signalerna för motorns belastning och hastighet bestämmer tändläget. Den huvudsakliga belastningsgivaren är insugsrörets tryckgivare och motorns hastighet bestäms med ledning av signalen från vevaxelns vinkelgivare.

Korrektionsfaktorer för start, tomgång, inbromsning, delbelastning och full belastning räknas in. Den huvudsakliga korrektionsfaktorn är motorns temperatur (kylvätsketemperaturgivaren). Smärre korrigeringar av tändläget och bränsleblandningen görs med ledning av signaler från lufttemperaturgivaren och trottelns positionsgivare.

Även den grundläggande bränsleblandningen sparas på en tredimensionell karta och signalerna för motorns belastning och hastighet bestämmer den grundläggande injektoröppningstiden. MEMS använder metoden hastighet/täthet för att kalkylera bränsleblandningen utifrån trycket i insugsröret och motorns varvtal (vevaxelns vinkelgivare).

Denna metod bygger på hypotesen att motorn suger in en fixerad volym luft per varv. Bränsleblandning och öppningstid korrigeras sedan utifrån signaler från lufttemperaturgivaren, kylvätsketemperaturgivaren, batterispänning och graden av trottelöppning (trottelns positionsgivare). Andra faktorer som inverkar är arbetsvillkor som kallstart och varmkörning, tomgång, acceleration och inbromsning. Vid acceleration ges extra insprutningspulser var 80° på ett vevaxelvarv.

MEMS kallar upp en annan karta närhelst tomgångskontakten stänger och motorn går på tomgång. Tomgångens varvtal vid varmkörning och med varm motor styrs av stegmotorn. MEMS gör små justeringar av varvtalet genom att ändra tändläget vilket gör att tändläget konstant förändras under tomgång.

Grundläggande funktioner för styrmodulen
När tändningen är påslagen matas spänning från tändningslåset till stift 11 på styrmodulen. Det leder till att styrmodulen jordar stift 4, vilket aktiverar insprutningens huvudrelä. En reläomkopplad spänning matas därmed till stift 28 på styrmodulen från stift 87 på huvudreläet. Beroende på modell matas

tändspolen med spänning antingen från huvudreläet eller direkt från tändningslåset.

De flesta givarna (utom de som alstrar en spänning som exempelvis vevaxelns vinkelgivare, knackgivaren och syresensorn) förses nu med en referensspänning på 5,0 V från relevant stift på styrmodulen. När motorn dras runt eller går gör en signal från vevaxelns vinkelgivare att styrmodulen jordar stift 20 så att bränslepumpen startar. Tändnings- och insprutningsfunktioner aktiveras också. Alla aktiverare (injektorer etc) förses med normal batterispänning från huvudreläet och styrmodulen fullbordar kretsen genom att jorda relevant aktiverarledning.

Självdiagnos
MEMS har en seriell port för systemdiagnostik och justeringar. Porten medger tvåvägskommunikation så att vissa parametrar (CO-halten) kan ändras och så att vissa utmatningar kan aktiveras.

Desutom finns en självtestfunktion som regelbundet undersöker signalerna från motorns givare och loggar en felkod om ett fel uppmärksammas. Denna kod kan sedan avläsas i den seriella porten med en lämplig felkodsavläsare. Om feltillståndet upphör sparas felkoden i minnet till dess att en felkodsavläsare raderar den.

Nödprogram ("linka hem")
MEMS har ett nödprogram (eller "linka hem"-funktion) och i händelse av att ett allvarligt fel uppstår i en eller flera givare ersätter motorstyrningen givarvärdet med ett fast värde.

Exempelvis ersätter nödprogrammet kylvätsketemperaturgivarens värde med fasta 60°C, lufttemperaturgivarens värde med fasta 35°C och motorbelastning efter varvtal. Motorn kan faktiskt gå relativt bra även med en eller flera mindre kritiska givare defekta. Men i och med att de fasta värdena är för en ganska varm motor blir troligen egenskaperna vid kallstart och varmkörning mindre tillfredsställande. En defekt huvudgivare som insugsrörets tryckgivare leder till avsevärt reducerade prestanda.

Adaptivt och ej flyktigt minne
Med tiden lär sig styrmodulen det bästa tomgångsläget för en given motor, oavsett motorns ålder, skick och belastning, så att korrekt tomgångsvarvtal alltid upprätthålls. De adaptiva tomgångsinställningarna sparas i det ej flyktiga minnet vilket betyder att en utbytes styrmodul behöver lite tid för att lära sig systemets parametrar innan korrekt styrning av tomgången kan genomföras. En fininställning med en lämplig felkodsavläsare rekommenderas närhelst en ny styrmodul monteras.

Fel som påträffas av självdiagnostiken sparas också i det ej flyktiga minnet och finns kvar där till dess att de raderas av en felkodsavläsare. Detta gör att diagnostiken kan spara fel av tillfälligt uppkommande natur.

Adaptiva tomgångsinställningar och felkoder i det ej flyktiga minnet kan inte gå förlorade, inte ens om bilens batteri kopplas ur. Om styrmodulen flyttas över från en bil till en annan överförs även innehållet i minnet, såvida inte en felkodsavläsare används till att radera minnet och finjustera motorn.

Referensspänning
Matningen styrmodulen till motorns givare är 5,0 V. Detta ger en stabil arbetsspänning som inte påverkas av variationer i systemspänningen.

Jordningen av de flesta motorgivare görs via stift 30 på styrmodulen och detta stift är inte direkt jordat. Styrmodulen jordar stift 30 internt till det stift som är direkt jordat.

Signalavskärmning
För att minska radiostörningar har vissa givare (vevaxelns vinkelgivare, knackgivaren och syresensorn) en avskärmad ledning. Denna är ansluten till styrmodulens huvudjordledning på stift 29 för att minimera störningarna.

3 Primär utlösare

Vevaxelns vinkelgivare
Den primära utlösningssignalen för både tändning och insprutning kommer från vevaxelns vinkelgivare som är monterad bredvid svänghjulet. Vevaxelns vinkelgivare består av en induktiv magnet som utstrålar ett magnetfält. Svänghjulet innehåller en reluktorskiva med 34 stålstift monterade med 10° mellanrum. När svänghjulet roterar med stiften i magnetfältet alstras en växelspänning för att ange rotationshastigheten. De två utelämnade stiften (med 180° mellanrum) är ÖD-referenser och anger vevaxelns läge genom att variera signalen. Ett utelämnat stift anger ÖD för cylindrar1 och 4, det andra anger ÖD för cylindrarna 2 och 3.

Toppspänningar i hastighetssignalen kan variera från 5 V vid tomgång till över 100 V vid 6 000 varv/min. I styrmodulen förvandlas den analoga växelströmssignalen till en digital signal av en A/D-omvandlare.

4 Tändning

Data om motorns belastning (insugsrörets tryckgivare) och hastighet (vevaxelns vinkelgivare) hämtas in av styrmodulen som sedan använder den tredimensionella kartan i mikroprocessorns minne. Denna karta innehåller en förställningsvinkel för grundläggande belastningar och hastigheter. Tändläget justeras sedan utifrån motortemperaturen (kylvätsketemperaturgivaren) så att optimalt tändläge för ett givet arbetsförhållande kan bestämmas.

Förstärkare

Förstärkaren i MEMS innehåller kretsarna för att utlösa tändspolen i rätt ögonblick för tändning. Den signal som tas emot av förstärkaren från vevaxelns vinkelgivarutlösare är för svag. Därför förstärks signalen så att den blir kapabel att utlösa tändspolen.

Förstärkarkretsarna finns inne i själva styrmodulen och mikroprocessorn styr tändningens viloperiod för varje villkor, hastighet och batterispänning.

Vilooperationen i MEMS är baserad på principen "konstant energi, begränsad ström". Detta innebär att viloperioden är konstant kring 3,0 till 3,5 ms vid nästan alla motorvarvtal. Men vilocykeln, uttryckt i procent eller grader varierar med motorns hastighet.

Tändspolen

Tändspolen använder sig av lågt primärmotstånd för att öka primärströmmen och primärenergin. Förstärkaren begränsar primärströmmen till cirka 8 amp, vilket ger en energireserv för att upprätthålla gnistans bränntid (duration). I fördelarlösa system är spolarna dubbeländade. KR6 använder tre spolar och MGF två.

Fördelare

I MEMS är fördelarens enda uppgift att fördela högspänningen från spolens sekundärkrets till varje tändstift i korrekt tändföljd. Fördelaren är placerad på insugskamaxeln vid cylinder 4. Fördelaren innehåller en rotorarm och en avvisarplatta och oljedränering för att förhindra att packningsläckage orsakar att olja förorenar fördelarlocket och rotorarmen.

Fördelarlöst tändsystem

Fordon med motor KR6 V6 och de med den fyrcylindriga motorn MGF VVC använder en fördelarlös tändning med "slösad gnista". Se kapitel 2 för en detaljerad beskrivning av systemets funktion.

Knackgivare (vissa fordon med flerpunktsinsprutning)

Optimalt tändläge (vid varvtal överstigande tomgång) för en högkomprimerad motor ligger ganska nära knackningsgränsen. Men att ligga så nära den gränsen innebär att knackningar inträffar i en eller flera cylindrar vid vissa tillfällen under motorns arbetscykel.

I och med att knack kan uppstå vid olika tillfällen i varje cylinder använder MEMS en knackregleringsprocessor (i styrmodulen) för att ange vilken eller vilka cylindrar som knackar. Knackgivaren är monterad på motorblocket och består av ett piezokeramiskt mätelement som reagerar på svängningar i motorljudet. Knack omvandlas till en spänningssignal som returneras till knackregleringen för utvärdering och åtgärd

Styrmodulen analyserar ljudet från varje individuell cylinder och använder en avancerad teknik för att skilja knack från allmänt motorljud.

Inledningsvis är tändläget optimerat enligt kartans definition. När knack uppmärksammas backar styrmodulen tändläget i den cylindern i steg om 0,625° till dess att knackningen upphör eller tändningen backats 10°. Sedan flyttas tändningen fram i små steg om 0,65° till dess att optimalt tändläge uppnås eller knack uppstår då styrmodulen i så fall backar tändningen igen. Denna process pågår kontinuerligt så att alla cylindrar alltid har optimerat tändläge.

Om ett fel uppstår i knackregleringen, givaren eller ledningarna backar nödprogrammet tändläget med 10,5°.

5 Bränsleinsprutning

Rover använder tre skilda metoder för att mata MEMS-utrustade bilar med bränsle. Metoderna är samtidig flerpunktsinsprutning, sekventiell flerpunktsinsprutning och enpunktsinsprutning.

I och med systemets modularitet finns det endast mycket små skillnader i implementering av varje system på de olika motorerna. Först ges här en beskrivning av gemensamma funktioner, sedan beskrivs varje typ.

Injektorn styrs med två kretsar. Funktionen är enligt principen att det krävs mer ström för att öppna en injektor än för att hålla den öppen. Denna typ av system kallas ofta för "strömstyrt". När injektorn väl öppnat jordar den andra kretsen med snabba pulser. Pulserna är så snabba att injektorn hålls öppen vilket drar mindre ström. Fördelar med detta arrangemang inkluderar att injektorns arbetstemperatur minskas och att den stänger omedelbart när hållkretsen bryts.

MEMS styrmodul innehåller en bränslekarta med injektoröppningstider för grundläggande förhållanden för varvtal och belastning. Information hämtas in från motorgivare som insugsrörets tryckgivare, vevaxelns vinkelgivare, kylvätsketemperaturgivaren, lufttemperaturgivaren och trottelns positionsgivare. Med ledning av denna information letar styrmodulen upp korrekt injektoröppningstid för varje varvtal, temperatur och belastning.

En injektor är en magnetdriven solenoidventil som aktiveras av styrmodulen. Spänningen till injektorerna kommer från huvudreläet och jord ges av styrmodulen under en tidsperiod (pulsduration) på mellan 1,5 och 10 ms. Durationen är mycket beroende på motorns temperatur, belastning, varvtal och arbetsförhållanden. När solenoidmagneten stänger alstras en backspänning på 60 V.

Den mängd bränsle som levereras av injektorn bestäms av bränsletryck och öppningstid (även kallat pulsduration). Styrmodulen avgör öppningstiden med utgångspunkt från de olika givarnas signaler. Vid kallstart ökas både duration och frekvens för att ge en fetare bränsleblandning.

Bränsleavstängning vid hög fart (varvtalsbegränsare)

För att förhindra övervarvning som kan leda till motorskador bryter MEMS injektorerna jordning över 6 250 varv/min (flerpunktsinsprutning) respektive 6 860 varv/min (enpunktsinsprutning). När varvtalet sjunker under 6 150 varv/min respektive 6 820 varv/min återställs bränsleinsprutningen.

Avstängning av bränslet vid inbromsning

Bränsleavstängning vid motorbromsning används för att förbättra ekonomin och minska utsläppen. Villkoren för denna avstängning är:

a) Trotteln stängd (gaspedalskontakterna stängda).
b) Varvtal över 2 600 varv/min (flerpunkts insprutning) eller 1 500 varv/min (enpunktsinsprutning).
c) Kylvätsketemperatur över 80°C.
d) När varvtalet sjunker under 2 600 varv/min respektive 1 500 varv/min återställs bränsleinsprutningen.

Flerpunktsinsprutning – samtidig

Flerpunkts insprutningssystem består av en injektor per cylinder, monterad i insugsporten så att finfördelat bränsle riktas mot varje insugsventils baksida. Injektorerna öppnar samtidigt, två gånger per motorcykel. Halva bränslemängden sprutas in under ett motorvarv.

Bränslet vilar ett ögonblick på ventilens baksida innan det sugs in i cylindern. Till skillnad från andra samtidiga system är samtliga injektorer anslutna till styrmodulen via separata ledningar till separat drivstift på styrmodulen.

Flerpunktsinsprutning – sekventiell

Det sekventiella systemet fungerar på ett liknande sätt, med den skillnaden att signalen från cylinderidentitetsgivaren (finns endast i sekventiella system) aktiverar varje injektor när dess insugsventil öppnar, i tändföljd.

Enpunktsinsprutning

Enpunkts insprutningssystem består av en injektor placerad i trottelhuset. Mängden levererat bränsle styrs av bränslets tryck och injektoröppningstiden

I enpunkts insprutningsmotorer sprutas bränslet in i insugsröret där det blandas med luft. Det undertryck som skapas av en sjunkande kolv resulterar i att bränsleblandningen sugs in i cylindern. Förutom detta fungerar injektorn i stort sett på samma sätt som injektorerna i flerpunkts insprutningssystem.

Cylinderidentitetsgivaren (endast med sekventiell insprutning)

I samtida flerpunkts insprutningssystem behöver inte styrmodulen känna igen cylinder 1 eller ens tändföljden. När vevaxeln eller fördelaren ger signal identifieras korrekt cylinder av den mekaniska positionen för vevaxeln, kamaxeln, ventilerna och tändningens rotor.

På modeller med sekventiell insprutning måste styrmodulen avgöra vilken cylinder som är i kompressionstakten och cylinderidentitetsgivaren ger en därför avsedd signal. Cylinderidentitetsgivaren arbetar enligt den induktiva principen och är en permanentmagnet placerad bredvid kamaxeln. En reluktor, ansluten till kamaxeln, är indela i fyra lika stora kvadranter. Varje kvadrant har ett unikt antal tänder, från en till fyra. I och med att växelströmssignalen från varje kvadrant är unik kan styrmodulen avgöra kamaxelns läge och cylinderföljden.

Reluktorn ska hanteras med extrem varsamhet i och med det bräckliga sintrade material den är tillverkad av. Varje stöt kan orsaka sprickor eller stressfrakturer.

Insugsrörets tryckgivare

Den huvudsakliga belastningsgivaren är insugsrörets tryckgivare. En vakuumslang ansluter insugsrörets tryckgivare (placerad i styrmodulen) och insugsröret (fig. 14.2). Undertrycket i insugsröret påverkar membranet i insugsrörets tryckgivare och styrmodulen omvandlar trycket till en elektrisk signal. Insugsrörets tryck beräknas enligt formeln: Atmosfärtryck minus insugsrörets tryck = Absolut tryck i insugsröret.

MEMS beräknar bränsleblandningen enligt metoden hastighet/täthet från signalen från insugsrörets tryckgivare och motorns hastighet (vevaxelns vinkelgivare). Denna metod bygger på hypotesen att motorn suger in en fixerad volym luft per varv.

Insugsröret i flerpunkts insprutningssystem är av den "torra typen". I och med att bränsle inte kommer till insugsröret, därför att insprutningen sker på ventilens baksida, så finns det ingen risk att bränsle dras in i insugsrörets tryckgivare och förorenar membranet och en bränslefälla används inte. På Rover 820 kan dock under vissa förhållanden ångor sugas från ventilhuset till vakuumslangen för insugsrörets tryckgivare och sedan vidare in i styrmodulen där då föroreningar kan uppstå. Detta kan förhindras genom att en bränslefälla monteras som på modeller med enpunktsinsprutning.

Insugsröret i enpunkts insprutningssystem är "vått". Bränsle sprutas in i insugsröret så det finns risk att bränsle dras in i insugsrörets tryckgivare och förorenar membranet. Detta förhindras genom att dra vakuumslangen uppåt till luftfiltret, genom en bränslefälla och

Fig. 14.2 Enpunktsinsprutning: Vakuumslanganslutningar till bränslefällan på luftfiltret för insugsrörets tryckgivare. Slangarna är färgkodade för att underlätta korrekt hopsättande

sedan till styrmodulen (som innehåller insugsrörets tryckgivare).

Lufttemperaturgivaren

Lufttemperaturgivaren i luftintaget (flerpunktsinsprutning) eller luftfilterhuset (enpunktsinsprutning) och den mäter luftens temperatur innan den kommer in i insugsröret. I och med att luftens densitet varierar i omvänd proportion till temperaturen ger lufttemperaturgivarens signal en mer precis utvärdering av volymen på den luft som sugs in i motorn.

Givarens matning är 5,0 V referensspänning och jordning sker via givarreturen. Lufttemperaturgivare arbetar enligt principen negativ temperaturkoefficient. En variabel spänningssignal returneras till styrmodulen baserad på luftens temperatur. Signalen är ungefär 2,0 till 3,0 V vid en lufttemperatur på 20°C och sjunker till cirka 1,5 V när temperaturen stiger till 40°C.

Även om luftfilterhuset på modeller med enpunktsinsprutning innehåller ett termoventilsystem har termoventilen ingen inverkan på bränsleblandningen, lufttemperaturen baseras helt på lufttemperaturgivaren.

Justering av CO-halten

Tomgångens CO-halt kan endast justeras med en felkodsavläsare ansluten till den seriella porten Möjlighet att göra denna justering på annat sätt saknas. På katalysatorförsedda fordon kan CO-halten inte justeras.

Kylvätskans temperaturgivare

Kylvätsketemperaturgivaren är inbyggd i kylsystemet och innehåller ett variabelt motstånd som fungerar enligt principen om negativ temperaturkoefficient. När motorn är kall är motståndet ganska högt. När motorn startats och börjar värmas upp blir kylvätskan varmare vilket ändrar motståndet i kylvätskans temperaturgivare. I takt med att kylvätsketemperaturgivaren blir varmare

sjunker motståndet i den vilket skickar en variabel spänningssignal till styrmodulen baserad på kylvätskans temperatur.

Givarens matning är 5,0 V referensspänning och denna sjunker till ett värde som beror på motståndet i kylvätsketemperaturgivaren. Normal arbetstemperatur är vanligen mellan 80 och 100°C. Styrmodulen använder signalen från kylvätsketemperaturgivaren som en huvudsaklig korrektionsfaktor vid beräkning av tändläge och injektoröppningstider.

Trottelns positionsgivare

Trottelns positionsgivare informerar styrmodulen om accelerationstakten. Trottelns positionsgivare är en potentiometer med tre ledningar. En 5,0 V referensspänning matas till ett motståndsspår med andra änden jordad. Den tredje ledningen är ansluten till en arm som löper på motståndsspåret, vilket varierar motståndet och därmed signalen till styrmodulen.

Från returspänningen kan styrmodulen avläsa hur snabbt trotteln öppnas. Från och med årsmodell 1993 informerar trottelns positionsgivare styrmodulen även om tomgångsläge med en spänning på cirka 0,6 V.

Gaspedalkontakten

Fram till 1993 års modell indikerade gaspedalkontakten styrmodulen om tomgångsläge. Styrmodulen kunde då avläsa tomgångstillstånd och inbromsningar. Från och med 1993 års modell känner MEMS av den stängda trotteln med signalen från trottelns positionsgivare.

Stegmotorn

Stegmotorn är en aktiverare som styrmodulen använder till att styra tomgången både med varm motor och under varmkörning (fig. 14.3). När strömförbrukare som lysen eller fläkt slås på skulle tomgången tendera att sjunka. Styrmodulen känner av belastningen och flyttar fram tändningen för en liten hastighetsändring och indexerar stegmotorn för en större justering av tomgångsvarvtalet. När motorn är kall öppnar stegmotorn trotteln så

Fig. 14.3 Rover 820 stegmotor
1 Stegmotor 2 Tändspole 3 Styrmodul

att varvtalet blir en lagom snabb tomgång. Om låg batterispänning avläses ökar styrmodulen tomgången för att ge större generatoreffekt.

Stegmotorn är en likströmsmotor som matas med spänning från systemreläet. Motorlindningarna jordas via fyra jordledningar. Genom att jorda olika kombinationer av de fyra kan styrmodulen placera stegmotorn i precis rätt läge. Styrmodulen reglerar tomgångsvarvtalet med stegmotorn på ett av två olika sätt.

Trottelplatteaktiverare

Stegmotorn styr en kam och en tryckstång via en reduktionsväxel. Tryckstången är i kontakt med trottelarmen som påverkar trottelplattan och upprätthåller därmed varvtalet. Stegmotorns maximala rörelse är 3,75 varv vilket uppnås i 180 steg om 7,5°. Reduktionsväxeln reducerar den faktiska kamrörelsen till 150°.

Insugsrörets luftventil

Luftventilens stegmotor är en aktiverare som styrmodulen använder för att automatiskt styra tomgångsvarvtalet vid såväl normal tomgång som varmkörning. När trotteln stänger låses trottelventilen i ett läge där ytterst lite luft passerar. Trottelpositionen har i det läget inget inflytande på tomgången.

En förbigångsport av trottelplattan är placerad i insugsröret. I porten finns en ventil. När ventilen flyttar sig ändras volymen på den luft som passerar porten och detta påverkar direkt tomgångsvarvtalet som alltså beror på läget på ventilen i porten. Denna metod för styrning av tomgångsvarvtalet är monterad på vissa modeller (huvudsakligen de med insugsrör av plast) från och med mitten av 1994.

Adaptiv tomgångsstyrning

Med tiden lär sig styrmodulen det bästa tomgångsläget för en given motor, oavsett motorns ålder, skick och belastning, så att korrekt tomgångsvarvtal alltid upprätthålls. Det betyder att en utbytes styrmodul behöver lite tid för att lära sig systemets parametrar innan korrekt styrning av tomgången kan genomföras.

Adaptiva tomgångsinställningar sparas i det ej flyktiga minnet och kan inte gå förlorade, inte ens om batteriet kopplas ur. På modeller före 1993 bestämdes tomgångsläget av en brytare på gaspedalen. Från och med 1993 har den numera avskaffats och tomgångsläget avgörs i senare versioner av trottelns positionsgivare.

Insugsrörets värmare (enpunktsinsprutning)

Styrmodulen styr värmaren med ett relä. Värmaren arbetar enligt principen positiv temperaturkoefficient och medger en starkare ström för att snabbt värma upp insugsröret under varmkörningen. Detta ger bättre köregenskaper under varmkörningen. När en förbestämd temperatur på cirka 75°C uppnås

Fig. 14.4 Rover 820 MEMS multifunktionsenhet
Kontakten till multifunktionsenheten urdragen

stänger styrmodulen av reläet. Om tändningen slås på och motorn inte dras runt stänger styrmodulen av värmaren efter ett par sekunder. Insugsrörets värmare är även avstängd när motorn dras runt så att batteriet inte överbelastas.

MEMS reläer och flerfunktionsenhet

Det elektriska systemet i MEMS styrs av ett antal reläer. Reläerna i vissa fordon är konventionella, medan andra modeller är försedda med en flerfunktionsenhet.

Huvudreläet och bränslepumpens relä (Rover 214, 414, 220 och 420)

En permanent matning görs till huvudreläets stift 30 och 86 och bränslepumpens relästift 30 från batteriets pluspol. När tändningen slås på jordar styrmodulen stift 85 via styrmodulens stift 4 vilket magnetiserar relälindningen. Huvudreläets kontakter stänger då och stift 30 ansluts till utmatningskretsens stift 87. En spänning matas därigenom från stift 87 till injektor(er), styrmodulens stift 28, tändspolens stift 15 (vissa modeller) samt stegmotorn. Därtill matas spänning till insugsrörsvärmarens relästift 86 på fordon med enpunktsinsprutning.

När tändningen slås på matas spänning till bränslepumpens relästift 86 och styrmodulen jordar momentant reläkontakt 85 vid styrmodulens stift 20, vilket magnetiserar bränslepumpens relälindning. Detta stänger reläkontakten och ansluter en spänning från stift 30 till stift 87. Detta matar spänning till bränslepumpens krets. Efter cirka en sekund bryter styrmodulen kretsen och pumpen stannar. Denna korta körning av bränslepumpen trycksätter bränslesystemet vilket underlättar starten.

Bränslepumpens krets förblir bruten till dess att motorn dras runt eller går. När styrmodulen får en hastighetssignal från vevaxelns vinkelgivare magnetiseras åter bränslepumpens relälindning av styrmodulen. Bränslepumpen går sedan till dess att motorn stannar.

Flerfunktionsenhet, huvudrelä och bränslepumpens relä (alla Rover modeller utom 214, 414, 220 och 420)

Flerfunktionsenheten är en förseglad låda som innehåller flera uppsättningar reläkontakter. Två reläer som alltid används är huvudreläet och bränslepumpens relä, de resterande två väljs från reläerna för startmotorn, syresensorn eller insugsrörets värmare (fig. 14.4).

Om något av reläerna blir defekt måste hela flerfunktionsenheten bytas. Dock är reläkontakterna mycket slitstarka och defekter är ganska ovanligt.

Två kontakter med 8 och 6 stifts konfiguration ansluter flerfunktionsenheten till MEMS ledningar. Kontaktens stiftbeteckningar är prefixet 8 eller 6 för kontakten och suffixet 1 till 8 eller 1 till 6 för själva stiftet. Därmed betecknar 8/1 stiftet som stift 1 i åttastiftskontakten. En typbeskrivning följer, men man ska vara medveten om att ledningsdragningen i vissa flerfunktionsenheter kan avvika.

En permanent matning till flerfunktionsenhetens huvudrelästift 8/6 och 8/7 kommer från batteriets pluspol. När tändningen slås på jordar styrmodulen stift 6/3 via styrmodulens stift 4 vilket magnetiserar relälindningen. Detta stänger huvudreläets kontakter och utmatningsspänning finns på flerfunktionsenhetens stift 8/1, 8/3 och 8/8. Dessa stift försörjer injektor(er), styrmodulstift 28, tändspolens stift 15 (vissa modeller) samt stegmotorn. Anslutningar till individuella komponenter varierar mellan fordon. Dessutom läggs spänning internt till insugsvärmarens relä inne i flerfunktionsenheten på modeller med enpunktsinsprutning.

När tändningen slås på matas spänning till flerfunktionsenhetens stift 6/2 och styrmodulen kortvarigt stift 6/1 vid styrmodulens stift 20. Detta magnetiserar bränslepumpens relä vilket stänger reläkontakterna. Stift 8/6 ansluts då till stift 8/4 och spänning matas till bränslepumpens krets. Efter cirka en sekund bryter styrmodulen kretsen och pumpen stannar. Denna korta körning av bränslepumpen trycksätter bränslesystemet vilket underlättar starten

Bränslepumpens krets förblir bruten till dess att motorn dras runt eller går. När styrmodulen får en hastighetssignal från vevaxelns vinkelgivare magnetiseras åter bränslepumpens relälindning av styrmodulen. Bränslepumpen går sedan till dess att motorn stannar.

Avstängning av motorn

När motorn stängs av håller styrmodulen reläets eller (flerfunktionsenhetens) jord magnetiserad i upp till 30 sekunder. Detta bibehåller spänningen till styrmodulen som sedan driver stegmotorn till helt stängt läge (vilket förhindrar glödtändning). Efter ytterligare ett antal sekunder driver styrmodulen

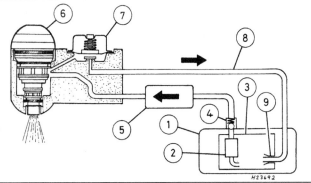

Fig. 14.5 Bränslekrets för enpunkts insprutningsmotorer

1 Bränsletank
2 Bränslepump
3 Skvalpskott
4 Envägsventil
5 Bränslefilter
6 Injektor
7 Bränsletrycksregulator
8 Bränslets returledning
9 Stryprör

stegmotorn till en position där den öppnar trottelplattan en smula, redo för nästa motorstart.

Bränsletryckssystem

Observera: *Montego är den enda modellen som använder en extern bränslepump av valstyp. Spänning till pumpen leds via ett ballastmotstånd på 1,0 ohm. Detta reducerar spänning och strömstyrka till pumpen och ger den en kallare gång. När motorn dras runt och en högre spänning krävs matas spänning till pumpen direkt från startmotorns solenoid och motståndet förbikopplas därmed. Full normal batterispänning matas därmed till bränslepumpen.*

Bränslesystemet består av en bränsletank med skvalpskott och en nedsänkt bränslepump. Pumpen drar bränsle från tanken och pumpar det till bränsleröret via ett filter **(fig. 14.5)**.

När tändningen slås på magnetiserar styrmodulen bränslepumpens relä under cirka en sekund för att trycksätta bränslesystemet. Sedan stängs bränslepumpens relä av i avvaktan på signal om runddragningen eller motorgång. Skvalpskottet förhindrar att luft sugs in i bränslesystemet genom att se till att upptagningssilen alltid är nedsänkt i bränsle när nivån är låg - även då bränslet skvalpar omkring av centrifugalkrafter.

Pumpen är av "våt" typ på så vis att bränslet flödar genom pumpen och den elektriska motorn. Det finns ingen brandrisk eftersom det bränsle som dras genom pumpen inte kan förbrännas. Bränslepumpen består av yttre och inre kugghjul. När pumpmotorn startar roterar kugghjulen och bränslet passerar genom kuggarna vilket skapar en tryckskillnad. Bränslet dras genom pumpens intag, blir trycksatt mellan kuggarna och pumpas ut genom pumpens utlopp till bränsleledningen.

För att minska variationer i bränsletrycket finns en dämpare i pumpens utlopp vilket förhindrar hydrauliska knackningar. Pumpen skyddas från övertryck med en säkerhetsventil på inloppet. När motorn går matas bränslet genom en envägsventil och filtret till bränsleröret eller trottelhusinjektorn.

För att förhindra tryckfall finns det en envägsventil i pumpens utlopp. När tänd-ningen slås av och pumpen stannar behålls därmed trycket en tid. Temperaturen i bränsleröret övervakas av en givare på modeller med manuell växellåda. En bränsle-begränsare och temperaturgivare används i modeller med automatväxellåda.

Bränsletrycksregulator (flerpunktsinsprutning)

Trycket i bränsleröret hålls på konstanta 2,5 bar av en tryckregulator. Pumpen ger normalt mycket mer bränsle än vad som krävs och överskottet leds tillbaka till tanken via en returledning. Bränslecirkulationen hjälper till att kyla ned det. Faktum är att ett maximalt bränsletryck överstigande 5 bar är möjligt med detta system.

Tryckregulatorn består av två kammare skilda åt av ett membran. Övre kammaren innehåller en fjäder som utövar tryck på nedre kammaren och stänger utloppsmembranet. Trycksatt bränsle flödar in i den nedre kammaren och trycker på membranet. När trycket överstiger 2,5 bar öppnas utlopps-membranet och överskottsbränslet leds tillbaka till tanken via returledningen.

En vakuumslang ansluter övre kammaren till insugsröret så att variationer i insugsrörets tryck inte påverkar mängden insprutat bränsle. Detta betyder att trycket i röret alltid är konstant över insugsrörets tryck. Mängden insprutat bränsle beror därmed endast på injektorernas öppningstid, bestämt av styr-modulen, inte på variationer i bränsletrycket.

Vid tomgång med vakuumröret urkopplat eller med motorn stoppad och gående bränslepump, eller vid full gas är bränsle-systemets tryck cirka 2,5 bar. Vid tomgång (med inkopplat vakuumrör) är bränsletrycket cirka 0,5 bar under systemtrycket.

Bränsletrycksregulator (enpunktsinsprutning)

Ett bränsletryck på cirka 1 bar styrs av tryckregulatorn som är placerad i trottelhuset bredvid injektorn. När trycket stiger över den bestämda nivån leds överskottet tillbaka till tanken av returledningen.

Bränslerörets temperaturgivare – vissa flerpunkts insprutnings-modeller med manuell växellåda

Bränslerörets temperaturgivare känner av temperaturen på bränslet och avger värdet till styrmodulen när motorn stängs av. När motorn startas jämför styrmodulen tempera-turen i startögonblicket med den som noterades vid avstängningen. Om den nya temperaturen är högre förlängs injektor-öppningstiden vid runddragningen för att ge varmstartsberikning. Berikningen avtar med en fixerad takt.

Bränsletemperaturgivare och bränslebegränsande solenoid – flerpunkts insprutningsmodeller med automatväxellåda

I fordon med automatväxellåda ersätts bränslerörets temperaturgivare med ett fast motstånd så att berikning efter start inte kan implementeras. När temperaturen i bränsle-röret överskrider 90°C jordar givaren begräns-ningskretsen. Solenoiden magnetiseras och orsakar en begränsning i bränslereturled-ningen. Det ökade bränsletrycket under-lättar starten.

Tröghetsbrytaren

Tröghetsbrytaren är en brytare som kopplar ur bränslepumpen i händelse av en mycket skarp inbromsning, d v s en kollision. När kontakten aktiverats är kretsen till bränsle-pumpen bruten till dess att tröghetsbrytaren återställts genom att knappen dras upp **(fig. 14.6)**.

Temperaturvisare (endast Montego)

Kylvätskans temperaturvisare på instrument-panelen är jordad via styrmodulen. MEMS aktiverar mätaren och varningslampan genom att snabbt pulsera styrmodulen till jord. Detta skapar en fyrkantsvågform med variabel frekvens och arbetscykel. Frekvensen ökar med stigande motortemperatur och ju varmare motor, dess lägre genomsnittlig spänning. Dessutom ändras även arbets-cykeln.

Fig. 14.6 Återställ tröghetsbrytaren genom att trycka ned plungern

Turboaggregat

Se kapitel 2 för detaljbeskrivning av turbo-laddning. En laddluftskylare används i Rovers turboversioner. Laddtrycket styrs av styr-modulen så att maximal användning av turbon under lämpliga arbetsförhållanden uppstår.

Luftförbikoppling (turbomodeller)

Turbofördröjning reduceras i Rovers turbomodeller av en förbikopplingsventil för luft. Ett avkännarrör ansluter förbikopplings-ventilen till insugsröret. När turbinen matar övertrycksluft till insugsröret trycker den luften på förbikopplingsventilen så att den hålls stängd. Vid inbromsning eller lätt belastning, när turbon inte är aktiv, råder undertryck i insugsröret, vilket öppnar förbikopplings-ventilen. Lufttrycket från skovelhjulet cirkulerar genom turbinhuset vilket förhindrar baktryck. Turbinen tappar inte mycket fart vilket i stor utsträckning reducerar turbo-fördröjningen när gaspedalen trycks ned igen.

6 Katalysator och avgasrening

Från och med 1989 års modell är alla svensksålda bilar försedda med katalysator.

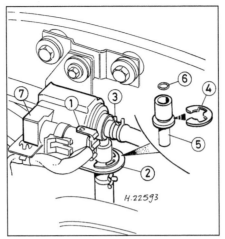

Fig. 14.7 Kolkanisterventilen

1 Kontakt
2 Inloppsslang, kolkanister till kolkanisterventil
3 Utloppsslang, kolkanisterventil till trottelhuset
4 C-clips
5 Inloppsslang, anslutning
6 O-ring
7 Kolkanisterventilen

Den MEMS version som är monterad på katalysatorförsedda versioner har styrning med sluten slinga för att minska avgas-utsläpp. Styrsystem med sluten slinga har en syresensor som övervakar avgasernas syrehalt. Låg syrehalt anger fet bränsle-blandning medan en hög syrehalt anger mager.

Syresensorn börjar inte avge signal förrän avgastemperaturen uppnått minst 300°C. För att få upp syresensorn till arbetstemperatur så fort som möjligt efter start innehåller den ett värmeelement.

Matningen till syresensorns värmare kommer från syresensorreläets stift 87. Detta ser till att värmaren bara arbetar när motorn går. Under full belastning stängs värmaren av genom att styrmodulen blockerar syre-sensorreläets jord. KR6-motorn har två syresensorer, en per cylinderbank.

Kolkanisterventilen

En kolkanisterventil och kanister med aktivt kol används för att reglera avdunstningen **(fig. 14.7)**. Kolkanistern förvarar bränsleångor till dess att kolkanisterventilen aktiveras av MEMS. Kolkanisterventilen aktiveras när motorns temperatur överstiger 70°C, varvtalet överskrider 1 500 varv/min och signalen för insugsrörets tryck anger under 30 kPa.

När kolkanisterventilen aktiveras av MEMS öppnas och stängs ventilen och bränsle-ångorna sugs in i insugsröret för normal förbränning. För att undvika att motorns prestanda påverkas är kolkanisterventilen stängd vid tomgång och när motorn är kall.

Justeringar

7 Villkor för justering

1 Samtliga av dessa villkor ska vara uppfyllda innan justering påbörjas:

a) Motorn ska hålla arbetstemperatur. Motoroljans temperatur minst 80°C. En körsträcka om minst 7 km rekommenderas (speciellt om bilen har automatväxellåda).
b) Tillbehör (all motorbelastning) avstängda.
c) motorer med automatväxellåda: Växelväljaren till N eller P.
d) Motorn mekaniskt frisk.
e) Motorns ventilationsslangar och ventileringssystem i tillfredsställande skick.
f) Insuget fritt från vakuumläckor.
g) Tändsystemet i tillfredsställande skick.
h) Luftfiltret i tillfredsställande skick.
i) Avgassystemet fritt från läckor.
j) Gasvajern korrekt justerad.
k) Inga felkoder loggade i styrmodulen.
l) Syresensorn i tillfredsställande skick (katalysatorförsedda fordon med sluten styrslinga).

2 Dessutom, innan kontroll av tomgångens varvtal och CO-halt ska motorn stabiliseras enligt följande:

a) Stabilisera motorn. Höj varvtalet till 3 000 varv/min under minst 30 sekunder och låt motorn återgå till tomgång.
b) Om kylfläkten startar under justeringen, vänta till dess att den stannar, stabilisera motorgången och börja om med justeringen.
c) Låt varvtal och CO-halt stabiliseras.
d) Utför alla kontroller och justeringar inom 30 sekunder. Om denna tid överskrids, stabilisera motorgången och kontrollera igen.

8 Justering av trotteln

1 Rengör trottelventilen och omgivande ytor med förgasarrengöring. Förbiblåsning från vevhusventilationen orsakar ofta klibbiga problem här **(fig. 14.8)**.
2 Trottelventilens position är kritisk och den får inte rubbas.
3 Trottelns positionsgivare är inte justerbar i denna motorserie.

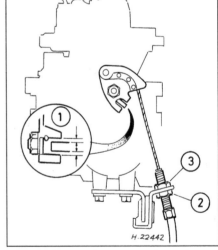

Fig. 14.8 Justering av gasvajerspel - se texten

1 Spelet ska vara lika på båda sidor
2 Justeringsmutter
3 Låsmutter

9 Kontroll av tändläget

1 Tändläget är inte justerbart på dessa modeller och tändlägesmärken saknas.

10 Justering av tomgången

Justering (tomgång)

1 Tomgångens varvtal och CO-halt (endast modeller utan katalysator) kan endast justeras med en passande felkodsavläsare ansluten till den seriella porten.
2 Innan felkodsavläsaren ansluts, kontrollera trottelspelet.

3 När tomgången justerats, kontrollera trottelspelet igen.

Justering av trottelspel (typfall)

4 Slå på tändningen.
5 I motorrummet, öppna trottelventilen helt med hjälp av trottelarmen. Styrmodulen indexerar stegmotorn till 25 steg.
6 Låt trottelventilen stänga helt.
7 Justera gasvajern så att det är lika stort gap på vardera sidan om spelarmen.
8 Stäng av tändningen. Stegmotorn återgår till normal styrning.

Tester av systemets givare och aktiverare

Viktigt

Se kapitel 4 som beskriver vanliga testmetoder. Beskrivningarna i kapitel 4 ska läsas tillsammans med de komponentnotiser och kopplingsscheman som finns i detta kapitel. De kopplingsscheman och andra data som finns i detta kapitel är inte nödvändigtvis korrekta för just din version. I och med de variationer av ledningsdragning och data som ofta förekommer även mellan mycket snarlika fordon i en tillverkares utbud ska du vara mycket noga med att rätt identifiera stiften på styrmodulen och se till att alla korrekta data är inhämtade innan en given komponent kasseras.

MEMS styrmodulstift

Stiften i MEMS styrmodul är guldpläterade, så försiktighet måste iakttagas så att guldet inte skrapas bort vid sondering. Ledningarna är förseglade med en gummiplugg och du ska inte sondera genom dessa pluggar eller sticka hål på dem. Om pluggen skadas tappar den sin förmåga att täta mot vatten. Följande metod rekommenderas starkt för att undvika skador på stift eller tätningspluggar.

Börja med att dra ur kontakten och avlägsna det vita höljet. Stick försiktigt in en liten juvelerarskruvmejsel i uttaget på stiftets topp. Böj försiktigt ut fästbenet av plast och dra ut ledningen från kontaktens baksida. När clipset släppt ska stiftet glida lätt ur hållaren. Dra upp gummipluggen längs ledningen och tryck tillbaka stiftet i kontakten. Upprepa med de stift som ska sonderas under testen. När testet är klart ska hopsättningen ske i omvänd arbetsordning och alla tätande pluggar sättas tillbaka på sina platser.

Gjutna kontakter

Från omkring 1994 har många av Rovers modeller gjutna kontakter till komponenterna, vilket gör att det inte går att sondera dem på ovan nämnda sätt. Tester med voltmätare eller oscilloskop måste därför utföras vid styrmodulen eller med hjälp av en kopplingslåda. Komponentkopplingslådor för detta syfte finns tillgängliga från leverantörer av testutrustning för motorer.

11 Primär utlösare – vevaxelns vinkelgivare

1 Se noterna i början av detta avsnitt och relevant avsnitt i kapitel 4.
2 Motståndet i vevaxelns vinkelgivare är 1 100 till 1 700 ohm.

12 Primärtändning

1 Se noterna i början av avsnitt 11 och relevant avsnitt i kapitel 4 (fig. 14.9).
2 Primärtändningen består av en styrmodul med intern förstärkare.
3 Primärmotståndet (fördelartändning) är 0,71 till 0,81 ohm. Sekundärmotståndet är 5 000 till 15 000 ohm.
4 Primärmotståndet (fördelarlös tändning) är 0,63 till 0,77 ohm.

13 Knackgivare

1 Se noterna i början av avsnitt 11 och relevant avsnitt i kapitel 4.
2 Knackgivare används endast i 2.0 liters motorer med flerpunktsinsprutning.

14 Injektorfunktion (flerpunktsinsprutning)

1 Se noterna i början av avsnitt 11 och relevant avsnitt i kapitel 4.
2 Spänning matas till injektorerna från antingen systemreläet eller flerfunktionsenheten.
3 MEMS injektorfunktion är strömstyrd.
4 Insprutning sker antingen samtidigt eller sekventiellt.
5 Injektormotståndet är normalt 15,0 till 17,0 ohm.

15 Injektorfunktion (enpunktsinsprutning)

1 Se noterna i början av avsnitt 11 och relevant avsnitt i kapitel 4.

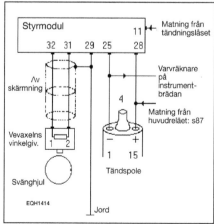

Fig. 14.9 Typiskt lokalt kopplingsschema: tändningen

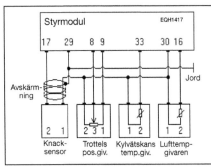

Fig. 14.10 Typiskt lokalt kopplingsschema: givare

2 Spänning matas till injektorerna från antingen systemreläet eller flerfunktionsenheten.
3 Enpunkts insprutningssystemet är strömstyrt.
4 Injektormotståndet är normalt 1,1 till 1,5 ohm.

16 Fasgivare (cylinderidentitetsgivare)

1 Se noterna i början av avsnitt 11 och relevant avsnitt i kapitel 4.
2 Cylinderidentitetsgivarens fasgivare är placerad bredvid kamaxeln.
3 Olyckligtvis saknas data om motståndet i cylinderidentitetsgivaren med om den är defekt indikeras detta troligen genom att kortslutning eller bruten krets anges.

17 Insugsrörets tryckgivare

1 Se noterna i början av avsnitt 11 och relevant avsnitt i kapitel 4 **(fig. 14.10).**
2 Insugsrörets tryckgivare är inbyggd i styrmodulen så separata spänningsprov kan inte utföras.
3 Prestanda för insugsrörets tryckgivare kan snabbt utvärderas av en lämplig felkodsavläsare ansluten till den seriella porten. Välj Datastream, värdena ska likna dem i tabellen över insugsrörstryck (se kapitel 4, avsnitt 18).

18 Lufttemperaturgivare

1 Se noterna i början av avsnitt 11 och relevant avsnitt i kapitel 4.
2 Lufttemperaturgivaren är monterad i luftintaget (flerpunktsinsprutning) eller luftfilterhuset (enpunktsinsprutning).

19 Kylvätskans temperaturgivare

1 Se noterna i början av avsnitt 11 och relevant avsnitt i kapitel 4.

20 Trottelbrytare

1 På modeller före 1993 utrustade med en gaspedalsmonterad tomgångskontakt, kommer motorn att sucka, dö och vägra ge gensvar om motorns varvtal ökas genom att röra på trottelarmen direkt under motorhuven. Detta beror på att styrmodulen länkar den stängda tomgångskontakten med varvtalet och stänger av bränsletillförseln som vid motorbromsning. Varvtalet ska därför endast ökas genom att gaspedalen trycks ned inne i bilen.
2 Men vid testande är det ibland bekvämare att styra motorvarvet genom att röra på trottelarmen. Det går att koppla förbi tomgångskontakten genom att lossa en av ledningarna från pedalkontakten. MEMS förutsätter då ett fel och använder ett fast värde. Motorn ger då gensvar på rörelser i trottelarmen.
3 När testandet är utfört måste kontakten kopplas in igen. Använd en felkodsavläsare till att radera loggade felkoder från styrmodulen.
4 Kontrollera att stiften är ordentligt intryckta och har god kontakt med pedalkontakten.

Kontroll av pedalkontaktens funktion

5 De två ledningarna till pedalkontakten är jord och tomgångssignal.
6 Med avstängd motor och påslagen tändning, anslut voltmätarens minussond till en motorjord.
7 Anslut voltmätarens positiva sond till den ledning som är ansluten till pedalkontaktens signalstift nummer 2. Avläsningen skall vara noll V.
8 Om inte noll V mäts upp:
  a) *Kontrollera pedalkontaktens jordning.*
  b) *Kontrollera pedalkontaktens motstånd (nedan).*
9 Öppna trotteln. Spänningen ska stiga till 5,0 V.
10 Om spänningen är låg eller obefintlig:
  a) *Kontrollera att pedalkontaktens tomgångsstift inte är kortslutet till jord.*
  b) *Lossa pedalkontaktens anslutningar och kontrollera att det finns 5,0 V på signalstiftet. Om spänning saknas, kontrollera kontinuiteten i signalledningen mellan kontakten och styrmodulen.*
11 Om pedalkontaktens ledningsdragning är tillfredsställande, kontrollera styrmodulens matningar och jordar. Om dessa är tillfredsställande är styrmodulen misstänkt.

Fig. 14.11 Kontrollera utmatningen från trottelpotentiometern med en voltmätare

Kontroll av pedalkontaktens motstånd

12 Anslut en ohmmätare mellan jordstift 1 stift 2.
13 När pedalkontakten är stängd ska motståndet vara mycket nära noll ohm.
14 Öppna långsamt trotteln och när kontakten öppnar ska motståndet bli bruten krets och förbli så även när trotteln är vidöppen.
15 Om pedalkontakten inte uppträder som beskrivet och om den inte hindras från att öppna eller stänga helt av kärvhet i trottellänkaget är pedalkontakten misstänkt.

21 Trottelns positionsgivare

1 Se noterna i början av avsnitt 11 och relevant avsnitt i kapitel 4 **(fig. 14.11).**

22 Stegmotor

1 Slå på tändningen.
2 Slå av tändningen efter 5 sekunder. Stegmotorns plunger ska vara helt tillbakadragen och sedan stega till korrekt läge (efter temperaturen), redo för nästa motorstart, Efter 15 sekunder kommer huvudreläet att hörbart klicka. Om detta fullbordas tillfredsställande är det troligt att stegmotorns skick också är tillfredsställande.

Stegmotortester

3 Kontrollera att det finns normal batterispänning till stegmotorns matning.

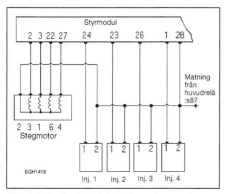

Fig. 14.12 Typiskt lokalt kopplingsschema: injektorer, stegmotor

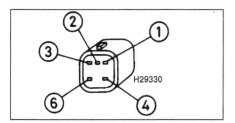

Fig. 14.13 Stiftnumreringen i stegmotorns kontakt

4 Anslut en likströms voltmätare till varje jordstift i turordning (**fig. 14.12 och 14.13**).
5 Slå på och stäng av tändningen. En spänning ska avläsas kortvarigt när stegmotorn aktiveras.
6 Dra ur stegmotorns kontakt och mät motståndet mellan stift 5 och stiften 1, 2, 3 och 4 i turordning. Det ska vara 16 ohm mellan stift 5 och vardera jordstiften.
7 Dra ur styrmodulens kontakt (*se varning 3 i Referenser*)
8 Slå på tändningen.
9 Anslut en ledning från styrmodulens stift 4 till batteriets jord (detta magnetiserar huvudreläet med styrmodulen urkopplad).
10 Anslut en voltmätare mellan jord och styrmodulens stift 22, 2, 27 och 3 i turordning, normal batterispänning ska finnas.
11 Om normal batterispänning inte finns på ett eller flera av styrmodulens stift, kontrollera kontinuiteten i ledningarna mellan relevanta stift på styrmodulen och stegmotorn.
12 Om stegmotorns ledningsdragning är tillfredsställande, kontrollera alla matningar och jordar på styrmodulen. Om dessa är tillfredsställande är styrmodulen misstänkt.

23 Insugsrörets värmare (endast motorer med enpunktsinsprutning)

1 Se noterna i början av avsnitt 11 och relevant avsnitt i kapitel 4.
2 Utför testerna medan kylvätskans temperatur understiger 75°C.

Observera: *Om motorn är varm kan en variabel potentiometer anslutas till kylvätske-*

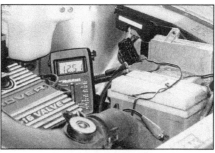

Fig. 14.14 Sökande efter normal batterispänning vid styrmodulens kontakt

temperaturgivarens kontakt så att en kall motor kan simuleras.
3 Om en felkodsavläsare finns tillgänglig kan insugsrörets värmarrelä aktiveras via den seriella porten. Detta bevisar integriteten i reläet och tillhörande ledningar.

24 Styrmodulens matningar och jordar

1 Se noterna i början av avsnitt 11 och relevant avsnitt i kapitel 4 (**fig. 14.14**).
2 Förutom relädrivningarna till huvudreläet och pumpreläet kan det finnas drivningar för insugsrörsvärmarens och syresensorns reläer.

25 Tröghetsbrytare

1 Se noterna i början av avsnitt 11 och relevant avsnitt i kapitel 4.

2 Endast Montego: kontrollera ballastmotståndets förbikoppling.
3 Tröghetsbrytaren kan finnas placerad bakom radion (tidiga modeller) eller i motorrummet nära torpedplåten.

26 Systemreläer

1 Ström till de elektriska kretsarna i MEMS kommer från ett antal konventionella reläer eller en flerfunktionsenhet.
2 När konventionella reläer används är även testerna konventionella. I detta fall, se kapitel 4 som beskriver vanliga testprocedurer för standard systemreläer som finns i Rover MEMS. Beskrivningarna i kapitel 4 ska läsas tillsammans med de komponentnotiser och kopplingsscheman som tas upp i detta kapitel (**fig. 14.15**).
3 I Rover MEMS matas även syresensorn och insugsrörets värmare av reläer.

27 Multifunktionsenhet

Snabb relätest

1 En snabb testmetod för reläer är:
a) *Koppla förbi flerfunktionsenheten och försök köra motorn.*
b) *Leta efter spänningar på flerfunktionsenhetens utmatningar eller vid de komponenter som försörjs av reläet.*

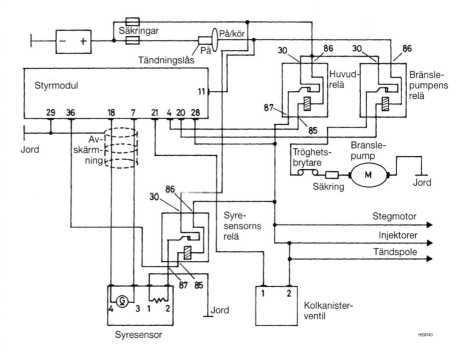

Fig. 14.15 Typiskt lokalt kopplingsschema: reläer och komponenter

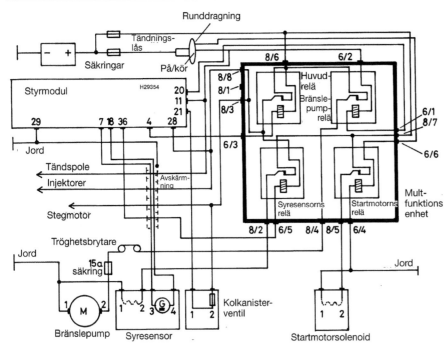

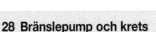

Fig. 14.16 Typiskt lokalt kopplingsschema: reläer (multifunktionsenheten) och komponenter

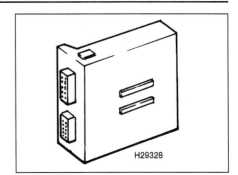

Fig. 14.17 Multifunktionsenheten

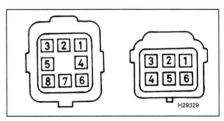

Fig. 14.18 Multifunktionsenhetens kontakt

2 Om ledningsdragning och flerfunktionsenheten är tillfredsställande men styrmodulen inte driver ett eller flera reläer är styrmodulen misstänkt.

Testning av flerfunktionsenheten

3 Tändningen påslagen, reläet anslutet.
4 Sondera för spänningar vid de komponenter som försörjs. Om utmatning saknas, sondera tillämpligt stift på flerfunktionsenheten. Om utmatning saknas och alla matningar och jordar är tillfredsställande är flerfunktionsenheten misstänkt (fig. 14.16 till 14.18).
5 Om ett relä i flerfunktionsenheten är defekt måste hela enheten bytas.

28 Bränslepump och krets

1 Se noterna i början av avsnitt 11 och relevant avsnitt i kapitel 4.

29 Bränsletryck

1 Se noterna i början av avsnitt 11 och relevant avsnitt i kapitel 4.

30 Syresensor

1 Se noterna i början av avsnitt 11 och relevant avsnitt i kapitel 4.
2 Den syresensor som används i de flesta Rover MEMS har fyra ledningar och en värmare.

31 Kolkanisterventil

1 Se noterna i början av avsnitt 11 och relevant avsnitt i kapitel 4.

Stifttabell - typisk 36 /18 stift

Observera: Se fig.14.19.

Stift "A"
1 Injektor, cylinder 4
2 Stegmotor fas 2
3 Stegmotor fas 1
4 Huvudrelädrivningen
5 -
6 -
7 Syrersensorns signal
8 Trottelpositionsgivarens signal
9 Trottelpositionsgivarens matning
10 Diagnostikuttag
11 Tändningslåsets matning
12 -
13 -
14 Jord
15 Diagnostikinmatning

16 Lufttemperaturgivaren
17 Knackgivaren
18 Syresensorns retur
19 Relä till luftkonditioneringens magnetkoppling
20 Bränslepumpens relädrivning
21 Kolkanisterventilen
22 Stegmotor fas 3
23 Injektor, cylinder 2
24 Injektor, cylinder 1
25 Tändspolen
26 Injektor, cylinder 3
27 Stegmotor fas 4
28 Matning från huvudreläet
29 Styrmodulens jord
30 Givarretur
31 Vevaxelns vinkelgivare +

32 Vevaxelvinkelgivarens retur
33 Kylvätsketemperaturgivaren
34 Bränslerörets temperaturgivare
35 Luftkontidioneringens övertrycksventil
36 Syresensorns relädrivning

Stift "B"
3 Generator
5 Syresensorns relädrivning
6 Turboladdtrycksventilen
8 Turbolufttryckets solenoid
13 Syresensorns retur
14 Syresensorns signal
15 Kamaxelgivare
18 Kamaxelgivare

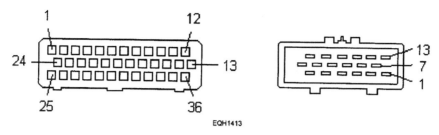

Fig. 14.19 Typiska kontakter med 36 respektive 18 stift

Felkoder

32 Läsning av felkoder

1 Rover MEMS kräver en speciell felkods-avläsare för felkoder och Datastream, aktivering av komponenter och service-justeringar. Detta system kan inte mata ut blinkkoder.

2 MEMS har inte så många koder eftersom en programmerad testprocedur (när Rovers testare används) kontrollerar kretsarna för givare och aktiverare och rapporterar alla påträffade fel.

Kod	Fel
1	Kylvätsketemperaturgivaren, kretsfel
2	Lufttemperaturgivaren, kretsfel
10	Bränslepumpen, kretsfel
16	Trottelns positionsgivare, kretsfel
17	Trottelns positionsgivare, fel i matningsspänningen
19	Syresensorns värmare, kretsfel (endast med katalysator)

Kapitel 15
Rover enpunktsinsprutning

Innehåll

Specifikationer

Fordon	Årsmodell	Tomgångsvarvtal	CO%
Rover 2.0 DOHC 20HE M16e	1986 till 1990	750 ± 50	2,5 till 3,5

Översikt av systemets funktion

1 Inledning

Rover enpunktsinsprutnings motorstyrnings-system utvecklades i samarbete mellan Rover och Lucas och användes i produktion 1986 på Rover 2.0 820E och 820SE **(fig.15.1).** Rover enpunktsinsprutning (Lucas 10 CU) är ett helt integrerat system som styr primärtändning, bränsletillförsel och tomgångsvarvtal från en styrmodul. Även om systemet numera är föråldrat finns det tillräckligt många i drift för att intresset ska vara stort både från verkstäder och ägare.

Styrmodulen i Rover enpunktsinsprutning är konstruerad för tre huvudområden för styrning. Dessa är tändning, bränslesystem och tomgång. Bästa tidpunkt för tändning och insprutning beräknas från data från vevaxelns vinkelgivare (vevaxelns läge och hastighet) och insugsrörets tryckgivare (motorns belastning).

2 Styrfunktioner

Signalbehandling

Grundtändläget sparas på en tredimensionell karta och tändläget bestäms av motorns belastning och varvtal. Den huvudsakliga belastningsgivaren är insugsrörets tryckgivare, motorns hastighet hämtas från vevaxelvinkelgivarens signal.

Korrektionsfaktorer för start, tomgång, inbromsning, delbelastning och full belastning räknas in. Den huvudsakliga korrektions-faktorn är motorns temperatur (kylvätske-temperaturgivaren). Smärre korrigeringar av tändläget och bränsleblandningen görs med ledning av signaler från lufttemperaturgivaren och trottelns positionsgivare.

Den grundläggande bränsleblandningen sparas också på en tredimensionell karta och signalerna om motorns belastning och hastighet bestämmer den grundläggande injektoröppningstiden. Systemet använder metoden hastighet/täthet för att kalkylera bränsleblandningen utifrån trycket i insugsröret och motorns hastighet.

Denna metod bygger på hypotesen att motorn suger in en fixerad volym luft per varv. Bränsleblandningen och injektoröppnings-tiden korrigeras med hänsyn till signaler från lufttemperaturgivaren och kylvätskans temperaturgivare liksom batterispänningen och trottelns öppning (trottelns positions-givare). Andra påverkande faktorer är arbetsvillkor som kallstart, varmkörning, tomgång, acceleration och inbromsning. Vid acceleration sker insprutning för varje 90° vevaxelrörelse. Vid ihållande acceleration sker insprutningar med längre öppettid var 270° vevaxelrörelse.

Styrmodulen kallar upp en annan karta närhelst tomgångskontakten stänger och motorn går på tomgång. Tomgångens varvtal vid varmkörning och med varm motor styrs av stegmotorn. Styrmodulen gör små justeringar av varvtalet genom att ändra tändläget vilket gör att tändläget konstant förändras under tomgång.

Grundläggande funktioner för styrmodulen

En permanent spänning leds från batteriets pluspol till stift 3 på styrmodulen.
När tändningen slås på matas spänning till stift 18 på styrmodulen från tändningslåset. Då jordar styrmodulen relästift 85 via styrmodulstift 30 vilket magnetiserar relä-lindningen. Detta stänger reläkontakterna och relästift 30 ansluts till utmatningskretsen på stift 87. Därmed matas spänning från stift 87 till injektorn, styrmodulstift 25 och tänd-spolens stift 15.

De flesta givarna (utom de som alstrar en spänning som exempelvis vevaxelns vinkel-givare, knackgivaren och syresensorn) förses nu med en referensspänning på 5,0 V från relevant stift på styrmodulen. Styrmodulen matar även spänning till stegmotorn vilket ställer trottelpositionen i enlighet med motor-temperaturen.

När motorn dras runt matas spänning till bränslepumpen från stift 50 på tändnings-låset. När motorn går matas bränslepumpen via oljetrycksreläet.

Tändning och insprutning aktiveras. Samtliga aktiverare (injektor, stegmotor etc) matas med normal batterispänning från huvudreläet och styrmodulen fullbordar sedan kretsen genom att jorda den aktuella aktiveraren.

Bränsleavstängning vid övervarvning

Varvtal över 6 700 varv/min förhindras genom att injektorjorden blockeras. När varvtalet sjunker till under 6 400 varv/min återställs insprutningen.

Avstängning av bränslet vid inbromsning

Bränslereducering vid inbromsning implementeras vid motorbromsning för att förbättra ekonomin och reducera utsläppen. Följande villkor ska vara uppfyllda för reducerad insprutning:

a) Trotteln stängd (gaspedalskontakterna stängda).
b) Motorns varvtal över 1 500 varv/min.
c) Kylvätsketemperatur över 80°C.
d) När varvtalet sjunker under 1 500 varv/min återställs insprutningen.

Referensspänning

Matningen styrmodulen till motorns givare är 5,0 V. Detta ger en stabil arbetsspänning som inte påverkas av variationer i systemspänningen.

Jordreturen för de flesta motorgivare sker via stift 9 på styrmodulen, även om detta stift inte är direkt jordat. Styrmodulen jordar stift 9 internt till det av styrmodulens stift som är direkt anslutet till jord.

Självdiagnos

En seriell port finns för diagnostik och inställningar. Porten medger tvåvägs kommunikation så att tomgångens CO-halt kan justeras vid behov.

Därtill finns en självtest som regelbundet undersöker signalerna från motorgivarna och loggar en felkod om ett feltillstånd förekommer. Denna kod kan avläsas i den seriella porten med en passande felkodsavläsare. Dock är denna kod endast tillgänglig medan feltillståndet pågår och koden raderas från minnet när felet upphör. Fel av tillfällig natur sparas inte.

Nödprogram ("linka hem")

Rover enpunktsinsprutning har ett nödprogram ("linka hem"-funktionen). I händelse av ett allvarligt fel i en eller flera givare ersätter motorstyrningen givarens värde med ett fast.

Exempel, i nödprogrammet ges kylvätsketemperaturgivaren det fasta värdet 60°C och lufttemperaturgivaren 20°C. Motorn kommer att gå, om än mindre effektivt, med nödprogrammet uppkallat.

I och med att ersättningsvärdena är för en delvis varmkörd motor kan egenskaperna för kallstart och varmkörning vara mindre tillfredsställande. Om en viktig givare som insugsrörets tryckgivare blir defekt leder detta till betydande försämringar av prestanda.

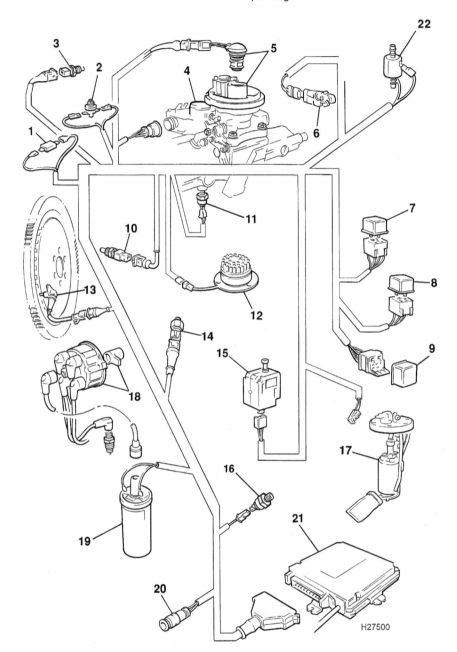

Fig. 15.1 Komponenterna i Rovers enpunkts insprutningssystem

1 Ytterluftens temperaturgivare
2 Gaspedalens kontakt
3 Insugsluftens temperaturgivare
4 Trottelhus och stegmotor
5 Injektor och bränsletrycksregulator
6 Trottelns positionsgivare
7 Huvudrelä
8 Bränslepumpens relä
9 Oljetrycksrelä
10 Kylvätskans temperaturgivare
11 Temperaturgivare till insugsrörets värmare
12 Insugsrörets värmare
13 Vevaxelns vinkelgivare
14 Knackgivare
15 Tröghetsbrytare
16 Oljetryckskontakt
17 Bränslepump
18 Fördelarlock och rotorarm
19 Tändspole
20 Diagnostikkontakt
21 Styrmodul
22 Tomgångssolenoid (modeller med luftkonditionering)

3 Primär utlösare

Vevaxelns vinkelgivare

Den primära utlösningssignalen för både tändning och insprutning kommer från vevaxelns vinkelgivare, monterad bredvid svänghjulet. Vevaxelns vinkelgivare består av en induktiv magnet som utstrålar ett magnet-fält. Svänghjulet innehåller en reluktorskiva med 34 stålstift monterade med 10° mellan-rum. När svänghjulet roterar med stiften i magnetfältet alstras en växelspänning för att ange rotationshastigheten. De två utelämnade stiften (med 180° mellanrum) är ÖD-referenser och anger vevaxelns läge genom att variera signalen. Ett utelämnat stift anger ÖD för cylinder 1 och 4, det andra anger ÖD för cylinder 2 och 3.

Toppspänningen i hastighetssignalen kan variera från 5 V vid tomgång till över 100 V vid 6 000 varv/min. I styrmodulen förvandlas den analoga växelströmssignalen till en digital signal av en A/D-omvandlare.

4 Tändning

Data om motorns belastning (insugsrörets tryckgivare) och hastighet (vevaxelns vinkel-givare) hämtas in av styrmodulen som sedan använder den tredimensionella kartan i mikroprocessorns minne. Denna karta inne-håller en förställningsvinkel för grundläggande belastningar och hastigheter. Tändläget justeras sedan utifrån motortemperaturen (kylvätsketemperaturgivaren) så att optimalt tändläge för ett givet arbetsförhållande kan bestämmas.

Förstärkare

Förstärkaren i Rover enpunktsinsprutning innehåller kretsarna för att utlösa tändspolen i rätt ögonblick för antändning. Förstärkar-kretsarna är inbyggda i styrmodulen och mikroprocessorn styr viloperioden för samtliga varvtal och batterispänningar.

Vilofunktionen i Rover enpunktsinsprutning baseras på principen "konstant energi, begränsad ström". Det betyder att vilo-perioden är konstant vid 3,0 till 3,5 ms vid praktiskt taget alla varvtal. Men arbetscykeln, uttryckt i procent eller grader, varierar med motorns varvtal.

Tändspolen

Tändspolen använder sig av lågt primär-motstånd för att öka primärströmmen och primärenergin. Förstärkaren begränsar pri-märströmmen till cirka 8 amp, vilket ger en energireserv för att upprätthålla gnistans bränntid (duration).

Fördelare

I Rover enpunkts insprutningssystem är fördelarens enda uppgift att fördela hög-spänningen från spolens sekundärkrets till varje tändstift i korrekt tändföljd. Fördelaren är placerad på insugskamaxeln vid cylinder 4. Fördelaren innehåller en rotorarm och en avvisarplatta och oljedränering för att förhindra att packningsläckage gör att olja förorenar fördelarlocket och rotorarmen.

Knackgivare

Knackgivaren är monterad på motorblocket och består av ett piezokeramiskt mätelement som reagerar på oscillationer i motorljudet. Denna signal omvandlas till en spänning som är proportionerlig till knacknivån och signalen returneras till styrmodulen för utvärdering och åtgärd. Styrmodulen analyserar ljudet från varje cylinder och använder en sofistikerad teknik för att skilja knack från allmänt motorbuller.

Inledningsvis är tändläget optimerat enligt kartans definition. När knack uppmärk-sammas backar styrmodulen tändläget i den cylindern i steg om 1,875° till dess att knack-ningen upphör eller tändningen backats 10°. Sedan flyttas tändningen fram i små steg om 0,625° var 16 varv/min till dess att optimalt tändläge uppnås eller knack uppstår då styrmodulen i så fall backar tändningen igen. Denna process pågår kontinuerligt så att alla cylindrar alltid har optimerat tändläge.

5 Bränsleinsprutning

Enpunktsinsprutning

Enpunkts insprutningssystem består av en injektor placerad i trottelhuset. Mängden levererat bränsle styrs av bränslets tryck och injektoröppningstiden (även kallad puls-duration). Styrmodulen styr injektoröppnings-tiden, som bestäms utifrån signaler från de olika givarna. Vid kallstart ökas duration och frekvens för att ge en fetare bränsleblandning.

Injektorn

En injektor är en magnetdriven solenoidventil som aktiveras av styrmodulen. Spänningen till injektorerna kommer från huvudreläet och jord ges av styrmodulen under en tidsperiod (pulsduration) på mellan 1,5 och 10 ms. Durationen är mycket beroende på motorns temperatur, belastning, varvtal och arbets-förhållanden. När solenoidmagneten stänger alstras en backspänning på 60 V.

I enpunkts insprutningsmotorer sprutas bränslet in i insugsröret för att sedan dras in i cylindern av den nedåtgående kolven.

Insugsrörets tryckgivare

Den huvudsakliga belastningsgivaren är insugsrörets tryckgivare. En vakuumslang ansluter insugsrörets tryckgivare (placerad i styrmodulen) och insugsröret. Undertrycket i insugsröret påverkar membranet i insugs-rörets tryckgivare och styrmodulen omvandlar trycket till en elektrisk signal. Insugsrörets tryck beräknas enligt formeln: Atmosfärtryck minus insugsrörets tryck = Absolut tryck i insugsröret.

Styrmodulen beräknar bränsleblandningen enligt metoden hastighet/täthet från signalen från insugsrörets tryckgivare och motorns hastighet (vevaxelns vinkelgivare). Denna

metod bygger på hypotesen att motorn suger in en fixerad volym luft per varv.

Insugsröret i enpunkts insprutningsystem är "vått". Bränsle sprutas in i insugsröret så det finns risk att bränsle dras in i insugsrörets tryckgivare och förorenar membranet. Detta förhindras genom att vakuumslangen dras genom en bränslefälla och sedan till styrmodulen (som innehåller insugsrörets tryckgivare).

Lufttemperaturgivaren

Lufttemperaturgivaren är monterad i luft-filterhuset och mäter temperaturen på luften innan den når insugsröret. I och med att luftens densitet varierar i omvänd proportion till temperaturen ger lufttemperaturgivarens signal en mer precis utvärdering av den luft som sugs in i motorn.

Givarens matning är 5,0 V referensspänning och jordning sker via givarreturen. Luft-temperaturgivaren arbetar enligt principen negativ temperaturkoefficient. En variabel spänningssignal returneras till styrmodulen, baserad på luftens temperatur. Signalen är ungefär 2,0 till 3,0 V vid en lufttemperatur på 20°C och sjunker till cirka 1,5 V när tempera-turen stiger till 40°C.

En extra lufttemperaturgivare som över-vakar den omgivande luftens temperatur i motorrummet finns bakom vänster strål-kastare. Funktionen liknar den för den huvudsakliga lufttemperaturgivaren.

Justering av CO-halten

Tomgångens CO-halt kan endast justeras med hjälp av en felkodsavläsare ansluten till den seriella porten. Det går inte att utföra denna justering på annat sätt. Om batteri-matningen till styrmodulen avbryts förloras programmeringen för tomgångens CO-halt. Styrmodulen använder då ett fast värde. Detta resulterar vanligen i en CO-halt som är högre än normalt.

Kylvätskans temperaturgivare

Kylvätskans temperaturgivare är inbyggd i kyl-systemet och innehåller ett variabelt motstånd som fungerar enligt principen om negativ temperaturkoefficient. När motorn är kall är motståndet ganska högt. När motorn startats och börjar värmas upp blir kylvätskan varmare vilket ändrar motståndet i kylvätskans temperaturgivare. I takt med att kylvätske-temperaturgivaren blir varmare sjunker motståndet i den vilket skickar en variabel spänningssignal till styrmodulen baserad på kylvätskans temperatur.

Givarens matning är 5,0 V referensspänning som sjunker till ett värde som beror på motståndet. Normal arbetstemperatur är vanligen från 80 till 100°C. Styrmodulen använder kylvätsketemperaturgivarens signal som huvudsaklig korrektionsfaktor vid beräkning av tändläge och injektor-öppningstid.

Trottelns positionsgivare

En trottelpositionsgivare finns för att informera styrmodulen om accelerationstakten. Trottelns positionsgivare är en potentiometer med tre ledningar. En 5 V referensspänning läggs på ett motståndsspår med andra änden ansluten till jord. Den tredje ledningen är ansluten till en arm som glider utmed motståndsspåret, vilket varierar motstånd och spänning i den signal som går tillbaka till styrmodulen. Denna kan därmed beräkna precis hur snabbt trotteln öppnar.

Trottelbrytare

Den gaspedalmonterade trottelbrytaren anger tomgångsläge åt styrmodulen. När trotteln är stängd över ett visst varvtal (motorbromsning) stänger styrmodulen av bränsleinsprutningen till dess att varvtalet sjunkit till tomgång, eller trotteln öppnas igen.

Stegmotorn

Stegmotorn är en aktiverare som styrmodulen använder till att styra tomgången både med varm motor och under varmkörning. När strömförbrukare som lysen eller fläkt slås på skulle tomgången tendera att sjunka. Styrmodulen känner av belastningen och indexerar stegmotorn så att tomgångsvarvtalet hålls korrekt.

När motorn är kall öppnar stegmotorn trotteln så att varvtalet blir en lagom snabb tomgång. Om låg batterispänning avläses ökar styrmodulen tomgången för att ge större generatoreffekt.

Stegmotorn är en likströmsmotor som styr en kam och en tryckstång via en reduktionsväxel. Tryckstången är i kontakt med trottelarmen som påverkar trottelplattan och upprätthåller därmed varvtalet. Stegmotorns maximala rörelse är 3,75 varv vilket uppnås i 180 steg om 7,5°. Reduktionsväxeln reducerar den faktiska kamrörelsen till 150°.

Stegmotorn har en matning och fyra jordledningar. Genom att jorda olika kombinationer av de fyra kan styrmodulen placera stegmotorn i precis rätt läge.

Insugsrörets värmare

Styrmodulen styr värmaren med ett relä. Värmaren arbetar enligt principen positiv temperaturkoefficient och medger en starkare ström för att snabbt värma upp insugsröret under varmkörningen. Detta ger bättre köregenskaper under varmkörningen.

Värmarens jord är via oljetrycksmätarens relästift 87. När reläet stängs är stift 30 och 87 anslutna. När reläet magnetiseras är stift 30 och 87 en bruten krets. Det betyder att magnetiseringen av reläkontakterna är omvänt mot de andra reläerna i detta system.

När tändningen är påslagen utan att motorn dras runt är oljetrycksreläet magnetiserat av den stängda oljetryckskontakten (placerad i reläets jordväg), vilket bryter insugsrörsvärmarens jord. När motorn går öppnas oljetryckskontakten vilket avmagnetiserar oljetrycksreläet. Detta jordar insugsrörsvärmaren så att den kan arbeta.

När en förbestämd temperatur på cirka 50°C uppnås bryts kretsen till värmaren. Detta avmagnetiserar reläet och stänger av strömmen till värmaren.

Huvudrelä

En permanent batterispänning matas till huvudreläets stift 30 och 86.

När tändningen slås på matas spänning till styrmodulens stift 18 från tändningslåset. Styrmodulen jordar då relästift 85 via styrmodulstiftet 30, vilket magnetiserar relälindningen. Detta stänger huvudreläets kontakter och relästift 30 ansluts till utmatningskretsen på stift 87, vilket matar spänning till injektorn, styrmodulens stift 25 och tändspolens stift 15.

Bränslepumpens relä

När tändningen slås på matas spänning till bränslepumpens relästift 30 och 86. Dessutom matas spänning till oljetrycksreläets stift 86.

I och med att oljetrycksreläets stift 85 är jordat via oljetryckskontakten magnetiseras oljetrycksreläets lindning, vilket öppnar kontakten mellan stiften 30 och 87. Bränslepumpens relä är jordat via oljetrycksreläets stift 30 och 87, så bränslepumpen kan inte gå. Oljetryckslampan lyser.

När motorn dras runt matas spänning till stift 50 på bränslepumpens relä och därmed till pumpens relästift 87. Pumpen går i och med detta.

När motorn startar öppnar det ökande oljetrycket oljetryckskontakten. Varningslampans jord avbryts och den slocknar. Dessutom innebär förlusten av jord till stift 85 att oljetrycksreläet avmagnetiseras och därmed återuppstår kontakten mellan stiften 30 och 87. Detta fullbordar jordkretsen för stift 85 på bränslepumpens relä som därmed magnetiseras och kopplar ihop stift 30 och 87 med kontakterna. Därmed matas spänning till bränslepumpen så länge som motorn går.

Om oljetrycket sjunker under ett givet värde aktiveras oljetryckskontakten som då magnetiserar oljetrycksreläet för att blockera jorden till bränslepumpens relä. Spänningen till pumpen upphör och den stannar.

I händelse av en mycket skarp hastighetsnedsättning, som vid en kollision, löser tröghetsbrytaren ut och stoppar spänningen till bränslepumpens relä. Pumpen stannar.

Avstängning av motorn

När motorn stängs av behåller styrmodulen huvudreläet jordat i 5 eller 6 sekunder. Detta upprätthåller spänningen till styrmodulen som då driver stegmotorn till helt stängd (därmed förhindrande glödtändning). Efter ett par sekunder driver styrmodulen stegmotorn till startläge.

Bränsletryckssystem

Bränslesystemet består av en bränsletank med skvalpskott och en nedsänkt bränslepump. Pumpen drar bränsle från tanken och pumpar det till bränsleröret via ett filter. En reducerad spänning matas till pumpen via en motståndskabel med 0,82 ohm och längden 91 cm.

Skvalpskottet förhindrar att luft sugs in i bränslesystemet genom att se till att upptagningssilen alltid är nedsänkt i bränsle när nivån är låg, även då bränslet skvalpar omkring av centrifugalkrafter.

Pumpen är av "våt" typ på så vis att bränslet flödar genom pumpen och den elektriska motorn. Det finns ingen brandrisk eftersom det bränsle som dras genom pumpen inte kan förbrännas.

Bränslepumpen består av en impeller med ett antal spår på ytterkanten. När pumpmotorn startar, roterar impellern och när bränsle passerar genom impellern skapas en tryckskillnad. Bränsle dras genom pumpintaget, trycksätts mellan spåren och matas ut i bränsleledningen genom pumpens utlopp.

Pumpen är skyddad mot övertryck av en säkerhetsventil på pumpens utloppssida.

När motorn går matas bränslet via en envägsventil och ett filter till trottelhusets injektor. Tryckfall i systemet förhindras med envägsventilen i pumpens utlopp. När tändningen stängs av och bränslepumpen stannar upprätthålls därmed trycket en tid.

Bränsletrycksregulator

Ett bränsletryck på cirka 1 bar styrs av en membranaktiverad tryckregulator placerad i övre delen av trottelhuset. När trycket stiger över den förbestämda nivån rörs membranet mot ett fjädertryck och släpper ut bränsleöverskottet till tanken via returledningen. Tryckfall i systemets matningssida förhindras med envägsventilen i pumpens utlopp. När tändningen stängs av och pumpen stannar upprätthålls därmed trycket en tid.

Tröghetsbrytaren

Tröghetsbrytaren är en säkerhetsbrytare som bryter strömmen till bränslepumpen i händelse av en mycket skarp fartminskning som en kollision. När brytaren löst ut är bränslepumpens krets bruten till dess att brytaren återställs genom att knappen dras upp.

Justeringar

6 Villkor för justering

1 Samtliga dessa villkor ska vara uppfyllda innan justering påbörjas:

a) Motorn ska hålla arbetstemperatur. Motoroljans temperatur minst 80°C. En körsträcka på minst 7 km rekommenderas (speciellt om bilen har automatväxellåda).

b) Tillbehör (all motorbelastning) avstängda.

c) För fordon med automatväxellåda, växelväljaren i N eller P.

d) Motorn mekaniskt frisk.

e) Motorns ventilationsslangar och ventileringssystem i tillfredsställande skick.

f) Insuget fritt från vakuumläckor.

g) Tändsystemet i tillfredsställande skick.

h) Luftfiltret i tillfredsställande skick.

i) Avgassystemet fritt från läckor.

j) Gasvajern korrekt justerad

k) Inga felkoder loggade i styrmodulen.

l) Syresensorn i tillfredsställande skick (katalysatorförsedda fordon med sluten styrslinga).

2 Dessutom, innan kontroll av tomgångsvarvtal och CO-halt ska motorn stabiliseras enligt följande:

a) Stabilisera motorn. Höj varvtalet till 3 000 varv/min under minst 30 sekunder och låt motorn återgå till tomgång.

b) Om kylfläkten startar under justeringen, vänta till dess att den stannar, stabilisera motorgången och börja om med justeringen.

c) Låt varvtal och CO-halt stabiliseras.

d) Utför alla kontroller och justeringar inom 30 sekunder. Om denna tid överskrids, stabilisera motorgången och kontrollera igen.

7 Justering av trotteln

1 Motorn avstängd, trotteln stängd, tändningen på.

2 Anslut en voltmätare mellan stift 2 i trottelns positionsgivare och jord.

3 Anteckna spänningen som bör vara mellan 0,3 och 0,7 V.

4 Om spänningen är fel, lossa de två skruvarna och vrid trottelns positionsgivare så att spänningen blir mellan 0,3 och 0,7 V.

8 Kontroll av tändläget

1 Tändläget styrs av styrmodulen och kan inte justeras. Men ett stroboskop kan användas till att kontrollera om märket på främre remskivan visar att tändläget flyttas fram när trotteln öppnas och varvtalet ökar.

9 Justering av tomgången

1 Justering av tomgångens varvtal ska utföras med en passande felkodsavläsare ansluten till den seriella porten.

2 En metod att justera CO-halten utan felkodsavläsare ges nedan.

3 Justerskruven för grundtomgången får endast rubbas vid inställning med felkodsavläsare eller vid inställning enligt nedan beskrivna metod.

4 Varje justering av CO-halten har endast effekt vid tomgång och påverkar inte CO-halten vid varvtal högre än tomgång.

Justering av tomgångens CO-halt utan felkodsavläsare (vissa modeller)

5 Starta och varmkör motorn till normal arbetstemperatur (kylvätskan minst 80°C).

6 Låt kylfläkten starta. När den stannar, stäng av tändningen.

7 Slå på tändningen igen.

Fig. 15.2 Gasvajerns spel: Stick in ett bladmått som är 0,2 till 0,5 mm tjockt mellan trottelarmen och stoppet...

Fig. 15.4 Slacka på låsmuttern till justerskruven för grundtomgången...

8 Pumpa trotteln fem gånger, detta öppnar och stänger kontakten på gaspedalen. Kontrollera att gaspedalen stänger kontakten mellan pumpslagen.

9 Varningslampan för hög temperatur börjar blinka på instrumentbrädan. Vänta på att den slutar blinka innan du utför nästa steg.

10 Starta motorn utan att röra gaspedalen. Att beröra trotteln mellan denna punkt och fullbordad justering för att styrmodulen avbryter justeringen. Användandet av någon elektrisk enhet gör också att styrmodulen avbryter.

11 Tomgångsvarvtalet kommer att stiga och sjunka medan styrmodulen kalibrerar CO-halten. Detta bör ta cirka 2 minuter. Processen är fullbordad när varningslampan för hög kylvätsketemperatur börjar blinka igen.

12 CO-halten ska vara mellan 2,5 och 3,5%.

Speljustering

13 Motorn avstängd, gaspedalen i topp (trottelkontakten stängd).

14 Spelet ska vara mellan 0,2 och 0,5 mm, det är den väg gasvajern ska kunna röra sig innan trotteln börjar öppna (fig. 15.2 och 15.3).

Justering av grundläggande tomgång

15 Låt motorn gå på tomgång.

16 Öka varvtalet till cirka 1 200 varv/min med trottelarmen på trottelhuset.

17 Vänta på att stegmotorns kolv drar sig tillbaka helt.

Fig. 15.3 ... och justera gasvajern så att korrekt inställning uppnås

Fig. 15.5 ... och vrid på skruven (vid pilen) så att grundtomgången blir korrekt inställd

18 När kolven är helt tillbakadragen, dra ur kontakten till stegmotorn och släpp trottelarmen så att motorn går tillbaka till tomgång.
19 Kontrollera grundtomgången mot följande värden:

a) Manuell växellåda: 650 ± 50 varv/min.
b) Automatväxellåda: 600 ± 50 varv/min.
20 Använd vid behov justerskruven **(fig. 15.4 och 15.5).**
21 Anslut stegmotorns kontakt.

22 Stäng av tändningen, vänta tre sekunder och slå på den igen. Vänta tre sekunder och slå av den igen. Stegmotorn ska nu vara i läge för nästa start.
23 Kontrollera gasvajerns spel.

Tester av systemets givare och aktiverare

Viktigt: *Se kapitel 4 som beskriver vanliga testmetoder. Beskrivningarna i kapitel 4 ska läsas tillsammans med de komponentnotiser och kopplingsscheman som finns i detta kapitel. De kopplingsscheman och andra data som finns i detta kapitel är inte nödvändigtvis korrekta för just din version. I och med de variationer av ledningsdragning och data som ofta förekommer även mellan mycket snarlika fordon i en tillverkares utbud ska du vara mycket noga med att identifiera stiften på styrmodulen korrekt och se till att alla korrekta data är inhämtade innan en given komponent kasseras.*

10 Vevaxelns vinkelgivare

1 Se anmärkningen i början av detta avsnitt och relevant avsnitt i kapitel 4.
2 Motståndet i vevaxelns vinkelgivare är mellan 1 250 och 1 550 ohm.

11 Primär tändning

1 Se notisen i början av avsnitt 10 och relevant avsnitt i kapitel 4 **(fig. 15.6).**
2 Vid test av tändkretsen för primär signal passar beskrivningen i avsnittet "Primärsignal saknas (intern förstärkare)" generellt.
3 Primärmotståndet är 0,71 till 0,81 ohm, sekundärmotståndet är 5 000 till 15 000 ohm.

12 Knackgivare

1 Se notisen i början av avsnitt 10 och relevant avsnitt i kapitel 4.

13 Injektorfunktion

1 Se notisen i början av avsnitt 10 och relevant avsnitt i kapitel 4.
2 Spänning till injektorn kommer från huvudsystemreläet.
3 Enpunkts insprutningssystemet är strömstyrt.
4 Injektormotståndet är normalt 1,0 till 2,0 ohm.
5 Om insprutningen inte upphör vid motorbromsning, kontrollera att gaspedalkontakten fungerar korrekt. Injektorljudet ska tillfälligt upphöra vid avstängning.

14 Insugsrörets tryckgivare

1 Se notisen i början av avsnitt 10 och relevant avsnitt i kapitel 4 **(fig. 15.7).**
2 Insugsrörets tryckgivare är inbyggd i styrmodulen och separat spänningstest kan inte utföras.

15 Lufttemperaturgivare

1 Se notisen i · början av avsnitt 10 och relevant avsnitt i kapitel 4.

2 Lufttemperaturgivaren är placerad i intaget till luftfilterhuset.

16 Kylvätskans temperaturgivare

1 Se notisen i början av avsnitt 10 och relevant avsnitt i kapitel 4.

17 Trottelbrytare

1 Kontrollera att stiften är helt intryckta och har god kontakt med pedalkontakten.

Kontroll av pedalkontaktens funktion

2 De två ledningarna till pedalkontakten är jord och tomgångssignal.
3 Stäng av motorn, låt tändningen vara på och anslut en voltmätares negativa sond till en motorjord.
4 Anslut voltmätarens positiva sond till den ledning som är ansluten till pedalkontaktstift 2, mätaren ska indikera noll V.
5 Om noll V inte kan erhållas, kontrollera pedalkontaktens jord och utför motståndstestet nedan.
6 Öppna trotteln, spänningen ska stiga till 5,0 V.
7 Om spänningen är låg eller obefintlig: Kontrollera att pedalkontaktens tomgångsstift inte är kortslutet till jord. Lossa pedalkontaktens anslutningar och kontrollera att det finns 5,0 V på signalstiftet. Om spänning saknas, kontrollera kontinuiteten i signalledningen mellan kontakten och styrmodulen.
8 Om pedalkontaktens ledningsdragning är tillfredsställande, kontrollera styrmodulens matningar och jordar. Om dessa är tillfredsställande är styrmodulen misstänkt.

Kontroll av pedalkontaktens motstånd.

9 Anslut en ohmmätare mellan jordstift 1 och stift 2.
10 Med stängd pedalkontakt ska ohmmätaren visa mycket nära noll ohm.

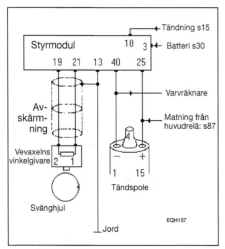

Fig. 15.6 Kopplingsschema för tändsystemet

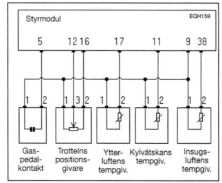

Fig. 15.7 Kopplingsschema för givare

11 Oppna trotteln långsamt, när pedal-kontakten öppnar ska kretsen brytas och förbli bruten även med vidöppen trottel.
12 Om pedalkontakten inte uppför sig som beskrivet och den inte förhindras från att öppna eller stänga fullt av kärvhet i trottellänkaget är pedalkontakten misstänkt.

18 Trottelns positionsgivare

1 Se notisen i början av avsnitt 10 och relevant avsnitt i kapitel 4.

19 Stegmotor

1 Slå på tändningen.
2 Efter 5 sekunder, stäng av tändningen. Stegmotorns plunger ska dras helt tillbaka och sedan stanna i ett för temperaturen korrekt läge, redo för nästa motorstart. Efter 15 sekunder klickar huvudreläet hörbart. Om denna operation genomförs med framgång är det troligt att stegmotorns skick är tillfredsställande.

Stegmotortester

3 Leta efter normal batterispänning vid stegmotorns matning (fig. 15.8).
4 Anslut en likströms voltmätare till vart och ett av jordstiften i turordning.
5 Slå på och stäng av tändningen. En spänning ska kortvarigt avläsas när steg-motorn aktiveras.
6 Dra ur stegmotorns kontakt och kontrollera att motståndet mellan stift 5 och stiften 1, 2, 3 och 4 i turordning är 16 ohm.
7 Dra ur styrmodulens kontakt (se varning 3 i Referenser).
8 Slå på tändningen.
9 Anslut en ledning från styrmodulens stift 4 till batteriets jord (detta magnetiserar huvud-reläet med styrmodulen urkopplad).

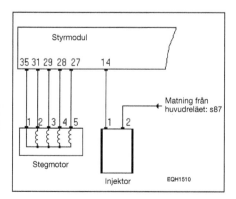

Fig. 15.8 Kopplingsschema för injektor och stegmotor

10 Anslut en voltmätare mellan jord och styrmodulens stift 22, 2, 27 och 3 i turordning, normal batterispänning ska finnas.
11 Om normal batterispänning inte finns på ett eller flera av styrmodulens stift, kontrollera kontinuiteten i ledningarna mellan relevanta stift på styrmodul och stegmotor.
12 Om ledningarna är tillfredsställande kontrollera styrmodulens matningar och jordar. Om matningar och jordar är tillfreds-ställande är styrmodulen misstänkt.
13 Stegmotorns motstånd är 15,0 ohm.

20 Insugsrörets värmare

1 Se notisen i början av avsnitt 10 och relevant avsnitt i kapitel 4.
2 Utför testerna när kylvätskans temperatur understiger 50°C.
Observera: *Om motorn är het kan en variabel potentiometer anslutas till kylvätsketempera-turgivarens kontakt för simulering av kall motor.*

21 Styrmodulens matningar och jordar

1 Se notisen i början av avsnitt 10 och relevant avsnitt i kapitel 4.

22 Tröghetsbrytare

1 Se notisen i början av avsnitt 10 och relevant avsnitt i kapitel 4.

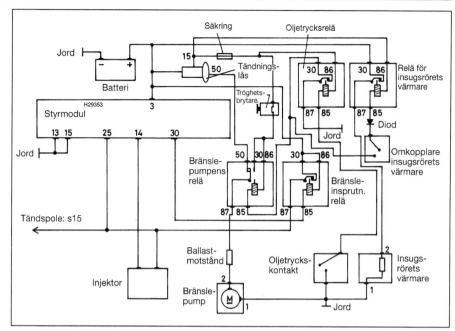

Fig. 15.9 Kopplingsschema för reläer och komponenter

2 Tröghetsbrytaren är placerad under instrumentbrädan, bakom mittkonsolen nära radion.

23 Systemreläer

1 Se notisen i början av avsnitt 10 och relevant avsnitt i kapitel 4.
2 Ström till de elektriska kretsarna i Rover enpunktsinsprutning ges av ett huvudrelä och bränslepumpens relä. Jord till bränsle-pumpens relä går via ett oljetrycksrelä och en oljetryckskontakt. Se beskrivningen av relä-funktionerna för en detaljstudie av denna mycket komplexa reläkonfiguration (fig. 15.9).
3 Ett relä matar insugsrörets uppvärmning. Jord till värmarens relä går genom en termobrytare (50°C) och oljetryckskontakten.
4 När motorn dras runt matas spänning till stift 50 på bränslepumpens relä och därmed till bränslepumpen via relästift 87 vilket kör pumpen. Om pumpen bara går under rund-dragningen, kontrollera oljetrycksreläet och oljetryckskontakten.

24 Bränslepump och krets

1 Se notisen i början av avsnitt 10 och relevant avsnitt i kapitel 4.
2 En reducerad spänning matas till pumpen via en motståndskabel med 0,82 ohm och längden 91 cm, placerad i matningsledningen nära bilens front.

3 Spänningen till bränslepumpen ska vara 9,0 till 10,0 V. Om spänningen är mycket lägre ska motståndet misstänkas först.

25 Bränsletryck

1 Se notisen i början av avsnitt 10 och relevant avsnitt i kapitel 4.

Stifttabell - typisk 40 stifts
Observera: *Se fig. 15.10.*

1 -
2 -
3 Batterimatning
4 Tändningens matning
5 Trottelbrytare
6 -
7 Diagnostikkontakt
8 Diagnostikkontakt
9 Givares jordretur
10 -
11 Kylvätsketemperaturgivare
12 Trottelns positionsgivarsignal
13 Jord
14 Injektor

15 Jord
16 Matning till trottelns positionsgivare
17 Lufttemperaturgivare för omgivande luft
18 Matning för runddragning från startmotorns solenoid via diod
19 Vevaxelns vinkelgivare
20 Knackgivare
21 Vevaxelvinkelgivarens retur
23 -
24 Diagnostikkontakt
25 Huvudrelä
26 -
27 Stegmotor fas 5
28 Stegmotor fas 4

29 Stegmotor fas 3
30 Huvudrelä
31 Stegmotor fas 2
32 -
33 Temperaturvisare
34 -
35 Matning till stegmotor
36 -
37 -
38 Lufttemperaturgivare
39 -
40 Tändspole

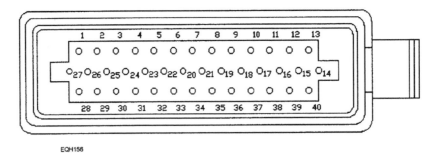

EQH156

Fig. 15.10 Rover 40 stifts kontakt

Felkoder

26 Läsning av felkoder

1 Rover enpunktsinsprutning kräver en speciell felkodsavläsare för åtkomst av felkoder och Datastream, aktivering av komponenter och justeringar. Detta system kan inte mata ut blinkkoder.

2 Rover enpunktsinsprutning loggar inte traditionella felkoder. Vid systemkontroll med en felkodsavläsare testas emellertid varje givar- och aktiverarkrets och alla påträffade fel rapporteras.
3 Om en kontroll inte hittar fel kommer felkodsavläsaren att inleda en rutin för justeringar, då justering av CO-halten kan utföras. Här räknas upp ett antal fel upp som kan komma att indikeras under testen:

Kretsfel för kylvätskans temperaturgivare
Kretsfel för omgivningsluftens temperaturgivare
Kretsfel för insugsluftens temperaturgivare
Låg batterispänning
Kretsfel för trottelns pedalkontakt
Kretsfel för knackgivare
Kretsfel för tändspolen

Kapitel 16
Toyota TCCS

Innehåll

Specifikationer

Fordon	Årsmodell	Tomgångsvarvtal	CO%
Camry katalysator 5S-FE (SXV10)	1992	750 ± 50	0.5 max
Camry 2.0i OHC 3S-FE	1987 till 1991	700 ± 50	1,5 ± 0,5
Camry 2.0i OHC 4WD 3S-FE	1988 till 1989	700 ± 50	1,5 ± 0,5
Camry 2.0i OHC 4WD 3S-FE	1988 till 1989	700 ± 50	1,5 ± 0,5
Camry 2.2i 16V DOHC katalysator 5S-FE	1991 till 1996	750 ± 50	0 till 0,5
Camry 2.2	1997	750 ± 50	0,5 max
Camry 2.5i V6 OHC katalysator 2VZ-FE	1989 till 1991	700	0,5 max
Camry 3.0i V6 24V DOHC katalysator 3VZ-FE	1991 till 1995	700 ± 50	0 till 0,5
Carina E 1.6i 16V DOHC 4A-FE	1992 till 1996	750 ± 50	0,3 max
Carina E 1.6i 16V DOHC katalysator 4A-FE	1992 till 1996	750 ± 50	0,3 max
Carina II 2.0i OHC 3S-FE	1988 till 1992	700 ± 50	1,5 ± 0,5
Carina II 2.0i OHC katalysator 3S-FE	1988 till 1992	700 ± 50	0 till 0,5
Carina E 2.0i DOHC katalysator 3S-FE	1992 till 1996	800 ± 50	0,5 max
Carina E 2.0i DOHC katalysator 3S-GE	1992 till 1995	800 ± 50	0,5 max
Celica 2.0 16V DOHC 3S-GE	1990 till 1994	800 ± 50	1,0 ± 0,5
Celica 2.0 16V DOHC katalysator 3S-GE	1990 till 1994	800 ± 50	1,0 ± 0,5
Celica 2.0 16V DOHC 3S-GEL	1985 till 1990	800	1,0 ± 0,5
Celica 2.0 GT-4 turbo 16V 3S-GTE	1988 till 1990	750 ± 50	0 till 0,5
Celica 2.0 GT-4 turbo 16V 3S-GTE	1990 till 1993	800 ± 50	0 till 0,5
Celica 2.2i 16V DOHC katalysator 5S-FE	1991 till 1994	700 ± 50	0 till 0,5
Corolla 1.3i OHC katalysator 2E-E	1990 till 1992	800 ± 50	0,5 till 2,0
Corolla 1.3i 16V DOHC katalysator 4E-FE	1992 till 1995	700 ± 50	0,3 max
Corolla utan katalysator 4A-GE	1987 till 1992	800	1,5 ± 0,5
Corolla katalysator 4A-GE	1987 till 1992	800	0,5 max
Corolla utan katalysator 4A-FE (AE101)	1992 till 1997	800 ± 50	1,5 ± 0,5
Corolla 1.6 GTi OHC katalysator 4A-GE	1989 till 1992	850 ± 50	1,5 ± 0,5
Corolla katalysator 4A-FE (AE101)MT	1992 till 1997	750 ± 50	0,5 max
Corolla katalysator 4A-FE (AE101) AT	1992 till 1997	800 ± 50	0,5 max
Corolla 1.6i 16V DOHC katalysator 4A-FE	1992 till 1996	750 ± 50	0,5 max
Corolla 1.6 GTi OHC 4A-GE	1987 till 1992	800 ± 50	1,5 ± 0,5
Corolla 1.8i 16V DOHC katalysator 7A-FE	1993 till 1995	750 ± 50	0,5 max
Hi-Ace 2.4i OHC 2RZ-E	1989 till 1994	750	1,0 ± 0,5
Hi-Ace 2.4i 4x4 OHC 2RZ-E	1989 till 1994	750	1,0 ± 0,5
MR2 1.6 OHC 4A-GEL	1984 till 1990	800 ± 50	1,5 ± 0,5
MR2 2.0 16V DOHC GT katalysator 3S-GE	1990 till 1995	800 ± 50	0,5 max
MR2 2.0 16V DOHC katalysator 3S-FE	1990 till 1994	700 ± 50	0 till 0,5

Fordon	Årsmodell	Tomgångsvarv	CO%
Previa 2.4i 16V DOHC katalysator 2TZ-FE	1990 till 1996	700 ± 50	0,5 max
Supra 3.0i 24V DOHC 7M-GE	1986 till 1993	850 ± 50	1,0 ± 0,5
Supra 3.0i 24V DOHC katalysator 7M-GE	1986 till 1993	800 ± 50	1,0 ± 0,5
Supra 3.0i turbo DOHC DIS katalysator 7M-GTE	1989 till 1993	800 ± 50	0 till 0,5
Supra 3.0i turbo DOHC DIS 2JZ-GTE	1993 till 1994	650 ± 50	0,5 max
Tarago 2.4i 16V DOHC katalysator 2TZ-FE	1990 till 1995	700 ± 50	0,5 max
4 Runner 3.0i 4WD V6 SOHC 12V katalysator	1991 till 1995	700 ± 50	0 till 0,5

Översikt av systemets funktion

1 Inledning

Läs denna översikt av funktionen hos Toyota TCCS tillsammans med kapitel 2 som beskriver vissa av funktionerna i större detalj.

Toyota utvecklade sitt första elektroniska bränsleinsprutningssystem 1971 och började volymtillverka det i och med 1979 års Toyota Crown med motorn 5M-E och i Cressida med motorn 4M-E. Toyota elektronisk bränsleinsprutning var ett analogt system som styrde bränsleinsprutningen utifrån den tid det tog att ladda upp och utlösa en kondensator. Toyota betecknar även insprutningsfunktionen i TCCS elektronisk bränsleinsprutning, vilket ibland kan leda till förvirring.

1983 kom det första digitala systemet kallat TCCS (Toyota Computer Controlled System). TCCS är ett helt integrerat system som styr primär tändning, bränsletillförsel (flerpunkts insprutning) och motorns tomgång från en styrmodul. Till skillnad från tidiga elektroniska bränsleinsprutningssystem, sparas elektroniska referenskartor i ROM och en självtestfunktion finns.

Toyota TCCS är konstruerat som ett modulärt system med kapacitet att styra ett brett utbud av motorer. I grunden kan TCCS delas upp i två huvudtyper efter metoden att beräkna motorns belastning. En typ använder en insugsrörstryckgivare, den andra en luftflödesmätare för beräkning av belastningen. Inom varje huvudtyp finns ett antal varianter, inkluderande olika utformningar av styrmodulens anslutningar (**fig. 16.1 och 16.2**).

Styrmodulen i TCCS är ansluten till batteriet, givarna och aktiverarna med en kontakt vars placeringar och numreringar av stiften varierar med fordonsmodell. En gemensam metod används för betecknande av de olika stiften i TCCS, detta kapitel hänvisar till dessa stiftbeteckningar i text och bilder.

2 Styrfunktioner

Signalbehandling

Grundtändläget sparas i styrmodulen på en tredimensionell karta och signaler som anger motorns belastning och hastighet bestämmer tändläget. Huvudgivaren för motorns belastning är antingen en luftflödes- eller insugsrörstryckgivare och motorns hastighet avgörs från vevaxelvinkelgivarens signal.

Korrigeringar utförs för faktorer som start, tomgång, inbromsningar och del- och fullbelastning. Den huvudsakliga korrektionsfaktorn är motorns temperatur (kylvätskans temperaturgivare). Mindre korrigeringar av tändläge och bränsleblandning sker utifrån signaler från lufttemperaturgivaren och trottelns positionsgivare.

Den grundläggande bränsleblandningen sparas också på en tredimensionell karta och signalerna för motorns belastning och hastighet styr den grundläggande injektoröppningstiden. Bränsleblandningen och öppningstiden korrigeras utifrån signaler för lufttemperatur, kylvätskans temperatur, batterispänning och trottelposition. Andra påverkande faktorer är arbetsvillkor som start, varmkörning, tomgång, acceleration och inbromsning.

TCCS kallar upp en annan karta för tomgångskörning och den kallas alltid upp när motorn går på tomgång.

Grundläggande styrmodulfunktion (typisk)

En permanent matning kommer från fordonets batteri till stiftet BATT på styrmodulen, via en eller flera säkringskablar. När tändningen är påslagen matas spänning från stiften IG1 och IG2 på tändningslåset. IG1 är anslutet till styrmodulens stift W via varningslampan "Check Engine" och IG2 matar spänning till den elektroniska bränsleinsprutningens huvudrelä, tändspolen/förstärkaren samt injektorkretsen.

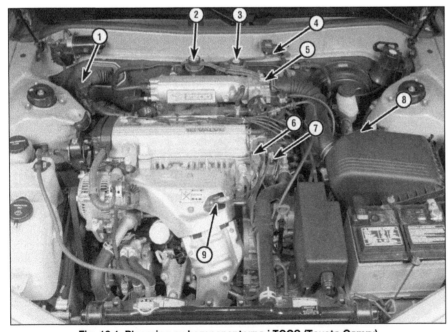

Fig. 16.1 Placering av komponenterna i TCCS (Toyota Camry)

1. Diagnostikkontakt
2. Återcirkulationens vakuummodulator
3. Återcirkulationsventilen
4. Insugsrörets tryckgivare
5. Trottelns positionsgivare (bakom trottelhuset)
6. Kylvätskans temperaturgivare
7. Fördelare
8. Tändförstärkare bakom luftrenarhuset
9. Syresensorn

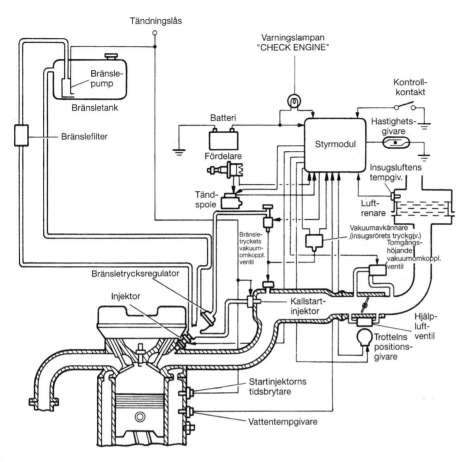

Tändningslås

Varningslampan "CHECK ENGINE"

Bränsle-pump

Bränsletank

Bränslefilter

Batteri

Fördelare

Tänd-spole

Styrmodul

Kontroll-kontakt

Hastighets-givare

Insugsluftens tempgiv.

Luft-renare

Bränsle-tryckets vakuum-omkoppl. ventil

Vakuumavkännare (insugsrörets tryckgiv.)

Tomgångs-höjande vakuumomkoppl. ventil

Bränsletrycksregulator

Injektor

Kallstart-injektor

Hjälp-luft-ventil

Trottelns positions-givare

Startinjektorns tidsbrytare

Vattentempgivare

Fig. 16.2 Kopplingsschema för TCCS (Toyota Corollam fr o m 1989)

Matningen till den elektroniska bränsle-insprutningens huvudrelä är direkt ansluten via magnetiseringsslingan till jord och reläet matar spänning till styrmodulens stift +B och +B1, bränslepumpens relä, injektorerna och vakuumomkopplingsventilen till det variabla insugssystemet (i förekommande fall). När styrmodulen får spänning på stift +B ansluts stift W till jordstiftet E1 och varningslampan "Check Engine" tänds.

Motorns givare (d v s lufttemperaturgivaren, CO-potentiometern, kylvätskans temperatur-givare, insugsrörets tryckgivare (eller luft-flödesmätaren) och trottelns positionsgivare förses nu med en 5,0 V referensspänning från relevant stift på styrmodulen.

När tändningslåset vrids till läge ST1 (dra runt motorn) matas en spänning till start-motorns solenoid, styrmodulens stift STA, kallstartinjektorn och bränslepumpsreläets magnetiseringsslinga. Bränslepumpen körs och när styrmodulen får signal om att motorn dras runt till stift STA aktiveras tändning och insprutning. Om motorns temperatur är låg körs kallstartsinjektorn i ett par sekunder innan termotidsbrytaren öppnar för att bryta kretsen till kallstartsinjektorn.

När startnyckeln släpps från startläget och motorn inte startat upphör spänningen från tändningslåsets stift ST1 och startmotorns

solenoid, styrmodulstiftet STA, kallstarts-injektorn samt bränslepumpsreläets magneti-seringsslinga blir då utan spänning.

När startnyckeln släpps från startläget och motorn startat magnetiserar stift FC på styrmodulen bränslepumpsreläets lindning och bränslepumpen fortsätter att gå.

Bränsleavstängning vid motorbromsning

Bränslet stängs av vid motorbromsning för att förbättra driftsekonomi och reducera utsläpp. Avstängningsvilkoren är:

a) Trotteln stängd (tomgångskontakterna stängda).

b) Varvtalet överstiger 1 800 varv/min.

c) När varvtalet sjunker under 1 400 varv/min återupptas insprutningen av bränsle.

Referensspänning

Spänningsutmatningen från styrmodulen till motorns givare är 5,0 V. Detta ger en stabil arbetsspänning som inte påverkas av varia-tioner i systemets spänning.

Returanslutningen till jord är för de flesta givare via styrmodulens stift E1 och E2, men dessa är inte direkt jordade. Styrmodulen jordar E1 och E2 internt till EO1 och E02 som är direktjordade.

Självdiagnostik

TCCS har en självtestfunktion som kontinu-erligt övervakar signalerna från motorgivarna. När ett fel upptäcks tänds varningslampan "Check Engine" på instrumentbrädan och styrmodulen loggar tillämplig(a) felkod(er) internt. Dessa koder kan matas ut på varningslampan genom att tillämpliga stift i diagnostikkontakten byglas. Vissa senare versioner är utrustade med en diagnostiklänk (total diagnostic communication link) placerad under instrumentbrädan på förarsidan. Koderna kan avläsas med en felkodsavläsare i diagnostiklänkkontakten.

I vissa tidiga versioner av TCCS tänder inte alla felkoder varningslampan, även om styrmodulen loggar dem. När lampan löser ut börjar den blinka. Felkoden avläses genom att blinken räknas. Koderna kan även i förekommande fall avläsas via diagnostik-länken med en passande felkodsavläsare. Om mer än en kod finns sparad matas de ut i nummerordning med det lägsta kodnumret först.

Om feltillståndet upphör slocknar varnings-lampan, men koderna finns kvar till dess att de raderas. Det finns flera sätt att radera koderna, inkluderande avlägsnandet av varningslampans säkring, lossandet av batteriets jordledning samt en passande felkodsavläsare (på modeller med diagnostik-länk).

Nödprogram ("linka hem"-funktionen)

Förutom självtestkapacitet har Toyota TCCS en "linka hem"-funktion. I händelse av ett allvarligt fel på en eller flera givare använder motorstyrningen ett fast värde som ersättning för givarvärdet.

Exempelvis så är det fasta värdet för kylvätskans temperaturgivare 80°C och lufttemperaturgivaren 20°C. Detta betyder att motorn kan gå ganska bra även om antingen lufttemperaturgivaren eller kylvätskans tem-peraturgivare är defekt. Men i och med att ersättningsvärdena är för en varm motor kan egenskaperna vid kallstart och varmkörning vara mindre tillfredsställande.

Adaptivt minne

Med tiden lär sig styrmodulen den bästa tomgången för en given motor, oavsett ålder och slitage eller belastning, så att korrekt varvtal vid tomgång bibehålls. Dessa anpas-sade värden sparas i minnet. Sparade tomgångsinställningar och felkoder raderas om batteriet kopplas ur. Detta kan innebära ojämn tomgång till dess att styrmodulen lärt sig de optimala inställningarna igen.

Fordonets hastighetsgivare

Fordonets hastighetsgivare upplyser styr-modulen om fordonets hastighet. Tidiga versioner av fordonets hastighetsgivare alstrar en växelspänning som styrmodulen kon-verterar till ett digitalt värde. Vissa senare versioner använder en hastighetsgivare av Halleffekttyp som alstrar en fyrkantsvågform.

Fordonets hastighetsgivare är monterad på hastighetsmätardrivningen bakom instrumentbrädan.

Med en fordonshastighetsgivare av Halleffekttyp matas en spänning på ca. 10 V till fordonets hastighetsgivare från tändningslåset när tändningen slås på. När hastighetsmätarvajern börjar snurra stängs och öppnas Hallkontakten omväxlande, vilket skapar en fyrkantsvågsignal till styrmodulen. Signalens frekvens beror på fordonets hastighet.

3 Primär utlösare

Vevaxelns vinkelgivare

Primärsignalen för utlösning av både bränslets insprutning och tändningens gnista kommer från två induktiva givare placerade i fördelaren. Vardera givaren består av en reluktor med ett givet antal tänder, placerade inom ett induktivt magnetfält. Bägge reluktorerna är monterade på fördelaraxeln med ÖD-givaren överst. Varvtalsreluktorn har 24 tänder och ÖD-reluktorn 4 – en per cylinder. När fördelaren roterar så roterar även tänderna i magnetfältet, vilket skapar en växelspänning som indikerar varvtal och ÖD. Vardera givaren är ansluten till styrmodulen med en signalledning och jord.

Toppspänningen i vardera signalen (sedd i ett oscilloskop) kan variera från 2 V vid tomgång till över 100 V vid 6 000 varv/min. I styrmodulen förvandlas växelströmssignalen från analog till digital av en A/D-omvandlare.

4 Tändning

Data om motorns belastning (insugsrörets tryckgivare eller luftflödesmätare) och hastighet (vevaxelns vinkelgivare) hämtas in av styrmodulen som jämför med den digitala tändlägeskartan i minnet. Kartan innehåller en förställningsvinkel för varje grundläggande arbetsvillkor, relativt motorns belastning och hastighet. Förställningsvinkeln korrigeras med utgångspunkt från motorns temperatur (kylvätskans temperaturgivare) så att bästa tändläge för varje arbetsförhållande kan erhållas.

Förstärkare

Förstärkaren i Toyota TCCS (ofta kallad "tändare" av japanska biltillverkare) innehåller kretsar för att utlösa spolen i rätt ögonblick. Styrmodulen beräknar korrekt vilotid och förställning från data den får från givarna och skickar en signal till förstärkaren som då utlöser spolen.

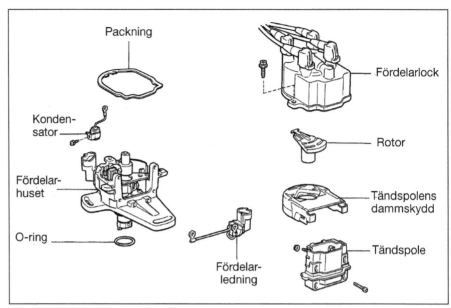

Fig. 16.3 Sprängskiss över fördelare med inbyggd tändspole ("Spolen i locket")

Förstärkaren övervakar primärutlösningen, om den är tillfredsställande skickas en bekräftelsesignal (IGf) till styrmodulen. Om styrmodulen inte får en IGf-signal från förstärkaren stänger den av bränslepumpens drivning vid stift FC som en säkerhetsåtgärd.

Förstärkarens placering varierar med fordon. Vissa har förstärkaren i fördelarhuset, andra i motorrummet.

Vilofunktionen i Toyota TCCS baseras på principen "konstant energi, begränsad ström". Det betyder att viloperioden är konstant vid 3,0 till 3,5 ms vid praktiskt taget alla varvtal. Men arbetscykeln, uttryckt i procent eller grader varierar med motorns varvtal.

Tändspolen

Tändspolen använder lågt primärmotstånd för att öka den primära strömmen och primärenergin. Förstärkaren begränsar primärströmmen till cirka 8 amp vilket ger en energireserv för att upprätthålla gnistans brinntid (duration).

Fördelare

I TCCS innehåller fördelaren givarna för varvtal och ÖD samt de sekundära hög-spänningskomponenterna (fördelarlock, rotor och tändspole) och har som uppgift att fördela högspänningen från spolens sekundärlindning till tändstiften i korrekt tändföljd. Fördelaren är placerad på avgaskamaxeln vid cylinder 1 (fig. 16.3).

Integrerad tändningsenhet

I vissa versioner är spolen och förstärkaren hopbyggda inne i fördelaren. Detta minskar ledningsdragandet och ökar driftsäkerheten. Systemet kalls ofta "spolen i locket" och känns igen på avsaknaden av tändspolens sekundära huvudtändkabel. Högspänningen leds direkt från spolen till rotorarmen som skickar

den till tändstiften via tändkablar på konventionellt sätt.

Knackgivare (vissa fordon)

Optimalt tändläge (vid varvtal överstigande tomgång) för en högkomprimerad motor ligger ganska nära knackningsgränsen. Men att ligga så nära den gränsen innebär att knackningar inträffar i en eller flera cylindrar vid vissa tillfällen under motorns arbetscykel.

I och med att knack kan uppstå vid olika tillfällen i varje cylinder använder TCCS en knackregleringsprocessor (i styrmodulen) för att ange vilken eller vilka cylindrar som knackar. Knackgivaren är monterad på motorblocket och består av ett piezokeramiskt mätelement som reagerar på svängningar i motorljudet. Knack omvandlas till en signal som returneras till knackregleringen för utvärdering och åtgärd.

Styrmodulen analyserar ljudet från varje individuell och använder en sofistikerad teknik för att skilja knack från allmänt motorbuller.

5 Bränsleinsprutning

Styrmodulen i Toyota TCCS har en karta över grundläggande öppningstider för olika belastningar och varvtal. Information hämtas in från motorgivarna, exempelvis insugsrörets tryckgivare, varvtals- och ÖD-givarna, kylvätskans temperaturgivare samt den kombinerade trottelns positionsgivare och trottelbrytare. Denna information resulterar i att styrmodulen återfinner korrekt injektoröppningstid för varje varvtal, belastning och temperatur.

Flerpunktsinsprutning – samtidig

Flerpunkts insprutningssystemet består av en injektor för varje cylinder, monterad i insugsporten bredvid respektive insugsventil. Mängden insprutat bränsle avgörs av injektorns öppningstid och bränslets tryck.

Styrmodulen styr injektoröppningstiden, som bestäms med utgångspunkt från motorgivarnas signaler.

Vid samtidig insprutning öppnar styrmodulen alla injektorerna på en gång varje eller vartannat vevaxelvarv. Normalt arbetar injektorerna två gånger per komplett motorcykel (exempelvis motor 4A-GE). Halva den behövliga bränslemängden sprutas in på baksidan av den stängda insugsventilen och väntar där på öppning, resterande bränsle sprutas in när ventilen öppnas i insugstakten. När ventilen öppnat sugs bränslet in i cylindern på normalt sätt.

I vissa versioner är injektorerna kopplade i två bankar om två. Även då sker insprutningen samtidigt, men här en gång per två vevaxelvarv. I detta fall är öppningstiden cirka dubbelt så lång som i de motorer som sprutar in varje varv.

Injektor

En injektor är en magnetdriven solenoidventil som aktiveras av styrmodulen. Spänningen till injektorerna kommer från huvudreläet och jord ges av styrmodulen under en tidsperiod (pulsduration) på mellan 1,5 och 10 ms. Durationen är mycket beroende på motorns temperatur, belastning, varvtal och arbetsförhållanden. När solenoidmagneten stänger alstras en backspänning på 60 V.

På motorer med flerpunktsinsprutning är injektorerna monterade i klackar i insugsportarna så att finfördelat bränsle riktas mot varje ventils baksida. Vissa tidiga versioner använder en kallstartinjektor och en termotidsbrytare för att berika bränsleblandningen vid start.

Injektorerna i TCCS kan vara av typen högt motstånd (13,8 ohm) eller lågt motstånd (2,3 ohm).

Lågmotståndsinjektor

Om injektorns motstånd är lågt reagerar den snabbare, vilket ger en snabbare öppningstid. Men i och med att mer ström flyter genom injektorn alstras mer värme, vilket kan resultera i kortare injektorlivslängd. Genom att leda spänningen via ett ballastmotstånd matas en lägre spänning till injektorn, vilket ger mindre värmeutveckling och ökad livslängd.

Luftflödesmätare – om monterad

Luftflödesmätaren är placerad mellan luftfiltret och trottelhuset (fig. 16.4). När luft strömmar genom böjer den en klaff. Ju större volym, dess större avböjning. Klaffen är kopplad till en arm som glider över ett potentiometerspår

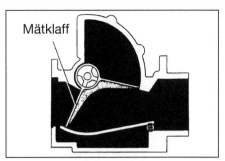

Fig. 16.4 Luftflödesmätare av klafftyp

vilket ändrar spårets motstånd. Detta ger en signal med variabel spänning till styrmodulen.

TCCS luftflödesmätare är baserad på den numera föråldrade konstruktionen Bosch "L" Jetronic. Grundfunktionen för givaren liknar den treråds luftflödesmätare som finns monterad i moderna Motronic-system. Kretsdragningen är dock något annorlunda. Batterispänningen från systemreläet matas via anslutning VB till ett motstånd i luftflödesmätarens hus. Motståndet minskar normal batterispänning till mellan 5,0 och 10,0 V och den resulterande spänningen är referensspänningen. Denna matas till både styrmodulen på stift VC och luftflödesmätarens motståndsspår i luftflödesmätarhuset. Motståndsspårets andra ände är anslutet till luftflödesmätarens jord vid anslutning E2. Luftflödesmätarens utgående signal går från löparen till styrmodulens stift VS via luftflödesmätarens anslutning VS.

Från retursignalen kan styrmodulen beräkna den luftvolym som sugs in i motorn (belastningen), vilket används vid beräkningen av grundlängden för injektoröppningstiden. Pulser jämnas ut med en dämpare kopplad till luftflödesmätarens klaff. Luftflödesmätaren utövar ett stort inflytande på den mängd bränsle som sprutas in.

TCCS luftflödesmätare har även en uppsättning jordanslutningar för bränslepumpen. Se detaljerna om bränslepumpens relä för en funktionsbeskrivning.

Insugsrörets tryckgivare – om monterad

I de fall den huvudsakliga belastningsgivaren är insugsrörets tryckgivare ansluter en vakuumslang insugsrörets tryckgivare (placerad på torpedplåten) till insugsröret. Insugsrörets vakuum arbetar mot membranet i insugsrörets tryckgivare och styrmodulen omvandlar trycket till en elektrisk signal. Insugsrörets absoluta tryck beräknas enligt formeln: Atmosfärtryck minus insugsrörets tryck = Absolut tryck i insugsröret.

5,0 V referensspänning matas till givaren och jordreturen är via givarens returkrets. Utmatningen från insugsrörets tryckgivare på signalledningen sänds till styrmodulen som en variabel spänning. Spänningen på signalledningen är cirka 1,0 V vid tomgång och ca. 4,5 V vid full belastning. Toyota TCCS beräknar insprutningsdurationen enligt

metoden hastighet/täthet utifrån signalerna från insugsrörets tryckgivare och vevaxelns vinkelgivare. Denna metod bygger på hypotesen att motorn suger in en fixerad volym luft per varv.

Insugsröret är av den "torra" typen. I och med att bränsle inte kommer in i det – eftersom insprutningen sker på insugsventilernas baksidor – finns det ingen risk för att bränsle dras in i insugsrörets tryckgivare och förorenar membranet, så det finns ingen bränslefälla.

Lufttemperaturgivaren

Lufttemperaturgivaren är monterad i luftflödesmätarens insug eller luftintaget och mäter luftens temperatur innan den går in i luftflödesmätaren. Eftersom luftens täthet varierar i omvänd relation till temperaturen ger lufttemperaturgivarens signal en mer precis uppskattning av den luftmängd som tas in i motorn. Lufttemperaturgivaren har dock bara ett mindre inflytande på styrmodulens utmatning.

Givarens matning är 5,0 V referensspänning och jordning sker via jordreturen. Lufttemperaturgivaren arbetar enligt principen negativ temperaturkoefficient. En variabel spänning, baserad på luftens temperatur, skickas till styrmodulen. Signalen är ca 2,0 till 2,8 V vid en omgivande temperatur på 20°C och sjunker till ca. 1,5 V om lufttemperaturen stiger till ca. 40°C.

CO-potentiometer (används inte i modeller med katalysator)

Den blandningsjusterande CO-potentiometern är en trelednings potentiometer som medger små justeringar av tomgångens CO-halt. En 5,0 V referensspänning matas till givaren, jordreturen är via givarreturen. den tredje ledningen är CO-potentiometerns signal.

Om CO-potentiometerns justerskruv rubbas gör ändringen i motståndet att signalen till styrmodulen ändras, vilket resulterar i en ändring av CO-halten. Justering av CO-potentiometern påverkar endast tomgångens CO-halt. Katalysatorförsedda fordon saknar CO-potentiometer och det gör att CO-halten inte kan justeras.

Kylvätskans temperaturgivare

Kylvätsketemperaturgivaren är placerad i kylsystemet och fungerar enligt principen negativ temperaturkoefficient. I takt med att motståndet i kylvätsketemperaturgivaren varierar ändras spänningen i signalen till styrmodulen med utgångspunkt från kylvätskans temperatur. Signalen är mellan 2,0 och 3,0 V vid en omgivande temperatur på 20°C och sjunker till 0,4 till 0,8 V vid en kylvätsketemperatur på 80°C.

Givarens matning är 5,0 V referensspänning och jord är via givarreturen. Styrmodulen använder kylvätsketemperaturgivarens signal som huvudsaklig korrektionsfaktor vid beräkning av tändläge och injektoröppningstid.

Trottelns positionsgivare/trottelbrytare

Trottelns positionsgivare och brytare är kombinerade till en givare som egentligen är en potentiometer med en separat uppsättning tomgångskontakter. Trottelns positionsgivare ger styrmodulen data om accelerationstakt och trottelns position medan trottelbrytaren anger tomgång. En gemensam jord ansluter både trottelns positionsgivare och trottelbrytaren till styrmodulen.

5,0 V referensspänning matas till trottelbrytarens tomgångskontakt från styrmodulen. Denna spänning sjunker till noll när tomgångskontakten är stängd.

Trottelns positionsgivare är en potentiometer med tre ledningar. 5,0 V referensspänning matas till ett motståndsspår med andra änden ansluten till jord. Den tredje ledningen är ansluten till en arm som löper utmed motståndsspåret, vilket varierar motståndet och därmed spänningen i signalen till styrmodulen.

Styrmodulen kan med ledning av signalens förändring utläsa hur snabbt trotteln öppnas.

Tomgångsventil – motor 4A-FE

Tomgångsventilen är en solenoidstyrd aktiverare som styrmodulen använder till att automatiskt reglera tomgångsvarvtalet vid såväl normal körning som varmkörning. Tomgångsventilen styr en kanal som är ansluten till insugsröret på trottelplattans luftfiltersida.

Tomgångsventilen är en likströmsmotor som styrmodulen kan vrida med- eller motsols. I ena riktningen öppnas ventilen, i den andra stänger den. Spänning matas till tomgångsventilen från huvudreläet och motorn jordas vid någon av de två anslutningar till styrmodulen.

Rotation av motorn i tillämplig riktning uppnås genom att motorn aktiveras genom att en av de två ledningarna jordas. I realiteten är de två kretsarna motsatta. Detta förhindrar att motorn öppnar eller stänger helt i en given riktning. Ventilen intar därmed ett genomsnittsläge som återspeglar kretstyngdpunkt mot öppning eller stängning. Normalt är denna tyngdpunkt i den öppna riktningen.

En arbetscykel kan mätas upp på vardera jordkretsen för att ta fram öppnings eller stängningstider som en procent av total tid.

När strömförbrukare som lysen eller fläkt slås på skulle tomgången tendera att sjunka. Styrmodulen känner av belastningen och aktiverar tomgångsventilen för att öka luftflödet och därmed tomgången. Om strömförbrukaren stängs av reglerar styrmodulen ventilen så att luftflödet minskar. Normal tomgång ska därmed upprätthållas när motorn är varm eller kall. Om tomgångsventilen havererar intar den ett utgångsläge med liten öppning. Detta ger ett grundläggande tomgångsläge.

Tomgäng (motor 4A-GE)

TCCS använder tre olika delar för att styra tomgångsvarvtalet vid olika motortemperaturer.

Tomgångshöjande system

När motorn först kallstartas kommer spänning på styrmodulstiftet STA att göra att styrmodulen signalerar till den tomgångshöjande vakuumomkopplingsventilen, som öppnar för att låta luft passera förbi trottelventilen. Vakuumomkopplingsventilen är öppen i 10 sekunder, sedan upphör signalen och vakuumomkopplingsventilen stängs. Hjälpluftventilens position bestämmer sedan tomgångens varvtal under resterande varmkörning.

Hjälpluftventil

Hjälpluftventilen är en vaxkuletermostataktiverad styrventil som används till att höja tomgången under varmkörningen. Hjälpluftventilen stänger när motorn uppnått normal arbetstemperatur.

Hjälpluftventilen är placerad på trottelhuset och ansluten med en slang till kylsystemet, så att kylvätskans temperatur avgör vaxkuletermostatens status. Ett borrhål i trottelhuset på trottelventilens luftfiltersida låter luft ledas förbi trottelventilen. Luftflödet går genom hjälpluftventilen och leds tillbaka till trottelhuset på trottelventilens motorsida. Detta luftflöde höjer motorns tomgång med en hastighet som är direkt beroende av tillskottsluftens volym.

Vaxkuletermostaten reagerar på temperaturförändringar genom att växa och krympa. När temperaturen är låg är kulan sammandragen och ventilen öppen, vilket höjer tomgången. Ju lägre temperatur, desto öppnare ventil. I takt med att motorn värms upp och kylvätskan påverkar vaxkulan, växer denna så att den gradvis stänger hjälpluftventilen så att den är helt stängs vid normal arbetstemperatur.

Men även om ventilen är nominellt stängd är det normalt att en liten mängd luft passerar genom hjälpluftventilen. I och med att tomgångsvarvtalet ställs in med en justerskruv är det enkelt att kompensera för detta extra

Tomgångens varvtal

Trottelventilen och hjälpluftventilen är båda nästan helt stängda när motorn går på tomgång. För att få tillfredsställande tomgång finns en justerbar förbiledningskanal i trottelhuset. En justerskruv finns i denna kanal så att varvtalet kan justeras till det korrekta genom att modifiera den luftmängd som leds genom kanalen.

Toyota – variabelt insugssystem

Under alla arbetsförhållanden strömmar luft till insugsröret genom trottelventilen i trottelhuset. På vissa modeller använder Toyota emellertid ett variabelt insugssystem för att förbättra luftflödet till motorn vid både låga och höga varvtal.

Vid låga varvtal är luftflödet relativt långsamt, vilket kan leda till mindre effektiv finfördelning av bränslet när porten till insugsventilen är stor. I idealfallet skulle porten vara liten, vilket ger större flödeshastighet och därmed bättre finfördelning och en mycket effektivare motor.

Vid höga varvtal måste insugsluftvolymen vara stor, vilket kräver en större port. En liten port vid höga varvtal begränsar motorns prestanda. För riktigt stor effektivitet över hela varvtalsområdet krävs synbarligen en variabel insugsport.

Vissa förgasarmotorer kringgår detta problem med dubbla stryprör i intaget. Ett antal insprutningssystem har använt ett liknande arrangemang i trotteltrumman. Men TCCS använder en något annorlunda lösning.

Insugsporten till varje uppsättning insugsventiler är delad i två. En av dessa är försedd med en trottelventil medan den andra är öppen. Vid låga varvtal sugs luften in i motorn genom den öppna porten. Diametern är tillräcklig för att uppfylla motorns behov på låga varvtal, men liten nog att ge god finfördelning av bränslet.

När motorvarvet stiger aktiverar styrmodulen styrningen och trottelventilen i den, andra insugsporten börjar öppna för att ge den extra luft som krävs vid höga varvtal.

En vakuummatning från insugsröret leds till det variabla insugssystemets styrventil via en vakuumtank och det variabla insugssystemets vakuumomkopplingsventil. Vakuumtanken "sparar" vakuum så att när vakuumomkopplingsventilen aktiveras blir sekundärtrottelns arbete bättre styrt. Spänning matas till vakuumomkopplingsventilen från huvudreläet och jordning sker via styrmodulen. När varvtalet är lågt slås vakuumomkopplingsventilen på av styrmodulen, så att vakuum läggs på styrventilen. Detta stänger de sekundära trottelventilerna.

När varvtalet överskrider ett inställt tröskelvärde, stänger styrmodulen av vakuumomkopplingsventilen så att vakuumet till styrventilen avbryts, vilket öppnar sekundärtrottlarna. På så vis får motorn optimal lufttillförsel för alla varvtal och belastningar.

I takt med att varvtalet ökar stänger styrmodulen av vakuumomkopplingsventilen och i takt med att vakuumets dragkraft minskar tillåts luft läcka genom ett filter till atmosfären. Detta gradvisa upphävande av vakuumet ger en kontrollerad styrning av sekundärtrottlarnas öppning. När varvtalet sjunker tillbaka under tröskeln och vakuum läggs på igen stängs sekundärtrottlarna mjukt, till dess att varvtalet stiger igen.

Luftkonditioneringens luftomkopplingsventil

När luftkonditioneringen slås på vid tomgångsvarvtal belastas motorn så mycket att detta kan sänka varvtalet betydligt. Det lägre varvtalet skulle kunna leda till sämre tomgång och ge tendenser till tjuvstopp. Luftkonditioneringens luftomkopplingsventil låter extra luft passera förbi trotteln, vilket höjer tomgången till ungefär den normala. Styrmodulen övervakar belastningen från luftkonditioneringen och öppnar luftkonditioneringens luftomkopplingsventil närhelst luftkonditioneringen är igång när motorn går på tomgång.

En förbigångsslang från insugsröret leds genom luftkonditioneringens vakuumomkopplingsventil. Spänning matas till luftomkopplingsventilen från huvudreläet och jordning sker via styrmodulen. När varvtalet är lågt öppnas luftomkopplingsventilen av styrmodulen så att luftströmmen till insugsröret bibehåller korrekt tomgångsvarvtal.

När luftkonditioneringen stängs av stänger styrmodulen av luftomkopplingsventilen så att luftflödet stängs av och korrekt tomgångsvarvtal bibehålles.

Huvudrelä och bränslepumpens relä

Det elektriska systemet i Toyota TCCS styrs av ett huvudrelä för bränsleinsprutningen och bränslepumpens relä. En permanent spänning, via en eller flera säkringskablar matas till huvudreläets stift 3 från batteriets pluspol.

När tändningen slås på matas en spänning från tändningslåset till huvudreläets stift 2. Stift 2 är anslutet till den relälindning som jordas via stift 1. När lindningen magnetiseras för att stänga reläkontakterna ansluts stift 3 och 4 (eller 5). Matningen till stift 3 är utmatningen från stift 4 (eller 5) vilket matar spänning till styrmodulens stift +B och +B1, bränslepumpens relä, injektorerna och vakuumomkopplingsventilen i det variabla insugssystemet.

Bränslepumpens relä innehåller två lindningar och en uppsättning kontakter. När tändningen slås på matas spänning till stift +B på kontakterna och till den andra lindningen, som är ansluten till stift FC på styrmodulen (insugsrörets tryckgivare) eller stift FC på luftflödesmätaren. Vad som händer sedan beror på om systemet använder en insugsrörstryckgivare eller en luftflödesmätare. Se tillämpbart avsnitt nedan.

Bränslepumpsreläets funktion i system med insugsrörstryckgivare

När tändningen slås på jordar styrmodulen momentant bränslepumpens relä vid styrmodulstift FC. Detta magnetiserar den andra relälindningen, vilket stänger

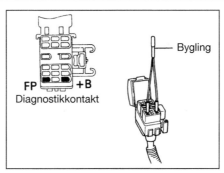

Fig. 16.5 Kontroll av bränslepumpens relä. Lägg batterispänning på stiften STA och E1 och leta efter kontinuitet mellan stiften B+ och FP

reläkontakten och leder spänning från stiftet +B till stift FP, vilket ger spänning till bränslepumpens krets. Efter cirka en sekund bryter styrmodulen kretsen och pumpen stannar. Denna korta körning bygger upp trycket i bränslesystemet vilket underlättar starten.

Bränslepumpens reläkrets förblir bruten till dess att motorn dras runt eller går. När reläet tar emot runddragningsspänning på stift STA, magnetiseras den första relälindningen, som är jordad vid stift E1 – bränslepumpen går då under den tid som motorn dras runt (fig. 16.5).

När nyckeln släpps från startläget och motorn inte startat upphör matningen från stift ST1 på tändningslåset, bränslepumpens relälindning avmagnetiseras och kontakterna öppnar för att bryta strömmen till bränslepumpen.

När nyckeln släppts upp och motorn startar kommer stift FC på styrmodulen att magnetisera den andra relälindningen, bränslepumpen fortsätter då att gå.

Bränslepumpsreläets funktion i system med luftflödesmätare

Bränslepumpens relä använder två lindningar för att styra reläkretsen; en vid runddragning och en vid normal motorgång. När reläet mottar en runddragningsspänning på stift STA magnetiseras den första relälindningen, som är jordad vid stift E1 och bränslepumpen går under runddragningen.

När runddragningen upphör avmagnetiseras lindningen, vilket öppnar kontakterna och pumpen stannar.

Den andra lindningen är jordad via en uppsättning kontakter i luftflödesmätarens relä. När startnyckeln släpps och om motorn startat, jordas kontakterna i luftflödesmätaren, vilket magnetiserar den andra relälindningen, så att bränslepumpen fortsätter att gå. Kontakterna fungerar även som säkerhetsbrytare. Om motorn av någon orsak stannar och luftflödesmätaren stängs öppnar kontakterna. Detta medför att bränslepumpens relä avmagnetiseras, vilket stänger av bränslepumpen.

Bränslesystemet

Bränslesystemet består av en bränsletank, en nedsänkt bränslepump, bränslefilter, bränslerör, tryckregulator och returledning. Bränslepumpen är av typen impeller, monterad i bränsletanken och driven av en permanentmagnets elektrisk motor. Pumpen dra bränsle från tanken och pumpar det till bränsleröret via ett bränslefilter.

När tändningsnyckeln vrids till "på" magnetiserar styrmodulen bränslepumpens relä cirka en sekund, så att bränslesystemet trycksätts. Reläet stängs sedan av i avvaktan på signal om rundgång eller motorgång.

Pumpen är av "våt" typ på så vis att bränslet flödar genom pumpen och den elektriska motorn. Det finns ingen brandrisk eftersom det bränsle som dras genom pumpen inte kan förbrännas. På pumpens armaturaxel finns en impeller som roterar när pumpen går. På impellerns ytterkant finns ett antal blad. När impellern roterar drar bladen bränslet från insugsporten och pumpar det till utloppet via en envägsventil. Pumpen skyddas mot övertryck av en säkerhetsventil på pumpens inloppssida.

När motorn går matas bränsle genom ett filter till bränsleröret. Tryckfall i systemet förhindras av envägsventilen i pumpens utlopp. När tändningen stängs av och bränslepumpen stannar upprätthålls bränsletrycket en viss tid, vilket reducerar förångning och varmstartssvårigheter.

Bränsletrycksregulator

Trycket i bränsleröret hålls konstant på 2,5 bar av en tryckregulator. Bränslepumpen levererar normalt mycket mer bränsle än vad som krävs och överskottet leds tillbaka till tanken via returledningen. Faktum är att maximalt bränsletryck över 5 bar är möjligt i detta system. Tryckförlust i systemet förhindras av en envägsventil i bränslepumpens utlopp. När tändningen stängs av och pumpen stannar upprätthålls trycket därmed en tid.

Vid tomgång med urkopplat vakuumrör eller med stillastående motor och gående bränslepump är systemtrycket cirka 2,5 bar. Vid tomgång (med inkopplat vakuumrör) är bränsletrycket ungefär 0,5 bar under systemtrycket.

6 Katalysator och avgasrening

De Toyota TCCS insprutningssystem som monteras på katalysatorförsedda fordon använder ett styrsystem med sluten slinga, vilket reducerar avgasutsläppen. System med sluten slinga har en syresensor som övervakar avgasernas syrehalt. En låg syrehalt anger en fet blandning och en hög halt en mager blandning.

När motorn styrs med sluten slinga gör syresensorns signal att styrmodulen ändrar öppningstiden så att bränsleblandningen hålls nära den kemiskt idealiska. Genom att kontrollera insprutningen under de flesta arbetsvillkor hålls blandningen alltid i det lilla fönstret runt Lambda-punkten (d v s Lambda = 0,97 till 1,03) och en nästan perfekt förbränning blir då resultatet. Det leder till att katalysatorn får mindre arbete och större livslängd med färre utsläpp.

Styrningen med sluten slinga är aktiv när motorn arbetar vid normal temperatur. När kylvätskan är kall, motorn är fullt belastad eller under motorbromsning arbetar styrmodulen med öppen slinga då den medger en magrare eller fetare bränsleblandning. Detta förhindrar att motorn tvekar, exempelvis vid acceleration med vidöppen trottel.

Syresensorn avger signal endast när avgastemperaturen nått minst cirka 300°C. För att kunna ge syresensorn optimal arbets-temperatur så snabbt som möjligt efter motorstart innehåller syresensorn ett värme-element.

Syresensorns värmare matas från huvud-reläets stift 4 och jordas vid styrmodulens stift HT. Detta ser till att värmaren endast arbetar när motorn är igång. Under vissa förhållanden stänger styrmodulen av värmaren.

Inlärd referensspänning

TCCS använder en digital omvandlare av den analoga signalen från syresensorn. Detta konverterade värde kallas "inlärd referens-spänning" och den finns på styrmodulens stift VF, eller stift VF i diagnostikkontakten. Den inlärda referensspänningen är enklare att avläsa och en utmärkt indikator för om syresensorn fungerar korrekt. När syresensorn växlar mellan 0,2 och 0,8 V, kommer den inlärda referensspänningen att växla mellan noll och 5,0 V med en frekvens på 8 till 10 omkopplingar per 10 sekunder.

Återcirkulation av avgaser (endast vissa motorer)

Moderna motorer som arbetar med höga temperaturer och hög kompression produ-cerar större mängder NOx. Detta kan reduceras genom att återcirkulera en mindre del av avgaserna till förbränningsutrymmet. Om återcirkulationen kontrolleras noggrant påverkas motorn obetydligt.

Återcirkulation av avgaser sker endast när motorn nått normal arbetstemperatur och motorn arbetar under delbelastning. Styr-modulen övervakar motorns arbete och justerar signalen till vakuumomkopplings-ventilen. Vakuum läggs på vakuumom-kopplingsventilen via en vakuummodulator. Vakuumomkopplingsventilen lägger vakuum på ventilen för återcirkulation av avgaser, som låter en noggrant uppmätt tillförsel av avgaser ledas in insugsröret.

Justeringar

7 Villkor för justering

1 Samtliga dessa villkor ska vara uppfyllda innan justering påbörjas:
a) Motorn ska hålla arbetstemperatur. Motoroljans temperatur minst 80°C. En körsträcka på minst 7 km rekommenderas (speciellt om bilen har automatväxellåda).
b) Tillbehör (all motorbelastning) avstängda.
c) För fordon med automatväxellåda, växelväljaren i N eller P.
d) Motorn mekaniskt frisk.
e) Motorns ventilationsslangar och ventileringssystem i tillfredsställande skick.
f) Insuget fritt från vakuumläckor.
g) Tändsystemet i tillfredsställande skick.
h) Luftfiltret i tillfredsställande skick.
i) Avgassystemet fritt från läckor.
j) Gasvajern korrekt justerad.
k) Inga felkoder loggade av styrmodulen.
l) Syresensorn i tillfredsställande skick (katalysatorförsedda fordon med sluten styrslinga).
2 Dessutom, innan kontroll av tomgångs-varvtal och CO-halt ska motorn stabiliseras enligt följande:
a) Stabilisera motorn. Höj varvtalet till 3 000 varv/min under minst 30 sekunder och låt motorn återgå till tomgång.
b) Om kylfläkten startar under justeringen, vänta till dess att den stannar, stabilisera motorgången och börja om med justeringen.

c) Låt varvtal och CO-halt stabiliseras.
d) Utför alla kontroller och justeringar inom 30 sekunder. Om denna tid överskrids, stabilisera motorgången och kontrollera igen.
3 Toyotas procedurer för justering av trottel, tändläge, CO-halt och tomgångsvarvtal varierar mellan olika modeller. Följande justeringar är typfall och baserar sig på motorkoden 4-GE. Beskrivningarna kan komma att behöva modifieras i individuella fall.

8 Justering av trotteln (typisk)

1 Inled felkodsavläsningen med att leta efter kod 11 (51 på modeller med luftflödesmätare). Om den koden visas är det troligt att trottel-brytaren är feljusterad eller defekt.
2 Se efter om förseglingsfärgen på trottel-stoppskruven rubbats, vilket kan antyda att den har blivit skruvad på. Trottelventilens position får inte ändras genom feljustering av trottelstoppskruven.
3 Om justering av trottelventilen krävs därför att trottelstoppskruven rubbats, fortsätt på följande sätt:
4 Inled med att rengöra trottelhuset. Sot-avlagringar kan hålla trottelventilen delvis öppen.
5 Slacka trottelstoppskruvens låsmutter och skruva in skruven så att den berör kåpan. Skruva in skruven ytterligare 1/4 varv och dra åt låsmuttern.

Justering av trottelbrytare

6 Med avstängd motor, stängd trottel och påslagen tändning, koppla en voltmätare mellan stift 2 och jord. En spänning större än noll anger att brytaren är feljusterad (öppen).
7 Slacka de två fästskruvarna och justera kontakten så att voltmätaren visar noll. Dra åt skruvarna och kontrollera voltmätaren. Om trottelbrytaren inte behåller grundinställningen efter ungefär tre försök kan den vara defekt.

9 Kontroll av tändläget (typisk)

1 Tändläget är justerbart på modeller med TCCS.
2 Se justeringsvillkoren i avsnitt 7. Det är synnerligen viktigt att motoroljan håller normal arbetstemperatur när du påbörjar arbetet.
3 Starta motorn och låt den inta tomgång.
4 Anslut en varvräknare och ett stroboskop. På vissa modeller kan varvräknaren anslutas till spolens negativa stift, i annat fall ska stift IG i diagnostikkontakten användas (fig. 16.6 och 16.7).
5 Kontrollera att tomgångsvarvtalet och CO-halten ligger inom specifikationerna.
6 Öppna trotteln så att tändläget flyttas fram. Detta kan förhindra ett skenbart fel längre fram. Stäng trotteln och låt motorn inta tomgång.
7 Kontrollera att trottelbrytarens kontakter i trottelbrytaren/trottelns positionsgivare är stängda.

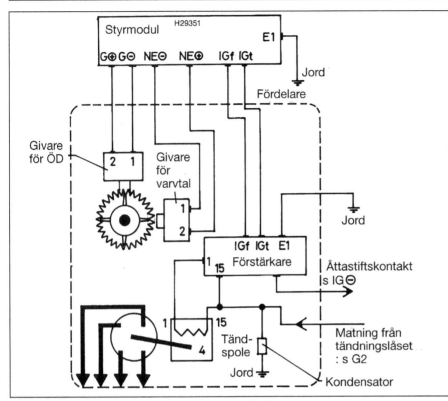

Fig. 16.6 Typisk tändkrets

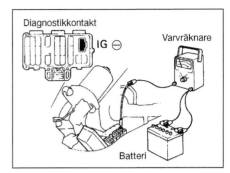

Fig. 16.7 Varvtalet avläses genom att en varvräknarledning ansluts till stiftet IG i diagnostikkontakten

8 Ställ styrmodulen till tändlägesinställning. Detta kan göras genom att stiften T (eller TE1) och E1 på diagnostikkontakten byglas **(fig. 16.8)**.

9 Leta efter felkoder, speciellt då kod 11 som indikerar problem med trottelbrytaren. Samtliga fel ska åtgärdas innan tändläget kontrolleras och eventuellt justeras.

10 Kontrollera med stroboskopet att grundtändläget är vid de angivna märkena **(fig. 16.9)**.

11 Om tändläget inte är korrekt, lossa fördelarens fästbultar och vrid fördelaren så att tändlägesmärkena är i linje med varandra.

12 Dra försiktigt åt fördelarens fästbultar och kontrollera att tändläget inte rubbats.

13 Om det är svårt att ställa in grundtändläget eller om det växlar, leta efter kod 11 (51 på luftflödesmätarmodell) och efter en defekt eller feljusterad trottelbrytare.

14 Avlägsna byglingen från diagnostikkontakten. Vid tomgång ska tändläget flyttas fram med minst 16°.

Observera: *Tändläget kanske inte flyttas fram förbi grundläget. Detta kan bero på att trotteln inte öppnades innan diagnostikkontakten byglades. Även om korrekt procedur följts kanske tändläget tillfälligt inte flyttas förbi grundinställningen och detta kan betraktas som normalt.*

15 Starta motorn.

16 Peka med stroboskopet på tändlägesmärkena (stroboskopets tändlägesstyrning måste vara nollställd) och öka varvtalet långsamt till 3 000 varv/min. Märkena ska glida mjukt isär när tändläget flyttas fram.

17 Om tändläget inte flyttas fram, kontrollera trottelbrytaren. Om trottelbrytarens kontakter förblir stängda vid acceleration flyttas inte tändläget fram.

10 Justering av tomgången

1 Se justeringsvillkoren i avsnitt 7. Det är speciellt viktigt att motoroljan håller normal arbetstemperatur innan du börjar arbeta.

2 Starta motorn och låt den inta tomgång.

3 Anslut varvräknare och stroboskop. Anslut varvräknaren till stift IG i diagnostikkontakten.

⚠️ **Varning: Förstärkaren och tändspolen kan komma att skadas om varvräknarens anslutning kortsluts till jord.**

4 Kontrollera att tändläget är korrekt inställt.

5 Kontrollera hjälpluftventilens funktion (om monterad). En defekt hjälpluftventil förhindrar korrekt inställning av tomgången.

6 Kontrollera att trottelbrytarens position är korrekt.

7 Kontrollera tomgångsvarvtalet. Om justeringar behövs, leta upp justerskruven på trottelhuset.

8 Avlägsna förseglingen (om monterad)

9 Vrid på justerskruven så att specificerat varvtal erhålles.

CO-halt

10 Om justering krävs, leta upp justerskruven för CO-halten i CO-potentiometern (endast modeller utan katalysator).

11 Avlägsna förseglingen (om monterad).

12 Vrid justerskruven så att korrekt CO-halt uppstår. Tvinga inte skruven, den skadas lätt.

13 Kontrollera tomgångsvarvtalet.

14 Upprepa justeringarna av CO-halt och varvtal till dess att båda är korrekta.

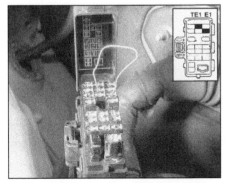

Fig. 16.8 Bygla stiften TE1 (eller T1) i diagnostikkontakten. Detta ställer TCCS i justeringsläge och matar ut felkoder på instrumentbrädans varningslampa

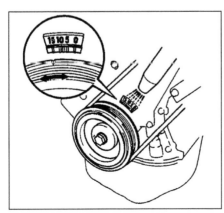

Fig. 16.9 Använd stroboskop vid kontroll av grundtändläget

Test av systemets givare och aktiverare

Viktigt att observera: *Se kapitel 4 som beskriver vanliga testmetoder. Beskrivningarna i kapitel 4 ska läsas tillsammans med de komponentnotiser och kopplingsscheman som finns i detta kapitel. De kopplingsscheman och andra data som finns i detta kapitel är inte nödvändigtvis korrekta för just din version. I och med de variationer av ledningsdragning och data som ofta förekommer även mellan mycket snarlika fordon i en tillverkares utbud ska du vara mycket noga med att identifiera stiften på styrmodulen korrekt och se till att alla korrekta data är inhämtade innan en given komponent kasseras.*

11 Vevaxelns vinkelgivare

1 Se noten i början av detta avsnitt och relevant avsnitt av kapitel 4.
2 Vevaxelns vinkelgivare representeras av individuella varvtals- och ÖD-givare i fördelaren. Individuell testning av varje givare liknar testandet av den svänghjulsmonterade typen.
3 Motstånd i vevaxelns vinkelgivare är följande:
 a) *Stift G - och G+ (ÖD-givaren), 185 - 275 ohm (kall), 240 - 325 ohm (varm).*
 b) *Stift NE+ och NE (varvtalsgivaren), 370 - 550 ohm (kall), 475 - 650 ohm (varm).*
Observera: *Växlandet mellan kall och varm givare inträffar vid 50°C, mätt på komponenten.*

12 Primär tändning

1 Se noten i början av avsnitt 11 och relevant avsnitt av kapitel 4.

2 Primärtändningen består av en styrmodul med extern förstärkare.
3 Styrmodulens och komponenternas stiftnummer kan variera beroende på vilket Toyota TCCS system som testas.
4 Tändspolens motstånd är följande:
 a) *Primärmotstånd 1,11 - 1,75 ohm (kall), 1,41 - 2,05 ohm (varm).*
 b) *Sekundärmotstånd 9,0 - 15,7k ohm (kall), 11,4 - 18,4k ohm (varm).*
Observera: *Växlandet mellan kall och varm givare inträffar vid 50°C, mätt på komponenten.*

5 Tändspolens negativa anslutning (-) är inte så enkel att komma åt, avläs tändningens primärsignal på stift IG i diagnostikkontakten.
6 Spännings- och jordanslutningar på tändspolen utförs med en tvåstiftskontakt.
7 Styrmodulens styrsignal till förstärkaren uppkommer från styrmodulens stift IGt.
8 Om signalen från IGt är tillfredsställande, men primärsignal saknas och förstärkarens jord och matningar är OK är förstärkaren misstänkt. I detta fall saknas troligen även bekräftelsesignalen på IGf från förstärkaren till styrmodulen.
9 Om IGt-signalen är korrekt men IGf-signal saknas och förstärkarens jord och matningar är tillfredsställande är förstärkaren misstänkt.

13 Injektorfunktion

1 Se noten i början av avsnitt 11 och relevant avsnitt av kapitel 4 **(fig. 16.10).**
2 Injektorernas spänning matas vanligen från tändningslåset, injektorfunktionen är samtidig och injektorernas motstånd är 13,8 ohm.

Spänningsstyrd puls

3 När en spänningsstyrd puls via seriemotstånd används fullbordas öppnings- och hållkretsarna via styrmodulens stift 10 och 20. I detta fall är injektormotståndet 2,0 till 3,0 ohm.
4 I och med hopkopplingen av den spänningsstyrda kretsen via seriemotståndet och styrmodulstiften 10 och 20, går det att erhålla en signal vid en injektor, även om spänningsmatningen till denna saknas. Om ett injektorfel misstänks ska under alla omständigheter följande tester göras:
 a) *Kontrollera om vevaxelns vinkelgivare ger en god signal.*
 b) *Dra ur seriemotståndets kontakt.*
 c) *Kontrollera om det finns normal batterispänning på stift IG2.*
 d) *Kontrollera om det finns normal batterispänning på stift 10.*
 e) *Kontrollera om det finns normal batterispänning på stift 20.*
 f) *Anslut seriemotståndets kontakt.*
 g) *Dra ut tre av injektorkontakterna och utför följande tester vid den kontakt som fortfarande är ansluten.*
 h) *Dra runt motorn.*
 i) *Antingen en acceptabel vågform eller en arbetscykel ska avläsas.*
 j) *Ingen vågform, kontrollera matningen till injektorns kontakt.*
 k) *Ingen spänning, kontrollera injektorns motstånd och matning.*
 l) *Upprepa ovanstående procedur med resterande injektorer.*

14 Luftflödesmätare av klafftyp

1 Se noten i början av avsnitt 11 och relevant avsnitt av kapitel 4 **(fig. 16.11).**
2 Stift VS är luftflödesmätarens signal.
3 Stift VC är luftflödesmätarens referensspänning.
4 Stift VB är luftflödesmätarens matning från reläet.
5 Stift E2 är luftflödesmätarens jordanslutning.
6 Stift FC är luftflödesmätarens bränslepumpskontakter i luftflödesmätaren.

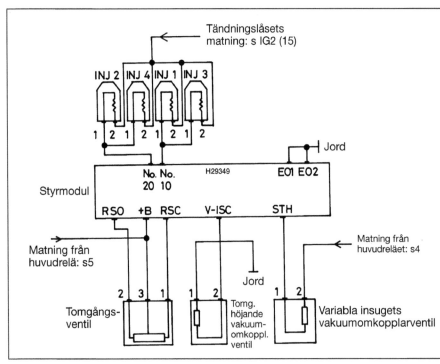

Fig. 16.10 Typiskt kopplingsschema för injektorer

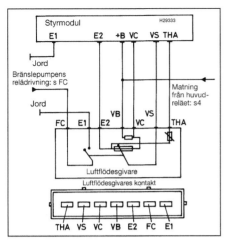

Fig. 16.11 Typiskt givarkopplingsschema med luftflödesmätare

15 Insugsrörets tryckgivare

1 Se noten i början av avsnitt 11 och relevant avsnitt av kapitel 4 **(fig. 16.12)**.

16 Lufttemperaturgivare

1 Se noten i början av avsnitt 11 och relevant avsnitt av kapitel 4.
2 Lufttemperaturgivaren är monterad i intaget på luftflödesmätare av klafftyp eller i luftrenarhuset om en insugsrörstryckgivare är monterad.

17 CO-potentiometer

1 Se noten i början av avsnitt 11 och relevant avsnitt av kapitel 4.

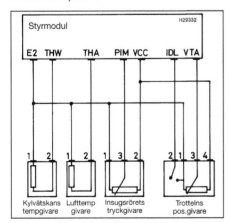

Fig. 16.12 Typiskt givarkopplingsschema med insugsrörstryckgivare

2 CO-potentiometern är av extern typ och finns i motorrummet.

18 Kylvätskans temperaturgivare

1 Se noten i början av avsnitt 11 och relevant avsnitt av kapitel 4.

19 Trottelns positionsgivare/-trottelbrytare

1 Se noten i början av avsnitt 11 och relevant avsnitt av kapitel 4.
2 De fyra ledningarna till trottelns positionsgivare/trottelbrytare är 5,0 V matning, retur, trottelns positionssignal och tomgångskontakten.
3 De uppmätta värdena från 5,0 V matning, retur och trottelns positionssignal är identiska med de värden som anges i kapitel 4.
4 Det ska vara noll volt på tomgångskontaktens ledning när trotteln är stängd. Om det finns spänning, slacka skruvarna och justera trottelbrytaren så att noll volt erhålles.
5 Öppna trotteln. Brytaren ska klicka och spänningen ska stiga till mellan 4,50 och 5,50 V.

20 Tomgångshöjande vakuumomkopplingsventil

1 Anslut voltmätarens negativa sond till en motorjord.
2 Anslut voltmätarens positiva sond till den ledning som är ansluten till den tomgångshöjande vakuumomkopplingsventilen matningsstift.
3 Dra runt motorn och studera voltmätaren under runddragningen och de 10 första sekunderna av motorns gång. Under denna tid ska voltmätaren visa normal batterispänning.

Ingen spänning

4 Kontrollera den tomgångshöjande vakuumomkopplingsventilens jordanslutning.
5 Kontrollera kontinuiteten mellan vakuumomkopplingsventilen och styrmodulens stift.
6 Om vakuumomkopplingsventilens ledningsdragning är OK, kontrollera styrmodulens matningar och jordar. Om samtliga är tillfredsställande är styrmodulen misstänkt.

Spänning men ingen snabbtomgång

7 Kontrollera motståndet i vakuumomkopplingsventilen, det ska vara mellan 37 och 44 ohm.
8 Kontrollera vakuumomkopplingsventilens mekaniska funktion.

21 Toyotas variabla insugssystem

1 Anslut voltmätarens negativa sond till en motorjord.
2 Anslut oscilloskopet eller voltmätarens positiva sond till den ledning som är ansluten till matningen för det variabla insugssystemets vakuumomkopplingsventil.
3 Slå på tändningen, voltmätaren ska indikera normal batterispänning. Om spänning saknas, kontrollera matningen från huvudreläets stift 4.
4 Flytta voltmätarens positiva sond till det variabla insugssystemets vakuumomkopplingsventils stift 1.
5 När tändningen är på ska voltmätaren indikera normal batterispänning. Om spänning saknas, kontrollera motståndet i vakuumomkopplingsventilen, det ska vara mellan 37 och 44 ohm.
6 Starta motorn och låt den inta tomgång. Voltmätare ska indikera under 3,0 V. Om normal batterispänning avläses men det variabla insugssystemets vakuumomkopplingsventil inte aktiveras, kontrollera kontinuiteten i ledningen tillbaka till styrmodulens stift STH.
7 Om ledningarna till det variabla insugssystemets vakuumomkopplingsventil är OK, kontrollera styrmodulens matningar och jordar. Om samtliga är OK är styrmodulen misstänkt.
8 Höj motorns varvtal. Spänningen ska stiga från under 3,0 V till normal batterispänning. Om inte är styrmodulen misstänkt.
9 Kontrollera den mekaniska funktionen för det variabla insugssystemets vakuumomkopplingsventil.

22 Styrmodulens matningar och jordar

1 Se noten i början av avsnitt 11 och relevant avsnitt av kapitel 4.

23 Systemreläer

1 Se noten i början av avsnitt 11 och relevant avsnitt av kapitel 4 **(fig. 16.13)**.
2 Bränslepumpens relä använder en andra magnetiseringslindning ansluten till startmotorkretsen. Spänning ska finnas på pumpreläets stift STA när motorn dras runt.
3 Bränslepumpens relädrivning jordas via luftflödesmätarens kontakter på modeller med luftflödesmätare. Om pumpreläet inte arbetar, kontrollera kontakterna i luftflödesmätaren.
4 Med Toyota TCCS är den bekvämaste metoden att förbikoppla pumpreläet att använda de två stiften i testkontakten (+B och FP) **(fig. 16.14)**.

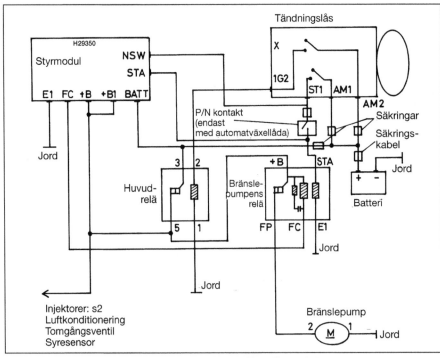

Fig. 16.13 Typiskt kopplingsschema för reläer och komponenter

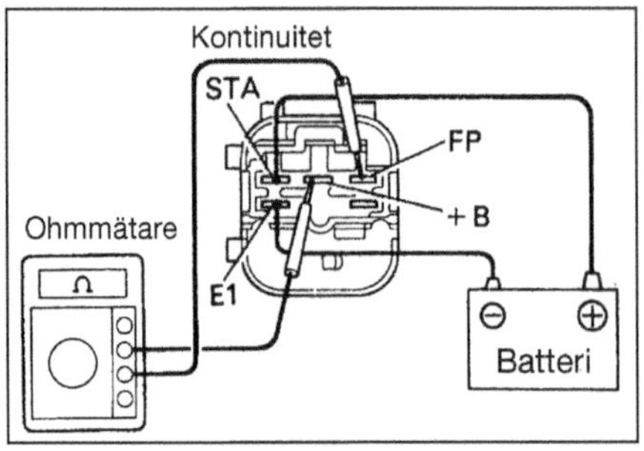

Fig. 16.14 Förbikoppla reläet genom att bygla stiften FP och B+ i diagnostikkontakten

Stifttabell - typisk 42 stifts

Observera: Se fig. 16.15.

14 stifts kontakt

Stift	Komponent
+B1	Huvudreläets matning
BATT	Batterimatning
THA	Lufttemperaturgivare, luftflödesmätare
VS	Luftflödesmätarens signal
VC	Luftflödesmätarens referensspänning
+B	Huvudreläets matning
SPD	Fordonets hastighetsgivare
STP	Bromsljuskontakt
E21	Givarretur

18 stifts kontakt

Stift	Komponent
NE	Varvtalsgivare
G	ÖD-givare
G -	Retur för givarna för ÖD och varvtal
IGF	Förstärkare
IDL	Trottelpositionsgivarens tomgångskontakt
T	Diagnostikkontakt
W	Varningslampa
FPU	Bränsletryckets vakuumomkopplingsventil
THW	Kylvätskans temperaturgivare
VTA	Trottelns positionsgivare
VCC	Givarmatning
OX	Syresensor
E2	Givarretur
A/C	Luftkonditioneringens magnetkontakt
R/P	Bränsleregleringskontakt
HT	Syresensor
V-	Tomgångshöjande vakuumomkopplingsventil

10 stifts kontakt

Stift	Komponent
VF	Diagnostikkontakt
STA	Tändningslås
No.10	Injektorer
E01	Jord
STH	Variabelt insugssystem
No.20	Injektorer
E1	Jord
IGT	Förstärkare
EO2	Jord

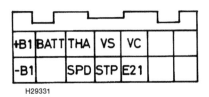

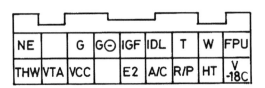

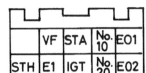

Fig. 16.15 Typisk 42 stifts kontakt i TCCS

Stifttabell - typisk 54 stifts

Observera: *Se fig. 16.16.*

12 stifts kontakt

Stift	Komponent
+B1	Huvudreläets matning
BATT	Batteriets matning
FC	Bränslepumpens relä
ACT	Luftkonditioneringen
+B	Huvudreläets matning
W	Varningslampa
ED	ED-övervakning
AC1	Luftkonditioneringens förstärkare
SPD	Fordonets hastighetsgivare
ELS	Baklysets relädefroster omkopplare

16 stifts kontakt

Stift	Komponent
PIM	Insugsrörets tryckgivares signal
THA	Lufttemperaturgivarens signal
THW	Kylvätskans temperaturgivarsignal
OX	Syresensor
TE2	Diagnostikkontakt
VF	Diagnostikkontakt
E2	Givarretur
VTA	Trottelns positionsgivare
VC	Matning till insugsrörets tryckgivare och trottelns positionsgivare
IDL	Trottelpositionsgivarens tomgångskontakt
KNK	Knackgivare
TE1	Diagnostikkontakt
E21	Givarretur

26 stifts kontakt

Stift	Komponent
O/D	
STA	Tändningslås
IGF	Förstärkare
NE+	Varvtalgivare
G1	ÖD-givare
RSC	Tomgångsventil
RSO	Tomgångsventil
No.10	Injektorer
E01	Jord
HT	Syresensorns värmare
NSW	Tändningens matning
NE-	Varvtalsgivare
G -	ÖD-givarens retur
IGT	Förstärkare
ISC	Luftkonditioneringens tomgångshöjande vakuumomkopplingsventil
E1	Jord
No.20	Injektorer
EO2	Jord

| +B1 | BATT | FC | ACT | PIM | THA | THW | OX | TE2 | VF | O/D | STA | IGF | NE+ | G1 | | | RSC | RSO | No 10 | B01 |
| +B | W | ED | AC1 | SPD | ELS | E2 | VTA | VC | IDL | KNK | TE1 | E21 | HT | HSW | NE- | G⊖ | | IGT | ISC | E1 | No. 20 | B02 |

H29352

Fig. 16.16 Typisk 54 stifts kontakt i TCCS

Felkoder

24 Läsning av felkoder

1 Felkoderna kan matas ut från styrmodulen genom att stiften T1 och TE1 i diagnostikkontakten byglas. När stiften byglats blinkar varningslampan "Check Engine" ut koderna. Se nedan för proceduren.
2 De första versionerna matade ut koder med rak räkning. Senare versioner använder ett tvåsiffrigt format.
3 I vissa tidiga versioner av TCCS orsakade inte alla koder att varningslampan tändes, även om styrmodulen loggade koden/-koderna.
4 Vissa senare fordon är försedda med en diagnostiklänk, placerad under förarsidans instrumentbräda. Koderna kan avläsas genom att en felkodsavläsare ansluts till diagnostiklänken.
5 När lampan utlöses börjar den blinka. Felkoden definieras genom att blinken räknas. Om mer än en felkod finns sparad matas de ut i stigande nummerföljd.

Villkor

a) Batterispänning överstigande 11,0 V.

b) Trottelbrytaren stängd (tomgångsläge).
c) Växellådan i friläge.
d) Tillbehör avstängda.
e) Motorn håller normal arbetstemperatur.
6 Slå på tändningen men starta inte motorn.
7 Bygla stiften T1 (eller TE1) och E1 i diagnostikkontakten (fig. 16.17). Koderna matas då ut på instrumentbrädans varningslampa som blinkningar. Fel definieras genom att blinken räknas och jämförs med felkodstabellen.
8 Blinkningarna matar ut koderna antingen som rak räkning eller i tvåsiffrigt format. Koderna matas ut på följande sätt:

Rak räkning

9 Ett eller flera fel: Ett blink var 0,5 sekund anger felkoden. Efter det att första felet matats ut inträffar en paus på 2,5 sekunder innan nästa kod matas ut. När alla fel matats ut i stigande nummerordning inträffar en nypaus, nu på 4,5 sekunder, innan sekvensen upprepas. Detta pågår så länge som stiften i diagnostikkontakten är byglade.

Exempel

Kod 1: Inga fel: ett blink var 5:e sekund
Kod 3: tre blink, paus i 4,5 sekunder och sedan upprepning.

Kod 4 och kod 5: fyra blink, paus i 2,5 sekunder, sedan 5 blink, paus i 4,5 sekunder och sedan upprepas sekvensen.

Utmatning av tvåsiffriga koder

10 Ett eller flera fel: Ett blink varje 0,5 sekunder för att ange första siffran i felkoden (tiotalet).
11 Efter en paus på 1,5 sekunder, en andra serie för att ange andra siffran (entalet).

Fig. 16.17 Senare version av diagnostikkontakt placerad under instrumentbrädan. En felkodsavläsare kan anslutas eller så kan stiften TE1 och E1 byglas enligt föregående beskrivning

12 När det första felet matats ut, en paus på 2,5 sekunder och sedan blinkas nästa kod ut.
13 När alla fel matats ut i stigande nummerföljd inträffar en paus på 4,5 sekunder innan sekvensen upprepas. Detta pågår så länge som stiften i diagnostikkontakten är byglade.
14 Inga fel: Lampan blinkar kontinuerligt med 0,26 sekunders intervall.

Radering av koder

15 Koderna sparas till dess att en av följande åtgärder vidtas:

a) *Bränsleinsprutningens 15 amp säkring lyfts ut under minst 30 sekunder (fig. 16.18).*
b) *Fordonets batteri kopplas ur (se upp med förlust av andra data, radiokoden, klockan etc.).*
16 Provkör fordonet efter det att felkoderna raderats.
17 Om samma koder återkommer antyder det att ett fel fortfarande finns i en given krets.

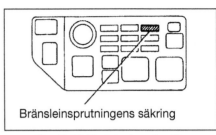

Bränsleinsprutningens säkring

Fig. 16.18 Typisk placering för bränsleinsprutningens 15 amp säkring. Avlägsna den för att radera felkoderna

Felkodstabell (system med insugsrörstryckgivare, rak räkning)

Kod	Post	Fel	Komponent eller krets
1	System OK		
2	Insugsrörets tryckgivare	Insugsrörets tryckgivare	Insugsrörets tryckgivarkrets kortsluten eller bruten
3	Tändsignal	Tändning/förstärkare	Ingen signal från förstärkaren fyra gånger i följd
4	Kylvätskans temperaturgivare	Kylvätskans temperaturgivare	Kylvätskans temperaturgivarkrets kortsluten eller bruten
6	Varvtalssignal	Ingen signal för varvtal eller ÖD	Kretsfel, fördelare/förstärkare/startmotor
7	Trottelns positionsgivare	Trottelns positionsgivare	Trottelns positionsgivarkrets kortsluten eller bruten
8	Lufttemperaturgivaren	Lufttemperaturgivare	lufttemperaturgivarens krets kortsluten eller bruten
9	Fordonets hastighetsgivare	2 000 till 5 000 varv/min, kylvätsketemperatur över 80°C, Insugsrörets tryckgivare över ett visst värde men ingen hastighetsgivarsignal	Ingen signal från fordonets hastighetsgivare
10	Runddragningssignal	Ingen runddragningssignal	Startmotorns reläkrets
11	Omkopplarsignal	Luftkonditioneringens kontakt på, tomgångskontakten av, eller växling i "D"	luftkonditioneringskontakt, trottelns positionsgivare, start/neutral kontakt eller styrmodul

Felkodstabell (tvåsiffrig)

Kod	Fel	Orsak	Komponent eller krets
12	Varvtalssignal	Ingen signal för varvtal eller ÖD	Kretsfel, fördelare/förstärkare/startmotor
13	Varvtalssignal	Ingen signal för varvtal eller ÖD till styrmodulen inom ett antal sekunder efter det att motorn uppnått 1 500 varv/min	Kretsfel, fördelare/förstärkare/startmotor
14	Tändsignal	Tändning/förstärkare	Ingen signal från förstärkaren fyra gånger i följd
16	Styrsignal	Onormal signal från styrmodulen	Styrmodul
21	Syresensor	Syresensorns signal sjunker	Syresensor, syresensorns krets
22	Kylvätskans temperaturgivare	Kylvätskans temperaturgivare	kylvätsketemperaturgivarens krets kortsluten eller bruten
24	Lufttemperaturgivaren	Lufttemperaturgivaren	Lufttemperaturgivarens krets kortsluten eller bruten
25	Mager signal	Syresensor indikerar en mager signal	Injektor/luftflödesmätare/kylvätskans temperaturgivare/lufttemperaturgivaren/syresensor
26	Fet signal	Syresensor indikerar en fet signal	Injektor/luftflödesmätare/kylvätskans temperaturgivare/lufttemperaturgivaren/syresensor
27	Syresensor	Vänster eller enda	
28	Syresensor	Höger (V6)	
31	Luftflödesmätare (om monterad)	Bruten krets vid VC, VS, VB eller kortslutning i VC	Luftflödesmätarens/lufttemperaturgivarens krets
31	Insugsrörets tryckgivare (om monterad)	Bruten krets i insugsrörets tryckgivare eller kortslutning i VC	Insugsrörstryckgivarens krets
32	Luftflödesmätarklaffen		
34	Turbotryckssignal		
35	Turbotryckssignal	Insugsrörets tryckgivare	
41	Trottelns positionsgivare	Trottelns positionsgivare	Trottelpositionsgivarens krets bruten eller kortsluten
42	Fordonets hastighetsgivare	2 000 till 5 000 varv/min, kylvätsketemperatur över 80°C, injektorns öppningstid över ett visst värde och ingen hastighetsgivarsignal	Ingen hastighetsgivarsignal
43	Runddragningssignal	Ingen runddragningssignal	Startmotorns reläkrets
47	Trottelpositionsgivaren		
51	Omkopplarsignal	Luftkonditioneringens kontakt på, tomgångskontakten från eller trottelns positionsgivarei läge "D" under den diagnostiska kontrollen	Luftkonditioneringens kontakt, start-/neutralomkopplare eller styrmodul
52	Knackgivare	Motorvarvet mellan 1 200 och 6 000 varv/min, men ingen knackgivarsignal till styrmodulen	Knackgivarens krets
53	Knackregleringen (styrmodulen)		
54	Turbo ladduftkylarsignal		
55	Knackgivare höger (V6)		
78			

Observera: *Koderna 16, 42, 43 och 51 är endast tillgängliga med påslagen tändning. När tändningen stängs av raderas dessa koder.*

Kapitel 17
VW Digifant

Innehåll

Specifikationer

Fordon	Årsmodell	Tomgångsvarvtal	CO %
25 stifts styrmodul			
Corrado 1.8i (PG)	1989 till 1990	800 ± 50	0,7 ± 0,4
Corrado 1.8i (G60 kompressor) katalysator	1988 till 1992	800 ± 50	0,7 ± 0,4
Golf 1.8i katalysator (1P)	1988 till 1992	750 till 850	0,7 ± 0,4
Golf 1.8i, 1.8i katalysator (PB)	1987 till 1992	750 till 850	1,0 ± 0,5
Golf 1.8i katalysator (PF)	1987 till 1992	750 till 850	0,7 ± 0,4
Golf GTi (G60 kompressor) katalysator (PG)	1990 till 1992	800 ± 50	0,7 ± 0,4
Golf Rallye (G60 kompressor) katalysator (IH)	1989 till 1992	800 ± 50	0,7 ± 0,4
Golf 1.8i katalysator (PF)	1990 till 1992	800 ± 50	0,7 ± 0,4
Golf 1.8i Cabrio katalysator (2H)	1990 till 1993	750 till 850	0,3 till 1,1
Jetta 1.8i, 1.8i katalysator (1P, PB, PF)	1987 till 1992	800 ± 50	0,7 ± 0,4
LT van 2.4i katalysator (1E)	1988 till 1995	750 till 850	0,5 max
Passat 1.8i katalysator (PF)	1988 till 1992	750 till 850	0,7 ± 0,4
Passat 1.8i GT (PB)	1988 till 1990	750 till 850	1,0 ± 0,5
Passat 1.8i katalysator (PB, PF)	1988 till 1992	950 ± 50	0,3 till 1,0
Polo 1.3 G40 och katalysator	1987 till 1990	920 ± 25	0,7 ± 0,2
Polo 1.3 GT katalysator (3F)	1990 till 1994	920 ± 25	1,0 ± 0,2
Polo 1.3 G40 och katalysator (PY)	1991 till 1994	920 ± 25	0,7 ± 0,2
Transporter 2.1i katalysator	1987 till 1991	880 ± 50	0,7 ± 0,4
38 stifts styrmodul			
Caravelle 2.0 och katalysator (AAC)	1990 till 1992	775 till 825	0,5 max
Caravelle 2.5i katalysator (AAF)	1991 till 1995	800 ± 25	0,5 max
Corrado (G60 kompressor) katalysator (PG)	1992 till 1993	800 ± 50	0,7 ± 0,4
Passat 2.0i och 4x4 katalysator (2E)	1990 till 1992	800 ± 50	0,7 ± 0,4
Transporter 2.0 och katalysator (AAC)	1990 till 1992	775 till 825	0,7 ± 0,4
Transporter 2.5i katalysator (AAF)	1991 till 1995	775 till 825	0,5 max
38 stifts styrmodul med självdiagnostik			
Caravelle 2.0 och katalysator (AAC)	1990 till 1992	775 till 825	0,5 max
Caravelle 2.5i katalysator (AAF)	1991 till 1995	775 till 825	0,5 max
Corrado (G60 kompressor) katalysator	1992 till 1993	800 ± 50	0,7 ± 0,4
Passat 2.0i och 4x4 katalysator (2E)	1992 till 1994	800 ± 50	0,7 ± 0,4
Transporter 2.0 och katalysator (AAC)	1990 till 1992	775 till 825	0,7 ± 0,4
Transporter 2.5i katalysator (AAF)	1991 till 1995	775 till 825	0,5 max

45 stifts styrmodul

Fordon	Årsmodell	Tomgångsvarvtal	CO %
Caravelle 2.0i och katalysator (AAC)	1994 till 1995	775 till 825	0,5 max
Corrado 2.0i katalysator (2E)	1993 till 1995	770 till 870	0,2 till 1,2
Golf 2.0i katalysator (2E)	1991 till 1995	770 till 870	0,5 max
Transporter 2.0i katalysator (AAC)	1994 till 1995	775 till 825	0,5 max
Transporter 2.5i katalysator (ACU)	1994 till 1995	775 till 825	0,5 max
Vento 2.0i katalysator (2E)	1992 till 1995	770 till 870	0,5 max

68 stifts styrmodul

Golf 2.0i 16V katalysator (ABF)..............................	1992 till 1995	775 till 875	0,5 max
Passat 2.0i katalysator (ABF)	1994 till 1995	775 till 875	0,5 max
Vento 2.0i 16V katalysator (ABF)	1992 till 1995	750 till 850	0,5 max

Översikt av systemets funktion

1 Inledning

VW Digifant är ett helt integrerat motor-styrningssystem som styr primär tändning, bränsletillförsel och tomgång med en styrmodul.

Det finns ett stort antal olika versioner av Digifant, som började tillverkas i början av 1987. Tidiga varianter inkluderar 25 stifts, 38 stifts och 45 stifts styrmoduler med intern eller extern förstärkare, med eller utan själv-diagnostik samt med luftflödesmätare av klaff eller insugsrörstryckgivare. Primärutlösaren i de flesta varianter av Digifant är en Hall-effektgivare monterad i fördelaren. I senare versioner är förstärkaren sammanbyggd med spolen och systemet med 68 stift använder en svänghjulsbaserad utlösare och sekventiell insprutning **(fig. 17.1).**

2 Styrfunktioner

Signalbehandling

Styrmodulen i Digifant innehåller en tänd-lägeskarta och en bränslekarta. Tändlägeskartan innehåller de grundläggande värdena för tändläget och bränslekartan innehåller grundläggande injektoröppningstider.

När styrmodulen matas med data om motorns varvtal och belastning från givarna, letar styrmodulen upp de korrekta värdena för vilovinkel, tändläge och injektoröppningstid. Sedan tillämpas korrigeringsfaktorer för start, inbromsning, del- och full belastning.

I Digifant behandlas tändläge och injektoröppningstid gemensamt av styrmodulen så att bästa tändläge och öppningstid för varje förhållande kan bestämmas. I Digifant är den huvudsakliga belastningsavkännaren antingen en luftflödesmätare eller en insugsrörs-

tryckgivare. Motorns varvtal bestäms från tändsignalen (Halleffektgivare). De huvudsakliga korrigeringsfaktorerna är signalerna för motorns temperatur (kylvätskans temperaturgivare), luftens temperatur (lufttemperaturgivaren), trottelns position (trottelbrytare eller trottelpositionsgivare) samt avgasernas syrehalt (syresensorn).

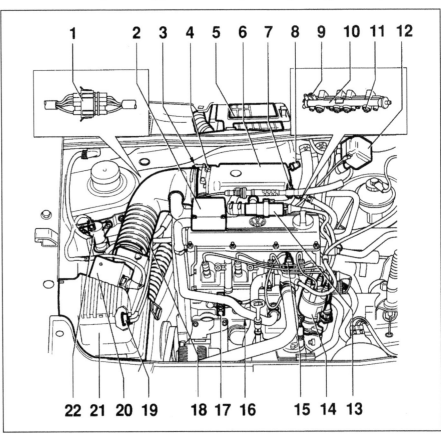

Fig. 17.1 Typisk placering av komponenterna i VW Digifant

1 Syresensorns kontakt
2 Vevhusventilationens styrventil
3 Trottelns positionsgivare
4 Trottelhus
5 Styrmodul
6 Insugsrör
7 Kallstartsventil
8 Tätningshuv för CO-mätningens rör

9 Bränsletrycksregulator
10 Bränslerör
11 Injektorer
12 Kombinerad tändspole och förstärkare
13 Tomgångsventil
14 Fördelare
15 Kylvätskans temperaturgivare med sändare till mätaren

16 Knackgivare
17 Motorns jordanslutning
18 Trummor för insugsluft
19 Temperaturregulator för förvärmd insugsluft
20 Luftflödesmätare (inkluderande lufttemperaturgivare)
21 Luftrenare
22 Kolkanisterventil

Med hjälp av dessa data letar styrmodulen upp korrekt öppningstid oavsett varvtal, belastning eller temperatur.

Grundläggande styrmodulfunktion

Permanent matning till styrmodulen saknas i dessa versioner av Digifant. När tändningen slås på matas spänning till tändspolen, förstärkaren och huvudreläets magnetiseringslindning. Huvudreläet magnetiseras vilket matar spänning till ett stift på styrmodulen.

När spänning först läggs på styrmodulen jordar den pumprelädrivningens stift ett kort ögonblick, vilket trycksätter bränslesystemet.

De flesta givarna (utom de som alstrar en spänning som exempelvis vevaxelns vinkelgivare, knackgivare och syresensorn) förses nu med en referensspänning på 5,0 V från relevant stift på styrmodulen. Tomgångsventilen matas med cirka 12 V från styrmodulstift 22.

När motorn dras runt kommer en matning från stift 50 i startkretsen (inte på senare modeller) till styrmodulen. Denna spänning finns bara när motorn dras runt och informerar styrmodulen om behovet av att öka insprutningsfrekvensen. När motorn dras runt eller går gör en hastighetssignal från Halleffektgivaren att styrmodulen jordar bränslepumpens relädrivning så att bränslepumpen kan gå. Även funktionerna för insprutning och tändning aktiveras. Injektorerna matas med normal batterispänning från antingen huvudreläet eller bränslepumpens relä och styrmodulen fullbordar kretsen genom att jorda injektorns stift. Styrmodulen styr tomgångsvarvet genom att köra tomgångsventilen när motorn går på tomgång.

Självdiagnostik

25 stifts Digifant

25 stifts Digifant-system med extern förstärkare saknar självtestkapacitet. Ett justeringsläge finns. Detta ställs in genom att kontakten till kylvätskans temperaturgivare dras ur. Justeringar av fördelare och tomgångsvarvtal ska endast utföras efter det att justeringsläget ställts in.

38, 45 och 68 stifts Digifant

38 stifts Digifant-system med självdiagnostik (tidiga 38 stifts system saknar denna funktion) har en självtest som regelbundet övervakar signalerna från motorns givare och loggar felkoder internt om ett eller flera fel förekommer. Dessa koder kan matas ut via den seriella porten till en passande felkodsavläsare. Om feltillståndet upphör förblir koden loggad till dess att den raderas med en passande felkodsavläsare. Om felet är av tillf'llig natur – förekommer under mindre än 5 sekunder – och sedan upphör loggas koden fortfarande, men då som ett sporadiskt (SP) fel.

Ett justeringsläge finns. Detta ställs in genom att kontakten till kylvätskans temperaturgivare dras ur. Justeringar av fördelare och tomgångsvarvtal ska endast utföras efter det att justeringsläget ställts in.

Adaptivt minne

Senare versioner har adaptiv kapacitet. Med tiden lär sig styrmodulen den bästa tomgångsinställningen för en given motor, oavsett ålder, skick och belastning, så att korrekt varvtal alltid upprätthålls. De adaptiva tomgångsinställningarna sparas i minnet.

Nödprogram ("linka hem"-funktionen)

Digifant har en "linka hem"-funktion. I händelse av ett allvarligt fel i en eller flera givare ersätter motorstyrningen den defekta givarens värde med ett fast.

Detta betyder att motorn kan gå ganska bra även om en eller flera mindre viktiga givare havererar. Men i och med att dessa ersättningsvärden är giltiga för en varm motor kan prestanda för kallstart och varmkörning vara mindre tillfredsställande.

Referensspänning

Spänningsutmatningen från styrmodulen till många av motorns givare (lufttemperaturgivaren, kylvätskans temperaturgivare och trottelbrytare) är 5,0 V. Detta ger en stabil arbetsspänning som inte påverkas av variationer i systemets spänning.

Returanslutningen till jord är för de flesta givare via ett stift i styrmodulen som inte är direkt anslutet till jord. Styrmodulen kopplar detta stift till jord internt via ett av de stift som är direkt anslutna till jord.

Bränsleavstängning vid övervarv (varvtalsbegränsare)

Digifant förhindrar motorvarv över 6 500 varv/min genom att blockera injektorernas jordväg. När varvtalet sjunker under 6 500 varv/min återställs bränsleinsprutningen.

Signalavskärmning

För att minska radiostörningar har knackgivaren och syresensorn en avskärmad ledning.

Halleffektgivaren

Halleffektgivaren är den huvudsakliga primära utlösaren i VW Digifant. Styrmodulen matar en spänning något under normal batterispänning till Halleffektgivaren i fördelaren. Halleffektgivarens krets fullbordas med en jordning.

Mitt emot Halleffektgivaren finns en magnet vars fält gör att givaren sänder en svag returspänning till styrmodulen. På fördelaraxeln finns en utlösarskiva med lika många urtag som motorn har cylindrar. När utlösarskivan förs mellan kontakten och magneten kommer Halleffektgivaren att slås till och från. När urtaget går förbi kontakten returneras en spänning till styrmodulen via den tredje ledningen som kallas signalledningen.

När den massiva delen av skivan finns mellan magneten och kontakten böjer magnetfältet av vilket stänger av spänningen. I grunden är den signal som returneras antingen spänning eller inte spänning och de alstrade vågformen är av fyrkantstyp. Urtagen i utlösarskivan ger signal vid 60° FÖD (ledande kant) och 5° eller 6° beroende på fordon (släpande kant). Halleffektgivarens signal är nödvändig för utlösandet av såväl tändning som insprutning och tomgångsreglering. Motorn kan inte gå utan signalen från Halleffektgivaren.

Även om givaren vanligen är placerad i fördelaren avviker 68 stifts versionen genom att Halleffektgivaren är placerad vid svänghjulet. Den fördelarmonterade Halleffektgivaren finns kvar, men funktionen är ändrad. En enda bländare i fördelaren gör att en enda signal sänds till styrmodulen. Denna signal anger läget för kolven till cylinder 1, så att den sekventiella insprutningen fungerar korrekt, liksom de dubbla knackgivarna.

Tändningens funktion

När tändningen slås på matas spänning till styrmodulen samt till förstärkaren och tändspolen. Kretsen är vilande i avvaktan på signal om runddragning eller motorgång (fig. 17.2).

När motorn dras runt och går får styrmodulen en signal från Halleffektgivaren (primära utlösaren) och avger då en styrsignal till förstärkaren så att den kan utlösa tändspolen.

Förstärkaren styr spolens vilokrets genom att slå på och stänga av strömmen för att utlösa gnista.

När förstärkaren stänger av strömmen till spolen kollapsar magnetfältet i primärlindningen snabbt. Detta inducerar högspänning i sekundärlindningen vilket matar ut högspänning till fördelarlocket via huvudtändkabeln och rotorarmen. Från fördelaren leds sekundärutmatningen till rätt tändstift i korrekt tändföljd via en tändkabel.

Fördelare

VW fördelare inkluderar de sekundära högspänningsdelarna (fördelarlock, rotor och tändkablar) och har som uppgift att fördela högspänningen från spolens sekundärstift till varje tändstift i den korrekta tändföljden. Fördelaren är vanligen placerad på motorblocket vid cylinder 4.

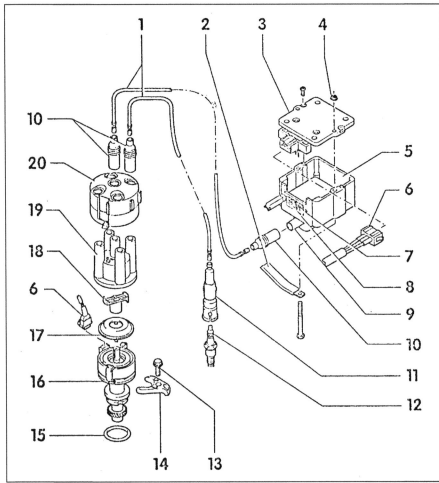

Fig. 17.2 Sprängskiss över tändsystemet

1 Tändkablar	8 Spolens stift 1 (-)	14 Fördelarens klammer
2 Jordanslutning till	9 Spolens stift 4 (utmatning	15 O-ring
ventilkåpan	till fördelaren)	16 Fördelare, komplett med
3 Förstärkare	10 Högspänningsstörningsskydd	Halleffektgivare
4 Fästskruv	11 Avskärmade	17 Dammskydd
5 Tändspole	högspänningsanslutningar	18 Rotorarm
6 Kontakt	12 Tändstift	19 Fördelarlock
7 Spolens matningsstift 15 (+)	13 Fästbult	20 Avskärmningshuv

Fördelaren innehåller även Halleffektgivaren med magnet.

Förstärkare

Förstärkaren innehåller de kretsar som behövs för att utlösa tändspolen i rätt ögonblick för tändning. När styrmodulen får signal från Halleffektgivaren skickar den en styrsignal till förstärkaren som då fullbordar processen genom att utlösa spolen. I många versioner är förstärkare och spole hopbyggda till en enhet för att minska på kabelaget.

Förstärkaren matar ström till spolens primärlindning genom att jorda spolens stift 1 under en tid som kallas viloperiod. Under denna period bygger spolen upp ett magnetfält i primärlindningen. När motorn går beräknar Digifant spolens påkopplingstid så att korrekt viloperiod upprätthålls.

Vilofunktionen i Digifant baseras på principen "konstant energi, begränsad ström". Det betyder att viloperioden är konstant vid cirka 4,5 ms vid praktiskt taget alla varvtal. Men arbetscykeln, uttryckt i procent eller grader, varierar med motorns varvtal.

Tändspolen

Tändspolen använder lågt primärmotstånd för att öka den primära strömmen och primärenergin. Förstärkaren begränsar primärströmmen till cirka 8 amp vilket ger en energireserv för att upprätthålla gnistans brinntid (duration).

Tändläge

Grundtändläget är några grader FÖD och räknas sedan om för att ge effektiv förbränning och maximal effekt vid ett givet varvtal.

Grundtändläget i 25 och 38 stifts varianter är inte under styrmodulens kontroll och fördelaren kan flyttas för att justera tändläget. Tändlägesmärken finns inristade på svänghjulet. När märkena är i linje med varandra på tomgång är grundtändläget korrekt.

När motorvarvet ökar måste förbränningen ske tidigare och tändläget flyttas därför framåt av styrmodulen med ledning av tändlägeskartan. Fördelaren i Digifant har inte en vakuumförställningsenhet. Belastningen beräknas av styrmodulen med utgångspunkt från luftflödesmätarens signal och tändläget justeras efter behov.

Knackgivare

Optimalt tändläge (vid varvtal överstigande tomgång) för en högkomprimerad motor ligger ganska nära knackningsgränsen. Men att ligga så nära den gränsen innebär att knackningar inträffar i en eller flera cylindrar vid vissa tillfällen under motorns arbetscykel.

Knackgivaren är monterad på motorblocket och består av ett piezokeramiskt mätelement som reagerar på svängningar i motorljudet. Knack omvandlas till en spänningssignal som returneras till knackregleringen för utvärdering och åtgärd. Knackfrekvensen ligger i bandet 8 till 15 kHz.

Inledningsvis är tändläget optimerat. När knack identifieras backar styrmodulen tändläget. När knackningarna upphör flyttas tändningen fram mot optimum, eller till dess att knack uppstår igen. Denna process pågår kontinuerligt så att motorn konstant har optimerat tändläge.

I 68 stifts versioner används två knackgivare och cylinderkänslig knackreglering tillämpas med hjälp av den fördelarmonterade Halleffektgivaren. I och med att knack kan uppstå vid olika tidpunkter i olika cylindrar pekar Digifants knackreglering ut den eller de cylindrar som knackar och backar tändläget individuellt i den eller de cylindrarna. Processen pågår kontinuerligt så att varje cylinder alltid har optimerat tändläge.

5 Bränsleinsprutning

Digifants styrmodul innehåller en bränslekarta med injektoröppningstider för grundläggande hastigheter och belastningar. Information hämtas sedan in från motorgivare som Halleffektgivaren, luftflödesmätaren, lufttemperaturgivaren, kylvätskans temperaturgivare och trottelns positionsgivare/trottelbrytaren. Som ett resultat av denna information letar styrmodulen upp korrekt injektoröppningstid för alla varvtal, belastningar och temperaturer.

Digifant är ett flerpunkts insprutningssystem och flesta modeller har samtidig insprutning två gånger per motorns arbetscykel. Halva den behövda bränslemängden sprutas in varje motorvarv. Vid kallstart förlängs injektoröppningstiden för att ge en fetare bränsleblandning. Dessutom fördubblas insprutningsfrekvensen under de första 20 sekunderna av runddragning. Detta oavsett om motorn är kall eller varm. Styrmodulen avläser runddragning när den får en signal från startmotorkretsen. 68 stifts styrmodulen utlöser injektorerna sekventiellt i motorns tändföljd.

Injektorer

En injektor är en magnetdriven solenoidventil som aktiveras av styrmodulen. Spänningen till injektorerna kommer från huvudreläet och jord ges av styrmodulen under en tidsperiod (pulsduration) på mellan 1,5 och 10 ms. Durationen är mycket beroende på motorns temperatur, belastning, varvtal och arbetsförhållanden. När solenoidmagneten stänger alstras en backspänning på 60 V.

Injektorerna är monterade i insugsportarna så att finfördelat bränsle sprutas direkt på varje ventils baksida. I och med att injektorerna utlöses samtidigt kommer bränsle för en kort stund att vila på ventilens baksida innan det sugs in i cylindern.

Bränsleavstängning vid motorbromsning

Vid motorbromsning (när oljetemperaturen överstiger 80°C) stänger styrmodulen av insprutningen för att förbättra bränsleekonomin och reducera utsläpp.

Kallstartsventil

I vissa tidiga versioner finns en kallstartsventil som matar extra bränsle till insugsröret vid temperaturer under 15°C. Till skillnad från föregående versioner av denna ventil i andra system är denna ventil INTE ansluten till startmotorkretsen och använder sig inte av en termotidsbrytare för jordning. Kallstartsventilen fungerar mer som en extra injektor och aktiveras av styrmodulen under en period som styrs av kylvätskans temperatur.

Luftflödesmätare

I Digifant är den huvudsakliga belastningsavkännaren en luftflödesmätare av klafftyp. Luftflödesmätaren är placerad mellan luftrenaren och trottelhuset. När luft strömmar genom böjer den en klaff. Ju större volym, dess större avböjning. Klaffen är kopplad till en arm som glider över ett potentiometerspår vilket ändrar spårets motstånd. Detta ger en signal med variabel spänning till styrmodulen.

Tre ledningar används i denna krets så den kallas ofta för treledningsgivare. 5 V referensspänning ligger över motståndsspåret och den andra änden är ansluten till luftflödesmätarens jordretur. Den tredje ledningen är ansluten till givarens arm.

Med ledning av returspänningen kan sedan styrmodulen beräkna luftvolymen, vilket ger

belastningen. Detta styr sedan insprutningens duration. För utjämning av pulseringar är en dämpare monterad på klaffen. Luftflödesmätaren har ett stort inflytande på insprutad bränslemängd.

Insugsrörets tryckgivare

Insugsrörstryckgivare är en alternativ belastningsgivare som används i vissa versioner av Digifant. En vakuumslang ansluter insugsrörets tryckgivare (placerad i styrmodulen) och insugsröret. Undertryck i insugsröret verkar på tryckgivarens membran och styrmodulen konverterar internt trycket till en elektrisk signal. Insugsrörets tryck beräknas enligt formeln: Atmosfärtryck minus insugsrörets tryck = Absolut tryck i insugsröret.

Digifant beräknar insprutningsdurationen enligt metoden hastighet/täthet från signalen från insugsrörets tryckgivare och motorns hastighet. Denna metod bygger på hypotesen att motorn suger in en fixerad volym luft per varv.

Lufttemperaturgivare

Lufttemperaturgivaren kan vara placerad i luftflödesmätarens intag eller i en kombinerad lufttemperaturgivare och CO-potentiometer, eller för sig själv i insugsröret. Lufttemperaturgivaren mäter antingen temperaturen i luftintaget eller i insugsröret. Eftersom luftens täthet varierar i omvänd relation till temperaturen ger lufttemperaturgivarens signal en mer precis uppskattning av den luftmängd som tas in i motorn. Dock har lufttemperaturgivaren bara ett litet inflytande på styrmodulens utdata.

Givarens matning är 5,0 V referensspänning och jordning sker antingen via luftflödesmätarens jordretur eller den kombinerade CO-potentiometerns eller luftflödesmätarens retur. Lufttemperaturgivaren fungerar enligt principen negativ temperaturkoefficient. En variabel spänningssignal, baserad på lufttemperaturen, sänds till styrmodulen. Signalen är cirka 2,0 till 3,0 V vid en temperatur på 20°C och sjunker till ca 1,5 V vid 40°C.

CO-haltens justering (25 stifts styrmodul)

Den mekaniska typen av luftflödesmätare använder en luftskruv för att justera COhalten. En luftkanal leder en liten mängd luft förbi mätstället. När kanalen flyttas ändras den luftvolym som påverkar klaffen, vilket ändrar klaffens läge. Det i sin tur ändrar den signal som sänds till styrmodulen och därmed mängden insprutat bränsle.

CO-potentiometer (ej på senare katalysatorförsedda motorer)

CO-potentiometern är en blandningsjusterande tvålednings potentiometer som medger små justeringar av tomgångens CO-halt. Givaren matas med 5,0 V referens-

spänning. När ledningen är ansluten till CO-potentiometerns motstånd bestäms returspänningen till styrmodulen av potentiometerns läge. CO-potentiometerns jordsida är ansluten till givarreturkretsen i Digifant.

När CO-potentiometerns justerskruv vrids ändras motståndet, vilket ger en ändrad signal till styrmodulen och det leder till att CO-halten ändras. Justeringar av CO-potentiometern påverkar enbart tomgångens CO-halt. CO-potentiometern kan vara en del av luftflödesmätaren av klafftyp eller ingå med lufttemperaturgivaren som en enhet.

Kylvätskans temperaturgivare

Kylvätskans temperaturgivare är nedsänkt i kylsystemet och innehåller ett temperaturkänsligt variabelt motstånd. När motorn är kall är motståndet ganska högt. När motorn startas och börjar bli uppvärmd blir kylvätskan varmare vilket sänker motståndet (principen negativ temperaturkoefficient). Ju varmare kylvätskan blir, desto mer sjunker motståndet, vilket skickar en variabel signalspänning till styrmodulen baserad på kylvätskans temperatur.

Signalen är cirka 1,0 till 1,5 V vid en omgivande temperatur på 20°C och sjunker till mellan 0,2 och 0,5 V vid en normal arbetstemperatur på 80 till 100°C.

Givarens matning är 5,0 V referensspänning. Styrmodulen använder signalen från kylvätskans temperaturgivare som huvudsaklig korrigeringsfaktor vid beräkning av tändläge och injektoröppningstid.

Trottelbrytare

Två trottelbrytare används till att informera styrmodulen om tomgång respektive full belastning. Dessa brytare används vanligen i modeller som saknar trottelpositionsgivare (fig. 17.3).

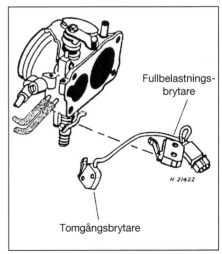

Fullbelastningsbrytare

Tomgångsbrytare

H.21422

Fig. 17.3 Brytarna för tomgång och full belastning

5,0 V matning kommer från styrmodulen till brytarna. När den ena är stängd (tomgång eller full belastning) är kretsen jordad och styrmodulen avläser tillståndet. När motorn går på tomgång är tomgångsbrytaren stängd och fullbelastningsbrytaren öppen. Så snart trotteln öppnas öppnar tomgångsbrytaren.

När trotteln är vidöppen stänger fullbelastningsbrytaren. Vid marschfart, med delvis öppen trottel, är bägge brytarna öppna. Vid full belastning berikar styrmodulen bränsleblandningen. När trotteln är stängd över ett visst varvtal (motorbromsning) stänger styrmodulen av insprutningen. Insprutningen återupptas när tomgångsvarvtalet intas, eller när trotteln öppnas igen.

Trottelns positionsgivare

En trottelpositionsgivare informerar styrmodulen om tomgångsläge och accelerationstakt. Trottelns positionsgivare är en potentiometer med tre ledningar. En 5 V referensspänning läggs på ett motståndsspår med andra änden ansluten till jord. Den tredje ledningen är ansluten till en arm som glider utmed motståndsspåret vilket varierar motstånd och spänning i den signal som går tillbaka till styrmodulen.

Tomgångsventil

Två något olika typer av tomgångsventil förekommer i Digifant. Den grundläggande funktionen är mycket likartad för bägge. Tomgångsventilen är en solenoidstyrd aktiverare som styrmodulen använder till att automatiskt styra tomgångsvarvtalet både vid normal tomgång och varmkörning. Tomgångsventilen är placerad i en slang som ansluter insugsröret till trottelplattans luftfiltersida.

När strömförbrukare som lysen eller fläkt slås på skulle tomgången tendera att sjunka. Styrmodulen känner av belastningen och vrider tomgångsventilen mot ett fjädertryck för att öka luftflödet och därmed tomgången. Om strömförbrukaren stängs av reglerar styrmodulen ventilen så att luftflödet minskar. Normalt tomgång, i typfallet 750 till 850 varv/min, ska därmed upprätthållas när motorn är varm eller kall. Om tomgångsventilen havererar intar den ett utgångsläge med liten öppning. Detta ger ett grundläggande tomgångsläge.

Tidig version av tomgångsventilen

När tändningen slås på matar styrmodulen tomgångsventilen med spänning och tomgångsventilens jordkrets fullbordas av styrmodulen. Ovanligt nog styr styrmodulen tomgångsventilen genom att koppla in och ifrån matningen.

Senare version av tomgångsventilen

Den vanligare typen av tomgångsventil får sin matning från tändningslåset och styrmodulen aktiverar tomgångsventilen genom att jorda den under en tidsperiod med en frekvens på 100 Hz. Tidsperioden kan mätas som en arbetscykel. Denna cykel varierar med motorns belastning.

Reläer

Det elektriska systemet i Digifant styrs av bränsleinsprutningens huvudrelä och bränslepumpens relä. Reläernas numrering kanske inte alltid följer DIN-normen.

Huvudrelä (typiskt)

Permanent spänning matas till huvudreläets stift 30 från batteriets pluspol. När tändningen slås på matas spänning till stift 86 vilket magnetiserar huvudreläets lindning som är jordad vid stift 85. Detta stänger reläkontakterna. Stift 30 ansluts till utmatningskretsen på stift 87 och därmed matas spänning till injektorerna och styrmodulens stift 35.

Bränslepumpsrelä (typiskt)

Permanent spänning matas till huvudreläets stift 30 från batteriets pluspol. När motorn går jordar styrmodulen stift 85 via ett drivstift, vilket magnetiserar relälindningen. Detta stänger reläkontakterna. Stift 30 ansluts till utmatningskretsen på stift 87 och därmed matas spänning till bränslepumpen/ pumparna, syresensorns värmare och i vissa fall injektorerna.

När tändningen slås på jordar styrmodulen kort bränslepumpsreläets stift 85 via styrmodulens stift 3. Detta magnetiserar relälindningen och stänger kontakten, vilket matar spänning från stift 30 till stift 87 och därmed till bränslepumpens krets. Efter cirka en sekund bryter styrmodulen kretsen och pumpen stannar. Denna korta körning trycksätter bränslesystemet, vilket underlättar start.

Bränslepumpens krets förblir bruten i väntan på att motorn dras runt eller går. När styrmodulen får en hastighetssignal från Halleffektgivaren magnetiseras relälindningen åter av styrmodulen och bränslepumpen går sedan till dess att motorn stängs av.

Bränslesystemet

VW fordon kan ha en extern bränslepump eller en intern pump kombinerad med en extern. I förekommande fall används överföringspumpen i tanken till att pumpa bränslet från tanken. Överskottsbränslet leds tillbaka till tanken via en returledning.

Båda pumparna är av den "våta" typen på så vis att bränslet flödar genom pumpen och den elektriska motorn. Det finns ingen brandrisk eftersom det bränsle som dras genom pumpen inte kan förbrännas.

Den externa pumpen av valstyp drivs av en permanentmagnets elmotor. Placerad nära tanken drar den bränslet från tanken och pumpar det till bränsleröret via ett filter. På armaturaxeln finns en excentrisk rotor med ett antal fickor runt ytterkanten. Varje ficka innehåller en metallvals. När pumpen aktiveras slungas valsarna ut av centrifugalkraften så att de fungerar som tätningar. Bränslet mellan valsarna tvingas ut genom pumpens tryckutlopp.

Trycket i bränsleröret hålls konstant på 2,5 bar av en tryckregulator. Bränslepumpen levererar normalt mycket mer bränsle än vad som krävs och överskottet leds tillbaka till tanken i returledningen. Faktum är att maximalt bränsletryck över 5 bar är möjligt i detta system. Tryckförlust i systemet förhindras av en envägsventil i bränslepumpens utlopp. När tändningen stängs av och pumpen stannar upprätthålls trycket därmed en tid.

Bränsletrycksregulator

Tyckregulatorn är monterad på bränslerörets utloppssida och håller trycket i bränsleröret konstant på 2,5 bar. Tryckregulatorn består av två kammare skilda åt av ett membran. Övre kammaren innehåller en fjäder som utövar tryck på nedre kammaren och stänger utloppsmembranet. Trycksatt bränsle flödar in i den nedre kammaren och trycker på membranet. När trycket överstiger 2,5 bar öppnas utloppsmembranet och överskottsbränslet leds tillbaka till tanken via returledningen.

En vakuumslang ansluter övre kammaren till insugsröret så att variationer i insugsrörets tryck inte påverkar mängden insprutat bränsle. Detta betyder att trycket i röret alltid är konstant över insugsrörets tryck. Mängden insprutat bränsle beror därmed endast på injektorernas öppningstid, bestämt av styrmodulen, inte på variationer i bränsletrycket.

Vid tomgång med urkopplat vakuumrör eller med stillastående motor och gående bränslepump är systemtrycket cirka 2,5 bar. Vid tomgång (med inkopplat vakuumrör) är bränsletrycket ungefär 0,5 bar under systemtrycket.

6 Katalysator och avgasrening

Det Digifant insprutningssystem som är monterat på katalysatorförsedda fordon använder ett styrsystem med sluten slinga för att reducera utsläppen i avgaserna. System med sluten slinga använder sig av en syresensor som övervakar avgasernas syrehalt. Syresensorns signal oscillerar mellan 100 och 1000 mV. En låg syrehalt anger en fet blandning medan en hög halt anger mager blandning. Styrmodulen driver därefter blandningen till den motsatta ytterligheten, d v s så att en mager signal gör att blandningen blir fetare och tvärtom.

Syresensorn avger signal endast när avgaserna nått en minimitemperatur på cirka 300°C. En syresensorvärmare används av Digifant så att syresensorn snabbt (inom 20 - 30 sekunder) når arbetstemperatur efter det att motorn startats.

Justeringar

7 Villkor för justering

1 Samtliga dessa villkor ska vara uppfyllda innan justering påbörjas:

a) *Motorn ska hålla arbetstemperatur. Motoroljans temperatur minst 80°C. En körsträcka på minst 7 km rekommenderas (speciellt om bilen har automatväxellåda).*

b) *Tillbehör (all motorbelastning) avstängda.*

c) *För fordon med automatväxellåda, växelväljaren i N eller P.*

d) *Motorn mekaniskt frisk.*

e) *Motorns ventilationsslangar och ventileringssystem i tillfredsställande skick.*

f) *Insuget fritt från vakuumläckor.*

g) *Tändsystemet i tillfredsställande skick.*

h) *Luftfiltret i tillfredsställande skick.*

i) *Avgassystemet fritt från läckor.*

j) *Gasvajern korrekt justerad.*

k) *Inga felkoder loggade av styrmodulen.*

l) *Syresensorn i tillfredsställande skick (katalysatorförsedda fordon med sluten styrslinga).*

2 Dessutom, innan kontroll av tomgångs-varvtal och CO-halt ska motorn stabiliseras enligt följande:

a) *Stabilisera motorn. Höj varvtalet till 3 000 varv/min under minst 30 sekunder och låt motorn återgå till tomgång.*

b) *Om kylfläkten startar under justeringen, vänta till dess att den stannar, stabilisera motorgången och börja om med justeringen.*

c) *Låt varvtal och CO-halt stabiliseras.*

d) *Utför alla kontroller och justeringar inom 30 sekunder. Om denna tid överskrids, stabilisera motorgången och kontrollera igen.*

8 Justering av trotteln

Trottelventilens position

1 Skruva justerskruven så att trotteln är helt stängd.

2 Stick in ett bladmått på 0,1 mm mellan trottelloppet och trottelventilen **(fig. 17.4)**.

3 Skruva justerskruven så att bladmåttet har en tät glidpassning i gapet.

4 Avlägsna bladmåttet. Trotteln ska öppna tillräckligt för att ventilen inte ska fastna i loppet.

Trottelns positionsgivare (i förekommande fall)

5 Trottelns positionsgivare är inte justerbar.

Trottelbrytare (i förekommande fall)

Justering av tomgångsbrytaren

6 Dra ut trottelbrytarens kontakt.

7 Anslut en ohmmätare mellan jordstift 1 och stift 2.

8 Med stängd trottelbrytare ska ohmmätare visa mycket nära noll.

9 Öppna trotteln och kontrollera att mätaren anger bruten krets.

10 När trotteln är öppen, stick in ett 0,4 mm bladmått mellan trottelarmen och trottel-armens stopp.

11 Stäng trotteln och kontrollera att ohm-mätaren indikerar kontinuitet. Om i stället bruten krets anges, lossa tomgångs-kontaktens fästskruvar och justera efter behov. Klackarna på trottelbrytarhuset ska precis beröra stoppet.

12 Öppna och stäng trotteln och kontrollera att omkopplingspunkterna är de korrekta efter varje justering av trottelbrytaren.

Justering av fullbelastningsbrytaren

13 Lämna ohmmätaren ansluten som för justering av tomgångsbrytaren.

14 För trotteln ungefär halvvägs mot stängt läge, där ohmmätaren ska ange oändligt motstånd.

15 Stäng långsamt trotteln till dess att fullbelastningskontakten manövreras och ohmmätaren anger kontinuitet. Detta ska inträffa cirka 10° från fullt stängt läge.

16 Om bruten krets anges, slacka fullbe-lastningsbrytarens fästskruvar och justera efter behov. Den vinklade delen av brytarens arm ska precis beröra trottelventilarmens rulle.

17 Öppna och stäng trotteln och kontrollera att omkopplingspunkterna är de korrekta efter varje justering av trottelbrytaren.

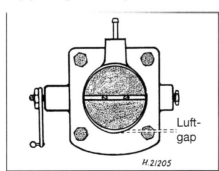

Fig. 17.4 Justering av trottelventilen

18 Låt en medhjälpare trycka gaspedalen i botten och kontrollera att detta ger full trottel.

9 Kontroll av tändläget

Justering av grundtändläget (typisk 25 och 38 stifts styrmodul)

1 Grundtändläget ska endast kontrolleras och justeras sedan styrmodulen försatts i juste-ringsläge. Med 45 och 68 stift krävs en felkodsavläsare för denna funktion.

2 Se justeringsvillkoren i avsnitt 7.

3 Starta motorn och låt den gå på tomgång till dess att kylfläkten startat och stannat en gång.

4 Dra ur kontakten till kylvätskans tempera-turgivare. Detta ställer styrmodulen i jus-teringsläge. Kontakten till kylvätskans temperaturgivare är blåfärgad.

Observera: *Om motorn tjuvstannar är det nödvändigt att ansluta kontakten till kyl-vätskans temperaturgivare innan motorn startas. I annat fall övergår styrmodulen till nödprogrammet, vilket gör justering av CO-halt och/eller tomgångsvarvtal omöjlig.*

5 Höj varvtalet till mellan 2 000 och 2 500 varv/min och kontrollera att grundtänd-läget är 4 till 8° vid detta varvtal **(fig. 17.5)**.

6 Om tändlägesjustering krävs, slacka för-delarens fästbultar och vrid fördelaren till dess att tändläget är korrekt. Dra försiktigt åt fästbultarna och kontrollera tändläget igen.

7 Låt motorn återta tomgång.

8 Anslut kontakten till kylvätskans tempera-turgivare.

9 Tryck lätt på gaspedalen tre gånger (varje gång måste motorvarvet överstiga 3 000 varv/min).

Tändlägesförställning

10 Kontakten till kylvätskans temperatur-givare måste vara ansluten för denna test. Höj varvtalet till 2 800 varv/min. Förställningen ska då vara 40° ± 5°.

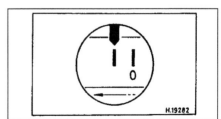

Fig. 17.5 Tändlägesmärken

Tändlägesfel

11 Om förställningen vid 2 800 varv/min avsevärt understiger specifikationerna, kontrollera om ett fel i knackgivarens krets gör att styrmodulen kallat upp nödprogrammet.

Observera: *Om kontakten till knackgivare dras ur eller om knackgivarens åtdragningsmoment ändrats måste motorn stängas av och startas om, sedan ska tändläget kontrolleras igen.*

10 Justering av tomgången

1 Kontroll av tändläget.
2 Kontroll av trottelbrytarens eller trottelpositionsgivarens funktion och justering.
3 Kontrollera att tomgångsventilens funktion är tillfredsställande.
4 Se justeringsvillkoren i avsnitt 7.
5 Kontrollera tomgångsvarvtalet. Den styrda hastigheten är inte justerbar men det grundläggande varvtalet kan kontrolleras och justeras.
6 Kontrollera CO-halten.

Justering av CO-halt och tomgångsvarvtal (typisk 25 och 38 stifts styrmodul)

Observera: *På 45 och 68 stifts katalysatormodeller kan CO-halt och tomgångsvarvtal inte justeras.*
7 Placera gasanalyseraren i avgasröret.
8 Avlägsna ventilationsslangen från tryckregleringsventilen på ventilkåpan och plugga slangen.
9 Starta motorn och låt den gå på tomgång i ca 1 minut.
10 Dra ur kontakten till kylvätskans temperaturgivare. Detta ställer styrmodulen i justeringsläge. Kontakten till kylvätskans temperaturgivare är blåfärgad.
11 Tryck lätt på gaspedalen tre gånger (varje gång måste motorvarvet överstiga 3 000 varv/-min).
12 Låt motorn återta tomgången.
13 Justera varvtal och CO-halt till specifikationerna **(fig.17.6)**.
14 När båda är korrekta, anslut kontakten till kylvätskans temperaturgivare.
15 Tryck lätt på gaspedalen tre gånger (varje gång måste motorvarvet överstiga 3 000 varv/-min).
16 Låt motorn återta tomgången.
17 Kontrollera inställningarna än en gång och upprepa justeringarna efter behov.

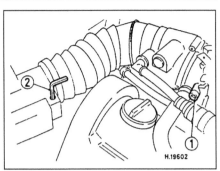

Fig. 17.6 Justering av tomgången (kylvätskans temperaturgivare urkopplad)
1 Grundtomgång 2 Blandning (CO)

18 Ta ut pluggen, montera ventilationsslangen och kontrollera att CO-halten fortfarande är på angiven nivå.

Varför CO-halten stiger

19 Förorening av motorns olja beroende på stopp-start körning. Oljebyte eller en lång, snabb åktur kan förbättra tillståndet.
20 Förhöjd förbiblåsning orsakad av slitna eller fastnade kolvringar.
Observera: *Fordon med en syresensor ska hålla sig inom specifikationerna även med förorenad motorolja.*

Test av systemets givare och aktiverare

Viktigt att observera: *Se kapitel 4 som beskriver vanliga testmetoder. Beskrivningarna i kapitel 4 ska läsas tillsammans med de komponentnotiser och kopplingsscheman som finns i detta kapitel. De kopplingsscheman och andra data som finns i detta kapitel är inte nödvändigtvis korrekta för just din version. I och med de variationer av ledningsdragning och data som ofta förekommer även mellan mycket snarlika fordon i en tillverkares utbud ska du vara mycket noga med att identifiera stiften på styrmodulen korrekt och se till att alla korrekta data är inhämtade innan en given komponent kasseras.*

11 Primär utlösare - Halleffektgivare

1 Se noten i början av detta avsnitt och relevant avsnitt av kapitel 4 **(fig. 17.7 och 17.8)**.
2 I de fall Halleffektgivaren är monterad på svänghjulet är testproceduren likartad.

12 Primär tändning

1 Se noten i början av avsnitt 11 och relevant avsnitt av kapitel 4.

2 Beroende på modell kan typen av primär tändning ha styrmodul med intern eller extern förstärkare.
3 I de fall spolen och förstärkaren är hopbyggda till en enhet, lossa förstärkaren från spolen och kontrollera anslutningarna mellan spolen och förstärkaren. Övriga tester följer i stort beskrivningarna i kapitel 4 **(fig. 17.9 till 17.11)**.

13 Knackgivare

1 Se noten i början av avsnitt 11 och relevant avsnitt av kapitel 4.
2 Två knackgivare används i 68 stifts modeller.

14 Injektorfunktion

1 Se noten i början av avsnitt 11 och relevant avsnitt av kapitel 4 **(fig. 17.12 och 17.13)**.
2 Spänning till injektorerna kommer från antingen huvudreläet eller bränslepumpens relä. I de fall spänningen kommer från pumpreläet finns matning medan motorn dras runt eller går. För testning kan reläet dock förbikopplas (se kapitel 4).
3 Injektorerna utlöses samtidigt, utom i 68 stifts versionen där utlösningen är sekventiell.
4 Injektormotståndet är normalt 15,0 till 20,0 ohm.
5 I det fall systemet har en kallstartsventil testas denna på ungefär samma sätt som en injektor. Ventilen kan dock bara arbeta vid kallstart.

Tändspolens motstånd

System	Primärmotstånd	Sekundärmotstånd
25 stift (grön etikett)	0,52 till 0,76	2400 till 3400
25 stift (grå etikett)	0,60 till 0,80	6900 till 8500
38 stift (& 38 stift med självdiagn.)	0,50 till 0,70	3000 till 4000
45 och 68 stift	0,50 till 0,70	3000 till 4000

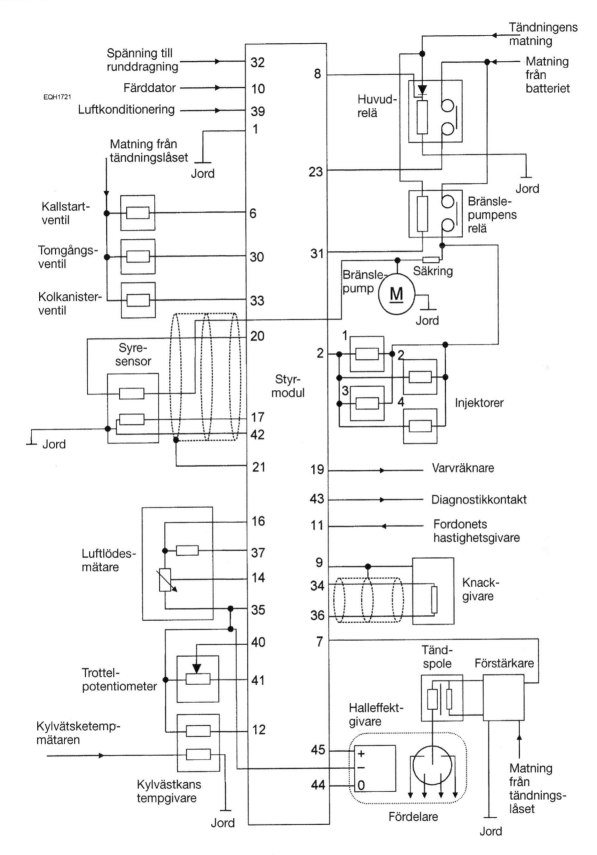

EQH1721

Spänning till runddragning
Färddator
Luftkonditionering

Matning från tändningslåset
Jord

Kallstart-ventil
Tomgångs-ventil
Kolkanister-ventil

Syre-sensor

Jord

Luftflödes-mätare

Trottel-potentiometer

Kylvätsketemp-mätaren

Kylvästkans tempgivare
Jord

Styr-modul

Tändningens matning
Matning från batteriet

Huvud-relä

Jord

Bränsle-pumpens relä

Säkring

Bränsle-pump M
Jord

Injektorer

Varvräknare
Diagnostikkontakt
Fordonets hastighetsgivare

Knack-givare

Tänd-spole Förstärkare

Halleffekt-givare

Matning från tändnings-låset

Fördelare Jord

32
10
39
1
23
6
30
33
20
17
42
21
16
37
14
35
40
41
12
8
31
2
19
43
11
9
34
36
7
45
44

1 2 3 4

Fig. 17.7 Typiskt kopplingsschema för 45 stifts system

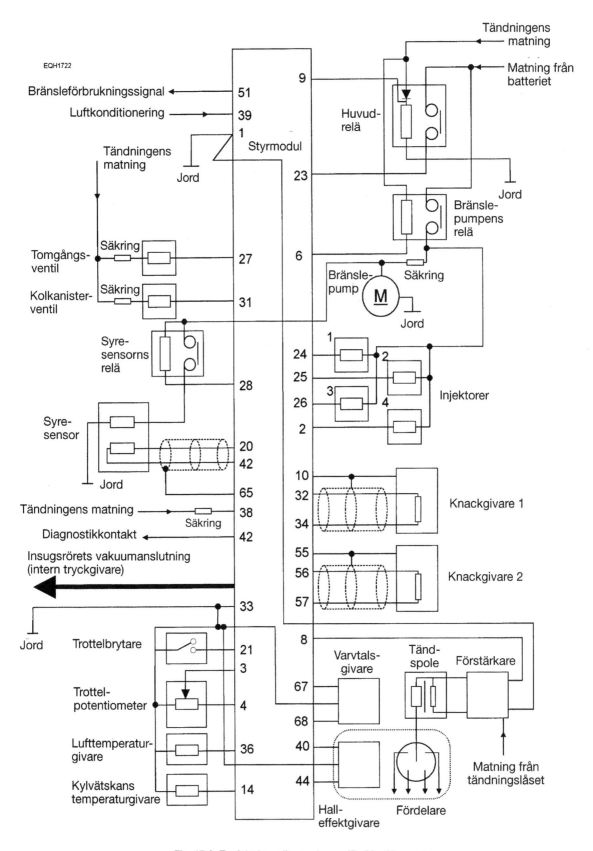

EQH1722

Tändningens matning

Bränsleförbrukningssignal ← 51

Luftkonditionering → 39

1

Tändningens matning

Jord

Styrmodul

9

23

Huvud-relä

Matning från batteriet

Jord

Tomgångs-ventil — Säkring — 27

6

Kolkanister-ventil — Säkring — 31

Bränsle-pumpens relä

Bränsle-pump — M — Säkring

Jord

Syre-sensorns relä

28

24 1

25 2

26 3

2 4

Injektorer

Syre-sensor

20

42

Jord

65

Tändningens matning — Säkring — 38

Diagnostikkontakt ← 42

Insugsrörets vakuumanslutning (intern tryckgivare)

33

10

32

34

Knackgivare 1

55

56

57

Knackgivare 2

Jord

Trottelbrytare — 21

8

3

Trottel-potentiometer — 4

Varvtals-givare

Tänd-spole

Förstärkare

67

68

Lufttemperatur-givare — 36

40

Kylvätskans temperaturgivare — 14

44

Matning från tändningslåset

Hall-effektgivare

Fördelare

Fig. 17.8 Typiskt kopplingsschema för 68 stifts system

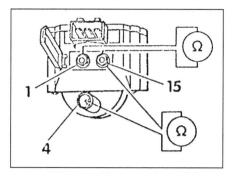

Fig. 17.9 Kontroll av motståndet i den kombinerade tändspolen och förstärkaren. Anslut ohmmätaren mellan stift 1 och 15 för kontroll av primärmotståndet, eller mellan stift 4 och 15 för kontroll av sekundärmotståndet

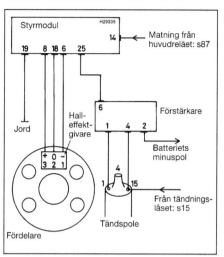

Fig. 17.10 Typiskt kopplingsschema för tändning, 25 stifts

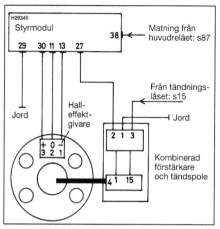

Fig. 17.11 Typiskt kopplingsschema för tändning, 38 stifts

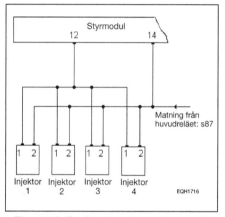

Fig. 17.12 Typiskt kopplingsschema för injektorer, 25 stifts

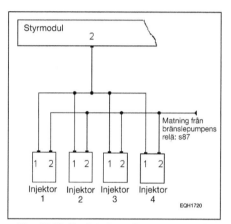

Fig. 17.13 Typiskt kopplingsschema för injektorer, 38 stifts

15 Luftflödesmätare

1 Se noten i början av avsnitt 11 och relevant avsnitt av kapitel 4 (**fig. 17.14 och 17.15**).
2 Luftflödesmätaren är av klafftyp.

16 Insugsrörets tryckgivare

1 Se noten i början av avsnitt 11 och relevant avsnitt av kapitel 4.
2 Insugsrörets tryckgivare är vanligen placerad inne i styrmodulen.

17 Lufttemperaturgivare

1 Se noten i början av avsnitt 11 och relevant avsnitt av kapitel 4.
2 Lufttemperaturgivaren är antingen placerad i luftflödesgivaren eller vara kombinerad med CO-potentiometern till en komponent.

18 Kylvätskans temperaturgivare

1 Se noten i början av avsnitt 11 och relevant avsnitt av kapitel 4.
2 Från och med augusti 1991 är tvåstiftsgivaren utbytt mot en fyrstifts. I fyrstiftskontakten ingår ett extra motstånd som skickar en signal till temperaturvisaren på instrumentpanelen. En variabel signal-

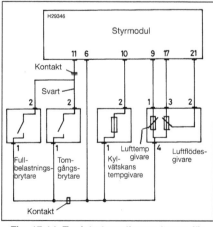

Fig. 17.14 Typiskt kopplingsschema för givare, 25 stifts

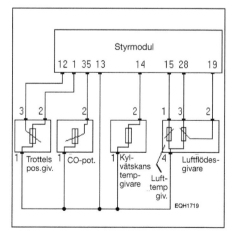

Fig. 17.15 Typiskt kopplingsschema för givare, 38 stifts

spänning på mellan 4,0 och 6,0 V (varm) och 10 till 12 V (kall) kan mätas på denna ledning.
3 Se tabellen nedan för motstånd och spänning i kylvätskans temperaturgivare.

Temp	Motstånd	Spänning
0	5 till 6,5 k	1,80 till 2,25
10	3,2 till 4,2 k	
20	2,1 till 2,9 k	0,95 till 1,25
40	1,0 till 1,4 k	0,50 till 0,85
60	520 till 670	
80	280 till 370	0,20 till 0,40

19 Trottelns positionsgivare

1 Se noten i början av avsnitt 11 och relevant avsnitt av kapitel 4.

20 Trottelbrytare – om monterad

1 Trottelbrytarens kontakt är ansluten till den övre trottelbrytaren (full belastning).
2 De två ledningarna till trottelbrytarens kontakt är jord och spänning.
3 Anslut voltmätarens negativa sond till en motorjord.
4 Rulla tillbaka gummidamasken på trottelbrytarens kontakt.
5 Med avstängd motor och påslagen tändning, anslut voltmätarens positiva sond till ledningen till trottelbrytarens matningsstift 2, mätaren ska ange noll volt.
6 Öppna trotteln. Brytaren ska klicka och spänningen stiga till 5,0 V.

Om trottelbrytaren inte uppträder som beskrivet:

a) Kontrollera trottelbrytarens justering.
b) Kontrollera trottelventilens position.
c) Kontrollera trottelbrytarens jordning.
d) Dra ur kontakten till trottelbrytaren och leta efter 5,0 V vid kontaktens tomgångsstift. Om spänning saknas, leta efter kontinuitet i ledningarna mellan trottelbrytaren och styrmodulen.
e) Öppna trotteln helt. När trottelvinkeln når inom 10 ± 2° från full trottel ska spänningen falla till nära noll.
f) Om spänningsfallet uteblir, kontrollera trottelbrytarens justering.
g) Om någon trottelbrytare inte uppträder enligt beskrivning och inte förhindras från öppning/stängning av ett kärvt trottellänkage är tillämplig trottelbrytare misstänkt.

21 Tomgångsventil

1 Se noten i början av avsnitt 11 och relevant avsnitt av kapitel 4.

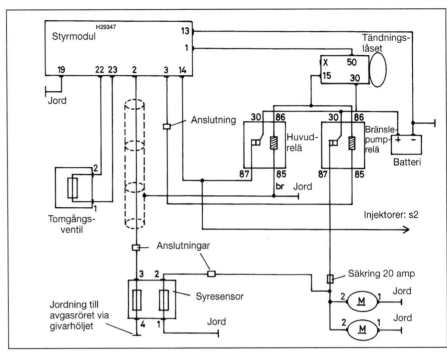

Fig. 17.16 Typiskt kopplingsschema för reläer och komponenter, 25 stift

2 Tomgångsventilens motstånd ska vara 2 till 10 ohm.
3 Tidiga 25 stifts system använde en tomgångsventil som matas med ström från styrmodulen, inte från tändningslåset eller ett relä som i senare versioner. Testa denna tomgångsventil på följande sätt:
a) Slå på tändningen.
b) Berör tomgångsventilen med ett finger. Tomgångsventilen ska vibrera och surra.
4 Starta motorn och låt den inta tomgång.
5 Kontrollera att tomgångsvarvtalet är inom angivna gränser.
6 Om inte, kontrollera grundtomgången.
7 Belasta systemet genom att slå på så många strömförbrukare som möjligt. Tomgångens varvtal ska knappt förändras.
8 Kläm snabbt ihop en av luftslangarna. Tomgångsvarvtalet ska höjas och sedan sjunka tillbaka till normalt.
9 Om tomgången uppfyller ovanstående villkor är det inte troligt att den är defekt.
10 Anslut en voltmätare eller vilovinkelmätare till signalledningen.
11 Med påslagen tändning eller gående motor ska en genomsnittsspänning eller en arbetscykel kunna avläsas.
12 Belasta systemet genom att slå på så många strömförbrukare som möjligt. Den genomsnittliga spänningen och arbetscykeln kommer att ändras. Pulsfrekvensen ska vara konstant.

22 Styrmodulens matningar och jordar

1 Se noten i början av avsnitt 11 och relevant avsnitt av kapitel 4.

23 Systemreläer

1 Se noten i början av avsnitt 11 och relevant avsnitt av kapitel 4 (fig. 17.16 och 17.17).

24 Bränslepump och krets

1 Se noten i början av avsnitt 11 och relevant avsnitt av kapitel 4.
2 Bränslepumpen kan antingen vara enkel och placerad externt eller ingå i en dubbelpump placerad internt och externt.

25 Bränsletryck

1 Se noten i början av avsnitt 11 och relevant avsnitt av kapitel 4.

26 Syresensor

1 Se noten i början av avsnitt 11 och relevant avsnitt av kapitel 4.
2 Syresensorn i de flesta VW Digifant system är en treledningsgivare med värmare. Syresensorns signal jordas via syresensorns hus och avgasröret.

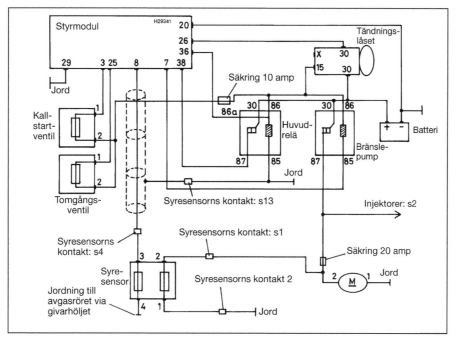

Fig. 17.17 Typiskt kopplingsschema för reläer och komponenter, 38 stift

Stifttabell - typisk 25 stifts

Observera: Se fig.17.18.

1 Tändningslåsets runddragningsmatning
2 Syresensor
3 Bränslepumpens relädrivning
4 Knackgivarens signal
5 Knackgivarens retur
6 Givarretur (trottelbrytare, kylvätskans temperaturgivare, luftflödesmätare)
7 Knackgivarens avskärmning
8 Halleffektgivare
9 Lufttemperaturgivarens signal
10 Kylvätsketemperaturgivarens signal
11 Fulltrottelbrytare
12 Injektorer

13 Jord (batteriets minuspol)
14 Huvudreläets utmatning
15 -
16 Luftkonditionering
17 Luftflödesmätarens matning
18 Halleffektgivare
19 Jord (insugsröret)
20 -
21 Luftflödesmätarens signal
22 Tomgångsventilens signal
23 Tomgångsventilens retur
24 -
25 Förstärkare

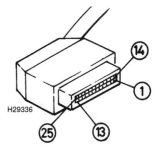

Fig. 17.18 Typisk 25 stifts kontakt

Stifttabell - typisk 38 stifts

Observera: Se fig.17.19.

1 Trottelpositionsgivarens matning
2 Injektorer
3 Kallstartsventil
4 -
5 -
6 -
7 Bränsleurnpens relädrivning
8 Syresensorns signal
9 -
10 2 stifts kontakt på torpedplåten
11 Halleffektgivarens signal
12 Trottelpositionsgivarens signal
13 Givarjord (Halleffektgivaren, CO-potentiometern, trottelns positionsgivare, kylvätskans temperaturgivare, luftflödesmätaren)
14 Kylvätsketemperaturgivarens signal
15 Luftflödesmätare (lufttemperaturgivaren)
16 Knackgivarens retur
17 Knackgivarens signal

18 -
19 Luftflödesmätarens signal
20 Batteriets minuspol
21 -
22 -
23 -
24 -
25 Tomgångsventil
26 Tändningslåsets runddragningsmatning
27 Tändspolens/förstärkarens signal
28 Luftflödesmätarens matning

29 Jord
30 Halleffektgivarens matning
31 2 stifts kontakt på torpedplåten
32 -
33 -
34 Knackgivarens avskärmning
35 CO-potentiometerns signal
36 Tändningsmatning, huvudreläet
37 Luftkonditioneringens kompressor
38 Huvudreläets utmatning

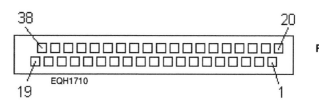

Fig. 17.19 Typisk 38 stifts kontakt

Stifttabell - typisk 45 stifts

Observera: Se fig.17.20.

1 Jord
2 Injektor 1
4 Batteri
6 Kalstartsventil
7 Knackgivare
8 Styrmodulens relä
10 Kontakt till motorns kabelhärva
11 Färddator
12 Kylvätskans temperaturgivare
14 Hettråds luftflödesmätare
16 Hettråds luftflödesmätare
17 Syresensor
19 Startmotor

20 Syresensor
21 Syresensor
23 Styrmodulens relä
27 Tändningsförstärkare
30 Tomgångsventil
31 Bränslepumpens relä
32 Tändningslås
33 Kolkanisterventil
34 Knackgivare
35 Hettråds luftflödesmätare
36 Knackgivare
37 Hettråds luftflödesmätare
38 Tändningslås

39 Luftkonditioneringens kylvätske-
   temperaturs kontakt
40 Trottelns positionsgivare
41 Trottelns positionsgivare
42 Syresensor
43 Datalänkkontakt
44 Fördelarens Halleffektgivare
45 Fördelarens Halleffektgivare

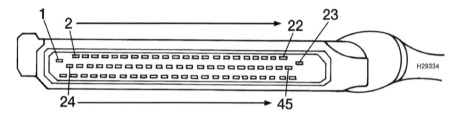

Fig. 17.20 Typisk 45 stifts kontakt

Stifttabell - typisk 68 stifts

Observera: Se fig.17.21.

1 Jord
2 Injektor 4
6 Bränslepumpens relä
7 Tändningslås
8 Tändningsförstärkare
9 Styrmodulens relä
10 Oljetrycksvisarens givare
11 Växellådskontakt
14 Kylvätskans temperaturgivare
18 Växellådskontakt
20 Syresensor
21 Trottelbrytare
22 Instrumentpanel
23 Styrmodulens relä

24 Injektor 1
25 Injektor 2
26 Injektor 3
27 Tomgångsventil
28 Syresensorns styrmodul
31 Kolkanisterventil
32 Knackgivare
33 Jord
34 Knackgivare
36 Insugsluftens temperaturgivare
38 Tändningslås
39 Luftkonditioneringens datalänkkontakt
40 Trottelns positionsgivare
41 Trottelns positionsgivare

42 Syresensor
43 Datalänkkontakt
44 Fördelarens Halleffektgivare
45 Fördelarens Halleffektgivare
51 Instrumentpanel
55 Knackgivare
56 Knackgivare
57 Knackgivare
65 Jord
67 Vevaxelns vinkelgivare (Halleffekt) på
   vevaxeln
68 Vevaxelns vinkelgivare (Halleffekt) på
   vevaxeln

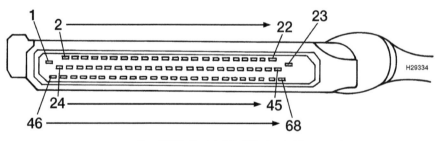

Fig. 17.21 Typisk 68 stifts kontakt

Felkoder

27 Läsning av felkoder

1 VW Digifant alstrar två typer av felkoder. Dessa är femsiffriga felkoder och fyrsiffriga blinkkoder.

2 Felkoderna kan bara mats ut från VW Digifant med en speciell felkodsavläsare men de fyrsiffriga blinkkoderna kan matas ut på instrumentpanelens varningslampa (om monterad) eller via en lysdiod.

3 Felkodsavläsaren kan användas till följande:

  a) *Läsa och radera felkoder.*
  b) *Kalla upp Datastream.*
  c) *Aktivera komponenter och utföra justeringar. VW använder femsiffriga koder för läsning med felkodsavläsare.*
  d) *Försätta styrmodulen i justeringsläge för justering av tändläge och grundtomgång. Det går även att kalla upp justeringsläget utan felkodsavläsare (se tändlägets justering).*

Observera: *Syresensorfelkoder kan endast avläsas efter en provkörning på minst 10 minuter.*

Utmatning av felkoder utan felkodsavläsare (blinkkoder)

4 De fyrsiffriga blinkkoderna visas av varningslampan på instrumentpanelen (om monterad) eller genom att en passande lysdiod eller felkodsavläsare ansluts till diagnostikkontakten **(fig. 17.22).**

5 Första blinkserien anger första siffran, andra serien andra siffran o s v.

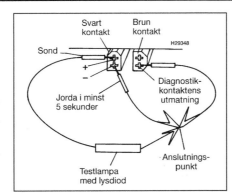

Fig. 17.22 Läsning av felkoder (testlampan krävs bara om bilen saknar varningslampa för självdiagnostik på instrumentbrädan)

6 Leta upp tvåstifts-diagnostikkontakten. I de fall den finns i fotbrunnen eller nära växelspaken är den svarta, vänstra, anslutningen på diagnostikkontakten (vit eller brun) matning och jord.

Observera: *Det går inte att mata ut blinkkoder från 68 stifts Digifant-system eller om diagnostikkontakten är en 16 stifts ISO kontakt.*

7 Om varningslampa saknas, anslut en lysdiodstestlampa mellan batteriets pluspol och diagnostikkontakten.

8 Starta motorn.

9 Varmkör motorn och låt den inta tomgång.

Observera: *Syresensorfelkoder kan endast avläsas efter en provkörning på minst 10 minuter.*

10 Om motorn inte startar, dra runt den minst sex sekunder och lämna sedan tändningen påslagen.

11 Bygla diagnostikkontakten till jord i minst 5 sekunder. Varningslampan eller lysdioden tänds och förblir tänd till dess att byglingen avlägsnas.

12 Avlägsna byglingen. Varningslampan eller lysdioden blinkar ut den första fyrsiffriga blinkkoden.

Observera: *Det är en 2,5 sekunder lång paus mellan varje siffra och endast en kod i taget kan matas ut.*

13 Räkna blinken och skriv upp koden.

14 Om koden 4444 matas ut finns inga fel loggade (avsluta).

15 Om någon annan kod än 4444 matas ut, upprepa genom att jorda kontakten igen i minst 5 sekunder.

16 Anteckna varje kod och fortsätt mata ut dem till dess att kod 0000 anges. Kod 0000 anger att inga fler koder finns sparade.

17 Kod 0000 visas genom att lampan tänds och släcks med 2,5 sekunders mellanrum.

Radera en felkod

18 Läs av felkoden enligt ovan.

19 Stäng av tändningen.

20 Bygla diagnostikkontakten till jord.

21 Slå på tändningen.

22 Bryt diagnostikkontaktens jordning efter 5 sekunder.

23 Felkoderna ska nu vara raderade.

Radering av felkoderna 2341 eller 2343 (syresensorn)

24 Stäng av tändningen. Dra ur styrmodulens kontakt från styrmodulen (se varning 3 i Referens) i åtminstone 30 sekunder.

Blinkkoder på nästa sida

Blinkkodstabell

Observera: *Vi har inte tagit med de femsiffriga koder som bara kan avläsas med en felkodsavläsare.*

Kod	Post
4444	Inga fel
1111	Internt styrmodulfel
1231	Fordonets hastighetsgivare
1232	Trottelventilstyrningen
2112	Vevaxelns positionsgivare
2113	Halleffektpickup
2121	Tomgångsbrytare/trottelns positionsgivare
2123	Fulltrottelbrytare
2122	Hastighetssignal från motorn saknas
2212	Trottelpositionsgivarens krets eller trottelns positionsgivare defekt
2222	Insugsrörets tryckgivare
2232	Luftflödesgivaren
2242	CO-potentiometerns krets eller CO-potentiometern defekt
2312	Kylvätsketemperaturgivarens krets eller kylvätskans temperaturgivare defekt
2322	Lufttemperaturgivarens krets eller lufttemperaturgivaren defekt
2142	Knackgivarens krets eller knackgivaren defekt
2342	Syresensorns krets eller syresensorn defekt
2223	Lufttrycksgivaren
2233	Luftflödesgivaren
2234	Fel matningsspänning
2231	Tomgångsregleringen
2114	Fördelaren
2141	Knackreglering 1 (styrmodul)
2143	Knackreglering 2 (styrmodul)
2341	Syresensorns styrning 1
2144	Knackgivare 2
2214	Max varvtal överskridet
2224	Max laddtryck överskridet
2142	Automatväxellådans signal saknas
2314	Elektrisk anslutning motor/växellåda
2323	Luftflödesgivaren
2324	Luftflödesgivaren
2343	Blandningsreglering – mager
2344	Blandningsreglering – fet
2413	Blandningsreglering 1
2221	Luftflödesgivare/insugsrörets tryckgivare
4332	Styrmodul
4343	Kolkanisterventilen
4411	Injektor 1
4412	Injektor 2
4413	Injektor 3
4414	Injektor 4
4421	Injektor 5
4431	Tomgångsventil
4442	Laddtrycksbegränsarens solenoidventil
1111	Styrmodul
0000	Avslutning av felkodssekvensen/inga fel

Kapitel 18
IAW Weber-Marellis flerpunktsinsprutning

Innehåll

Specifikationer

Fordon

Fordon	Tomgångsvarvtal	CO%
Fiat		
Croma 2000ie 834 B.000	800 ± 50	1,0 till 2,0
Croma 2000ie 8V 154 C.000	800 ± 40	1,5 ± 0,5
Croma 2.0ie 154 C3.000	850 ± 30	1,6 ± 0,5
Tempra 1.8ie SX 8V 159 A4.000	820 ± 50	1,5 ± 0,5
Tempra 1.8 76kW katalysator 835 C2.000	850 ± 50	0,5 max
Tempra 2.0ie SX/SLX 4x4 DOHC 8V 159 A4.046	850 ± 50	0,35 max
Tipo 1.8ie DOHC 8V 159 A.4000	820 ± 50	1,5 ± 0,5
Tipo 1.8ie DOHC 16V 160 A.5000	900 ± 30	1,5 ± 0,5
Tipo 2.0ie DOHC 8V katalysator 159 A5.046	820 ± 50	0,5 max
Tipo 2.0ie DOHC 8V katalysator 159 A6.046	820 ± 50	0,5 max
Tipo 2.0ie DOHC 16V katalysator 160 A8.046	900 ± 30	0,35 max
Lancia		
Dedra 1.8ie DOHC 835 A2.000	850 ± 50	1,5 ± 0,5
Dedra 1.8ie DOHC katalysator 835 A2.046	850 ± 50	0,5 max
Dedra 2.0ie DOHC 835 A5.000	820 ± 50	1,5 ± 0,5
Dedra 2.0ie 1991 och senare	850 ± 30	1,5 ± 0,5
Dedra 2.0ie AT katalysator 835 A5.045	820 ± 50	0,5 max
Dedra 2.0ie DOHC katalysator 835 A5 046	850 ± 30	0,5 max
Dedra 2.0ie turbo 835 A8.000	850 ± 50	1,0 till 1,5
Dedra 2.0ie turbo katalysator 835 A8.000	850 ± 30	0,5 till 0,9
Dedra 2.0ie Integrale turbo 835 A7.000	850 ± 50	1,5 ± 0,5
Dedra 2.0ie Integrale turbo och katalysator 835 A7.000	850 ± 30	0,5 till 0,9
Delta/Prisma 1600ie DOHC 831 B7.000	800 till 860	1,0 till 1,5
Delta/Prisma 1600ie DOHC 831 B7.000	800 till 860	1,5 ± 0,5
Delta/Prisma 1600ie DOHC Static 831 B7.000	800 till 860	1,5 ± 0,5
Delta HF turbo och Martini 1600 DOHC 831 B3.000	800 till 860	1,0 ± 0,5
Delta HF turbo katalysator 831 B7.046	800 till 860	0,5 max
Delta HF Integrale turbo DOHC 831 B5.000	800 till 900	1,5 ± 0,5
Delta HF Integrale turbo DOHC 831 C5.000	800 till 900	1,5 ± 0,5
Delta HF Integrale turbo 16V DOHC 831 D5.000	850 till 950	1,5 ± 0,5
Delta HF Integrale turbo 16V 831 E5.000	820 till 880	1,5 ± 0,5
Delta HF Integrale turbo 16V katalysator 831 E5.000	820 till 880	0,5 max
Ford		
Escort Cosworth 4x4 utan katalysator	900	0,1 max
Sierra/Sapphire Cosworth 4x2 utan katalysator	850	1,5 ± 0,5
Sierra/Sapphire Cosworth 4x4 utan katalysator	850	0,1 max
Sierra/Sapphire Cosworth 4x4 katalysator	900	0,1 max

Oversikt av systemets funktion

1 Inledning

Weber-Marellis IAW är ett helt integrerat elektroniskt motorstyrningssystem som styr tändning, bränsletillförsel och tomgång från samma styrmodul **(fig. 18.1)**. Bränsle-systemets komponenter och styrmodulen (som också styr tändläget) är huvudsakligen en Weber-uppfinning och tändsystemet kommer från Marelli. En fördelare som innehåller en fasgivare (cylinderidentitetsgivare) används till att styra sekventiell bränsleinsprutning.

Weber-Marelli har monterats i ett antal av Fiats, Lancias, Fords och även i några av Aston-Martins modeller. I några versioner tillämpas det även tillsammans med en motor som turbööverladdas av ett Garrett turboaggregat.

Tändläget och bränsleinsprutningen behandlas samtidigt i styrmodulen, så att det optimala ögonblicket för insprutning och tändning fastställs för samtliga arbets-förhållanden. En 35 stifts kontakt och en multikontakt kopplar styrmodulen till batteri, givare och aktiverare.

Fastän en styrmodul med liknande användningsområden används i alla fordon finns där ett antal stora inre skillnader mellan tillämpningarna. Dessutom, de givartyper som används för att förse grundläggande informa-tion skiljer sig också. Det här kapitlet försöker att ta itu med de flesta variationerna mellan olika årsmodeller och märken.

Huvudskillnaderna mellan Fords och Fiat/Lancias tillämpningar gäller själv-diagnostiken, dessa skillnader finns förklarade i ett eget stycke.

2 Styrfunktioner

Signalbehandling

Den grundläggande informationen om tändläge finns sparad på en tredimensionell karta och signalerna för motorns belastning och varvtal bestämmer tändläget. Den huvudsakliga belastningsgivaren är insugs-rörets tryckgivare. Motorns varvtal bestäms utifrån vevaxelvinkelgivarens signal.

Olika korrigeringsfaktorer finns för förhål-landen som start, tomgång, inbromsning och för delvis till full motorbelastning. Den huvudsakliga korrigeringsfaktorn är kyl-vätskans temperatur. Mindre korrigeringar av tändläge och bränsleblandning görs utifrån lufttemperatur och trottelposition.

Den grundläggande bränsleblandningen finns också sparad på en tredimensionell karta och signaler om motorns belastning och varvtal bestämmer den grundläggande injek-toröppningstiden. Weber-Marelli beräknar bränsleblandningen med ledning av signaler från insugsrörets tryckgivare och vevaxelns vinkelgivare.

Bränsleblandningen och öppningstiden korrigeras sedan med ledning av signaler om lufttemperatur, kylvätskans temperatur, batteri-spänning och trottelns position. Andra korrigeringsfaktorer är arbetsförhållanden så-som kallstart och varmkörning, tomgång, acceleration och inbromsning.

Styrmodulen styr totalt den grundläggande tomgången för några av Fiat/Lancias 16-ventils motorer från 1993 (tidigare motorers normaltomgång justeras med en skruv i förbigångskanalen). På alla motorer höjer styrmodulen tomgången under motorns uppvärmning och vid vissa belastnings-förhållanden.

Grundläggande styrmodulfunktion

Fordonets batteri ger inte styrmodulen en permanent matning. När tändningen slås på matas styrmodulen med spänning till stift 20 från stift 87 på bränsleinsprutningens relä. Stift 87 matar även injektorerna, tomgångs-ventilen, turbons övertrycksventil och bränsle-pumpens relästift 86. Spänning till tändspolen matas direkt från tändningslåset.

De flesta givare (utom de som alstrar en spänning som exempelvis vevaxelns vinkel-givare och syresensorn) förses nu med en referensspänning på 5,0 V från relevant stift

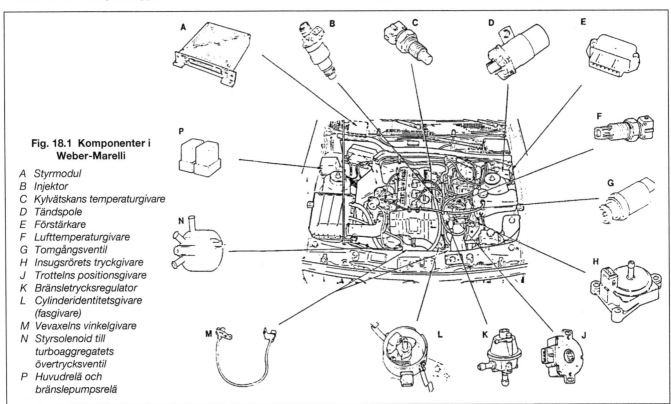

Fig. 18.1 Komponenter i Weber-Marelli

A Styrmodul
B Injektor
C Kylvätskans temperaturgivare
D Tändspole
E Förstärkare
F Lufttemperaturgivare
G Tomgångsventil
H Insugsrörets tryckgivare
J Trottelns positionsgivare
K Bränsletrycksregulator
L Cylinderidentitetsgivare
   (fasgivare)
M Vevaxelns vinkelgivare
N Styrsolenoid till
   turboaggregatets
   övertrycksventil
P Huvudrelä och
   bränslepumpsrelä

på styrmodulen. När motorn dras runt eller går ges en hastighetssignal från vevaxelns vinkelgivare till styrmodulens jordstift 28 så att bränslepumpen startar. Tändning och insprutningsfunktioner aktiveras också. Aktiverare såsom injektorer och tomgångsventil matas med normal batterispänning från huvudreläet och styrmodulen fullbordar kretsen genom att jorda relevant aktiverarledning. De olika utgångarna på tändningslås och reläer varierar beroende på huruvida ett 15 stifts relä eller två separata reläer är monterade (se reläavsnitten för en mer detaljerad beskrivning).

Självdiagnostik

Weber-Marellis system har en självtestsfunktion som med jämna mellanrum känner av signalerna från motorns olika givare och som omedelbart loggar en kod om ett fel skulle uppstå. Den koden kan matas ut till en passande felkodsavläsare.

Det finns dock en del skillnader i självdiagnostikens funktioner mellan Fiat/Lancias och Fords fordon.

I Fords version av IAW Weber systemet, är koderna bara tillgängliga under den tid som felet kvarstår och tändningen är påslagen. Om felet är permanent (kvarstår hela tiden) kommer relevant kod att loggas varje gång tändningen slås på. Men om felet är tillfälligt uppkommande och tändningen slås av förloras koden. Escorts och Sierras 4x4 modeller kan generera fler koder än de tidigare tvåhjulsdrivna (4x2) modellerna. De koder styrmodulen Fords modeller matar ut är av den långsamma kodtypen. Med det menas att koden vanligtvis kan utläsas med ett enkelt verktyg med blinkande lysdioder.

Men i Fiat/Lancias version är minnet ej flyktigt, vilket innebär att koderna finns kvar även om tändningen slås av eller om batteriet kopplas bort. Långsamma (blink) koder kan inte matas ut från dessa system. Om felet försvinner finns ändå koden sparad till dess att den tas bort med en lämplig felkodsavläsare, eller till dess att motorn startats ett visst antal gånger.

När styrmodulen upptäcker att ett stort fel uppstått på modeller försedda med en varningslampa jordar den ett stift på styrmodulen (12 eller 27) och varningslampan på instrumentbrädan börjar lysa. Lampan fortsätter att lysa till dess att felet inte längre kvarstår. Om felet försvinner finns ändå koden sparad till dess att tändningen slås av. Alla modeller är dock inte försedda med en varningslampa.

Nödprogram ("Linka hem"-funktion)

Weber-Marelli har, liksom många andra, en funktion som kallas "linka hem". I händelse av att ett allvarligt fel uppstår i en eller flera givare kommer det elektroniska motorstyrningssystemet ersätta den felaktiga givarens värde mot ett fast värde.

Om lufttemperaturgivaren eller kretsen till lufttemperaturgivaren slutar fungera, ställer styrmodulen in "linka hem"-värdet efter signalen från kylvätskans temperaturgivare. Om den anger en kylvätsketemperatur under 47°C, ställer styrmodulen lufttemperaturgivarens värde till lika med kylvätskans temperatur. Om kylvätskans temperaturgivare anger en kylvätsketemperatur över 47°C ställer styrmodulen lufttemperaturen till 47.5°C.

Om kylvätskans temperaturgivare eller kretsen till kylvätskans temperaturgivare upphör att fungera, ställer styrmodulen in "linka hem"-värdet efter signalen från lufttemperaturgivaren. Om lufttemperaturgivaren anger en temperatur under 30°C ställer styrmodulen kylvätskans temperatur till lika med lufttemperaturen. Om lufttemperaturgivaren däremot anger över 30°C ställer styrmodulen kylvätskans temperatur till 90°C.

Om både lufttemperaturgivaren och kylvätskans temperaturgivare eller kretsarna till dem slutar fungera samtidigt ställs "linka hem"-värdet till 47,5°C respektive 90°C.

Det innebär att motorn faktiskt kan fungera relativt bra även om en eller flera av de mindre betydande givarna slutat att fungera. Kallstarter och varmkörning kan dock vara mindre tillfredsställande. Ett fel på en av de viktigare givarna kan också få styrmodulen att begränsa motorns varvtal.

Adaptivt och icke flyktigt minne (endast Fiat-gruppen)

Styrmodulen lär sig efter en tid den bästa injektoröppningstiden för en speciell motor - oberoende av ålder, motorns arbetsförhållande och belastning så att optimal öppningstid alltid bibehålls. De adaptiva inställningarna finns sparade i ett minne av icke flyktig typ. Konsekvensen är att en utbytt styrmodul behöver lite tid att lära in de olika systemparametrarna innan tillfredsställande funktion återfås.

Fel som identifieras av självdiagnostikfunktionen kommer också att sparas i det icke flyktiga minnet och förbli kvar till dess att det tas bort med en lämplig felkodsavläsare. Detta gör att självdiagnostik kan spara data av tillfällig natur. Ett andra minne behåller också information om givarfel. Men detta minne är av flyktig typ och behåller således inte data om fel som inte finns kvar. Genom att läsa av styrmodulen med en felkods-avläsare är det möjligt att avgöra om det för närvarande finns ett fel, eller om det har uppstått ett fel i ett tidigare skede och därför är av tillfällig natur.

Adaptiva tomgångsinställningar och felkoder som finns i ett icke flyktigt minne kan inte gå förlorade, inte ens om fordonets batteri kopplas bort. Om styrmodulen flyttas från ett fordon till ett annat kommer innehållet i det icke flyktiga minnet också att bli förflyttat om inte en felkodsavläsare används för att radera koderna och justera motorn för den nya konfigurationen. Styrmodulen tar dock bort koderna själv efter sju starter då motorn gått längre tid än 20 minuter.

Referensspänning

Matningen från styrmodulen till många av motorns givare är 5,0 V referensspänning. Det ger en stabil spänning, oberoende av variationer i systemet.

Jordning av vissa motorgivare görs via ett stift på styrmodulen som inte är direkt kopplat till jord. Styrmodulen jordar det stiftet internt till ett direktjordat stift.

Signalavskärmning

Fords modeller

För att reducera radiostörningar till ett minimum är styrmodulen kopplad direkt till chassit. Dessutom har knackgivaren (om installerad) och insugsrörets tryckgivare försetts med avskärmade kablar.

Fiatgruppen

För att reducera radiostörningar har syresensorn och tändningens styrsignal försetts med avskärmade kablar.

3 Primär utlösare

Vevaxelns vinkelgivare

Den primära signalen för att starta tändning och bränslematning kommer från vevaxelns vinkelgivare, placerad bredvid vevaxelns remskiva. Vevaxelns vinkelgivare består en induktiv magnet som utstrålar ett magnetfält. Fyra tänder sitter i remskivans utkant med 90° mellanrum. Då skivan och tänderna roterar i magnetfältet uppstår en växelspänning som skickas till styrmodulen för att ange varvtal och läget för ÖD. Alla fyra signalerna används för att indikera varv/min, men endast två av signalerna (placerade 180° isär) används av styrmodulen för att indikera ÖD.

De strömtoppar som hastighetssignalen ger kan variera från 5,0 V vid tomgång till över 100 V vid 6 000 varv/min. En analog-till-digital omvandlare i processorn omvandlar växelströmspulsen till en digital signal.

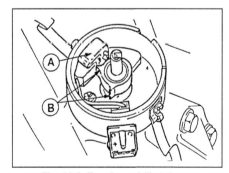

Fig. 18.2 Fasgivare i fördelaren

A Cylinderidentitetsgivare (fasgivare)
B Kam med två nockar

Cylinderidentitetsgivare – fasgivare

Eftersom motorn använder sekventiell insprutning, behöver systemet veta vilken cylinder som är nr.1.

En cylinderidentitetsgivare används för att identifiera och fasa in korrekt tändföljd. Den givaren är placerad i fördelaren (fig. 18.2). Den består av en permanent magnet och två nockar (90° isär) som sitter på fördelarens axel. När motorn dras runt eller går, roterar nockarna i det magnetfält som alstras av den permanenta magneten, vilket genererar en växelspänning som skickas till styrmodulen. Signalen är väldigt lik den som genereras av vevaxelns vinkelgivare. Styrmodulen använder en analog-till-digital omvandlare för att digitalisera signalen, som används för att ge optimal synkronisering av den sekventiella insprutningens pulser med tändföljden. Den första loben anger starten på den sekventiella injektoröppningstiden och den andra anger sekvensens slut.

Styrmodulen använder signaler från både vevaxelns vinkelgivare och fasgivaren för att bestämma start eller utlösningspunkten för den sekventiella insprutningen. Beroende på arbetsförhållanden varierar styrmodulen möjligen startläget för de sekventiella insprutningspulserna. Detta betyder att insprutningen för en eller flera cylindrar kan börja från någon gång under avgastakten, ända till efter det att insugsventilen öppnat.

4 Tändning

Data om motorns belastning (insugsrörets tryckgivare), varvtal (vevaxelns vinkelgivare), temperatur (kylvätskans temperaturgivare) och trottelns position (trottelns positionsgivare) hämtas in av styrmodulen, som kallar upp den digitala kartan i mikroprocessorn. Kartan innehåller en förställningsvinkel för varje arbetsförhållande och med hjälp av den kan den bästa förställningsvinkeln för tändningen bestämmas för varje enstaka tillfälle. Styrmodulen letar upp den korrekta tidpunkten och ger en signal till förstärkaren som i sin tur utlöser tändspolen. Då motorn dras runt är tändningen fast inställd på 10° till dess att motorn startar, varvid styrmodulen styr tändningen efter kartan.

Förstärkare

Förstärkaren innehåller kretsar för att utlösa tändningen. Denna version av Weber-Marelli använder en separat förstärkare monterad bredvid spolen. Styrmodulens signal är inte så stark att den kan utlösa spolen och därför förstärks signalen till en nivå som är tillräcklig. Styrmodulen beräknar korrekt tid för tändningen på förhand från data den fått av givarna och skickar en signal till förstärkaren som i sin tur utlöser spolen.

Vilofunktion

Vilofunktionen i Weber-Marelli baseras på principen "konstant energi, begränsad ström". Det betyder att viloperioden är konstant vid cirka 4,0 - 5,0 ms vid praktiskt taget alla varvtal. Men arbetscykeln, uttryckt i procent eller grader varierar med motorns varvtal.

Tändspolen

Tändspolen använder lågt primärmotstånd för att öka den primära strömmen och primärenergin. Förstärkaren begränsar primärströmmen till cirka 8 amp vilket ger en energireserv för att upprätthålla gnistans brinntid (duration).

Fördelare

I Weber-Marellis system tjänstgör fördelaren endast till att fördela högspänningen från spolens sekundära stift till varje tändstift i tändföljden. Fördelaren innehåller även fasgivaren.

Tändläge

I princip är det grundläggande tändläget fast inställt på modeller försedda med Weber-Marelli. Men det är möjligt att rent fysiskt flytta fördelaren och därigenom ställa om tändläget. Om fördelaren vrids till en position annan än utgångsläget, kommer grundinställningen (som styrmodulen räknar ut på förhand) att vara felaktig och fasgivaren kommer inte heller vara exakt. I Fordmodeller finns en servicekontakt för att tillåta justeringar i tändinställningarna för att passa olika bensintyper.

Servicekontakter (endast Ford)

Servicekontakten är ett sätt att informera styrmodulen om ändrade arbetsförhållanden, så att styrmodulen kan ändra sitt interna program. När en eller flera av dessa kontakter är jordade, kommer styrmodulen beroende på kombinationen av använda kontakter att ändra tändlägets karta så att motorn kan gå på bränsle med lägre oktantal.

Styrmodulen ger 5,0 V referensmatning till vardera servicekontakt. När den är jordad går spänningen ner till noll. När styrmodulen ser noll volt på en angiven kontakt gör den lämpliga justeringar i sitt interna program.

Knackgivare (vissa modeller)

Optimalt tändläge (vid varvtal överstigande tomgång) för en högkomprimerad motor ligger ganska nära knackningsgränsen. Men att ligga så nära den gränsen innebär att knackningar inträffar i en eller flera cylindrar vid vissa tillfällen under motorns arbetscykel.

IAW Weber använder en knackreglering i styrmodulen för att avgöra knack. Knackgivaren är monterad på motorblocket och består av ett piezokeramiskt mätelement som reagerar på svängningar i motorljudet. Knack omvandlas till en spänningssignal som returneras till knackregleringen för utvärdering och åtgärd.

Inledningsvis är tändläget optimerat. När knack identifieras backar styrmodulen tändläget. När knackningarna upphör flyttas tändningen fram mot optimalt läge eller till dess att knack uppstår igen. Denna process pågår kontinuerligt så att motorn konstant har optimerat tändläge.

5 Bränsleinsprutning

Luftintaget

Luftintaget består av följande delar:
a) Luftfilter
b) Insugslufttrummor
c) Trottelhus
d) Trottelventil
e) Insugsrör
f) Insugsventiler
g) Tomgångsventil
h) Trottelns positionsgivare
i) Insugsrörets tryckgivare
j) Lufttemperaturgivaren

Därtill har turboladdade motorer följande extra delar:
a) Turboaggregat
b) Laddluftskylare
c) Övertrycksventil med styrning
d) Förbigångsventil

Luftintagets funktion

Luft dras in genom luftintaget när kolven sjunker i cylindern. När en kolv sjunker i en sluten cylinder (sluten bortsett från en luftkanal från luftintaget) bildas ett undertryck ovanför kolven. Atmosfärtrycket i motorrummet utanför luftkanalen pressar högtrycksluft ned i cylindern via insugsröret. En trottelventil styr luftflödet genom systemet.

En tomgångsventil, placerad i en luftförbigångsslang, som styrs av styrmodulen styr luftflödet vid tomgång så att en stabil tomgång kan bibehållas vid alla temperaturer och belastningar. Ytterligare en förbigångskanal finns trottelhuset så att en grundtomgång kan ställas in på äldre modeller. Grundtomgången är en del av tomgångsinställningen. På nyare modeller är förställningsskruven inställd vid tillverkningen och den skall inte behöva ändras vid normalt motorbruk.

Insugsrörets tryckgivare och trottelns positionsgivare ger signaler till styrmodulen som informerar den om olika belastningar och trottelpositioner. Temperaturgivaren ger signaler om den inkommande luftens temperatur. Från dessa data och med hänsyn till kylvätskans temperatur och motorns varvtal är det möjligt för styrmodulen att bestämma öppningstiden och ge rätt bränsleblandning för alla arbetsförhållanden.

Bränsleinsprutning (allmänt)

Webers insprutningssystem är ett flerpunktssystem där injektorerna utlöses sekventiellt d v s i tändföljd och en gång per motorarbetscykel. Insprutningstiden bestäms från signaler från styrmodulen, vevaxelns vinkelgivare och cylinderidentitetsgivaren. Varje injektor är kopplad till styrmodulen via ett separat stift. Även om injektorerna utlöses sekventiellt är öppningstiden inte nödvändigtvis synkroniserad med tändningen – styrmodulen kan ändra injektoröppningstiden efter arbetsförhållandet. Det innebär att insprutning till en eller flera cylindrar kan börja någon gång under arbetstakten, ända till dess att insugsventilen öppnat.

Data om motorns belastning (insugsrörets tryckgivare), hastighet (vevaxelns vinkelgivare), temperatur (kylvätskans temperaturgivare) och trottelposition (trottelns positionsgivare) hämtas in av styrmodulen, som refererar till den digitala kartan i mikroprocessorn. Den innehåller öppningstider för alla arbetsförhållanden. Därmed kan den bästa öppningstiden för ett specifikt arbetsförhållande bestämmas.

Injektorn styrs med två kretsar. Operationen bygger på principen att mer ström krävs för att öppna en injektor än att hålla den öppen. Systemet kallas strömstyrd insprutning.

När en injektor öppnat håller en andra krets den öppen under öppningstiden. Fördelar med detta system är en minskning av injektorns arbetstemperatur och omedelbar injektorstängning så fort hållkretsen stängs av. När motorn kallstartas är öppningstiden förlängd för att ge en fetare bränsleblandning.

Injektorer

En injektor är en magnetstyrd solenoidventil som aktiveras av styrmodulen. Spänningen till injektorerna kommer från huvudreläet och jord ges av styrmodulen under en tidsperiod (pulsduration) på mellan 1,5 och 10 ms. Durationen är mycket beroende på motorns temperatur, belastning, varvtal och arbetsförhållanden. När solenoidmagneten stänger alstras en backspänning på 60 V.

Om motorn bromsas vid över 1 800 varv/min med stängd trottel stänger styrmodulen av insprutningen. Bränsleinsprutningen återupptas när motorn går under 1 400 varv/min eller om trotteln öppnas på nytt. Bränsleavstängning och återställande inträffar vid högre varvtal på en kall motor och vid varmkörning.

Över vissa varvtal stängs bränsletillförseln av för att förebygga motorskador.

Insugsrörets tryckgivare

Motorns huvudsakliga belastningsgivare är insugsrörets tryckgivare. En vakuumslang kopplar insugsrörets tryckgivare med insugsröret. Insugsrörets vakuum verkar på insugsrörets tryckgivarmembran och styrmodulen omvandlar trycket internt till en elektrisk signal. Insugsrörets absoluta tryck beräknas enligt formeln: Atmosfärtryck minus insugsrörets tryck = Absolut tryck i insugsröret.

Genom att använda metoden hastighet/täthet, beräknar Weber-Marelli bränsleblandningen med hjälp av signalerna från insugsrörets tryckgivare och vevaxelns vinkelgivare. Denna metod bygger på hypotesen att motorn suger in en fixerad volym luft per varv.

När vakuumet är högt i insugsröret (d v s. tomgång), visar insugsrörets tryckgivare ett relativt lågt värde och styrmodulen ger mindre bränsle. När vakuumet är lågt i insugsröret (d v s trotteln vidöppen), visar insugsrörets tryckgivare ett högt värde och styrmodulen ger mer bränsle.

Insugsröret på flerpunktsinsprutningsmodeller är av "torr" typ. Då bränslet inte går in i insugsröret utan rakt in i insugsventilen finns det ingen risk att bränslet dras ner i insugsrörets tryckgivare och förstör membranet. En bränslefälla används därför inte.

Insugsrörets tryckgivare kommer att ge negativa (eller vakuum) mätvärden vid normala insugslägen, inte turbomatade arbetsförhållanden. Men när turbon är igång är insugsröret under tryck och den signal som går till styrmodulen från insugsrörets tryckgivare anger ett positivt mätvärde.

En 5,0 V referensspänning matas till givaren och är ansluten till givarens returkrets. En omvandlare gör om insugstrycket till en elektrisk spänning som skickas till styrmodulen. Signalen visar tryckförändringar i insugsröret beroende på motorns belastning och varierar från 1,0 V vid tomgång till 4,5 V vid full belastning.

Lufttemperaturgivaren

Lufttemperaturgivaren sitter på insugsröret där den mäter lufttemperaturen i insugsröret. Eftersom luftens täthet varierar i omvänd proportion till temperaturen ger lufttemperaturgivarens signal en mer exakt utvärdering av den luftvolym som sugs in i motorn.

Givarens matning är 5,0 V referensspänning och jorden går via givarens returledare. Lufttemperaturgivaren arbetar enligt principen negativ temperaturkoefficient. En variabel spänning skickas tillbaka till styrmodulen baserad på luftens temperatur. Denna signal är ungefär 2,0 till 3,0 V vid en omgivande temperatur på 20°C och sjunker till ca 1,5 V när temperaturen stiger till runt 40°C.

Eftersom luftens densitet varierar omvänt proportionellt till temperaturen, ger lufttemperaturgivarens signal en mer exakt utvärdering av den luftvolym som går in i motorrummet. I turbomotorer är den luft som tas in under tryck, vilket höjer temperaturen. Om luftintaget blir överhettat och luften således får för låg densitet blir bränsleblandningen för mager. En mager blandning kan leda till detonation som i sin tur kan orsaka motorskador. När styrmodulen avläser överhettad luftladdning signalerar den till övertryckssolenoidventilen för att lätta på turbotrycket. Ett lägre turbotryck sänker temperaturen och risken för detonation minskar eller försvinner .

CO-potentiometer – endast modeller utan katalysator

CO-potentiometerns blandningsjusterare är en potentiometer som är direkt ansluten till styrmodulen. Då CO-potentiometerns inställningsskruv vrids skickas ändringen i motstånd som en signal till styrmodulen, som ändrar CO-halten. CO-potentiometerns inställning ändrar bara CO-halten vid tomgång och bränsleblandningen för hastigheter över tomgång påverkas inte av ändringar gjorda med CO-potentiometern. Ström och motståndsmätningar är inte möjliga med denna givare. CO-potentiometern är inte monterad på fordon försedda med katalysator och CO-halten är därför inte möjlig att ställa in.

När CO-potentiometern är kopplad direkt till styrmodulen är ström och motståndsmätningar inte möjliga, men dessa mätningar är möjliga att göra om potentiometern finns i motorrummet.

Det finns flera skillnader för dessa typer av fordon. Mycket tidiga versioner (exempelvis Fiat Croma och Lancia Dedra) är försedda enbart med en styrmodul och CO-potentiometer. Från runt 1990 är många modeller försedda med en extern CO-potentiometer som ett tillägg till den på styrmodulen. Fordon med en katalysator och syresensor är inte försedda med den externa CO-potentiometern, men tidiga modeller har kvar styrmodulspotentiometern. En del ändringar kan göras på den, eller via en felkodsavläsare kopplad till diagnostikkontakten. Styrmodulspotentiometern togs sedan bort och felkodsavläsaren blev den enda möjligheten att göra CO-justeringar på motorer med katalysator. Slutligen togs CO-justeringarna bort helt och hållet och inställningar är inte möjliga över huvud taget på nyare modeller. Utbytta enheter i styrmodulen för fordon med katalysator kan ha satt CO-potentiometern ur funktion och inga justeringar är därför inte möjliga.

Kylvätskans temperaturgivare

Kylvätskans temperaturgivare är inbyggd i kylsystemet och innehåller ett variabelt motstånd som arbetar enligt principen negativ temperaturkoefficient. När motorn är kall är motståndet relativt högt. När motorns startas och börjar värmas upp, blir kylvätskan varmare vilket ändrar motståndet i kylvätskans temperaturgivare. Då kylvätskan blir varmare, minskar givarens motstånd enligt principen om negativ temperaturkoefficient, vilket skickar tillbaka en variabel spänning till styrmodulen baserad på kylvätskans temperatur.

Givarens matning är 5,0 V referensspänning. Den spänningen reduceras till ett värde som bygger på motståndet i kylvätskans temperaturgivare. Normal arbetstemperatur är vanligen från 80° till 100°C. Styrmodulen använder kylvätskans temperaturgivarsignal som huvudsaklig korrigeringsfaktor när den beräknar tändläge och öppningstid.

Trottelns positionsgivare

En trottelpositionsgivare finns för att informera styrmodulen om trottelns position och acceleration. Trottelns positionsgivare är en potentiometer med tre ledningar. En 5,0 V referensspänning matas till ett motståndsspår, med den andra änden jordad. Den tredje ledningen är kopplad till en arm som löper längs med motståndsspåret och på så sätt varieras motståndet och därmed spänningen till styrmodulen.

Det finns två typer av trottelpositionsgivare monterade på denna typ av fordon. Fastän arbetsprincipen är densamma för båda typerna, är själva operationen och den uppmätta signalen omvänd. Till viss del uppnås detta genom omkastning av strömkabeln och jordkabeln på trottelns positionsgivare.

Tidiga modeller av trottelpositionsgivare: Fords tvåhjulsdrivna modeller 1986 till 1990, Fiat Croma och några Lancia-modeller.

Armen är inte i kontakt med motståndsspåret då trottelns positionsgivare är stängd. 5,0 V mäts upp på strömledaren i det här läget. Dessutom är dragningen av jord och strömledningarna sådan att det variabla motståndet är som lägst när trottelns positionsgivare är nästan stängd. När trotteln börjar öppnas, slår armen mot motståndsspåret och strömmen ökar till omkring 4,5 V. När sedan trotteln fortsätter att öppnas, minskar spänningen gradvis till ca 0,5 - 0,6 V. Det variabla motståndet mätt mellan strömstiften kommer att vara försumbart när trotteln är stängd, ungefär 40 till 150 ohm när trotteln öppnas och stiger till ungefär 300 till 600 ohm när trotteln är öppen.

Nyare typer av trottelpositionsgivare: Fords fyrhjulsdrivna modeller och de flesta av Fiat och Lancias fordon.

Armen är i kontakt med motståndsspåret när trottelns positionsgivare är i stängt läge. Runt 0,5 - 0,6 V finns på signalledningen i detta läge. Dessutom är dragningen av jord och strömledningarna sådan att det variabla motståndet mellan ström och jord är som högst när trottelns positionsgivare är stängd. När trotteln öppnas ökar spänningen gradvis till ett maximum om 4,5 V visas. Det variabla motståndet uppmätt mellan strömstiften ligger runt 300 till 600 ohm när trotteln är stängd och minskar till ungefär 40 till 150 ohm när trotteln är öppnad.

Trottelhus

I syfte att förebygga kondensering av bränsle och isbildning under vissa temperatur och luftfuktighetsförhållanden värms trottelhuset upp genom att motorns kylvätska tillåts passera genom trottelhusets interna kanaler. Det finns två olika trottelhus monterade på

Fiats och Lancias modeller med detta system. På en typ är tomgången ställbar och motorn försedd med en grundtomgångsskruv. På den andra typen är grundtomgången inställd vid tillverkningen och kan därför inte ändras, Grundtomgångsskruven får absolut inte skruvas på.

Tomgångsventil

Tomgångsventilen är en solenoidstyrd aktiverare som sitter i en slang som passerar trottelhuset. På tidiga versioner av IAW Webers styr styrmodulen en höjning av ventilerna vid varmkörning och då motorn belastas. Senare versioner av IAW styr ventilerna på ett liknande sätt, med den skillnaden att grundtomgången också styrs. Där styrmodulen inte styr grundtomgången, ställs normalt tomgångsvarvtal in med en justering av en luftförbigångsskruv i trottelhuset. Där styrmodulen styr grundtomgången kan den inte justeras.

Spänning matas till tomgångsventilen från bränslepumpens relä och motorns jordning sker via styrmodulens stift 34.

En arbetscykel kan mätas på jordkretsen för att avgöra öppnings eller stängningstiden som en procentsats av den totala tiden. Total öppningstid är 11,0 ms eller 100% arbetscykel. Ventilerna öppnas med en frekvens av 90 Hz och arbetscykeln arbetar normalt kring 10 och 90%. Det är lika med en tidsbas på mellan 1,1 och 9,9 ms. De saker som påverkar styrmodulen att justera tomgångsventilens öppningstid är tomgångsvarvtal, kylartemperatur och insugsrörets tryck.

När elektriska belastningar som lyse eller värmefläkt slås på, tenderar tomgången att sjunka. Styrmodulen kommer att märka belastningen och ge tomgångsventilen en signal att öka luftflödet och därigenom höja tomgången. När belastningen tas bort, reducerar styrmodulen öppningstiden så att luftflödet minskar. Normal tomgång skall kunna bibehållas under både kalla och varma arbetsförhållanden.

De styrmoduler som monterats från runt 1993 öppnar tomgångsventilen under ett par sekunder efter det att tändningen slagits på. Det gör att tomgångsventilen är självrengörande.

Turboaggregat

Läs kapitel 2 för en detaljerad beskrivning av turboaggregatets funktion. Övertrycksventilen styrs av styrmodulen efter motorns belastning och hastighet och en luftförbigångsskruv är monterad för att reducera turbofördröjningen.

Ström matas till övertrycksventilens solenoid från antingen huvudreläet eller från bränslepumpens relä (efter modell) och jordning sker via styrmodulens stift 16.

Övertrycksventilens solenoid

När motorn stängs av, stängs övertrycksventilen och luften styrs helt till övertrycksventilens aktiverare. Det är det felsäkra läget, om övertrycksventilens solenoid inte skulle fungera når aldrig turbotrycket sin

inställda gräns och motoreffekten reduceras. När motorn går ger styrmodulen signal till övertrycksventilens solenoid att öppna så att ungefär 50% av turbotrycket dirigeras till övertrycksventilen. Styrmodulen tenderar att öppna ventilen med en fixerad frekvens och öppningstiden varieras så att ventilen är öppen för längre eller kortare perioder, vilket som krävs. Denna metod tillåter styrmodulen att ställa exakt öppningstid för att få korrekt turbotryck för alla arbetsförhållanden.

Lufttemperaturstyrning

Om insugsluften blir för varm (över 70°C), minskar luftens täthet och bränsleblandningen blir för mager. En mager blandning kan leda till en detonation som i sin tur kan orsaka motorskador. När styrmodulen märker av en överhettad luftladdning signalerar den till övertrycksventilens solenoid att lätta på turbotrycket. Ett lägre turbotryck sänker temperaturen och risken för detonation minskar eller försvinner. Dessutom, när styrmodulen märker ett för högt turbotryck begränsas motorns varvtal som ytterligare förebyggande av motorskador.

Reläer

Weber-Marellis elsystem styrs av bränsleinsprutningens huvudrelä och ett bränslepumpsrelä. I Fords och några av Fiatgruppens fordon är dessa reläer separata komponenter. Ett del av de senare av Fiatgruppens fordon använder dock ett 15 stifts dubbelkontaktsrelä. Det finns ett antal skillnader i kopplingarna och aktiveringarna mellan de båda relätyperna och följande beskrivningar är typiska.

Huvud- och bränslepumpsreläer (separata reläer)

En permanent matning ges till stift 30 på både huvud- och bränslepumpsreläerna från batteriets pluspol. När tändningen först slås på matar tändningen stift 86 och jordar stift 85 via styrmodulens stift 10, vilket magnetiserar relälindningen.

Observera: *på några modeller är stiften 30 och 87 på huvudreläet och stift 85 och 86 på både huvud och bränslepumpsreläet omkastade.*

Detta stänger första reläkontakten och stift 30 får kontakt med den utgående kretsen på stift 87. Stift 87 matar injektorerna, styrmodulens stift 20, tomgångsventilen, övertrycksventilens solenoid och kolkanisterventilen (om monterad). Desutom matas bränslepumpsreläets stift 86.

När tändningen slås på, jordar styrmodulen momentant bränslepumpsreläets stift 85 på styrmodulens stift 28. Detta magnetiserar relälindningen, som stänger reläkontakten och matar ström från stift 30 till stift 87, som matar bränslepumpens krets. Efter ungefär en sekund bryter styrmodulen kretsen och pumpen stannar. Denna korta körning av bränslepumpen trycksätter bränslesystemet och ger en enklare start.

Bränslepumpens reläkrets förblir bruten till dess att motorn dras runt eller körs. När styrmodulen får en hastighetssignal från vevaxelns vinkelgivare magnetiseras relälindningen igen bränslepumpen går till dess att motorn stängs av.

Huvud- och bränslepumpsreläer (enkelt dubbelrelä)

Permanent matning till reläets stift 8 och 11 från batteriets pluspol. När tändningen slås på, matas spänning till reläets stift 14, som går till jord genom stift 7, vilket magnetiserar första relälindningen.

När relälindningen magnetiseras stängs reläets kontakter och stift 8 får kontakt med de utgående stiften. Därför kommer spänning från stift 4, 5, 6 och 13. Stift 4 ger ström till stift 3 och 15 stiftsreläet (vissa fordon) och de andra stiften ger ström till styrmodulens stift 20, tomgångsventilen, injektorerna, tändkablarna och tändningsförstärkaren.

När tändningen slås på matas spänning till stift 2 från relästift 4 och styrmodulen jordar kortvarigt reläkontakt 10 med styrmodulens stift 28. Detta magnetiserar den andra relälindningen, som stänger den andra reläkontakten och matar spänning från stift 11 till utgående stift 1 och 9, vilket försörjer bränslepumpen och syresensorns värmekretsar. Efter ungefär en sekund bryter styrmodulen kretsen och pumpen stannar. Denna korta körning av bränslepumpen trycksätter bränslesystemet och ger en lättare start.

Den andra kretsen förblir bruten till dess att motorn dras runt eller körs. Då styrmodulen får en hastighetssignal från vevaxelns vinkelgivare magnetiseras åter reläets andra lindning av styrmodulen och bränslepumpen kommer att gå till dess att motorn stängs av. Dessutom försörjer pumpkretsen vanligen tändkablarna och trottelhusets värmare med ström från det andra utgående stiftet. Dessa komponenter matas från första kretsen i vissa fordon.

Tröghetsbrytare (endast vissa senare modeller)

Tröghetsbrytaren är en säkerhetsbrytare som används för att bryta strömmen till bränslepumpen i händelse av kraftig inbromsning exempelvis en kollision. Då brytaren blivit aktiverad så förblir strömkretsen till bränslepumpen bruten till dess att tröghetsbrytaren återställs genom att knappen dras upp.

Bränslesystemet

I Ford Escort och de flesta av Fiat/Lancias modeller sitter bränslepumpen monterad vertikalt i bränsletanken. Ford Sierra och några tidigare Lancia-modeller använder en extern bränsletyp av valstyp, monterad nära bränsletanken. En intern pump kan vara av vals- eller kugghjulstyp.

Pump av valstyp (intern eller extern)

En pump av valstyp, som drivs med en permanentmagnet elmotor, suger bränsle från tanken och pumpar det till bränsleröret via ett bränslefilter. Pumpen är av våt typ eftersom bränslet faktiskt går genom pumpen och elmotorn. Det finns ingen brandrisk eftersom det bränsle som sugs genom pumpen inte är i brännbart skick.

På armaturen sitter en excentrisk rotor med ett antal fickor runt ytterkanten - varje ficka innehåller en metallvals. När pumpen aktiveras, slungas valsarna utåt av centrifugalkraften och fungerar som tätningar. Bränslet mellan valsarna tvingas till pumpens utgång.

Intern pump

Bränslepumpen sitter monterad vertikalt i bränsletanken och består av yttre och inre kugghjul, kallad kugghjulspump. Då pumpmotorn magnetiseras roterar kugghjulen och då bränslet passerar genom de individuella kuggarna på kugghjulet skapas en tryckskillnad. Bränslet sugs in genom pumpens intag och komprimeras mellan kuggarna. Det trycks ut genom pumpens utlopp till bränslesystemet.

Bränslepump (allmänt, alla typer)

Bränslepumpen ger normalt mycket mer bränsle än vad som behövs och överskottsbränslet går tillbaka till bränsletanken via en returledning. Faktum är att, ett maximalt bränsletryck på mer än 5,0 bar är möjligt i detta system. När maximalt tryck är uppnått leder en tryckventil i pumpen bränslet direkt till insuget, vilket förebygger överhettning av bränslepumpen. För att förebygga tryckfall i systemet, finns en envägsventil vid bränslepumpens utgång. När tändningen slås av och bränslepumpen stannar upprätthålls trycket en tid.

Bränsletrycksregulator

Trycket i bränsleröret hålls konstant på 2,5 till 3,5 bar (beroende på modell) av en tryckregulator. Den sitter monterad på den utgående änden av bränsleröret och består av två kammare skilda åt av ett membran. Övre kammaren innehåller en fjäder som utövar tryck på den nedre kammaren och stänger det utgående membranet. Bränsle under tryck flödar genom den nedre kammaren och det trycker också på membranet. Då trycket överstiger systemtrycket, öppnas det utgående membranet och överflödigt bränsle leds tillbaka till bränsletanken via returledningen. På Fiat Tipos 16-ventilsmotor från 1993, löper returledningen genom en intern passage i bränsleröret, i motsats till den externa på andra motorer.

En vakuumslang ansluter övre kammaren till insugsröret så att variationer i insugsrörets tryck inte påverkar mängden insprutat bränsle. Detta betyder att trycket i röret alltid är konstant över insugsrörets tryck. Mängden insprutat bränsle beror därmed endast på injektorernas öppningstid, bestämt av styrmodulen, inte på variationer i bränsletrycket.

Vid tomgång med vakuumröret bortkopplat, med motorn stannad och pumpen gående, eller vid full gas, kommer bränsletrycket att ligga på runt 2,5 till 3,5 bar (beroende på modell). Vid tomgång (med vakuumröret inkopplat), kommer bränsletrycket att ligga på ungefär 0,5 bar under systemtrycket.

6 Katalysator och avgasrening

Några av Weber-Marellis modeller av insprutningssystem är försedda med en katalysator och använder ett styrsystem med en sluten slinga så att föroreningarna i avgaserna kan minskas. Slutna styrsystem är försedda med en syresensor som övervakar avgasernas syreinnehåll. Låg syrehalt i avgaserna tyder på fet blandning. Hög syrehalt tyder på mager blandning.

När motorn arbetar med sluten slinga ger syresensorn en signal till styrmodulen att justera öppningstiden så att bränsleblandningen hålls nära den kemiskt ideala blandningen. Genom att styra öppningstiden för de flesta arbetsförhållanden så att bränsleblandningen alltid ligger inom Lambdafönstret (d v s Lambda = 0,97 till 1,03) uppnås en i det närmaste total förbränning. Det ger katalysatorn mindre arbete, ökad livslängd och färre föroreningar.

Styrsystemet använder den slutna slingan då kylvätskans temperatur överstiger 45°C. Då kylvätsketemperaturen är låg eller då motorn har full belastning eller motorbromsar, arbetar styrmodulen med öppen slinga. Då tillåts en fetare eller magrare blandning än den optimala. Det förebygger att motorn tvekar, till exempel vid acceleration med vidöppen trottel.

Syresensorn ger bara signal när avgaserna närmar sig en minimitemperatur på ungefär 300°C. För att syresensorn ska kunna nå optimal arbetstemperatur så snabbt som möjligt efter motorstart innehåller syresensorn en värmare.

Spänningen till syresensorns värmare kommer från bränslepumpsreläets stift 87. Detta ser till att elementet bara är igång om motorn är det.

Avdunstningsreglering (katalysatormodeller)

En kanister med aktivt kol är monterad i fordon med katalysator för att underlätta avdunstningsregleringen. Ford och Fiatgruppen använder olika metoder för tömning av kanistern och återanvändning av ångorna.

Kolkanisterventil – Sierra / Escort

Kolkanistern lagrar bränsleångor till dess att kolkanisterventilen öppnas av Weber-Marellis styrmodul under vissa arbetsförhållanden. Då kolkanisterventilen aktiveras sugs bränsleångorna in i insugsröret normalförbränning.

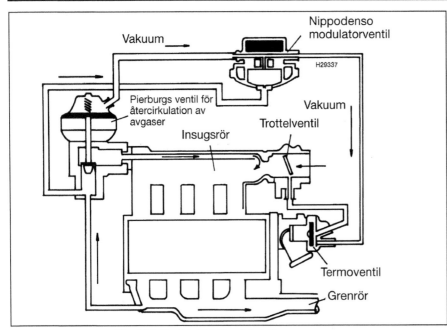

Fig. 18.3 Typisk Fiat återcirkulation av avgaser

För att inte motorns prestanda skall påverkas, hålls kolkanisterventilen stängd under kalla arbetsförhållanden, men också när motorn går på tomgång. Då motorns kylsystem når normal arbetstemperatur och trottelns position är i mittläge, kommer styrmodulen att öppna och stänga kolkanisterventilen.

Kolkanisterventil – Fiat/Lancia

En mekanisk styrventil och kolkanister är monterad i fordon med katalysator för att underlätta avdunstningsregleringen och styra återanvändningen av ångorna. Kolkanistern lagrar bränsleångor till dess att styrventilen öppnas vid delbelastning. Kolkanisterventilen styrs inte av styrmodulen i detta system.

Två vakuumkopplingar från trottelhuset är anslutna till styrventilen. Vakuumkopplingen är försedd med portar, så att när motorn stängs av eller går på tomgång, ges ingen vakuumsignal. När trotteln öppnas utsätts vakuumkopplingen för motorns vakuum, vilket i sin tur påverkar membranet. Membranet rörs mot en fjäder och öppnar en andra vakuumkanal. Vakuum som arbetar på den andra kopplingen tillåts att suga in bränsleångor från kanistern ned i insugsröret, för att förbrännas normalt.

Återcirkulation av avgaser (Fiat/Lancia, i förekommande fall)

Läs kapitel 2 för en detaljerad beskrivning av hur återcirkulation av avgaser fungerar. Det system för återcirkulation av avgaser som används i Weber IAW försedda fordon är ett mekaniskt system, styrt av motorns vakuum och inte av styrmodulen (fig. 18.3).

Om avgaserna skulle återanvändas i en kall motor så skulle effekten och tomgången påverkas högst märkbart. En termoventil i vakuumröret ser till att full återcirkulation av avgaser bara förekommen när motorn nått en kylvätsketemperatur på 40 ± 3°C, fastän termoventilen för återcirkulation av avgaser faktiskt börjar öppna vid en kylvätsketemperatur på 30 ± 3°C.

Systemet för återcirkulation av avgaser består av en termoventil, Nippondenso modulatorventil och en ventil för återcirkulation av avgaser. När motorn är kall, är termoventilen stängd och systemet för återcirkulation av avgaser avstängt. När kylvätsketemperaturen stiger över 30 ± 3°C, börjar termoventilen att öppna och vakuumet leds till modulatorventilen för återcirkulation av avgaser.

Modulatorventilen för återcirkulation av avgaser styr tillförseln av vakuum till ventilen för avgasernas återcirkulation. En kanal från avgassystemet leder avgaser till modulatorn. En kombination av motorns vakuum och avgastrycket tillåter modulatorn att styra öppnandet av ventilen för avgasernas återcirkulation, som i sin tur öppnas för att tillåta ett precist uppmätt flöde avgaser att komma till insugsröret.

Motor på tomgång (kylvätsketemperatur över 30 ± 3°C)

Det vakuum som påverkar modulatorn är rätt så starkt. Då avgasernas påverkan på modulatorn är ganska svag, läcker vakuumet genom en intern kanal till kanalen för inkommande avgaser. Ventilen för avgasernas återcirkulation hålls stängd.

Motorns arbete vid delbelastning

Trotteln är delvis öppen. Det vakuum som påverkar modulatorn är rätt starkt. Avgaserna påverkar också modulatorn kraftigt, vilket öppnar modulatorns fjäderbelastade avgasventil. Det i sin tur förseglar vakuumkanalen och tillåter vakuumet att gå direkt till modulatorns utgång, där det aktiverar ventilen för avgasernas återcirkulation, så att den öppnas för att tillåta ett precist uppmätt flöde avgaser att komma till insugsröret

Motorn arbetar med full belastning

Trotteln är helt öppen. Det vakuum som påverkar modulatorn är nästan obefintligt. Avgasernas påverkan är däremot stark, vilket öppnar modulatorns fjäderbelastade avgasventil. Då det är väldigt lite vakuum, förblir ventilen för avgasernas återcirkulation stängd.

Justeringar

7 Villkor för justering

1 Samtliga dessa villkor ska vara uppfyllda innan justering påbörjas:
a) *Motorn ska hålla arbetstemperatur. Motoroljans temperatur minst 80°C. En körsträcka på minst 7 km rekommenderas (speciellt om bilen har automatväxellåda).*
b) *Tillbehör (all motorbelastning) avstängda.*
c) *För fordon med automatväxellåda, växelväljaren i N eller P.*
d) *Motorn mekaniskt frisk.*
e) *Motorns ventilationsslangar och ventileringssystem i tillfredsställande skick.*
f) *Insuget fritt från vakuumläckor.*
g) *Tändsystemet i tillfredsställande skick.*
h) *Luftfiltret i tillfredsställande skick.*
i) *Avgassystemet fritt från läckor.*
j) *Gasvajern korrekt justerad.*
k) *Inga felkoder loggade av styrmodulen.*
l) *Syresensorn i tillfredsställande skick (katalysatorförsedda fordon med sluten styrslinga).*

2 Dessutom, innan kontroll av tomgångsvarvtal och CO-halt ska motorn stabiliseras enligt följande:
a) *Stabilisera motorn. Öka motorns hastighet till 3 000 varv/min under minst 30 sekunder och låt sedan motorn inta tomgång.*
b) *Om kylfläkten startar under justeringen, vänta till dess att den stannar, stabilisera motorgången och börja om med justeringen.*
c) *Låt varvtal och CO-halt stabiliseras.*
d) *Utför alla kontroller och justeringar inom 30 sekunder. Om denna tid överskrids, stabilisera motorgången och kontrollera igen.*

8 Vevaxelns vinkelgivare

Spelet för vevaxelns vinkelgivare

1 Vrid motorn så att vevaxelns vinkelgivare är rakt emot en av de fyra tänderna på givaren.

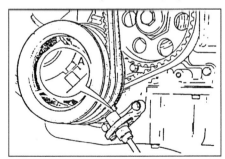

Fig. 18.4 Spel för vevaxelns vinkelgivare
A Spelet 0,40 till 1,0 mm

2 Använd ett bladmått för att kontrollera spelet mellan vevaxelns vinkelgivare och tanden. Korrekt är 0,4 till 1,0 mm **(fig. 18.4)**.
3 Det är viktigt att spelet ligger inom specifikationerna. Justeringar görs genom att man flyttar vevaxelns vinkelgivare i sitt fäste, eller genom att sätta dit eller ta bort shims.
4 Upprepa kontrollen för var och en av de fyra tänderna. Spelskillnaden får inte vara mer än 0,2 mm, alla ojämnheter resulterar i att motorn går ojämnt. Ett oscilloskop är idealiskt för att kontrollera ojämn gång.

Vevaxelvinkelgivarens position

Observera: *Denna manöver är onödig om inte givaren flyttats eller tagits bort.*

5 Använd en mätklocka för att ställa kolv 1 och 4 vid ÖD.
6 På Fiat Cromas 2.0 modeller vrids motorn 1,06 mm motsols från ÖD, det ställer kolven på exakt 10° före ÖD.
7 Ett av Fiats specialverktyg (katalognummer 1895900000) är nödvändigt för att med maximal precision ställa in vevaxelns vinkelgivarposition.
8 Avlägsna vevaxelns vinkelgivare och byt ut den mot Fiats verktyg.
9 Lossa bultarna till vevaxelns vinkelgivarplatta och flytta plattan till dess att verktygets ände passar tätt över tanden på remskivan.
10 Dra åt bultarna till vevaxelvinkelgivarens platta.
11 Ta bort verktyget och sätt dit vevaxelns vinkelgivare.
12 Justera vevaxelns vinkelgivare enligt beskrivning ovan.

9 Cylinderidentitetsgivare (fasgivare)

Cylinderidentitetsgivarens spel

1 Rotera fördelaraxeln så att en av de två tänderna på kammen är rakt motsatt tanden på givaren.
2 För in ett bladmått på 0,3 till 0,4 mm i spelet mellan tänderna.
3 Om spelet är felaktigt, lossa de två fästskruvarna på fördelarplattan.

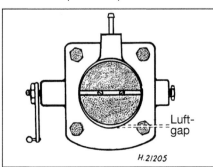

Fig. 18.5 Justering av trottelventilen

4 Flytta plattan så att rätt spel uppnås.
5 Vrid fördelaraxeln så att den andra av de två tänderna på kammen är rakt motsatt tanden på givaren.
6 För in ett bladmått på 0,3 till 0,4 mm i spelet mellan tänderna.
7 Om spelet inte stämmer, lossa de två fästskruvarna på fördelarplattan och flytta plattan så att rätt spel uppstår.
8 Upprepa justeringarna till dess att spelet för båda tänderna ligger inom specifikationerna.

10 Justering av trotteln

Trottelventilens position

1 Trottelns ventilposition är kritisk och bör därför normalt inte röras alls.
2 Gör följande kontroller och gör bara en justering där trottelpositionen ändrats eller där en justering anses som absolut nödvändig.
3 Gör rent trottelhuset och kringliggande ytor med förgasarrengöringsmedel. Förbiblåsning från vevhusventilationen kan orsaka en trög trottel.
4 Med motorn avstängd, öppna med gaspedalen trotteln helt och släpp sedan upp pedalen igen. Kontrollera att smidigt arbete låter trotteln öppnas fullt och sedan sluta tätt.
5 Om trotteln inte öppnas fullt, kontrollera följande:
a) *Defekt eller sliten vajer eller defekt trottelhus.*
b) *Gaspedalen fungerar inte som den skall.*
c) *Förflyttad golvmatta eller böjd gaspedal.*
6 Om trotteln inte stänger helt, kontrollera följande:
a) *Feljusterad gasvajer.*
b) *Trottelventilens position är feljusterad.*
c) *Sotavlagringar kring trottelventilen.*

Justeringar

7 Vrid justeringsskruven så att trotteln stänger helt.
8 För in ett bladmått med tjockleken 0,1 mm mellan trottelloppet och trottelventilen **(fig. 18.5)**.
9 Vrid justeringsskruven så att bladmåttet glider lätt i utrymmet.
10 Avlägsna bladmåttet. Trotteln ska öppna tillräckligt för att ventilen inte ska fastna i loppet.

Kontrollera trottelns positionsgivarinställningar

11 Koppla en voltmätare mellan stift 17 och 11.
a) *På bilar före 1990 års modell, kontrollera om det finns 5 V. Om spänningen är 4,5 V eller lägre är trotteln öppen.*
b) *Efter 1990: leta efter en spänning på 0,6 V eller mindre.*

Justering av positionsgivare

12 Lossa de två ställskruvarna och flytta trottelns positionsgivare så att rätt volttal uppmäts. Om inte rätt volttal kan uppnås, byt trottelpositionsgivare.

11 Tändläge

1 I princip är det grundläggande tändläget fast inställt på modeller försedda med Weber-Marelli. Det är dock möjligt att rent fysiskt flytta fördelaren och därigenom ställa om tändläget. Om fördelaren vrids till en position annan än utgångsläget, kommer grund-inställningen (som styrmodulen räknar ut på förhand) att vara felaktig och fasgivaren kommer inte heller vara exakt.

Justera fördelaren

2 Ställ motorn till ÖD för cylinder 4 i kompressionstakten.
3 Passa in fördelaren i sitt hölje på cylinder-blocket. Fördelarstyrningen passar bara på ett sätt.
4 Flytta fördelarlocket till dess att topp-markeringen passar med markeringen i rotorns mitt.
5 Dra åt fördelarens fästskruvar, se till att fördelaren inte flyttas ur läge.
Observera: Ett specialverktyg från Fiat med katalognummer 1895896000 finns för att försäkra maximal precision i inställningen av fördelarens position. Vi kan inte nog under-stryka hur viktigt det är med en korrekt fördelarinställning. Om motorns cylinder-identitetsgivare och vevaxelns vinkelgivare är ur fas, kan styrmodulen inte längre beräkna den exakta öppningstiden.
6 Inställningsmarkeringar finns så att en dynamisk inställning kan kontrolleras.

Dynamisk inställningskontroll

7 Se justeringsvillkoren i avsnitt 7.
8 Låt motorn gå på tomgång.
9 Kontrollera att inställningsmarkeringarna passar med markeringarna på kamdrivnings-kåpan.
10 Fords modeller: Remskivans markeringar visar 16° före ÖD och ÖD. Om service-kontakterna är inkopplade, kommer motorn att ställas in efter ett värde som motsvaras av hur mycket tändningen backas och bestäms av vilken kombination av kontakter som används.
11 Fiat/Lancias modeller: Grundinställ-ningen är mellan 9 och 15° beroende på modell.
Observera: På grund av att styrmodulen hela tiden ändrar tändläget för att göra små ändringar i tomgången, kommer remskivans markering alltid röra sig runt markeringarna på kamdrivningskåpan.
12 Om inställningen är fel, kontrollera positionen för vevaxelns vinkelgivare. I annat fall är styrmodulen misstänkt.

13 Öka motorns hastighet. Inställningen skall öka jämnt då varvtalet ökar.

12 Justering av tomgången

1 Se justeringsvillkoren i avsnitt 7.
2 Kontrollera att trottelplattan och trottelns positionsgivare är rätt inställda.
3 Varmkör motorn till normal arbets-temperatur.
4 Stabilisera motorn som tidigare.
5 Kontrollera att tomgången ligger inom normala parametrar.

Justering av tomgången

6 Om tomgången behöver justeras, dra ur tomgångsventilens kontakt.

Alla Fordmotorer och Fiat/Lancias motorer före 1990

7 Vrid förbigångsskruven på trottelhuset så att tomgången ligger 50 varv/min under det specificerade värdet.

Fiat/Lanciamotorer efter 1990

8 Vrid förbigångsskruven på trottelhuset så att tomgången är lika med det specificerade värdet.

Alla motorer

9 Koppla åter in tomgångsventilens kontakt. Varvtalet kommer kortvarigt att öka för att sedan gå ner till korrekt varvtal.
Observera: Om tomgången fortsätter att ligga högt och inte kan ställas korrekt, kontrollera att det inte finns vakuumläckor.

CO-justeringar (modeller utan katalysator)

10 Se justeringsvillkoren i avsnitt 7.
11 Koppla in en gasanalyserare i avgas-systemet.
12 Stabilisera motorn som förut.
13 Låt CO-halten stabilisera sig och kontrol-lera CO-halten vid tomgång. Om CO-halten ligger utanför sina fastställda arbetspara-metrar, måste det justeras.
14 Om det finns en extern CO-potentiometer monterad så skall denna justeras först.
15 Avlägsna förseglingen och vrid CO-justerskruven så att rätt värde uppnås.
16 Om en extern CO-potentiometer saknas, eller om rätt värde inte kan uppnås, använd CO-justeringens skruv på styrmodulen för att ställa in CO-halten
Observera: Om tomgången ändras under justeringarna, måste tomgången justeras enligt föregående beskrivning.
17 Åtkomst av styrmodulen.
18 Styrmodulen finns bakom handskfacket. Avlägsna detta.
19 Ta bort förseglingen och vrid CO-justeringsskruven så att rätt värde uppnås.
Observera: Skruven kan bara vridas 270°. Att försöka dra skruven längre kan förstöra CO-justeringen och skada styrmodulen.

CO-justeringar (Fiat/Lancias katalysatormodeller)

20 Se justeringsvillkoren i avsnitt 7.
21 Kör motorn på normal arbetstemperatur. Koppla in en gasanalyserare i porten före katalysatorn.
22 Kör motorn på normal arbetstemperatur, anteckna CO-halten och HC-halten. Om CO-halten ligger utanför arbetsparametrarna måste den justeras.
23 Om möjligt, anteckna värdet av andra gaser som HC, CO_2 och O_2 samt Lambda-värdet.
24 Justeringar kan göras med hjälp av en felkodsavläsare (att föredra) eller manuellt. Båda metoderna beskrivs.
Observera: Om styrmodulen saknar CO-justering, är den inte justerbar. I så fall kan en för hög CO-halt bero på ett komponentfel.
25 Se justeringsvillkoren i avsnitt 7 och se till att alla fel är åtgärdade samt att alla villkor uppfylls innan du fortsätter.
26 Åtkomst av styrmodulen.

Justering med felkodsavläsare.

27 Koppla in felkodsavläsaren på seriella porten. Syresensorn måste förbli inkopplad för den här justeringsmetoden.
28 Välj Lambdajustering på felkodsav-läsarens textruta. Textrutan kommer att visa om bränsleblandningen ligger utanför arbets-normerna.
29 Avlägsna förseglingen från styrmodulen och vrid CO-justerskruven så att rätt Lambda-värde uppnås **(fig. 18.6).**
Observera: Skruven kan bara vridas 270°. Att försöka dra skruven längre kan förstöra CO-justeringen och skada styrmodulen.

Manuell justering

30 Kontrollera att tomgången ligger innanför arbetsparametrarna.
31 Dra ur syresensorns kontakt. Arrangera syresensorsledningen (styrmoduländen) så att den inte kan komma i kontakt med jord.
32 Avlägsna förseglingen från styrmodulen och vrid CO-justerskruven så att rätt halt visas på gasanalyseraren.
Observera: Skruven kan bara vridas 270°. Att försöka dra skruven längre kan förstöra CO-justeringen och skada styrmodulen.

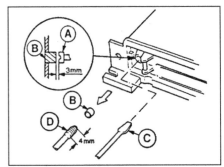

Fig. 18.6 Justering av CO-potentiometern i styrmodulen

A Justerskruv   C Skruvmejsel
B Försegling   D Utdragare

33 Koppla in syresensorns kontakt.

Kontrollera CO-halten vid avgasröret

34 Se justeringsvillkoren i avsnitt 7.
35 Koppla in gasanalyseraren till avgasröret igen.
36 Kör motorn på normal arbetstemperatur och anteckna CO-halten och HC-halten. Normalt CO och HC vid avgasporten men högt CO och HC vid avgasröret är katalysatorn misstänkt.

CO-justeringar (Fords katalysatormodeller)

37 Se justeringsvillkoren i avsnitt 7. Det är särskilt viktigt att motorn har normal arbetstemperatur innan arbetet fortsätter.
38 Koppla in en gasanalyserare och kontrollera CO-halten.
39 Om CO-halten ligger utanför arbetsparametrarna kan en CO-justering behövas.
40 Följande tillvägagångssätt beskrivs med en felkodsavläsare som testinstrument. Det är möjligt att proceduren kan göras om för användande av voltmätare eller ett instrument med lysdiodsdisplay, koppla in eller ta bort byglingen mellan självdiagnostikens stift 1 och 2 när proceduren kräver att felkodsavläsaren skall slås på eller av. *Läs avsnitten om läsning av felkoder för en detaljerad*

beskrivning av inkoppling av ett instrument med lysdiod eller voltmätare.
41 Bered tillträde till styrmodulen, som finns bakom handskfacket.
42 Slå på tändningen.
43 Koppla en felkodsavläsare till självdiagnostikens kontakt.
44 Koppla om felkodsavläsaren så att den inte tar emot koder.
45 Starta motorn och låt den gå på tomgång. Om systemet är felfritt kommer felkodsavläsarens lampa eller lysdiodsdisplayen att blinka hastigt. Om lampan fortsätter att lysa, kontrollera om styrmodulen innehåller felkoder. Fortsätt inte förrän felen blivit åtgärdade.
46 Koppla om felkodsavläsaren för att ta läsa felkoder. Lampan skall förbli släckt. Om lampan blinkar, kontrollera om styrmodulen innehåller felkoder. Fortsätt inte förrän felen blivit åtgärdade.

Kod 31 visas, eller grundinställningen har förlorats:

a) *Koppla om felkodsavläsaren så att den inte läser felkoder.*
b) *Koppla om felkodsavläsaren för att ta emot felkoder igen.*
c) *Vänta i 10 sekunder medan styrmodulen styr och visar CO-halten.*

Fyra möjliga förhållanden kommer att visas:

a) *Om motorns kylartemperatur är för låg eller tomgången är felinställd kommer lysdioden att blinka långsamt.*
b) *Om CO-halten är korrekt kommer lysdioden att blinka hastigt.*
c) *Om CO-halten är för högt ställd kommer lysdioden att lysa.*
d) *Om CO-halten är för låg kommer inte lysdioden att lysa alls.*

47 Om CO-halten behöver justeras, gör det enligt följande procedur:
48 Ta loss styrmodulen.
49 Avlägsna förseglingen, vrid CO-justerskruven så att rätt värde uppnås. Medsols för att höja, motsols för att sänka.
50 Tryck lätt några gånger på gasen efter justeringen och vänta sedan på att styrmodulen utvärderar och visar de nya inställningarna.
51 Fortsätt så här till dess att lysdioden blinkar hastigt.
52 Sätt fast styrmodulen och klädseln eller handskfacket.
53 Dra ut tomgångsventilens kontakt, motorn ska gå på en tomgång på ungefär 850 varv/min. Om inte måste tomgångs- och CO-inställningarna göras om från början, till dess att de två inställningarna är korrekta.

Test av systemets givare och aktiverare

Viktigt att observera: *Se kapitel 4 som beskriver vanliga testmetoder. Beskrivningarna i kapitel 4 ska läsas tillsammans med de komponentnotiser och kopplingsscheman som finns i detta kapitel. De kopplingsscheman och andra data är inte nödvändigtvis korrekta för just din version. I och med de variationer av ledningsdragning och data som ofta förekommer även mellan mycket snarlika fordon i en tillverkares utbud ska du vara mycket noga med att identifiera stiften på styrmodulen korrekt och se till att alla korrekta data är inhämtade innan en given komponent kasseras.*

13 Primär utlösare - vevaxelns vinkelgivare

1 Se noten i början av detta avsnitt och relevant avsnitt i kapitel 4 **(fig. 18.7)**.
2 Kontrollera vevaxelns vinkelgivarspel på det sätt som beskrivs i avsnitt 8. Det är mycket viktigt att spelet ligger inom specifikationen.
3 Fiat/Lancias modeller: Vevaxelns vinkelgivare har ett motstånd på mellan 578 och 782 ohm. Fords modeller: Vevaxelns vinkelgivare har ett motstånd på mellan 600 och 1 000 ohm.

14 Primär tändning

1 Se noten i början av avsnitt 13 och relevant avsnitt i kapitel 4.
2 Den primära tändningen är en styrmodul med separat förstärkare.

3 Fiat/Lancias modeller: Primärt motstånd är 0,405 till 0,495 ohm, sekundärt motstånd är 4 320 till 5 280 ohm.
4 Fords modeller: Primärt motstånd ligger på 0,72 till 0,88 ohm, sekundärt på 4 500 till 7 000 ohm.

15 Knackgivare

1 Se noten i början av avsnitt 13 och relevant avsnitt i kapitel 4.

16 Injektorfunktion

1 Se noten i början av avsnitt 13 och relevant avsnitt i kapitel 4. **(fig. 18.8)**.
2 Insprutningsfunktionen är sekventiell.
3 Injektorns motstånd är 16,2 ohm.

17 Fasgivare (cylinderidentitetsgivare)

1 Se noten i början av avsnitt 13 och relevant avsnitt i kapitel 4.
2 Cylinderidentitetsgivaren finns i fördelaren.
3 Cylinderidentitetsgivarens motstånd skall ligga mellan 700 och 1 200 ohm (Fiat/Lancia) eller 758 och 872 ohm (Ford).
4 Kontrollera om givaren har skador, olja, smuts eller ansamlingar av metallpartiklar runt omkring sig.
5 Kontrollera cylinderidentitetsgivarens spel enligt beskrivning i avsnitt 9.

18 Insugsrörets tryckgivare

1 Se noten i början av avsnitt 13 och relevant avsnitt i kapitel 4.

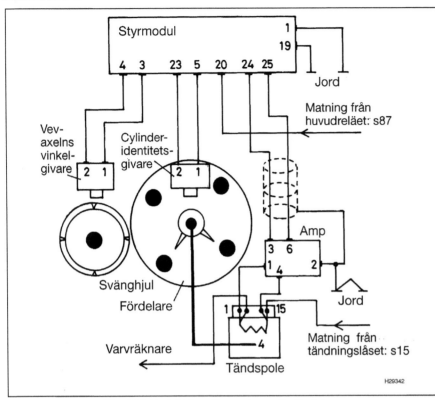

Fig. 18.7 Typiskt kopplingsschema för tändningen

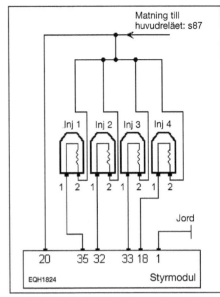

Fig.18.8 Typiskt kopplingsschema för
injektorer

2 Insugsrörets tryckgivare är en separat
givare som sitter i motorrummet.

19 Lufttemperaturgivare

1 Se noten i början av avsnitt 13 och relevant
avsnitt i kapitel 4. **(fig. 18.9)**.
2 Lufttemperaturgivaren finns oftast i insugs-
röret.

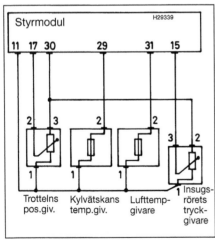

Fig. 18.9 Typiskt kopplingsschema för
givare

20 Kylvätskans
temperaturgivare

1 Se noten i början av avsnitt 13 och relevant
avsnitt i kapitel 4.

21 Trottelns positionsgivare

1 Se noten i början av avsnitt 13 och relevant
avsnitt i kapitel 4.
2 Test av positionsgivare som sitter på
motorer från runt 1990 liknar den som
beskrivs i kapitel 4.
3 Tidiga typer av trottelpositionsgivare finns i
motorer före 1990 och ger en omvänd signal.
De volttal som ges är följande:

a) *Stängd trottel: Volttalet bör nu ligga på
5,0 V. Det är referensspänningen och
kommer av att armen inte har kontakt med
motståndsspåret i sitt stängda läge.*
b) *Något öppen trottel: Volttalet bör hoppa
till 4,5 V då armen får kontakt med spåret.*
c) *Öppna och stäng trotteln ett antal gånger
och titta efter en jämn spännings-
minskning till ett minimum på ungefär
0,6 V.*
d) *Alla andra testrutiner liknar de som
beskrivs i kapitel 4.*

22 Tomgångsventilen

1 Se noten i början av avsnitt 13 och relevant
avsnitt i kapitel 4.
2 Tomgångsventilens motstånd är 6,0 till
8,0 ohm.
3 Tomgångsventilen är ett exempel på en
tvåledningsventil.
4 Spänningen till tomgångsventilen kommer
antingen från huvudreläet eller från pump-
reläet, en spänning är endast möjlig då
motorn dras runt eller körs. Spänning kan
dock matas i testsyfte med en förbikoppling
av reläet (se kapitel 4).

23 Styrmodulens matningar och
jordar

1 Se noten i början av avsnitt 13 och relevant
avsnitt i kapitel 4.

24 Systemreläer

1 Se noten i början av avsnitt 13 och relevant
avsnitt av kapitel 4 **(fig. 18.10 till 18.12)**.
2 Fiat/Lancias modeller använder en av
följande reläuppsättningar:

a) *Ett huvudrelä och ett bränslepumpsrelä,
båda med enkla kontakter. Stift-
numreringen är enligt DIN-standarden.*
b) *Ett 15 stifts enkelrelä med dubbla
kontakter. Numrerade från 1 till 15.*

3 Fords modeller använder ett huvudrelä och
ett bränslepumpsrelä, båda med enkla kontak-
ter. Stiftnumreringen är enligt DIN-standarden.

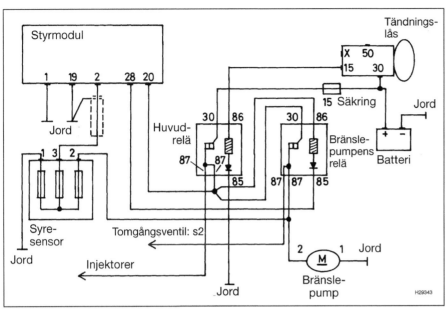

Fig. 18.10 Typiskt kopplingsschema för reläer och komponenter

Fig. 18.11 Kontakt till 15 stifts relä
Stiftnummer visade

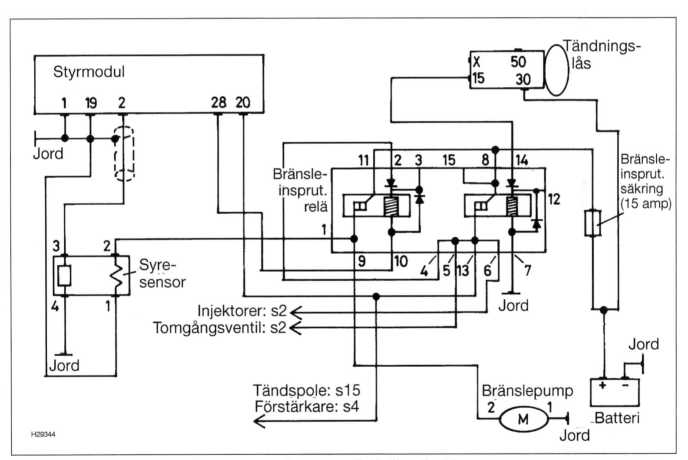

Fig. 18.12 Typiskt kopplingsschema för 15 stifts relä och komponenter

---

25 Bränslepump och krets

1 Se noten i början av avsnitt 13 och relevant avsnitt i kapitel 4.

26 Bränsletryck

1 Se noten i början av avsnitt 13 och relevant avsnitt i kapitel 4.

27 Syresensor

1 Se noten i början av avsnitt 13 och relevant avsnitt i kapitel 4.
2 Den syresensor som finns i de flesta fordon med IAW Weber är en givare med tre ledningar och värmare.

28 Kolkanisterventil

1 Se noten i början av avsnitt 13 och relevant avsnitt i kapitel 4.
2 Avdunstningssystemet i Fiat/Lancias modeller styrs inte av styrmodulen.

Stifttabell - typisk 35 stifts

Observera: *Se fig.18.13.*

1 Jord
2 Syresensorns signal
3 Vevaxelns vinkelgivarretur
4 Vevaxelns vinkelgivarsignal
5 Cylinderidentitetsgivarens retur
6 Knackgivarens retur
7 Kolkanisterventil
8 Självdiagnostikens utgående sockel
9 -
10 Huvudreläets styrning
11 Givarretur - lufttemperaturgivaren, kylvätskans temperaturgivare, insugsrörets tryckgivare, självdiagnostikens sockel, trottelns positionsgivare

12 Självdiagnostikens varningslampa
13 Servicekontakt
14 Servicekontakt
15 Insugsrörets tryckgivarsignal
16 Övertrycksventilens solenoidventil
17 Trottelns positionsgivarsignal
18 Injektor 4
19 Jord
20 Huvudreläets matning
21 Luftkonditionering
22 Knackgivarens signal
23 Cylinderidentitetsgivarsignal
24 Förstärkarens retursignal

25 Förstärkarens styrsignal
26 -
27 Diagnostikkontakt
28 Bränslepumpens relädrivning
29 Kylvätskans temperaturgivarsignal
30 Givarmatning, insugsrörets tryckgivare, trottelns positionsgivare
31 Lufttemperaturgivarsignal
32 Injektor 2
33 Injektor 3
34 Tomgångsventilsignal
35 Injektor 1

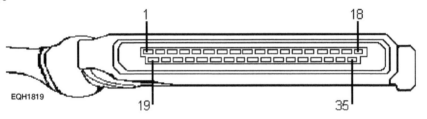

Fig. 18.13 Typisk 35 stifts kontakt

Felkoder

29 Läsning av felkoder

Fords modeller

1 Om en felkodsavläsare finns tillgänglig skall den kopplas till självdiagnostikens seriella port och användas till följande:

a) Läsning av felkoder.
b) Kontrollera att att CO-inställningarna ligger inom arbetsparametrarna (endast katalysatormodeller). Se justeringar.

2 Om en felkodsavläsare inte är tillgänglig, är det ändå möjligt att mata ut felkoder på följande sätt:

Läsning av felkoder utan en felkodsavläsare

3 Slå av tändningen.
4 Koppla en analog voltmätare eller en med lysdiodsdisplay mellan stift 3 på diagnostik-kontakten (-) och batteriets pluspol (+). Se varning nr 5 i Referenser **(fig. 18.14)**.
5 Slå på tändningen, eller starta motorn och låt den gå på tomgång.
6 Använd en bygling på stift 1 och 2 i seriella portens kontakt. Om möjligt, ta ut fordonet för en provtur.
7 Koderna visas sedan som visarsvep eller blinkningar. Genom att räkna svepen eller blinkningarna och jämföra med felkods-tabellen kan fel hittas.
Observera: *Koderna är bara tillgängliga så länge felet kvarstår, eller så länge tändningen*

är påslagen. Om ett fel uppstår under tiden för provkörning ska motorn hållas gående till dess att koden hämtats.
8 Avsluta testen – avlägsna byglingen mellan stift 1 och 2.
9 Stäng av motorn (slå av tändningen) och ta loss apparaten.
10 Koderna skall läsas två gånger för verifiering.

Fiat/Lancias modeller

11 De IAW Weber-Marellis elektroniska motorstyrningssystem som sitter på Fiat/-Lancias modeller kräver en speciellt avsedd felkodsavläsare för läsning av felkoder **(fig. 18.15)**. Blinkkoder finns inte i detta system. För fullständighetens skull har vi en lista på komponenter som kan ge en felkod vid avläsning med en felkodsavläsare.

Felkodstabell - Fords modeller

Kod (4x2 modeller)	Kod (4x4 modeller)	Post
11	11	Vevaxelns vinkelgivare
12	12	Fördelarens fasgivarkrets (cylinderidentitetsgivare)
13	13	Felsynkronisering mellan vevaxelns vinkelgivarsignal och fördelarens fasgivarsignal
	21	Lufttemperaturgivaren
21		Lufttemperaturgivaren, kortsluten
22		Lufttemperaturgivaren, krets bruten
	22	Knackgivaren
	23	Kylvätskans temperaturgivare
23		Kylvätskans temperaturgivare, kortsluten
31		Kylvätskans temperaturgivare, krets bruten
	31	Syresensor
	32	Insugsrörets tryckgivare
32		Insugsrörets tryckgivare, kortsluten
33		Insugsrörets tryckgivare, krets bruten
	33	Trottelns positionsgivare
	43	Styrmodul - internt fel
	44	Styrmodul - internt fel

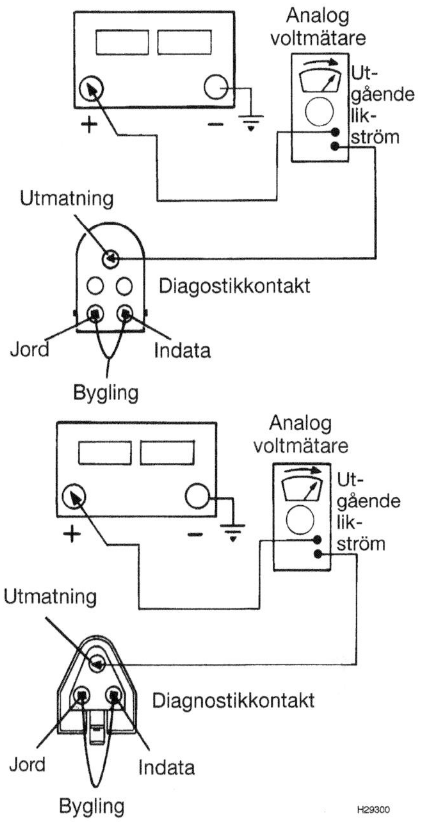

Felkodstabell – Fiat/Lancias modeller

Post

Vevaxelns vinkelgivare
Fördelarens fasgivarkrets
(cylinderidentitetsgivare)
Felsynkronisering mellan vevaxelns
vinkelgivarsignal
och fördelarens fasgivarsignal
Lufttemperaturgivaren, kortsluten
Lufttemperaturgivaren, krets bruten
Knackgivare
Kylvätskans temperaturgivare
Kylvätskans temperaturgivare, kortsluten
Kylvätskans temperaturgivare, krets bruten
Syresensor
Insugsrörets tryckgivare
Insugsrörets tryckgivare, kortsluten
Insugsrörets tryckgivare, krets bruten
Trottelns positionsgivare
Styrmodul - internt fel

Fig. 18.14 Läsning av felkoder (Ford)

H29338

Fig. 18.15 Läsning av felkoder (Fiat)

Anteckningar

Kapitel 19
Bosch Mono-Motronic

Innehåll

Specifikationer

Fordon	Årsmodell	Tomgångsavtal	CO%
Citroën, Mono-Motronic MA3.0			
AX 1.0i katalysator CDZ(TU9M/L.Z)	1992 till 1996	850 ± 50	0,5 max
AX 1.1i katalysator HDY, HDZ (TU1M/Z)	1994 till 1996	850 ± 50	0,5 max
AX 1.4i katalysator KDX (TU3FM/L.Z)	1992 till 1995	850 ± 50	0,5 max
ZX 1.4i och Break katalysator KDX (TU3M)	1992 till 1996	850 ± 50	0,5 max
Fiat/Lancia, Mono-Motronic 1.7			
Tempra 1.6ie katalysator SOHC 159 A3.046	1993 till 1994	850 ± 50	0,35 max
Tipo 1.6ie SOHC katalysator 159 A3.046	1993 till 1995	800 till 850	0,4 till 1,0
Tipo 1.6ie SOHC 55kw 835 C1.000	1994 till 1996	850 ± 50	0,35 max
Y10 1108ie och 4x4 katalysator 156 C.046	1992 till 1995	800 ± 50	0,35 max
Peugeot, Mono-Motronic MA3.0			
106 1.0 katalysator TU9ML/Z (CDY, CDZ)	1993 till 1996	850 ± 50	0,3 max
106 1.4i katalysator TU3MCL/Z (KDX)	1993 till 1996	850 ± 50	0,3 max
205 1.4i TU3FM/L (KDY2)	1994 till 1996	850 ± 50	0,3 max
306 1.1i TU1ML/Z (HDY, HDZ)	1993 till 1996	850 ± 50	0,3 max
306 1.4i katalysator TU3MCL/Z (KDX)	1993 till 1995	850 ± 50	0,5 max
405 1.4i katalysator TU3MCL/Z (KDX)	1992 till 1994	850 ± 50	0,4 max
Peugeot, Mono-Motronic MA1.7			
Jumpy 1.6i 220 A2.000	1995 till 1996	800 till 850	0,5 max

Fordon	Årsmodell	Tomgångsvarv	CO%
VAG (Audi/Volkswagen)			
Audi 80 1.8i katalysator PM	1990 till 1991	750 till 950	0,5 max
Audi 80 2.0i Quattro katalysator ABT	1991 till 1995	700 till 1000	0,5 max
Audi 100 2.0 katalysator AAE	1991 till 1994	750 till 950	0,5 max
Golf 1.3i katalysator AAV	1991 till 1992	-	-
Golf 1.4i katalysator ABD	1991 till 1995	750 till 850	0,5 max
Golf 1.4i AEX	1995 till 1996	650 till 750	0,5 max
Golf 1.6i katalysator ABU	1992 till 1995	800 ± 50	0,5 max
Golf 1.6i katalysator AEA	1994 till 1995	750 till 850	-
Golf 1.6i AEK	1994 till 1996	800 till 880	0,5 max
Golf 1.8i katalysator AAM	1992 till 1996	750 till 1 000	0,5 max
Golf 1.8i katalysator ABS	1992 till 1994	750 till 1 000	0,5 max
Golf 1.8i och 4x4 ADZ	1994 till 1996	700 till 900	0,5 max
Passat 1.8i RP	1990 till 1991	825 till 1 025	0,2 till 1,2
Passat 1.8i och katalysator RP	1990 till 1991	825 till 1 025	0,2 till 1,2
Passat 1.8i katalysator AAM	1990 till 1994	850 till 1 025	0,5 max
Passat 1.8i katalysator AAM	1994 till 1995	825 till 1 025	0,2 till 1,2
Passat 1.8i ABS	1991 till 1994	825 till 1 025	0,2 till 1,2
Passat 1.8i AAM	1993 till 1996	825 till 1 025	0,2 till 1,2
Passat 1.8i katalysator ABS	1992 till 1994	825 till 1 025	0,5 max
Passat 1.8i katalysator ADZ	1994 till 1995	700 till 900	0,5 max
Polo 1.0i katalysator AEV	1994 till 1996	750 till 850	0,5 max
Polo 1.05i katalysator AAU	1990 till 1994	750 till 850	0,2 till 1,0
Polo 1.3i katalysator hjälpluftventil	1993 till 1994	750 till 850	0,2 till 1,0
Polo 1.3i katalysator ADX	1994 till 1995	750 till 850	0,5 max
Polo 1.6i katalysator AEA	1994 till 1996	700 till 900	0,5 max
Sharan 2.0 ADY	1995 till 1996	770 till 870	0,5 max
Vento 1.4i katalysator ABD	1991 till 1995	750 till 850	0,5 max
Vento 1.4i AEX	1995 till 1996	650 till 750	0,5 max
Vento 1.6i katalysator ABU	1992 till 1995	800 ± 50	0,5 max
Vento 1.6i katalysator AEA	1994 till 1995	750 till 850	-
Vento 1.6i AEK	1994 till 1995	800 till 880	0,5 max
Vento 1.8i katalysator AAM	1992 till 1994	750 till 1 000	0,5 max
Vento 1.8i katalysator ABS	1992 till 1994	750 till 1 000	0,5 max
Vento 1.8i och 4x4 ADZ	1994 till 1996	700 till 900	0,5 max

Översikt av systemets funktion

1 Inledning

Läs översikten av Mono-Motronics funktioner tillsammans med kapitel 2 som beskriver några av funktionerna mer i detalj.

Bosch Mono-Motronic är ett helt integrerat motorstyrningssystem som styr primär tändning, enpunktsinsprutning och tomgång från samma styrmodul. Mono-Motronic har utvecklats från Mono-Jetronicsystemet – ett enpunktssystem som bara styr bränsle-insprutningen. Många av bränsleinsprutnings-givarna har en liknande konstruktion i båda systemen.

En 35, 45 eller 55 stifts kontakt och en multikontakt kopplar ihop Mono-Motronics styrmodul med batteriet, givare och akti-verare. I VAGs modeller har en styrmodul med 35 stift använts fram till runt 1992, då den huvudsakligen byttes ut mot en styrmodul med 45 stift. Senare versioner från runt 1994 använder en modifierad stegmotor, en ny hastighetsgivare och knackreglering. Den

tidiga 35-stiftsmodellen är märkt MA 1.2.1 och den första generationens 45-stiftsmodell är märkt MA 1.2.2 och 1.2.3. Den senare 45-stiftsmodellen är märkt MA 1.3. Fiat och Lancias modeller använder MA 1.7 och styr-modulen har 35 stift. Citroën och Peugeots modeller använder MA 3.0 och styrmodulen har 55 stift.

Tändningen i Fiat, Lancia, Citroën och Peugeots fordon är fördelarlösa, medan VAGs modeller har en fördelare. Det är många skillnader mellan olika versioner och styr-modulens stiftnumrering skiljer sig också mycket.

2 Styrfunktioner

Signalbehandling

Mono-Motronics styrmodul innehåller en tändlägeskarta och en bränslekarta. Dessa kartor innehåller grundvärden för tändläge och injektorns öppningstid.

När styrmodulen får data om motorns

hastighet och motorns belastning från motorns givare, väljer styrmodulen ut rätt värden för viloläge, tändläge och injektoröppning. Korri-geringsfaktorer används sedan för start, inbromsning och del- till full belastning.

Den huvudsakliga belastningsgivaren är den dubbla trottelpotentiometern (trottelns positionsgivare), motorns hastighet bestäms av tändningssignalen (vevaxelns vinkelgivare eller Halleffektgivare). De huvudsakliga korrigeringsfaktorerna bestäms av motorns temperatur (kylvätskans temperaturgivare) och lufttemperaturgivarens och syresensorns signaler.

Grundläggande styrmodulfunktion

En permanent spänning matas från fordonets batteri till styrmodulen. Det gör att själv-diagnostikfunktionen kan spara data av tillfällig natur. När tändningen slås på matas en spänning till styrmodulen och till stift 3 på den kombinerade förstärkaren och tänd-spolen. När styrmodulen känner att tänd-ningen är igång jordas kort pumpreläets styrstift vilket aktiverar pumpreläet och trycksätter bränslesystemet.

De flesta givare (utom de som alstrar en spänning som exempelvis vevaxelns vinkelgivare och syresensorn) förses nu med en referensspänning på 5,0 V från relevant stift på styrmodulen. När motorn dras runt eller går, ges en hastighetssignal från vevaxelns vinkelgivare eller Halleffektgivaren somfår styrmodulen att jorda pumpreläet så att bränslepumpen startar.

Tändnings- och insprutningsfunktionerna aktiveras också. Aktiverarna (injektorerna, kolkanisterventilen etc) matas med normal batterispänning från bränslepumpens relä (injektor, alla utom Citroën och Peugeot) eller batteriet, kolkanisterventilen och styrmodulen fullbordar kretsen genom att jorda aktuell aktiverare. Stegmotorn styr tomgången under styrning från styrmodulen då motorn går på tomgång.

Bränsleavstängning vid övervarv (varvtalsbegränsare)

Mono-Motronic förebygger motorhastigheter över 6 300 varv/min genom att blockera injektorns jord. Då motorns hastighet sjunker under 6 300 varv/min, kopplas bränsleinsprutningen åter in.

Referensspänning

Matningen från styrmodulen till många av motorns givare är 5,0 V referensspänning. Det ger en stabil spänning, oberoende av variationer i systemet.

Motorgivarnas retur till jord går via ett stift i styrmodulen som inte är direkt kopplat till jord. Styrmodulen jordar det stiftet internt via ett stift som har direkt jord.

Signalavskärmning

För att reducera radiostörningar använder syresensorn en skärmad kabel.

Fordonets hastighetsgivare (endast på vissa fordon med 45 stifts styrmodul)

Fordonets hastighetsgivare används för att tala om fordonets hastighet för styrmodulen. Den arbetar efter Halleffektprincipen och sitter vanligen monterad direkt på växellådan.

En spänning på ungefär 10 V matas till fordonets hastighetsgivare från tändningslåset. Då hastighetsmätarvajern roterar slås Hallbrytaren växelvis på och av för att ge en signal i form av fyrkantsvåg till styrmodulen. Signalfrekvensen ger fordonets hastighet.

Självdiagnostik

Mono-Motronic har en självtestfunktion som med jämna mellanrum undersöker signalerna från motorns givare och loggar en kod internt i händelse av att fel uppstår. Koderna kan läsas i den seriella porten med lämplig felkodsavläsare.

När styrmodulen upptäcker ett fel, jordar den ett stift. Om felet försvinner förblir koden loggad till dess att den tas bort med lämplig felkodsavläsare, eller till dess att motorn startats mer än 10 gånger när felkoden är självinitierande. En självdiagnostisk varningslampa finns bara på fordon från Citroën och Peugeot.

Nödprogrammet ("Linka hem"-funktionen)

Mono-Motronic har liksom många andra en funktion som kallas "linka hem". I händelse av att ett allvarligt fel skulle uppstå i en eller flera av givarna kommer det elektroniska motorstyrningssystemet ersätta den felaktiga givarens värde med ett fast.

Vid "linka hem" förhållanden, när kylvätskans temperaturgivarsignal är bruten eller kortsluten, kommer styrmodulen att använda värdet 90°C. Lufttemperaturgivarens signal kommer att användas som ett utbytesvärde då motorn startas. Om lufttemperaturgivaren blir felaktig, kommer styrmodulen att använda värdet 20°C. Det innebär att motorn faktiskt kan fungera relativt bra även om en eller flera av de mindre inflytelserika givarna slutat att fungera. Egenskaperna vid kallstarter och varmkörning kan dock vara mindre tillfredsställande.

Adaptivt minne

Styrmodulen lär sig efter en tid den bästa tomgångsinställningen för en speciell motor, oberoende av ålder, motorns arbetsförhållande och belastning, så att optimal tomgångsinställning alltid bibehålls.

3 Primär utlösare

Allmänt

Den primära utlösaren både för tändning och bränsletillförsel i Mono-Motronic är antingen en fördelarmonterad Halleffektgivare eller en svänghjulsmonterad vevaxelvinkelgivare. Citroën, Peugeot, Fiat och Lancia använder vevaxelvinkelgivare och VAG använder Halleffektgivare.

Vevaxelns vinkelgivare

Vevaxelns vinkelgivare är monterad bredvid svänghjulet och består av en induktiv magnet som utstrålar ett magnetfält. Svänghjulet inkluderar en reluktorskiva som innehåller stift isatta med jämna mellanrum. Då svänghjulet roterar och stiften rör sig i magnetfältet, alstras en växelströmssignal som anger rotationshastigheten. De två stift som saknas (180° isär) är en referens till ÖD och ger en indikation på vevaxelns position genom variationen på signalen då svänghjulet roterar. Ett av de saknade stiften markerar ÖD för cylindrarna 1 och 4 och det andra ÖD för cylindrarna 2 och 3.

Strömtopparna i hastighetssignalen kan variera från 5,0 V vid tomgång till över 100 V vid 6 000 varv/min. En analog-till-digital omvandlare i styrmodulen omvandlar likströmspulsen till en digital signal.

Halleffektgivare

Ström under normal batterispänning matas från styrmodulen till Halleffektbrytaren i fördelaren. Halleffektgivarens krets kompletteras av en jordkoppling **(fig. 19.1)**.

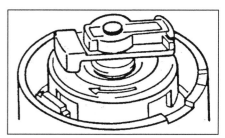

Fig. 19.1 Halleffektgivare

Mitt emot Hallbrytaren sitter en magnet, vars magnetfält får brytaren att skicka en liten spänning tillbaka till styrmodulen. På fördelaraxeln sitter ett utlösarblad med lika många urtag som motorn har cylindrar. Genom att låta utlösarbladet passera mellan brytaren och magneten kommer Hallbrytaren att slås av och på. Genom att urtagen fortsätter förbi brytaren, kommer en spänning att returneras till styrmodulen via en tredje ledning, signalledningen.

När den massiva delen av skivan finns mellan magneten och kontakten böjs magnetfältet av vilket stänger av spänningen. I grunden är den signal som returneras antingen spänning eller inte spänning och de alstrade vågformen är av fyrkantstyp. Urtagen i utlösarskivan ger signal vid 60° FÖD (ledande kant) och 5° eller 6° beroende på fordon (släpande kant). Halleffektgivarens signal är nödvändig för utlösandet av såväl tändning som insprutning och tomgångsreglering. Motorn kan inte gå utan signalen från Halleffektgivaren.

4 Primär och sekundär tändning

Data om motorns belastning (insugsrörets tryckgivare), varvtal (vevaxelns vinkelgivare), temperatur (kylvätskans temperaturgivare) och trottelns position (trottelns positionsgivare) hämtas in av styrmodulen, som sedan kallar upp den digitala kartan i mikroprocessorn. Den kartan innehåller en förställningsvinkel för varje arbetsförhållande och med den kan bästa förställningsvinkel för tändningen bestämmas för varje enstaka tillfälle. VAGs modeller är försedda med en fördelare, medan Fiat, Lancia, Citroën och Peugeots modeller använder fördelarlös tändning.

Tändningen (system med fördelare)

När tändningen slås på matas styrmodulen och den kombinerade förstärkaren och tändspolen med spänning. Kretsen är vilande i väntan på start.

När motorn startas eller går får styrmodulen en signal från Halleffektgivaren i fördelaren, som i sin tur ger en styrsignal till den kombinerade förstärkaren och tändspolen så att tändning kan ske. Förstärkaren styr spolens vilokrets genom att slå av och på spolens spänning för att utlösa tändning av gnistan.

Förstärkaren matar spolens primära lindning genom att koppla till spolens stift 1 under den tid som är känd som vilotiden. Under vilotiden bygger spolen upp ett magnetfält i de primära lindningarna. När motorn går räknar Mono-Motronics styrmodul ut spolens påslagningstid så att korrekt viloperiod bibehålls. Vilofunktionen i Mono-Motronics system baseras på principen av en "konstant energi, begränsad ström". Det betyder att viloperioden hålls konstant på runt 3,0 till 3,5 ms vid praktiskt taget alla motorhastigheter.

När förstärkaren stänger av strömmen till spolen kollapsar magnetfältet i primärlindningen snabbt. Detta inducerar högspänning i sekundärlindningen, vilket matar ut högspänning till fördelarlocket via huvudtändkabeln via rotorarmen. Från fördelaren leds sekundärutmatningen till rätt tändstift i korrekt tändföljd via en tändkabel.

Fördelare

Bosch-fördelaren innehåller sekundära högspänningskomponenter och används för att fördela högspänningen från spolens sekundära stift till vart och ett av tändstiften i korrekt tändföljd. Fördelaren finns vanligtvis på kamaxeln vid cylinder 4. Fördelaren innehåller även Halleffektgivaren och en magnet.

Tändspolen

Tändspolen (som är en del av den kombinerade förstärkaren och tändspolen) använder ett lågt primärt motstånd för att höja den primära spänningen och den primära energin. Förstärkaren begränsar den primära strömmen till runt 8 ampere och det ger en energireserv för att bibehålla den önskade gnisttiden (durationen).

Tändläge

Grundtändläget är några grader FÖD och räknas sedan om för att ge effektiv förbränning och maximal effekt vid ett givet varvtal.

Tändningens grundinställning (VAG) är under styrmodulens styrning och fördelaren skall bara flyttas sedan en passande felkodsavläsare har kopplats till seriella porten. Inställningsmarkeringarna kan vara på svänghjulet eller på remskivan, beroende på fordonsmodell. När markeringarna står i linje vid tomgång är det grundläggande tändläget korrekt.

Då motorns hastighet ökar, måste förbränning ske tidigare och tändläget styrs av styrmodulen efter tändlägeskartan. Belastningen beräknas av styrmodulen med hjälp av trottelns positionsgivarsignal och tändläget justeras efter det.

Fördelarlös tändning

Fastän tändningssystemet kallas fördelarlös tändning, liknar den grundläggande funktionen i stort den i modeller med konventionell tändning. I ett system med fördelarlös tändning

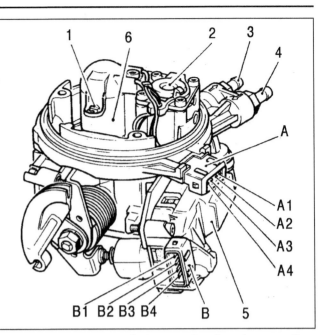

Fig. 19.2 Mono-Motronic trottelhus

1 Lufttemperaturgivare
2 Bränsletrycksregulator
3 Bränslereturens anslutning
4 Bränslematningens anslutning
5 Stegmotor
6 Injektor
A Lufttemperaturgivarens/injektorns kontakt
A1 Lufttemperaturgivare
A2 Injektor +
A3 Injektor -
A4 Lufttemperaturgivare
B Stegmotorns kontakt
B1 Lindningsanslutning
B2 Lindningsanslutning
B3 Tomgångsbrytare
B4 Tomgångsbrytare

eller så kallad "slösad gnista" används en dubbeländad spole för att tända två tändstift samtidigt. Det innebär att detta system bara kan användas då två cylindrar höjer och sänker sig parvis.

En cylinder kommer således att tända i kompressionstakten och den andra i avgastakten, där alltså gnistan "slösas". Två par spolar behövs således i en motor med fyra cylindrar. Runt 3 kV behövs för att tända tändstiftet med den "slösade gnistan", men det är betydligt mindre än vad som behövs för att överbrygga rotorgapet. Varje tändspole behöver ström från tändningslåset och en separat vilokoppling till styrmodulen, så att styrmodulen kan styra varje spole individuellt.

Tändläge

Tändläget är inte justerbart på modeller med fördelarlös tändning.

Knackgivare (bara på modeller med 45 stifts styrmodul)

Det optimala tändläget (i motorhastigheter högre än tomgång) för en högkompressionsmotor ligger nära den punkt då motorn börjar att knacka. Men att ligga så nära gör att knack faktiskt kan uppstå i en eller flera cylindrar ett antal gånger under motorns arbetscykel.

Då knack kan uppstå i olika tillfällen i varje individuell cylinder, är Mono-Motronic kapabel att ange precis vilken eller vilka cylindrar som knackar via en signal från fördelarens Halleffektgivare. Knackgivaren börjar oftast fungera då kylvätsketemperaturen når 40°C.

Knackgivaren sitter på motorblocket och består av ett piezokeramiskt mätelement som svarar på motorns missljud. Signalen omvandlas till en spänning av knackgivaren och sänds till styrmodulen för utvärdering och åtgärd. Knackfrekvensen finns oftast i 15 kHz-bandet.

Till en början kommer inställningen att börja vid det optimala tändläget. När sedan knack

uppstår kommer knackregulatorns mikroprocessor att backa tändläget för den eller de cylindrar som knackar med 3°, upp till ett maximum av 12°. När knacket upphör, flyttas tändläget åter fram till dess att optimum nås eller knack uppstår. Proceduren är fortlöpande så att motorn kan gå med optimerat tändläge.

Om det finns ett fel i knackgivarens krets eller att knack inte uppfattas av styrmodulen, kommer en relevant felkod att sparas i självdiagnostikenheten och tändläget backas av nödprogrammet med 12° för alla cylindrar.

5 Bränsleinsprutning

Mono-Motronics styrmodul har en bränslekarta med injektoröppningstider för de grundläggande hastighets- och belastningsvilkoren. Information samlas sedan in från motorns givare såsom vevaxelns vinkelgivare, Halleffektgivare, eller av lufttemperaturgivaren, kylvätskans temperaturgivare och trottelns positionsgivare. Som ett resultat av denna information väljer styrmodulen rätt öppningstid för alla motorvarv, belastningar och temperaturer.

Enpunktsinsprutning

Mono-Motronic är ett enpunktsinsprutningssystem. Detta består av en injektor monterad i trottelhuset **(fig. 19.2)**. Mängden bränsle från injektorn bestäms av bränsletrycket och injektorns öppningstid (även känd som pulsduration). Styrmodulen styr den tid som injektornhålls öppen och den bestäms av signalerna från de olika givarna. Då motorn kallstartas är pulsdurationen längre för att ge en fetare bränsleblandning.

Injektor

En injektor är en magnetstyrd solenoidventil som aktiveras av styrmodulen. Spänningen till injektorerna kommer från bränslepumpens relä (huvudreläet på Citroën och Peugeots modeller) och jord ges av styrmodulen under en tidsperiod (pulsduration) på mellan 1,5 och 10 ms. Durationen är mycket beroende på motors temperatur, belastning, varvtal och arbetsförhållanden. Insprutningsfrekvensen är två pulser per vevaxelvarv eller fyra pulser per fyrtaktsarbetscykel.

Injektorn styrs via ett ballastmotstånd för att reducera strömflödet genom injektorn. När solenoidmagneten stänger alstras en back-spänning på 60 V.

Bränsleavstängning vid motorbromsning

Vid motorbromsning (kylvätsketemperaturen över 60°C), stänger styrmodulen av insprutningen för att reducera utsläpp och ge bättre driftsekonomi. Insprutningen återupptas då varvtalet sjunkit till mellan 1 500 och 1 900 varv/min.

Lufttemperaturstyrning

Luftfilterhuset innehåller ett termoventilsystem för att reglera temperaturen på lufttillförseln till trottelhuset. Tillförselfunktionerna är mycket lika dem på förgasarmodeller.

Insugsrörets vakuum leds ned via en tunn slang till termoventilen i luftfilterhuset. En annan är kopplad till en vakuummotor som styr en klaff i luftfiltermunstycket. Klaffen öppnas eller stängs beroende på luft-temperaturen under motorhuven. Termo-ventilen är en bimetallventil som har en kanal för att låta vakuumet passera. Då tempera-turen ökar öppnas ventilen för att bilda en luftläcka i kanalen, vilket orsakar att vakuumet i kanalen kollapsar.

När lufttemperaturen under motorhuven är låg, är bimetallventilen stängd och vakuum råder för att fullt öppna klaffen. Därför kommer uppvärmd luft från området kring grenröret in genom trottelhusets luftintag. Då temperaturen höjs under motorhuven börjar bimetallventilens luftläcka att öppnas och vakuumsuget på klaffen reduceras. En blandning av varm och kall luft matas därför till trottelhuset. Då lufttemperaturen stiger över 17°C, öppnas luftläckan helt. Klaffen stängs darfor helt for att stanga av flödet av uppvärmd luft. Endast ouppvärmd luft kommer nu till trottelhuset med en ganska konstant temperatur, oberoende av den omgivande temperaturen.

Lufttemperaturgivaren

Lufttemperaturgivaren är monterad i injektorporten och mäter lufttemperaturen innan den kommer in i insugsröret. Eftersom luftens täthet varierar i omvänd proportion till temperaturen, ger lufttemperaturgivarens signal en mer exakt utvärdering av den luftvolym som går in i motorn.

Givarens matning är en referensspänning på 5,0 V och jorden går via givarens returledare. Lufttemperaturgivaren arbetar enligt principen negativ temperaturkoefficient. En variabel spänning skickas till styrmodulen baserad på luftens temperatur. Denna signal ligger runt 2,5 till 3,0 V vid en omgivande temperatur på 20°C. Faktum är att spänningen och motståndet i lufttemperaturgivaren och kylvätskans temperaturgivare är väldigt lika vid samma temperaturer. Styrmodulen använder bara lufttemperaturgivarens signal för att korrigera injektorpulsen vid tempera-turer under 20°C. Pulsdurationen ökas då lufttemperaturen sjunker till dess att pulsen är 30% längre vid -30°C.

Ström tilldelas lufttemperaturgivarens mot-stånd från luftflödesmätarens strömkälla och signalen går tillbaka till styrmodulens stift 27.

CO-justeringar

Det finns inga möjligheter till CO-justeringar för några av dessa modeller.

Kylvätskans temperaturgivare

Kylvätskans temperaturgivare är inbyggd i kylsystemet och innehåller ett variabelt mot-stånd som arbetar efter principen negativ temperaturkoefficient. När motorn är kall är motståndet relativt högt. När motorns startas och börjar värmas upp blir kylvätskan varmare och det alstrar en skillnad i motståndet i kylvätskans temperaturgivare. Då kylvätskans temperaturgivare blir varmare minskar motståndet enligt principen om negativ temperaturkoefficient vilket skickar tillbaka en variabel spänning till styrmodulen baserad på kylvätskans temperatur.

Denna signal är ungefär 2,0 till 3,0 V vid en omgivande temperatur på 20°C och sjunker till mellan 0,5 till 1,0 V vid en normal arbetstemperatur på 80 till 100°C.

Givarens matning är 5,0 V referensspän-ning. Styrmodulen använder signalen från kylvätskans temperaturgivare som huvud-saklig korrigeringsfaktor vid beräkning av tändläge och injektoröppningstid.

Trottelns positionsgivare

En trottelpotentiometer med dubbla mot-ståndsspår informerar styrmodulen om acceleration, trottelposition och full be-lastning.

Trottelns positionsgivare är en potentio-meter med fyra ledningar. En gemensam referensspänning på 5,0 V går till varje mot-ståndsspår, med andra änden jordad. Varje utgående signalledning är kopplad till en arm som glider längs med motståndsspåret så att motståndet varieras och därmed också signalen till styrmodulen.

De mer känsliga signaler som produceras av två signaler från trottelns positionsgivare låter styrmodulen mer precist avgöra motorns belastning. Det finns ett starkt samband mellan trottelns position, varvtal och volym på insugsluft. Med utgångspunkt från kart-värdena är styrmodulen kapabel att beräkna

injektorns öppningstid. Det första motståndet täcker trottelvinklarna från 0° till 24°, det andra täcker vinklarna från 18° till 90°. När trottelvinkeln överstiger 70°, förlänger styr-modulen öppningstiden för att ge en fetare bränsleblandning vid full belastning.

Tomgångsstyrning

När elektriska belastningar som lyse eller värmefläkt slås på tenderar tomgången att sjunka. Tomgången är inte justerbar i fordon försedda med Mono-Motronic och styr-modulen använder sig av en stegmotor för att kunna hålla en stabil tomgång under alla arbetsförhållanden.

Styrmodulen ser konstant över tomgångens varvtal och jämför med motorns hastighet för att jämföra kartan mot temperaturen och belastningen. Om skillnaden mellan motorns verkliga varvtal och tomgångskartan är större än 25 varv/min kontaktar styrmodulen steg-motorn för att ta tomgången till önskat läge.

Det kan också tilläggas att styrmodulen gör små ändringar i tomgången genom att backa eller flytta fram tändläget om avvikelsen mellan varvtalet och tomgångskartan är mer än 10°. Det resulterar i en mer stabil tomgång och ett tändläge som alltid ändras under tomgång. Då motorn kallkörs ställer steg-motorn trottelpositionen så att tomgången ställs till lämplig nivå.

Stegmotorn är en likströmsmotor som manövrerar en tryckstång. Tryckstången får kontakt med trottelarmen som aktiverar trottelplattan och på så sätt håller rätt tom-gång. Stegmotorn består av ett spiralskuret drev och en pinjong som styrs av styrmodulen via en motorlindning. Kretsen för lindningen börjar och slutar i styrmodulen. Ström till lindningen får tryckstången att gå i en riktning. Styrmodulen får tryckstången att gå i den andra riktningen genom att kasta om polariteten i lindningen och styrmodulen är därför kapabel att ge tryckstången exakt den position där den bäst styr tomgången.

Dessutom används en uppsättning kontakter till att ge en signal om tomgången. När trotteln är stängd är kontakterna stängda och ett stift i styrmodulen är jordat. När trotteln öppnas, öppnas också kontakterna och jordningen i styrmodulens stift upphör.

I senare versioner av stegmotorn (identi-fieras av en 6 stifts kontakt till stegmotorn) styr styrmodulen även stegmotorn då motorn bromsas, så att en styrd återgång till tom-gången bibehålls. När både trotteln och tomgångskontakterna öppnas, sträcker styr-modulen ut stegmotorns plunger ett avstånd som bestäms av trottelns positions-givare. Då gaspedalen släpps upp och trottelventilen stängs, får trottelarmen kontakt med den utsträckta plungern och tomgångs-kontakterna stängs. Stegmotorn drar sedan gradvis in plungern för att säkra en dämpad återgång till tomgång. Detta reducerar avgasutsläppen och förebygger varvtalsfall som ibland beror på en plötslig trottel-stängning.

Plungerns placering styrs av en snäckdrivning och Halleffektgivarens signal. Styrmodulen känner av plungerns exakta position genom att räkna pulserna från Halleffektgivaren. Skulle Halleffektgivarkretsen gå sönder, kommer en felkod att loggas och stegmotorn kommer inte längre styra en dämpad återgång till tomgång. Detta skulle ibland kunna leda till varvtalsfall efter en plötslig stängning av trotteln. Så länge som stegmotorns tomgångskontakt och likströmsmotorkrets fungerar tillfredsställande, kommer tomgången att vara styrd från styrmodulen som förut.

Insugsrörets värmare

Denna värmare arbetar enligt principen positiv temperaturkoefficient och tillåter en starkare ström för att snabbare värma upp insugsröret vid varmkörning. Insugsrörets värmare styrs av ett relä och en termobrytare. En permanent matning ges till stift 30 på reläet från batteriet.

När motorn är kall (under ca 55°C) tändningslåset vrids till tändning eller startläge matas en spänning till stift 86 och till jord genom termobrytaren. Detta magnetiserar relälindningarna, reläkontakterna stängs och spänning till insugsrörets värmare ges från stift 87.

Insugsrörets värmare har ett mycket lågt motstånd, vilket ger en hög spänningsnivå och snabb uppvärmning av värmeelementet. Spänningsnivån ökar värmarens temperatur och motstånd, vilket reducerar spänningsnivån (principen positiv temperaturkoefficient).

När en förinställd temperatur på ca 65°C uppnås öppnas termobrytaren och reläet avmagnetiseras. Detta bryter strömmen till insugsrörets värmare som förblir avslagen hela den tid motorn är varm.

Bränslepumpens relä

Mono-Motronics bränslepump styrs med ett enkelt fyrstiftsrelä (VAG), två fyrstiftsreläer (Fiat/Lancia) eller ett 15-stifts relä med dubbla kontakter (Citroën och Peugeot). Typisk funktion för de fyra reläerna är som följer:

Permanent spänning matas till ett stift på huvudreläet och bränslepumpsreläet från batteriets pluspol.

När tändningen slås på ges en spänning till bränslepumpsreläet och styrmodulen jordar momentant relädrivningen som magnetiserar bränslepumpens relälindning. Detta stänger bränslepumpens reläkontakter och matar ström till antingen den enkla eller de dubbla bränslepumparna (vilken typ det nu är) och injektorn via ett ballastmotstånd. Efter ungefär en sekund bryter styrmodulen kretsen och pumpen stannar. Denna korta körning av pumpen låter ett tryck byggas upp i bränslesystemet vilket underlättar start.

Bränslepumpskretsen fortsätter att vara bruten till dess att motorn dras runt eller går. När styrmodulen får en hastighetssignal från tändningen magnetiseras bränslepumpens relälindning åter av styrmodulen och pumpen går till dess att motorn stängs av.

Bränslesystemet

Följande beskrivning gäller VAG-modeller, men andra använder liknande metoder. I VAG-modeller används ett av tre olika sätt att förse Mono-Motronicsystemet med bränsle.

Metod ett använder en pump i tanken tillsammans med en extern bränslepump. Metod två använder endast en extern bränslepump. Metod tre använder endast en pump i bränsletanken, som består av en tvåstegs bränslepump. De komponenter som utgör de olika bränslesystemen beskrivs nedan.

Pump i tanken och extern bränslepump

En pump för förflyttning av bränsle sitter i tanken och används för att pumpa bränsle från bränsletanken. Pumpen i tanken är en del av en kombinerad pump och bränslenivågivare. Arbetseffekten är 65 liter bränsle i timmen vid ett tryck av 0,25 bar med en 12 V strömkälla. Pumpens arbetsljud reduceras mycket genom ett gummifäste mellan pumpen och givaren.

Den pumpen förser den externa pumpen med bränsle genom ett filter (filter 1). Filter 1 har en kapacitet på 200 cc och denna bränslereserv förebygger avsaknad av bränsle vid höga hastigheter med lite bränsle i tanken. Överflödigt bränsle går tillbaka till filter 1 genom ett returrör.

Bränslepumpen får en längre livslängd när bränslet går tillbaka till filtret, än i den vanligare metoden där bränslet leds direkt tillbaka till tanken. Båda pumparna är av den "våta" typen, vilket betyder att bränslet flödar genom pumpen och den elektriska motorn. En extern bränslepump, som sitter nära tanken, suger bränsle från tanken och pumpar det till bränsleinsprutningen via ett andra filter (filter 2).

Pumpen är av den integrerade kugghjulstypen, styrd av en elmotor med permanent magnet. Arbetseffekten ligger på 80 liter i timmen vid ett tryck av 1,2 bar med en 12 V strömkälla. Strömåtgången är ungefär 5 ampere.

För att förebygga tryckfall i bränslesystemet finns en envägsventil vid bränslepumpens utlopp. När tändningen slås av och bränslepumpen stannar hålls trycket under en tid.

När motorn körs flödar bränslet genom envägsventilen via ett bränslefilter till trottelhusets injektor.

Bränslefördelningsenhet (för VW Golf och Passat)

Tvåstegspumpsystemet (inkluderande bränslenivågivaren) är placerat i ett hölje som också fungerar som en bränslereserv. Det kan hålla en bränslereserv på 600 cc.

Höljet är monterat på tankens botten, med ett snabblås av bajonettyp. En vridning på 1/8

dels varv av höljet kommer att lossa höljet från sitt fäste. De flesta komponenter finns tillgängliga som reservdelar.

Bränslepumpens första steg ersätter bränsleförflyttningspumpen i de tidigare modellerna. Andra steget ersätter den externa bränslepump som använts tidigare. De båda pumparna arbetar oberoende av varandra men drivs av en gemensam elmotoraxel.

Pumpsteg 1 är av sidokanalsklafftypen och drar bränsle från tankens botten genom ett filter in i bränslereserven. Arbetseffekten ligger på 65 liter i timmen vid ett tryck av 0,25 bar med en 12 V strömkälla. Överflödigt bränsle och bränsle från returledningen, går tillbaka till tanken.

Pumpsteg 2 är av den interna kugghjulstypen och förser injektorn med bränsle. Arbetseffekten ligger på 80 liter bränsle per timme vid ett tryck av 1,2 bar med en strömkälla på 12 V. Strömåtgången är ca 5 ampere.

Bränsletrycksregulator

Ett bränsletryck på ungefär 1 bar styrs av tryckregulatorn, som sitter bredvid injektorn i trottelhuset. Då trycket stiger över den förställda nivån leds överflödigt bränsle tillbaka till tanken eller bränslefilter 1, beroende på system.

Bränsletrycksreglering i relation till insugsrörets vakuum är onödigt i fordon med enpunktsinsprutning. Detta är för att insprutning sker in i luftströmmen ovanför injektorplattan och insprutningen är därför oberoende av förändringar i insugsrörets vakuum.

6 Katalysator och avgasrening

Alla svenska modeller med Mono-Motronics elektroniska motorstyrningssystem har en katalysator som standard.

Det Mono-Motronics insprutningssystem som sitter på katalysatormodeller använder ett styrsystem med sluten slinga, vilket reducerar utsläpp. Ett slutet styrsystem är försett med en syresensor som övervakar syreinnehållet i avgaserna. Syresensorns signal växlar mellan 100 och 1 000 mV. Låg syrehalt i avgaserna tyder på fet blandning. Hög syrehalt tyder på mager blandning. Styrmodulen drar sedan blandningen till den extrema motsatsen så att en mager signal kan göra en fet blandning och vice versa.

Syresensorn ger bara signal när avgaserna närmar sig en minimitemperatur på cirka 300°C. En värmare sitter på syresensorn i Mono-Motronics system, så att syresensorn når sin arbetstemperatur mycket fort (inom 20 till 30 sekunder) efter det att motorn startats.

Avdunstningsreglering

En kolkanisterventil och en kolkanister med aktivt kol används för att hindra att kolväteångor kommer ut i atmosfären.

Kolkanistern är kopplad till bränsletanken och lagrar bränsleångor till dess att kolkanisterventilen öppnas av styrmodulen under vissa förhållanden. Då kolkanisterventilen aktiveras av styrmodulen dras bränsleångorna in i insugsröret, för normal förbränning.

Ångor från bränsletanken förs till kolkanistern via tankens ventilationsrör. När motorn stängs av eller går på tomgång, stängs ångorna in i kanistern och kan inte komma ut. En kolkanisterventil som aktiveras av styrmodulen används för att tömma kanistern.

Kolkanisterventilen är öppen när motorn vilar. En strömkälla ger permanent matning till ventilen från stift 30. Ventilen jordas, under vissa förhållanden, av styrmodulen.

Då motorn startas, aktiveras kolkanisterventilen (stängs) av styrmodulen till dess att motorns temperatur går över 60°C. Detta förebygger en allt för fet blandning på grund av de lagrade ångorna släpps in i insugsröret.

Då en arbetstemperatur på 60°C har uppnåtts, har styrmodulen en arbetscykel på 90 sekunder öppen och 60 sekunder stängd. Under den öppningsfasen ger styrmodulen en signal till kolkanisterventilen så att kolkanistern rensas. Signalens duration bestäms av styrmodulen och bygger på de mottagna signalerna från trottelns positionsgivare och syresensorn.

När motorn stängs av, stängs kolkanisterventilen i ungefär 4 sekunder efter det att tändningen stängts av. Detta förebygger en glödtändning.

Justeringar

7 Villkor för justering

1 Samtliga dessa villkor ska vara uppfyllda innan justering påbörjas:
a) Motorn ska hålla arbetstemperatur. Motoroljans temperatur minst 80°C. En körsträcka på minst 7 km rekommenderas (speciellt om bilen har automatväxellåda).
b) Tillbehör (all motorbelastning) avstängda.
c) För fordon med automatväxellåda, växelväljaren i N eller P.
d) Motorn mekaniskt frisk.
e) Motorns ventilationsslangar och ventileringssystem i tillfredsställande skick.
f) Insuget fritt från vakuumläckor.
g) Tändsystemet i tillfredsställande skick.
h) Luftfiltret i tillfredsställande skick.
i) Avgassystemet fritt från läckor.
j) Gasvajern korrekt justerad.
k) Inga felkoder loggade av styrmodulen.
l) Syresensorn i tillfredsställande skick (katalysatorförsedda fordon med sluten styrslinga).

2 Dessutom, innan kontroll av tomgångsvarvtal och CO-halt ska motorn stabiliseras enligt följande:
a) Stabilisera motorn. Öka motorns hastighet till 3 000 varv/min under minst 30 sekunder och låt sedan motorn inta tomgång.
b) Om kylfläkten startar under justeringen, vänta till dess att den stannar, stabilisera därefter motorgången och börja om med justeringen.
c) Låt varvtal och CO-halt stabiliseras.
d) Utför alla kontroller och justeringar inom 30 sekunder. Om denna tid överskrids, stabilisera motorgången och kontrollera igen.

8 Justering av trotteln

Justering av trottelns positionsgivare

1 Justering av trottelns positionsgivare är inte möjlig.
2 Om trottelns positionsgivare är defekt måste den nedre delen av trottelhuset bytas ut.

9 Kontroll av tändläget (endast VAG-modeller)

Allmänt

1 Grundtändläget skall bara kontrolleras och justeras, efter det att en lämplig felkodsavläsare har försatt styrmodulen i serviceläge.
2 På 35 stifts modeller, är det också möjligt att ställa styrmodulen i serviceläge genom att göra en bygling mellan diagnostikkontakten och jord. Fördelaren får inte vridas eller flyttas innan serviceläget är inställt. I serviceläge styr styrmodulen inte längre tomgången automatiskt. Om fördelaren skulle ställas om när styrmodulen styr tomgången, skulle tändläget inte kunna ställas korrekt.
Observera: På 45 stiftsmodeller kan tändläget endast justeras med en felkodsavläsare.

Justering av grundtändläget

3 Varmkör motorn till normal arbetstemperatur.
4 Koppla en lämplig felkodsavläsare till seriella porten för att starta justeringsprogrammet eller, endast på 35 stiftsmodeller, använd en bygling för att koppla diagnostikkontakten till jord (brun/vit kontakt med gul/vit ledning som går till stift 22 på styrmodulen).
5 Starta motorn och låt den gå på tomgång.
6 Kontrollera grundtändläget (5 ± 1° FÖD).
7 Om en justering behövs, lossa fördelarens bultar och vrid fördelaren så att rätt tändläge uppnås. Dra försiktigt åt bultarna och kontrollera tändningen igen.
8 Stäng av motorn och stäng av felkodsavläsarens justeringsprogram, eller avlägsna byglingen från diagnostikkontakten.

Tändlägesförställning

9 Tändförställningen styrs av Mono-Motronics styrmodul efter motorns hastighet och belastning och går inte att justera. Men tändningen kan kontrolleras med en stroboskoplampa och denna kontroll bör inte göras med en felkodsavläsare.
10 Låt motorn gå på tomgång och anteckna tändlägesmärkena. Öka motorns varvtal, remskivans markering skall höjas jämnt.
11 Sänk motorns hastighet, remskivans markering skall nu återgå till ursprunglig position.

10 Justering av tomgången

1 Kontrollera tändläget. Det måste vara korrekt inställt innan kontroll av CO och tomgång görs.
2 Se justeringsvillkoren i avsnitt 7. Det är särskilt viktigt att syresensorn fungerar korrekt.
3 Gör en provtur på 10 minuter och läs av styrmodulens seriella port med en lämplig felkodsavläsare.
4 Om någon av syresensorns felkoder visas skall felen diagnosticeras och repareras innan nya försök görs att ställa in tomgången.

5 Kontrollera stegmotorn.
6 Kontrollera tomgången.
Observera: *Den reglerade tomgången är inte möjlig att justera. Det går dock att kontrollera och justera grundtomgången med nedanstående metoder.*
7 Kontrollera CO-halten.

Grundtomgång

8 Varmkör motorn till normal arbetstemperatur, stäng sedan av den.
9 Placera en 10 mm distans mellan trottelarmen och justeringsskruven.
10 Slå på tändningen, stegmotorn skall nu backa.
11 Koppla bort stegmotorn.
12 Starta motorn och låt tomgången stabili-

sera sig i ca 1 minut. Tomgången bör stabiliseras på 700 ± 50 varv/min.
13 Justera grundtomgångsskruven efter behov.
Observera: *Trottelplattans stoppskruv får INTE rubbas under några som helst omständigheter.*
14 Kontrollera justeringen för trottelns positionsgivare.
15 Stäng av motorn och koppla in stegmotorn igen.
16 Starta motorn, tomgången bör nu stabilisera sig inom de givna parametrarna.

Tomgångskontaktens spel

Observera: *Den här proceduren är bara nödvändig om ovanstående inte fungerade.*

17 Ställ stegmotorn i sitt grundläge.
18 Använd ett finger för att se till att plungern är helt tillbakadragen, om inte tryck in den.
19 Använd ett bladmått för att kontrollera spelet mellan plungerns spets och stopp. Spelet bör ligga inom 0,4 mm till 0,6 mm.
20 Koppla in stegmotorns kontakt igen.

CO-halten.

21 Kontrollera och anteckna CO-halten vid avgasröret. CO-halten går inte att justera. Jämför med specifikationen, ett avvikande värde kan bero på ett mekaniskt fel, tändnings-, katalysator- eller givarfel.

Test av systemets givare och aktiverare

Viktigt att observera: *Se kapitel 4, som beskriver vanliga tester som kan göras på detta system. Rutinerna i kapitel 4 skall läsas tillsammans med komponentnoteringarna och kopplingsscheman i detta kapitel. Kopplingsscheman och andra data är inte nödvändigtvis representativa för just ditt system. Beroende på att variationer i kopplingar och andra data ofta uppstår, även mellan liknande fordon från en och samma tillverkare, måste läsaren lägga stor vikt vid identifiering av styrmodulens stift och se till att alla insamlade data är korrekta innan en given komponent kasseras* **(fig. 19.4 till 19.6).**

11 Vevaxelns vinkelgivare - Fiat/Lancia, Citroën/Peugeot-modeller

1 Se noten i början av detta avsnitt och relevant avsnitt av kapitel 4.
2 Citroën/Peugeot: Vevaxelns vinkelgivarmotstånd är mellan 300 och 500 ohm. Fiat/Lancia: Vevaxelns vinkelgivarmotstånd är mellan 486 och 594 ohm.

12 Halleffektgivare - VAG-modeller

1 Se noten i början av avsnitt 11 och relevant avsnitt av kapitel 4.

13 Primär tändning

1 Se noten i början av avsnitt 11 och relevant avsnitt av kapitel 4 **(fig. 19.3).**
2 Primär tändning kommer huvudsakligen från styrmodulen med en extern förstärkare. Dessutom är förstärkaren kombinerad med spolen och följande test skall göras.
3 Skruva ur de två fästskruvarna och ta loss förstärkarenheten.
   a) *Kontrollera anslutningen mellan spolens stift 1 och förstärkarenhet 3.*
   b) *Kontrollera anslutningen mellan spolens stift 1 och förstärkarenhet 1.*

4 Vid test av tändningskretsen (med fördelare) för primär signal, är de rutiner som beskrivs i "Primärsignal ej tillgänglig (separat extern förstärkare)" generellt de mest passande.
5 Vid test av tändningskretsen efter en primär signal, är de rutiner som beskrivs i "Primärsignal saknas (intern förstärkare)" de mest lämpade. Testa båda spolarna på samma sätt.
6 Styrmodulens och komponentstiftens numrering kan variera beroende på vilket system som testas.
7 En strömkälla till tändspolen/spolarna kommer från bränslepumpens relä (Citroën och Peugeots modeller) och spänningen är bara tillgänglig då motorn dras runt eller går. Spänning kan dock ges i testsyfte genom en förbikoppling av reläet (se kapitel 4).

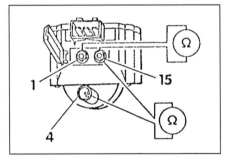

Fig. 19.3 Kontroll av spolens motstånd i den kombinerade spolen och förstärkaren. Anslut ohmmätaren mellan stift 1 och 15 för kontroll av primärmotståndet eller mellan 4 och 15 för kontroll av sekundärmotståndet

8 Citroën/Peugeot: Primärt motstånd är 0,80 ohm, sekundärt motstånd är 8 600 ohm (Sagem-spole) eller 14 600 ohm (Bosch-spole).
9 Fiat/Lancia: Primärt motstånd är 0,45 till 0,55 ohm, sekundärt motstånd är 12 000 till 14 600 ohm.
10 VAG: Primärt motstånd är 0,50 till 1,20 ohm, sekundärt motstånd är 2 400 till 4 000 ohm.

14 Knackgivare

1 Se noten i början av avsnitt 11 och relevant avsnitt av kapitel 4.
2 En knackgivare används bara i 2.0 liters motorer.

15 Injektorfunktion

1 Se noten i början av avsnitt 11 och relevant avsnitt av kapitel 4.
2 Spänning ges till injektorerna från systemreläet.
3 Injektorernas motstånd är normalt 1,2 till 1,6 ohm. Ballastmotståndet är normalt 4,0 till 8,0 ohm.
4 Inkopplat ballastmotstånd: Dra ut injektorns kontakt och mät motståndet på ballastmotståndet mellan injektorns kontakt och stift 87 på bränslepumpens relä.

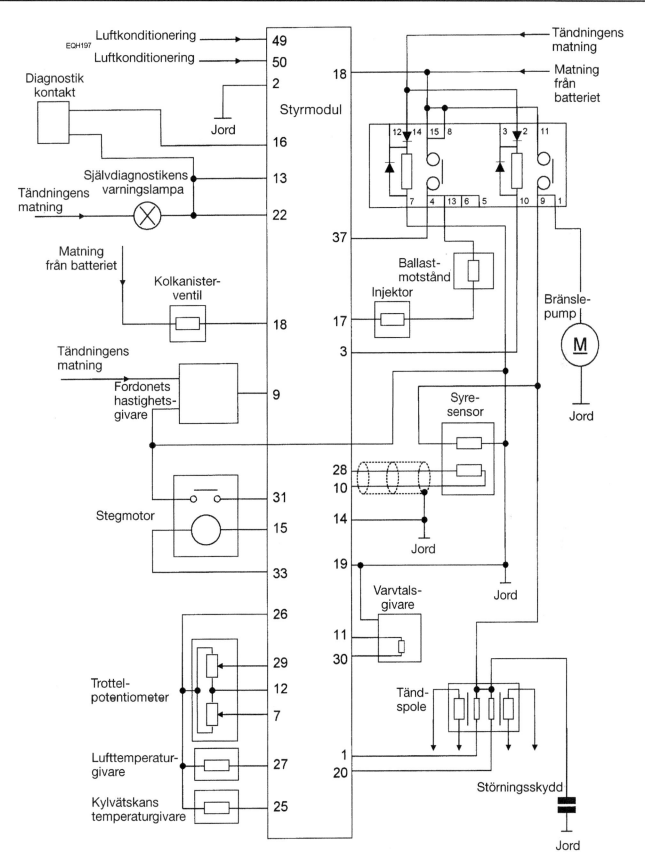

Fig. 19.4 Typiskt kopplingsschema för systemet, Citroën och Peugeot

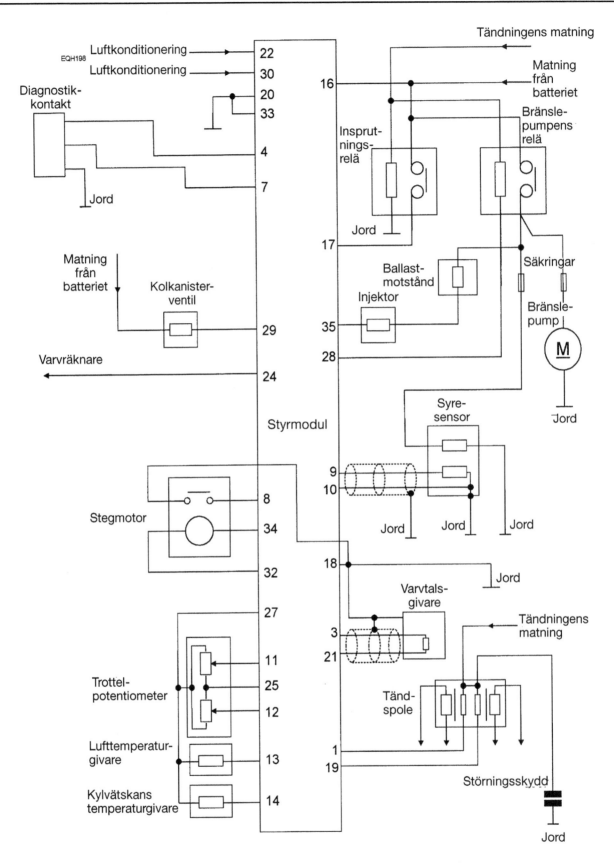

Fig. 19.5 Typiskt kopplingsschema för systemet, Fiat och Lancia

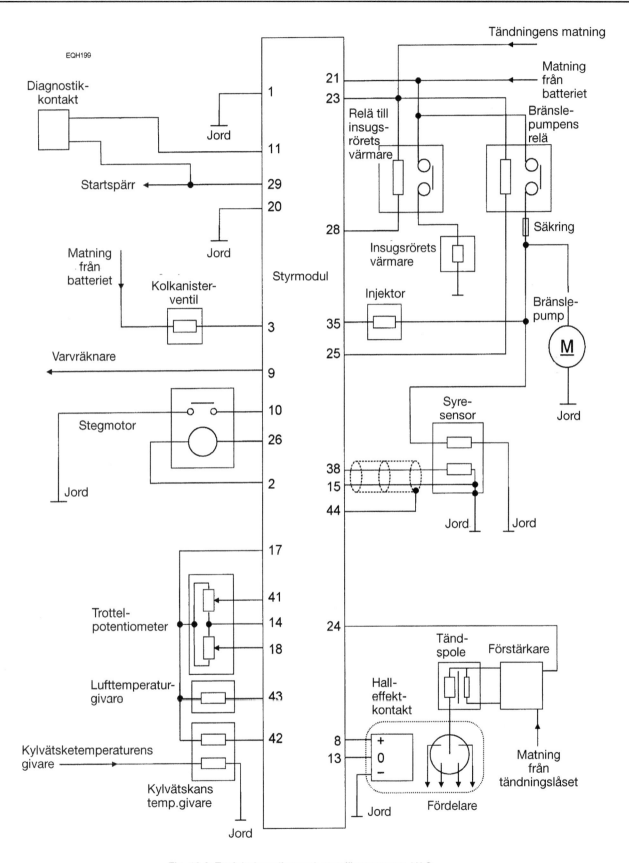

Fig. 19.6 Typiskt kopplingsschema för systemet, VAG

16 Lufttemperaturgivare

1 Se noten i början av avsnitt 11 och relevant avsnitt av kapitel 4.
2 Lufttemperaturgivaren är monterad i trottelhuset, ovanför injektorn.

17 Kylvätskans temperaturgivare

1 Se noten i början av avsnitt 11 och relevant avsnitt av kapitel 4.

18 Trottelns positionsgivare

1 Se noten i början av avsnitt 11 och relevant avsnitt av kapitel 4.
2 För att exakt kunna kontrollera spänningen till trottelns positionsgivare när trotteln är stängd, är det nödvändigt att nollställa stegmotorn enligt följande:
   a) Dra ut stegmotorns kontakt.
   b) Använd ett par byglingar för att koppla in ett 4,5 V batteri mellan stift 1 och 2 på stegmotorn.
Observera: Stegmotorn kan ta skada av spänningar på mer än 6,0 V.
   c) Aktiveringsstiftet bör nu röra sig inåt eller utåt.
   d) Om aktivatorplungern inte helt dras in, vänd på batteriet och försök igen.
   e) Då plungern är helt indragen tas batteriet och byglingarna bort.
3 Tester för utgående spänningar måste göras både vid stift 2 och stift 4 på trottelns positionsgivare. Koppla in voltmätarens positiva mätsond på trottelns positions-givarstift 2 och sedan stift 4 och gör följande test:
4 Med tändningen påslagen och trotteln stängd skall en 1,0 V spänning kunna uppmätas på stift 2 och 0 V på stift 4.
5 Öppna och stäng trotteln ett antal gånger och se till att en jämn stegring av spänningen upp till ett maximum på 4,5 V uppstår på stift 2 och 4,0 V på stift 4.
6 Om ingen signal kan uppmätas vare sig på stift 2 eller stift 4, kontrollera referensspänningen på stift 5 på trottelns positionsgivare och kontrollera även jordningen på stift 1.

Motståndstest

7 Nollställ stegmotorn, se ovan.
8 Dra ut kontakten på trottelns positions-givare.
9 Koppla in en ohmmätare mellan stift 1 och 5.

Motståndsskala för trottelns positionsgivare

Stift	Givarens position	Motstånd (ohm)
1 och 2	Stängd	600
1 och 2	Stängd till 1/4 trottel	600 till 3 500
1 och 2	1/4 trottel till full trottel	3 500 konstant
1 och 4	Stängd till 1/4 trottel	600 konstant
1 och 4	1/4 trottel till full trottel	600 till 6 600

10 Motståndet bör ligga inom angivna parametrar.
11 Koppla in en ohmmätare mellan stift 1 och 2.
12 Öppna trotteln till 1/4 del från stängd position. Motståndet skall gradvis öka från det lägre till det högre värdet (se tabell).
13 Öppna sedan sakta trotteln fullt. Motståndet skall ligga konstant från 1/4 till full trottelöppning.
14 Koppla en ohmmätare mellan stift 1 och 4.
15 Öppna trotteln till 1/4 del. Under detta skall motståndet ligga konstant på det lägre värdet.
16 Öppna sedan trotteln fullt. Motståndet skall då gradvis öka från det lägre till det högre värdet.

19 Stegmotor

Allmänt

1 Vrid tändningslåset till "på".
2 Vrid tändningslåset till "av" efter 5 sekunder. Stegmotorns plunger skall dras in helt och sedan gå till rätt position (beroende på temperaturen), för att vara klar till nästa motorstart. Om detta genomförs tillfreds-ställande, är det troligen inget fel på steg-motorn.
3 Kontrollera om stegmotorns kontakt korroderad eller skadad.
4 Kontrollera att kopplingsstiften har bra kontakt med stegmotorns kontakt.
5 Något av ovanstående fel indikerar felaktig eller svag signal från stegmotorn.

Funktionstest för stegmotorn

Observera: Detta test kommer att resultera i att styrmodulen loggar en felkod. När testen är genomförd ska felkoden raderas.
6 Slå på tändningen.
7 Dra ur kontakten på kylvätskans tempe-raturgivare.
8 Koppla in ett 15 Kohm motstånd mellan de två stiften i kontakten till kylvätskans temperaturgivare.
9 Stegmotorn skall nu öppna trotteln ytterligare.
10 Koppla bort motståndet och anslut kontakten till kylvätskans temperaturgivare.
11 Stegmotorn skall återgå till sitt ursprungliga läge.
12 Radera den felkod som loggats.

Stegmotorn fungerar inte

13 Baksondera stift 1 och 2 på stegmotorn med en voltmätare.
14 Slå på och av tändningslåset.
15 En spänning skall ses under en kort tid då stegmotorn är aktiverad.

Kontroll av stegmotorns tomgångskontakter

16 Tändningen på, trotteln stängd.
17 Koppla voltmätarens negativa mätsond till jord.
18 Koppla voltmätarens positiva mätsond till stift 3 på stegmotorn. En spänning på max 0,25 V skall visas.
19 Öppna trotteln, spänningen ska stiga till normal batterispänning.
20 Om batterispänning finns vare sig trotteln är öppen eller stängd, är det antagligen fel på stegmotorns tomgångskontakter.
21 Om ingen spänning kan uppmätas när trotteln är öppen, kontrollera att ledningarna är hela från stegmotorstiften till styrmodulens stift.

20 Insugsrörets värmare

1 Se noten i början av avsnitt 11 och relevant avsnitt av kapitel 4.
2 Gör testerna när kylvätskan är svalare än 55°C.
Observera: Om motorn är varm kan en variabel potentiometer kopplas till kontakten på kylvätskans temperaturgivare så att en kall motor kan simuleras.
3 Om en felkodsavläsare är tillgänglig kan insugsrörets värmarrelä aktiveras via den seriella porten. Detta visar att reläet och dess ledningar är felfria.

21 Styrmodulens matningar och jordar

1 Se noten i början av avsnitt 11 och relevant avsnitt av kapitel 4.
2 Förutom drivningen för huvudreläet och pumpreläet, kan en relädrivning finnas för insugsrörets värmarrelä. Reläet aktiveras bara då temperaturen är lägre än 55°C.

22 Systemreläer

1 Se noten i början av avsnitt 11, se även relevant avsnitt av kapitel 4.
2 I Mono-Motronic matas insugsrörets värmare med spänning från ett relä.

23 Bränslepump och krets

1 Se noten i början av avsnitt 11, se även relevant avsnitt av kapitel 4.

24 Bränsletryck

1 Se noten i början av avsnitt 11, se även relevant avsnitt av kapitel 4.

25 Syresensor

1 Se noten i början av avsnitt 11 och relevant avsnitt av kapitel 4.

2 Den syresensor som finns i de flesta av Mono-Motronics system är en givare med tre ledningar (syresensorns jordning sker genom avgasröret) med en värmare.

26 Kolkanisterventil

1 Se noten i början av avsnitt 11 och relevant avsnitt av kapitel 4.

Stifttabell - typisk 35 stifts (VAG)
Observera: Se fig. 19.7.

1 Styrmodulens huvudjord	9 -	18 Jord, slutsteg	29 -
2 Batteri +	10 Kylvätskans temperaturgivare	19 Tändningslåsets matning	30 Stegmotor
3 -	11 Jord	20 -	31 Varningslampans styrning
4 -	12 Bränslepumpens relädrivning	21 -	32 -
5 Halleffektgivare	13 Tändningens förstärkare och	22 Diagnostikkontakt	33 -
6 Halleffektgivare	spole	23 Diagnostikkontakt	34 Stegmotor
7 -	14 -	24 Trottelns positionsgivare	35 Injektor
8 Givarretur (kylvätskans	15 Relädrivningen för	25 Trottelns positionsgivare	
temperaturgivare,	insugsrörets värmare	26 Trottelns positionsgivare	
lufttemperaturgivaren,	16 Stegmotor	27 Lufttemperaturgivaren	
trottelns positionsgivare)	17 Kolkanisterventil	28 Syresensor	

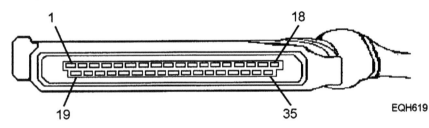

Fig. 19.7 Typisk 35 stifts kontakt (VAG)

EQH619

Stifttabell – typisk 35 stifts (Fiat och Lancia)
Observera: Se fig. 19.8.

1 Tändspole	11 Trottelns positionsgivare	21 Varvtalsgivare	29 Kolkanisterventil
2 -	12 Trottelns positionsgivare	22 -	30 -
3 Varvtalsgivare	13 Injektor	23 -	31 Instrumentpanel
4 Diagnostikkontakt	14 Kylvätskans temperaturgivare	24 Varvräknare	32 Tomgångsventil
5 -	15 -	25 Trottelns positionsgivare	33 Jord
6 -	16 Batteri	26 -	34 Tomgångsventil
7 Diagnostikkontakt	17 Insprutningens relä	27 Kylvätskans temperaturgivare,	35 Injektor
8 Tomgångsventil	18 Jord	trottelns positionsgivare,	
9 Syresensor	19 Tändpole	injektor	
10 Syresensor	20 Jord	28 Bränslepumpens relä	

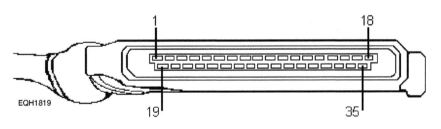

EQH1819

Fig. 19.8 Typisk 35 stifts kontakt (Fiat och Lancia)

Stifttabell – typisk 45 stifts (VAG)
Observera: *Se fig. 19.9.*

1 Jord	17 Givarretur (kylvätskans temperaturgivare,	31 -
2 Stegmotor	lufttemperaturgivaren, trottelns	32 -
3 Kolkanisterventil	positionsgivare)	33 -
4 -	18 Trottelns positionsgivare	34 -
5 -	19 -	35 -
6 -	20 Jord	36 -
7 Injektor	21 Batteri +	37 -
8 Halleffektgivare	22 -	38 Syresensor
9 Varvräknare	23 Tändningens matning	39 -
10 Stegmotor	24 Tändspole / förstärkare	40 -
11 -	25 Bränslepumpens relädrivning	41 Trottelns positionsgivare
12 -	26 Stegmotor	42 Kylvätskans temperaturgivare
13 Halleffektgivare	27 -	43 Lufttemperaturgivaren
14 Trottelns positionsgivare	28 Relädrivning för insugsrörets värmare	44 -
15 Jord	29 Diagnostikkontakt	45 -
16 -	30 -	

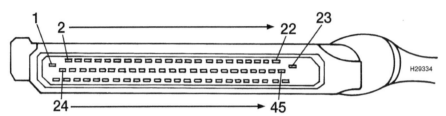

Fig. 19.9 Typisk 45 stifts kontakt (VAG)

Stifttabell – typisk 55 stifts (Citroën/Peugeot)
Observera: *Se fig. 19.10.*

1 Tändspole	14 Jord	27 Lufttemperaturgivaren
2 Jord	15 Tomgångsventil	28 Syresensor
3 Styrmodulens relä	16 Diagnostikkontakt	29 Trottelns positionsgivare
4 -	17 Injektor	30 Varvtalsgivare
5 Kolkanisterventil	18 Batterimatning	31 Tomgångsventil
6 Varvräknare	19 Jord	32 -
7 Trottelns positionsgivare	20 Tändspole	33 Tomgångsventil
8 -	21 -	34 -
9 Fordonets hastighetsgivare	22 Självdiagnostikens varningslampa	35 -
10 syresensor	25 Kylvätskans temperaturgivare	36 -
11 Varvtalsgivare	26 Givarretur (kylvätskans temperaturgivare,	37 Motorstyrningens relä
12 Trottelns positionsgivare	lufttemperaturgivaren, trottelns	
13 Diagnostikkontakt	positionsgivare)	

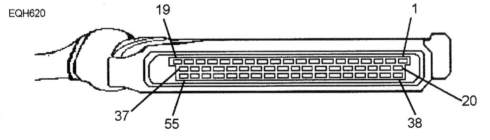

Fig. 19.10 Typisk 55 stifts kontakt (Citroën och Peugeot)

Felkoder

27 Läsning av felkoder

Citroën och Peugeot
1 Om en felkodsavläsare är tillgänglig skall denna kopplas till självdiagnostikens seriella port och användas till följande:
a) Läsning av felkoder.
b) Radera felkoder.
c) Hämta in Datastream-information.
d) Aktivera systemaktiverarna – det kan innebära en eller fler av följande:
Injektorer
Tomgångsventilen
Kolkanisterventilen (om monterad)
2 Om en felkodsavläsare inte finns tillgänglig är det fortfarande möjligt att läsa felkoder, så länge som diagnostikkontakten är av två-stiftstyp (fig. 19.11). En felkodsavläsare behövs för de system är försedda med 16 stifts diagnostikkontakt.
3 När styrmodulen avgör att ett fel uppstått loggar den en felkod internt och tänder även diagnostikens varningslampa om felet är att betrakta som stort. Fel som av styrmodulen betraktas som små tänder också varnings-lampan och en felkod kommer också att loggas. Alla varierande tvåsiffriga felkoder i Citroën och Peugeots fordon försedda med Mono-Motronics system är av den "lång-samma" typen och kan visas som blinkningar på instrumentpanelens varningslampa. Den första serien blinkningar indikerar tiotal, den andra serien visar ental.

Läsning av felkoder utan en felkodsavläsare
a) Koppla en strömbrytare mellan felkods-avläsarens gröna kontaktstift 2 och jord.
b) Slå på tändningen.
c) Stäng strömbrytaren i tre sekunder (Lampan på instrumentpanelen kommer inte att lysa).

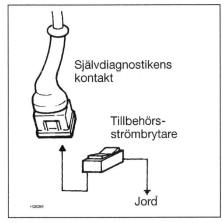

Fig. 19.11 Läsning av felkoder (Citroën och Peugeot)

d) Öppna strömbrytaren, varningslampan kommer att:
Blinka en gång (indikerande 10).
Slockna i 1,5 sekunder.
Blinka två gånger (indikerande 2).
Detta är en indikation på felkod tolv (12), vilket är testets startkod.
Varningslampan kommer att slockna.
e) Stäng strömbrytaren i tre sekunder (varningslampan är släckt).
f) Öppna strömbrytaren och varningslampan kommer att indikera en kod.
g) Vänta i tre sekunder efter det att lampan slocknat, innan du fortsätter.
h) Stäng strömbrytaren i tre sekunder och upprepa detta för att få fler koder. När kod 11 visas indikerar det slutet på testet.
i) Efter det att kod 11 visats kan hela testet göras igen.
j) Om kod 11 visas direkt efter kod 12, betyder det att inga felkoder är loggade i styrmodulen.

Radera felkoder från styrmodulens minne
a) Reparera alla kretsar som indikerats av felkoderna.
b) Slå på tändningen.
c) Genomför testet ovan till dess att du får kod 11 (valfritt).
d) Stäng strömbrytaren i mer än 10 sekunder.
e) Varningslampan är släckt.

VAG-modeller
4 VAGs Mono-Motronic ger två sorters felkoder - femsiffriga felkoder och fyrsiffriga blinkkoder.
5 Felkoder kan bara avläsas med hjälp av en avsedd felkodsavläsare.
6 Fyrsiffriga blinkkoder kan bara avläsas från Mono-Motronics MA1.2.1 (35 stifts) och MA1.2.2 (45 stifts) via en lysdiod. Det finns ingen varningslampa på instrumentpanelen. Blinkkoder kan inte matas ut från nyare versioner Mono-Motronic.
7 Felkodsavläsaren kan användas till följande:
a) Läsa och radera felkoder.
b) Kalla upp Datastream.
c) Aktivering av komponenter och justeringar. VAG gett systemet 5-siffriga kodnummer för avläsning med en felkodsavläsare.
d) Att ställa in styrmodulen i serviceläge för inställning av tändläget och grundtom-gången. Det är också möjligt att komma åt serviceläget utan felkodsavläsaren (se justering av tändläget).
Observera: Syresensorns felkoder kan bara kommas åt efter en provtur på minst 10 minuter.

Läsning av felkoder utan en felkodsavläsare
8 Den fyrsiffriga felkoden är tillgänglig genom

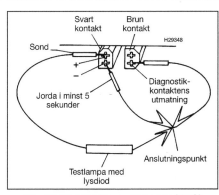

Fig. 19.12 Läsning av felkoder (VAG)

inkoppling av en lämplig felkodsavläsare eller lysdiod till diagnostikkontakten (fig.19.12).
9 Den första serien blinkningar indikerar första siffran, den andra serien, andra siffran och så vidare.
10 Leta upp tvåstifts diagnostikkontakten. I de fall den finns i fotbrunnen eller nära växelspaken är den svarta, vänstra, anslut-ningen på diagnostikkontakten (vit eller brun) matning och jord.
Observera: Det är inte möjligt att läsa av blinkkoder från 55 stifts Mono-Motronic, inte heller om diagnostikkontakten är av 16 stifts ISO-typ.
11 Starta motorn.
12 Varmkör motorn och låt den gå på tomgång.
Observera: Syresensorns felkoder kan bara läsas av efter provkörning som varat minst 10 minuter.
13 Om motorn inte vill starta, dra runt den i minst sex sekunder och låt tändningen vara på.
14 Använd en bygling för att ge kontakt mellan diagnostikkontakten och jord i minst 5 sekunder. Varningslampan eller lysdioden kommer att lysa och förbli tänd till dess att byglingen tas bort.
15 Avlägsna byglingen. Varningslampan eller lysdioden blinkar ut den första fyrsiffriga blinkkoden.
Observera: Det är ett mellanrum på 2,5 sekunder mellan varje siffra och endast en kod kan ges åt gången.
16 Räkna blinkningarna och anteckna koden.
17 När koden 4444 visas finns det inga koder loggade och testet avslutas.
18 Om en annan kod än 4444 visas, gör om testen igen.
19 Anteckna alla koder och fortsätt med det, till dess att kod 0000 visas. Kod 0000 visar att det inte finns fler koder loggade.
20 Kod 0000 visas genom att lampan tänds och släcks med 2,5 sekunders mellanrum.

Radera en felkod
21 Genomför ovanstående procedur för att avläsa felkoden.

22 Stäng av tändningen.
23 Ta loss multikontakten från styrmodulen *(se varning 3 i Referenser)*, i minst 30 sekunder.

Fiat/Lancias modeller

24 Om en felkodsavläsare är tillgänglig skall denna kopplas till självdiagnostikens seriella port och användas till följande:

a) *Läsa av felkoder.*
b) *Radera felkoder.*
c) *Hämta in Datastream-information.*
d) *Aktivera systemaktiverarna. Det kan inkludera en eller flera av följande:*
   Injektorer
   Tomgångsventilen
   Kolkanisterventilen (om monterad)
25 Fiat/Lancias modeller kräver en för

ändamålet avsedd felkodsavläsare för att komma åt felkoderna. Blinkkoder är inte möjliga att hämta ur dessa system. För att klargöra det hela ytterligare, har vi med en lista på komponenter som kan visa felkoder på en felkodsavläsare.

Felkodstabell (Citroën och Peugeot)

Kod	Post
11	Diagnosslut
12	Diagnosstart
13x	Lufttemperaturgivaren
14x	Kylvätskans temperaturgivare
21x	Trottelns positionsgivare
22	Stegmotor
27x	Fordonets hastighetsgivare
31x	Lambdastyrning
41	Vevaxelns vinkelgivare
42	Injektor eller bränslepumpsstyrning
51	Syresensor
52	Lambdastyrning
53x	Batterispänning
54	Styrmodul

Aktiverarvalkod	
81	Bränslepumpsrelä
82	Injektor
83	Stegmotor
84	Kolkanisterventil
85	Strömkällerelä till luftkonditioneringens kompressor

x Fel som huvudsakligen får styrmodulen att gå över till nödprogrammet och använda ett fast värde i stället för en givare.

Några fel anses som stora fel och kommer att tända varningslampan. Vad som är att anse som stora fel varierar dock från system till system och det är bäst att leta i styrmodulen efter felkoder om fel misstänks.

Blinkkodstabell (VAG)

Kod.	Post	Fel
4444	Diagnosstart	inga fel
1111	Internt styrmodulfel	Kontrollera jordning och matning till styrmodulen
1231	Fordonets hastighetsgivare	
1232	Stegmotorns krets	Stegmotorfel eller styrmodulfel
2113	Halleffektgivarkrets eller Halleffektgivarfel	Bruten krets (se not nedan)
2114	Fördelaren	
2121	Stegmotorns tomgångskontakter eller tändningens styrventilkrets defekt	
2122	Hastighetssignal från motorn saknas	
2123	Fulltrottelbrytare	
2141	Knackreglering 1 (styrmodul)	
2142	Knackgivarens krets eller knackgivaren defekt	
2143	Knackreglering 2 (styrmodul)	
2212	Trottelns positionsgivarkrets eller trottelns positionsgivare defekt	Bruten krets eller kortsluten till jord
2214	Max varvtal överskridet	
2231	Tomgångsregleringen	
2234	Strömkällans spänning är inkorrekt	Batterispänningen för hög/låg
2242	CO-potentiometerns krets eller CO-potentiometern defekt	Bruten krets eller kortsluten till jord
2312	Kylvätskans temperaturgivarens krets eller kylvätskans temperaturgivare defekt	Bruten krets eller kortsluten till jord
2314	Elektrisk anslutning motor/växellåda	
2322	Lufttemperaturgivarens krets eller lufttemperaturgivaren defekt	Bruten krets eller kortsluten till jord
2341	Syresensorns styrning ur funktion	Vakuumläcka, tändningsfel, bränslesystem, fel på injektorn, dålig motorkompression, syresensorns signalkabel kortsluten till jord, fel på syresensor
2342	Syresensorns krets eller syresensor defekt	Fel på syresensor eller dess signalledningar
2343	Blandningsreglering – mager	
2344	Blandningsreglering – fet	
2413	Blandningens gränsvärden	Misständning/bränsletryck/läckage på avgassystemet
4332	Styrmodul	
4343	Kolkanisterventilen	
0000	Avläsningen slutar – blinkar med 2,5 sekunders intervall	

Observera: Felkod nummer 2113 (ingen Hallsignal) kommer alltid att visas om tändningen är påslagen och motorn avstängd.

Felkodstabell (Fiat och Lancia)

Post	Fel
Vevaxelns vinkelgivare	Förlorad signal
Trottelns positionsgivare	
Insugsrörets tryckgivare	Inget samband mellan insugsrörets tryckgivarsignal och trottelns positionsgivare och vevaxelns vinkelgivarsignaler
Lufttemperaturgivaren	
Kylvätskans temperaturgivarspänning	Spänning mindre än 6,2 V eller högre än 15,5 V
Lambdastyrning	
Injektorstyrning	
Tändspolarnas styrning	
Stegmotor	
Kolkanisterventil	
Relädrivning	
Styrmodulens minnen	Begränsad adaptiv styrning. När gränsen är nådd antyder detta ett allvarligt motorfel

Observera: *Felaktigt skick och inte felkoder loggas in i Fiat/Lancias Mono-Motronicsystem och en felkodsavläsare krävs för att avläsa felen.*

Referens

Engelska förkortningar och teknisk ordlista

A

A/C Luftkonditionering

AATS Givare för den omgivande luftens temperatur, lufttemperaturgivare

AAV Hjälpluftventil

AC (Växelström) En elektrisk ström som först flyter i en riktning och sedan i den motsatta. Växelström alstras av en växelströmsgenerator eller en pulsgenerator. Växelström måste likriktas innan den kan användas i laddningssystemet. Växelström från en pulsgenerator omvandlas till likström av en analog-till-digital omvandlare (A-D omvandlare).

ACAV (Variable Acoustic Characteristic Induction) Citroën/-Peugeot term som betyder variabelt insugsljud

ACC (Air Conditioning Compressor Clutch) Fords term som betyder luftkonditioneringens kompressorkoppling

ACS (Air Conditioning Switch) Fords term som betyder luftkonditioneringens strömbrytare

ACT (Air Charge Temperature) Fords term för insugsluftens temperatur Avser vanligen en separat givare till skillnad mot den som är integrerad i luftflödesmätaren.

ACW (Anti Clock Wise) Motsols rotationsriktning.

Adaptivt system En elektronisk motorstyrning som kan lära in optimal inställning för en tillämpning betecknas som adaptiv.

ADC (Analogue to Digital Converter) A-D omvandlare

AEI (se Renix)

AFM (Air Flow Meter) Luftflödesmätare, se luftflödesgivare (AFS)

AFR (Air Fuel Ratio) Bränsleblandning Förhållandet mellan luft och bränsle, räknat i vikt, i en finfördelad laddning: idealet är 14,7 kilo luft till 1,0 kilo bränsle. Idealisk blandning för fullständig förbränning är alltså 14,7: 1 och styrmodulen törsöker (via syresensorn) upprätthålla denna blandning så nära som möjligt ("Lambdafönstret") se "Bränsleblandning – Lambdadiagram". Bränsleblandningen i förgasarsystem varierar med insugsluftens temperatur och täthet. Detta gör en precis styrning till en praktisk omöjlighet. Däremot använder elektroniska insprutningssystem ett antal givare för att övervaka alla de förhållanden som påverkar blandningen. Detta möjliggör en mycket precis styrning av blandningsförhållandet.

"Bränsleblandning - Lambdadiagram"
Idealisk bränsleblandning: = 14,7: 1 vikt

Bränsleblandning Lambda

0,7	10,29
0,8	11,76
0,9	13,23
0,97	14,26) Lambda-
1,0	14,70) "fönstret"
1,03	15,14)
1,1	16,17
1,2	17,64
1,3	19,11

AFS (Air Flow Sensor) Luftflödesmätare En givare som mäter volymen på den luft som sugs in i motorn och sänder denna information till styrmodulen i form av en elektrisk signal. Luftflödesmätarens signal bestämmer den belastningsfaktor som styrmodulen använder för att hitta korrekt injektoröppningstid. Vanliga typer av luftflödesmätare är hettråds och hetfilms samt den mekaniska klafftypen.

Aktiverardrivning Avser även drivningen, relädrivning, styrsignal och slutsteg.

Aktiverare En enhet som styrs av styrmodulen. Exempel är injektorer, tomgångsventilen etc.

ALDL (Assembly Line Diagnostic Link) Monteringsbandets diagnostiklänk Beteckningen på den seriella dataport som i huvudsak används på fordon från General Motors.

ALT Alternator (Fords term), även kallad växelströmsgenerator

Alternator (eller växelströmsgenerator) En strömalstrande enhet som används av fordonets laddningssystem.

Ammeter Amperemätare Ett instrument som mäter ström i enheten ampere.

Amp Förkortning för ampere En enhet som betecknar strömflöde.

Amp Förkortning för amplifier (på svenska, förstärkare)

Amplitud Fyrkants vågform: Skillnaden mellan högsta och lägsta spänning.
   Växelströms vågform: Skillnaden mellan noll och antingen maximal eller minimal strömtopp. Den positiva amplituden är troligtvis något större än den negativa i vågformer från vevaxelns vinkelgivare.

Analog signal En analog signal definieras som en kontinuerlig signal som kan ändras med en oändligt liten faktor. Varje givare som uppfyller det kravet kan kallas för en analog givare. I typfallet mäts en analog signal av ett instrument som använder en nål för att progressivt svepa över en fast skala. Varje ändring i signalen gör att nålen flyttar sig motsvarande sträcka. Ett exempel är trottelpotentiometern. När trotteln öppnar eller stänger ökar och minskar spänningen i den signal som sänds till styrmodulen.

API (American Petroleum Institute) Amerikanska petroleuminstitutet Avser ett organ som anger en världsomfattande standard för motorers smörjmedel.

APS (Absolute Pressure Sensor) – se insugsrörets tryckgivare

Arbetscykel Den tidsperiod i procent eller millisekunder (ms) som en komponent är påslagen eller magnetiserad. Genom att koppla vilomätaren mellan matning och jord på aktiverare som tändspolen, injektorer, tomgångsventil eller vilken annan omkopplingsbar enhet som helst kan en arbetscykel avläsas. Genom att jämföra avläsningen med kända arbetsparametrar kan det avgöras om enheten fungerar korrekt. Se avsnittet om vila för mer information.

ASV (Air Switching Valve) Luftomkopplingsventil En vakuumomkopplingsventil, ofta förekommande i japanska fordon.

Asynkron Avser vanligen ett insprutningssystem som inte är synkroniserat med tändningen. Asynkrona pulser kan inträffa med en fastställd intervall eller vara intermittenta.

AT (Automatic Transmission) Automatväxellåda

ATA (Automatic Transmission Actuator) Fords term för växelväljare

ATDC (After Top Dead Centre) Efter övre dödpunkt, svensk förkortning är EÖD När kolven nått ÖD och sjunker igen. Avser backat tändläge ELLER mått på ventilöppning.

ATF (Automatic Transmission Fluid) Olja för automatväxellåda

Atmosfärtryck Vikten av atmosfären över en given yta. Vid havsnivå är atmosfärtrycket 14,7 psi absolut eller 102 kPa. Se tryckomvandlingstabellen under "Tryck".

ATR (Automatic Transmission Relay) Fords term för automatväxellådans relä

ATS (Air Temperature Sensor) Lufttemperaturgivare En termistor som ändrar motstånd efter temperaturen. De flesta lufttemperaturgivare arbetar enligt principen negativ temperaturkoefficient. Dock kan lufttemperaturgivare på Renix-utrustade bilar ha antingen negativ eller positiv temperaturkoefficient. När temperaturen ändras så ändras motståndet, vilket låter styrmodulen beräkna luftens temperatur från den spänning som läses av på givarens signalledning.

Avkoksning Annan term för sotning.

Avgaser Brända och oförbrända gaser som släpps ut efter förbränning.

Avgasrening Anordningar som används för att styra och minimera giftiga ångors utsläpp.

B

Backat tändläge Motsats till förställning. När tändning sker EFTER optimalt ögonblick. Kan även användas för att beteckna ett tändläge efter övre dödpunkt (EÖD).

Baksondering En metod att läsa av spänning på ett kontaktstift i en elektronisk komponent eller givare. Kontakten måste vara ansluten. Isoleringsdamasken ska skalas bakåt. Voltmätarens positiva sond ska anslutas till relevant stift - med påslagen tändning. Observera: I denna bok visar kontaktillustrationerna kabelhärvans kontakt. Vid baksondering av kontakten, eller när givarens anslutning studeras, är stiftens positioner omvända.

Baktryck Ej önskat extra tryck i avgassystemet på en gående motor. Orsakas av ett delvis igensatt avgassystem och resulterar i förlust av kraft och effektivitet.

Baktändning Exploderande bränsle/luftblandning i insuget eller avgassystemet. Förekommer vanligen vid start eller motorbromsning. Beror ofta på läckage i avgassystemet, mager bränsleblandning, backat tändläge, annat tändningsfel eller ett ventilrelaterat kompressionsfel.

Ballastmotstånd En strömkompenserande enhet som ändrar strömflödet i direkt proportion till motståndets temperatur. När använt i ett tändsystems primärkrets fyller det två funktioner:
(1) Genom att ge korrekt strömstyrka till en lågmotstånds-primärspole arbetar spolen svalare under alla arbetsförhållanden.
(2) När full 12 V matning introduceras i spolen vid motorstart via en förbigång blir spolens utmatning, större vilket underlättar starten.
Ballastmotstånd användes huvudsakligen i konventionella brytarsystem för att delvis kompensera för vissa av dessa systems brister. Ett antal tidiga elektroniska system, som inte var av typen konstant energi använde ett ballastmotstånd för styrning av strömmen. Ballastmotstånd kan även påträffas i andra kretsar där strömkompensering krävs. Ett exempel är bränslepumpskretsen i Lucas LH, monterat på vissa fordon och i spänningsmatningen till injektorsolenoiden i vissa tidiga system.

Bankad eller samtidig insprutning Injektorerna kopplade i parallellkretsar. I vissa fyrcylindriga motorer kan de fyra injektorerna vara hopkopplade så att alla öppnar samtidigt. I andra fyrcylindriga system är de fyra injektorerna kopplade parvis i två bankar. Men alla fyra kan fortfarande utlösas samtidigt. I en sexcylindrig motor kan injektorerna vara kopplade i två bankar om tre var, i en åttacylindrig två bankar om vardera fyra och i en tolvcylindrig motor i fyra bankar om vardera tre.

Bar En måttenhet för tryck. En Bar är i det närmaste atmosfärtrycket på havsnivå. Se tryckomvandlingstabellen under "Tryck".

Barometertryck Lika med atmosfärtrycket, vid havsnivå är atmosfärtrycket 100 kPa. Se tryckomvandlingstabellen under "Insugsrörets absoluta tryck".

Batteri En förvaringsenhet för elektrisk energi i kemisk form. Batteriets huvudfunktion är att ge tändström vid starten och ge kraft till startmotorn. Detta måste inträffa oavsett omgivande temperatur. Batteriet tjänar även som en tillfällig strömkälla för att uppfylla elektriska belastningar som överstiger generatorns utmatning. Ett batteri klassas numera efter sin kallstartsförmåga. Det finns tre internationellt erkända batteristandarder och i stort sett alla batterier i Europa, Fjärran Östern och Amerika är märkta enligt dessa standarder. De tre standarderna är:
BS / IEC:
Den ström i ampere som kan dras ur batteriet under en minut vid -18°C innan cellspänningen sjunker under 1,4 V per cell. (BS3911 1982).
SAE / BCI:
Den ström i ampere som kan dras ur batteriet under 30 sekunder vid -18°C innan cellspänningen sjunker under 1,2 V per cell. (SAE J537 Juni 1982).
DIN:
Den ström i ampere som kan dras ur batteriet under 30 sekunder vid -18°C innan cellspänningen sjunker under 1,5 V per cell. (DIN 425-39 PT2 1983).

BBDC (Before Bottom Dead Centre) Före nedre dödpunkten, svensk förkortning är FND

BCI se "Batteri". En SAE standard för mätning av batteriprestanda.

BDC (Bottom Dead Centre) Nedre dödpunkten, ND Kolvens absolut lägsta läge.

Bensin Ett kolvätebaserat bränsle som består av en blandning av kol och väte i olika föreningar.

BHP (Brake Horse Power) Hästkrafter, hkr Mått på en motors styrka.

Bimetallisk Två remsor av olika metaller som är sammanfogade. Vid uppvärmning eller avkylning orsakar de olika värmeutvidgningstalen att remsorna böjs. Används ofta till att styra en förgasares automatchoke.

Blandningsjustering Detta är en fininställningsenhet och i allmänhet är endast en liten justering av tomgångens CO-halt möjlig. När trotteln väl lämnar tomgångsstoppet beror mängden insprutat bränsle endast på injektorns öppningstid. I de fall justering av CO-halten är möjlig används i nuläget två metoder. I regel saknar katalysatorförsedda motorer CO-justeringsmöjlighet.

1) En luftskruv som förändrar flödet i tomgångskanalen i luftflödes-mätaren. När skruven rörs så ändras den luftström som påverkar mätklaffen, vilket även ändrar tomgångsläget. Det förändrade läget ger en ny signal till styrmodulen som ändrar tomgångsblandningen i enlighet med signalen. Denna typ förekommer vanligen på äldre bilmodeller.

2) En potentiometer med variabelt motstånd. När justeringsskruven vrids, förändras motståndet vilket ger en ändrad signal till styrmodulen. Denna givare kan vara placerad på styrmodulen, luftflödesmätaren eller på innerskärmen.

Blandningsskruv se volymskruv.

Blinkkoder Felkoder av den långsamma typen, som kan matas ut till instrumentbrädans varningslampa eller en lysdiod.

Bly Ingår i ett tillsatsmedel, tetraetylbly, som används i bensin för att motverka knack och förtändning. Blyet smörjer även motorns ventiler och ventilsäten. Blyfri bensin har blivit standard och även blyad bensin innehåller mycket lägre halter än förr i tiden.

Bly är ett giftigt ämne som progressivt och oåterkalleligt sänker blodets kapacitet att transportera syre. Det fungerar som ett cellgift för blod, benmärg och nervceller. Bly förorenar även katalysatorer och sätter igen celler, vilket minskar effektiviteten.

BOB (Break Out Box) Kopplingslåda

BOO (Brake On / Off switch) Fords term för bromsljuskontakt

BPC (Boost Pressure Control solenoid (turbo)) Fords term för laddtryckets solenoidventil

Brinntid se "Gnistduration".

Bruten krets Ett avbrott i en elektrisk krets som förhindrar strömflödet.

BS / IEC se "Batteri". En standard för mätning av batteriprestanda.

BTDC (Before Top Dead Centre) Före övre dödpunkt, FÖD Stigande kolv före övre gränsen för slaget. Anger förställd tändning ELLER ett mått för ventilrörelse.

Byglingsledning En liten elektrisk ledning som används till tillfällig bygling av en komponent eller ledning.

C

°C (Celsius) Temperaturmått se temperaturomvandlingstabellen.

CANP (CANister Purge solenoid valve) Kolkanisterns rensventil

CAS (Crank Angle Sensor) Vevaxelns vinkelgivare Den fungerar enligt samma princip som en induktiv permanentmagnetpickup. Ett antal tänder eller stift av stål är utplacerade med jämna mellanrum i ytterkanten på svänghjulet eller vevaxeln. I typfallet finns ett stift varje 10° - totalt 36. En eller flera kan vara avlägsnad vid ÖD, ND eller på ett känt avstånd från någon av punkterna. Svänghjulet blir därmed en reluktor.

En permanentmagnets induktiva signalgenerator är monterad nära svänghjulet. När svänghjulet roterar alstras en växelströms vågform som informerar styrmodulen om varvtal och vevaxelposition. Även om de flesta moderna system använder en vevaxelgivare har en del äldre system två givare, en för varvtal och en för position. Vågformen från de olika typerna är något olika.

CB (Contact Breaker) Brytarspetsar En strömbrytare som slår på och stänger av primärströmmen för att inducera tändning. Används i bilar med konventionella tändsystem.

CCA (Cold Cranking Amps) Batteriets kallstartsström En standard för mätning av ett batteris prestanda.

CCMC Europeisk smörjoljestandard, motsvarar amerikanska API.

CCO (Clutch Converter lock-up solenoid) Fords term för momentomvandlarens låssolenoid

CD (Constant Depression) Konstant undertryck En typ av förgasare som använder en kolv för att variera chokeytan efter belastning och hastighet. Detta ger konstant lufthastighet och undertryck vid munstycket vid alla varvtal och eliminerar behovet av separata munstycken för kompensering och tomgång.

CEL (Check Engine Light) Självdiagnostikens varningslampa

Cell En batterienhet som består av positiva och negativa plattor, täckta av elektrolyt. Ett tolvvolts batteri består av sex celler på vardera ca 2,1 V.

Celsius se °C.

Centrifugalförställning se mekanisk förställning.

CFCOSV (Carbon Filter Cut-off Solenoid Valve) Kolkanisterns avstängningsventil Denna ventil är ofta monterad på fordon från Peugeot och Citroën. Den aktiveras av tändningslåset och samarbetar med kolkanisterventilen. När tändningen stängs av stänger denna ventil och behåller därmed avdunstningarna i systemet.

CFCV (Carbon Filter Control Valve) Kolkanisterventil Mekaniskt styrd ventil som används av avdunstningsregleringen för att reglera återanvändningen av ångor från kolkanistern.

CFi (Central Fuel injection) Ford/ Vauxhall term för enpunkts-insprutning

CFSV (Carbon Filter Solenoid Valve) Kolkanisterventil Elektriskt manövrerad solenoidventil som används av avdunstningsregleringen till att reglera återanvändningen av ångor från kolkanistern. Kallas ibland även rensventilen.

CID (Cylinder IDentification) Fords term för den fasgivare som anger ÖD för cylinder 1

CIH (Cam In Head) Kamaxel i topplocket En kamaxel placerad i topplocket. Skiljer sig från överliggande kamaxel genom att korta stötstänger öppnar ventilerna.

CIS (Continuous Injection System) Kontinuerligt insprutning Ett bränsleinsprutningssystem från Bosch där injektorerna sprutar konstant när motorn går. Ett annat namn är Bosch K-Jetronic.

CLT (Cylinder Leakage Tester) Cylinderläckageprovare En mätare av kompressionsförlust. Tryckluft pumpas in i cylindern med kolven på ÖD i kompressionstakten. Graden av tryckförlust registreras på instrumentets mätare. Ju högre förlust, desto mindre effektiv cylinder. Genom att lyssna vid förgasarintaget, avgasröret, oljepåfyllningslocket och kylarlocket kan orsaken till hög förlust ofta upptäckas.

CMH (Cold Mixture Heater) Värmare för kall blandning se insugsrörets värmare

CO (Kolmonoxid) Kolmonooxid bildas vid partiell förbränning av bränsle på grund av syrebrist. En låg halt CO anger hur bra blandningsförhållandet är. En hög CO-halt i avgaserna indikerar en fet blandning, igensatt luftfilter, igensatt vevhusventilation eller vakuumläcka, eller till och med ett läckage i avgassystemet. Utsläpp av CO (och HC) minskar när belastningen (temperaturen) stiger för att göra motorn mer effektiv.

Avgasernas CO-halt är en indikator på bränsleblandningen, men endast när motorn fungerar normalt. Varje tillstånd i motorn som orsakar misständning reducerar den mängd CO som produceras. CO uppstår vid partiell förbränning av bränslet och om det inte förbränns produceras inte CO.

Det är därför självklart att en motor med en bränd ventil eller dött tändstift producerar mindre CO. I detta fall leder varje försök att justera bränsleblandningen till att den blir för fet, även när gasanalyseraren anger för mager blandning.

Endast gasanalyserare som kan beräkna en "korrigerad" CO-halt ger den fullständiga bilden. Det är därför nödvändigt att åtgärda alla mekaniska fel och tändningsdefekter innan bränsleblandningen justeras.

CO är en mycket giftig, smaklös, färglös och luktlös gas. Den är en allvarlig hälsorisk i tät trafik och i halvt eller helt inneslutna utrymmen. En koncentration på 0,3% kan vara dödlig om den inandas kontinuerligt under 30 minuter. CO binder med de röda blodkropparna på bekostnad av syre och orsakar kvävning. Efter vikt svarar CO för omkring 47% av luftföroreningarna men anses ha liten effekt på miljön.

En molekyl CO består av en kolatom och en syreatom och mäts i volymprocent. CO-halten är omvänt proportionerlig till bränsleblandningen, ju mindre bränsle, dess lägre CO-halt.

CO_2 (Koldioxid) CO_2 är vad en effektiv motor avger. Med låga halter CO och HC är halten CO_2 i avgaserna troligen 13 till 15%. Under 8% CO_2 indikerar fel bränsleblandning, misständning eller avgasläckage. Halten CO_2 är direkt i proportion till bränsleblandningen men omvänt proportionell till CO-halten. Ju mindre bränsle, desto högre halt CO_2. Vid varvtal överstigande 2 000 varv/min är halten 1 - 2% högre än vid tomgång i och med att motorns effektivitet ökar.

En molekyl CO_2 består av en kolatom och två syreatomer. CO_2 är kemiskt stabilt och reagerar inte så enkelt med andra ämnen. Ämnet är inte giftigt och produceras av alla djur som andas, inklusive fiskar. Syre andas in och CO_2 andas ut med en koncentration på cirka 5%. CO_2 tas upp av alla gröna växter i en process som kallas fotosyntes, som bara inträffar i dagsljus och som producerar syre (O_2) som går ut i atmosfären.

Alla former av förbränning producerar CO_2 och bidraget från fordon sägs vara mindre än hälften av det från industri och hem. Bidraget från

människor och djur är inte signifikant. En hög koncentration CO_2 är som att placera en filt över atmosfären, vilket förhindrar värmeförlust genom strålning. I nuläget produceras mer CO_2 än vad som konsumeras och de krympande regnskogarna är en annan betydande faktor. I takt med skogsskrympandet absorberas CO_2 i allt mindre omfattning och den förhöjda halten i atmosfären påstås bidra till global uppvärmning och den så kallade "växthuseffekten", vilket i längden kan få katastrofala följder. När det gäller bilar är det enda sättet att producera mindre CO_2 att förbränna mindre bensin, eller ingen alls. Detta innebär en effektiv motor med god driftsekonomi (en magerbrännande motor), en dieselmotor med god ekonomi, eller en bil utan förbränningsmotor, d v s en elektrisk motor. Men elbilar kräver elektricitet och elektricitet framställs i kraftverk och kraftverk producerar också CO_2 . . .

CPS (Crankshaft Position Sensor) se "CAS - Vevaxelns vinkelgivare" Fords term för vevaxelns vinkelgivare.

CPU (Central processing unit) Centralprocessor

CSI (Cold Start Ijector) Kallstartsinjektor se "Kallstartsventil"

CSP (Cold Start Performance) Kallstartsprestanda En standard för mätande av batteriprestanda.

CSV (Cold Start Valve) Kallstartsventil En injektor monterad i insugsröret som endast aktiveras vid kallstarter då motorns temperatur är under ett givet gränsvärde. Jordas vanligen via en termotidsbrytare som fullbordar kallstartsventilens krets. Kallstartsventil finns inte monterad i modernare motorstyrningssystem.

CTS (Coolant Temperature Sensor) Kylvätskans temperaturgivare En termistor som ändrar motstånd efter temperaturen. De flesta kylvätsketemperaturgivare arbetar enligt principen negativ temperaturkoefficient. Dock kan kylvätsketemperaturgivare i Renix-utrustade bilar ha antingen negativ eller positiv temperaturkoefficient. När temperaturen ändras så ändras motståndet, vilket låter styrmodulen beräkna kylvätskans temperatur från den spänning som läses av på givarens signalledning.

CVH (Compound Valve angle Head) Fords term för en topplockskonfiguration Topplock med ventilerna placerade i två plan i en V-konfiguration.

CW (clockwise) Medsols rotationsriktning.

Cylinderbalans Se "Effektbalans"

Cylinderbidrag En metod att jämföra varje cylinders relativa uteffekt, utan att avlägsna gnistan som vid vanlig effektbalansering. Accelerationstiden mellan varje par gnistor jämförs. En mindre effektiv cylinder har kortare accelerationstid jämfört med övriga cylindrar. Denna metod är mycket säkrare på katalysatorförsedda fordon.

D

Datastream När felkodsavläsaren har avkodat ett fel kan en förfrågan till Datastream (endast vissa system) ge ett snabbt besked om var felet kan ligga. Dessa data kan ta sig olika former men är i grunden elektriska data om spänning, frekvens, viloperiod eller pulsduration, temperatur etc som kommer från de olika givarna och aktiverarna. Tyvärr är sådana data inte tillgängliga i alla system.

Eftersom data är i realtid kan olika tester utföras och låta givarens eller aktiverarens reaktion utvärderas. Aktivering av tomgångsventilen, reläer och injektorer via styrmodulen är en utmärkt metod att testa aktiverarnas effektivitet och sammanhörande kretsar.

DC (Direct Current) Likström En elektrisk strömkälla som bara flyter i ena riktningen.

DC - ISC Fords term för trottelplattans styrmotor

DEI (De-ice switch) Fords term för avisningskontakt

Detonation se "Knack"

Diesel En bränsleinsprutad motor som använder den höga temperatur som alstras vid kompressionen till att antända laddningen.

Digital signal En digital signal består av en kod som har två tillstånd, av och på. Enkelt uttryckt består signalen av en serie digitala pulser där frekvensen, pulsbredden eller pulsantalet används till att indikera ett specifikt värde.

I och med att styrmodulen arbetar digitalt måste alla analoga signaler passera genom en omvandlare innan de tas emot av styrmodulen i digitalt format. En digital signal från en digital givare behöver inte omvandlas, vilket gör att den behandlas mycket snabbare av styrmodulen.

DIN Internationell standard som används i bilindustrin.

Diod En transistor som medger strömflöde endast i en riktning.

DIS (Direct Ignition System) Fördelarlös tändning Ett tändsystem där fördelare inte används.

DIS (Digital Idle Stabiliser) Digital tomgångsstabilisering

DME (Digital Motor Electronics) Digital motorelektronik Övergripande term som ofta används för att beskriva motorstyrningen Bosch Motronic EMS. Termen används i synnerhet av BMW.

DMM (Digital Multi-Meter) Digital multimätare Ett instrument som är konstruerat för användning inom fordonsteknik, som kan mäta spänning, strömstyrka, motstånd och klarar ibland även andra funktioner som vila, arbetscykel, frekvens, varvtal etc.

DOHC (Double Over Head Camshaft) Dubbla överliggande kamaxlar En uppsättning med två kamaxlar som är monterade i topplocket. Funktionen liknar den enkla överliggande kamaxeln, utom i det att ena kammen manövrerar insugsventilerna och den andra avgasventilerna. Detta förhöjer effektiviteten för ventilernas arbete och ger därmed en effektivare motor.

DPFE (Delta Pressure Feedback Electronic system) Fords term för tryckåterkopplingselektronik En av styrmodulen styrd ventil som reglerar avgasflödet till återcirkulationsventilen.

Drivning (aktiverare) Avser även relädrivning, styrsignal och slutsteg Systemets aktiverare matas med spänningen antingen från tändningslåset eller ett av insprutningssystemets reläer. Jordning sker via styrmodulens jordstift. När styrmodulen aktiverar komponenten jordar den tillämpligt stift genom att fullborda kretsen internt under den tid som behövs. I allmänhet inträffar jordning först sedan styrmodulen mottagit en eller flera signaler från relevanta givare och antingen kallat upp sammanhörande kartor eller beräknat korrekt tillslagstid för aktiveraren.

Denna signal kan kallas drivning, slutsteg eller styrsignal. I denna bok används i regel styrsignal, utom för reläer där drivning används. Exempel på styrsignaler är till: injektorer, tomgångsventil, kolkanisterventil mm.

DTR (Distributor) Fords term för fördelare

DVM (Digital VoltMeter) Digital voltmätare

Dynamisk testning Testande av en enhet som arbetar under belastning, till skillnad från statisk testning.

Dynamiskt spänningsfall I fordon med elektronisk tändning betecknar dynamiskt spänningsfall d v s spänningsfall över primärkretsen från spolens jordanslutning via förstärkarens slutsteg. Likvärdigt med fördelarmotståndet eller fördelarens spänningsfall i brytarspetssystem. Detta mätvärde kan endast avläsas när motorn dras runt eller går, i och med att ström måste flyta genom kretsen innan den kan mätas. Det är inte alla digitala multimätare som har kapacitet att avläsa denna krets.

E

EACV (Electronic Air Control Valve) Honda / Rover term för luftregleringsventil

EAI (Electronic Advance Ignition) GM term för elektronisk tändförställning

EBCV (Electronic Air Bleed Control Valve) Elektronisk avluftningsventil

EC (European Community) Europeiska unionen, EU

ECM (Electronic Control Module) Elektronisk styrmodul, i löpande text kallad styrmodul En datoriserad styrenhet som hämtar in och sammanställer information från olika givare och beräknar en utmatning. Kan användas för styrning av tändläge, injektoröppningstider, öppning av tomgångsventilen etc.

ECOTEC (Emission Consumption Optimised TECnology) GM term som betecknar den senaste motorserien.

ECR (Electric Choke Resistor) Fords term för elektriskt chokemotstånd

ECT (Engine Coolant Temperature) Kylvätskans temperaturgivare se "Kylvätskans temperaturgivare", Fords term.

ECU (Electronic Control Unit) se "Elektronisk styrmodul".

EDF (Electro Drive Fan) Fords term för eldriven fläkt

EDIS (Electronic Distributorless Ignition System) Fords term för fördelarlös tändning

EDIS-4 betecknar EDIS - fyrcylindriga motorer.

EDM (EDIS Diagnostics Monitor Signal) Fords term för självdiagnostikens signal

EEC (Electronic Engine Control) Fords term för elektronisk motorstyrning

EEC IV (Electronic Engine Control 4th generation) Fords term för fjärde generationens elektroniska motorstyrning

Effektbalans Om en motor ska kunna avge maximal effekt måste varje cylinder bidra lika mycket till arbetsbelastningen. Genom att spärra gnistan till en cylinder i taget och notera varvtalsfallet går det att mäta den andel varje cylinder bidrar med. Om en svag cylinder kopplas ur sjunker varvtalet mindre än om en stark kopplas ur.

EFi (Electronic Fuel injection) Elektronisk bränsleinsprutning
Ett system för bränsleinsprutning där injektorerna styrs av en styrmodul. Flera olika typer förekommer i dagligt bruk och en beskrivning av varje typ följer.

Elektroniska bränsleinsprutningssystem: Strömstyrd eller fasmodulerad insprutning
Vissa system arbetar efter principen att mer ström krävs för att öppna injektorn än att hålla den öppen. Öppningskretsen jordas först i cirka 1 ms, vilket precis öppnar injektorn. Öppningskretsen bryts sedan och hållkretsen börjar snabbt slutas och brytas så att en liten hållspänning håller injektorn öppen så länge som den ska vara öppen. Omkopplingen är så snabb att injektorn inte hinner stänga, vilket i stor utsträckning reducerar strömflödet. Denna typ av system kallas strömstyrt eller pulsmodulerat. En variant kallas "Peak and hold". Efter öppnandet håller en andra krets injektorn öppen utan pulsmodulering.

Elektroniska bränsleinsprutningssystem: Standardinsprutning
I elektroniska insprutningssystem av standardtyp jordas injektorn av styrmodulen under den beräknade öppningstiden. Under denna tid, ibland även kallas pulsduration eller injektorns påtid är injektorns solenoid aktiv och bränsle sprutas in.

EGOS (Exhaust Gas Oxygen Sensor) se "Syresensor"

EGR (Exhaust Gas Re-circulation) Återcirkulation av avgaser En metod för återförande av en liten mängd avgaser till luftintaget. Detta sänker den maximala förbränningstemperaturen, vilket minskar utsläppen av kväveoxider.

EHPR (Electro-Hydraulic Pressure Regulator) Fords term för tryckregulator

EI (Electronic Ignition) Elektronisk tändning Ett tändsystem som använder en magnetisk givare och transistorer till att koppla om tändspolens negativa anslutning.

Ej flyktigt minne Minne i en styrmodul som behåller information - även om batteriet kopplas ur.

Ej katalysator Fordon utan katalysator.

Ej portat vakuum En vakuumkälla placerad på trottelventilens insugsrörssida. En vakuumsignal avges oavsett trottelventilens position.

Elektrod En elektrisk ledare.

Elektrodavstånd Tändstiftets elektroder kan justeras så att det gap gnistan ska överbrygga är exakt.

Elektrolyt En lösning av svavelsyra och vatten som används i batterier av typen bly/syra. Kemisk reaktion mellan syra och batteriplattor alstrar spänning och ström.

Elektromagnet En magnet som kräver elektrisk energi för att skapa ett magnetfält.

Elektronisk "karta" se "Tändlägeskarta".

EMR (Engine Management Relay) Fords term för motorstyrningsrelä

EMS (Engine Management System) Motorstyrningssystem Ett motorstyrningssystem är i grunden ett elektroniskt system där tändning och bränslematning styrs av en eller flera styrmoduler. Fördelaren, i förekommande fall, används enbart till att leda högspänning till rätt tändstift i rätt tändföljd. När separata styrmoduler används för tändning och bränsleförsörjning arbetar inte de två enheterna självständigt och det finns anslutningar mellan dem så att de kan kommunicera. En tändningsmodul signalerar till insprutningsmodulen att inleda insprutningen. Vissa styrmoduler styr en separat förstärkare som då utlöser tändspolen.

ENR (ENgine run Relay) Fords term för motorgångsrelä

EPT (Electronic Pressure Transducer) Fords term för elektronisk tryckgivare

ERIC (Electronically Regulated Ignition & Carburettor) Rovers term för elektroniskt styrsystem för förgasarmotorer

ESA (Electronic Spark Advance) Toyotas term för elektronisk tändförställning

ESC (Electronic Spark Control) Fords term för elektronisk gniststyrning

ESC II Fords term för andra generationens gniststyrning

EVAP (EVAPorative emission control systems) Fords term för avdunstningsreglering

EVR (Electronic Vacuum Regulator) Fords term för elektronisk vakuumreglering

F

Fahrenheit Temperaturskala, främst använd i engelsktalande länder.

Fasta munstycken En typ av förgasare som använder fasta och kalibrerade munstycken för bränsle, luft och kompensering för att säkerställa en korrekt bränsleblandning över motorns hela varvtalsområde.

FCR (Fault Code Reader) Felkodsavläsare En enhet som kan anslutas till fordonets seriella port (diagnostikporten) för utfrågning av styrmodulen. Felkoder och Datastream-information kan sedan avläsas. I vissa fall kan fordonets aktiverare styras från felkodsavläsaren. En felkodsavläsare kallas ibland för scanner.

I de fall justeringar av tändning och insprutning är möjliga, exempelvis vissa Ford och Rover, måste dessa justeringar utföras med en felkodsavläsare.

Koderna kan vara snabba eller långsamma och vissa styrmoduler kan mata ut båda typerna. Långsamma felkoder kan avläsas med en lysdiod medan snabba koder kräver en digital felkodsavläsare. Framtida styrmoduler kommer troligtvis att använda snabba koder.

Felkoder Elektronik används i en allt ökande omfattning i moderna fordon och kan styra funktioner som kraftöverföring, fjädring, automatväxellåda, luftkonditionering och enormt många andra.

Styrmodulen i de flesta moderna fordon har kapacitet för självdiagnos av givare och de aktiverare som har gränssnitt mot fordonets dator(er). Ett fel i en komponentkrets loggar en felkod i styrmodulens minne.

Om en passande felkodsavläsare ansluts till den seriella porten i fordonets kabelhärva kan dessa fel avläsas från fordonets dator i form av två eller tresiffriga koder.

Fi (Fuel injection) Bränsleinsprutning

Finfördelning av bränsle Korrekt blandning av luft och bränsle för att säkerställa god förbränning.

FIR (Fuel Injection Relay) Fords term för bränsleinsprutningens relä

Fjärrstart En anordning som manövrerar startmotorns solenoid direkt från motorrummet, vilket ger effektivare kontroll över motorns ruckning.

FLW (Fuse Link Wire) Fords term för säkringskabel

Flödestakt Anger den bränslevolym som pumpas under en given period vid testning av bränslesystemets utmatning.

FO (Fuel Octane) Fords term för oktantal

FP (Fuel Pump) Bränslepump

FPR (Fuel Pump Relay) Fords term för bränslepumpens relä

Frekvens Pulsfrekvens. Mäts vanligen i Hz.

FRS (Fuel Restrictor Solenoid) Rovers term för bränsle-begränsarsolenoiden

FRTS (Fuel Rail Temperature Sensor) Bränslerörets temperatur-givare

FSOR (Fuel Shut-Off Relay) Fords term för bränsleavstängningens relä En givare som mäter bränsletemperaturen i bränsleröret.

FSOS (Fuel Shut Off Solenoid) Fords term för bränsleavstäng-ningens solenoid

FT (Fuel Temperature sensor) Bränsletemperaturgivare

FTS (Fuel Temperature Switch) Bränsletemperaturkontakt

FTVV (Fuel Tank Vent Valve) Bränsletanksventilationens ventil En solenoidventil för reglering av avdunstningar i fordon från GM.

Fyrkants vågform En vågform som illustrerar av- och påslagning av en krets. Den högre spänningslinjen vid matningsspänningen och den lägre vid jordpotentialen. Övergångarna är raka och avståndet mellan övergångarna definierar tiden för av respektive på.

Förbiblåsning Förbränningsgaser som blåser förbi kolvringarna under arbetstakten. Slitna kolvar och ringar orsakar överdriven förbiblåsning.

Förbränning Vid förbränningen kombineras syre med kol och bildar koldioxid (CO_2) och väte vilket bildar vatten (H_2O). Om luft och bränsle homogeniserats innan förbränningen och all bensin förbränt fullständigt skulle den idealiska motorn suga in en perfekt bränsleblandning och avge koldioxid (CO_2) och vatten (H_2O). För varje liter bensin en motor konsumerar bildas en liter vatten. När motorn håller normal arbetstemperatur släpps detta vatten ut som ånga.

Tyvärr existerar inte denna idealiska motor. Av ett antal orsaker uppstår ofullständig förbränning i alla motor till en viss grad, även i de mest effektiva motorer. Förutom CO_2 och H_2O innehåller avgaserna varierande halter CO, HC, O_2 och NOx. Vissa av dessa gaser är harmlösa, som CO_2, H_2O och O_2, medan andra, d v s HC, CO och NOx förorenar atmosfären. En mindre effektiv motor avger större volymer av de mer skadliga föroreningarna. Regelbunden justering och gasanalys bör reducera utsläppen till acceptabla nivåer. Men, ju effektivare motor, dess mer CO_2 släpps ut.

Fördelare En komponent som fördelar sekundärspänningen till rätt tändstift i rätt följd. Den hyser även brytarspetsarna i en konventionell tändning och reluktorn och statorn i vissa elektroniska system. Fördelaren roterar med samma hastighet som kamaxeln, d v s halva vevaxelns varvtal.

Fördelarkam Placerad i fördelaren finns den på fördelaraxeln och har lika många nockar som motorn har cylindrar. Fördelaren kan ofta ruckas för justering av tändläget och fördelar högspänningen till rätt tändstift i tändföljden.

Fördelarlock Ett isolerat lock med ett centralt torn och en cirkelformig serie anslutningar, en per cylinder. Sekundärpulsen går från spolen till tornet och levereras i tändföljd till vardera anslutningen av rotorn.

Förgasare En anordning som blanda luft och finfördelat bränsle i korrekta proportioner för motorns arbetsområde.

Föroreningar se "Utsläpp"

Förregelmotorer Motorer som saknar avgasrening i någon form.

Förstärkarfunktion I ett konventionellt tändsystem utlöser brytarspetsarna tändspolen för att alstra en gnista. Det elektroniska systemet har en likartad funktion men använder (i typfallet) en pulsgenerator och en förstärkare för att uppnå samma resultat.

En pulsgenerator ger förstärkaren en korrekt synkroniserad elektrisk signalpuls för utlösning av tändspolen. Pulsen i sig är för svag för att manövrerar transistorn, så den måste förstärkas. Förstärkaren känner av utlösningspulsen och förstärker spänningen till den nivå som krävs för att styra transistorn. Spolens minusstift jordas av förstärkar-kretsarna för att bygga magnetfältet och bryter kretsen för att kollapsa magnetfältet, vilket inducerar sekundärkretsens gnista. I ett elektroniskt motorstyrningssystem kan förstärkaren vara integrerad i styrmodulen eller vara en separat enhet som styrs av styrmodulen.

När förstärkaren är integrerad i styrmodulen krävs ingen separat ledningsdragning, men om förstärkaren blir defekt måste hela styrmodulen bytas.

En skyddskrets förhindrar att tändspolen överhettas. Primärkretsen stängs av efter (i typfallet) en sekund om tändningen slås på och motorn inte startar. Förstärkaren innehåller även kretsarna för konstant begränsning av energin.

Förtändning För tidig antändning av den komprimerade bränsle-blandningen innan korrekt antändning från tändstiftet. Orsakas vanligen av för hög förbränningstemperatur.

G

Gasanalyserare En anordning som tar prov på gaserna i avgasröret så att innehållet kan analyseras.

Generator En alternator eller dynamo som alstrar spänning och ström. Se även växelströmsgenerator.

Glödtändning Ett feltillstånd där en bensinmotor fortsätter att gå sedan tändningen slagits av. Orsakas ofta av heta punkter i cylindern eller sotavlagringar som fortsätter att glöda hett nog att antända bränsleblandningen. Kan ibland åtgärdas med sotning.

GM (General Motors) Europeiska tillverkare av Opel och Vauxhall. Moderbolaget är baserat i USA.

GND (ground) Jord, amerikansk term se även "Jord"

Gnistduration Den tid gnistan överbryggar tändstiftets elektroder. Visas som en gnistlinje på ett oscilloskop.

Gnistförställning se "Tändlägesförställning"

Gnistlinje se "Gnistduration". Även kallat brinntid.

Gnistskydd Ett hölje i fördelaren som förhindrar att sekundära bryggor påverkar primärtändningen.

Gniststyrning Tändlägesförställning med hjälp av elektronik eller termostat.

Grad 1/360 av en cirkel.

H

Halleffektgenerator En typ av pulsgenerator som avger en svag digital signal för utlösning av tändspolen.

Halleffektkontaktens funktion En konstant matning på 12 V leds genom fördelarens Halleffektkontakt. Mitt emot Hallkontakten sitter en magnet vars fält gör att Hallkontakten skickar en svag spänning till förstärkaren. På fördelaraxeln finns ett rotorblad med lika många urtag som motorn har cylindrar. När rotorn passerar mellan Hallkontakten och magneten öppnas och sluts kontakten. När urtagen passerar kontakten skickas en spänning ut till förstärkaren. När den massiva delen av skivan finns mellan kontakten och magneten stängs spänningen av eftersom magnetfältet böjs. Antalet spänningspulser som sänds per en fyrtaktsmotors arbetscykel är lika med antalet urtag i bladet.

HC (High compression) Högkomprimerad (motor)

HC (Hydrocarbons) Kolväten I typfallet 15% väte och 85% kol (bensin är i det närmaste rena kolväteföreningar). HC är en generell term som betecknar ej förbränt bränsle och delvis förbränt bränsle. HC mäts i PPM, delar per miljon (parts per million).

Det förekommer många olika kolväten i avgaserna och de är generellt kapabla att orsaka allvarliga skador på ögon, näsa och lungor. Vid blandning med kväveoxider (NOx) i närvaro av starkt solsken bildas fotokemisk smog. HC-utsläpp anses bidra till regnskogarnas krympande.

Vid förbränning reagerar väteatomer med O_2 molekyler och bildar H_2O. Kolatomer reagerar med O_2 molekyler och bildar CO_2. Höga HC-halter i avgaserna indikerar problem med tändningen som exempelvis defekta tändstift eller tändkablar, fel tändläge, vakuumläckage, fel bränsleblandning eller mekaniska motorfel. Faktum är att allt som sänker motorns effektivitet ökar halten ej förbränna kolväten i avgaserna.

När bränsleblandningen magrar ökar HC-utsläppen beroende på mager misständning. Detta är anledningen till varför ett svärtat avgasrör ofta beror på för mager tomgångsblandning. Noggrann utformning av förbränningskammare kan bemästra detta problem.

HCS (High Compression Swirl) Fords term för virvelverkan Avser en Fordkonstruktion av kolv och förbränningskammare som är avsedd att främja effektiv förbränning.

HEDF (High speed Electro Drive Fan) Fords term för elektrisk höghastighetsfläkt

HEGOG se HEGOS (Heated Exhaust Gas Oxygen sensor Ground) Fords term för jordningen av den uppvärmda syresensorn

HEGOS el. HEGO (Heated Exhaust Gas Oxygen Sensor) Uppvärmd syresensor Syresensorn fungerar inte vid temperaturer understigande 250° C så den kan vara försedd med en värmare för snabbare uppvärmning. Uppvärmda syresensorer kallas ibland för HEGOS på engelska. Värmeelementet är ett motstånd i syresensorn som matas med batterispänning från bränslepumpens relä och jordas. Se även "Syresensor".

HES Hall Effect Switch (el. Sensor). Halleffektkontakt (el. Halleffektgivare)

Hetfilms luftflödesmätare Funktionen är mycket lik hettrådsmätaren.

Hettrådsgivare En typ av luftflödesmätare där motståndet i en elektriskt uppvärmd ledning mäts. Hettrådstypen är ett alltmer populärt alternativ till mätare av klafftyp och insugsrörstryckgivare. Detta därför att luftens volym, temperatur och täthet på alla höjder över havet kan mätas mer precist än med andra system.

Luft passerar luftflödesmätaren på väg in i motorn. En liten kvantitet dras in i en förbigångskanal med två ledningar. Dessa kallas givartråden och kompenseringstråden. En svag spänning matas till kompenseringen, som inte värms upp. När luft passerar tråden ändras motstånd och spänning, vilket låter luftflödesmätaren avgöra insugsluftens temperatur. Givartråden värms upp till 100° C över kompenseringstråden. Luft som passerar givartråden sänker trådens temperatur, vilket ändrar trådens ström och motstånd. Mer ström sänds genom givartråden för att hålla den 100° C varmare än kompenseringstråden. En utspänning (signal) som är proportionerlig till strömmen i givartråden sänds till styrmodulen.

Denna spänning står i direkt proportion till volym, temperatur och densitet för insugsluften. Hettrådssystemet ger därmed kompensering för höjden över havet, så att styrmodulen kan beräkna korrekt bränsleblandning under nästan alla förhållanden.

Hettråds luftflödesmätare, funktion Hettråds luftflödesmätare är placerad i luftintagets trumma mellan luftfiltret och motorn. En låda med elektronik är placerad över luftflödesmätarhuset. En spänning på 5 eller 12 V, det varierar mellan systemen, matas till luftflödesmätaren.

HG Kemisk symbol för kvicksilver.

HLG (Hall effect generator) Halleffektgenerator

HT (High tension) Högspänning Ett högt volttal som induceras i tändspolens sekundärlindning.

HT lead (High Tension lead) Tändkabel En kabeltyp som används för fördelning av sekundärspänning till fördelarlocket och tändstiften.

Huvudtändkabel Den kabel som bär sekundärspänningen från spolen till fördelarlocket.

Hz (Hertz) Frekvens i cykler per sekund.

Hårda fel Avser generellt fel som loggats av styrmodulens självdiagnos. Felen förekommer vanligen vid testögonblicket.

I

IA (Idle Adjust) Fords term för tomgångsjustering

IBR (Injector Ballast Resistor) Fords term för injektorns ballastmotstånd

Icke sinusoida Vågformer som sågtand (Fords tomgångsventil), fyrkant etc.

ID (Identification) Identitet

IDM (Ignition Diagnostics Monitor signal) Fords term för diagnostiksignal

IGC (Ignition coil) Fords term för tändspole

Igensatt utblås En blockering i avgasröret orsakar baktryck och dåliga prestanda. Kan uppstå med katalysatorförsedda fordon där katalysatorn överhettat och börjat smälta, vilket sätter igen avgassystemet.

IGf (Ignition confirmation signal) Toyotas term för bekräftelsesignal för tändning

IGN (Ignition switch) Fords term för tändningslås

IGf (Ignition confirmation signal) Toyotas term för tändutlösningssignal från styrmodulen

IIA (Integrated Ignition Assembly) Toyotas term för integrerat tändsystem Tändmodulen integrerad med fördelaren.

IMA (Idle Mixture Adjuster) Hondas och Rovers term för tomgångsblandningens justerare

Impedans Motståndet till strömflöde och används ofta för att beskriva en voltmätares motstånd. Ett minimum på 10 megaohm impedans rekommenderas för instrument som ska mäta upp elektroniska kretsar.

IMPH (Inlet Manifold Pre-Heater) Insugsrörets förvärmare se "Insugsrörets värmare"

Induktiv (permanentmagnet) pickup Pickupen är av typen permanent magnet och innefattar en induktiv lindning runt ett polstycke. Den är vanligen fastsatt i fördelaren och utstrålar ett magnetfält. De två vanligaste typerna i dagligt bruk är pickupben och ringspole.

Reluktorn, eller utlösarskivan, är monterad på den roterande fördelaraxeln med lika många utlösarklackar som motorn har cylindrar. När den roterande klacken passerar pickupen alstras en svag växelspänning som är starkast då pickupen och klacken är i linje. Denna spänning är den utlösande tändningssignalen och sänds till förstärkaren, som i sin tur utlöser spolen.

Injektor (elektronisk bränsleinsprutning) Injektorn är en solenoidmanövrerad ventil som avger en exakt mängd bränsle i enlighet med den öppningstid styrmodulen signalerar. Ett finmaskigt filter förhindrar att skräp skadar den precisa funktionen. Men gummin och lacker kan med tiden byggas upp på filtret på injektorns tapp och därmed minska bränsleflödet. Igensatta injektorer är ett allvarligt problem i många insprutningssystem.

Injektorigensättning Uppbyggnad av avlagringar på injektorns interna filter eller på injektorspetsen så att flödet minskar eller störs - vilket leder till felfunktion i injektorn.

Insprutningssystem se "Flerpunkts- och enpunkts insprutningssystem"

Inst. panel Instrumentpanelen på fordonets instrumentbräda.

Insugsrörets värmare Värmare av insugsröret finns i många enpunkts insprutningssystem och vissa förgasarmotorer. Den arbetar vanligen enligt principen positiv temperaturkoefficient.

Värmarens spänning matas ofta via en termobrytare eller ett relä när kylvätskan är kall. När kylvätsketemperaturen stiger över en förinställd nivå bryter termobrytaren eller reläet kretsen. Brytaren är vanligen placerad i en kylvätskeslang eller i insugsrörets kylvätskekanal.

Insugssystem De komponenter som ansvarar för intag av bränsle/luftblandningen, d v s luftfiltret, förgasaren (i förekommande fall), insugsröret och insugsventilerna.

IS (Inertia switch) Tröghetsbrytare

ISC (Idle speed control) Se ISCV - Fords term för tomgångsventil

ISC - BPA (Idle Speed Control - By-Pass Air solenoid) Fords term för förbigångsventil.

ISCV (Idle Speed Control Valve) Tomgångsventil Ett spjäll eller en roterande ventil som styrmodulen aktiverar för att upprätthålla korrekt tomgångsvarvtal oavsett belastning och temperatur. Tomgångsventilen används även till att höja varvtalet vid varmkörning. Tidiga versioner av tomgångsventiler kan vara justerbara, men generellt gäller detta inte för senare versioner.

Tomgångsventilen innehåller en elektromagnet som öppnar en förbigångsport, vilket låter lite luft ledas förbi trottelplattan. Denna luft kan ledas genom en slang eller port i insugsröret. Tomgångsventilen är monterad på plats vilket låter luften passera genom den. När temperaturen sjunker eller belastningen ökar kör styrmodulen i längre perioder (ökar pulsbredden) och ventilen öppnas ytterligare för att släppa mer luft förbi trotteln.

Detta leder till högre tomgångsvarvtal med kall motor eller att varvtalet inte sjunker när motorn är varm.

Tidiga Bosch-system använder en tomgångsventil, ansluten till en elmotor, som kan roteras med- eller motsols via två motsatta kretsar. Motorn matas med spänning och har två jordvägar via styrmodulen. När den ena används roterar motorn åt ena hållet, när den andra används går motorn i andra riktningen. Styrmodulen placerar ventilen i önskat läge genom att variera den tid de olika kretsarna är jordade. En arbetscykel för varje krets kan avläsas på vardera jordstiftet på tomgångsventilen eller motsvarande stift på styrmodulen. Den vågform som kan avläsas på vardera stiftet med ett oscilloskop är av fyrkantsvågtyp. Denna ventiltyp känns igen på att den har tre ledningar i sin kontakt (batterispänning och två jordledningar).

Senare Bosch-system använder en solenoid som arbetar mot ett starkt fjädertryck. Solenoiden matas med spänning och har en jordväg via styrmodulen. När solenoiden jordas trycker den undan fjädern vilket öppnar tomgångsventilen. Om solenoiden havererar stängs den automatiskt, men även stängd passerar en liten mängd luft vilket ger en (låg) grundläggande tomgång. Formen i ett oscilloskop är av fyrkantsvågtyp.

Ju längre tid styrmodulen håller tomgångsventilen öppen, dess mer öppnar den. Styrmodulen pulsar ventilen ett antal gånger per sekund (ungefärlig frekvens 110) och genom att variera den tid kretsen är sluten placeras tomgångsventilen i önskat läge. En arbetscykel kan avläsas på tomgångsventilens jordstift eller motsvarande stift på styrmodulen.

Ford använder en mycket snarlik tomgångsventil. Dock är formen i ett oscilloskop sågtandsvåg.

ISO International Standards Organisation.

Isolator Ett material som inte leder spänning och därför används till att förhindra elektriskt läckage.

ITS (Idle Tracking Switch) Fords term för tomgångsbrytare

IV PWR (Ignition voltage power) Fords term för tändspänning

J

J1930 SAE standard för förkortningar beskrivande elektriska och elektroniska komponenter. Antogs av Ford och Mazda år 1994, andra fordonstillverkare kan komma att följa efter.

Jord En väg för strömmen tillbaka till källan.

Jordsond Ett verktyg för spårande av strömläckor. Används ofta vid test av isoleringsfel i sekundärkretsen.

K

KA PWR (Keep Alive PoWeR) Fords term för underhållseffekt

Kabel Grov elektrisk ledning som används till att leda högspänning, exempelvis tändkablar och batterikablar.

Kalibrering Inställning av ett instrument till ett utgångsvärde för största precision.

Kallstartsanordning En choke eller startanordning som berikar bränsleblandningen vid kallstart och varmkörning.

KAM (Keep Alive Memory) Fords term för ett dynamiskt minne i styrmodulen till EEC IV. Detta minne sparar "mjuka" fel och fordonets tomgångsinställningar.

Kamdrivning En rem eller kedja som ansluter vevaxeln med kamaxeln/kamaxlarna.

Karta för tändläge eller insprutning Elektronisk tändlägesförställning eller injektoröppningstid som styrs av styrmodulen från en "karta" i styrmodulens minne. En tvådimensionell karta innehåller inställningar för ett antal variationer av motorns belastning och varvtal. En tredimensionell karta tar även upp temperatur. Tändläge och injektoröppningstid sparas vanligen på skilda kartor i styrmodulens minne.

Katalysator (katalytisk omvandlare) Sedan årsmodell 1989 har alla nya bilar som sålts i Sverige uppfyllt lagkravet på att vara försedda med en katalytisk avgasrenare. En katalyst är något som befrämjar en reaktion utan att själv påverkas av den. Katalysatorn består av ett hölje i rostfritt stål som innehåller en keramisk monolit försedd med ett nätverk av kanaler kallade celler.

KCM (Knock Control Module) Fords term för knackreglerings-modul

KDS (Kick-Down Switch) Fords term för kickdown-kontakt

KEM (KE Module) Fords term för bränsletillförselmodul

KEMKE (bränslemodul) Fords term för bränsletillförselmodul

Keramiskt block Isoleringsblock som används vid konstruktionen av vissa typer av ballastmotstånd.

Klack Den del av en brytarspets som berör fördelarkammen. När kamnocken berör klacken öppnas brytarspetsarna för att utlösa tändning.

Knack Spontan explosion av kvarvarande bränsleblandning i förbränningskammaren när endast en del brunnit kontrollerat. Ett direkt resultat av för hög temperatur i förbränningskammarna. Även kallat detonation.

Knacktröskeln Det ögonblick i en motors arbete när knackning är omedelbart förestående.

KNK Fords term för knacksignal från knackgivaren

KOHMS (Kiloohm) Ett mått på motstånd som är lika med 1 000 ohm. Många digitala multimätare och motoranalysinstrument avger värden i kiloohm.

Kolborste En borste som är centrerad i fördelarlocket. Den är i kontakt med rotorn och leder sekundärspänning för fördelning till korrekt tändstift.

Kompression Laddningen av en maximal luftmängd i en minimal volym.

Kompressionsprovare En tolk som mäter en motors kompressions-tryck, vanligen graderad i bar eller psi.

Kondensator En enhet som absorberar elektricitet genom att erbjuda en alternativ ledningsväg.

Konstant energi (elektronisk tändning) Elektronisk tändning som använder en spole med lägre primärmotstånd ger en ökad primär-ström, vilket ger en högre utmatning från spolen. Tillsammans med högre spolenergi ger detta en gnista med längre brinntid, vilket låter en magrare blandning antändas, med åtföljande förbättring av drifts-ekonomi och utsläpp. Förbättrad pålitlighet, bättre styrning av tändläget och längre perioder mellan service är andra fördelar i förhållande till konventionella brytarsystem. Praktiskt taget alla moderna typer av elektronisk tändning använder variabel vilande strömbegränsning med konstant energi.

Konstant energi Användningen av hög primärström begränsad till ett givet värde för effektiv elektronisk tändfunktion.

Kontakt Ett kontaktdon i kabelhärvan. Används ofta till att ansluta en givare eller aktiverare till kabelhärvan. I denna bok visar bilder på kontakter stiften i kabelhärvedelen av kontakten. När kontakten bak-sonderas (eller komponentkontaktens stift studeras) är stift-positionerna omvända.

Konventionella tändsystem Ett system som använder brytarspetsar och kondensator för att inducera gnista. På senare år allmänt ersatt av elektronisk tändning.

Korrigerad CO-halt En beräkning som tar hänsyn till felaktig förbränning. Om den korrigerade halten och den avlästa är mycket olika har motorn ett förbränningsproblem.

Korrosion Nedbrytning av en komponent genom kemisk påverkan. Givares stift och kontakter är särskilt utsatta för detta fenomen.

Korrosionshämmare Kemikalier som förhindrar korrosion. Används ofta för att förhindra korrosion i kylarens kanaler.

Kortslutning Kortslutning till jord eller kortsluten krets. När elektricitet går till jord och tar en kortare väg tillbaka till kraftkällan. I och med att mycket stora strömstyrkor förekommer kan tillståndet orsaka en elektrisk brand.

Kpa (KiloPascal) Internationell standard för mått på tryck och vakuum, se omräkningstabellerna.

Krets En elektrisk väg genom vilken ström kan flöda och som börjar och slutar vid strömkällan. En krets är INTE fullständig annat än om strömmen kan återvända till källan. I moderna system flödar strömmen från batteriets pluspol, via ledningar eller kablar och omkopplare till belastningen (t ex startmotorn). Returen sker via jord till batteriets minuspol.

Krävd spänning Minsta sekundärspänning för överbryggning av rotorgap och tändstiftens elektrodavstånd.

KS (Knock Sensor) Knackgivare En givare som avger en svag elektrisk signal när den upptäcker knack. När styrmodulen får en knacksignal backas tändläget temporärt för att hindra knack. Vissa system med knackgivare kan upptäcka knack i enskilda cylindrar. I så fall backas tändläget endast för den cylindern.

KV kilovolt En måttenhet för sekundärspänning, lika med 1 000 volt.

Kväve En gas som finns naturligt i atmosfären.

Kylfläns En komponent som sprider ut höga arbetstemperaturer vilket sänker komponentens temperatur.

Kylsystem Den energi som alstras av förbränningen genererar enorma mängder hetta. Cirka 25% av denna hetta driver hjulen. Ytterligare 50% släpps ut med avgaserna, vilket lämnar 25%. Kylsystemets funktion är att avleda detta värmeöverskott. Alla vätskekylda motorer ska använda en blandning av frostskydd och vatten kallad kylvätska. Det är vanligen 40-50% volymprocent, vilket ger skydd ned till cirka -40°C. Rent vatten påverkar temperaturklassningen på samtliga termiska motorgivare, vilket kan leda till fel bränsledosering i system med elektronisk förgasare eller bränsleinsprutning.

Kylvätska En blandning av vatten, frostskydd och korrosionshämmare för att medge effektivt arbete av kylsystemet.

L

Laddluftskylare En anordning för nedkylning av den laddluft som turboaggregatet matar till motorn. Svalare luft är tätare än het, vilket gör att en större massa luft kan tryckas in i motorn. Ju större luftmassa som kan omsättas av motorn, desto fler hästkrafter producerar motorn.

LAF (Linear Air Flow sensor) Hondas term för luftflödesgivare Digital syresensor.

Lambda - Grekiskt ord för den "stoikiometriska symbolen". När motorn arbetar blandas bränsle och luft som dras in i varje cylinder. Den bränsleblandning som förbränning sker mest effektivt vid kallas den "stoikiometriska punkten". Det är där HC och CO är lägst och CO_2 högst. Blandningsförhållandet är 14,7:1 räknat på vikt och detta betecknas som Lambda = 1 vilket är det grekiska ordet för korrekt.

En katalysatorutrustad motor försöker hålla bränsleblandningen mellan Lambda 0,97 och 1,03.

Även om Lambda = 1 inte är optimum för bränsleförbrukning har vi redan slagit fast att det är den bästa kompromissen för att använda katalysator för oxidering av CO, HC och NOx. Således, om motorns bränsleblandning kan hållas inom "fönstret" 0,97 till 1,03 blir resultatet att motorns utsläpp höjer katalysatorns effektivitet till cirka 95 %. Ju lägre utsläpp från motorn, dess mindre arbete för katalysatorn och dess större effekt. Dessutom håller katalysatorn längre om motorns utsläpp minimeras.

Lambdasond se "Syresensor". En givare som övervakar avgasernas syrehalt och skickar en spänningssignal till styrmodulen. Styrmodulen justerar då bränslemängden i ett försök att hålla bränsleblandningen så nära idealet som möjligt.

Lb/in² (Pounds per Square Inch) Skrivs även PSI. Ett imperiemått på tryck. Se omvandlingstabellen under "Tryck".

LDT (Light Duty Truck) Lätt lastbil Se utsläppsstandarder. Avser utsläppsstandarden US88 LDT för kommersiella fordon.

LED (Light Emitting Diode) Lysdiod

Ledare Ett material som leder ström effektivt. En bra ledare beror på använt material, längd, tvärsnittsyta och temperatur.

LHS (Left Hand Side) Vänster sida Sett från förarsätet, tittande framåt.

Linka hem se "Nödprogram".

Ljusbåge Ej avsiktlig elektrisk överbryggning.

LOS (Limited Operating Strategy) Nödprogram Kallas ofta "Linka hem" och är ett reservsystem som låter bilen köras till verkstad om ett fel uppstår. Vissa nödprogram är så sofistikerade att föraren utifrån bilens uppträdande inte kan avgöra att ett fel uppstått.

När systemet upptäcker att en givare avger värden utanför normala parametrar använder styrmodulen ett ersättningsvärde som låter motorn fortsätta att gå. Ersättningsvärdet är vanligen för en varm motor, vilket gör att motorn kan vara svårstartad och gå orent när den är kall.

Instrumentpanelens varningslampa (om monterad) kan tändas för att ange att ett fel uppstått.

Vissa system (exempelvis Fords) kan även komma att fixera tändläget till en förbestämd vinkel (utan förställning) och låter bränslepumpen gå kontinuerligt.

LT (Low Tension) Lågspänning Den primära tändningskretsen.

Luft Luft är en blandning av kväve (79%), syre (20%), koldioxid (0.04%) och ädelgaser (0.06%).

Luftflödesmätare av klafftyp När luft dras genom givaren öppnas klaffen som är ansluten till en potentiometer, vars motstånd varierar med klaffens position. En signalspänning som varierar med klaffens position sänds därmed till styrmodulen, som med utgångspunkt från signalen beräknar använder injektoröppningstid som relaterar till den faktiska volym luft som sugs in i motorn. Luftens täthet tas inte med i beräkningen vilket gör denna typ av luftflödesgivare mindre precis än typerna hettråd och hetfilm. Denna givare är ett exempel på treledningsgivare.

LUS (Lock-Up Solenoid) Fords term för låssolenoiden (i automatväxellådans koppling)

Långsamma koder Felkoder som matas ut av en styrmodul och som är långsamma nog att visas av en lysdiod eller på instrumentbrädans varningslampa.

M

Ma (milliampere)

MAF (Mass Air Flow sensor) Luftmängdsmätare, annan term för luftflödesmätare av hettrådstyp

Magnet Ett ämne som har förmågan att attrahera järn.

Magnetfält Området runt en magnet är fyllt med osynliga linjer av magnetisk energi.

Magnetiserad Den period under vilken en elektrisk apparat är påslagen.

MAP (Manifold Absolute Pressure sensor) Insugsrörets tryckgivare Detta är ett billigt och mindre precist alternativ till luftflödesmätare. Givaren mäter insugsrörets tryck och skickar en signal till styrmodulen. Enheten kan vara placerad i motorrummet eller internt i styrmodulen. Tryckgivaren används i både flerpunkts-och enpunkts insprutningssystem men är speciellt vanlig i enpunktssystem. Insugsrörets absoluta tryck beräknas enligt formeln: Atmosfärtryck minus vakuum = Insugsrörets absoluta tryck. Se tabellen över insugsrörstryck.

I de fall insugsröret är av den "våta" typen (enpunktsinsprutning) kommer tryckförändringarna i insugsröret att leda till att bränsle kommer in i vakuumslangen, där det med tiden når tryckgivaren. Installation av en bränslefälla (vätskefrånskiljare) och noggrann dragning av vakuumslangen försvårar intrånget av bränsle. Men när bränsle förr eller senare når fram till givaren kan membranet i den påverkas negativt. Om insugsrörets tryckgivare är en separat enhet är ett byte relativt billigt.

Det förekommer två typer av insugsrörstryckgivare. Äldre fordon använder en analog givare där den utgående spänningen är proportionell till belastningen. Ett nytt system som blir alltmer populärt är den digitala typen. Digitala tryckgivare skickar en fyrkantsvågform som en frekvens. När belastningen ökar stiger frekvensen (tiden i ms mellan pulserna blir kortare). En styrmodul reagerar mycket snabbare på digitala signaler eftersom dessa inte behöver passera en digitalomvandlare.

Tabell över insugsrörstryck

Atmosfär	Tryck	Vakuum	Tryckgivare
Motor avst./ tändn. på	1,0 ± 0,1	Noll	1,0 ± 0,1
Tomgång	1,0 ± 0,1	0,72 till 0,45	0,28 till 0,55
Hög belastning (vidöppen trottel)	1,0 ± 0,1	Noll	1,0 ± 0,1
Inbromsning	1,0 ± 0,1	0,80 till 0,75	0,20 till 0,25

Samtliga enheter är bar och typiska, inte definitiva. Se omräkningstabellerna för konvertering till andra enheter.

Observera: Atmosfärtryck minus vakuum = Insugsrörets absoluta tryck.

Max. Förkortning av maximal.

Mekanisk förställning En enhet som vanligen använder centrifugalkraft för att flytta fram och backa tändläget. Vanligen monterad i en fördelare i konventionella motorer.

Membran Ett tunt ark av gummi som förflyttas av vakuum för att aktivera en mekanisk enhet.

MEMS (Modular Engine Management System) En typ av elektronisk motorstyrning som tillverkas av Rover.

MH (Manifold Heater) se "Insugsrörets värmare"

MHR (Manifold Heater Relay) Reläet till insugsrörets värmare

Mjuka fel Avser generellt tillfälligt uppkommande fel som loggas av styrmodulens självdiagnos. Dessa fel är ofta inte närvarande vid avläsningstillfället, men har loggats någon gång i det förflutna.

Molekyl Den minsta enhet en kemisk substans kan delas i.

Motorbromsning Stängande av trotteln så att motorns varvtal sjunker till tomgång.

Motorgivare se "Givare"

Motronic En typ av elektronisk motorstyrning som tillverkas av Bosch.

MPi (Multi-Point injection) Flerpunktsinsprutning
En injektor per cylinder. Kan utlösas i banker (samtidigt) eller sekventiellt.

Flerpunktsinsprutning – samtidig Detta är den vanligast förekommande typen av elektronisk bränsleinsprutning i nuvarande bruk. Ett antal injektorer är parallellkopplade till en bank med en enda anslutning till styrmodulen. I de fall motorn har mer än en injektorbank har varje bank sin egen anslutning till styrmodulen.

I en fyrcylindrig motor är alla injektorerna i en bank. I en sexcylindrig motor är injektorerna placerade i två banker om tre vardera, i en åttacylindrig motor är de kopplade i två banker om fyra, kallade vänster och höger bank. I en tolvcylindrig motor är det fyra banker om vardera tre. Två effektmotstånd styr två banker var.

Injektorerna utlöses av en referenssignal som kan komma från tändsystemet eller som en puls från vevaxelns vinkelgivare. Normalt utlöses injektorerna två gånger under motorns arbetscykel. Halva det krävda bränslet sprutas in på den stängda insugsventilens baksida i väntan på att den ska öppna, andra halvan sprutas in när ventilen öppnar i insugstakten. När ventilen öppnat sugs den in i cylindern på vanligt vis.

Detta system är ganska effektivt och fungerar i regel bra. Det är även billigare att utveckla än ett sekventiellt system, vilket gör det mycket populärt bland biltillverkare.

Flerpunktsinsprutning - sekventiell)
Med tiden kommer dock troligen både enpunkts och samtidiga flerpunkts insprutningssystem att efterträdas av sekventiella flerpunktssystem där injektorerna öppnar i tändföljd. Utsläpp kan i betydande grad reduceras med denna typ, speciellt om motorn lider av ett mekaniskt problem eller tändningsstörningar. Sekventiella system använder samma givare som andra insprutningssystem. Det finns dessutom en extra givare för cylinderidentitet. I vissa fall är den en Halleffektutlösare placerad i fördelaren.

ms (millisekund) 1/1000 sekund (0,001 s).

MSTS-h (Microprocessor Spark Timing System - HES ignition) GMs term för elektronisk tändning med Halleffektgivare

MSTS-i (Microprocessor Spark Timing System - inductive ignition) GMs term för elektronisk tändning med induktiv utlösare

MT (Manual Transmission) Manuell växellåda

Multimätare se "Digital multimätare"

mV (millivolt) 1 millivolt = 1/1000 volt (0,001 V)

MY (Model Year) Årsmodell De flesta fordonstillverkare börjar tillverka en ny årsmodell månaderna innan innevarande kalenderår avslutas. Det faktiska datum tillverkningen inleds kallas vanligen årsmodelldatum, vilket vanligen är nästa år. Många fordonstillverkare kallar en bil tillverkad efter augusti eller september 1997 för "1998 års modell".

N

nbv (nominal battery voltage) Normal batterispänning
Nominellt 12 V, men den faktiska spänningen varierar med motorns arbetsförhållanden:
Avstängd motor: 12 - 13 V.
Runddragning: 9,0 - 12,0 V.
Motorn igång: 13,8 - 14,8 V.

NDS (Neutral Drive Switch) Fords term för frilägeskontakt

Ne Toyotas term för varvtalssignal från pickupspolen

Nedsmutsat tändstift Uppbyggnad av avlagringar på tändstiftets elektroder. Dessa kortsluter ofta sekundärspänningen till jord, vilket leder till att tändningen inte blir korrekt.

NEEC (New European Economic Community)

Newton (N) En internationell måttenhet för kraft som är oberoende av gravitation. Enheten introducerades därför att gravitationen varierar i olika delar av världen. En Newton är den kraft som krävs för att accelerera en massa på 1 kg med 1 meter per sekundkvadrat. Newtonenheten kraft betecknas med N/m2 och kallas Pascal. Denna enhet är mycket liten och mäts i MPa (1 000 000 Pascal) eller kPa (1 000 Pascal). Se även Pascal.

NOx (Kväveoxider) NOx är en giftig gas som bildas vid höga temperaturer (över 1370°C) och hög kompression. Det finns flera olika kväveoxider (d v s NO, NO_2, NO_3 etc.) och de har den gemensamma beteckningen "NOx" där N står för en kväveatom och Ox för valfritt antal syreatomer.

Kväveinnehållet (N_2 i luften (en inert gas) går oförändrat genom förbränningsprocessen till dess att hög temperatur (över 1370°C) och högt tryck uppstår. Under dessa villkor reagerar kväve och syre och bildar kvävemonoxid (NO). De förhållanden då kväveoxider bildas är vid vidöppen trottel, acceleration och hög marschfart. När NO reagerar med HC i närvaro av starkt solsken bildas NO_2 (kvävedioxid), ozon (O_3) och NO_3 (kvävenitrat). NO_2 är en ljusbrun gas som vanligen kallas "smog". Olyckligtvis når utsläppen av kväveoxider sin höjd vid Lambda = 1, den så kallade perfekta förbränningspunkten.

Dieselmotorn, som avger låga halter CO och HC, har stora problem vad gäller NOx. Detta beror på de höga temperaturer och tryck en dieselmotor arbetar med.

NOx orsakar irritationer i ögon och luftvägar samt symptom på förgiftning. Inandning under långa tidsperioder orsakar skador på lungorna.

Ett sätt att reglera NOx-utsläppen är att återcirkulera en liten mängd avgaser till förbränningskammaren. Detta sänker förbränningstemperaturen (och effekten) genom att de inerta avgaserna återcirkuleras.

NTC (Negative Temperature Co-efficient) Negativ temperaturkoefficient. En termistor vars motstånd sjunker med stigande temperatur.

Närsidan Den sida på bilen som är närmast vägkanten - oavsett om bilen är vänster- eller högerstyrd.

O

O_2 (syre) En oskadlig gas som finns i atmosfären (21%) och som krävs för förbränning.

O_2 består av två syreatomer och mäts i volymprocent. En liten mängd syre (1 - 2%) blir över vid korrekt förbränning. För mycket eller för lite indikerar fel bränsleblandning, tändningsfel, mekaniska problem eller avgasläcka.

Den mängd O_2 som blåses ut i avgasröret är vad som blivit över vid förbränningen och är en bra indikator på bränsleblandningens korrekthet – så länge som motorn fungerar korrekt.

OA (Octane Adjuster) Oktanomkopplare En anordning för fininställning av tändläget efter skiftande oktantal.

OAI (Octane Adjust Input) Fords term för oktanomkopplarens indata

Oblyad bensin Ett bränsle av kolväteblandningar utan tillsats av bly. Även oblyad bensin innehåller en ytterst liten mängd naturligt bly, som vanligtvis inte avlägsnas vid raffineringen. Denna blymängd saknar betydelse vad gäller utsläpp och är för liten för att påverka katalysatorn.

OHC (Over Head Camshaft) Överliggande kamaxel

Ohm En enhet för motstånd mot strömflöde i en krets.

Ohmmätare Ett instrument som mäter motstånd i ohm.

Ohms Lag

Volt = Amp X Ohm (V = I X R)   Amp = Volt/Ohm (I = V / R)
Ohm = Volt/Amp (R = V / I) Även: Effekt (Watt) = Volt x Amp

Oktantal Nivå på bränslets motståndskraft mot knackningar. Ju högre oktantal, dess större motståndskraft.

Omräkningstabeller se "Tryckomvandlingstabell", "Vakuumkonverteringstabell" och "Temperaturkonverteringstabell"

Optisk fördelare Alternativ vevaxelvinkelgivare som använder lysdioder. Används huvudsakligen i fordon från Japan och andra länder i Fjärran Östern, se Nissan för en detaljbeskrivning.

OS (Oxygen Sensor) Syresensor se även Lambda.

En syresensor är en keramisk enhet placerad i grenröret på katalysatorns motorsida och mäter syrehalten i avgaserna.

I princip består syresensorn av två porösa platinaelektroder. Ytterytans elektrod exponeras för avgaserna och täckt med en porös keramik. Innerytans elektrod exponeras för omgivningsluften.

Skillnaden i syrehalt vid de två elektroderna alstrar en spänningssignal till styrmodulen. Denna spänning är omvänt proportionell till syrehalten. Det syre som återstår efter förbränningen är en utmärkt indikator på om blandningen är fet eller mager. Syresensorn mäter över- eller underskottet på luft i bränsleblandningen och skickar en signal till styrmodulen som nästan omedelbart justerar injektoröppningstiden (inom 50 ms). Via elektronisk styrning så att blandningen ligger i "Lambdafönstret" (Lambda = 0,97 till 1,03) under de flesta arbetsförhållanden kan en i det närmaste perfekt förbränning uppnås. Detta ger katalysatorn mindre arbete, så att den håller längre och avger färre utsläpp.

Spänningen i syresensorkretsen är ganska låg och växlar mellan 100 mV (mager blandning) och 1,0 V (fet blandning). Signalen tar sig i praktiken formen av en omkopplare och växlar mellan mager och fet i en takt på cirka 1 Hz.

Denna givare har många olika beteckningar, de vanligaste är Lambdasond och syresensor.

Oscilloskop En höghastighets voltmätare som grafiskt illustrerar spänningsändringar relativt tid. Används för studerande av vågformer för signaler till eller från tändning, generator, motorgivare och aktiverare.

OTS (Oil Temperature Sensor) Oljetemperaturgivare

OVP (Over Voltage Protection) Fords term för strömtoppsskydd

Oxidering En kemisk förändring i en smörjolja orsakad av förbränning, värme och syre.

P

P / N (Park Neutral switch) Startspärr En kontakt som bryter strömmen till startmotorn, vilket förhindrar start av motorn med ilagd växel. Finns i de flesta fall i bilar med automatväxellåda.

PA (Pressure Atmospheric) Hondas och Rovers term för lufttryck

Parad Ett oscilloskopmönster med alla cylindrar visade på rad.

PAS (Power Assisted Steering) Servostyrning

Pascal Internationell standard för mått på tryck och vakuum. Se omvandlingstabellerna. Se även Newton.

PCS (Pressure Control Switch) Fords term för tryckvakt

PCV (Positive Crankcase Ventilation) Vevhusventilation Ett styrsystem för återcirkulation av vevhusgaser till intaget för förbränning.

Permanentmagnet En magnet som alltid har ett magnetfält. Jämför med "Elektromagnet".

Pickup Se även induktiv. Används som utlösare i elektroniska system. Pickupen alstrar en svag spänning som signalerar till styrmodulen eller förstärkaren att utlösa tändspolen. Pickupen består vanligen av en permanent magnet fixerad i fördelaren eller på svänghjulet. När en reluktor roterar i magnetfältet ges utlösningssignalen vid strömtoppen.

Pickupens luftgap Spelet mellan reluktorn och pickupen, det är ofta justerbart.

PIM (MAP sensor signal) Honda/Toyota term för insugsrörstryckgivarens signal

PIP (Profile Ignition Pick-up) Fords term för grundtändlägessignalen.

Polaritet Ett positivt eller negativt tillstånd med avseende på två elektriska poler.

Portat vakuum En vakuumkälla placerad framför trottelventilen. Ventilen måste öppnas innan en vakuumsignal kan avges.

Pot (Potentiometer) Ett variabelt motstånd.

PPM (Parts Per Million) Måttenhet för oförbrända kolväten.

Primär utlösare Det är den givare för vevaxelns hastighet och position som signalerar till styrmodulen att inleda tändförloppet, insprutningen och relästyrningen. Styrmodulen kan inte fungera utan primär utlösare. Exempel på primärutlösare är vevaxelvinkelgivare, induktiv utlösare och Halleffektgivare. -

Primärkrets Den lågspänningskrets som krävs för att inleda tändningsförloppet. Den består (i förekommande fall) av tändningslåset, ballastmotståndet, tändspolen, fördelaren, förstärkaren, brytarspetsar och kondensator, fördelarlock och rotor samt de ledningar som krävs mellan dessa komponenter.

Primäromkoppling Primärlindningarna. De yttre lindningarna av relativt grov tråd i en tändspole, genom vilka primärströmmen flödar.

Problemkoder Annan term för felkoder.

Procent Del av hundra.

PROM (Programmable Read Only Memory) programmerbart läsminne

PS (Phase Sensor) Fords term för cylinderidentitetsgivare

PSA Industrigruppen Citroën och Peugeot

PSI (Pounds per Square Inch) Ett imperiemått för tryck, se tryckomvandlingstabellen.

PSPS (Power Steering Pressure Switch) Fords term för servostyrningens tryckkontakt

PTC (Positive Temperature Co-efficient) Positiv temperaturkoefficient En termistor vars motstånd stiger med stigande temperatur.

PU (inductive pick-up coil) Induktiv pickupspole

PUA (Pulse Air solenoid) Fords term för pulsluftsolenoiden

Puls En digital signal aktiverad av styrmodulen.

Pulsbredd Den tidsperiod under vilken elektroniska komponenter (speciellt injektorer) är jordade. Perioden mäts vanligen i ms.

Pulsduration Den tidsperiod en injektor hålls öppen. Kan mätas i ms eller av en vilomätare som en arbetscykel.

Pulsgenerator Pulsgeneratorn är en utlösare för tändning. Den sänder en korrekt synkroniserad signal till förstärkaren som sedan utlöser tändspolen. Exempel på pulsgeneratorer är:
1) En induktiv permanentmagnetpickup placerad i fördelaren.
2) En induktiv permanentmagnet placerad bredvid svänghjulet.
3) En Halleffektutlösare placerad i fördelaren.

PVS (Ported Vacuum Switch (valve)) Portad vakuumomkopplare

R

RAM (Random Access Memory) - datorterm

Raster Visning av alla cylindrar på ett oscilloskop , en under en annan, i tändföljd, början med cylinder 1. Ordningen kan vara uppifrån eller nerifrån beroende på oscilloskop.

Referensspänning Vid normal motorgång kan batterispänningen variera från 9,5 V (runddragning) till 14,5 V (vid gång). För att minska på effekten på givarna (som styrmodulen då skulle behöva kompensera för) matar många styrmoduler en konstant spänning, kallad referensspänning, på 5,0 V.

REG (Regulator) Regulator

Reluktor En metallrotor med en serie spetsar, lika många som motorn har cylindrar.

Relä En elektromagnetisk omkopplarsolenoid som styrs av en shuntspole. En svag ström aktiverar shuntlindningen som utövar magnetisk kraft för att stänga reläkontakten. Reläer används ofta när en lågspänningskrets krävs för att koppla samman en eller flera kratsar som arbetar med högre spänning. Relästiftens numrering följer i regel DIN-standarden, som de flesta (men inte alla) europeiska biltillverkare följer.

Reläer - Elektroniska bränsleinsprutningssystem
Ett systemrelä kan användas till att styra hela insprutningssystemet. I så fall har reläet dubbla kontakter. Alternativt används två eller flera reläer för styrning av systemet.

Typiska relästiftsnumreringar enligt DIN standard
30   Matning direkt från batteriets pluspol.
31   Jordretur direkt till batteriet.
85   Reläjord för magnetiseringen. Kan vara ansluten direkt till jord eller jordas via styrmodulen.
85b   Reläjord för utmatning. Kan vara ansluten direkt till jord eller jordas via styrmodulen.

86 Magnetiseringsmatning. Kan komma från batteriets pluspol eller tändningslåset.
87 Utmatning från första reläet eller första relälindningen. Detta stift försörjer ofta andra reläets stift 86 och ger spänning till styrmodulen, injektorer, tomgångsventil.
87b Utmatning från andra reläet eller andra relälindningen. Matar ofta spänning till bränslepumpen och syresensorn.

Relästyrning
Systemreläerna matas med spänning från antingen batteriet, tändningslåset eller ett annat relä. Jord ansluts till en styrmoduljord. När styrmodulen aktiverar reläet jordas relevant stift internt i styrmodulen så lång tid som behövs. I allmänhet jordas reläet endast efter det att styrmodulen tagit emot en förbestämd givarsignal.

Beroende på relä kan indatasignalen avges när tändningen slås på eller motorn dras runt (vevaxelvinkelgivarsignal). När styrmodulen tar emot signalen jordas reläkretsen. Signalen kan kallas drivning, slutsteg eller styrsignal. I denna bok används huvudsakligen styrsignal. Exempel på aktiverare som styrs med styrsignal är injektorer, tomgångsventil, kolkanisterventil etc.

REMCO (Remote adjustment for CO-pot) Fords term för fjärrjustering av CO-potentiometern

Renix En typ av elektronisk motorstyrning som i huvudsak används av Renault och Volvo.

Rensventil se "Kolkanisterventil"

Res. Förkortning av resistens (motstånd)

Resistens (motstånd) Motstånd mot strömflöde.

Retur Term som betecknar jordreturvägen till styrmodulen, i typfallet för en givare eller ett relä där direkt jordning inte föreligger. Styrmodulen utför jordningen internt till ett direkt jordat stift. Med denna metod minskas antalet jordpunkter i stor utsträckning.

RFI (Radio Frequency Interference) Radiostörningar Styrmodulen är känslig för störningar. Utstrålning på radiobanden kan utgöra ett problem om nivån är hög nog och detta kan uppstå från källor som en defekt sekundärkrets eller generator. För hög störningsnivå kan påverka styrfunktionerna i systemet, speciellt i de fall tändning och bränsletillförsel hanteras av samma styrmodul.

RHS (Right Hand Side) Höger sida Sett från förarsätet, tittande framåt.

Ringspole En typ av signalgenerator som använder en lindad trådmagnet ansluten till en statorplatta. Plattan inkluderar ett antal magnetiska upprättstående armar, en per cylinder, liksom en per reluktorarm.

RMS (Root Mean Square) Likströmsekvivalent Växelströms-ekvivalent till likström. Kan beräknas från växelströmmens amplitud med formeln:
Växelströmmens amplitud x 0,707.

ROM (Read Only Memory) Datorterm

Rotor Roterande del av komponent, exempelvis en rotorarm eller en elektromagnet i en växelströmsgenerator.

Rotorarm Rotorn är en elektrisk kontakt, monterad på fördelaraxeln så att den pekar direkt på korrekt fördelarlocksanslutning när ett tändstift ska tändas.

Rotorregister Upprätningen av rotorspetsen mot fördelarlocks-anslutningen. När registret är felinriktat ger det förstorade luftgapet hög tändspänning.

Rotors luftgap Avståndet mellan rotorns spets och fördelarlockets anslutning.

RPM (Revolutions Per Minute) Varv/minut Ett mått på motorns hastighet.

RSS (Remote Starter Switch) Fjärrstartknapp

Runddragning Dra runt motorn med hjälp av startmotorn.

S

SAE (Society of Automotive Engineers) Sällskapet definierar standarder för fordonsteknik. Se även BCI och J1930.

Samtidig insprutning Se Flerpunkts insprutningssystem. Ett insprutningssystem där alla injektorer öppnar samtidigt.

SAW (Spark Advance Word) Fords term för den modifierade tändsignal som skickas från styrmodulen i EEC IV till EDIS-modulen.

Scanner USA-term för felkodsavläsare, se "Felkodsavläsare".

SD (Self Diagnostics) Självdiagnostik

SEFI (Sequential Electronic Fuel Injection) Fords term för sekventiell insprutning

Sekundärkrets Den högspänningskrets som används till att fördela sekundärspänningen till tändstiften.

Sekundärlindningar Tändspolens högspänningslindningar.

Sekundärspänning Tändspolens utmatning.

Sekventiell insprutning se "Flerpunkts insprutningssystem"

Sensor, se även **Givare** En anordning som kan mäta en eller flera av följande parametrar: temperatur, position, luftflöde, tryck etc. och skickar denna information till styrmodulen i form av en spänning eller ström att behandlas av styrmodulen.

Seriell dataport Den seriella porten är en utmatningsenhet från styrmodulen. Det innebär att signaler har behandlats och fel eller värden matas ut som en kodad digital signal.

SG (Signal Generator) Signalgenerator Fördelarens pickupspole.

Signalgenerator se "Pulsgenerator"

Signalspänning En varierande spänning som sänds till styrmodulen av en givare så att styrmodulen kan upptäcka belastning eller temperatur.

Sinusoid En sinuskurva, exempelvis från vevaxelvinkelgivaren, där amplituden på den positiva delen av vågen är i stort likvärdig med den negativa.

Självdiagnos av seriella data Se Felkoder.

Skop Förkortning av oscilloskop, se "Oscilloskop".

Slutsteg Se drivning, relädrivning och styrsignal.

Smog Så kallad "fotokemisk smog". Bildas av att kolväten och kväveoxider förenas i starkt solsken. Ett speciellt problem i biltäta och soliga klimat som Kalifornien, USA.

Snabba koder Digitala felkoder som matas ut av en styrmodul så snabbt att de inte kan visas av en lysdiod eller varningslampa. En digital felkodsavläsare krävs för att läsa av snabba koder.

SOHC (Single Over Head Camshaft) Enkel överliggande kamaxel En roterande kamaxel som styr öppning och stängning av insugs- och avgasventilerna. Kamaxeln är monterad ovanför ventilerna i topplocket och påverkar ventilerna direkt.

Solenoid En elektrisk anordning som utför ett mekaniskt arbete när den magnetiseras.

Sondering En metod att avläsa spänning från kontaktstift på en elektronisk komponent eller givare. Kontakten ska dras ur och voltmätarens positiva ledare ska sondera relevant stift.

Sotning Demontering av topplocket för avskrapande av sotavlagringar på topplocket, ventilerna och kolvtopparna.

SP (Sensor Phase) Fords term för givarfas

SPi (Single Point injection) Enpunkts bränsleinsprutning Kallas ibland även trottelhusinsprutning. Enpunktssystem har blivit alltmer populära på senare år. De kostar mindre och använder samma givare som flerpunktssystem. En injektor, vanligen strömstyrd, sprutar in bränsle i insugsröret ungefär som en förgasare.

Även om insprutningen är mer precis blir problemen med uppvärmning av insugsröret kritiska, och varmkörningsperioden måste styras noga om inte körbarheten ska försämras. Därtill är insugsröret av den våta typen (bränsle finns i det). Ett flerpunktssystem kallas torrt därför att bränslet sprutas in i insugsventilernas portar, därmed finns enbart luft i insugsröret.

SPOUT Spark Out Fords term för den modifierade tändlägessignalen från styrmodulen till tändmodulen.

Spänning Elektriskt tryck.

Spänningsfall Spänningsfallet är den spänning som spenderas när en ström flyter genom ett motstånd. Ju större motstånd, dess större spänningsfall. Det totala spänningsfallet i någon fordonselektrisk krets ska inte överstiga 10%.

Spänningsregulator En anordning som begränsar den spänning en generator matar ut.

Spänningsreserv Tändsystemet måste avge tillräcklig sekundärspänning för att överbrygga rotorgapet och tändstiftens elektrodavstånd under normala arbetsförhållanden. Dessutom måste en tillräcklig reserv med spolspänning finnas för att möta de ökade kraven på tändsystemet under förhållanden som hård acceleration eller höga varvtal. Om det någon gång under motorns arbete inträffar att spolreserven understiger den spänning som krävs av tändningen kommer misständningar och effektförlust att uppstå. En låg spänningsreserv kan bero på dåliga komponenter (tändstift, tändkablar etc) eller dåliga anslutningar i primärkretsen.

STA (Starter Motor Signal) Toyotas term för startmotorsignal

STAR (Self Test Automatic Readout (electronic FCR test)) Fords term för felkodsavläsare Ford scanner eller felkodsavläsare.

Startmotor En elektrisk motor som drar runt motorn till starthastighet.

Statisk tändning Denna term används ofta av europeiska biltillverkare för att beskriva ett fördelarlöst tändsystem (direkttändning).

Stator Används i elektroniska tändsystem och växelströmsgeneratorer. När den roterande reluktorn och den fasta statorn är mitt emot varandra induceras en växelspänning.

STC (Self-Test Connector) Fords term för diagnostikkontakten se "Självdiagnos"

Stegmotor Stegmotorer finns i många utföranden, här beskrivs de två vanligaste:

1) *En motor används till att manövrera en ventil som öppnar och stänger en luftförbigångskanal i insugsröret.*
2) *En motor används till att indexera trottelplattan ett visst antal steg, vilket släpper mer eller mindre luft genom öppningen. Vanligen matas motorn med normal batterispänning från bränslesystemets relä. Motorns lindningar är anslutna till fyra jordvägar. Genom att styra motorn med en kombination av jordningar kan styrmodulen stega motorn till korrekt läge.*

STI (Self-test Input) Fords term för självdiagnostikens indata

Stift En elektrisk anslutningspunkt.

STO (Self-test Output) Fords term för självdiagnostikens utdata

Stoikiometrisk kvot Den punkt där bränslet förbränns mest effektivt och där halterna av kolväten och kolmonooxid är som lägst samt CO˝ är högst. Viktförhållandet mellan luft och bränsle är cirka 14,7:1, d v s 14,7 kilo luft till 1 kilo bränsle.

Strob Förkortning för stroboskop.

Stroboskopisk effekt Ett ljus som blinkar i samma takt som tändstift 1, vilket ger intrycket av att det roterande tändlägesmärket är "fruset".

Stryprör En begränsning i förgasarhalsen som resulterar i ett snabbare luftflöde.

Ström Elektronflödet genom en ledare, mäts i ampere.

Strömstyrd eller pulsmodulerad insprutning se "Flerpunktsinsprutningssystem".

Styrning med sluten slinga En motor med syresensor betecknas som en motor med sluten styrslinga. Detta därför att motorn styrs mot den kemiskt ideala bränsleblandningen av en återkopplingskrets.

Styrning med öppen slinga När en motor med Lambdastyrning arbetar utanför denna arbetar den med "öppen slinga". Detta kan inträffa vid acceleration, med vidöppen trottel eller vid varmkörning. I vissa system även när nödprogrammet kallas upp. När styrningen är med öppen slinga medges en fetare bränsleblandning för att förhindra tvekan och dåliga köregenskaper.

Styrsignal Se även relädrivning, drivning och slutsteg

Störningsskydd Minskande av störningar på radio- och TV-band orsakad av tändsystemets högspänningssida. Typiska metoder är radiokondensatorer eller motstånd i sekundärkretsen.

Sulfatering Långsamt bildande av en hård oupplöslig massa på blybatteriets plattor vid urladdning. Kan reduceras med en långsam laddning. Ett mycket sulfaterat batteri kan inte laddas.

Svaga punkter Motorn tvekar i vissa lägen under acceleration.

SVC (Service Connector) Fords term för omkopplare för justering av oktantal och tomgång

Svänghjulsgivare se "Vevaxelns vinkelgivare"

Synkroniserad Avser vanligen en insprutningspuls som är synkroniserad med tändsystemet. Injektorn öppnas en förbestämd tidpunkt innan tändningen utförs.

Syresensorns värmare I och med att sensorn inte arbetar effektivt under 300° C har många ett värmeelement för snabb uppvärmning.

Systemöversikt En term som betecknar den tekniska beskrivningen av hur ett system fungerar.

Säkring En liten komponent som innehåller ett metallspån och som placeras i en krets. Säkringen smälter för att bryta kretsen vid en bestämd strömstyrka, så att kretsen skyddas mot överbelastning.

Säkringskabel (även kallad säkringslänk). En högbelastnings krets-skyddare som bränner av om kretsen överbelastas.

T

Tacho (Tachometer) Varvräknare En anordning som anger motorns hastighet i varv/min.

TAD (Thermactor Air Diverter vacuum solenoid valve) Fords term för en luftavvikande vakuumventil

TBH (Throttle Body Heater) Trottelhusvärmare En anordning som fungerar med positiv temperaturkoefficient och som snabbt värmer upp trottelområdet vilket förhindrar isbildning när motorn arbetar under kalla och fuktiga förhållanden.

TBI (Throttle Body Injection) Trottelhusinsprutning se "Enpunkts-insprutning"

TBV (Turbo Boost Valve) Turboövertrycksventil

TCATS (Turbo Charge Air Temperature Sensor) Givare för turbons laddlufttemperatur

TDC (Top Dead Centre) Övre dödpunkt (ÖD) Kolvens position vid slagets högsta punkt.

TDCL (Total Diagnostic Communication Link) Diagnostisk kommunikationslänk Används till avläsning av felkoder på vissa fordon från Toyota.

Temp Förkortning av temperatur.

Temperaturomvandlingstabell

°C	värde	°F
-17,8	noll	32
-17,2	1	33,8
-15	5	41,0
-12,2	10	50,0
-9,4	15	59,0
-6,7	20	68,0
-3,9	25	77,0
-1,1	30	86,0
zero	32	89,6
4,4	40	104,4
7,2	45	113,0
10,0	50	122,0
12,8	55	131,0
15,6	60	140,0
18,3	65	149,0
21,1	70	158,0
23,8	75	166,6
26,7	80	176,0
29,4	85	185,0
32,2	90	194,0
35,0	95	203,0
37,8	100	212,0
40	105	221
43	110	230
46	115	239
49	120	248
52	125	257
54	130	266
57	135	275
60	140	284
63	145	293
66	150	302
68	155	311
71	160	320
74	165	329
77	170	338
79	175	347
82	180	356
85	185	365
88	190	374
91	195	383
93	200	392
96	205	401
99	210	410
102	215	419
149	300	572
204	400	752
260	500	932
316	600	1 112
371	700	1 292
427	800	1 472
482	900	1 652
538	1 000	1 832
743	1 370	2 500
1 206	2 202	4 000

Omräkningsformler:
$°C \times 1,8 + 32 = °F$
$°F - 32 \times 0,56 = °C$

Termistor En temperaturstyrd potentiometer.

TFI (Thick Film Ignition) Tjockfilmständning Fords term för tändningsmodul.

THA (Air Temperature Sensor) Toyotas term, se "Lufttemperaturgivare"

THS 3/4 (Transmission Hydraulic Switch (3rd/4th gear solenoid)) Fords term för växlingssolenoiden mellan tredje och fjärde steget i en automatväxellåda.

THW (Coolant Temperature Sensor) Toyotas term, se "Kylvätskans temperaturgivare"

Tillgänglig högspänning Den maximala sekundärspänning ett tändsystem kan alstra.

Tomgångshöjare (term i Fjärran Östern) Varje mekaniskt eller elektroniskt system som används till att höja tomgången efter belastning eller temperatur kan betecknas som en tomgångshöjare.

Tomgångsstyrning Tomgångsstyrningens enheter aktiveras av styrmodulen och kallas därför aktiverare till skillnad från givarna. I de flesta moderna motorer hålls tomgångsvarvet konstant oavsett motorns belastning och temperatur. När villkoren för tomgång ändras eller en temperaturbelastning eller elektrisk belastning uppstår, aktiverar styrmodulen tomgångsventilen eller stegmotorn (beroende på system) för att upprätthålla korrekt tomgång, oavsett belastning. Detta förhindrar dålig tomgång eller tjuvstopp med tunga elektriska belastningar och mager bränsleblandning. Vissa versioner av tomgångsventilen eller stegmotorn kan vara justerbara, men detta gäller generellt endast tidiga versioner.

Tomgångsvarvtalets justering (elektroniska bränsleinsprutningssystem) De flesta moderna fordon har en helt automatisk tomgångsreglering som saknar justeringsmöjligheter. I de fall justering är möjlig utförs denna vanligen med en justerskruv för luftförbigång. Om skruven vrids ena vägen minskar luftflödet och därmed tomgångsvarvtalet. Åt andra hållet ökar luftströmmen och därmed tomgångsvarvtalet.

Även om de flesta senare system använder en tomgångsventil eller stegmotor som styrs av styrmodulen till att styra varvtalet när motorn belastas kan vissa, i regel tidiga, versioner vara justerbara. Generellt sett är detta bara möjligt i tidiga versioner.

Torka ur Det är vanligt om en bränsleinsprutad motor inte startar så kommer fortsatt runddragning att resultera i att för mycket bränsle kommer in i cylindrarna. I de fall insprutningssystemen har en urtorkningsfunktion innebär en fullt öppen trottel att en reducerad bränslemängd sprutas in medan motorn dras runt.

TP (Throttle Plate) Trottelplatta se "Trottelventil"

TPS (Throttle Potentiometer Sensor) Trottelns positionsgivare Positionsgivaren är en potentiometer som skickar en variabel spänning som signal till styrmodulen som indikerar (beroende på system) trottelns position, tomgång, belastning och grad av trottelöppning. På vissa modeller är den justerbar. Dessutom kan positionsgivaren användas tillsammans med trottelbrytare. I så fall anger brytaren tomgångsläge och en ej justerbar positionsgivare anger då endast öppningsgraden.

Transduktor En anordning som omvandlar tryck eller vakuum till en elektrisk signal. Exempel, insugsrörets undertryck kan ledas till en transduktor som omvandlar detta till en elektrisk signal för belastning.

Transistor En elektronisk omkopplare.

Treledningsgivare Treledningsgivare har en referensmatning på 5,0 V, en jordanslutning (oftast via styrmodulen) och en signalledning. Signalledningen sänder en variabel spänning till styrmodulen. De två vanligaste formerna av utmatning är från motståndsspår med löpare respektive transduktor. Exempel inkluderar luftflödesmätare och trottelpositionsgivare (löpare) och insugsrörets tryckgivare (transduktor).

Trotteldämpare En anordning som låter trotteln stänga långsamt i stället för plötsligt, vilket förhindrar avlägsnandet av bränsledroppar från insugsröret tack vare det hårda vakuum som råder vid inbromsning. Dessa droppar släpps ut som överskotts HC under denna manöver.

Trottelventil En ventil som reglerar volymen på luftflödet in i motorn. Även kallad trottelplatta eller trottelskiva.

Trottelventilplacerare VAG-term, se "Stegmotor"

Tryckomvandlingstabell

bar	lb/in²	KPa
0,1	1,45	10
0,2	2,90	20
0,3	4,35	30
0,4	5,80	40
0,5	7,25	50
1,0	14,50	100
1,02	14,75	102 *
1,1	15,95	110
1,2	17,40	120
1,3	18,85	130
1,4	20,30	140
1,5	21,75	150
1,6	23,20	160
1,7	24,65	170
1,8	26,10	180
1,9	27,55	190
2,0	29,00	200
3,0	43,50	300
4,0	58,00	400
5,0	72,50	500

* Ungefärligt lufttryck vid havsnivå.

Tryckregulator Bränslepumpen matar bränsle med ett tryck som överstiger det krävda systemtrycket. Ett fjäderbelastat membran släpper ut övertrycket så att överskottsbränslet kan returneras till tanken i returröret.

Tryckskillnad Den metod med vilken luft dras genom en förgasare in i motorn. Fysikaliska lagar anger att luft strömmar från ett högre tryck (atmosfäriskt) till ett lägre (orsakat av kolvens nedåtgående rörelse).

TS (Throttle Switch) Trottelbrytare Trottelbrytaren informerar styrmodulen om att motorn går på tomgång. En andra brytare kan indikera vidöppen trottel. Extra bränsleberikning kan ges vid tomgång och full gas. På vissa modeller är trottelbrytaren justerbar. Vissa system använder både brytare och positionsgivare men de flesta antingen den ena eller den andra typen.

TSS (Throttle Stop Screw) Trottelstoppskruv

TSS (Turbo Speed Sensor) Turbohastighetsgivare

TTS (Thermo Time Switch) Termotidsbrytare En omkopplare som styrs av tid och temperatur.

Turboaggregat En avgasdriven kompressor som komprimerar intagsluften för att öka effekten för en given slagvolym.

TVS (Thermal Vacuum Switch) Termovakuumbrytare Används för styrning av vakuum efter motorns temperatur. Används huvudsakligen i förgasarsystem.

TVSV (Thermostatic Vacuum Switching Valve) Termostatstyrd vakuumomkopplingsventil se "Vakuumomkopplingsventil"

Tvåledningsgivare Tvåledningsgivare har en jordledning och en matningsledning med 5,0 V referensspänning i en krets som börjar och slutar i styrmodulen. Matningsledningen fungerar även som signalledning på följande sätt: När matning och jord är anslutna till givaren gör givarens motstånd att matningsspänningen varierar. Exempel, i en tvåledningsgivare för kylvätskans temperatur kommer matningsspänningen på 5 V att reduceras (i typfallet) till mellan 2 och 3 V om motorn är kall (20° C) och till mellan 0,6 och 0,8 V när motorn är varmkörd (80° C). Exempel på tvåledningsgivare är lufttemperaturgivare och kylvätsketemperaturgivare.

Tändare (tändningsmodul (förstärkare)) Term som används av biltillverkare i Fjärran Östern för att beskriva tändningens förstärkare.

Tändföljd Den turordning cylindrarna ges gnista.

Tändinställningsmärken Två märken eller ett märke och en skala som indikerar ÖD eller tändläget när de är i linje med varandra. Dessa märken kan finnas på kamdrivningskåpan och främre remskivan eller på svänghjulet och synliga genom en inspektionslucka.

Tändlinje Den faktiska tändspänningen, som den visas på ett oscilloskop.

Tändläge Korrekt tidpunkt för antändning av den komprimerade bränsleblandningen så att maximal nedåtriktad kraft utövas på kolven.

Tändlägesförställning När motorns varvtal ökar måste förbränningen inledas tidigare så att en korrekt synkroniserad maximal nedåtgående kraft utövas på kolven i arbetstakten.

Tändlägeskurva Progressiv ökning av tändlägets förställning i takt med ökande varvtal. Kurvan fastställs av tillverkaren och kan fungera mekaniskt eller elektroniskt. Den kan kontrolleras med stroboskop över varvtalsområdet. En precis tändlägeskurva, anpassad till motorn, förbättrar både driftsekonomi och effektuttag.

Tändningslampa Ett stroboskop som används vid kontroll och inställning av tändläget.

Tändningslås En av/på-brytare som ger ström till primärkretsen. När brytaren är stängd och modulen slås på (eller brytarspetsarna stänger), flyter ström genom primärkretsen och tillbaka till batteriet via chassits och motorns jordar.

Tändningsmodul Term som används för att beskriva tändningens förstärkare.

Tändspole En anordning som omvandlar låg (batteri) spänning till den högspänning som krävs för att överbrygga rotorns gap och tändstiftens elektrodavstånd.

Tändspänning Den sekundärspänning som krävs för att överbrygga gapen i rotorn och mellan elektroderna i tändstiftet.

Tändstift En anordning som är inskruvad i topplocket för att antända den komprimerade blandningen av bränsle och luft.

Tändstiftets elektroder
1) Den centrala staven genom tändstiftets isolator.
2) Den jordstav som är fastsvetsad på höljet.

U

UCL (Upper Cylinder Lubricant) Smörjmedel för cylindrars överdel, även kallat toppolja.

UESC (Universal Electronic Spark Control (module)) Fords term för elektronisk styrmodul

Undertryckare Används för att förhindra radiostörningar. Se "Kondensator"

Utlösare Se "Pulsgenerator"

Utlösarhjul Se "Reluktor"

Utsläpp Förorening av atmosfären av ångor från avgassystem, vevhusventilation och avdunstning.

Utsläppsstandarder
US 79: Denna standard infördes i USA år 1979 och har sedermera

efterträtts av US83. Fordonet måste ha en styrd trevägskatalysator med syresensor.

US 83: Detta är den striktaste av aktuella europeiska standarder och infördes i USA år 1983. Fordonet måste ha en styrd trevägs katalysator med syresensor och avdunstningsreglering.

US 88 LDT (Light Duty Truck): US 88 Lätt lastbil: Denna standard ställer samma krav som US83. Kommersiella fordon över en viss vikt hamnar i denna kategori.

NEEC 5:e tillägget: Detta är en europeisk standard för avgasrening och fordon med minst ett av följande system uppfyller standarden.

15.04: Detta är inte en standard utan en kategori som tillämpas på fordon som inte möter någon särskild avgasreningsstandard. Fordon utan katalysator, återcirkulation av avgaser, pulsluftsystem eller avdunstningsreglering placeras i denna kategori.

V

VAF (Vane Air Flow) Fords term och avser en speciell typ av luftflödesmätare. Se "Luftflödesmätare av klafftyp".

Vakuum Ett negativt tryck eller ett tryck understigande atmosfärtrycket. Mäts i millibar eller millimeter kvicksilver. Ett perfekt vakuum existerar i ett utrymme som är helt tomt. Det innehåller inga atomer eller molekyler och saknar därmed tryck. I praktiken kan ett perfekt vakuum inte uppnås.

Ett vakuum uppstår i insugsröret i en fyrtakts bensinmotor därför att en sjunkande kolv kontinuerligt försöker dra in mer luft i sin cylinder med en större hastighet än vad luftflödet genom den delvis stängda trottelventilen medger. Vakuumets nivå beror på motorns varvtal och trottelns öppning. Lägsta avläsningarna (minsta undertrycket) ges när motorn är fullt belastad (vidöppen trottel) och högsta avläsningarna (största undertrycket) när trotteln stängs med högt motorvarvtal (motorbromsning).

Vakuumklocka En klocka används för uppmätning av undertrycket i motorns insugssystem.

Omräkningstabell för vakuum

Tum.Hg	mm.Hg	KPa	millibar
0,5	12,75	1,7	17
1,0	25,395	3,386	33,86
1,003	25,50	3,4	34
2,0	51,00	6,8	68
3,0	76,50	10,2	102
4,0	102,00	13,6	136
5,0	127,50	17,0	170
6,0	153,00	20,4	204
7,0	178,50	23,8	238
8,0	204,00	27,2	272
9,0	229,50	30,5	305
10,0	255,00	34,0	340
11,0	280,50	37,3	370
12,0	306,00	40,8	408
13,0	331,50	44,2	442
14,0	357,00	47,6	470
15,0	382,50	51,0	510
16,0	408,00	54,0	544
17,0	433,50	57,8	578) normal
18,0	459,00	61,2	612) motors
19,0	484,50	64,6	646) arbetsområde
20,0	510,00	68,0	680) vid
21,0	535,50	71,4	714) tomgång
22,0	561,00	74,8	748
23,0	586,50	78,2	782
24,0	612,00	81,6	816
25,0	637,50	85,0	850
26,0	663,00	88,4	884
27,0	688,50	91,8	918

28,0	714,00	95,2	952
29,0	739,50	98,6	986
29,53	750,00	100,0	1000
30,0	765,00	102,0	1020

Observera: *Värdena för tum. Hg avrundade till närmaste heltal.*

Varningar Föreskrifter som måste följas vid arbete på fordonselektroniska kretsar

Varvräknarstyrt relä Ett relä som kräver en hastighetssignal från tändningen innan det kan aktiveras.

VAT (Vane Air Temperature sensor) Fords term för luftflödesmätarens temperaturgivare

Vb batt (+) Toyotas term för spänning från styrmodulen

Vc Toyotas term för luftflödesmätarens referensspänning

Vcc PIM referensspänning till insugsrörets tryckgivare, Toyotas term

Ventilsynkronisering Tidpunkterna för ventilers öppnande och stängande i relation till kolvens och vevaxelns position.

Vevhusventilation När kolvarna går upp och ned flyttas luften omkring i vevhuset och korrekt ventilation krävs om övertryck ska kunna undvikas i vevhuset.

Vf Återkopplingsspänning

Vicktest Låt motorn gå och vicka på den misstänkta kontakten eller kabelhärvan, eller knacka försiktigt, eller värm upp eller kyl ned försiktigt. Om motorn då misständer eller eljest fungerar illa kan kontakten vara en misstänkt glappkontakt.

Vila Traditionellt definieras vilovinkeln som det antal grader en fördelare roterar med stängda brytarspetsar. Men numera måste vi överväga en vidare betydelse av "vila". En bra definition på vilovinkel skulle vara den tid eller rotationsperiod en enhet går igenom när den är belagd med spänning.

Vila kan därmed mätas som rotationsgrader, tid av eller på, i procent av en händelses totaltid eller tid av/på i ms. Allt som behövs är en lämplig mätare. Vanligen anges vila i grader, men om vi använder endera % eller ms är det mer vanligt att kalla det för arbetscykel.

Använd följande formel vid omvandling av vilovinkel till viloprocent och tvärtom:

Vilo° x (CYL/360) x 100 = Vilo%   d v s 45° x (4/360) x 100 = 50%

(Vilo% / 100) x (360/CYL) = Vilo°   d v s (50% /100) x (360/6) = 30°

Vilomätare Ett instrument för mätning av vilovinkel.

Vilovariation Skillnaden i vilovinkel mellan två olika varvtal. Avser normalt brytarspetsförsedda fördelare.

Vilovinkel Antal grader av en rotation under vilken en enhet är påslagen. Används normalt i samband med brytarspetsar och avser det gradantal fördelarkammen roterar medan spetsarna är stängda (vilar mot varandra). Se även "Arbetscykel".

VIN (Vehicle Identification Number) Chassinummer Ett serienummer som identifierar bilen. Numret innehåller ofta kodbokstäver för modell och tillverkningsår.

VM (Vehicle Manufacturer) Fordonstillverkare

Volt En enhet för elektriskt tryck.

Voltmätare Ett instrument som används till att mäta en krets spänning i volt.

Volymskruv En skruv som reglerar bränslet i en förgasares tomgångskrets genom att gradvis stänga igen tomgångsblandningens kanal.

VRS (Variable Reluctance Sensor) Fords term för variabel reluktansgivare

Vs Variabel signal från luftflödesmätaren till styrmodulen, Toyotas term

VSS (Vehicle Speed Sensor) Fordonets hastighetsgivare En givare som mäter fordonets hastighet på vägen.

VSTP (Vacuum Solenoid Throttle Plate) Fords term för vakuumsolenoidstyrd trottelventil

VSV (Vacuum Switching Valve) Vakuumomkopplingsventil, term använd främst av japanska biltillverkare

VTEC (Variable Valve Timing and Electronic Control) Variabla kamtider och elektronisk styrning, Hondas term

Värmetal Vad gäller tändstift, det arbetstemperaturområde där tändstiftet arbetar säkert och effektivt.

Väte Luktlös högexplosiv gas. Utgör 2/3 av vattens kemiska beståndsdelar.

W

WAC Avstängning av luftkonditioneringen vid vidöppen trottel

Watt Enhet för elektrisk kraft. 746 watt är lika med en mekanisk hästkraft.

WCS (Wastegate Control Solenoid) Fords term för övertrycksventilens styrsolenoid

WOT (Wide Open Throttle) Vidöppen trottel Trottelns position när den är helt öppen. Många elektroniska bränsleinsprutningar avger mer bränsle när detta villkor är uppfyllt.

Y

Yttre påverkan En påverkan som inte direkt kan hänföras till en given komponent, men som kan inverka på den komponentens funktion.

Å

Återcykling Bakåtblåsning av vevhusgaser beroende på igensatt vevhusventilation.

Ö

Överläggning Ett visningsmönster på ett oscilloskop där alla cylinderspår ligger ovanpå varandra. Skillnader mellan de olika cylindrarna visas som utstick.

Varningar: Föreskrifter som måste följas vid arbete på fordonselektroniska kretsar

1

Den elektroniska tändningens högspänningsdel skapar en hög sekundärspänning. Försiktighet måste iakttagas så att ingen kroppsdel berör en spänningsförande högspänningsdel. Chock eller personskador kan orsakas av att högspänning jordas genom den mänskliga kroppen. ARBETA INTE på fordonselektroniska system om du har hjärtfel eller någon form av pacemaker för hjärtat. En pacemakers funktion kan även störas av radiostörningar från exempelvis växelströmsgeneratorn.

2

Styrmodulen och andra elektroniska komponenter kan lätt skadas av en bruten högspänningskrets. När högspänning stöter på ett gap den inte kan överbrygga letar den efter en annan väg. Denna kan gå via styrmodulen och känsliga komponenter som transistorer kan skadas. Därtill kan falska elektriska signaler från högspänningsdelen eller andra radiokällor (generatorn) störa styrmodulens funktioner.

3

MYCKET VIKTIGT: Undvik skador på styrmodulen eller förstärkaren genom att slå av tändningen innan kontakterna till dessa enheter dras ut. Det är generellt säkert att dra ur kontakterna till andra givare, aktiverare och komponenter med tändningen påslagen, eller till och med motorn igång.

4

Många moderna radioapparater har en stöldskyddskod som säkerhetsåtgärd. Radion tappar kodningen och de förvalda stationerna när batteriet kopplas ur. Skaffa koden från bilens förra ägare innan batteriet kopplas ur för byte eller reparationer.

5

Vid spänningsavläsningar i kontakter och plintar rekommenderas starkt att tunna sonder används. Det kan vara fördelaktigt att använda ett gem eller liknande på stiftet och ansluta voltmätaren till gemet. Var noga med att inte kortsluta gemen. Ett antal styrmoduler har guldpläterade stift i kontakten. Var extra noga med att inte avlägsna pläteringen genom hårdhänt sondering.

6

ANVÄND INTE en analog voltmätare eller en digital med en impedans understigande 10 megaohm för avläsning av en styrmodul eller luftflödesmätare med styrmodulen i samma krets.

7

I syfta att förhindra skador på en digital multimätare eller fordonets elektroniska system ska lämpligt mätområde väljas INNAN instrumentets sonder ansluts till fordonet.

8

Vid motståndsprovning med ohmmätare, kontrollera alltid att tändningen är frånslagen och att kretsen är utan någon form av matning. Motståndsprov ska INTE utföras på styrmodulens stift. Känsliga komponenter kan skadas och resultaten är ändåmeningslösa.

9

När batterikablarna lossa är det god elektrisk praxis att lossa jordkabeln först, innan strömkabeln rubbas. Detta förhindrar strömtoppar som kan skada elektroniska komponenter.

10

Använd avsäkrade startkablar vid starthjälp till fordon med en styrmodul. Om oskyddade kablar används och fordonets jord är dålig kan en strömtopp förstöra styrmodulen.

11

När ett batteri är urladdat är det bästa sättet alltid att ladda batteriet (eller byta om defekt) innan startförsök görs. Styrmodulen är utsatt för risker från dåliga komponenter som batteri, startmotor, batterikablar och jordkablar.

12

Använd helst inte en snabbladdare och tillåt inte spänningar över 16 V vid försök att starta motorn. Batterikablarna måste kopplas från innan en snabbladdare kan användas för snabbladdning av batteriet.

13

Alla insprutningssystem arbetar med högt tryck. Ha alltid en brandsläckare nära till hands och följ alla skyddsföreskrifter. Innan bränsleanslutningar öppnas är det klokt att tryckutjämna bränslesystemet.

14

Ett antal diagnostiska procedurer som runddragning av motorn och effektbalans kan resultera i att oförbränt bränsle kommer in i avgassystemet, vilket är potentiellt skadligt för katalysatorförsedda fordon. Varje sådan test måste slutföras snabbt och de får inte utföras efter varandra om skador på katalysatorn ska kunna undvikas. Utför därför inte upprepade runddragningar eller effektbalansprov med katalysatorutrustade fordon. Kör alltid motorn på snabb tomgång i minst 30 sekunder mellan testerna för att rensa avgassystemet från bränslerester. Om motorn inte kan köras måste katalysatorn demonteras innan långvarig runddragning utförs. Om detta råd inte följs kan bensinen i katalysatorn explodera när avgastemperaturen når en viss nivå.

15

Katalysatorskador kan uppstå när temperaturen i katalysatorn överstiger 900° C. När oförbränt bränsle kommer in i katalysatorn därför att motorn inte fungerar korrekt eller misständer kan katalysatortemperaturen lätt överstiga 900° C gränsen, vilket gör att den börjar smälta. Förutom att katalysatorn förstörs orsakar den nedsmälta katalysatorn ofta igensättningar i avgassystemet vilket leder till effektförlust.

16

Koppla ur alla styrmoduler när svetsning utförs på fordonet.

17

Styrmodulen får inte utsättas för temperaturer över 80° C. Om fordonet ska ställas i en sprutlåda eller om svetsning ska utföras i närheten av styrmodulen måste den kopplas ur och avlägsnas från bilen och placeras på en säker plats.

18

Kompressionsprov: Där så är möjligt, koppla ur både tändning och bränsletillförsel innan kompressionsprov utförs. Ovanstående råd angående katalysatorer ska också efterlevas.

19

Följande förebyggande åtgärder måste vidtas vid arbete på fordon med Halleffekts elektronisk tändning:

a) Koppla inte ett störningsskydd eller en kondensator till tändspolens negativa stift.
b) Om det elektroniska tändsystemet är misstänkt ska kontakterna mellan Halleffektgivaren och fördelaren och förstärkaren dras ur innan bilen bogseras.
c) Vid testande runddragning av motorn, exempelvis kompressionsprov, ska Halleffektgivarens kontakt på fördelaren dras ur.
d) Alla övriga föreskrifter enligt ovan ska också efterlevas.

20

Kör inte bränslepumpen eller koppla förbi reläet om tanken är tom, pumpen eller pumparna kan överhetta och skadas.

21

Vissa moderna fordon har numera extra krockskydd i form av en krockkudde på rattstången och/eller i passagerarutrymmet. Extrem försiktighet måste utövas vid reparation av komponenter nära ledningarna till, eller själva komponenterna, i krockskyddet. I vissa fordon är krockskyddets ledningar dragna under instrumentbrädan och relaterade komponenter finns på rattstången, i och under instrumentbrädan och bredvid en del komponenter som används av fordonets motorstyrning. Varje skada på krockskyddets ledningar måste repareras genom att hela kabelhärvan byts. Felaktig demontering eller störande av krockskyddets komponenter eller ledningar kan leda till att skyddet inte fungerar, eller utlöses oavsiktligt. Underlåtenhet att följa dessa föreskrifter kan leda till oavsiktlig utlösning av krockskyddet och allvarliga personskador. Dessutom, krockskyddet måste repareras och underhållas enligt tillverkarens anvisningar. Varje rubbning av systemet kan leda till att krockskyddet inte löser ut i ett nödläge och lämnar därmed dem som färdas i bilen utan detta skydd.